THÜRINGEN

SACHSEN

BÖHMEN

o Kronach

Tambach o

Kupferberg

Untermerzbach o Lichtenfels
Banz o Langheim o Kulmbach
Kaltenbrünn Main
St. Veit Weismain o
Unterleiterbach

Eger

Kappel o

Waldsassen

Zeil Baunach Kirchschletten

heim
Dankenfeld Giech Freienfels
Hallstadt o Memmelsdorf o o Weiher
m o Seehof o Hollfeld Bayreuth o

Kulmain

Falkenberg

Ebrach o Litzendorf
Leimershof o Bamberg Greifenstein Volsbach
Burgwindheim Stegaurach Waischenfeld
chmannsdorf Sambach Schirnaidel
ntheid o steppach

Speinshart o

Pommersfelden Gößweinstein

Michelfeld o
o Auerbach

Pautzfeld

nisch Höchstadt
Redmitz
Weissenohe o Veldenstein o Vilseck

adt

Herzogenaurach

Pegnitz

Eixlberg o

Illschwang Amberg O

Ebermannsdorf o Schwarzhofen o

Trautmannshofen o Schönthal o

Ensdorf o

naab

Triesdorf

Donau

Straubing

Vilímková · Brucker

Dientzenhofer

Milada Vilímková · Johannes Brucker

Dientzenhofer

Eine bayerische Baumeisterfamilie
in der Barockzeit

Rosenheimer Verlagshaus

Mehrfach schon zeigte die Dientzenhofer-Forschung eine umfassende Gesamtdarstellung über die aus Oberbayern stammende Baumeisterfamilie an. Bislang war es allerdings bei Ankündigungen geblieben. Das Rosenheimer Verlagshaus hat sich nun dieser Aufgabe angenommen.

Das Werk setzt sich aus zwei Teilen zusammen. Der erste beschäftigt sich mit dem Wirken der Dientzenhofer in Süddeutschland, vornehmlich in Bayern, der zweite mit dem Schaffen Christophs und Kilian Ignaz' in Böhmen.

Beide Kapitel sind unterschiedlichen Ursprungs. Das erste verfaßte, auf der Grundlage langer Forschungsarbeit und eines umfangreichen Dokumenten- und Bildarchivs, Johannes Brucker, das zweite die ausgewiesene Dientzenhofer-Expertin Dr. Milada Vilímková. Ihr 1986 in Prag erschienenes Buch »Stavitelé paláců a chrámů. Kryštof a Kilián Ignác Dientzenhoverové« (Zwei Palais- und Kirchenbaumeister. Christoph und Kilian Ignaz Dientzenhofer) ist hier in seinen wichtigsten Abschnitten ins Deutsche übersetzt worden.

Das editorische Unterfangen, beide Teile zu einer Einheit zusammenzufügen, war nicht einfach. Aber die Herausforderung, mit der Monographie eine große Epoche gesamteuropäischer Geistes-, Kunst- und Kulturgeschichte lebendig werden zu lassen, war Ansporn genug.

Abbildungsnachweis

Abbildungen im Text (Seiten 8 bis 152)

Gerhard Bott: Die Grafen von Schönborn, Germanisches Nationalmuseum Nürnberg, 1989: 43, 57
Johannes Brucker, Flintsbach: 10, 11, 13 oben, 17, 19, 23, 24, 25, 26, 27, 29, 31, 33, 44, 45, 50, 64, 65, 71 unten, 73, 81, 84/85, 87, 101, 108, 114/115
Ehrmann, Pfister, Wollenberg: In Tal und Einsamkeit, Band 2, 1988: 12
H. G. Franz: Die Kirchenbauten des Christoph Dientzenhofer, 1942: 98
ders.: Bauten und Baumeister, 1962: 91
Max H. von Freeden, Ingeborg Limmer: Pommersfelden, o. J.: 54
Max H. von Freeden: Die Schönbornzeit, 1983: 53, 68
A. H. Gürth: Über Wolfgang Dientzenhofer, 1958: 21
M. Hautmann: Geschichte der kirchlichen Baukunst, 1928: 13, 14, 47
Salomon Kleiner: Schönbornschlösser, 1980: 60
Winfried Nerdinger: Die Architekturzeichnung, Prestel Verlag, München ³1987: 40, 51
Christian Norberg-Schulz: Kilian Ignaz Dientzenhofer e il barocco boemo, 1968: 110, 111, 112 Mitte, 116, 117, 118, 120, 123, 126 unten, 129, 141
J. Rank: Forschungsberichte über die Dientzenhofer, 1947/48: 80
H. Schmerber: Beiträge zur Geschichte der Dientzenhofer, 1900: 131 unten
G. K. Stasch: Schloß und Orangerie in Fulda, 1980: 48, 52
Staatsarchiv Amberg: 72
Staatsbibliothek Bamberg: 15, 16, 32
Stadtarchiv Bad Kissingen: 49 links
R. Teufel: Der Domherrnhof zum Hl. Hippolyt in Bamberg, 1944: 70
Umělecke památky Čech, 4 Bde., Prag 1978–82: 82, 83, 90, 111, 112 oben und unten, 113, 126 oben, 130, 131 oben 132
Universitätsbibliothek Würzburg: 70
Vladimír Uher, Prag: 86, 93, 94, 95, 96, 121, 124, 125, 138/139, 140, 142

Tafelteil (Seiten 161 bis 256)

Johannes Brucker, Flintsbach: Schutzumschlag-Vorder- und Rückseite, 161, 162, 225, 228, 229, 232, 233, 236, 238, 244, 256 unten
Československá akademie věd, Prag (Foto: Jiři Hampl): 124, 125
Erich Gutberlet, Großenlüder: 187, 190
Pavel Štecha, Prag: 237, 240, 246, 250
Alle anderen Vorlagen von Vladimír Uher, Prag

© der Seiten 78 bis 159 1986 by Dr. phil. Milada Vilímková, Prag. Es handelt sich hierbei um die Übersetzung der Kapitel v-xii sowie des Anhangs des Buches »Stavitelé paláců a chrámů. Kryštof a Kilián Ignác Dientzenhoferové«, erschienen im Verlag Vyšehrad, Prag 1986. Die Übersetzung aus dem Tschechischen besorgten Dana und Paul Mestek.

Dieses Buch erscheint in der Reihe »Rosenheimer Raritäten« im Rosenheimer Verlagshaus Alfred Förg GmbH & Co. KG, Rosenheim. Es wurde gesetzt aus der Bembo von Fertigsatz in München, gedruckt bei Appl, Wemding, und gebunden von Oldenbourg, München. Die Reproduktionen der Abbildungen des Textteiles stammen von Fertigsatz, München, die Farb- und Duotonwiedergaben von Fotolito Longo, Frangart (Bozen).

Den Stammbaum der Familie Dientzenhofer setzte Typographica in Rosenheim, die Karten auf Vor- und Nachsatz zeichnete Paul Mestek. Das Titelbild des Schutzumschlages, den Ulrich Eichberger, Innsbruck, entwarf, zeigt die Wallfahrtskirche Kappel in Waldsassen von Georg Dientzenhofer.

Inhalt

Die Dientzenhofer in Bayern

Stammbaum der Familie Dientzenhofer

Christoph (1655–1722) und Kilian Ignaz Dientzenhofer (1689–1751) in Böhmen

Tafelteil

Anhang

Die Dientzenhofer
in Bayern

Die Heimat der Dientzenhofer ist der nördliche Alpenrand im heutigen Landkreis Rosenheim zwischen der Leitzach im Westen, der Mangfall im Norden, dem Inn im Osten und dem Wendelsteinmassiv im Süden. Alle Höfe, auf denen Dientzenhofer gewirtschaftet haben, liegen am Fuß oder auf halber Höhe der dem Wendelstein und Breitenstein vorgelagerten bewaldeten Berge, des Auer Berges (900 m), des Farrenpoint (1273 m), des Sulzberges (1120 m) und des Breitenbergs (1147 m) in einer Höhe von 500 bis über 700 Meter am Rande ausgedehnter Moose.

Der Name »Dientzenhofer« leitet sich ab von einem Dintzenhof zwischen Bad Feilnbach und Lippertskirchen. 1621 wird der Name des Geschlechts in den Briefprotokollen des churbaierischen Pfleggerichts Auerberg erstmals erwähnt: »Caspar Kolb zu Dintzenhofen, Lieberskirchner Chreutztracht und Aiblinger Gericht«. Weiter erscheinen in diesen Protokollen Christoph Kolb, der 1685 seinem Sohn Georg das »freieigene Lehengut« übergibt, endlich 1721 ein Wolf Kolb. Der Hof stand in der Filiale Lippertskirchen, auch Diepertskirchen genannt, das zur Pfarrei Au im Gericht Aibling gehörte. Eine »Specification aller derjenigen, welche zu Diepertskirchen an der Kirchweihung Laib in natura oder das Gelt darvor erlegen«, die im Auer Pfarrfunktionar von 1745 enthalten ist, das Pfarrer Felix Martin Joseph Högg geschrieben hat (Pfarrarchiv Au), beginnt mit Diepertskirchen, daran schließen sich die zwei Bauernhöfe von »Pichel« (Bichl) an, dann folgt »Wolf Kholb von Dinzenhof«, schließlich reihen sich die Anwesen von »Fälnbach« (Bad Feilnbach) und die übrigen der Kreuztracht an. Also ist der Dinzenhof das Anwesen, das im Ortsteil Bichl von Bad Feilnbach etwas versteckt zwischen der Straße nach Hundham und den Höfen von Bichl liegt.

Die Herkunft des Namens ist ungeklärt. Neben der scheinbar einleuchtenden Ableitung von »Dienst«-hof – der Hof war vielleicht dem Kloster Tegernsee lehenspflichtig – muß aber auch an eine andere Grundsilbe gedacht werden, wie sie in den Ortsnamen Tünzhausen und Tüntenhausen bei Freising, Tunzenberg bei Mayerhofen, Dintenhofen bei Ehingen und Dintikon in der Schweiz vorliegt, auch Dünzing, Dünzlau und Dünzling an der Donau bei Ingolstadt, und das wäre möglicherweise der bairische Eigenname »Tunto« wie in Tuntenhausen bei Bad Aibling im selben Landkreis. Später wurde der Hof »beim Maurer in Bichl« genannt und heißt seit 1938 Englhof nach dem Besitzer von damals, einem Architekten, der ihn vorbildlich renoviert hat. Heute gehört er Till von Boeckmann.

Der Name verbreitete sich von Bichl aus vor allem im 16. und 17. Jahrhundert nach Gundelsberg, Derndorf, Wiechs, Kronwitt, Jenbach, Uedlpoint (Ober-Ulpoint), Au, Götting, Willing, Hohenofen, Hochstraß, Pfraundorf und Kirchdorf – das heißt in Orte, die bis zu etwa 15 Kilometer nördlich und nordöstlich des Dintzenhofes liegen.

Die zahlreichen Nachfahren im Landkreis Rosenheim schreiben ihren Namen alle »Dinzenhofer«. Die berühmten Baumeister werden »Dientzenhofer« genannt, nur die tschechischen Forscher schreiben »Dienzenhofer«. In den Urkunden von Prag, Amberg, Bamberg, Fulda und vielen anderen Orten dagegen werden außer den genannten Formen auch noch folgende Schreibweisen verwendet: Dienzenhoffer, Dinzenhoffer, Dintzenhofer, Dintzenhoffer, Dienzenhöffer, Dientzenhöffer, Diensenhöffer, Diensenhover, Dienstenhoffer, Dienstenhöffer, Tinstenhoff, Dinzhofer, Dinzhoffer, Dintzhoffer, Dünzhofer, Dünzenhofer, Tünzenhover, Tinzenhofer, Dinznhofer, Dinzlhofer, Dinzkhouer, Dünstenhoffer, ja sogar Duzenhofer, Pinzenhofer, Günzkofer und Günstenhouer.

Der erste bekannte Träger des Namens ist ein *Wolf Dinzenhofer* (†1643) von *Gundelsberg*, der Großvater der Baumeisterbrüder, der um 1600 auf Gundelsberg saß, das damals zur Gemeinde Wiechs und zur Filiale Lippertskirchen gehörte. Er ist 1635 in Tegernseer Briefprotokollen als »Wolf Dintzenhofer zu Kundersperg« verzeichnet. Das Anwesen, das auf halber Höhe südlich von Bad Feilnbach liegt, war der Abtei Tegernsee grundbar. Zwei Mutterpferde und ein Jährling, sechs Kühe und vier Jungrinder, vier Schafe und drei Schweine gehörten dazu.

1669 war Wolf Dinzenhofer von Gundelsberg, der Bruder des Baumeistervaters, Zeuge bei der Trauung von Johann Mayr d. Ä. von der Hausstatt. 1689 machte er sein Testament für seine sechs Kinder und übergab Sohn Abraham den Hof. Bei einem Verhör für einen Geburtsbrief 1694 war er zweiundachtzig Jahre alt. 1703 quittierte Wolf Dinzenhofer von Gundelsberg seinem Sohn Kaspar in Großholzhausen über das Heiratsgut von 111 Gulden. Er wurde dabei von seinem Sohn Abraham vor Gericht vertreten. 1708 mußte sich Abraham Dinzenhofer von Gundelsberg nach dem Tod seiner Frau Anna mit den fünf Töchtern (zwischen sechs und achtzehn Jahre alt) abfinden. Um 1700 wurde auf dem Hof eine Kapelle errichtet, ein kleiner Zentralbau; 1861 riß ein Wolfgang Dinzenhofer die alte Hofstelle ab und erbaute den heutigen Bauernhof; 1896 heiratete Ökonomierat Gasteiger die einzige Tochter des letzten Dinzenhofer, der 1942 starb. Heute bewirtschaften die Gasteiger das stattliche Anwesen.

Auf Gundelsberg wurde 1614 *Georg Dinzenhofer,* der Vater der Baumeisterbrüder, als zweiter Sohn geboren. Er heiratete 1638 Anna Acher, die offensichtlich aus Wiechs stammte. Dort wurde auch das erste Kind geboren und »Die 28. April bapt.s: *Wolfgangus* filius Georgii Dinzenhoffer et Annae uxoris eius de Wiex patrinus est Joannes Miller ob dem obern Steig« (Taufbuch der Pfarrei St. Martin in Au, S. 188, Nr. 37, 1639). Am 2. April 1641 wurde in Au der *Sohn Leonhard* getauft, und am 25. Mai 1642 die Tochter Ursula. Alle drei Kinder starben früh. Beerdigungen von Kleinkindern wurden damals nicht namentlich im Totenbuch eingetragen. Georgs Frau Anna starb im Frühjahr 1642 im Kindbett.

Der junge Witwer fand bald eine zweite Frau. Am 8. September, an Mariae Geburt 1642, übergab deren Vater Christoph Thanner zu Litzldorf sein zur Abtei Tegernsee grundbares »Haimet, das Uedlpolzlehen genannt«, wozu ein Roß, ein Jährling, vier Kühe, vier Jungrinder und drei Schweine gehörten, seiner Tochter Barbara. Er selbst zog zu einem in »Berghofen außer Dachau« sitzenden Sohn. Und so konnte »Georg Dinzenhofer von Guntersberg« 1642 *Barbara Tanner* heiraten und sich auf dem Uedlpolzer Lehen, heute Ober-Ulpoint, bei Litzldorf niederlassen. Der Eintrag im Trauungsbuch 1636 bis 1678 der Pfarrei St. Martin in Au (S. 25, Nr. 21) lautet: »In eadem eccl(es)ia solemnizatae sunt nuptiae *Georgii Dinzhoffers* de Gundlsperg et Barbarae Dannerin de uedtlpeuntt die 20 octobris. testes Adamus Hueber de Diepp:

(ertskirchen) et Sebastianus Gerer hospes in Lizldorf«. Übersetzung von Anton Bauer, Benefiziat in Au bei Aibling, der als erster gründlich die Familiengeschichte der Dientzenhofer erforscht hat: »In derselben Kirche ist die Hochzeit gefeiert worden des Georg Dinzenhofer von Gundelsberg und der Barbara Danner von Udlpoint am 20. Oktober. Zeugen: Adam Huber von Diepertskirchen (heute Lippertskirchen) und Sebastian Gerer, Wirt in Litzldorf.« Aus dem vorhergehenden Trauungseintrag (Nr. 15) ergibt sich einwandfrei als Trauungsort die Filialkirche Litzldorf.

1643 starb Georgs Vater, Wolf Dinzenhofer von Gundelsberg. Seine Witwe Katharina (1612–1694) heiratete im selben Jahr noch den Paul Kirchpöck aus Feilnbach, der aber nach dem Vertrag mit der Abtei Tegernsee nur achtzehn Jahre auf dem Gut sitzen durfte und es dann einem der genannten Kinder – Wolf, Katharina, Barbara, Leonhard und Anna (Georg war ja schon außer Haus) – zu übergeben hatte. Die Mutter mußte sich also mit den Kindern vergleichen. 1649 trat der Stiefvater Kirchpöck wieder zurück. Er hatte eine »andere Gelegenheit« gefunden und übergab vorzeitig seinem Stiefsohn Wolf das Anwesen.

Auf dem Hof in Ober-Ulpoint wurde nun als erstes Kind aus der zweiten Ehe der älteste der künftigen Baumeister, der »Waldsassener« Georg geboren: »1643... Die 11. Augusti Baptizatus *Georgius* filius Georgii Dinzn=hofers de Uellpeunt Barbarae coniugis patrinus Georgius Churtz de Litzldorff« (Taufbuch der Pfarrei St. Martin in Au 1613–1644, S. 243, Nr. 59); Georg folgte am 17. Februar 1645 *Anna*. Sie zog später mit den Baumeisterbrüdern nach Prag, wo sie ihnen vielleicht den Haushalt führte, und heiratete dort am 11. Januar 1678 in der St.-Thomas-Kirche auf der Kleinseite Wolfgang Leuthner. Trauzeugen waren Wolfgang Erhard aus Schliersee, Katharina Dientzenhofer, eine Tante von Gundelsberg, und Andreas Sinetsbihler. Nach dem frühen Tod des Wolfgang Leuthner heiratete sie auf den Tag genau fünf Jahre später einen Alexander Hupfauer aus Miesbach, der später Schreiber in der von Christoph Dientzenhofer gemieteten Kleinseitner Ziegelei war.

Der spätere „Amberger" Wolfgang konnte diesen Vornamen nur erhalten, weil sein Halbbruder aus erster Ehe als Kleinkind gestorben war.

»1648... Die 16. martii baptizatus est *Wolfgangus* filius Görgi Dinznhofer de Uedl=peunth Barbarae coniugis patrinus Görg Kurz de lizldorf« (Taufbuch Au 1645–1673, S. 34a, Nr. 24).

Als viertes Kind kam am 11. Mai 1650 der Sohn Abraham zu Ober-Ulpoint auf die Welt. Von ihm wissen wir nichts Näheres.

Im März 1654 tauschte nun »*Georg Dintzenhofer von Litzldorf*« das Tannergut Ober-Ulpoint mit seinem Schwager Georg Tanner, einem Grundholden des Hochstifts Freising, gegen das Lehen-»*Gueth am Guggenpichl*« in der Pfarrei Flintsbach. Der *Gugghof* gehörte grundbar zur Propstei St. Peter am Madron (Petersberg).

Drei Jahre zuvor ist Georg Tanner mit seiner Frau Ursula Barbara urkundlich genannt; ihre Tochter Ursula wurde am 8. März 1653 getauft und starb am 19. Februar 1654. Mit dem Kind starb anscheinend auch die Mutter. Das mag der Grund dafür gewesen sein, daß schließlich 1654 im Stiftsbuch der Propstei Petersberg notiert wurde, daß Georg Thanner das Gut an »Hannsen Tünzenhover vertauscht« habe. Das wurde später bestätigt: »Dieser Georg Tanner hat dieses Gut dem Hansen Tinzenhofer ertauscht. Solchen Tausch hab ich in der Stift 1654 ratifiziert, genommen deswegen 14 fl. Martin Andröter 16. 10. 1665.« Der Tod von Frau und Kind muß Georg Tanner so beeindruckt haben, daß er Einsiedler wurde und 1659 nicht weit entfernt vom Gugghof oberhalb von Brannenburg am Abhang des Sulzberges in Schwarzlack eine Maria-Hilf-Kapelle und daneben eine Eremitage errichtete.

Eine spätere Beschreibung macht deutlich, daß der Gugghof

keine große Familie ernähren konnte: »1/16 Guggengütl, halb gemauertes Wohnhaus und Schupfe. Ein Feld, worin das Haus steht und wovon der 3. Teil aus zweimädigen Wiesen besteht und der andere Teil einmädige Wiese ist, dann das Braitwiesl. Das sog. Guggenhölzl. Forstrecht 12/4. Weidenutzung am Breitenberg und im Arzmoos. Gerichtsbar zur Herrschaft Falkenstein, gibt dahin Vogthaber -/1/1/2 3/4, Vogteigeld -8/4, Scharwerksgeld 1/20/- Stiftsgeld zur Propstei Petersberg incl. Kuchendienst 2/24/6.«

Georg Dientzenhofer zog also mit seinen vier Kindern um. Das Gut Ulpoint wurde bald von Sebastian Antretter erworben, dessen Grabstein an der Südwand der Kirche in Litzldorf heute noch zu sehen ist. Er starb mit achtundneunzig Jahren.

Auf dem Gugghof wurde nun als fünftes Kind der spätere »Prager« *Christoph*, der bedeutendste der Brüder, 1655 geboren; am 7. Juli ist er getauft worden. Das ist im »Liber baptismalis ab Anno 1652 inclusive usque ad Annum 1677 inclusive« der Pfarrei St. Martin Flintsbach am Inn beurkundet. Der Taufeintrag geschah durch Pfarrer Vitus Messinger (1641–1666). Der Vorsorge des Pfarrers Franz Pockschitz (1709–1715) verdanken wir die Erhaltung der beiden ältesten Tauf-, Sterbe- und Ehebücher der Jahre 1627 bis 1651 und 1652 bis 1677. Er hatte sie »zergliedert, zerrissen und an einem unzimblichen Orte« gefunden und durch einen Einband vor dem Verderben bewahrt (Quitzmann, S. 107). Im selben Buch ist auch aufgeschrieben unter dem 3. November 1657 »eodem Bapt: *Barbara* filia georgii günzhofers am Branenberg et ux: pat: Anna Hueberin de Lyzldorff.«

Leonhard, der spätere Bamberger Ratsherr und hochfürstliche Hofbaumeister, wurde ebenfalls in der Pfarrkirche St. Martin in Flintsbach getauft, und zwar am 20. Februar 1660.

Als jüngster Sohn wurde 1663 auf dem Gugghof der spätere Erbauer des Doms von Fulda und Bamberger Ratsherr, *Johann*, geboren, dessen Taufeintrag im »Liber baptismalis ab Anno 1652 inclusive usque ad annum 1677 inclusive« der Pfarrei St. Martin im Mai 1663 der aufschlußreichste ist: »25. Bapts Joannes filius georgii Tanner (durchgestrichen und darübergeschrieben) Dünzhofer gundlspergers et Barb. ux: am Brannenberg zu dem gugg pat: Joannes Hueber de Lyzldorf«: Familienname, Hofname, Name der Mutter und Name des Hofes, aus dem der Vater stammte, sind hier aufgeführt.

Die älteren Kinder gingen in Flintsbach zur Schule. Der erste Lehrer war Andrä Schmid. Die Kirchenrechnung des Jahres 1618 weist aus: »dem Schulmeister für das Singen gegeben 2 fl.«. Seit 1646 versah Urban Lechner dieses Amt, und bei ihm lernten alle Dientzenhofer-Kinder das Schreiben und Rechnen. Ein eigenes Schulgebäude gab es allerdings noch nicht. 1660 wurden die ersten Geldmittel bereitgestellt, 1684 das Schustergütl beim Unterprosel von der Witwe des Unterornat (Hausname) erworben und 1790 gegen das Oberproselanwesen neben dem Pfarrhof gegenüber der Kirche eingetauscht. Wo die Buben das Maurer- und Steinmetzhandwerk erlernt haben, ist unbekannt.

Nachdem der Gugghof 1654 auf Georg Dinzenhofer, den Vater, übertragen worden war, änderten sich am 16. Oktober 1665 schon wieder die Besitzverhältnisse. Martin Andröter (Antretter) erwarb den Hof und vererbte ihn dann auch später. Dieser Martin Antretter starb am 28. Dezember 1670 und wurde auf dem kleinen Bergfriedhof bei St. Margarethen beerdigt. Seine Ehefrau hieß Anna, sie hatte mehrere Söhne: Paul (geb. 1628 von Brannenburg), Michael (geb. 1630), Hans Andröter, der den Erwerb von 1665, 1679 und 1683 bestätigte, und Wolf Antreter, der ihn noch einmal 1707 beurkundete und dann den Hof 1709 freiwillig an seinen Vetter Paulus Antreter abtrat, der dort 1711 »Leibgeding erhalten«.

Wahrscheinlich blieb Georg Dinzenhofer mit seiner Frau Barbara auch nach dem Besitzwechsel auf dem Hof. Er starb 1673 und wurde im Gugg-Grab auf dem Friedhof von St. Margarethen begraben. Seine Frau Barbara lebte 1679 noch.

Es ist anzunehmen, daß die Kinder schon in jungen Jahren den Hof verlassen haben, weil er eine solch große Familie nicht ernähren konnte und auch bereits in fremde Hände übergegangen war. Leider fehlen bisher weitere Daten, die die Spekulationen beenden könnten. Es ist möglich, daß die Kinder nacheinander oder auch zusammen die Heimat am Inn verließen, daß sie mit einem Floß innabwärts zunächst nach Passau kamen, wo seit 1668 Carlo Luragho (ca. 1618–1684) den Dom umbaute, und daß Luragho sie mit nach Prag nahm. Auf jeden Fall ist 1677 der Name Dientzenhofer in Prag beurkundet, und dort finden wir dann alle Geschwister fröhlich vereint bei der Hochzeit der Schwester Anna am 11. Januar 1678 mit Wolfgang Leuthner, einem Verwandten des Abraham Leuthner, in dessen Baugesellschaft alle Brüder gearbeitet haben.

Die Dientzenhofer waren nicht die ersten und einzigen Handwerker, die ihre Heimat am Fuß der Alpen in Richtung München, Nordbayern, Böhmen, Mähren und Slowakei verließen, um dort Arbeit und Brot zu finden. Eine aufschlußreiche Nachricht ist sicher die Entdeckung Viktor Kotrbas in den »Büchern des ehrsamen Handwerks der Maurer und Steinmetzen« in Bratislava-Preßburg, wo schon 1631 ein *Abraham Dintzenhofer* beurkundet ist. Aus Pfraundorf zog der 1681 geborene *Christoph Dinzenhofer,* Sohn des Leonhard Dientzenhofer von Gundelsberg, ein Cousin der Baumeisterbrüder, nach Prag. Im Künstlerlexikon von Thieme-Becker wird er als Christoph II aufgeführt. Er war ebenfalls Baumeister und starb 1722 einunddreißigjährig in Prag.

Die Mitglieder der Baumeisterfamilie Dientzenhofer haben in den Jahren 1682 bis 1751 weit über 250 Bauwerke erstellt. Es sind Kirchen und Kapellen, Fassaden, Klöster, Schlösser, Amtshäuser, Kasten- und Gutshöfe, Wirtschaftsgebäude, Kranken- und Bürgerhäuser, Domherrenkurien, Adeligen-Palais, Pavillons, eigene Wohnhäuser, Brücken, Tore, Türme, Brunnen, Treppenanlagen, Säle, ein Felsenkeller, eine Reithalle, aber auch Entwürfe für Altäre, Reliquiare, Kanzeln und Statuen sowie Fortifikationsbauten. Für das Verständnis der Dientzenhofer sind aber nicht nur ihre schönsten, bekanntesten, bedeutendsten oder größten Werke aufschlußreich, sondern auch die vielen kleineren, großenteils unbekannten, weil sie zeigen, wie sie an ihre Aufgaben, die sie von unterschiedlichsten Bauherren übertragen bekamen, mit solidem handwerklichem Können und Kunstverstand herangegangen sind. Die Dientzenhofer sind öfter dann gerufen worden, wenn es galt, ein großes Unternehmen zu planen und zu organisieren.

Man muß auch unterscheiden, in welcher Funktion einer der Dientzenhofer an einem Bau beteiligt war: ob als Maurer oder Steinmetz, als Maurermeister, als Polier oder als Oberbauleiter; ob er einen Bau nach eigenen oder fremden Plänen ausführte oder andere seine Pläne verwirklichten; ob er nur die Bauten anderer zu Ende führte oder als Berater und Gutachter tätig war. War er Architekt oder Bauunternehmer, wurde er für Modernisierungen, Reparaturen, das Abreißen alter Gebäude oder für Umbauten, Einbauten und Erweiterungen bezahlt? Mußte er auf den alten Fundamenten bauen oder hatte er das große Glück, nach eigenen Plänen auf die grüne Wiese seinen Traum hinzustellen? Wie viele Pläne zeichnete er umsonst, weil er gegen einen Konkurrenten unterlegen war, weil dem Bauherrn das Geld für diesen Vorschlag fehlte oder ihm neue Ideen kamen?

Nicht alle von den Dientzenhofern errichteten Gebäude stehen heute noch. Manche wurden teilweise oder ganz abgebrochen, im Krieg zerstört, sind abgebrannt, umgebaut worden oder zur Ruine verfallen. Viele wurden und werden in der letzten Zeit renoviert.

Die Dientzenhofer haben mit ihren Bauten in Bayern, Franken, Hessen, Württemberg, Böhmen und Schlesien die Architektur des Früh- und Hochbarock wesentlich geprägt. Sie alle genossen einen guten Ruf als herrschaftliche, als markgräfliche, fürstliche, fürstbischöfliche, ja kaiserliche Baumeister.

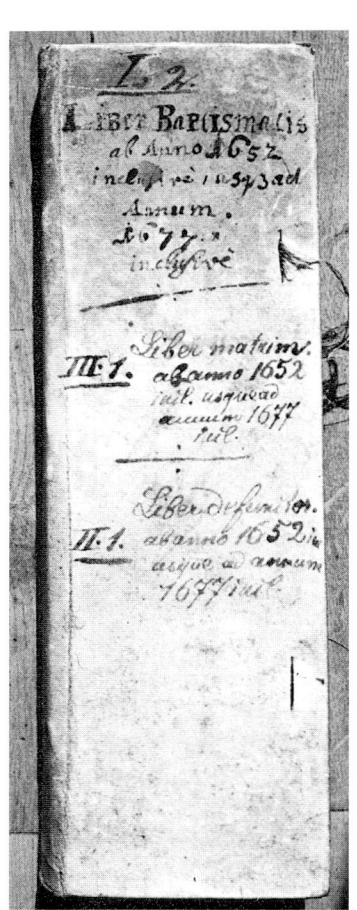

*Tauf-, Sterbe- und Ehebücher
der Pfarrei Flintsbach 1652 bis 1677*

Georg wurde, wie bereits gesagt, in *Ober-Ulpoint* geboren und am 11. August 1643 in der Pfarrkirche *St. Martin in Au* bei Bad Aibling getauft. Der Eintrag im Taufbuch der Pfarrei (S. 243, Nr. 59) lautet:

> »Die 11. Augusti Baptizatus
> Georgius filius Georgii Dinzn=
> hofers de Uellpeunt Barba
> rae coniugis patrinus Georgius
> Churtz de Litzldorff«.

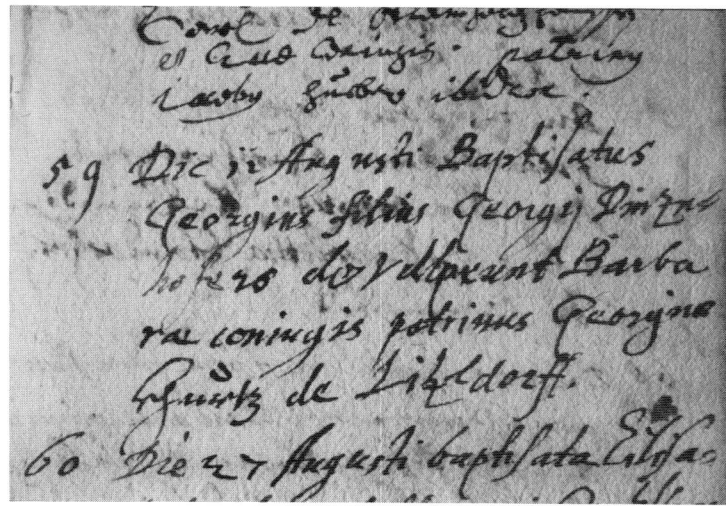

Von seiner Jugend war oben schon die Rede. In *Prag* ist er am 13. Februar 1677 als »Georg Pinzenhover« zum erstenmal urkundlich nachgewiesen als Zeuge bei der Taufe der Dorothea Susanna, Tochter des Sebastian Sock, der aus dem Pfleggericht Auerberg stammte, und dessen Frau Veronica bei *St. Thomas auf der Kleinseite*.

Der 11. Januar 1678 ist ein ganz wichtiges Datum in der Familiengeschichte der Dientzenhofer. An diesem Tag heiratete die 1645 in Ober-Ulpoint geborene Schwester Anna in der St. Thomas-Kirche auf der Prager Kleinseite Wolfgang Leuthner, einen Verwandten des berühmten Baumeisters Abraham Leuthner. Alle Dientzenhofer-Brüder waren als Hochzeitsgäste dabei, also Georg, Wolfgang, Abraham, Christoph, Leonhard und der erst vierzehnjährige Johann. Eingetragen sind sie im Kopulationsbuch 1649 bis 1696 (S. 105). Georg war auch Zeuge am 10. Juli 1678 bei der Taufe der Tochter Maria Susanna von Sebastian und Veronica Sock in St. Thomas. Die Kleinseite wurde vorübergehend die neue Heimat der Geschwister. Georg, inzwischen schon fünfunddreißig Jahre alt, wollte sich hier endgültig niederlassen und beantragte deswegen bei dem für ihn zuständigen *Pfleggericht Aibling* einen Geburts- und Weglaßbrief, der ihm auch am 27. Februar 1679 ausgestellt wurde:

»Geburtsbrief Erfahrung, so wegen Wolfen und Georgen Dinzenhouers, beeden Gebrüeder und Maurergesölln, weil. Georgen Dinzenhouers zu Au sel. und Barbara seiner hinderlassenen Ehewürtin erzeigter Söhn, welche crafft vorgewisner Attestationen de

datis 7. et 12. Jener diss Jars, als der Wolf in der Stadt Ärnau an der Elb, dan *der Georg zu Prag in dem Königreich Böheimb* entlegen, für Maurer sich heußlich niderzurichten vorhabens sein, ehelichen Geburt und unbehafter Leibaigenschaft eingeholt worden, den 27. Febr. Anno 1679.« Mitterwieser schreibt dazu: »Die beiden alten Männer, welche vor Gericht (in allgemein üblicher Weise) über deren eheliche Geburt und Freisein von Leibeigenschaft verhört werden, sagen aus, ihre Eltern Georg (nun selig) und Barbara seien vor ungefähr 36 Jahren im St. Michaels-Gotteshaus zu Litzldorf vom Gesellpriester zu Au Kaspar Hamer eingesegnet worden, hätten beim dortigen Wirt Sebastian Gerer das Hochzeitsmahl gehalten und dann zu Uedlpeint auf ein Gütl sich häuslichen niedergericht«.

Als Neubürger der Kleinseite war Georg dann noch einmal am 12. November 1681 Taufzeuge für die Tochter Rosina Katharina des Baumeisters Johann Georg Mayer aus Sonthofen im Allgäu, was im Taufbuch der Pfarrei Maria Schnee in Prag 1678 bis 1775 (S. 302) vermerkt ist.

Im darauffolgenden Winter übersiedelte er dann jedoch mit der Baugesellschaft Abraham Leuthners als verantwortlicher Baumeister nach *Waldsassen*.

Das 1133 gegründete Kloster war nach Erschütterungen und Verfall 1571 als Folge der Einführung der protestantischen Religion in der Oberpfalz aufgehoben worden. 1628 wurde die Oberpfalz rekatholisiert. 1669 löste Abt Dallmayr von Fürstenfeld mit Unterstützung des baierischen Kurfürsten Ferdinand Maria, der 1661 die Wiederbegründung des Klosters Waldsassen nach der Bitte des Abtes und der schon 1651 erfolgten Zusage von Herzog Maximilian beschlossen hatte, die Rechte des Regensburger Bischofs durch die Zahlung von 20000 fl ab, gewann so Waldsassen für den Orden zurück und wurde selbst Abt von Waldsassen. Am 23. Juli 1669 traf er auf einer längeren Reise durch die Oberpfalz in Waldsassen ein, wie einer »Rayß-Rechnung« zu entnehmen ist, wo ihm am 1. August mit ausdrücklicher Genehmigung des Papstes das Kloster zur Verwaltung übergeben wurde.

Vorerst bereiteten drei Mönche aus Fürstenfeld den Wiederaufbau der von den Schweden niedergebrannten Klostermauern vor. Die Grundanordnung der Gebäude sollte im wesentlichen so bleiben, wie sie die Vogelschau von Ferdinandt Jacob Stilp von 1670 zeigt. Abt Martin Dallmayr, von 1640 bis 1690 Abt in Fürstenfeld, hatte durch seine tiefe Religiosität, seine umfassende Gelehrtheit, seine sichere Urteilskraft und seine Klugheit und vor allem auch durch vorbildliches Wirtschaften die Voraussetzungen dafür geschaffen. Als er mit achtunddreißig Jahren zum Abt gewählt worden war, hatte er ganze 115 Gulden, geplünderte Vorratsspeicher und vom Verfall bedrohte Gebäude vorgefunden. Bei seinem Tode am 22. April 1690 nach dem fünfzigjährigen Abtsjubiläum hatte er Waldsassen gekauft, waren die dortigen Klostergebäude neu errichtet, die Kirche, zu der er 1685 den Grundstein gelegt hatte, im Bau, und er hinterließ seinem Nachfolger in Fürstenfeld 150000 Gulden, mit denen dieser den Neubau der Fürstenfelder Klostergebäude und der Kirche finanzieren konnte.

Daß in Waldsassen 1681 der Baumeister Kaspar Feichtmayr aus Bernried am Starnberger See mit seinem Polier Benedikt Schaithauf aus Wessobrunn mit dem Neubau begann, hing wahrschein-

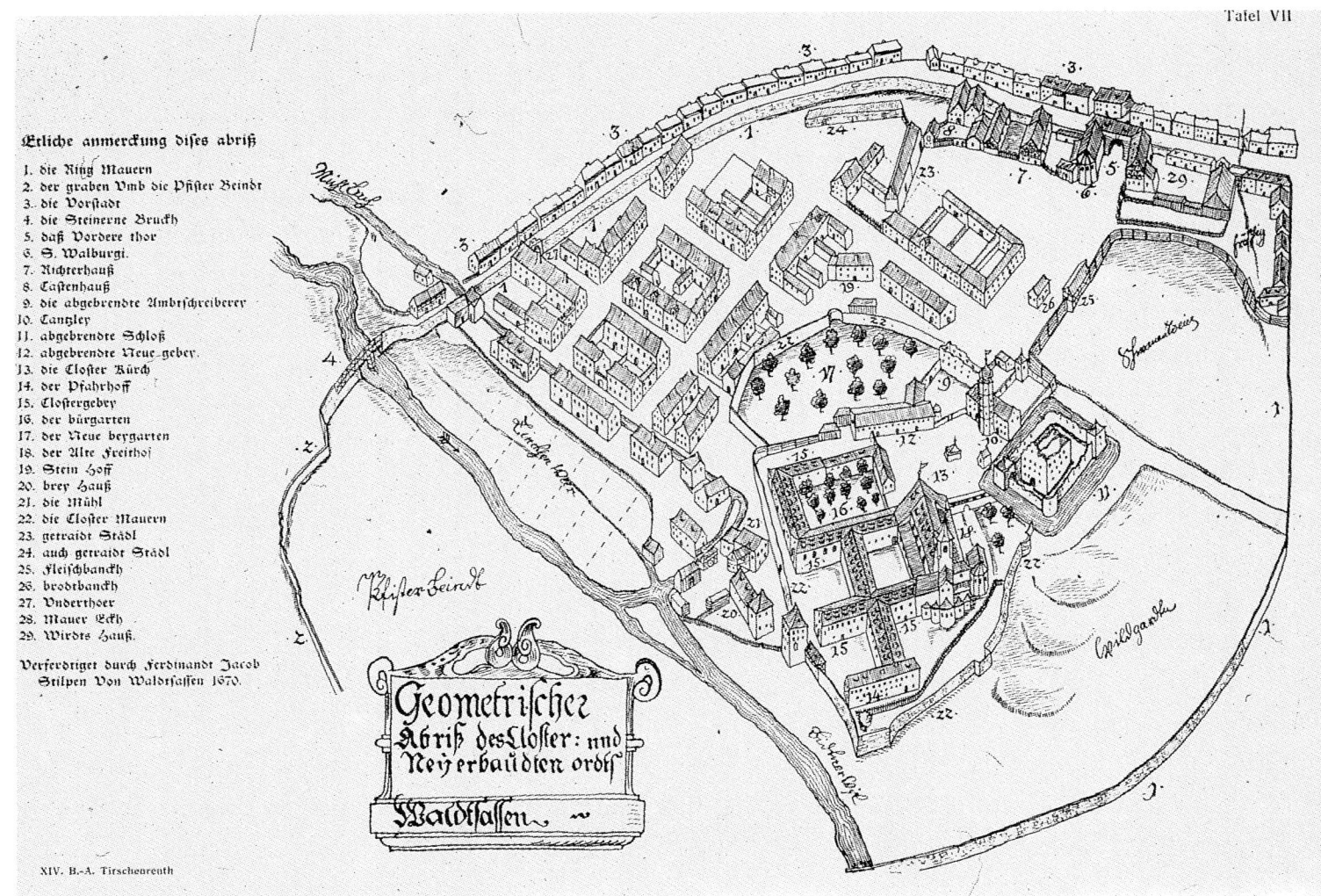

Tafel VII

Etliche anmerckung dises abriß

1. die Ring Mauern
2. der graben Vmb die Pfister Beindt
3. die Vorstadt
4. die Steinerne Bruckh
5. daß Vordere thor
6. S. Walburgi.
7. Richterhauß
8. Castenhauß
9. die abgebrendte Ambtschreiberey
10. Canzley
11. abgebrendte Schloß
12. abgebrendte Neue geber.
13. die Closter Kürch
14. der Pfarhoff
15. Clostergeber
16. der bürgarten
17. der Neue bergarten
18. der Alte Freithof
19. Stein Hoff
20. brey Hauß
21. die Mühl
22. die Closter Mauern
23. getraidt Städl
24. auch getraidt Städl
25. Fleischbanckh
26. brodtbanckh
27. Vnderthoer
28. Mauer Eckh
29. Wirdts Hauß

Verfertiget durch Ferdinandt Jacob
Stilpen Von Waldtsassen 1670.

XIV. B.-A. Tirschenreuth

Waldsassen, Klosteranlage

lich damit zusammen, daß Abt Dallmayr ebenfalls aus Bernried stammte. Feichtmayr aber war dieser Aufgabe offensichtlich nicht gewachsen und wurde entlassen. Den grundlegenden Neubau, für den man den »wohlberühmten« Prager Architekten Abraham Leuthner und seinen damaligen *Polier Georg Dientzenhofer* gewonnen hatte, organisierte Pater Prior Nivard Christoph. Abt Martin Dallmayr kümmerte sich um den äußeren und inneren Aufbau des Klosters Waldsassen so intensiv, daß er seine Mönche bat: »Wenn ich stirb, dürft ihr mir wegen Waldsassen kein Inful (Mitra als Würdezeichen der Äbte), wohl aber ein Märthyrkränzl zumalen lassen und glauben, daß die Verdrießlichkeiten und deswegen gehabten Beschwernissen mir viel von meinen Lebenstagen hinweggenommen haben.«

Abraham Leuthner, der in Prag eine Baugesellschaft leitete, zu der auch alle Dientzenhofer-Brüder gehörten, und dort 1677 das Architekturwerk »Gründtliche Darstellung der fünff Seyllen, wie solche von dem weitberühmbten Vitruvio, Scamozzio und anderen Vornehmben Baumeistern Zusambengetragen« herausgebracht hatte, hatte sich in Böhmen einen Namen gemacht mit der Errichtung des Lustschlosses in Schlackenwerth (Ostrov), der Marienkirche in Altbunzlau (Stará Boleslav) und Bauten in Prag. Er war auch Festungsbaumeister in dem von Waldsassen nur zehn Kilometer entfernten Eger (Cheb). Dieser Abraham Leuthner vom Grundt legte im Frühjahr 1682 die Pläne für den *Neubau von Kloster und Kirche* vor und ein *Holzmodell*. Ob diese ersten Pläne bereits von Georg Dientzenhofer stammten oder von Leuthner, läßt sich nicht mehr feststellen.

Zunächst wurde mit dem Bau des Klosters begonnen und der Bau der Kirche vorbereitet.

Während der Vorbereitungszeit im Frühjahr 1682 machte Georg einen *Plan für den Neubau der Pfarrkirche von Auerbach an der Pegnitz*. Der Bau wurde aber nicht von ihm ausgeführt. Seit 1685 schaltete sich der Baukommissar Mauritius Löw aus Amberg ein, der dem Maurermeister Johann Kirchberger den Umbau übertrug. Aus dem geplanten Neubau wurde am Ende nur ein Umbau, an dem man heute noch die gotische Grundsubstanz gut erkennen kann.

Georg soll in den Jahren 1682 bis 1684 sowohl die *Pläne für Kloster und Kirche der Prämonstratenser in Speinshart* gezeichnet als auch an der *Benediktinerkirche in Weißenohe* mitgearbeitet haben.

Die Haupttätigkeit im Jahre 1682 lag aber in Waldsassen. Einige Notizen aus dem »Spicilegium anecdotorum ad historiam Waldsassensem de ruina et reparatione monasterii et ecclesiae eiusque artefactis et eorum auctoribus artificiosis ipsorumque aedificiorum progressibus«, einer Sammlung von Anekdoten zur Geschichte des Niedergangs und der Wiederherstellung von Kloster und Kirche in Waldsassen, berichten vom Fortgang der Arbeiten: Leuthner erhielt pro Jahr 100 Gulden; die Handwerker setzten am 4. Januar den Abbruch der Klostermauern fort; am 5. April begannen die Maurer damit, das Fundament aufzumauern. Georg *Diensenhöffer* als Gehilfe Leuthners bekam etwas mehr als den üblichen Maurerlohn. Alle Kosten für die Maurer, Zimmerer, Schreiber, Hilfsarbeiter und die Eisengeräte betrugen 2872 Gulden, 34 Kreuzer und 2 Pfennige im Jahr. Als die Maurer gerade mit den Arbeiten begonnen hatten, hatte sich das Unternehmen bereits herumgesprochen, und man zeigte großes Interesse. Am 7. April schrieb der Graf von Ortenburg an Pater Nivardus:

»Mich erfreuet E. Ehrw. mir sehr angenembes schreiben, weilen ich daraus Vergewissert bin, daß dieselbe neben denen Vbrigen Patribus (jetzt schon zwölf Mönche) sich gänzlich wol auff befünden, so die gnad gottes noch weitters Verleihen wolle, bedankhe mich Erl. daß E. Ehrw. Verlangen mich diesen frueling zu sehen, Vnd daß Völlig Verfaste *model von Holz* auf den bevorstehenden Bau Zu Zeichen (dieses Holzmodell ist leider verlorengegangen), weils Von einem Wohlberümbten Baumeistern aus beheimb (Böhmen) angegeben worden, bekhenne die Wahrheit, daß ichs wol hett sehen mögen, aber würd zu gross und ohne schaden Vber landt nit zu bringen seyn, wünschte also nur Von Herzen, daß man baldt damit anfange, wakher damit Vortfahre, Vnd glücklich Vollende Zu des löbl. Stifftes nuez, Und dessen ewig glori Vnd ehr, Villeicht gibt mir der heulige Gott das leben noch so lang, daß ich etwan schon einen vornemmen theil schon stehendt davon wirde sehen können.«

Georg muß sich in Waldsassen bald wohlgefühlt haben. Endlich lernte er auch in der *Metzgermeisterstochter Maria Elisabeth Hager* aus Waldsassen seine Hochzeiterin kennen, die er am 25. August 1682 vor den Traualtar führte. Ihr Vater Johann Hager hat sich um die Familie des Georg auch später vorbildlich gekümmert. Im Copulationsbuch des Klosters Waldsassen lautet der Eintrag:

»Dom. Georgius Diensenhoffer,
des allhiesigen Closterbau Ballier,
Georgii Diensenhoffer de Aiblingen
e Bavaria filius«.

Georg wollte sich endlich häuslich niederlassen, und dazu mußte er das Bürgerrecht der churbairischen Hauptstadt der Oberpfalz, Amberg, erwerben. Dort schwor er seinen Eid im Jahre 1683. Merkwürdig ist dabei, daß in der Urkunde kein Ortsname angegeben ist.

Früher war vermutet worden, daß beim Bau von Kloster und Kirche in Waldsassen der Prager Architekt Jean Baptiste Mathey, der u. a. die Kreuzherrenkirche an der Karlsbrücke entworfen hat, eine entscheidende Rolle gespielt hätte. Aus den Briefen des Abtes Andreas Trojer von Plaß in Böhmen an Pater Nivard Christoph vom Kloster Waldsassen vom 17. März und 22. April 1683 geht hervor, daß Mathey nur als Berater empfohlen werden sollte. Der Abt von Plaß wünschte, daß Mathey um Rat gefragt würde. Dieser »Celebris Architectus Archiepiscopi Pragensis« käme bald wieder nach Plaß, und wenn er Zeit hätte, würde er ihn mit Pater Edmund nach Waldsassen schicken; vielleicht käme er sogar selbst mit ihm dorthin. Diese Reise unternahm der Abt von Plaß Ende Mai. Am 5. April hatten die Maurer mit der Arbeit wieder begonnen. Der Abt mit seinem Gefolge und Mathey fanden eine riesige Baustelle vor. Auf den Klosterbau hatte Mathey gar keinen, auf den Kirchenbau sicher keinen entscheidenden Einfluß. In diesem Jahr 1683 bekam Abraham Leuthner wieder seine 100 Gulden und von jedem Maurer mit Ausnahme des »balirio« 3 Kreuzer »Gesellengeld«. Das machte immerhin auch über 200 Gulden aus.

Der Polier Georg freute sich inzwischen auf die Geburt seines ersten Kindes, einer *Tochter Anna Mechtildis*, die am 23. Dezember 1683 zur Welt kam.

1683/84 baute Georg, nach den neuesten Forschungsergebnissen von Thomas Korth, die Pfarrkirche von Falkenberg.

1684 erhielt Georg den Auftrag, als *Bauleiter in Amberg* die Arbeiten am *Jesuitenkolleg* fortzuführen, die bereits 1665 von Wolfgang Hirschstetter begonnen und von Georg Hagn und Andreas Wels d. Ä. fortgeführt worden waren. Georg baute zuerst den

Nordflügel. In den Akten des Jesuitenkollegs erscheint er als »Baumeister aus Waldsassen, ubi per plures iam annos aedificat« (wo er schon mehrere Jahre baut).

Abraham Leuthner war in diesem Jahr krank, als Baudirektor und Kastner beim Bau des zweiten Stocks des Waldsassener Konvents fungierte P. Joseph Werner.

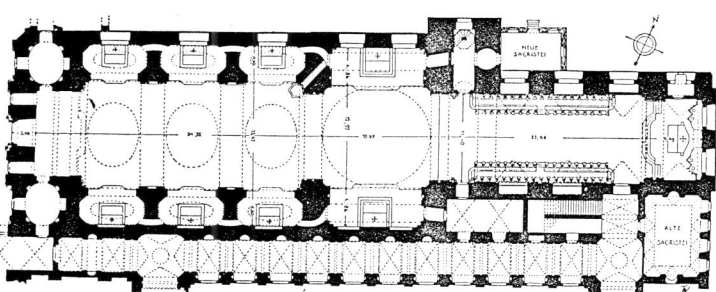

Waldsassen, Klosterkirche

1684 legte Georg die *Pläne für die Wallfahrtskirche zur Allerheiligsten Dreifaltigkeit* auf dem Glasberg bei Münchenreuth in der Nähe von Waldsassen, die *Kappel*, vor. Sie wurden beim bischöflichen Konsistorium in Regensburg zur Genehmigung eingereicht. Georg hatte sie nach den Vorstellungen von Pfarrer Paul Eckhardt von Münchenreuth und Pater Nivard Christoph von Waldsassen gezeichnet. Es wurde ihm bestätigt, daß es ihm gelungen sei, »das Mysterium Sanctissimae Trinitatis, per omne Trinium, in dem Kirchenbau zu adumbrieren (umschatten)«. Der *Originalgrundriß* für die Kappel ist noch im Archiv des Bayerischen Nationalmuseums erhalten.

Grundlage des Plans für die Kappel ist ein gleichseitiges Dreieck mit einer Schenkellänge von je 12,30 Metern. »Als Folge dieser Grundanordnung erheben sich an den Ecken des Dreiecks die 3 Rundtürme, umgeben von den 3 halbkreisförmigen Rotunden, die wiederum von je einer Halbkugel überwölbt und mit je einer Laterne bekrönt sind ... Jede der 3 Rotunden enthält 3 Kapellen, die durch eingezogene Pfeiler unterteilt sind, wobei jeweils die mittlere dieser Kapellen die volle Höhe des Raumes bis zur Wölbung einnimmt, während die beiden Seitenkapellen dazu zweigeschossig ausgestaltet sind. Da jede dieser 3 Kapellen jeweils über einen Eingang und einen Altar verfügt, zählt die Kappel insgesamt

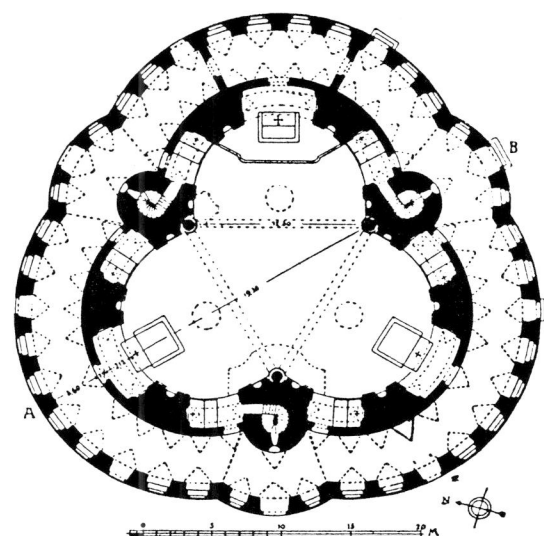

Waldsassen, Wallfahrtskirche Kappel

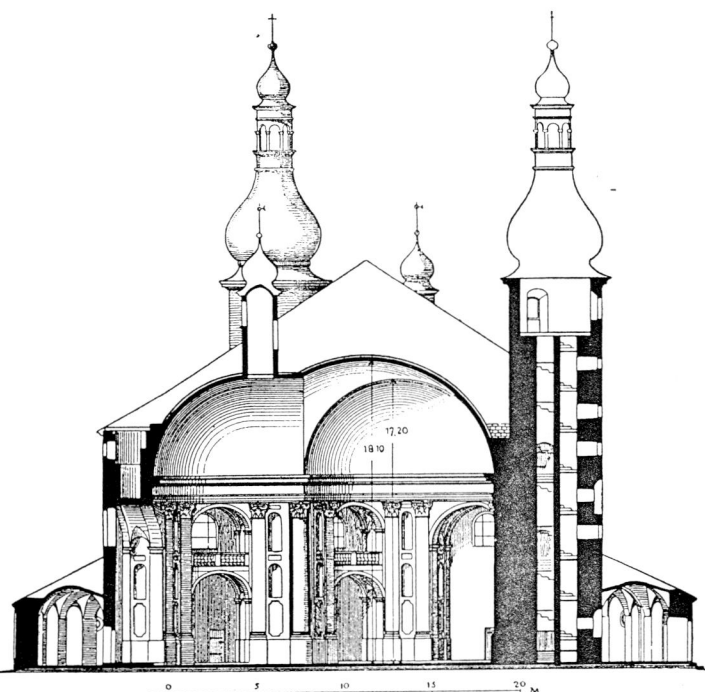

Waldsassen, Wallfahrtskirche Kappel

9 Türen und 9 Altäre. Ebenso haben die Rotunden, Türme und Laternen jeweils 3 gleichgroße Fenster« (Robert Treml).

Im Jahre 1685 änderte sich die Situation in Waldsassen insofern, als von da an bis zum Jahre 1689 das *Baumeisterkonsortium* Abraham Leuthner und Georg Dientzenhofer die Bauleitung innehatte. Dazu kam als Polier der jüngere Bruder Christoph Dientzenhofer. Auch Leonhard, damals fünfundzwanzig Jahre alt, war in Waldsassen, wo er am 30. Januar 1685 die Schwester der Frau seines Bruders, Maria Catharina Hager, heiratete. Während Georg fest im Ort verwurzelt war – am 21. Februar wurde seine zweite *Tochter Gertrud* geboren –, blieb Christoph nur ein Jahr, und Leonhard wollte sehr bald selbständig werden. Georg war ja nicht mehr nur Maurermeister, sondern verantwortlicher Bauleiter und vor allem Architekt, der die überarbeiteten maßgeblichen Pläne und später den Ausführungsplan für die Klosterkirche anfertigte. Abraham Leuthner war zu dieser Zeit beim Bau des Rathauses in Elbogen (Loket) Böhmen beschäftigt. Am 2. April wurde in Waldsassen mit dem dritten Trakt begonnen, dann auch das Fundament zum Kreuzgang gelegt.

Zur Grundsteinlegung der *Stiftsbasilika* kam Abt Martin Dallmayr aus Fürstenfeld angereist, damals schon dreiundachtzigjährig, aber noch sehr rüstig. Bei dieser Gelegenheit bekam der Maurermeister Georg Dientzenhofer 21 Gulden als Geschenk. Die Kirche wurde nicht gleich weitergebaut, offensichtlich war man mit dem Bau der Klosteranlagen zu sehr beschäftigt. Die Kirche ist mit einer Länge von 82,70 Meter, einer größten Breite von 22,70 Meter, einer Höhe des Langhauses von 23,90 Meter und der Höhe bis zum Kuppelscheitel von 28,20 Meter das größte barocke Kirchenbauwerk Nordbayerns. Der basilikale Raum hat ein östliches, nicht auskragendes Querhaus mit quadratischer Vierung und einen ungewöhnlich langen, gering eingezogenen Chor mit geradem Schluß. Im Turm sind Vorhalle und Orgelempore untergebracht. Das Hauptschiff hat drei mächtige Joche, die durch Doppelpilaster und kräftige Gurtbögen voneinander getrennt sind. Große ovale Öffnungen in den unteren Gewölben der Quertonnen gestatten jeweils den Durchblick zum Deckenbild des oberen Ge-

wölbes. Dieses ovale Loch zum Emporenraum ist sicher eine Erfindung Georgs.

Im Chor, an dessen Gestaltung Christoph mitgewirkt hat, stehen fünf enge Joche, die ebenfalls durch Doppelpilaster gegliedert sind. Die ursprünglichen Fenster in der Ostwand wurden später zugemauert. Vorbilder dieser Kirche waren für das Langhaus die Jesuitenkirche St. Ignaz in Prag von Carlo Luragho (erbaut 1665–1678) und für die Gewölbebildung der Passauer Dom, ebenfalls von Carlo Luragho (1668–1677), mit Flachkuppeln, Hängezwickeln und Gurtbögen. In einigen entscheidenden Partien geht Waldsassen jedoch über diese Vorbilder hinaus, vor allem in der Beziehung der einzelnen Raumteile zueinander. Bedeutend ist auch die geniale Lichtführung (nach Schütz und Hubel).

Die schwierigen Vorarbeiten für den Bau der Kappel waren im Sommer 1685 abgeschlossen. Weil der Wallfahrtsbetrieb aufrecht erhalten werden sollte, ließ man die alte Wallfahrtskapelle von 1645 vorerst stehen. Man wollte sie umbauen und erst abbrechen, wenn das Mittelgewölbe eingezogen war, um so die Tradition des alten Platzes sichtbar zu bewahren. »Mit gnädig gefertigter Erlaubnis eines Hochfürstlichen Thom-Stiffts Regensburg wurde am 12. 7. 1685 (unter der Feierlichkeit kirchlicher Weihe von Pfarrer Eckhardt) durch den Baumeister Dientzenhofer der erste Stein gelegt.« So steht es im alten Wallfahrtsbüchlein der Kappel von 1733.

Der nächste bedeutende Auftrag für Georg waren die *Pläne für die Jesuitenkirche Namen Jesu*, heute *St. Martin in Bamberg*, und den dazugehörigen großen *Konvent*. Ihn entwarf er 1685. Die Zisterzienser von Waldsassen hatten in einem Schreiben an die Jesuiten Georg für den seit langem geplanten Neubau einer Jesuitenkirche empfohlen. Georg hatte einen noch erhaltenen perspektivischen Aufriß von 115 x 43 Zentimeter und einen Grundriß von 62 x 45 Zentimeter gezeichnet und war nach Bamberg gereist. Über seinen Aufenthalt berichtete der Jesuitenpater Balthasar Wolff an Pater superior Nivardus von Waldsassen in einem lateinischen Brief, dessen Übersetzung lautet:

»Die gütigsten Schreiben, die von Eurer bewundernswerten verehrungswürdigen Väterlichkeit an mich übergeben wurden, fanden überall so viel Beachtung, daß der durch sie empfohlene Herr Georg Dientzenhöffer nicht nur im Collegium der Patres nach unserem Ermessen gnädig aufgenommen, sondern auch von unserem Erlauchtesten Fürsten zur Audienz gebeten und über den Bau eines noblen Schlosses in der Nähe der Stadt zu Rate gezogen wurde. Die Pläne für die Kirche und das Kollegium (den Konvent mit der Schule) haben uns allen gefallen, und ich bezweifle nicht, daß der Architekt bald beauftragt wird, was ich, soweit es an mir liegt, mit allen Mitteln fördern werde.«

Nachdem die Bamberger Jesuiten den Plänen zugestimmt hatten, mußten sie nach den Ordensvorschriften noch vom Generalat in Rom genehmigt werden. Im Herbst 1685 reiste der Bamberger Prokurator nach Rom. Daß die Pläne von der Prokuratorenversammlung im November gebilligt wurden, teilte der Bamberger P. Wolff dem Subprior von Waldsassen gleich mit.

Nach Georgs Plan wurde nach der Grundsteinlegung am 11. August 1686 mit dem Bau begonnen. Er leitete ihn zunächst selbst, nach seinem Tod 1689 sein Bruder Leonhard, der inzwischen nach Bamberg übergesiedelt war.

St. Martin ist eine *Wandpfeilerkirche* mit Emporen über den Seitenkapellen. Sie hat ein gewölbtes Langhaus von 59 Meter Länge, 26 Meter Breite und 23 Meter Höhe. Auf ein Vorjoch mit der Orgelempore folgen zwei tonnengewölbte Joche mit hochstrebenden Stichkappen und ein angedeutetes Querhaus. Ein etwas weiterer Pfeilerabstand besteht in der Vierung mit rechteckiger Kuppel, die in täuschender Perspektivwirkung von Giovanni Francesco Marchini 1716 auf ein Flachgewölbe gemalt wurde. Den stark

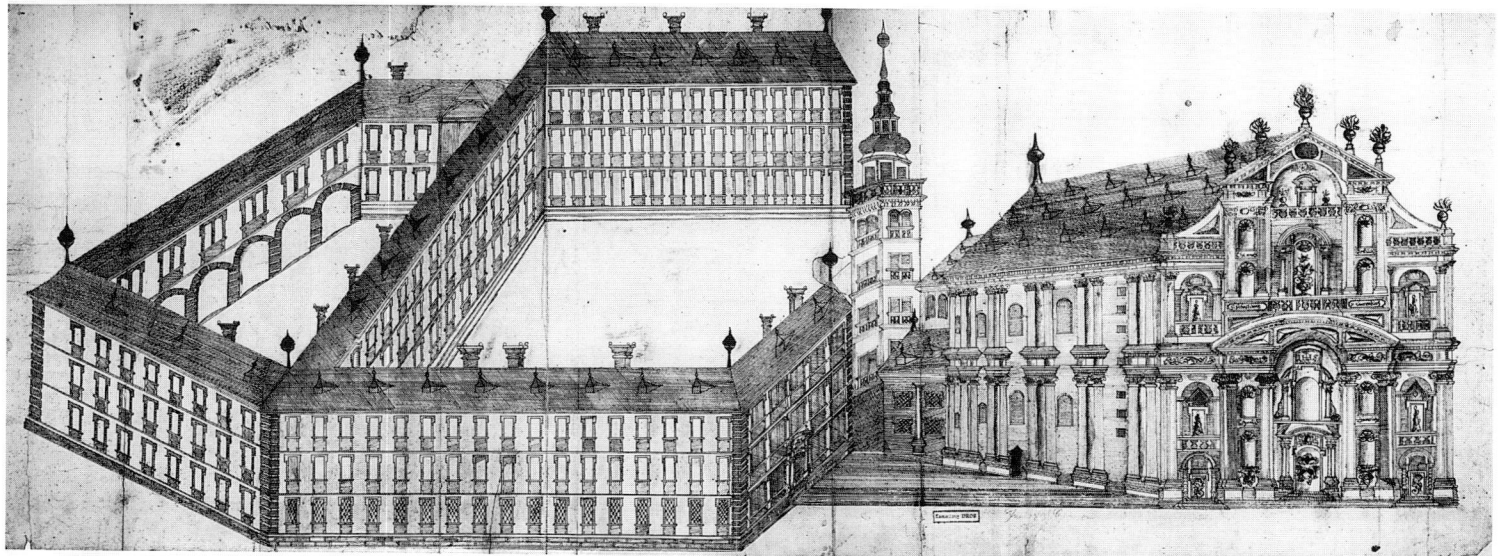

Bamberg, Jesuitenkirche Namen Jesu, heute St. Martin

eingeschnürten Chor umgreifen umgangsartig Sakristeiräume, in der Hauptachse erhebt sich der Chorturm (nach Mayer und Ruppert).

Die *Fassade am Grünen Markt*, datiert 1690, vermittelt einen römisch-italienischen Eindruck:

»Zwei übereinander getürmte Triumphtormotive beherrschen ihren Aufbau, bei dem tiefe Laibungen die Räumlichkeit, aber auch das Massive der Struktur sichtbar werden lassen. Schattige Höhlungen verleihen der Fassade ein zerklüftetes und aufgebrochenes Aussehen, und auch in der Anwendung der Pilastergliederung offenbart sich das Streben nach Spannung und Kontrasten. Jeder Bogen übergreift zwei Geschoßeinheiten, die einander überschichten und durchstoßen. Das gilt vor allem für das große Bogenmotiv im Obergeschoß, das erst über dem mächtigen Segmentbogen der Unterzone ansetzt und wie eine emporgestemmte Vorhalle erscheint« (Wagner-Rieger).

Ein Bildprogramm zeigt den Welterlöser Jesus Christus mit der Mutter Maria als Fundament auf der ersten von vier Etagen, in der zweiten stehen in Nischen die Jesuitenheiligen Ignatius von Loyola und Franz-Xaver, in der dritten die Ortspatrone Sebastian für die Gärtner und Laurentius für die Häcker; den Abschluß bilden die Heiligen Anna und Ottilie. »Figuren und Architekturteile machen die Fassade von St. Martin zu einem regelrechten Triumphbogen für das jesuitische und gesamtkirchliche Anliegen der Gegenreformation« (Kurt Ruppert).

Wie aus dem Schreiben P. Wolffs hervorgeht, wurde Georg bei seinem Aufenthalt im Frühjahr 1686 in Bamberg auch von Fürstbischof Marquard Sebastian Schenk von Stauffenberg als Sachverständiger über den Bau von *Schloß Seehof, gen. Marquardsburg*, gehört. Er erstellte ein *Gutachten* und entwarf einen *Plan*, der aber nicht zur Ausführung kam. Den Auftrag für das Schloß Seehof bekam der Baumeister Antonio Petrini aus Würzburg. An diesem Schloß arbeiteten aber später Leonhard, Johann und sogar noch dessen Sohn Justus Heinrich.

Ausgerechnet am Heiligen Abend, dem 24. 12. 1685, starb Georgs zweite Tochter Gertrud.

Am 26. März 1686 nahm man in Waldsassen die Arbeiten wieder auf. Im Sommer mußte Georg zusätzlich die Bauleitung bei der *Wallfahrtskirche in Trautmannshofen* übernehmen. Die höchst interessante Geschichte des Baus der von Leonhard Dientzenhofer entworfenen Kirche wird näher im Kapitel über Leonhard beschrieben. Am 9. Juni 1686 hatte sich dieser bei der Unterzeichnung des Baukontrakts nicht nur auf seine bisherigen Arbeiten

berufen, sondern auch versichert, er sei imstande, »mitels seines Bruedern, Maurmaisters vnnd wohl angesessnen Burgers zu Waldtsassen würkhliche Caution zu leisten«. Leonhard hatte zwar die Verhandlungen über den Bau geführt, war aber nicht zur Bauausführung erschienen. Am 18. Juli meldete die Regierung, daß Leonhard den Bau seinem Bruder (Georg), Maurermeister in Waldsassen, übergeben habe. Im selben Jahr wurde auch die *Erhöhung des Westflügels des Jesuitenkollegs in Amberg* mit der Aula, den Räumen des Gymnasiums und dem *Kongregationssaal* nach einem Entwurf von Pater Hörmann von 1678 begonnen. In diesem kirchenartigen Saal der von den Jesuiten gegründeten Kongregation »Himmelfahrt Mariens« wurden Messen gelesen, Predigten gehalten, aber auch Singspiele, Theaterstücke und Konzerte aufgeführt, wie das auch heute noch von Zeit zu Zeit geschieht.

In den Büchern von Waldsassen wurde Georg jetzt als *»aedilis monasterii«* geführt. Das bedeutet, daß er die Oberaufsicht und die geschäftliche Leitung des Klosterbaus innehatte.

Am 26. September 1686 wurde wieder eine Tochter geboren, der man den gleichen Namen gab wie der an Weihnachten 1685 verstorbenen Gertrud.

Anfang des Jahres 1687 mußte Georg bei der Amberger Stadtkasse vorsprechen: »Meister Georg Günstenhouer Maurer hat wegen aufhaltung seines Bürgerrechts erlegt 1 fl 30 kr«.

1687 wurde in Waldsassen am 14. April mit dem vierten Stockwerk, das die Bibliothek beherbergte, begonnen und an Georg zum erstenmal das sog. Gesellengeld in Höhe von 225 fl 13 kr ausbezahlt.

In diesem Jahr bekam Georg Ärger wegen des Baus in Trautmannshofen. Am 5. Juli wurde er angewiesen, sofort mehr Gesellen beizuschaffen. Es wurde ihm vorgeworfen, er habe entgegen der Vereinbarung so viele Maurergesellen von Trautmannshofen abgezogen, daß der Baufortschritt und die Aufstellung des Dachstuhles gefährdet seien, und er wäre längere Zeit abwesend gewesen. Georg hatte ja in Waldsassen, Amberg und Bamberg nach dem Rechten zu sehen. Das Mauerwerk war im Oktober in Trautmannshofen bis zum Gewölbeansatz aufgeführt, der alte Chor unter dem Turm in der geplanten Weite für das neue Gewölbe ausgebrochen und dieses eingepaßt, auch die unteren seitlichen Gewölbe und die Sakristeien waren fertig. Unstimmigkeiten bestanden nun deswegen, weil der Maurermeister, entgegen dem Voranschlag, nicht die bequemen leichteren »Däbsteine zu den Gewölben« verwenden wollte, sondern die schwereren Ziegelsteine, und zwar über die angesetzte Zahl von 16 000 hinaus weitere

40 000. Dadurch entstünden höhere Kosten sowie Schwierigkeiten bei der Lieferung. Den Einwand, daß die sofort zu beschaffenden Däbsteine dem Polier mehr Arbeit verursachten und daher unbeliebter wären, wies Georg zurück, da nach seiner Auffassung Ziegelsteine für das Gewölbe nützlicher seien. Dafür wollte er aber aus Ersparnisgründen den Gewölbeansatz in Stein ausführen (Boll, Trautmannshofen, S. 114).

Auf diesen Bericht antwortete die Amberger Regierungskanzlei am 23. Oktober und nennt darin Georg »Maurermeister N. Dinzlhofer«, korrigiert in »Leonh: Dinznhofer«. Bei der Regierung hatte man also keine genauen Kenntnisse davon, wer in Trautmannshofen baute.

Im Jahre 1688 nahm man in Waldsassen am 6. April die Bautätigkeit wieder auf. Georg bekam abermals Gesellengeld (234 fl 52 kr) und saß dann über den Ausführungsplänen für die Kirche. Nach wie vor war er gleichzeitig in Amberg am Jesuitenkolleg, in Trautmannshofen, an der Kappel und in Waldsassen beim Klosterbau tätig.

Am 12. November wurde ihm der einzige Sohn, Johann Josef, geboren.

Gleich zu Beginn des Jahres 1689 war Georg wieder bei der Stadtkasse in Amberg: »Georg Günstenhouer Maur wegen aufhaltung seines Bürgerrechts erlegt 1 fl 30 kr«.

Völlig überraschend kam dann sein Tod am 2. Februar 1689 in Waldsassen. Beim Begräbnis wurde er gewürdigt als »immortali memoria dignus« – würdig unsterblichen Angedenkens.

Sein Tod hatte natürlich unmittelbare Folgen nicht nur für seine Familie mit zwei kleinen Mädchen von zwei und fünf Jahren und dem noch nicht drei Monate alten Sohn, sondern auch für die unfertigen Bauten. Am 4. März 1689 benachrichtigte der Schreiber und Pfleger Tunzler die Regierung, am Bau in Trautmannshofen wäre »ein ziemliches am Kirchengewölb vnd sonderbar der Kirchen vnd Chor mit endlicher sauberer Verwerff: Dünch: vnd

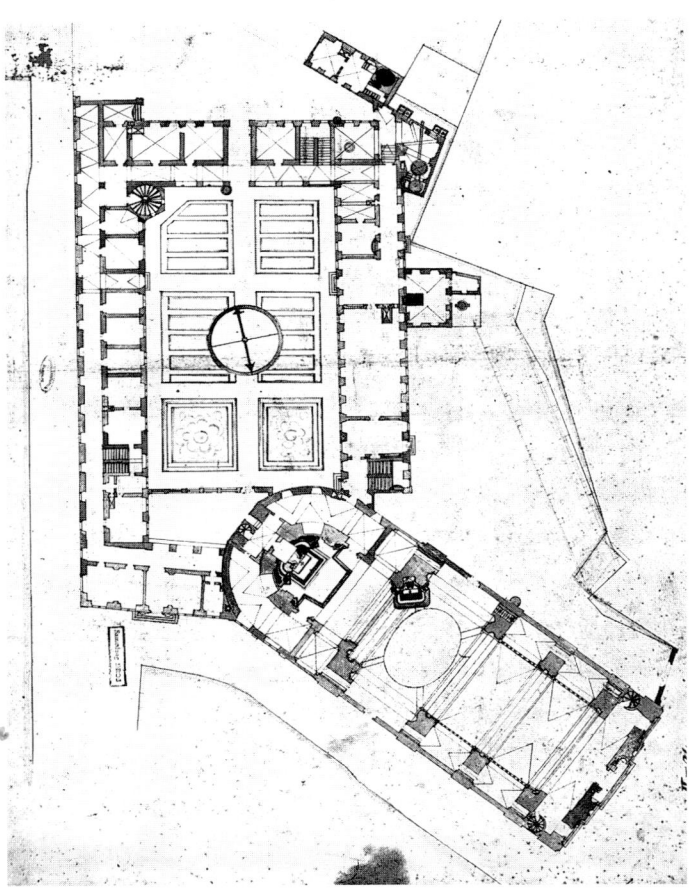

Bamberg, Jesuitenkirche Namen Jesu, heute St. Martin

Pallierung der ganzen zwar völlig stehenden Gemeuer in: und auswendig ferners zu verfertigen.« Im selben Brief schrieb er auch, »daß der zu dem starkhen und importirlichen Gotteshaus Pau angestellt geweste Pau: vnd Maurmaister Geörg Dünzenhover von Waldtsassen, dem gar gewissen eingeloffenen Bericht nach, vor anderthalb Monath ungefehr mit todt abgangen seye«. Die Witwe sollte zur Vollendung des Werkes angehalten »oder jemandt andern tauglichen« angestellt werden, damit zur rechtzeitigen Wiederaufnahme der Bauarbeiten genügend Werkleute zur Verfügung stünden (Boll, Trautmannshofen, S. 115).

Zu dieser Zeit tauchte zum erstenmal in Amberg der Bruder Wolfgang auf, damals vierzig Jahre alt. Er war zuletzt in Prag gewesen. Daß die Familie ihn nach dem plötzlichen Tod Georgs zu Hilfe gerufen hatte, ist anzunehmen. Und da die Brüder immer sehr zusammengehalten und füreinander gebürgt haben, war es klar, daß einer aus der Familie hier einspringen mußte. In der Antwort der Regierung auf Tunzlers Brief hieß es jedenfalls:

»weillen uns vorkhommen, daß der Jüngst zu Waltsassen verstorbene Pau-Vnd Maurmaister Georg Dünzenhofer die Vollendung des von ihme mehreren thails schon ufgefiehrten Kürchenpauß daselbst, seinem Brueder Wolfgang Dientzenhofer, Pallier bey denen P. P. der Societ: Jesu alhier, yberlassen haben solle, als haben wir ihm Wolffen per signatura bedeitten lassen, daß er sich bey dir anmeldte, was noch zu pauen vonöthen besichtige, vndt mittels guetter Gesellen den Pau volfüre...«

In Waldsassen wurde in diesem Jahr mit dem Bau der Stiftsbasilika begonnen, die zusammen mit den Klosterbauten 1701 fertig wurde und 1704 ihre Weihe erhielt.

Am 15. Juli ordnete die Regierung in Amberg an, »dem gewesten Paumeister Leonhart Dinzenhofer, und oder mehr seiner nachgelassen Wittib« den Rückstand aus dem Baukontrakt zu zahlen. Nicht einmal jetzt wußte man in Amberg über die Brüder Bescheid. Am 26. Juli 1689 verpflichtete sich die Witwe Georgs in einer Obligation, alle eventuell auftretenden Schäden an dem von ihrem verstorbenen Manne »von neuem auferbauten Gotteshaus U. L. Frauen zu Trauttmannshofen im Amte Pfaffenhofen« »auf ihre Kosten reparieren« zu lassen. Nach Fertigstellung und vor Auszahlung des verakkordierten Preises stellte »Elisabeth, weyl. Georgen Dienzenhofer gewesten Maurmaister zu Waldtsaßen nachgelassene Wittib mit Beystand Ires Vaters Johann Hagers« eine Bürgschaft aus, falls sich innerhalb von Jahresfrist ein Bauschaden herausstellte.

Am 10. Juli 1689 beendete Wolfgang Dientzenhofer den Bau in Trautmannshofen, im selben Jahr wurde die vollendete Wallfahrtskirche Kappel von Pfarrer Eckhardt benediziert, und im selben Jahr wurde auch das Jesuitenkolleg in Amberg unter Wolfgang fertig.

In Waldsassen übernahm von 1690 an der aus Prag gekommene Bruder Christoph die Bauleitung, Polier wurde Jakob Schießer. Dessen Bruder Bernhard Schießer heiratete 1690 die Witwe Georgs, Maria Elisabeth, und wurde 1691 Nachfolger von Christoph als Baumeister. Er behielt seinen Bruder Jakob als Polier.

Die Ausstattung des Klosters und der Kirche durch die Stukkatoren Quater, Bossi, Luchese und vor allem Carlone, Paolo de Allio, Bernascon, Muttone, Apriani, Chiusa und Marazzi sowie die vielen Maler, Bildhauer, Schreiner, Steinmetze, Faßmaler, Glockengießer, Orgelbauer, Kupferschmiede, Schlosser und auch der Gärtner zog sich noch einige Jahrzehnte hin. Nicht zuletzt die Bierbrauer hatten einen großen Anteil an dem guten Gelingen des Gesamtwerks. Die Hauptattraktion bildet heute neben der Klosterkirche die Bibliothek mit den Holzfiguren des Carolus Stilp aus Waldsassen, Bildhauer in Eger.

Das Grab Georgs in Waldsassen ist heute nicht mehr aufzufinden, auch über die Nachkommen ist nichts bekannt.

WOLFGANG DIENTZENHOFER 1648–1706

Über Wolfgang Dientzenhofer sind von Alcuin Heribert Gürth 1958 und von Reinhard H. Seitz 1973 zwei Arbeiten erschienen, die viel Licht in seine bis dahin fast völlig unbekannte Biographie bringen. Die ältere Literatur kannte Wolfgang nicht einmal dem Namen nach. Erst in den dreißiger und vierziger Jahren wurde er identifiziert. Stilkritische Untersuchungen gibt es gar keine, weil seine Bauten für Kunsthistoriker offensichtlich nicht genügend Bedeutung haben. Seine Werke sind zum Teil eindeutig archivalisch belegt, bei mehreren Bauten aber ist die Zuschreibung aufgrund fehlender Urkunden recht unsicher.

Wolfgang wurde in *Ober-Ulpoint* am 16. März 1648 geboren und ebenfalls in der Pfarrkirche *St. Martin in Au* getauft. Der Eintrag im Taufbuch der Pfarrei St. Martin 1645 bis 1673 (S. 34a, Nr. 24) lautet:

»Anno DominiMDCXXXXVIII

24. die 16. Martii baptizatus
est Wolfgangus filius
Görgi Dinzenhofer de Uedl=
pointh Barbarae coniugis
patrinus Görg Kurz de lizldorf«

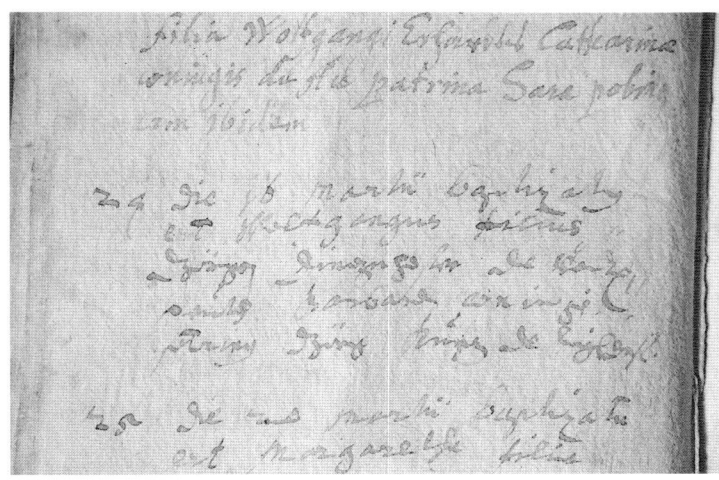

1654 zog er mit der Familie, dem elfjährigen Bruder Georg, der neunjährigen Schwester Anna und dem vierjährigen Bruder Abraham auf den Gugghof oberhalb St. Margarethen um. Er wird dann in die Flintsbacher Schule gegangen sein, eine handwerkliche Lehre als Maurer absolviert haben und ist nach 1665 über Passau nach *Prag* gewandert. Dort ist Wolfgang urkundlich erstmals am 11. Januar 1678 bei der Hochzeit der Schwester Anna zusammen mit seinen Geschwistern erwähnt. Zusammen mit seinem Bruder Georg beantragte er im Winter 1679 einen Geburtsbrief beim Pfleggericht in Aibling, der ihm am 27. Februar ausgestellt wurde, weil er, »Wolf, in der Stadt Ärnau an der Elb« sich als Maurer niederlassen wollte.

In *Arnau an der Elbe* (heute Hostinné) wurde von 1678 bis 1684 das *Franziskanerkloster* neu errichtet. Es ist ziemlich wahrscheinlich, daß Wolfgang tatsächlich dort gearbeitet hat, in welcher Funktion aber, das bleibt unbekannt, solange keine archivalischen Belege gefunden werden. In Arnau befindet sich unterhalb des Ortes über der Elbbrücke das ehemalige Franziskanerkloster, das heute eher einer Ruine gleicht, in schmutzigem Braun in einer trostlosen Umgebung. An der Ecke zur Stadt zu liegt die Kirche, die in ein Antikenmuseum (Gipskopien klassischer griechischer und römischer Skulpturen) umfunktioniert wurde. Die Kirche ist zweischiffig, wovon der südliche Teil noch gotische Gewölbe zeigt. Offensichtlich wurde die alte gotische Kirche nur um ein gleichgroßes Schiff erweitert, das sich lediglich durch ein Kreuzgewölbe von dem alten Südschiff unterscheidet und mit geraden, oben leicht gebogenen Fenstern äußerst einfach gestaltet ist. Über dem südlichen, rechten Eingangsportal steht die Jahreszahl 1598. Dieses einfache Kloster und die Kirchenerweiterung in Arnau an der Elbe könnten durchaus unter Wolfgangs Bauleitung entstanden sein.

Seit 1683 lebte Wolfgang dann wieder in *Prag als Bürger der Kleinseite*, was sowohl im Prager (C 1497 S. T1b) als auch im Amberger Stadtarchiv belegt ist. Leider sind die Bücher des Kleinseitner Handwerks verlorengegangen (V. Kotrba), sonst wäre sicher ein Hinweis auf seine Tätigkeit als Maurermeister zu finden.

1689, wohl von der Familie des unerwartet verstorbenen Georg herbeigerufen, zog er um nach Amberg, wo er im Klosterviertel wohnte und als *Bauleiter* bei der von Georg 1686 geplanten Erhöhung des Westflügels am *Jesuitenkolleg* tätig war. Der Barockerker im zweiten Geschoß entstand unter seiner Leitung. Josef Wittmann, der Schreiber der Jesuiten, nannte ihn »*Pallier bey denen P. P. der Societet: Jesu allhier*«. In seiner späteren Bewerbung um den Bau von Eixlberg bezog er sich auf diese erste Tätigkeit in Amberg, wo er »nicht allein das alhiesige Collegium Soc:« »glickhlich under das Tach gebracht«. Im Frühjahr 1689 wurde nämlich gemeldet, »daß der Jüngst zu Waltsassen verstorbene Pau-Vnd Maurmaister Georg Dünzenhofer die Vollendung des von ihme mehreren thails schon ufgefiehrten Kürchenpauß daselbst *(Trautmannshofen)* seinem *Brueder* Wolfgang Dientzenhofer, Pallier bey denen P. P. der Societ: Jesu alhier, yberlassen haben solle, als haben wir ihm *Wolffen* per signatura bedeitten lassen, daß er sich bey dir anmeldte, was noch zu pauen vonöthen besichtige, vndt mittels guetter Gesellen den Pau volführe...« (bei Boll).

Wolfgang hatte also alle Aufträge Georgs übernommen und in der neuen Umgebung bald Bekanntschaften geschlossen. Am 10. Juli 1689 beendete Wolfgang die Arbeit in *Trautmannshofen*. Der Pfleger empfahl, mit der Witwe Georgs abzurechnen. Die Orgel für diese Kirche erbaute Johannes Conrad Vogel, zu dessen Familie Wolfgang bald in guten Beziehungen stand, wobei man gegenseitig Patenschaften übernahm.

Wann und wo Wolfgang geheiratet hat, ist unbekannt. Seine Frau *Maria Isabella*, deren Mädchennamen wir nicht kennen, gebar ihm am 28. August 1689 den *Sohn Joseph Anton Augustin*, der in der Pfarrkirche St. Martin in Amberg getauft wurde und für den Josef Wittmann die Patenschaft übernahm.

Schon im zweiten Jahr seiner belegbaren Tätigkeit in der Oberpfalz bekam Wolfgang einen großen Auftrag. Er entwarf die *Pläne für die Kirche des Benediktinerklosters Michelfeld*. An ihr wurde hauptsächlich von 1690 bis 1695 gebaut, wobei Wolfgang die

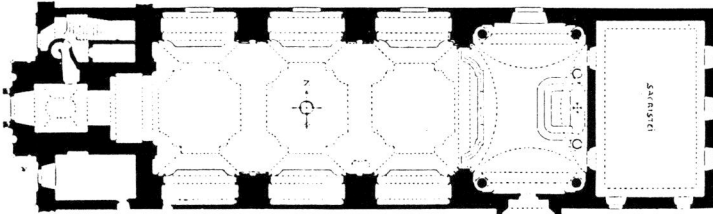

Michelfeld/Obf., Klosterkirche

Oberbauleitung innehatte und zunächst von 1690 an Thomas Funck als Polier, ab 1695 der Klosterbaumeister Christof Grantauer aus Kutterling, Pfarrei Au bei Aibling, den Bau erstellte. Grantauer errichtete auch Abteistock und Turm.

Die Klosterkirche von Michelfeld ist eine *Wandpfeilerkirche* von etwa 58 Meter Länge und 17 Meter Breite. Sie steht auf einem mittelalterlichen Fundament und besitzt zwischen den Wandpfeilern je drei Seitenkapellen. Darüber stehen Emporen mit gedrückten Quertonnen. Das Langhaus wird von einer gedrückten Tonne mit Stichkappen überwölbt. Hinter dem Hochaltar erstreckt sich in ganzer Breite die Sakristei, darüber liegt der ehemalige Psallierchor. Vielleicht war im Chorraum eine Kuppel geplant, die vier über Eck gestellten Säulen und die Holzverschalung weisen darauf hin. Am 5. September 1695 war die Kirche bis auf den Hochaltar, die Orgel und die Bestuhlung vollendet. Am *Klosterbau* war Wolfgang auch weiterhin beteiligt als Oberbauleiter. 1695 errichtete man den vorderen Stock und bis 1700 den Turm. Von 1717 bis 1721 wurde die Kirche von den Brüdern Asam ausgemalt und stukkiert.

Gleichzeitig mit Michelfeld begann Wolfgang auch in *Weißenohe* östlich von Erlangen *Kloster und Kirche* zu bauen. Im März 1690 wurde fundamentiert. Am 1. April bat P. Gregor Dietl, Prior und Vizeadministrator von Weißenohe, den zuständigen Fürstbischof von Bamberg, am 5. des Monats den Grundstein zum »alhiesig anbevolchen Closterpau« legen zu dürfen. Schon zwei Tage später war die Genehmigung des Generalvikariats ausgesprochen. Wolfgang ist als Oberbauleiter zwar erst am 29. März 1697 genannt, aber er war von Anfang an mit dem Bau befaßt. Weil er nicht immer anwesend sein konnte, traten in Weißenohe an der Kirche, die 1692 begonnen wurde, Bauschäden auf, die fünf Jahre später festgestellt wurden. Deshalb kam es mit dem örtlichen Bauleiter zu einer längeren Auseinandersetzung, wovon noch ein undatiertes und unsigniertes Konzept eines Brieffragments Zeugnis gibt, das unter den Ensdorfer Akten gefunden wurde: »Weiterer bericht an H. Praelath zu Prif (Prüfening): wegen des Wolf Dintzenhofers zu Weißenohe das man ihne nit arbeiten solle lassen«. Der Absender des Schreibens ist nicht genannt, es war aber ein Maurermeister. Er war vom Prior zu Weißenohe nach Prüfening geschickt worden, wo man ihm »vorgehalten, das der vor meiner zu Weissenoe geweste Maurmaister Wolf Dinzenhofer ... nacher Prif: (ening) geschrieben, das man mich von dem Closterpau und Arbeith widerumben hinweckh thuen und von solcher Arbeith abschaffen soll, als ob ich dem Closterpau nit genuegsamb gewachsen were«. Auch sonst hätte Dientzenhofer durch falsche Angaben versucht, den ungenannten Schreiber an seiner »Nahrung zu hindern«, was auf Gegenverleumdungen hinauslief. Der Fall wurde ruchbar, kam vor das Handwerk und dessen Obmannschaft, die den Maurer beauftragte, das Schreiben Dientzenhofers im Original vorzulegen – der eigentliche Anlaß für das Schreiben des ungenannten Maurermeisters an den Prälaten zu Prüfening. (Seitz, S. 181) Dieser Fall spielt bei der Zuschreibung der Bauten in Ensdorf eine nicht unbedeutende Rolle.

Wolfgang mußte Abhilfe schaffen. Über den Fenstern, wo die Mauer wahrscheinlich eingestürzt war, wurde ein frisches ordent-

licheres Bruchsteinmauerwerk aufgezogen, und an der nördlichen Außenwand ließ er einen massiven Stützpfeiler aus grauen Steinen ansetzen, der sich deutlich von der weißen Kirchenwand abhebt. Die heutige Ansicht von Kloster und Kirche ist beeinträchtigt durch die Eingriffe im 19. Jahrhundert. Nach der Säkularisation wurden zwei Flügel des Klosters und der östliche Chorteil der Kirche abgebrochen. Es schmerzt, wenn man diesen brutalen Eingriff betrachtet: Man hat etwa fünf Meter des Chors der Kirche abgebrochen und eine gerade Wand aufgezogen.

Die Kirche gehört zum Typus der *Wandpfeilerkirchen*. Sie hat die Form eines vierachsigen Saals und wird von einer flachen Tonne mit Stichkappen überwölbt. Den flachen Wandpfeilern sind Doppelpilaster vorgelegt. Hinter dem Barockaltar steht die gerade Wand des Chorstumpfs. Über dem dunklen Eingang liegt die westliche Empore. Sie gehört zum Turmbau, der in die Gestaltung der Westfassade aus ockerfarbenem Sandstein mit drei weißen Heiligenfiguren einbezogen ist.

Inzwischen hatte sich die Familie Wolfgang Dientzenhofer gut in Amberg eingelebt, hatte Bekanntschaften geschlossen, aber weniger zu einheimischen, mehr zu ebenfalls zugezogenen Familien, vor allem von Handwerkern, mit denen Wolfgang beruflich zu tun hatte. So war Maria Isabella Dientzenhofer am 23. Februar 1691 Patin bei der Taufe von Maria Isabella, der Tochter des Orgelmachers Johann Conrad Vogel und seiner Frau Anna Maria, in St. Martin in Amberg; umgekehrt machte Anna Maria Vogel, die Patin bei *Maria Theresia,* der Tochter Wolfgangs und Maria Isabellas, am 14. Oktober desselben Jahres in derselben Kirche. Die Familien kannten sich seit der Arbeit in Trautmannshofen. Diese Tochter Maria Theresia starb am 9. Juni 1757 als »hospitalissa« (Krankenschwester) in Amberg.

So wie Waldsassen im Auftrag des Kurfürsten Ferdinand Maria 1661 von Fürstenfeld aus, Michelfeld 1661 von Oberaltaich, Weißenohe 1669 von Prüfening, so wurde das *Kloster Speinshart* südlich von Kemnath am 4. Oktober 1661 von Steingaden aus nach der Rekatholisierung der Oberpfalz wieder mit Mönchen besiedelt, zunächst vom dortigen Abt August Bonnenmayr verwaltet und erst nach dem Beginn des Aufbaus von Kloster und Kirche durch Präses Hieronymus Hail wieder selbständige Abtei. Von 1672 an hatte man in Speinshart eine Sakristei, den Kapitelsaal und das Schulzimmer errichtet, Reparaturen am alten Kloster und an den Wirschaftsgebäuden vorgenommen, mit dem Abbruch begonnen, umfangreiche Vorbereitungen und Anschaffungen für den Klosterneubau getätigt und 1674 den Südtrakt in Angriff genommen. 1682 zeichnete Johann Schmuzer aus Wessobrunn, inzwischen in Pfreimd tätig, den Grundriß für einen Neubau für 6 Gulden. 1683 heißt es, daß »Anheuer mit dem hiesig, von Churfürstl. hochlöbl. Regierung Amberg gdist. anbeföhltem Closter pau, ein völliger anfang ... gemacht worden.« Besonders bemerkenswert ist, daß bei diesem Klosterbau auch der jüngere Bruder Wolfgangs, *Leonhard,* beschäftigt war. Am 6. Juni 1686 wird beim Baukontrakt für Trautmannshofen der »Pau unnd Maurmaister Leonhardt Dinzenhofer zu *Speinshardt*« genannt. Wolfgang lebte damals noch in Prag.

Am 2. Mai 1691 erfolgte die Installation des ersten Abtes Gottfried Blum. Er ließ sofort die alte Kirche niederreißen. »Paumeister Wolfgang Dinzenhoffer zu Amberg« fertigte 1692 für 9 Gulden den Riß für die neue Klosterkirche und den dazugehörigen »Abbteystockh«, die Abtswohnung über dem Kircheneingang, die in die Fassade mit einbezogen ist. Er soll dabei *Pläne* seines älteren Bruders *Georg* verwendet haben. Bei der Grundsteinlegung bekam er als übliches Geschenk 18 Gulden überreicht. Vom 18. Mai bis 14. Juni wurde die alte Kirche zum großen Teil abgetragen – auf der Nordseite sieht man außen noch romanische Rundbögen – acht Tage später begannen die Maurerarbeiten.

Bei der *Klosterkirche von Speinshart* handelt es sich um eine typisch bayerische *Wandpfeilerkirche* mit einem Tonnengewölbe, drei Jochen im Langhaus und zweien im Mönchschor mit Emporen. Das Langhaus besitzt je drei Seitenkapellen, der Chor ist mit Treppenanlagen und Oratorien gestaltet. Über den mit Balustern abgegrenzten Emporen gehen von den Quertonnen aus die Stichkappen in das Hauptgewölbe. Dieser Kirchentypus ist für Wolfgang charakteristisch. Die Kirche gewinnt auch durch den großartigen italienischen Stuck des Carlo Domenico Luchese aus Mellide am Luganer See und die Fresken seines Bruders Bartolomeo.

Im Jahre 1693 war Wolfgang vollauf beschäftigt und jetzt auch daran interessiert, endgültig in Amberg Fuß zu fassen und deswegen sein *Prager Bürgerrecht* aufzugeben. Daher wandte er sich im Mai an den Amberger Magistrat mit dem Antrag, ihm die Bürgerrechte zu verleihen.

Von 1693 bis 1699 war nun Wolfgang als Maurermeister bzw. Baumeister in Amberg beim Bau von Kloster und Kirche der *Salesianerinnen* beschäftigt. Er wohnte im Klosterviertel und bezahlte dort Servissteuer.

Kurfürst Max Emmanuel hatte am 16. Februar 1692 befohlen, daß Salesianerinnen nach Amberg kommen sollten, um die weibliche Jugend zu unterrichten. Der Münchner Hofmaurermeister Giovanni Antonio Viscardi kam eigens in die Stadt, um den Bauplatz zu besichtigen. Bürgerhäuser, Stadel und Gärten wurden aufgekauft, die Häuser abgebrochen und ein Steinbruch erworben. Am 23. Juni 1693 erfolgte die Grundsteinlegung in Anwesenheit der Superiorin Johanna Puchleitterin. Wolfgang hatte den *Plan* dazu entworfen, nach dem in den folgenden Jahren unter seiner Leitung gebaut wurde.

Als Polier ist am 24. März 1696 und dann nochmals am 3. August 1697 *Johann Mayr d. J. (1677–1743) von der Hausstatt* bezeugt. Die Hausstatt, heute Gemeinde Bad Feilnbach, liegt nur eine Viertelstunde von den Höfen der Dientzenhofer, Gundelsberg und Ober-Ulpoint, entfernt. Mayr ging 1699 nach München, heiratete die Witwe des Stadtmaurermeisters *Martin Gunetsrhainer* und blieb als Baumeister dort, wo er dann auch noch 1725 Schwiegervater des Baumeisters *Johann Michael Fischer* wurde. Auf den Wochenzetteln ist 1697 als letzter, 1700 schon als einer der ersten Maurergesellen Wolfgang *Dinzenhofer aus dem Plankenhäusel in Au (1678–1747)* notiert, der spätere Stadtbaumeister von Aibling, dem in diesem Buch ein kurzes Kapitel gewidmet ist (S. 73). Außer diesen beiden hatte Wolfgang eine ganze Reihe von Bauhandwerkern aus seiner Heimat in die Oberpfalz geholt, aus Hundham, aus »Pach in Aibling«, aus Elbach, Hummelhausen und Kutterling.

Das *Kloster der Salesianerinnen* ist fast unverändert erhalten, in einigen Räumen kann man noch den Stuck von Paolo di Aglio und Peter Camuze, Stukkateuren aus der Truppe des Giovanni Battista Carlone, bewundern. Von außen, vor allem an der Seite zur Vils hin, fallen an dem grauen Bau unter den weiß abgesetzten Fenstern die sog. Krumperfenster auf. Vom Grau des Klosters hebt sich das leuchtende Gelb der Kirche ab, das leider in den letzten Jahren nach der Renovierung für die Schmierereien von Spraydosenkünstlern einen wirkungsvollen Untergrund abgab.

Die *Kirche* von heute ist nur mehr zu einem geringen Teil die Kirche, die von 1697 bis 1699 errichtet wurde. Am 27. April 1697 war der Grundstein gelegt worden. Das Gotteshaus, welches Wolfgang baute, war ein »Rundell«, also ein Zentralbau. In den Jahren 1757 und 1758 wurde unter Johann Paulus Ufferer, Maurermeister von Regensburg, der Dientzenhofer-Bau abgedeckt, darauf umgebaut, die Mauern wurden erhöht und von Ende Oktober bis Dezember 1757 neu eingedeckt. Der Schlosser mußte dabei fünf alte Fensterrahmen zerlegen, neu zusammenschweißen und um zweieinhalb Schuh länger machen. Die stilistisch unterschiedlichen Fenster in der Schulgasse lassen den Umbau deutlich

erkennen. Im Februar 1758 wurde das westlich anschließende sog. Wincklerische Haus, das die Salesianerinnen am 25. Mai 1757 um 3000 fl erworben hatten, abgebrochen und die Kirche um zwei Fensterachsen und den Eingangsvorraum mit der Orgelempore erweitert. Auf einem Deckenfresko hält eine Schwester den Kirchenplan in der Hand, auf dem das »Rundell« noch recht gut zu erkennen ist. Nach der Renovierung in letzter Zeit ist diese Salesianerinnen- oder auch Schulkirche wieder ein wahres Rokoko-Schmuckkästchen geworden.

Bei der *Taufe seines zweiten Sohnes Franz Joseph* am 6. August 1683 in der St. Martinskirche in Amberg stand der Regierungsrat Franz Konrad Anton Gobel Pate. Die Familie Gobel stammte aus Hofgiebing nördlich von Wasserburg und war eng mit den Dientzenhofers befreundet, was auch daraus hervorgeht, daß bei der Taufe des vierten Kindes *Maria Magdalena* am 9. März 1695 Frau Johanna Eva Magdalena Gobel die Patenschaft übernahm.

Wolfgang Dientzenhofer war in dieser Zeit nicht nur öfter unterwegs zu seinen Bauten in *Michelfeld*, das 40 Kilometer von Amberg entfernt liegt, nach *Weißenohe*, gut 50 Kilometer entfernt, und *Speinshart*, fast ebenso weit, sondern legte selbst als *Bauführer* bzw. Polier in den Jahren 1694 und 1695 beim Klosterbau Hand an. Eigenhändig hat er, sehr sauber und mit einer feinen Handschrift, die wöchentlichen Abrechnungen geschrieben und unterzeichnet. Beispielsweise steht er in einer solchen Abrechnung »Waß zu dem hochlöbl Stifft und frauen Closter alhier von 17 bis 22 october an Mauerer und Handlanger lohn erloffen« selbst an erster Stelle mit 6 Tag 4 fl 30 kr, gefolgt von seinem Polier Georg Kriechbaumer mit 2 fl 29 kr und vielen weiteren Maurern.

Schönthal/Opf., Augustiner-Eremiten-Kloster

Für das *Augustiner-Eremiten-Kloster und die Kirche in Schönthal in der Oberpfalz* östlich von Neunburg vorm Wald hatte Wolfgang die Pläne gezeichnet und die Vorbereitungen getroffen, so daß am 23. Mai 1695 der Grundstein gelegt werden konnte. Die durch einen Mitteltrakt um zwei Innenhöfe gruppierte Vierflügelanlage mit zweigeschossigen Gebäuden ist ein einfacher Zweckbau. Wolfgang berief sich bei seiner Bewerbung um Eixlberg auch auf diesen Bau. Die *Kirche* mit dem seitlich angesetzten Turm, der im oberen Teil achteckig war und eine Zwiebelkuppel mit Laterne besaß, wurde erst seit 1710 an der nördlichen Schmalseite erbaut. Sie brannte 1833 ab und wurde gleich im darauffolgenden Jahr im Geschmack der Zeit neu erstellt. Das ursprüngliche Aussehen ist in einem Kupferstich von 1721 festgehalten.

Am 22. Juni 1695 endlich bekam Wolfgang das *Amberger Bürgerrecht*, um das er sich seit zwei Jahren bemüht hatte. Im »Bürger-

buech« – mit einem wunderschönen gedruckten Ledereinband
von 1652 – steht nur knapp vermerkt: »6 fl. Wolff Dientzenhover
von Aybling auss / obernlandt Bayern«. Wenige Wochen später
erwarb er das Georg-Gabler-Haus in der Klostergasse hinter dem
Gasthof »Zum Goldenen Löwen«, heute Schulgasse 11, von der
mittlerweile verwitweten Landrichterin Johanna Magdalena Gobel und zog mit seiner Familie ein. Als neuer Bürger hatte Wolfgang Dientzenhofer gleich die Ehre, Wachdienste verrichten zu
dürfen. Die Zeiten waren etwas unruhiger geworden, man hatte
Angst vor Ludwig XIV. von Frankreich und auch vor den
Türken.

Ob Wolfgang ab 1695 in *Ensdorf das Benediktinerkloster und die
Kirche* gebaut hat, ist fraglich. Dafür spricht, daß Ensdorf, 15
Kilometer südöstlich von Amberg gelegen, wie Weißenohe dem
Abt von Prüfening unterstand. Dafür spricht auch, daß Abt Bonaventura Oberhuber, der seit 1695 Abt von Ensdorf war, als Abt
von Reichenbach und Administrator von Ensdorf (seit 1699) im
Jahre 1700 von Wolfgang Dientzenhofer Entwürfe und Voran-
schläge für den Um- bzw. Neubau der reichenbachischen Prop-
stei- und Pfarrkirche Illschwang ausarbeiten ließ. Dafür spricht
vielleicht auch, daß das im Zusammenhang mit Weißenohe schon
zitierte Brieffragment eines Maurermeisters in den Ensdorfer Akten gefunden wurde. Ein intimer Dientzenhofer-Kenner, Johann
Joseph Morper, schreibt auch beide Bauten Wolfgang zu. Fest
steht jedenfalls, daß der Klostermaurermeister Martin Funk von
seiner Verpflichtung am 27. September 1694 an bis 1703 an Ensdorf gebunden war, daß man ihm aber deshalb den Bauplan keineswegs einfach zuschreiben darf.

Am 19. März 1695 begann man dort mit dem Abbruch der
»gänzlich ruinösen« alten Kirche und des Klosters. 1696 bereits
wurden seine »unteren Zimmer« gewölbt, 1699 der Dachstuhl
aufgesetzt. 1703 setzte dann der Spanische Erbfolgekrieg den Bau-
tätigkeiten ein Ende. Dies galt auch für eine ganze Reihe anderer
Dientzenhofer-Bauten.

Die *Klosterkirche von Ensdorf* ist eine *Wandpfeilerkirche* ohne Emporen, die man durch einen schmalen, dunklen Gang betritt. Das
Langhaus umfaßt drei Joche mit Stichkappentonnen, dem ein
»Querschiff« mit einer Flachkuppel folgt, an das sich der einjochi-
ge Chor anschließt mit einem merkwürdigen dreiseitig gebrochenen Abschluß, der vor allem auch von außen besonders auffällt.
Südlich des Chors liegt auf halber Höhe der Brevierchor. Nördlich davon kommt man in die Stifterkapelle, seit 1715 Grablege
der Wittelsbacher. Von 1714 bis 1717 schuf Cosmas Damian
Asam die Fresken mit einem Programm über das Leben des Apo-
stels Jakobus des Älteren, die in den freigelassenen Flächen des
weißen Stucks auf rosafarbenem Untergrund besonders zur Wirkung kommen.

Am 3. März 1696 begannen die Bauarbeiten am Paulanerkloster
in Amberg. Neid und Mißgunst begleiteten den Bau von den ersten
Planungen bis zum Abschluß des dazugehörigen Kirchenbaus lange nach dem Tod Wolfgangs. Schon 1693 hatten der oberpfälzi-
sche Baukommissar Johann Moritz Löw und der kurfürstliche
Maurermeister Andreas Wels der Ältere Risse und Kostenvoran-
schläge eingereicht. Am 21. Juni 1694 genehmigte die Münchner
Hofkammer 500 Baumstämme und einen jährlichen Betrag von
2000 fl Bauzuschuß auf zwölf Jahre. 1695 wurden mehrere Bürgerhäuser aufgekauft. Im Winter 1695/96 erhielt Wolfgang die
Planung samt der Bauleitung übertragen, weil Wels vom Baukommissar Löw und den Paulanern nicht für fähig gehalten wurde,
einen so großen Bau zu errichten.

Kaum war der Bau begonnen, beauftragte am 4. April 1696 die
Amberger Regierung den »Paumeister Wolfen Dinzkhouer, welcher den Closterpau zu Schwarzhofen under Handten« habe, mit
der »Durchführung eines Augenscheins« an Pfarrhof und Mesner-

Amberg/Opf., zweiter Entwurf für das Paulanerkloster

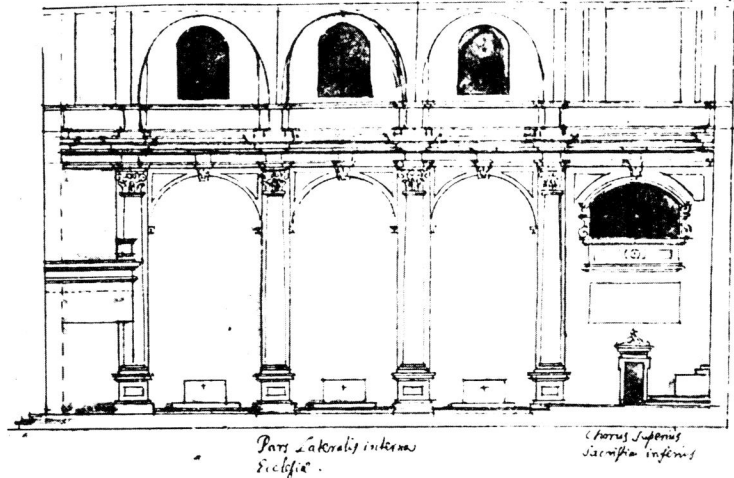

haus zu Neunburg vorm Wald, der Überprüfung der von Löw
verfertigten Risse und Überschläge und mit der Übertragung des
Baus an den Neuburger Stadtmaurermeister Georg Ippisch.
Dientzenhofer nahm den Augenschein am 5. April 1696 ein, worüber der Landrichteramtsverweser dann unmittelbar darauf der
Regierung Bericht erstattete. Dientzenhofer selbst scheint erst im
Juni wieder nach Amberg zurückgekommen zu sein, denn seinen
mündlichen Bericht bei der Regierung erstattete er erst am 6. Juni
1696, wobei er auch einen Kostenvoranschlag und Berechnungen
über benötigte Baumaterialien vorlegte (Seitz, S. 190). Von da an
war Wolfgang sogar selbst am Bau beschäftigt. Am 16. Juni
erhielt der »meister als palir« 45 Kronen Wochenlohn. In der

Bautruppe befand sich im Jahre 1698 auch der Steinbrucharbeiter Thomas Günzenhover, vielleicht ein Verwandter.

In Wolfgangs Abwesenheit hatten am 9. April 1696 Bürgermeister und Rat der Stadt Amberg zwei Grundrisse für die Maria-Hilf-Kirche bei der Regierung in Amberg eingereicht. Bei einer Baubesprechung am 17. Mai lag dazu von seiten der Stadt noch ein dritter Riß vor. Dem Riß 1 wurde dabei der Vorrang gegeben. Bei dieser Beratung wurden massive Vorwürfe gegen Dientzenhofer und seine Arbeitsweise vorgebracht. Erst nach seiner Rückkehr am 6. Juni reichte auch Wolfgang Dientzenhofer »einen Riß und Yberschlag« ein, die von der Regierung am 8. Juni zur Stellungnahme an die Stadt Amberg weitergeleitet wurden. Diese Stellungnahme ist aber im Regierungsakt nicht überliefert. Mit den Verhandlungen über dieses Projekt auf dem Maria-Hilf-Berg ging es dann erst am 18. März 1697 weiter.

Wolfgang lieferte 1696 auch die *Pläne zur Kirche der Paulaner*, die erst von 1717 an auf den Fundamenten von 1708 in veränderter Form erbaut wurde. 1819 wurden die zwei Türme an der Fassade abgebrochen, die man dann in ziemlich stilwidriger Form neu gestaltete. Auch im Inneren wurden mehrfach Veränderungen vorgenommen. Die Kirche hat man übrigens als Salzmagazin verwendet, später schließlich der evangelischen Gemeinde übergeben. Gegenwärtig wird das Kircheninnere renoviert.

1696, 1698, 1700 und 1701 wurden Einzelkontrakte mit Wolfgang über den Paulaner-Klosterbau geschlossen. Er hatte gerade so richtig begonnen, da »berichtete« am 1. August 1696 der Hofmaurermeister Andreas Wels, der wiederholt erfolglos um Anstellung beim Bau des Klosters nachgesucht hatte, an die Regierung, man habe eigenmächtig einen Batteriepfeiler abgetragen – das Kloster grenzt direkt an die Stadtmauer –. Diese Denunzierung wurde schnell entlarvt. Wels wurde daraufhin einen Tag und eine Nacht »ohne Atzung« eingesperrt und drei Jahre später sogar seines Amtes als Hofmaurermeister enthoben, nachdem man vorher Georg Peimbl dieses Amt übertragen hatte. Peimbl ist seit dem 3. März, dem Baubeginn im Dienst Wolfgangs, als »Palir Päml« nachweisbar.

Die Paulaner wirkten bis 1802 vor allem in der Militärseelsorge. Zu den Mönchen zählte auch ein ansonsten loser Klosterbruder, Fr. Barnabas Stritt, der aber ein ausgezeichneter Braumeister war und als solcher nach München geholt wurde, wo sein Starkbier als »Salvator« berühmt wurde und bis heute vor allem durch seine Präsentation zu Beginn der Fastenzeit auf dem Nockherberg weithin beliebt ist.

Die äußere Gestalt des Klosters ist fast unverändert erhalten, auch wenn es nach der Säkularisation 1802 zunächst zum Militärlazarett und 1925 zum Amtsgericht umfunktioniert wurde.

Ebenfalls im Winter 1695/96 hatte Wolfgang die Pläne für das *Dominikanerinnenkloster in Schwarzhofen* westlich von Neunburg vorm Wald gezeichnet und die Bauleitung übertragen bekommen, Baubeginn war dort auf jeden Fall vor dem 3. August 1696. Zwei Monate arbeiteten die Bauleute bereits am neuen Tochterkloster des Regensburger Dominikanerinnenklosters Heilig Kreuz, ohne einen Grundstein gelegt zu haben. Der Grund war, daß sich Nonnen und Bürger zuerst nicht über die Rechte an der Pfarrkirche einigen konnten. In einem Schreiben vom 2. Oktober 1696 berichtete die Vikarin Maria Kunigunda Henig an die Regierung zu Amberg, »das gleich wir mit ersagten Closterpau bereiths der Anfang gemacht und darbey ein zimlicher grosser Stockh aufgemaurt, iedoch aber das Spacium des Orths, wohin der Grundstein solle gelegt werden, frey gelassen worden sei.« Ein Schwibbogen vom Kloster zur Kirche löste schließlich das Problem. Das Kloster ist ein schlichter dreigeschossiger Vierflügelbau, im Westen durch einen Verbindungstrakt mit der Marktkirche verbunden.

In *Amberg* hatte man im November 1696 auf dem *Maria-Hilf-*

Amberg/Opf., Maria-Hilf-Kirche

Berg die erst 1651 geweihte Rundkapelle abgebrochen, weil der Neubau längst beschlossene Sache war. Klar war nur nicht, wer den Bau nach welchem Riß ausführen durfte. Im Jahr zuvor hatten bei Baubesprechungen im April und Mai mehrere Pläne vorgelegen, und Wolfgang hatte nach seiner Rückkehr von Neunburg vorm Wald ebenfalls Riß und Überschlag eingereicht. In der Zwischenzeit waren auch noch Modelle angefertigt worden, die von der Regierung am 6. Februar 1697 angefordert und von der Stadt am 18. März vorgelegt wurden. Die Regierung ordnete an, »der Pau soll dem Ginzkhover überlassen werden«. In der Sitzung der städtischen Baukommission am 29. März wurde aber ganz anders entschieden, weil man den Bau unbedingt dem einheimischen Maurermeister Georg Peimbl übertragen wollte, dem der Franziskanerbaumeister Fr. Philipp Plank zur Seite stehen sollte, und man brachte allerhand Einwände gegen eine Vergabe an Wolfgang Dientzenhofer vor:

»daß der Ginzkhoffer ohne dies vill Pau underhandt volklich Er gar selten in Persohn abwartet, sondern mehrentheilß durch seine ufgestelten pällirer verrichten laßt, also daß in nachfolg. wie bekhandt, und in specie zu Michelfeldt und Weißenohe, solcher schaden und Paumängl gefundten wordten, daß man gezwungen wirdt, daß ganze werkh fast widerumb abzutragen und mit großen costen von neuem wider aufzubauen hat.«

Das ließ sich Wolfgang natürlich nicht gefallen und bat Abt Gottfried Blum von Speinshart um ein Zeugnis, das dieser am 15. April 1697 ausstellte:

»Wür Godefridus aus göttl. Vorsehung Abbt des lobl. Gottßhaus Spainßhardt, Prämonstratenser Ordens etc. urkhunden und bekhennen crafft diß, das Unnß zu Unnserem Contento unnd besster zufridenheit Wolfgang Dinzenhofer Maurmeister zu Amberg den ihme anverthrauten Closster-Kürchen: und 2 Thurmpau zu widerholten Spainßhardt und an Gewölberen hangen dergestalten fundamentaliter und zum bestandt gebauet, das mann allhier in dem gefiehrten Closster-Kürchen unnd Thurmgebeu nit einige Clufften wahrnemmen: das nur ein haar hineingelegt werden khönne, auch das fundament mit solchen verstandt ligen lassen, das Wür einige sinkhung oder schaden nit spiren oder sechen khönen, auch dergleichen nit zu befahren haben. Ohne alles gefährdte deß zu wahrem urkhund haben Wür ihme Dinzenhofer auf sein beschechnes ersuechen dise Attestation ertheillen und unnser Abbtey innsigel hervortruckhen lassen, auch uns eigenhändig unnderschriben. Geschechen Closster Spainßhardt den funfzechenten Monnathstag Aprilis, im Sechzechen hundert siben und Neunzigisten Jahr. Godefridus Abbte«.

Wolfgang wollte beweisen, daß nicht er die Bauschäden in Michelfeld und Weißenohe zu verantworten hatte. Bei der Baubesprechung am 29. März wurde über das Modell entschieden. Welches der eingereichten es war, ist leider nicht bekannt. Möglich, daß es in dieser Sitzung nicht darum ging, Wolfgangs Modell auszubooten, sondern allein darum, den Auftrag für die bauhandwerkliche Ausführung eben nicht schon wieder dem »Fremden« zu erteilen. Seitz schreibt dazu: »Wäre dieses Modell nach dem am 8. Juni 1696 an die Stadt Amberg weitergeleiteten Entwurf Dientzenhofers gearbeitet gewesen, so hätte er dazu nicht nochmals einen Überschlag anfertigen müssen; einen solchen fertigte er aber am 7. April 1697 ausdrücklich für dieses Modell.« Weil dieser Überschlag gerade für Bauhandwerker von großem Interesse ist, soll er hier wörtlich zitiert werden:

> »Überschlag Über Den Marianischen gnadten berg auff daß Model Welcheß Vorgestelt ist wordten.
> Wan dan nun daß Model alßo beschlossen ist, daß man zu solchen form forth fahren wollet, so erfottert hier zue stein. kalch. ziegl. sandt. Wasser. eissen schliessen, Nägel, bikel. zwey spitz. schauffel, heb eissen, eissen clamern, sailler, Crist holtz, Crist Pretter, schupkaren, Wasser fässer, Dißes alleß ohne dach deker, ohne zimer Maister, ohne schrainer, schloßer, glaßer, Und der gleichen handtwerkhß Leüth, Wirfft mein Überschlag auß, Waß nur den Maurer Maister, gehört zu Vorferttigen, mit zu führung, Und herbey schaffung, obige Materiallien, sambt deren zu gehörigen handlangern, 15000 fl. Solte aber die Matteriallien welche schon beyhandten ist niech gerechnet wordten, so bleibet noch – 13500 fl. Und bey irdten einen Leykauff (Gelöbnistrunk bei Vertragsabschluß; d. Verf.), nach belieben, Wan aber ich allein die Mauerer Und handlanger arbeith Überschlagen Thue so befindt es sich – 4600 fl. Und auch einen beliebigen leykauff, wan dan disser Mein Überschlag gerecht erfundten wirdt, so will ich Mich Verobligiren, die kirchen ohne schaden, zu einen guetten bestandt, auff den gnadten berg zu bawen, Und solt es sich widter Verhoffen, ein fähler erzeigen, so will ich denselben, ohne daß gottshauß entgelt, richtig machen, Und widter erstatten, geschechen amberg den 7. April 1697 Wolffgang Dintzenhoffer Mauermeister«

Die Regierung fragte am 4. Mai nochmals an, doch teilten Bürgermeister und Rat am 17. Mai mit, daß der Maurermeister Georg Peimbl, »vulgo Dackhl«, als Bauleiter endgültig bestellt worden sei. Der Magistrat sträubte sich gegen die Vergabe an Wolfgang Dientzenhofer und stellte fest, »daß Er gar vil gepäu alhir, und ufm Landt angenommen, und verdingt habe, warbei Er die wenigste Zeit selbsten sein kan, sondern von einem zum andern reisend, und also daß werkh seinen Pallirern under die handt geben muaß, diesemnach balt ein fähler underlaufft, wies bekantlich schon etliche mit schaden alhier, und in der Nachbarschafft erfah-

ren, wür werden aber nit ermanglen zum öffteren und ufs genauest zuzusehen«.

Damit war der Fall erledigt, und Peimbl konnte zu bauen beginnen. Der Franziskanerbaumeister Fr. Philipp Plank hatte anfangs eine Art Kontrollaufsicht. Nach Lage der Dinge ist anzunehmen, daß die Maria-Hilf-Kirche nach den Rissen und dem Überschlag von Wolfgang Dientzenhofer errichtet wurde.

Die *Maria-Hilf-Kirche in Amberg* ist ein typisch bayerischer Wandpfeilerbau von 42,50 Meter Länge und 15,20 Meter Breite. Auf beiden Längsseiten befinden sich je drei Seitenkapellen mit hallenartigen Logen darüber. Das von zehn mächtigen Pfeilern getragene Tonnengewölbe über dem Langhaus ist mit Stuck von Carlone und d'Aglio verziert. In den fünf großen und vielen kleinen freien Feldern erzählen die Fresken Cosmas Damian Asams die Geschichte der Wallfahrt und des Gotteshauses in lebendigen Szenen und allegorischen Darstellungen.

Der Widerstand gegen Wolfgang war 1697 so groß geworden, daß auch das Amberger Rentamt, das heute noch in Amberger Büchern als Dientzenhoferhaus bezeichnet wird, vom Maurermeister Georg Peimbl, der 1699 zum »herrschaftlichen Maurermeister« aufstieg, ausgeführt wurde.

Endlich hören wir wieder etwas von der Familie, in der sich Nachwuchs einstellte. Am 6. März 1698 wurde *Anna Maria* geboren, bei der die Tuchmachersfrau Anna Maria Schulerin Patin machte. Diese Anna Maria blieb später in Amberg und starb am 29. Mai 1741. Wolfgang kümmerte sich jetzt offensichtlich sehr um die Familie. Er erwarb ein zweites Haus und verkaufte am 10. Februar 1699 den Stadel dieses *Remund-Donhauser-Hauses in der Langen Gasse* 8/10 an den kurfürstlichen Rat und Rechnungskommissar Johann Adam Schießl. In der Verkaufsurkunde wird er »Johann Wolfgang« genannt. Dieses zweite Haus brauchte er, um seine Familie während des Abrisses und Neubaus seines Hauses in der Schulgasse ordentlich unterbringen zu können.

Das sechste Kind, *Maria Barbara*, wurde am 28. Juli geboren. Patin war, wie schon beim zweiten, Anna Barbara Vogel, Orgelmachermeistersfrau. Die Freundschaft zwischen den beiden Handwerker- und Künstlerfamilien hatte sich also bewährt. Und auch andere freundschaftliche Beziehungen wurden gepflegt, wie die Patenschaft der »Maria Isabella Düntzenhofer« am 21. Oktober desselben Jahres bei der Taufe Maria Elisabeths, der Tochter des Tuchmachers Johann Simon Schuler und seiner Frau Anna Maria in St. Martin in Amberg, beweist.

Wegen seines *Neubaus in der Schulgasse* war Wolfgang finanziell wie jeder bürgerliche Bauherr stark belastet und wandte sich deshalb an das Finanzamt um Steuererleichterung. Darauf wurde zunächst sein Vermögen geschätzt und bei der nächsten steuerlichen Veranlagung seine schwierige Lage berücksichtigt:

> »Yber Wolfgang Dinzenhovers alhisigen Burger unnd Maurmaister unterthenigstes anlangen, umb begebung der Steur, ist in ansehung seines schweren hauspaus, under 22. Marty ao. 1700 solche Giste. resolution ervolgt, das ihme uf zwey iahr die Steuer mit 24 fl 9 1/2 kr von dessen hirbey specificirten vermögen nachgelassen sye, wie ers dan auch crafft scheins genossen, unnd zwar anno 1699 sg. per se ad 737 1/2 fl schäzung 3 fl 41 kr 1 Pfg unnd ao. 1700 da sein vermögen mit 12 1/2 fl uf 750 fl vermehrt worden, 3 fl 45 kr zusammen zur 2/3 ordinari 7 fl 26 kr 1 Pfg.«

Dieses Haus, zuletzt 1987/88 renoviert und von 1920 bis vor kurzem als Stadtpostamt dienend, kam nach dem Tod Wolfgangs an den oberpfälzischen Baukommissarius Johann Moritz Löw, dann an einen Regierungssekretär Schmid, 1756 an das Salesianerinnenkloster. Die Ein- und Umbauten sowie die Außenrenovierung 1957 verschandelten das Haus derart, daß von der ursprünglichen barocken Verputzgliederung mit Eckquadern und Tür- und Fensterrahmenleisten nichts mehr übriggeblieben ist.

Kulmain, katholische Pfarrkirche

Im Jahre 1700 bewarb sich Wolfgang Dientzenhofer um mehrere Bauten außerhalb von Amberg. Zunächst schloß er einen *Vertrag für den Neubau der katholischen Pfarrkirche von Kulmain* nördlich von Kemnath ab. Die alte Kirche war für baufällig erklärt worden. Die Regierung teilte am 20. März 1700 dem Kastner von Kemnath mit: »also haben wür zu solchen Endte den hiesigen Paumaister N. Dünzenhofer dahin schicken wollen, damit er alles selbst in Augenschein nemmen, die vorgehendte Rüß...examinirn, dan auch sein Gedanckhen daryber zu Papir pringen wolle«. Noch im März wurde zwischen dem Pfarrer und Wolfgang ein Vertrag abgeschlossen, der schon am 3. April 1700 von der Regierung genehmigt wurde. Wolfgang lieferte Grundrisse für Erdgeschoß und oberen Gaden, dazu »Proviel« und »Fatschari« (Quer- bzw. Längsschnitte); mit dem Bau wurde gleich begonnen, im Juni war die alte Kirche abgebrochen. Am 15. Juni stürzte der alte Kirchenturm ein und erschlug zwei Leute. Am 3. Juli 1702 war sie »völlig uf und ausgebaut«. Diese Kirche brannte 1834 ab und wurde auf den großenteils erhaltenen Mauern bis 1839 wieder aufgebaut. An die Stelle des barocken Kuppeldaches trat ein Pyramidendach.

Am 3. April 1700 bewarb sich Wolfgang Dientzenhofer mit mehreren Plänen um den ›Neubau der Kirche in *Eixlberg bei Pfreimd*, fünfundzwanzig Kilometer östlich von Amberg. Eixlberg lag in der Landgrafschaft Leuchtenberg, deshalb mußte sich Wolfgang bei seiner Bewerbung vorstellen: »Zumahlen ich aber, ohne Ruem zu melden, nicht allein das alhiesige *Collegium Soc:*, nit weniger das *Salesianische Jungfrau Closter* (Einschub von gleicher Hand: und *Kirchen*, dan der *P. P. Paulinern*, sondern auch) *Closter Spainshardt, Schönthall, Schwarzhoffen, Michlfeldt* und *Weissenoe*, maist von Grundt, geschweigens anderer Privatgebeu, glickhlich under das Tach gebracht.« Diese Urkunde wurde von Seitz gefunden und erstmals zitiert. Sie ist äußerst wichtig für die Zuschreibung von Bauten an Wolfgang.

Zwei saubere, farbig getönte Federzeichnungen der Pläne mit jeweils einem Aufriß der Längsseite, Längsschnitt, Grundriß, dazu ein gemeinsames Blatt mit dem Querschnitt beider Projekte reichte Wolfgang ein. Der Stadtrichter zu Pfreimd brachte in einem Brief an Herzog Maximilian Philipp vom 17. April 1700 seine Bedenken vor:

»Und weillen der Maurmaister zu Neustatt diesen pau gnuegsamb gewaxen, massen ehr dergleichen gepau zu contento im Landgrafthumb schon verfertiget, ein solcher mann ist, der beständig beim Pau verbleibt, und selbst handt mit anlegt, hingegen der Dinzenhofer ein kranckher Mann, der nur seine Gesöllen anstelt, und durch dieselbe solche Pau verfertigen laßt, dahero vor ein: und andere unnderlauffenten fähler, seiner zeit allerhandt excusationes vorbringen kunt«.

Deswegen entschied der Herzog am 21. April, daß die Kirche von Johann Mayer aus Neustadt an der Waldnaab »nach des Ambergischen Maurmeisters die mit beigeschlossenen abriss wolte erpaut werden«.

Am 14. Mai schloß Wolfgang Dientzenhofer einen Kontrakt über die »Erweiterung« und Umgestaltung, d. h. Barockisierung der *Karmeliterkirche in Straubing*. In der dreischiffigen spätgotischen Hallenkirche wurde nach seinen Plänen unter dem Langhaus eine Laiengruft angelegt, der Fußboden auf Chorhöhe angehoben, die gotischen Rippen des Chors wurden abgeschlagen, die Fenster abgerundet und gekürzt. Die Stützen wurden abgeflacht und mit korinthischen Kapitellen versehen, das Mittelschiff überwölbt mit einer Tonne aus Lattenwerk mit tiefen Stichkappen, ein Kreuzgewölbe in den Seitenschiffen eingezogen. Den Hauptaltar rückte man nach vorne in die Chormitte, dem folgte das Aufstellen einer Kommunionbank. Der Umbau ging recht schnell voran, 1701 waren bereits die Stukkateure Giovanni Battista Carlone und sein Schwager Paolo d'Aglio am Werk, 1702 malte der Tiroler Melchior Steidl die Fresken. Am 3. Mai 1702 fand die Grundsteinlegung der westlichen Turmfassade statt.

Leider ist auch dieser Dientzenhofer-Bau nicht unangetastet geblieben. 1832 schlug man die großen Voluten an den Pfosten des Turmportals ab, 1860 setzte man einen stilwidrigen Spitzhelm auf Turm und Dachreiter, und bei einer Renovierung legte man die Eckquader an den Turmpilastern frei. In den letzten Jahren wurde das Innere gründlich restauriert. Die *Karmeliterkirche* birgt unter anderem das Grab der Agnes Bernauer und das rotmarmorne Hochgrab eines Wittelsbachers, nämlich Albrechts des Jüngeren. Ein blaues Schild an der Fassade rechts vom Eingang erinnert an die Tätigkeit Wolfgang Dientzenhofers.

Wolfgang Dientzenhofers Planvariante für Eixlberg

Für die Pfarrei *Illschwang*, ca. zwölf Kilometer westlich von Amberg, die zur Benediktinerabtei Reichenbach gehörte (deren Abt Bonaventura Oberhuber auch Administrator von Ensdorf war), arbeitete Wolfgang zunächst *Pläne für einen Neubau* aus. Der Kostenvoranschlag für eine Kirche »mit oratori« rechnete mit 4000, für eine Kirche »ohne oratori« mit 2600 Gulden Maurerkosten. Das war dem Prior von Ensdorf, P. Meinrad Plab, entschieden zu teuer, und Wolfgang fertigte vor dem 8. Juni 1700 *Pläne lediglich für einen Umbau* an, der 1800 Gulden und 36 Gulden Leihkauf ausmachen sollte. Nun schrieb der Prior an den Illschwanger Kirchenpropst Johann Martin Steinhauser am 4. Juli,

Eixlberg, Planvariante für die Kirche

daß »man an einen anderen Meister denken« müsse, wenn die Arbeit nicht billiger gemacht werden könne. Noch am selben Tag erstellte Wolfgang einen letzten Voranschlag in Höhe von 800 Gulden und 9 Gulden Leihkauf, nach dem schließlich offensichtlich gebaut wurde.

Die Kirche wurde hauptsächlich 1701 und 1702 an den stehengebliebenen romanischen Turm mit dem Presbyterium angebaut, zusätzlich eine Beichtkapelle im Norden und eine Sakristei im Süden. Daß bei einem Fünftel der ursprünglich vorgesehenen Baukosten nur ein sehr bescheidener Raum herauskam, der keineswegs die ursprünglichen Ideen Wolfgangs verwirklichte, wie sie in den Plänen zum Neubau noch zu sehen sind, läßt sich denken.

Als Bausachverständiger wurde Wolfgang nach *Ebermannsdorf*, einige Kilometer südöstlich von Amberg, zur Feststellung und Begutachtung der Baumängel an der *Kirche* geschickt, die von Dekan Johann Christoph Bayer der Regierung gemeldet worden waren. Diese hatte dann am 15. Februar zwei Kirchenrechnungsverordnete beauftragt, sofort »den Maurermeister Dientzenhofer oder einen anderen« dorthin zu schicken, und prompt ging der Bericht über die Besichtigung am 26. Februar ein. Die »Reparation« wurde auf etwas über 80 fl geschätzt. Wolfgang fertigte darüber beschriftete Risse, leicht getönte Tuschzeichnungen. Da es wegen der Finanzierung Schwierigkeiten gab, wurde erneut verhandelt, und Wolfgang mußte einen genauen Kostenvoranschlag einreichen, der 96 fl an Maurerkosten vorsah. Er legte ihn zusammen mit zwei Grundrißzeichnungen am 22. Juni vor. Der erweiterte Chor sollte einen 5/8 Schluß erhalten, die Südmauer neu aufgeführt werden. Ob diese Maßnahme ausgeführt wurde, ist nicht mehr nachprüfbar, weil dieses Kirchlein zusammen mit dem Schloß kurze Zeit später, wahrscheinlich 1723, neu gestaltet wurde.

In diesem Frühjahr wurde als siebtes Kind *Johann Sigismund Joseph* am 22. Mai in St. Martin in Amberg getauft. Pate war Sigismund Feiler, ein Werkzeugmacher. Dieser Sohn wurde aber nur ein halbes Jahr alt und starb am 9. Januar 1702.

Die Zeiten waren schlechter geworden. Die Bürger und die Pfarreien hatten in den achtziger Jahren des 17. Jahrhunderts Sondersteuern wegen der Türkenkriege leisten müssen. Die Zusage König Ludwigs XIV. von Frankreich an Kurfürst Max Emanuel, der damals auch Statthalter der spanischen Niederlande war, ihm die Königs-, ja die Kaiserwürde zu verschaffen, führte zum Spanischen Erbfolgekrieg, unter dessen Auswirkungen die Zivilbevöl-

kerung zu leiden hatte. Vom 18. Oktober bis zum 28. November 1703 waren im Dientzenhoferschen Hause in der Schulgasse bayerische Soldaten einquartiert. Nach der Einnahme der Stadt Amberg mußten sie vom 30. November an den kaiserlichen Soldaten Platz machen. 1704 blieben sie sogar fünf Monate. Während der Besatzungszeit wurde das achte und letzte Kind der Familie geboren und am 10. Mai 1704 auf den Namen *Anna Barbara* getauft. Patin war Anna Barbara Reininger, eine Tuchmacherstochter. Die Niederlage der bayerischen Truppen am 13. August bei Höchstädt unter Max Emanuel verschlechterte die Lage noch und ließ die Einquartierung zum Dauerzustand werden. Trotzdem muß es Wolfgang in dieser Zeit ganz gut gegangen sein, denn er zahlte 1704 immerhin 25 Gulden Bräuhandels- und 50 Gulden Gewerbesteuer. Brauchte er das viele Bier für seine Maurer, oder war das nur ein einträgliches Nebengeschäft? Vielleicht tranken auch die kaiserlichen Soldaten, die 1705 für elf und 1706 für immerhin noch sieben Monate in seinem Hause wohnten, so viel.

1705 wurde in der Nähe von Straubing die *Wallfahrtskirche Frauenbründl* errichtet und mit Fresken von Hans Georg Asam ausgemalt. Diese kleine Kirche ist ein *Zentralbau mit Kuppel* zwischen zwei massigen, im Oberbau achteckigen Türmen. Das Innere ist aus einem Hauptraum mit drei Konchen gebildet, den bis auf die südliche Konche in halber Höhe eine Galerie mit Kantbalustern umläuft. Die Zuschreibung an Wolfgang ist unsicher. Dafür sprechen die Art des Baus und seine Anwesenheit in Straubing in den Jahren zuvor. Aber es gibt (noch) keine archivalischen Belege.

Während der Einquartierung der kaiserlichen Soldaten in seinem Hause starb Wolfgang Dientzenhofer am 18. Mai 1706 in Amberg und wurde auf dem Katharinenfriedhof beerdigt. Im Sterbebuch von St. Martin steht eine falsche Altersangabe: »Wolfgangus Dintzenhoffer aedilis hic et civis - - sacmtis. munitus aetatis suae 67 annorum (statt 58) Habuit pulsum ... 8 fl.« Er wurde also mit großem Geläute zu Grabe getragen.

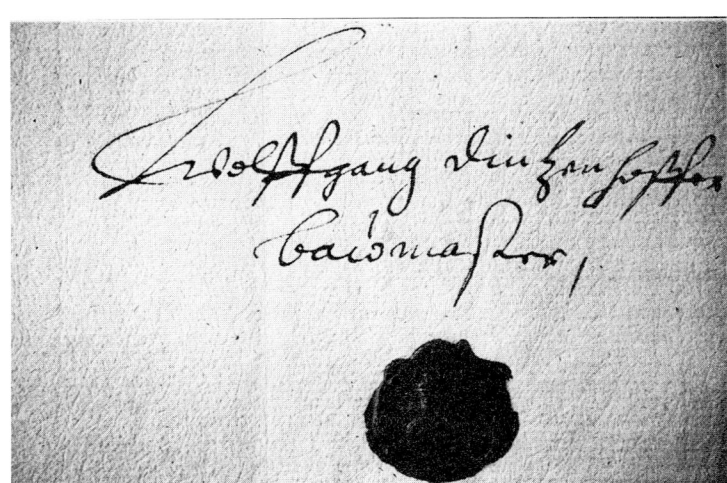

Wolfgangs Frau verkaufte am 23. Oktober das Haus in der Langen Gasse an den kaiserlichen Regierungsrat Johann Adam Mathias Grosse vom Wald, das Haus in der Klostergasse an den Bauschreiber, Eisenamtsverwalter und damaligen Bürgermeister Johann Moritz Löw. 1707 wohnte die Witwe mit ihren sieben unmündigen Kindern im Alter zwischen zwei und sechzehn Jahren im Stadtschreiberhaus und zahlte monatlich zehn Kronen Servissteuer. 1716 erhielt die »verwittib Herrschaft Paumaistrin« wegen ihrer »äußersten Armut« wiederholt Sachleistungen, 1718 noch einmal. »Maria Isabella Dintzenhofferin, H. Dintzenhoffers civis et architectoris relicta vidua«, starb am 20. Oktober 1740.

Leonhard wurde als siebtes Kind auf dem Gugghof geboren und am 20. Februar 1660 in St. Martin in Flintsbach getauft. Im »Liber baptismalis« steht:

> »20 feb: Bapts Leonardus filius georgii gundlsperg' vel gugg am Branenberg et Mariae uxs patri: Joannes Hueber de Lyzldorf«

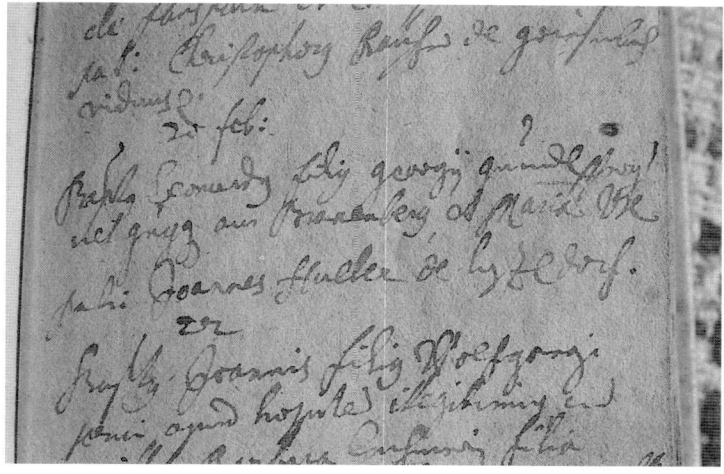

Er hieß also nur Leonhard und legte sich selbst den weiteren Vornamen Johann spätestens bei seiner Hochzeit zu. In vielen Bamberger Urkunden wurde er Johann Leonhard genannt. Das führte dazu, daß sein jüngerer Bruder Johann mit ihm verwechselt wurde und man seine Werke Leonhard zuschrieb.

Über Schulbildung und Handwerkslehre ist von ihm ebensowenig bekannt wie von seinen älteren Brüdern. Wenn er überhaupt noch in Flintsbach in die Schule ging, dann ein oder zwei Jahre bei Lehrer Urban Lechner und die weiteren bei Wolfgang Laufhueber. Er war jedenfalls noch nicht erwachsen, als er 1678 in Prag die Hochzeit der Schwester Anna mitfeierte. In Prag bildete er sich auf jeden Fall weiter, auch im theoretischen Bereich durch das Studium von Architekturwerken, vor allem dem des Abraham Leuthner, in dessen Baugesellschaft er auch tätig war.

Etwa seit 1683 hielt sich Leonhard in der Oberpfalz auf, war in *Speinshart* tätig und wohnte vielleicht in Amberg, wie aus dem Kontrakt über Trautmannshofen zu schließen ist. Wahrscheinlich arbeitete er auch in *Waldsassen* mit, wo er am 30. Januar 1685 die Schwester der Frau seines Bruders heiratete:

> »Trigesimo Januarij Anno 1685. Copulavi ter denuntiatum Joannem Leonardum Diensenhöffer, Balier, murarium Georgii Diensenhöffer de Aiblingen ex bavaria filium: cum Maria Catharina Joannis Haager canionis Walds. filia soluta. Testes Jannes Georgius Kramer sartor, et Thomas Häaring faber lignarius, uterque incola Waldsaß.«

Im selben Jahr noch wurde die Tochter *Anna Barbara* am 26. Dezember in Waldsassen getauft.

Von 1686 an sind das Leben und die Tätigkeit Leonhards in vielen Urkunden und Bauplänen belegt. Seine ersten bekannten Pläne sind die für die *Wallfahrtskirche von Trautmannshofen*. Die Vorgeschichte war turbulent. In einer Sitzung der kurfürstlichen Regierung in Amberg am 29. April 1686 hatte der Bauschreiber Löw berichtet, daß der Maurermeister Dientzenhofer auf Zureden nochmals 100 fl von seiner Forderung nachgelassen hätte und »also 500 fl über den jüngst gemachten Überschlag nehmen wolle«. Am folgenden Tag war Leonhard selbst erschienen und bestand auf den geforderten 2500 fl für die Maurerarbeit. Er verpflichtete sich, sofort Arbeiter beizubringen, den Grund auszuheben und, falls die Baumaterialien bereitlägen, noch im laufenden Jahr das Fundament zu erstellen. Er unterschrieb den »Spaltzetl. Mit dem Pau- unnd Maurmaister Leonhardt Dinzenhofer zu Speinshardt, umb den neuen Gottshaus Pau zu Trauttentshoven am Lanckhaus und anderwerts. Verfaßt, den 4.n Juny Anno 1686. Pr: 2500 fl« mit »Leonhart Dintzenhoffer, Mauer Meister in Ambwerg«. Das Siegel zeigt einen nach links schreitenden Greifen, der in der erhobenen Rechten einen Hammer, links eine Kelle trägt. Oben die Buchstaben LDH. Am 9. Juni meldete der Pfleger Karl Tunzler, daß Leonhard den in Amberg vorgelegten Baukontrakt zurückgebracht habe. Obwohl nach der Weisung Löws der Akkord nur auf 2400 fl gelautet habe, habe er auf Verlangen Dientzenhofers den Kontrakt bei 2500 fl belassen. Leonhard hoffte, »wegen seiner ohnedem schon oft vnd vnderschidlich im Landt, zum Bestandt, vnd Contento meniglichs mit Ruhm underfangen vnnd verfertigten gewehrten Arbeith, beraiths genuegsam bekhant, vnd versichert zu sein. Dannoch … mitels seines Bruedern, Maurmaisters vnnd wohl angesessnen Burgers zu Waldtsassen würkliche Caution zu leisten«. Als Leonhard wieder »zu anderen seinen underhandt habenden Gepauen und Werckleuthen« weitergereist war, wurde ihm befohlen, baldigst zurückzukehren und den Bau zu beginnen. Am 1. Juli schrieb der Pfleger in Pfaffenhofen, daß zwar das Baumaterial bereitläge, man aber vergebens auf den Baumeister wartete. Es habe »verlauten wollen, als ob derselbe gar anderwerts ausser Landts vnd nacher Bamberg beruefen worden sein oder sonst dahin seine Gelegenheit suechen solle«. Daraufhin suchte die Regierung am 12. Juli Leonhard in »Speinshart oder sonstwo«. Am 18. Juli teilte sie mit, daß Leonhard den »Pau seinem Brueder, Maurmaister zu Waldsassen überlassen« habe. Georg hatte ja, wenn auch nicht mit vollem Einsatz, den Bau übernommen, der dann 1689 nach seinem Tod von Wolfgang zu Ende geführt wurde. Am 29. Juli 1686 wurde festgestellt, daß sich vom Maurermeister von Speinshart nichts rührte. Die Vermutung hatte sich als richtig erwiesen: Leonhard hatte sich längst nach *Bamberg* abgesetzt.

Das pfalzbayerische Wappen über dem Triumphbogen der Pfarr- und Marienwallfahrtskirche *Maria vom Siege* in *Trautmannshofen* erinnert daran, daß der Kurfürst Ferdinand Maria sie aus Dankbarkeit für die Wiederherstellung des katholischen Glaubens in der Oberpfalz und für die Beendigung des Dreißigjährigen Krieges errichten ließ.

Der fast quadratische Grundriß der Kirche ist nur durch je einen mächtigen Wandpfeiler gegliedert, wodurch vier Seitenkapellen mit darüberliegenden Emporen entstehen. Das 30 Meter lange und 16 Meter breite Langhaus wird von einem mächtigen Tonnengewölbe überspannt, in das die Quertonnen über den Empo-

Ebrach, Kloster, Nordfassade (Ausschnitt)

ren einschneiden. Vom mittelalterlichen Bau wurde der gotische Turm beibehalten, der den Chorraum mit dem Hauptaltar aufnehmen mußte. An den vier Ecken des Langhauses führen Wendeltreppen zu den Emporen über den Seitenkapellen.

Leonhard befand sich also schon in *Bamberg*, wo am 11. August bereits die Grundsteinlegung für die neue *Jesuitenkirche Namen Jesu am Grünen Markt* durch Roman Knauer, Abt von St. Michael in Bamberg, stattfand. Leonhard war dort als Polier seines Bruders Georg tätig, der die Pläne geschaffen hatte, aber in Waldsassen blieb. Bis Ende 1688 waren die beiden Längsseiten errichtet, ein Jahr darauf konnte das Dach aufgesetzt werden, am 2. Oktober 1689 wurde Leonhard in einem Schreiben der Maurerzunft dann schon als »Herr und Maurermeister Leonhard Dintzenhöfer nun würklich Bürger und Jesuitischer Neuen Kirche derzeit Baumeister allhier zu Bamberg« bezeichnet. 1690 wurde zum Grünen Markt hin die Fassade abgeschlossen. Das Baudatum ist am Giebel zu sehen. Am Silvesterabend 1691 fand der Einzug in das neue Gotteshaus statt, die Konsekration durch Fürstbischof Marquard Sebastian Schenk von Stauffenberg (1683–1693) erfolgte am 17. Mai 1693.

Leonhard bemühte sich bald nach der Übersiedlung in Bamberg um ein Grundstück und holte dann seine junge Familie. Kaum war die erste Bausaison vorbei, da erhielt er seinen ersten großen Auftrag.

Im Zisterzienserkloster *Ebrach* war im November 1686 der alte Abt gestorben. Er hatte, wie so viele Äbte dieser Zeit, die wirtschaftlichen Verhältnisse nach dem Dreißigjährigen Krieg konsolidiert. Am 1. Dezember wurde Ludwig Ludovici zum neuen Abt gewählt. Sicherlich auf Empfehlung der Zisterzienser von Waldsassen berief er den sechsundzwanzigjährigen Leonhard Dientzenhofer nach Ebrach. Bereits am 13. Januar 1687 wurden »14 Gulden 6 bz. M. linhardt dinzenhöfer bawmeistern, für des Closters verfertigten Grundriß der alten bäwen« ausbezahlt. Die Baugeschichte des Klosters Ebrach hat Thomas Korth in allen Einzelheiten dargestellt.

Im Frühjahr 1687, »in der Fasten«, ließ Leonhard auf dem von ihm erworbenen Ruinengrundstück in der Langen Straße Hausnummer 18 in Bamberg die noch stehende Fassade des Vorgängerbaus abbrechen und errichtete dort sein 1688 vollendetes, heute allerdings verändertes Wohnhaus. Das alte Hauszeichen mit dem Stern verwendete er wieder, bezeichnete es aber mit seinem Monogramm L. D. und der Jahreszahl 1688.

In Bamberg wurde am 20. Mai 1687 die Taufe der Tochter *Maria Magdalena* in der alten Kirche St. Martin gefeiert. Der Eintrag im Kirchenbuch: »Pater: Linhardus Tinstenhof, Mater: Katharina« verrät einmal mehr die großen Schwierigkeiten, welche die Schreibung des Familiennamens immer bereitet hat.

In diesen Wochen galt Leonhards ganze Aufmerksamkeit neben der Bauaufsicht an der St. Martins-Kirche den *Plänen für Ebrach*. Für zwei verschiedene Plangruppen, die zweite davon mit einer Variante, die sich heute in der Universitätsbibliothek Würzburg befinden, die aber nicht mit der endgültigen Ausführung übereinstimmen, notierte der Ebracher Bauschreiber am 13. Juni 1687: »7 fl 3 bz. obgedachten bawmeister für den perfectirten newen abriss«.

Eine völlig neue Wertung der Arbeiten Leonhards in Ebrach im Gegensatz zu den abwertenden Urteilen von Weigmann und Trepplin bietet Thomas Korth in der Festschrift für Ebrach. Er widerlegt etwa die irrige Meinung, Leonhard habe, weil ihm nichts Besseres eingefallen sei, immer nur dasselbe Motiv endlos wiederholt. Korth (Ebrach) hat auch die Pläne gründlich untersucht und kommt zu dem Ergebnis: »Der Gebrauch von Lineal, Reißfeder und Zirkel ist offensichtlich gründlich erlernt, von Unsicherheit oder Dilettantismus ist nichts zu spüren.«

Gerade hatte Leonhard 1687 das Bamberger Bürgerrecht erworben, da mußte er seine zweite Tochter Maria Magdalena Margaretha, »filiola Linhardi Dienstenhofer«, die am 24. Juli gestorben war, in Bamberg beerdigen.

Die rund 40 Kilometer zwischen Bamberg und Ebrach hat Leonhard in dieser Zeit sicher sehr häufig, und zwar zu Pferd, zurückgelegt. Ein paar Tage nach der Beerdigung erhielt er in Ebrach »60 fl. oder 50 rthlr, für sein bawmeisters also eingedingten Leykauff 31. Juli«, »2 fl. 6 bz. eidem pro equo (für das Pferd), quo per 6. dies usus fuit. 31. Jul.« und »8 fl. 6 bz. an 3. ducaten, eidem als leykauff für seine hausfrau. eod. item«. An Silvester 1687 ließ er sich die ersten »300 fl. eidem uff abschlag einstiger abrechnung, wofür er ein obligation eingelegt«, ausbezahlen.

Im März 1688 begann nach dem Wegschaffen der Steine des

abgebrochenen Baus die Ausführung der Klosterbauten in Ebrach. Dazu gehörte auch die Erneuerung des Kanalsystems im Klosterbereich, das von der Ebrach gespeist wurde. Am 3. April war Beginn der Bachverlegung, die ziemlich viel Aufwand erforderte und lange dauerte, und am 6. Juli gab es »7 fl. 3 bz. honorar dem bawmeister und seinem pallierer als der Principalstein solemniter gelegt worden, under dem Ercker«. Hauptpolier bei diesem Bau war Balthasar Cominada, Leonhards Schwager. In welcher Weise er mit ihm verwandt war, ist leider nirgends nachzulesen.

Korth (Ebrach) berichtet über den weiteren Fortgang des Werkes: »Von 1688 bis 1702 entstand der östliche Teil der Abts- und Konventbauten, nämlich die Umbauung des Binnenhofs mit dem Kreuzgang südlich der Abteikirche, die südwärts an ihn stoßenden Trakte einschließlich der auf drei Seiten freistehenden Bibliothek sowie größere Abschnitte des Abteiflügels westlich der Kirche und des parallel dazu verlaufenden Zwischenflügels. Das Hauptstück der Konzeption Johann Leonhard Dientzenhofers – ein weiträumiges Geviert, das von Zwischentrakten in vier Binnenhöfe gegliedert werden sollte – blieb zum größten Teil unausgeführt.« Nach dem Tod des Abtes Ludovici 1696 dauerten die Arbeiten noch zwei Jahre an, bis der ganze östlich vom heutigen Mittelbau und Quertrakt gelegene Teil fertig war. Von 1702 bis 1714 ruhte der Bau. Erst im Mai 1715 begann man mit dem Aushub für den »neuen Zwerchbau«, den Querflügel samt Treppenhaus und Kaisersaal. Vielleicht wurden die Arbeiten nach Leonhards Plan begonnen. Von März 1716 an jedenfalls wurden Balthasar Neumann und Joseph Greising aus Würzburg beschäftigt. Für die Pläne kommen auch Maximilian von Welsch und Johann Dientzenhofer in Betracht. Leonhards Fassadensystem der toskanischen Pilaster wurde aber bei den drei ersten Achsen der rechten und linken Mittelbauseite beibehalten.

Im neuen Haus in der Langen Gasse wurde am 10. September 1688 die Taufe des Sohnes *Joannes Jacobus* gefeiert, aber auch dieses Kind starb bereits zehn Monate später, am 14. Juli 1689.

Im Jahre 1689 sah sich Leonhard, der noch sehr junge, aber schon selbständige Baumeister, nach neuen Betätigungsfeldern um. In Bamberg übernahm er die Bauleitung bei St. Martin. Durch die Zisterzienser in Ebrach, wo ihn einstweilen sein Schwager Cominada vertrat, wurde er zum Zisterzienserkloster *Langheim* vermittelt. Dort baute Leonhard einen Teil des Konventbaus am Ostflügel des Kreuzgangs schon unter Abt Thomas Wagner. Unter dessen Nachfolger Gallus Knauer (1690–1728) sollte dann Leonhard weitere interessante Aufträge erhalten.

Für den Fürstbischof von Stauffenberg errichtete er 1689 in *Baunach* nördlich von Bamberg ein Bambergisches Amtshaus, eine langgestreckte Anlage von frühbarocker Behäbigkeit mit zwei Geschoßen und hohem Dach, in deren Mitte ein Treppenturm mit Kuppel steht. Das Hoheitswappen des Fürstbischofs von Stauffenberg mit der Jahreszahl 1689 ziert die Straßenfront. Leider befindet sich dieses Gebäude einschließlich des Umfeldes innerhalb der Mauern heute in keinem besonders erfreulichen Zustand.

Im Auftrag dieses Bamberger Fürstbischofs wurde Leonhard auch laut Bamberger Hofkammerrechnung vom 11. Juli 1689 »nacher Nürnberg das daselbsten stehente Bamberger Haus der Neunkirchnerhoff genannt, der Baunothwendigkeit halber zu besehen verschickt«. Solche Aufgaben übernahm er sicher auch deshalb gern, weil er das Amt des Hofbaumeisters anstrebte. Im selben Jahr soll er auch zusammen mit seinem Bruder *Wolfgang* beim Kloster *Michelfeld* in der Oberpfalz tätig gewesen sein.

Die Übernahme von kleineren Aufträgen für den Bamberger Fürstbischof zahlte sich bald aus. Am 12. April 1690 wurde Leonhard durch hochfürstliches Dekret »*hochfürstlich bambergischer Hofbaumeister*« und erhielt 40 fl Besoldung pro Jahr. Man darf sich unter diesem Betrag allerdings nicht zu viel vorstellen. Die Ernen-

nung bedeutete außerdem nicht, daß Leonhard von nun an nur noch für den Bamberger Fürstbischof hätte tätig sein dürfen. Von diesem Gehalt hätte er nicht leben können.

Im Jahre 1690 fertigte er einen noch erhaltenen Plan für den *Heilig-Blut-Brunnen in Burgwindheim*. Auf jeder Seite der quadratischen Anlage öffnet sich ein Bogen zwischen dorischen, durch Nischen getrennten Pilasterpaaren. Als Verdachung dient eine stark abgesetzte, hochgezogene, achtseitige Kuppel mit offener Laterne. Die Inschrift ist ein Chronogramm für das Jahr 1690: »pVteVs Iste salVtarIs sVb aVspICIIs D. LVDoVICI abbatIs ebraCensIs XXX ConstrVCtVs fVIt«. (Dieser Heilbrunnen ist unter der Herrschaft des Abtes Ludwig von Ebrach erbaut worden.)

Abt Gallus Knauer von Kloster Langheim wollte nicht wie sein Vorgänger das Kloster Stück für Stück neu bauen, sondern ein Gesamtkonzept entwerfen lassen. Dazu wurden zuerst alle alten Bauten, so wie das auch in Waldsassen und Ebrach geschehen war, in einem Plan aufgenommen. Ergebnis dieser Arbeit Leonhards war ein »Eigentlicher Grund-Rieß deß löblichen Stiffts und Cloters Langheimb ANNO 1690«, der 1988 in der Ausstellung »In Tal und Einsamkeit« in Fürstenfeldbruck gezeigt wurde. Abt Gallus übertrug Leonhard im Laufe der weiteren Jahre viele Bauten (auch außerhalb Langheims): in *Langheim* das neue Abteigebäude, einen Block, der die Abtei mit den Gasträumen verband; den Ökonomiehof; das Backhaus mit Wassermühle und die Ochsentretmühle; dazu den Gutshof *Nassanger*; den *Mönchshof in Kulmbach*; Teile des Amtshofes in *Tambach*. In Langheim ist von all diesen Bauten nur noch ein kümmerlicher Rest vorhanden: das aufgelassene Schulhaus, das heute als Museum dient und liebevoll betreut wird.

Kaum ein Kloster in Bayern hat unter der Säkularisation so leiden müssen wie das dortige Kloster. Pfarrer Rudolf Höfinger schrieb dazu in der Festschrift von 1982: »Der bayerische Staat hätte an diesem Ort der Frömmigkeit und der Kultur viel gutzumachen. Die heutige Generation kann es nicht verstehen, daß ›Barbaren‹ vor bald 2 Jahrhunderten das Münster mit seinen 12 Altären bis auf den letzten Stein abgetragen und ein kostbares Erbe an Denkmälern fränkischer Geschlechter und klösterlichem Besitz verschleudert haben.«

Wappen über dem Portal des Wohnhauses der Familie, Lange Straße 18

Im Hause Dientzenhofer kam am 16. November 1690 die Tochter *Maria Barbara* zur Welt.

Leonhard hatte auch den Winter über genug zu tun. Es galt, neue Pläne zu entwerfen, abzurechnen, z. B. über den neuen Bach und Turm in Ebrach (die immerhin 1690 vom 7. Januar bis 25. November 769 Gulden kosteten), theoretische Schriften zu studieren und sich auch mit Kleinigkeiten abzugeben. Im Ebracher

Vertrag vom 23. Januar 1691 mit dem Steinhauer Häula ist, beispielsweise, die Rede von »zwei Mustern für die Platten, die der baumeister in bretter vorgegeben, wie sie denen Jesuitern in Bamberg geliefert worden«. Seine Pläne für den zweiten Bauabschnitt in Ebrach waren im Frühjahr fertig, so daß am 30. April der Vertrag darüber abgeschlossen werden konnte. Es ging um die Errichtung des Ostflügels des Konvents mit dem Bibliotheksanbau.

1691 erhielt der damalige Fürstbischof von Stauffenberg die *Burg Greifenstein östlich von Bamberg* für seine besonderen Verdienste um das Bistum Bamberg als Rittermannlehen mit dem Recht der Übertragung auf seine Blutsverwandten. Es war ihm gelungen, das Hochstift Bamberg aus allen kriegerischen Verwicklungen der damaligen Zeit herauszuhalten und dessen Finanzen zu ordnen. Diese ziemlich heruntergekommene Burg baute nun Leonhard bis 1693 um. Ein Chronostichon über dem Portal unter dem Wappen der Stauffenberg: »VIrtVs DeILLo eXIbat – aC sanabat oMnes Luc.6« (Eine Kraft ging von ihm aus und heilte alle) erinnert an den Baubeginn im Jahre 1691. Heute noch wird die großartig renovierte romantisch gelegene Burg von den Nachfahren der Verwandten des Fürstbischofs bewohnt. Größere Teile von ihr können besichtigt werden.

Für den Abt von Kloster Langheim errichtete Leonhard Dientzenhofer 1691 in *Kulmbach* den *Langheimer Hof* am Burghang der Plassenburg. Das angefangene Werk wurde von Charles Philippe Dieussart, dem Baumeister des Markgrafen von Bayreuth, begutachtet. Eindrucksvoll ist die graue Schauseite zur Stadt hinunter, die leider durch andere Häuser verdeckt ist. Die Fensterbekrönungen haben sehr hohe Segment- und Dreiecksgiebel, der Hauptgiebel ist mehrmals unterteilt. Die Front macht einen renaissancehaften Eindruck.

In den Wintermonaten 1691/92 war Leonhard wieder mit Plänen beschäftigt, welche die Arbeiten in Ebrach und Bamberg vorbereiteten. Den Plan für *Nassanger*, eigentlich Aasanger, den Gutshof des Zisterzienserklosters Langheim, soll aber Abt Gallus persönlich 1692 aus Rom mitgebracht haben. Dieser Gutshof ist eine einzigartige architektonische Leistung: er sieht aus wie eine Festung, hat eine Ellipsenform, mehrere Stockwerke mit ovalen Fenstern und ist wahrscheinlich nach antiken Vorbildern gestaltet. Der Bau enthielt einige Wohnräume und eine Kapelle, hauptsächlich aber Stallungen sowie Heu- und Getreideböden. Die Zahl der kleinen Rundfenster einschließlich der zwei Dachgaubenreihen betrug ursprünglich 365. Über dem Nordportal ist das Wappen des Abtes von Langheim mit der Jahreszahl 1693 angebracht. Ein Wassergraben war durch eine Zugbrücke überspannt. Im ovalen Innenhof führen zwei runde Treppentürme zu den oberen Geschoßen. Das imposante Gebäude steht einsam in der Landschaft und hat in den letzten Jahren ein wechselvolles Schicksal erlitten. Leider ist es nicht mehr der Gutshof eines Klosters, sondern wird heute als Nachtbar genutzt!

In *Ebrach* wurde am 20. April der Vertrag über den Refektoriumsbau geschlossen, und in *Bamberg* waren die Vorbereitungen für den *Klosterneubau der Karmeliter* so weit gediehen, daß am 4. Mai bereits der Grundstein gelegt werden konnte. Es entstanden der Süd-, Ost- und Nordflügel, wobei der spätromanische Kreuzgang erhalten blieb, aber neu überbaut wurde. Gleichzeitig wurde die Barockisierung der *Karmeliterkirche* in Angriff genommen, die alte Zisterzienserinnenkirche teilweise abgebrochen und die liturgische Ausrichtung der Kirche um 180 Grad gedreht. Nur die oberen Teile der Langhausmauern sind barock mit je drei großen Stichbogenfenstern. Leonhard hat aus der dreischiffigen Kirche eine *Wandpfeilerkirche* gemacht, deren Seitenkapellenräume mit Rundbögen und Stichkappentonnen überwölbt sind und deren Kreuzgratgewölbe durch Gurte gegliedert ist. Die neue *Fassade* mit dem Hauptportal verlegte man an die Ostseite. Sie ist dreifach

vertikal durch breite Lisenen gegliedert. Im Mittelfeld dominiert das breite Säulenportal mit der Skapuliermadonna im Sprenggiebel. In Seitennischen stehen die Statuen der Heiligen Joseph und Theodor, im Obergeschoß die der Heiligen Albert und Johannes von Nepomuk, auf der Giebelspitze die des Propheten Elija von Leonhard Gollwitzer. Der Bau von Kloster und Kirche zog sich bis 1702 hin.

Für das Kloster Ebrach schuf Leonhard 1692 *zwei Pläne für den Ebracher Schüttboden in Sulzheim*, 20 Kilometer nordwestlich von Ebrach, die mit seiner Unterschrift und anderen eigenhändigen Bemerkungen versehen sind. 1217 Gulden erhielt er für den Bau des Bachbettes vom neuen Turm an, am 9. Dezember 1692 »308 fl. für die gibel od. feüermauern, gemeine fenster gesimbser« und 574 Gulden »für die drey neüe von stein gehauene facciaten, undt schwibögen.«

Auch im Jahre 1693 gingen die Arbeiten in Ebrach weiter. Leonhard erhielt am 4. April »3 fl. 5 bz. für 2. Kammern als im Prioratu und Senioratu mit plättlin zulegen«, am 30. Mai »2 fl. 1 1/2 bz. für löcher in die fenstergestell einzuhauen, die fenster zu befästigen« und am 11. Juli »1 fl. 8 bz. für 2. schlusstein in die beede undre thürgestell zur Canzleystigen«.

Zu Hause in Bamberg wurde am 14. August 1693 der *Sohn Georgius* getauft, der zu den neun Dientzenhofer-Nachkommen von Leonhard und Johann zählt, die in den Jahren zwischen 1709 und 1762 in den Universitätsmatrikeln der Academia Ottoniana in Bamberg verzeichnet sind und meist Jus studierten. Georg starb am 25. Juli 1741 als Hofrat.

Wie es sich für einen selbständigen Baumeister gehörte, der viele Aufträge brauchte, um davon leben zu können, war Leonhard ständig unterwegs zu den Baustellen in Ebrach, Bamberg, Nassanger, Kulmbach und Greifenstein. Der neue Besitzer dieser Burg, Fürstbischof Graf von Stauffenberg, hatte gerade noch die Renovierung durch Leonhard erlebt, als er im Herbst 1693 starb. Zu seinem Nachfolger wurde am 16. November *Lothar Franz von Schönborn* gewählt, der dann zusätzlich am 3. August 1694 zum Koadjutor des Mainzer Kurfürst-Erzbischofs Anselm Franz von Ingelheim postuliert wurde und am 11. Mai 1695 auch noch dessen Nachfolge antrat. Damit war er erster Kurfürst im Reich und dessen Erzkanzler. Er hatte als Angehöriger des Hauses Schönborn eine steile Karriere hinter sich. Sein Onkel und ein Großonkel mütterlicherseits aus dem Hause Greiffenclau waren Kurfürsten von Mainz gewesen, der junge Lothar Franz war als Zehnjähriger schon Domizellar (Jungherr der Domkapitel) von Mainz, Bamberg und Würzburg, hatte Bildungsreisen ins Ausland unternommen, beherrschte mehrere Sprachen und wurde von seinem Vorgänger als Vierunddreißigjähriger zum Präsidenten des Bamberger Hofrates ernannt. Typisch für die damalige Zeit war es, daß er erst 1695, kurz vor seiner Bischofsweihe, noch schnell die Diakonats- und Priesterweihe erhielt. Er war also schon zwei Jahre Bamberger Bischof, ohne Priester zu sein.

An seinem Wahltag unterschrieb er die Wahlkapitulation, in der im §66 steht: »Item wir sollen und wollen ... auch keine neue schlösser bauen oder die eingefallenen kostbarlich reparieren, wohl aber die ruinösen amtshäuser, kastenhöf, vogtey und dergleichen wenigstens bis ad meliora tempora in dach und fach erhalten ...« Diese »meliora tempora« (bessere Zeiten) müssen schon vierzehn Tage später eingetreten sein, denn dem jungen Kurfürsten war die alte Residenz in Bamberg, in der er künftig wohnen und regieren sollte, viel zu unbequem – von der ungenügenden Heizung der zu großen Zimmer angefangen bis zu den fehlenden Repräsentationsräumen –, als daß er keine Gedanken an Um- und Neubauten verschwendet hätte. Vom Beginn seiner Regierungszeit an bis zum Lebensende steigerte sich sein Interesse an Bausachen bis zur Besessenheit vom »Bauwurm«, wie er selbst

Bamberg, Karmeliterkloster

eingestand. Leonhard und später Johann Dientzenhofer konnte das nur recht sein.

Etwa zur selben Zeit, im November des Jahres 1693, rechnete man wieder in Ebrach über die von Ende 1692 bis Ende 1693 angefallenen Bauarbeiten ab, und bereits am 13. März 1694 wurde »De novo contrahirt über continuirung des neüen bachs«.

Obwohl Leonhard Dientzenhofer als Hochstiftsbaumeister jetzt ständig dem jungen Fürstbischof Lothar Franz von Schönborn zur Verfügung stehen mußte, hatte er auch Zeit, für Abt Gallus Knauer vom Kloster Langheim in *Tambach* ein *Sommerschloß* zu erbauen. Tambach liegt nur wenige Kilometer westlich von Coburg. Abt Gallus stand ja mit Leonhard schon seit seinem Amtsantritt in Verbindung, aber außer dem Langheimer Hof in Kulmbach und dem Gutshof Nassanger hatte er ihm keine weiteren Aufträge erteilt. Das Sommerschloß von Tambach hat eine langgestreckte dreigeschoßige Front und zwei gleichhohe Gartenflügel. Links von der Einfahrt durch den Mittelrisalit liegt die große prächtige Schloßkirche, die nach Abänderung des Dientzenhoferischen Planes von Lorenz Fink 1786 vollendet wurde. »Der eigentliche Kirchenraum ist als großes Oval gestaltet und, begrenzt durch Wandpfeiler und umlaufende Empore mit elegantem Geländer, in einen hohen rechteckigen Saal hineingestellt. Über der Empore sind zahlreiche Stuckornamente mit Bezug auf das ursprüngliche klösterliche Gebetsleben erhalten.« (Sayn-Wittgenstein) Von 1694 bis 1698 wurde der Ostflügel errichtet. Über seinem Gartenportal ist eine große Kartusche angebracht, von einem Putto mit Abtsmütze und zwei Abtsstäben bekrönt. Auf beiden Seiten sind Buchstaben eingemeißelt: »*Fecit Gallus Abbas Langheimensis*«. Unter den Wappen des Abtes und des Klosters Langheim liegt direkt über dem Tor ein querovales Feld mit der Inschrift:

»HANC MIRABILISSIMAM DEDIT
GALLI PRUDENTIA FORMAM
CUI REFERO TOTUM, QUOD
DOMUS ARTIS HABET
M.D.C.XC.VIII.«

(Diese wunderbare Gestalt gab mir die Klugheit des Gallus, dem ich alles widme, was das Haus an Kunst besitzt. 1698)

Zurück zum Jahre 1694. Weil Lothar Franz auf Widerstände beim Bau der Residenz stieß, betrieb er zunächst den Umbau und die Modernisierung des Familienbesitzes *Schloß Gaibach* bei Volkach. Leonhard Dientzenhofer begann mit dem Umbau der Gartenseite, dem bis 1704 viele Einzelarbeiten folgten.

Über seine Bauten und Bauabsichten führte der Fürstbischof jahrzehntelang eine umfangreiche Korrespondenz, vor allem mit seinen Verwandten, die ja etwa ein gutes halbes Jahrhundert lang geistliche Fürstenthrone besetzten und von denen manche mehr Bauherrn als Seelsorger waren. Die Korrespondenz über Gaibach beginnt mit einem Brief vom 8. August 1694 an Melchior Friedrich Freiherr von Schönborn:

»Bamberg, ce 8. d'aout 1694. *L'architecte*, que j'ai envoyé a *Gaibach*, en est de retour depuis aujourd'huy et m'apporta un dessein de ma salle ... (Weiter in der Übersetzung:) Der Architekt, den ich nach Gaibach geschickt habe, ist von dort seit heute zurück und hat mir einen Plan von meinem Zimmer mitgebracht, das bis Pfingsten eine Höhe von 20 Fuß haben wird ... Sie können nicht glauben, welche Freude ich darüber habe.« Die Korrespondenz des Fürstbischofs über Bausachen füllt Bände. Ihm waren ja nicht nur von Amts wegen das noch unvollendete Schloß Seehof und die Alte Residenz in Bamberg zugefallen, sondern auch das vom Vater vererbte Schloß Gaibach. Kurze Zeit später war er als Mainzer Kurfürst zudem Besitzer der Martinsburg in Mainz und des riesigen Aschaffenburger Schlosses, und schließlich ließ er sich selbst noch Schloß und Park Favorite in Mainz und als Ersatz für

das zwar erbte, aber ruinöse Truchseßschloß in Pommersfelden das Schloß Weißenstein erbauen. An mehreren dieser Schlösser waren die Brüder Leonhard und Johann Dientzenhofer beteiligt. Lothar Franz' umfangreicher Korrespondenz sowie dem Umstand, daß sehr viele der Baukontrakte, Abrechnungen und Bausitzungsprotokolle noch in den Archiven von Bamberg, Pommersfelden, Wiesentheid und andernorts erhalten sind, verdanken wir es, daß wir über die Tätigkeit Leonhards und Johanns so gut unterrichtet sind.

In der Zisterzienserabtei *Schöntal im Jagsttal*, in deren Kreuzgang der berühmte Götz von Berlichingen begraben liegt, wurde im Jahre 1694 der Neubau der Klosteranlagen und der Kirche mit einem Turmbau für das Klosterarchiv der Kirche gegenüber begonnen. Als erster leitender Baumeister wird dort der »mainzische Baumeister Duzenhofer« genannt, in der Oberamtsbeschreibung von Künzelsau heißt er gar »Konrad Duzenhofer aus Waldsassen«. Das ist ein Zeichen dafür, daß Leonhard von den Zisterziensern aus Waldsassen empfohlen worden war. Bauherr war der Abt Benedikt Knittel (1683–1732), bekannt durch seine Knittelverse, die zwar nicht seine Erfindung sind, von denen er aber eine ganze Menge verfaßt und vor allem überall im Kloster im Kapitelsaal, über den Zellen, im Refektorium, im Treppenhaus, im Krankenbau, an der Sterbekapelle, am Grab des Götz von Berlichingen, auch an verschwiegenem Orte, in der Küche sowie an und in der von 1708 an nach den Plänen von Leonhard erbauten Klosterkirche hat anbringen lassen. Über der Hostienbäckerei heißt es beispielsweise: »Quos coquimus panes Facit substantia inanes – Presbyter, ut pisti, Mutentur Corpore Christi« (Es wird, was wir gebacken, substanzlos, ohne Schlacken – Der Priester hat gehandelt – in Christi Leib verwandelt); oder über dem Abort: »Nunc stas ante Lares Culiani, comprime nares. Si natura tamen Monet, ipsi ferto levamen« (Auf guet schwäbisch: Schtescht jetzet vor dem Örtle Du, No halt dr d'Naselöcher zu. Ond merk dr eins: no net scheniert Ond d'Hosa rondr, wenns pressiert). Die Übersetzungen stammen von Wynfried Stiefel.

Mit dem Bau der barocken Gesamtanlage mit Kirche, Konvent und Abtei, für die es auch einen Idealplan gibt, beauftragte also Abt Knittel »den Edelvest und Kunsterfahrnen Herren Johann Leonhard Dintzenhofer Churfürstl. Maintz. und Hochfürstl. Bamberg. Hofbaumeister«. Dieser lieferte den Plan für den Bau einer zweistöckigen Abtei und eines dreistöckigen Konventbaus. 1698 wurde der Plan geändert. Obwohl nun auch die Abtei dreistöckig ausgebaut werden sollte, verringerten sich die Maße der Gesamtanlage und auch die veranschlagten Kosten. Statt knapp 44000 sollte die Anlage – ohne Klosterkirche – nur noch etwa 31000 Gulden kosten. Da man die bestehende gotische Klosteranlage nicht auf einmal abbrechen konnte, wurde der Neubau in vier Bauabschnitten geplant:

> »1. von dem Kranckenhauß an biß zu der haubt Stiegen
> 2. der Bau von der haubt Stiegen biß an das kirchen Creutz
> 3. der Bau, so daß Convent schließt, sambt Refectorio
> 4. Die Abbtey zu der Haubt Stiegen ohne Gastzimmer«.

1695 verbot der Papst die Wahlkapitulation bei Erzbischöfen und Bischöfen, die ja Lothar Franz gehindert hatte, irgendwelche Veränderungen oder gar Neubauten an seiner Residenz vorzunehmen. Jetzt war er frei und konnte ohne das Einverständnis des Domkapitels bauen.

Am 14. April 1695 wurde in Bamberg »über den riß, wie *die obere neue hofhaltung* ausgebaut und verbessert werden solle, deliberirt«. Es ging zunächst um die Modernisierung des alten Renaissancebaus.

In siebzehn Punkten wurden mit dem Baumeister Einzelheiten festgelegt. Es sei hier einmal detailliert auf die Materialbeschaf-

Bamberg, Kloster St. Michael

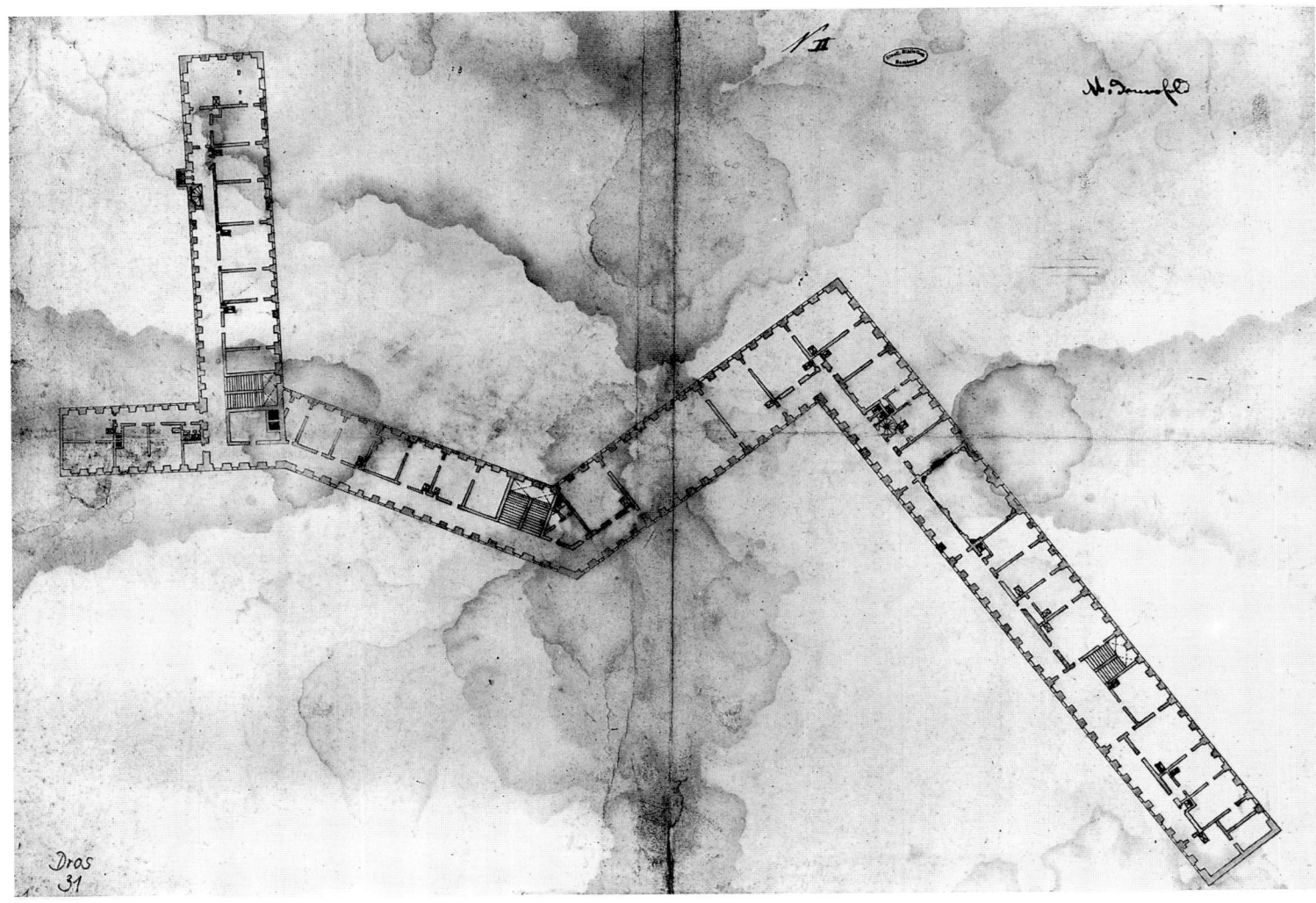

Bamberg, Plan für die Neue Residenz, noch ohne Pavillon

fung damals eingegangen, denn sie veranschaulicht, worum sich der Bauherr alles hat kümmern müssen. Später sind die Aufträge nicht mehr pauschal vergeben worden. Unter den vereinbarten Punkten waren u. a. Abmachungen über den Steinbruch in Haudschmohr, aus dem die benötigten Steine »den winter uf schlitten am füeglichsten beizubringen weren«, über die Steine für die Fensterstöcke und Türgestelle, die aus dem Zeiler Steinbruch »uf dem wasser durch zwei mit pferden bespante schieff heraufgeführt werden« sollten, sowie über die Backsteine aus der Hochstiftsziegelhütte und aus Schammelsdorf. Weiter wurde verhandelt über die Art, wie die Gewölbe gemacht werden sollten, über den »kalch zue Deißdorf«, das Brennholz »zue Schönbron«, einen »kalchofen uf dem feld einzuegraben«, »die kalgstein bei Walzdorf«, das »weiche bauholz«, das »von Cronach, teils mit schieferstein beladen und teils von Lichtenfels«, und »das eichene«, das »in Baunacher und Schönbronner wald genommen werden« könne. »Die kihnfierne britter sollen zu Baunach, Burck-Ebrach, Schönbron und Memelßdorff, die eichene aber zu Bischofsheimb« geschnitten werden. »Eisen, blei und kupfer« solle man »von Franckfurth« bringen lassen, »die fensterscheuben sollen auß Böhemen oder Klein-Amberg genommen« werden. »Das model von fenster- und türgesiembs solle der *baumeister* geben.« »Die fenster sollen in den unter stockwerk hoch werden, daß man nicht hinaussehen kan, oben aber niederer und zum füeglichen aussehen.« »Der *baumeister* solle dem riss nach bauen und darvor red und antwort geben, wan ein fehler oder schaden dabei befunden würde.«

Die Forderungen Leonhards wurden von 5700 auf 5400 Gulden herabgesetzt.

Am 7. Juli kam der erste ausführliche Kontrakt, der sich auf die Residenz bezog, zustande: »Als 1mo solle er baumeister schuldig und gehalten sein, von der hauptstiegen an bis zu ende des hinteren zu der hadergassen gehenden bau alles befindliche und notwendige mauerwerk obgedachten abriss gemäss auf- und ausmauern, nicht weniger wo es von nöten, neue türen und fenster durchzubrechen und von neuen einzustellen, 2. den in den abriss gezeichneten neuen bau von fundament aus drey stockwerckh hoch bis gegen das cantorey-heusslein gleich den andern von steinen aufzuführen und 3. alles sowohlen in diesen neuen als den andern bau in dem untern stockhwerckh durchgehents zu wölben, ... 4. auch die grosse haubtstigen so vorn in den bau gegen den dombplatz gehet mit treppen ... durch alle drey stockhwerckh aufzuführen ... 7. solle er die zwey schneckhen thürn wie auch die zwey steinerne giebel als eine gegen der hadergass, den andern aber gegen der alten hofhaltung abtragen lassen, die zwey schneckhen aber ... wieder aufmauern lassen.«

Schon vor Vertragsabschluß hatten die Bauarbeiten begonnen. Leonhard hoffte, im Oktober mit dem ganzen hinteren Bau fertig zu sein. Pflichtgemäß berichteten die Bamberger Kammerräte am 19. September an Lothar Franz: »Im Hofhaltungsbau sind die Schiedwände in beiden Stockwerken bis aufs Bewerfen und Verputzen fertig, ... die Maurer sind im vorderen Stock, wo die Hauptstiege hinkommen soll, in der Arbeit begriffen und führen die drei Stiegenmauern in die Höhe.« Der Giebel gegen die Hader-

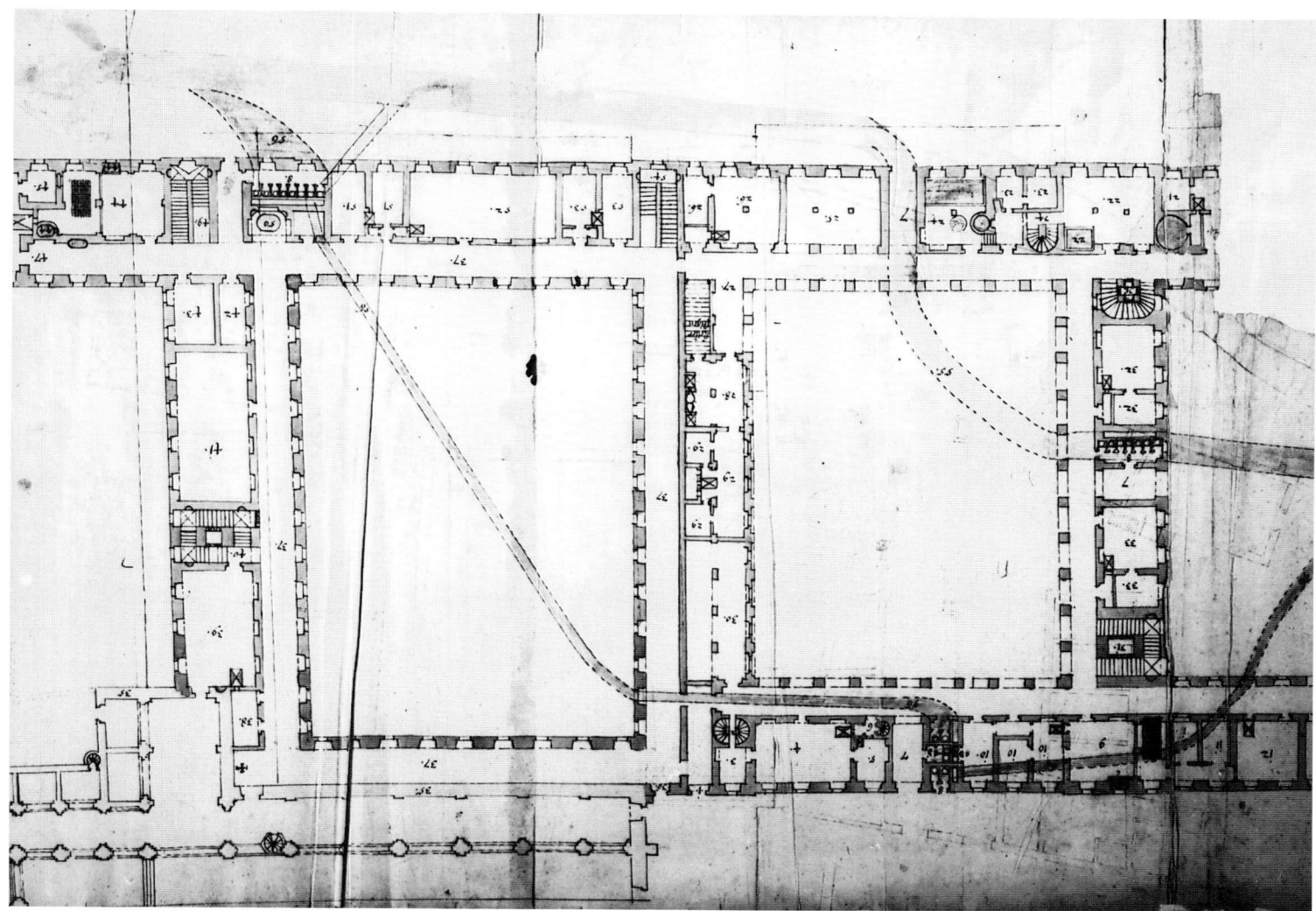

Ebrach, Grundriß des Klosters

gasse ist abgeschlossen »und die walbe dargegen wider aufgeführet und eingedeckt«. Die Gewölbe im unteren Stock, in den Zimmern und im Gang sind ganz verputzt und bis aufs Weißen fertig. (Quellen zur Geschichte des Barock in Franken unter dem Einfluß des Hauses Schönborn, hrsg. von Max H. von Freeden, 2 Bde., Würzburg 1931, S. 8. Im folgenden mit »Q« zitiert.) Später verlangte der Fürstbischof etwa alle zwei Wochen einen Bericht des Statthalters über den Stand der Bauten.

Leonhard war zu dieser Zeit mit dem Umbau der alten Hofhaltung in Bamberg so beschäftigt, daß er die Arbeiten in Ebrach ganz seinem Schwager, dem Polier Balthasar Cominada, überließ, der mit dem Kloster in Ebrach alle angefallenen Arbeiten zwischen dem 19. Juni 1694 und dem 19. November 1695 abrechnete.

Erste Kontakte zu Abt Eucharius Weinert vom Kloster Banz am Obermain wurden 1695 geknüpft und Pläne zu einem *Klosterneubau in Banz* besprochen.

Vermutlich hat Leonhard in diesem Jahr auch die *Orgelempore* in der von Petrini erbauten St. Stephanskirche in Bamberg eingebaut.

Am 1. Januar des Jahres 1696 wurde das sechste Kind Leonhards und seiner Frau Maria Catharina, der Sohn *Joannes Antonius*, in Bamberg getauft. Taufpate war der Apotheker Johann Anton Popp. Am Beispiel dieses Sohnes kann der Wandel der gesellschaftlichen Stellung der Familie Dientzenhofer in der darauffolgenden Generation aufgezeigt werden. Nicht nur die Taufpaten der Kinder kamen aus immer höheren Gesellschaftskreisen – zuerst aus dem Handwerkerstand und der Verwandtschaft, später

aus dem Bürgertum und zuletzt aus dem Adel –, sondern die Kinder selbst gingen auf die Höhere Schule, später auf die Universitäten von Bamberg, Ingolstadt, Würzburg und Prag und wurden Hofräte und andere Beamte. Auch die Mädchen verheiraten sich mit Angehörigen des Beamtenstandes.

Johann Anton wurde im Wintersemenster 1709/10 an der Academia Ottoniana in Bamberg immatrikuliert, als »poeta« eingetragen mit der Bezeichnung »mediocris«, d. h. dem Mittelstand zugehörig. In seiner Ausbildungszeit war er sicher in Prag, weil er dort auch Bücher gekauft und eines von seinem Vetter Johann Christoph, dem ältesten Sohn des Johann Dientzenhofer, mit der Widmung »Januarius. Deo semper. 1709. Pragae. Wollte Gott, du wärest ein guter Christ« geschenkt bekam, in das er dann mit Besitzerstolz schrieb: »nunc justo titulo pertinet ad F. A. Dinzenhoffer mp.« (dieses Buch gehört nun rechtmäßig dem F. A. D.; mit eigener Hand geschrieben). Johann Anton, der sich später Franz Anton nannte, bekam nach dem Studium eine Anstellung bei den Deutschherren in Postbauer bei Neumarkt in der Oberpfalz. In einem seiner Bücher, die heute in der Klosterbibliothek von Neresheim aufbewahrt werden, notierte er persönliche Daten über seine Hochzeit am 17. Januar 1722 und den Einzug in eine Wohnung am 1. März. Am 5. Dezember 1722 wurde der erste Sohn des »jur. cand.« und seiner Frau Maria Eva Theresia, Johann Franz Josef, getauft. Pate war Josef Düring, Kammerdirektor in bayerisch-sulzbachischen Diensten, sein Schwager. Franz Anton Dientzenhofer wurde dann kurze Zeit später juristischer Hofrat im Dienst der Grafen von Oettingen-Baldern-Katzenstein von 1724 bis 1734. Leonhards Enkel Johann Franz Josef, der sich nach dem Besuch der Klosterschule von Neresheim Benedikt nannte, studierte in Bamberg Rhetorik und war später »Skribent« (Verwaltungssekretär) am Spital St. Katharina und Elisabeth in Bamberg. Er starb am 25. Mai 1801.

Johann (Franz) Anton Dientzenhofer hatte weitere vier Kinder: Maria Eleonora Josefa, getauft am 23. November 1725. Ihre Patin war Gräfin Maria Eleonora Johanna zu Oettingen-Baldern, vertreten durch ihre Tochter, Gräfin Eleonora Sophia. Maria Eleonora Josefa war seit 1747 in Bamberg mit einem Fähnrich namens Eder verheiratet und lebte 1781 noch. Anna Magdalena Theresia, getauft am 10. Februar 1727. Ihre Patin war Frau Salome von Gabrieli, Witwe des Baumeisters und Architekten Franz de Gabrieli aus Eichstätt. Beim Sohn Leonhard Franz Anton, der die Namen des Großvaters und Vaters trug und der am 26. April 1730 getauft wurde, war Leonhard Winkler, gräflicher Oberjäger in Aufhausen bei Bopfingen Pate, und bei Aloys Friedrich Xaver Anton, der seinen Vornamen ebenfalls in Dankbarkeit für einen Pater des Klosters Neresheim von Aloys in Aurelius änderte und der am 4. Mai 1734 getauft wurde, machte sogar Aloys Xaver, Graf zu Oettingen-Spielberg, vertreten durch Freiherrn Friedrich Ludwig Josef Anton von Blayleben, Fähnrich in der Legion des Generals Baron von Rott, den Taufpaten. Dieser Sohn ist als Badersgeselle 1781 in Kronach bezeugt. Die Mutter dieser Kinder, Maria Eva Theresia Dientzenhoferin, deren Mädchenname noch unbekannt ist, starb als «Hofrätin auf Schloß Baldern» am 21. Mai 1736.

Franz Anton hatte als Hofrat jahrelang dem Fürsten zu Oettingen Geld geliehen, weil dieser nach dem Beispiel anderer adeliger Schloßbesitzer sein Besitztum auch modernisieren und damit repräsentieren wollte. Die Finanzlage derer von Oettingen-Baldern aber war miserabel. Aus Gutmütigkeit, vielleicht auch aus Sparsamkeit und in der Hoffnung auf 5% Zinsen lieh Franz Anton dem Fürsten jahrelang sein Geld. Darüber existiert ein ganzer Akt. Nach dem Tod seiner Frau gab Franz Anton seine Stellung in Baldern sofort auf und zog nach Bamberg. Der Fürst zu Oettingen schuldete ihm zunächst 2357 Gulden, die er aber nie zurückbezahlte. Seine Erben hatten am 17. Juni 1783 eine Gesamtschuldforderung von 13 517 Gulden. Sie reduzierten sie selbst auf 7473 Gulden. Ob sie jemals davon einen Teil zurückbekamen, ist nicht bekannt. Hofrat Franz Anton Dientzenhofer starb vor 1748.

Nach diesem Ausflug in die nächste Generation kehren wir wieder in das Jahr der Geburt von Franz Anton, 1696, zurück. Im Winter 1695/96 hatte Leonhard an den Plänen für den Neubau des *Benediktinerklosters auf dem Michelsberg in Bamberg* gesessen. Abt Christoph Ernst von Guttenberg schloß nun einen Akkord mit Leonhard für den Abteibau. Auch bei diesem Kloster wurde, wie in Ebrach, Schönthal und Banz, die teils ruinöse, aus einzelnen Häusern bestehende Altanlage in einzelnen Bauabschnitten abgerissen und ein großzügiger, einheitlicher, den Berg beherrschender barocker Neubau durchgezogen. Die erste Bauperiode von 1696 bis 1702 umfaßte den Hauptbau der Abtei und die Kirchenfassade für ca. 50 000 fl. Die Fassade wurde dem gotischen Kirchenbau vorgeblendet. Dadurch erscheinen die Kirche und die Konventsgebäude als Einheit. »Der leicht zurückspringende Mittelteil des Untergeschosses wird durch mächtige Säulenpaare flankiert und oben von einem Segmentgiebel überfangen. Darunter öffnet sich das ebenfalls von Säulen und verbindendem Segmentgiebel umrahmte Portal mit den Wappen des Klosters, des Abtes Christoph von Guttenberg und des Fürstbischofs Lothar Franz von Schönborn. In den Nischen stehen die Bistumsheiligen Heinrich und Kunigunde, im Obergeschoß die Muttergottes, Benedikt und Scholastika, ganz oben der hl. Michael. In der Kirche stammen die aufragenden Pilaster mit Gesimsen und die horizontalen Gesimsbänder aus der Zeit des Umbaus.« (Neundorfer)

Beim Bau des Klosters auf dem Michelsberg war Johann Dientzenhofer als Polier tätig. Er führte später, nach Leonhards Tod, die Arbeiten fort und vollbrachte bedeutende Eigenleistungen.

1696 bekam Leonhard auch den Auftrag für den *Plan* des Ordens der Barmherzigen in Wien, in Bamberg ein Kloster für kranke Herrenbediente und Handwerksburschen zu errichten. Dieses Vorhaben wurde aber nicht realisiert.

Im Frühjahr 1696 ging es an die Umgestaltung des Gartens in Gaibach zu einem barocken Lustgarten mit fremden Gewächsen und Springbrunnen, einer Grotte mit einem ovalen Teich, Schalenbrunnen zur Aufstellung von Pomeranzenbäumchen und einer abschließenden Orangerie. Dazu gehörte auch ein »neuer Gartenbau für die großen Winterungen«. Der erste *Gartenflügel am Gaibacher Schloß* wurde unter der Oberbauleitung Leonhard Dientzenhofers für 848 fl erbaut. In den Kupferstichwerken von Nikolaus Person »Hortus et Castrum Gaibach« von 1697 und in dem von Salomon Kleiner von 1728 sind diese Anlagen überliefert. Heute ist nur noch ein kümmerlicher Rest gleich beim Schloß vorhanden, weiter hinten hat man einen Sportplatz für die Schüler des Heims geschaffen. 1696 jedenfalls, am 17. März, wurden dreiunddreißig Maß Wein »denen maurern und handlangern für einen trunk gegeben, als der erste stein zu dem *ersten flügel* gelegt worden«, und in der Gaibacher Amtsrechnung 1696/67 erscheint auch ein Trunk »denen mäurergesellen und handlangern, als der erste stein an dem *andern flügel* gelegt worden«.

Das ganze Jahr 1696 war geprägt von den Arbeiten auf dem Michelsberg, in Gaibach, an der oberen Hofhaltung in Bamberg und in Ebrach. Im Winter war Leonhard Dientzenhofer als Architekt wieder mit verschiedenen Plänen beschäftigt, aber anscheinend trieb es ihn schon recht früh wieder in die praktische handwerkliche Arbeit, denn bereits am 12. Februar 1697 ließ er durch Statthalter Karl Sigismund von Aufseß, seit 1686 Domdechant und in Abwesenheit des Kurfürsten Statthalter, bei Lothar Franz in Mainz anfragen, ob er »anheuer bei dem vordern neuen Bau gegen den Burgplatz oder an den hintern gegen der hadersgass zu, dann mit denen stallungen gegen des Herrn Fausten von Stromberg Hof einen Anfang machen solle«. Der Kurfürst antwortet darauf prompt am 15. Februar (so schnell müßte heute die Post auch gehen!), daß man, falls ihm der Statthalter nichts Besseres zu raten wüßte, zunächst den Hinterbau »zu seiner vollkommenen consistenz und bewohnung« bringen solle, bevor man an den Vorderbau schritte (Q 13).

Der Statthalter wußte aber in Sorge um das Wohlbefinden des Kurfürsten Besseres zu raten: Wenn der hintere Bau, der nicht so teuer käme, zuerst instand gesetzt würde, hätte man Platz für die Hofhaltung und die Stallungen. Für den vordern Bau sprächen allerdings mehr »rationes«. Vor allem war der Statthalter besorgt »wegen des ungesunden und beschwerlichen geruchs von der stuckator und malerei« und wegen der »incomodiet vom staub und andern ungemächlichkeiten«. Die Haufen der abgebrochenen Steine auf dem Domplatz und die versperrte Zufahrt für die Kutschen bereiteten ihm ebenso Kopfzerbrechen wie die unzuträgliche Feuchtigkeit im Neubau. Der vordere Bau gäbe »der bürg und der ganzen statt eine sonderbare zierd und dienet dem principalwerk allervorderist, dahiengegen der hintere bau nur ein accessorium« wäre (Q 15).

Lothar Franz war damit einverstanden, er gab im Brief vom 19. März nur zu bedenken, daß nicht mehr gebaut werden solle, als was die Hofkammer für richtig hielte. Der Statthalter solle den »riss der faciata« nochmals mit dem Baumeister durchgehen und schauen, »ob es dabei zu lassen oder ob dieselbe ein und andern orts zu enderen« wäre. Wenn ja, dann würde er einen neuen Riß mit ihrer beider Gedanken nächstens erwarten. Es solle auf jeden Fall eine »difformitet« vermieden werden (Q 16).

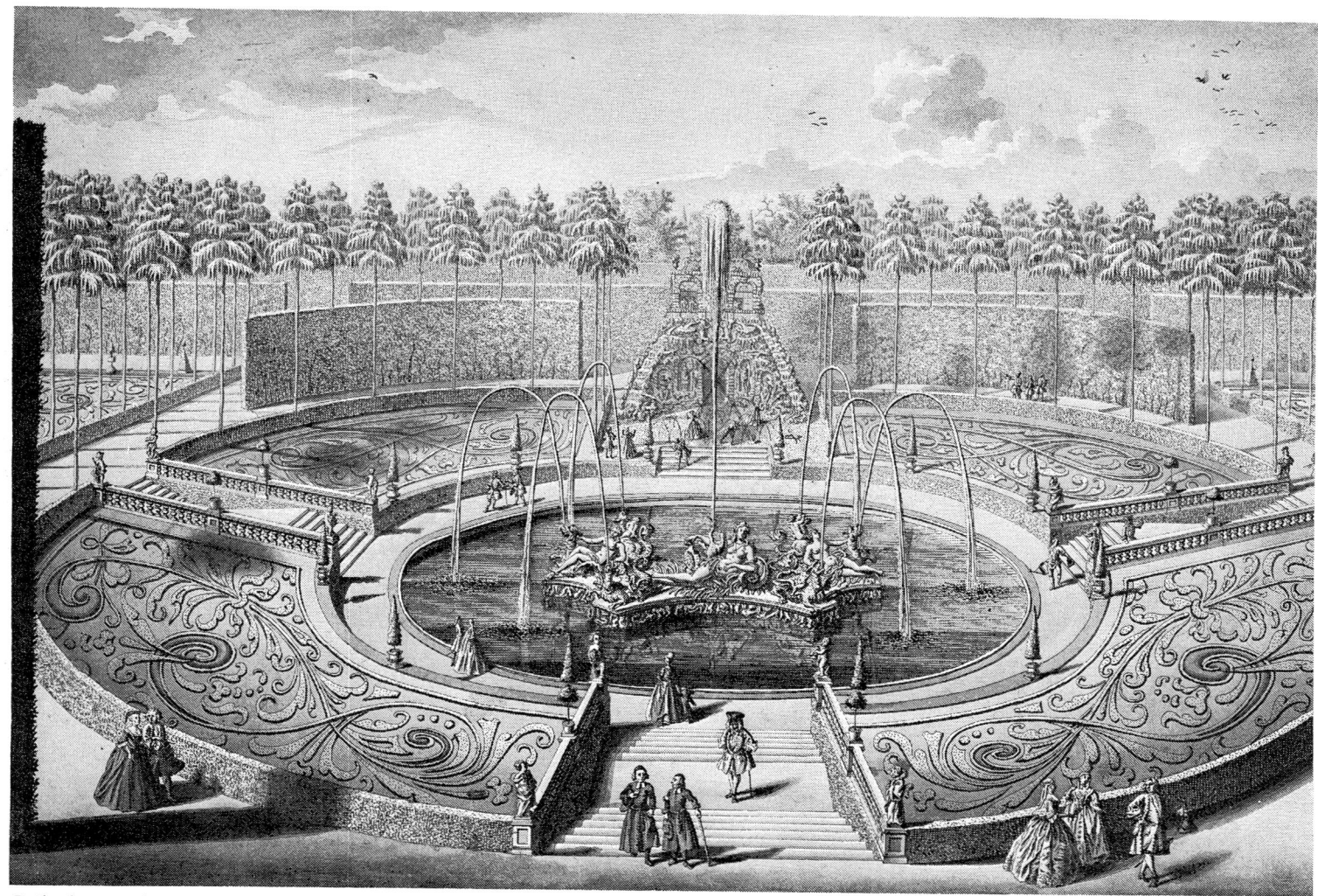

Gaibach, Barockgarten im Schloß

Am 23. März bestätigte der Kurfürst den Empfang zweier Risse über die Fassade, die ihm der Baumeister zugesandt hätte. Er fragte den Statthalter um seine Meinung, welchen von beiden er für geeigneter hielte:

»Allenfalls derselbe etwan auf den *neugefertigten riß* mehr inclination trüge, müste gedachtem *baumeister* vornemblich untersagt werden, daß die doppelte fenster oberhalb des thors ohnumbgänglich zu endern und auf die formb der übrigen zu richten weren, weilen es sonst dem ganzen bau meines behaltens einen notablen unformb geben würde. Und nachdem ich zugleich der meinung bleibe, wan mir Gott das leben und den lieben frieden gibt, den bau nach dem ersten concept bis an das burgtor zu continuiren.« Der Domdechant hätte den Baumeister »specialiter zu dirigiren«, daß eines seiner zwei Zimmer wenigstens mit einem oder zwei Fenstern auf den Burgplatz gerichtet wäre und er »nit also gar von dem prospect des eingangs in die kirchen, auf die straßen und in meine residenz abgeschnitten werde.« (Q 16, Anm. 1)

Diese Auszüge aus der Korrespondenz des Fürstbischofs mit dem Statthalter belegen, wie genau und ausführlich der Bauherr über den Stand der Arbeiten unterrichtet sein wollte. Weil er nicht von Mainz wegkonnte – er war ja inzwischen als erster Kurfürst und Erzkanzler des Reichs auch von anderen Geschäften in Anspruch genommen –, ordnete er am 13. April an, daß der Baumeister, »wan der *riß* gefertigt ist«, eigens »mit Zugebung eines Einspänigers« nach Mainz kommen solle, da er es für nötig hielte, sich mit ihm sowohl über die Einrichtung seiner Zimmer als auch über die geplante Kapelle zu bereden. Es würde die Spesen aufwie-

gen, wenn man nicht nach eigenem Gutdünken, sondern nach des Kurfürsten Intentionen baute.

Der Bamberger Hofbaumeister aber war in diesen Tagen in *Bayreuth*, wo er vom Markgrafen Christian Ernst von Bayreuth in der Nachfolge des 1696 verstorbenen Baumeisters Dieussart als »Hof- und Landbaumeister förmlich patentiert« worden war. Es war in Bayreuth nur darum gegangen, den achteckigen, von Dieussart begonnenen *Schloßturm* zu vollenden und einen Entwurf für den *Markgrafenbrunnen*, den der Bildhauer Elias Ränz schuf und der später vor die Neue Residenz verlegt wurde, zu zeichnen (Q 18, Anm. 1). Schnell antwortete der Statthalter am 19. April: »Dero *hofbaumeister* würde sich schon befehlgemäß nach Mainz begeben haben, wan er nicht annoch in verfertigung eines nitten (neuen) und solchen *rieses* über die *hofhaltung* begriffen were, welcher, wie ich glaube, E.chfl.Gn. vor andern contentiren wird. Indeme nun bei dem bau selbsten (weilen man mit dem abtragen noch zimblich zu thun hat) kein periculum in mora und darneben gedachter *baumeister* wegen erhebung einer abermaligen geltfrist zu *Beyreuth* viel daran gelegen ist, dass er vor der bevorstehenden abrais des h. marggrafens hfl. Dlt. das tempo nicht verabsaume, gestalten er bei einlangung E.chfl.Gn. befelchs eben in procinctu ware, dahien auf etliche täge zu gehen, so werden E.chfl.Gn. einem geringen verzug dissfalls nicht in ungnaden vermerken.« (Q 18)

Leonhard wollte eigentlich nur in diesen Apriltagen in Bayreuth abrechnen, mußte aber doch dazwischen nach Mainz, wo er am 23. April eintraf und mit dem Kurfürsten Lothar Franz von

Schönborn über die Risse zum Bau der Neuen Residenz in Bamberg sprach. Wenige Tage später war er wieder in Bayreuth und rechnete endgültig ab. Weil sich der Markgraf Christian Ernst ständig in Geldschwierigkeiten befand, hielt es Leonhard dort nicht lange aus und kehrte am 6. Mai 1697 nach Bamberg zurück, um sich gleich wieder in Marsch zu setzen. Denn am selben Tag berichtete Statthalter von Aufseß aus Bamberg an Lothar Franz: »Der *Baumeister* wird sich morgen nach Mainz begeben und mündlich berichten, daß der Abbruch des alten Hofhaltungsbaues in 2 Wochen beendet sein wird und daß es nötig ist, die Beischaffung der Quadersteine zu befördern.« (Q 19) Schnell noch kümmerte sich Leonhard am 8. Mai in Bamberg um den Hofhaltungsbau, und zwar um den »dohlen (Tor, Durchgang), *so von des cantors häuslein durch den neuen flügel in des Aegidii-hospitals garten gehet*« (Q 160), und fuhr dann wieder nach Mainz mit neuen Rissen für den Neubau.

Aus Bayreuth brachte er aber eine neue Idee mit. Er hatte die fünfundsechzig Kupferplatten zu dem Architekturwerk »Theatrum architecturae civilis« des Bayreuther Hofbaumeisters Charles Philippe Dieussart erworben, das er nun 1697 in der fürstlichen Druckerei bei J. J. Immel in Bamberg kaum verändert erscheinen ließ und dem Fürstbischof widmete. In der Vorrede betont Leonhard, »es sei alles im jenigen Stand gelassen, wie Dieussart es zusammengetragen, damit der günstige Leser nicht etwa auf den Gedanken gerate, als ob er suche, sich hierdurch einen namen zu machen.« Dieses Werk Dieussarts ist eine Zusammenstellung der wichtigsten italienischen Säulenordnungen von Palladio, Vignola, Scamozzi, Cataneo, Serlio und Branca, dazu kommen Tafeln aus Abraham Leuthners »Gründtlicher Darstellung der fünff Säullen«.

In diesem Zusammenhang sei auch eingegangen auf das sog. *Dientzenhofer-Skizzenbuch*, das aus der ehemaligen Josef Martin von Reiderschen Sammlung in Bamberg stammt und sich heute unter der Nr. 4584 in der Bibliothek des Bayerischen Nationalmuseums in München befindet. Es handelt sich um einen Sammelband hauptsächlich von Grundrissen und wenigen Aufrissen, der um 1700 zusammengestellt wurde und offensichtlich ehemals Leonhard Dientzenhofer gehörte. Er enthält ausgeführte und unausgeführte Entwürfe von Kirchenbauten bayerischer und böhmischer Architekten, wie etwa die Grundrisse von Weihenlinden, Westerndorf am Wasen und der Kappel von Georg Dientzenhofer, von St. Michael und St. Peter in München. Aus dem böhmischen Bereich finden sich St. Maria de Victoria von Giovanni M. Filippi und St. Ignatius von Carlo Luragho in Prag, die Wallfahrtskirche von Altbunzlau (Stará Boleslav) von Giovanni M. Filippi, an der auch Abraham Leuthner mitgearbeitet hat, die Jesuitenkirchen von Klattau (Klatovy) von Carlo Luragho und Komotau (Chomutov) sowie die Schloßkirche von Schlackenwerth, die nach Plänen Abraham Leuthners unter der Bauaufsicht von Christoph Dientzenhofer errichtet wurde, dazu das Altstädter Jesuitenkolleg in Prag und der Heilige Berg von Příbram von Carlo Luragho. Auch antike Tempel wie das Pantheon in Rom, der Tempel des Bacchus, die Konstantinsbasilika und vor allem italienische Kirchen wie S. Maria degli Angeli in Florenz, S. Giustina in Padua, S. Salvatore in Venedig sind abgebildet. Am häufigsten vertreten sind römische Barockkirchen wie St. Peter, St. Ignatius, St. Agnes, St. Andreas auf dem Quirinal und St. Carlo alle quatro Fontane. An profanen Anlagen finden sich Schloßbauten wie Hacklberg bei Passau, Festungsanlagen wie die nordungarische Festung Kaschau, Kavalierhäuser und Kurien. Insgesamt handelt es sich um Nachzeichnungen, Idealpläne und Blätter mit einigen Variationsmöglichkeiten.

Das Papier, auf dem die Pläne gezeichnet sind, stammt fast ausnahmslos aus böhmischen Papiermühlen aus der Zeit um 1680. Ein Bezug zu der Baugesellschaft des Carlo Luragho und damit

auch der Abraham Leuthners, in der alle Dientzenhofer-Brüder Mitglieder waren, ist auf jeden Fall gegeben.

Von Leonhard stammt nur ein Blatt, und auf einem weiteren der Namenszug »Leonhardt«, weitere fünf Zeichner unterschiedlicher Natur und Qualität haben die anderen Blätter mit Tusche und Farben gefertigt. Offensichtlich ist diese Sammlung aus dem Privatbesitz Leonhards später veräußert worden und in den Besitz des Sammlers Reider gelangt.

1697 wollte der Bamberger Fürstbischof nach der Sanierung und dem Ausbau der beiden alten Renaissanceflügel und dem Neubau eines kurzen Flügels endlich den Trakt am Domplatz bauen lassen. Dazu wurde der Voranschlag Leonhards am 29. Juli 1697 vorgelegt. Die einzelnen Kosten betrafen die Ruthenmauern im Fundament, die Schied- und Hauptmauer in den drei oberen Stockwerken, die Gewölbe, sechs Hauptschlöte, zwei Stiegen, das Plattenlegen und das Gerüst (Q 20).

Der Kostenvoranschlag auf 20674 Gulden wurde anscheinend gleich genehmigt, und der Kurfürst ordnete an, den drei Jahre zuvor begonnenen neuen Oberhofhaltungsbau fortzusetzen und ihn »von der im ersten contract dieses angefangenen baus allbereit begriffenen grossen haubtstiegen ferner hinüber biess an das eck der Lochau, dann weiters herfür gegen den burgtor biess an des Veits pfarrers wohnung führen zu lassen«. Über diesen Bau »sambt der capellen, welche zu end dieses baus kommen solle«, wurde am 8. August 1697 in zwölf Punkten akkordiert. Der Bau sollte zwei Blöcke von 205 und 220 »Nürnberger Schuh Länge« (ein »Schuh« ca. 28–37 cm) haben mit einer Hauptstiege bei der Kapelle. Fehler und Schäden müßte er auf seine eigenen Kosten verbessern (Q 21). Dafür sollte Leonhard Dientzenhofer vom Kurfürsten erhalten »19 138 fl. frk., 100 Rthlr. Leikauf, 9 Fuder Bier, das Geld vom Kammerzahlamt, das Bier von der Hofkellerei abzuholen«. Außerdem würden dem Baumeister alle Baumaterialien und alle Werkzeuge bereitgestellt mit Ausnahme der der Maurer und Steinhauer.

Lothar Franz von Schönborn sorgte sich als geistlicher und weltlicher Landesherr und Bischof nicht nur um die Neugestaltung seiner eigenen Residenzen, sondern auch um die Renovierung und den Neubau von Amtshäusern, Kastenhöfen, Toren und Brücken, von Pfarr- und Wallfahrtskirchen. So schrieb er am 5. November 1697 nach *Walldürn* wegen der Vorbereitung des dortigen Kirchenbaus. Der in Aschaffenburg residierende Mainzer Oberamtmann von Amorbach, Reichsfreiherr Johann Franz Sebastian von Ostein, hatte die Initiative ergriffen. Die Wallfahrt in Walldürn war so aufgeblüht, daß die alte Kirche aus dem 15. Jahrhundert zu klein geworden war, aber der zuständige Pfarrer, der Mainzer Professor Leonhard Nimis, war meist abwesend. Von Ostein war ein Neffe des Kurfürsten Lothar Franz. Wie recht dieser später hatte, eine bei weitem größere Kirche erbauen zu lassen als ursprünglich geplant, zeigte die Entwicklung der Wallfahrt: Als die Kirche, mit der auch Leonhard Dientzenhofer einiges zu tun hatte, im Jahre 1728 eingeweiht wurde, zählte man 116 000 Kommunikanten, innerhalb von vierzehn Tagen wurden 7000 (sic!) Messen gelesen.

Ein arbeitsreiches Jahr 1697 ging zu Ende. Vor allem der Bau der Bamberger Neuen Residenz hatte den vollen Einsatz, aber auch das Rückgrat des planenden und ausführenden Baumeisters gefordert. Viele Reisen nach Bayreuth, Mainz, Tambach, Ebrach und jeweils wieder zurück nach Bamberg hielten ihn im wörtlichen Sinne auf Trab. Als Jahresrechnung 1696/97 für den Bau der Michelsberger Benediktinerabtei erhielt er 10 424 fl 5 kr und 2 Pf.

Im Jahre 1698 war der *Residenzbau in Bamberg* vorherrschendes Thema. Da im Winter immer die Steinhauerarbeiten erledigt wurden, übergab Leonhard bereits am 18. Januar seinen Überschlag »wegen des vorhabenten neuen ferneren *hofhaltungsbau*«. An der

Formulierung erkennt man deutlich das Verhältnis des zwar selbstbewußten und in seinem Fache kompetenten, aber doch abhängigen und zu Gehorsam verpflichteten Maurer- und Steinhauermeisters zu seinem Auftraggeber. Der Fürstbischof entwickelte sich nämlich langsam zu einem Architekturfachmann, der mehr und mehr in die Planung selbst eingriff. Von Leonhard aus war es nur ein »*Unterthäniger, jedoch unvorschreiblicher* überschlag«. Durch diesen Text werden alle unsachgemäßen Urteile über Leonhards Baukunst widerlegt. Leonhard konnte als Hofbaumeister nicht auf der grünen Wiese nach seinen Ideen ein Idealschloß bauen, sondern mußte auf engem Raum mit den vielen Vorgaben der alten Bauten, der Fundamente und der Hanglage zurechtkommen und vor allem die Wünsche des Bauherrn, auch nach Änderungen mitten unter dem Bau, verwirklichen. Beim Residenzbau wurden beispielsweise Mauern wieder eingerissen, die Kapelle wurde dann doch nicht gebaut und der vordere Teil zum ehemaligen Burgtor hin zu einem Pavillon umgestaltet. Dazu kommt, daß es auch architektonische »Vorschriften« gab, auf deren genauer Einhaltung Lothar Franz bestand. Der Bauherr war zwar auf den einzigen Baumeister in der ganzen Gegend, der solche großen Bauten hinstellen konnte, angewiesen, aber Leonhard war sein Untertan und nur aus dem Handwerkerstand. Im einzelnen versprach er, alle Fenster »*der architectur* und meinem abriss gemees auf das seuberste zu hauen und fertigen lassen«, »den hof gegen den domb zu mit dreimaliger von architectur auf einander stehenden hauptgesimbsern, fües, archatra, capitel, schaffgesimbs, zwei ausschweif über die 2 undern haubtgesimbsern, damit kein schnee oder wasser auf denen haubtgesimbsern sich versenket, sondern ablaufen kan, *alles der rechten architectur gemees* auf das beste verfertigen und versehen zu lassen, als zum ersten die *Dorica,* zum andern die *Jonica* und dritten die *Corynthia,* wie alles in meinem beigelegten abriss zu sehen.« Es war also nicht Unvermögen Leonhards, sondern Vorschrift, die drei Säulenordnungen übereinanderzustellen. »Die vorgeschriebenen 6 haubttüren sollen alle *nach J. chfl. Gn. auserlesenen abrissen* verfertiget werden.« Der Kurfürst hatte also eine Auswahl aus den Vorschlägen getroffen. Noch vorsichtiger formulierte er den sechsten Punkt: »Verspreche ich auch das *haubtportal,* welches nach meinem abriss gezeichnet, zu hauen und zu versetzen und, *wofern J. chfl. Gn.* dieses in meinem abriss gezeichnetes *nit gefiele oder anstendig were,* verspreche ich *nach Dero intention* dasselbe einzurichten, *wie solches beliebet.*« In weiteren Punkten ging es dann noch um Keller, Fenster, Portale usw. »Vor solche alle vorspecificierte arbeit kan ich nit wohl weniger nehmen, dann 8100 fl. frk.« Auch beim Preis merkt man der Formulierung an, daß Leonhard schon mit dem Rotstift rechnete, und er hatte auch recht: Am Rande wurde vermerkt: 6000 fl. Gott sei Dank war es Leonhard spätestens seit Trautmannshofen gewohnt, daß man den Preis immer drückte! Deshalb baute er gleich noch eine Variante ein:

»Wofern aber *J. chfl. Gn.* belieben täte, die fenster gegen den garten und gegen der stadt zu von allhiesigen steinen gleich denen alten, so in der alten hofhaltung stehen, jedoch in der höhe und weite gleich denen, so in den neuen bau kommen, doch aber ohne gesimbsen und vertachung bauen zu lassen, könte ich bei 1113 fl. weniger nehmen, verbliebe also 6987 fl.« (Kanzleiunterschrift)

Über diesen Überschlag wurde zwei Tage später bei Hof beraten. Im wesentlichen nahm man Leonhards Angebot an. Im einzelnen ging es eigentlich nur darum, wo noch etwas eingespart werden konnte. Am 20. März 1698 wurde der Akkord mit Leonhard über die architektonische Ausschmückung der Seite zum Domplatz hin mit den 94 Fenstern, die in Zeiler Stein plastisch herzustellen waren, abgeschlossen. In dem Akkord waren auch die Stiegen und die 25 Türen, das Hauptportal, die Säulen in der Einfahrt, die Öfen und Kamintüren begriffen, ebenso die Türen

im neuen Keller. Außerdem sollte Leonhard für die Hofkapelle 20 große runde, freie und 46 kleinere Säulen für 400 fl hauen lassen.

Am 3. April forderte er für die Herstellung der Hauptstiege 1875 fl. und Leihkauf. Weil er seinen Auftraggeber bereits gut kannte, fügte er noch hinzu: »Es wird hoffentlich an dieser meiner geringen ansetzung mir nichts abgebrochen werden, indem es lauter langsame arbeit und alle steinhauerei (wie im modell zusehen) schräg gehet. Machete mir ein steinhauer in gerater arbeit fast noch einmal so viel, eben dergleichen auch ein maurer tut. Es ist sonst der allgemeine gebrauch, das man die stiegen, gleichwie im Seehoff auch geschehen, massiv und cubice ruthenweis den ganzen inhalt ausmessen, welches umb ein merkliches mehr auswerfen würde und kömete in der rechnung herauss 2592 fl.« Der Baumeister half also beim Sparen, indem er sich mehr einfallen ließ als Meister Petrini im Schloß Seehof. Der Bau ging gut voran. Am 30. April forderte Leonhard bereits 2278 Stämme für den Dachstuhl und das durchgehende Gebälk.

Da mußte der inzwischen achtunddreißigjährige schwere Schicksalsschläge hinnehmen. Nachdem ihm seine Frau Maria Catharina die *Tochter Maria Catharina* geboren hatte, die am 3. Mai getauft wurde, starb sie im Kindbett am 5. Juni. Merkwürdigerweise starb am selben Tag auch Leonhards Schwiegervater Johann Hager, Metzgermeister aus Waldsassen. Leonhard war jetzt mit seinen fünf kleinen Kindern im Alter bis zu zwölfeinhalb Jahren allein. Wer ihm den Haushalt besorgte, ist nicht bekannt. Aber er mußte sich angesichts dieser Situation bald nach einer Hausfrau und Mutter für seine Kinder umschauen.

Schicksalsschläge dieser Art waren aber kein Grund, nicht weiter voll im Beruf zu stehen. In diesen Tagen zeichnete Leonhard auf Anforderung einen Riß über das, was an der Hofhaltung bisher gebaut worden war. Diesen Riß schickte der Statthalter am 20. Juni mit Anfragen über die Gestaltung der Fenster mit Gittern an Lothar Franz.

Am 24. Juli 1698 war Leonhard in *Ebrach.* Dort war kurz nach Beendigung des zweiten Bauabschnitts, des östlichen Konventbereichs, am 24. Mai 1694 Abt Ludwig Ludovici gestorben. »Sein am 30. Mai gewählter Nachfolger Candidus Pfister, vorher Kanzleidirektor und Vermögensverwalter der Abtei, hatte zunächst andere Sorgen als die Fortführung des Klosterbaus (wahrscheinlich Streitigkeiten mit dem Bischof von Würzburg), zumal die Ausstattung der bisherigen Neubauten noch zu Ende geführt werden mußte. Die Endabrechnung mit Dientzenhofer am 24. Juli 1698 zieht jedenfalls so deutlich einen Strich unter die getane Arbeit, daß eine Unterbrechung mit einem vollkommenen Stillstand der Bauarbeiten angenommen werden muß.« (Korth, Ebrach) An diesem Tag wurden noch »680 fl. 10 bz. Von backhaus bis zum einfluss sambt den neüen thurn« und »1103 fl. als völliger rest bey der abrechnung« ausbezahlt.

Kurfürst Lothar Franz wollte trotz der vordringlichen Aufgabe in Bamberg sein Familienschloß *Gaibach* nicht vernachlässigen und schickte Leonhard öfter dorthin. Am 13. April 1698 war für Steinhauerarbeit, »so zu *beide neue aufgebaute fliegel auf selbige mauern am schlossgraben oder waal* daselbsten gemacht«, bezahlt worden, am 19. Mai wurde Steinhauerarbeit von der »*neuen Geubacher capellen* entlohnt« (Q 46) und auch einmal »denen sämbtlichen mäurern ... als sie bei der *neuen capellen* gewesen«, Wein gegeben (Q 26). Diese *Heilig-Kreuz-Kapelle,* am Ende des Parks oberhalb des Schlosses an der Straße nach Volkach gelegen (dort, wo der Weg zur Konstitutionssäule abzweigt), wurde von Leonhard als kreisrunder *Zentralbau* gestaltet, der innen einen quadratischen Grundriß aufweist mit vier Flachnischen in den angeschrägten Ecken und in dem ein spätgotisches Kreuz verehrt wird. Am 29. Juli 1698 erhielt der Bote von Bamberg, »so ein *modell von der kuppel zu der Geubacher capellen vom baumeister* überbracht«, eine

Entlohnung (Q 46). Leonhard kümmerte sich persönlich um diese Polygonkuppel, die auf toskanischer Gliederung aufgesetzt werden sollte. Da erfuhr er, daß der Kurmainzer Hofbaumeister gestorben war und schrieb sofort ein Gesuch, das er am 4. August beim Statthalter abgab. Dieser leitete es auf seine Bitte gleich an den Kurfürsten in Mainz mit einem »Fürwort« weiter, in dem er davon berichtet, daß ihn der Bamberger Hofbaumeister daran erinnert habe, »wass für einer gsten intention E. chfl. Gn. letzhin zu *Geubach* für ihn und seinen *brudern* gewesen seien«. In diesem Gesuch bat »*Leonhard Dienttzenhöffer, burger und baumeister*« in Bamberg, um Übertragung der freien Stelle in Mainz, »zue deren würklicher vertretung aber unterdessen meinen *bruder Johann Dientzenhöffer*, so der architectur in zeigen und reißen auch wohl erfahren und hirinfals seiner erlernten kunst nach all behörige satisfaction hoffentlich leisten wirdt, anstatt meiner, weilen ich alhier allschon wohn- und seßhaft bin, nacher Mayntz substituiren, ... indeme allhier außer E. chfl. Gn. hofhaltung die gebäu alle zusammengehen und die clöster meistenteils die fortsetzung ihrer gebäu einstellen wollen, ich auch würklich nach *Onoltzbach* umb entlassung, so ich nägsthin ohngezweiffelt erwarte, geschrieben. Ich werde dann um so mehr Zeit haben, auf- und abzureisen und Dero Befehlen nachzukommen« (Q 40).

Was war vorausgegangen? Wahrscheinlich 1695 hatte Markgraf Karl Wilhelm Friedrich zu Ansbach Leonhard beauftragt, Risse und Pläne für *Schloß Triesdorf*, das sog. Weiße Schloß, anzufertigen (nach Heller). Nach dem Wortlaut des Gesuchs war Leonhard dem Markgrafen von Ansbach in irgendeiner Weise verpflichtet, vielleicht als »markgräflicher Baumeister« wie in Bayreuth. Ob er Teile dieser Sommerresidenz gebaut hat, ist nicht belegt. Seine Bindung an Ansbach war sichtlich nicht so stark, daß er sich nicht gleich davon hätte lösen können. In *Ebrach* hatte er auch nichts mehr zu tun, auf dem *Michelsberg in Bamberg* war der Neubau von Konvent und Abtei abgeschlossen, in *Banz* die Verhandlungen und Planungen weit fortgeschritten, doch zögerte sich der Baubeginn noch hinaus. Es mußten ja erst die mittelalterlichen Gebäude weggeräumt werden, um Platz für das großzügig angelegte neue Kloster zu schaffen. Eigentlich hatte Leonhard fest damit gerechnet, daß seiner Bitte um die vakante Stelle des Hofbaumeisters in Mainz entsprochen würde. Doch schon am 9. August antwortete der Kurfürst aus Mainz, er habe zwar »für den recommendirten Dienstenhöfer eine besonders gute inclination getragen«, wollte aber die freie Stelle durch den Werkmeister Johannes Weydt versehen lassen. Inzwischen notierte der Statthalter am 12. August, daß der Baumeister von einer Reise nach *Gaibach* und *Kloster Banz* noch nicht zurückgekehrt sei, und am 16. kam der endgültige Bescheid, »dass der Churfürst es nitt rathsamb befunden ahn des verstorbenen Statt derzeith einen andern zu bestellen, sondern solchen Dienst einsweyls durch einen Werkmeister verrichten zu lassen«.

Also kümmerte sich Leonhard wieder einerseits um die Residenz, andererseits sah er sich nach neuen Aufträgen um und sah vor allem in *Kloster Schöntal im Jagsttal* nach dem Rechten. Und weil er vom geplanten Neubau in Walldürn erfahren hatte und ganz in der Nähe war, betrachtete er sich auch diesen Bauplatz. Am 12. September war der Baumeister »von *Closter Schönthal* und *Waldthüring* noch nicht zurückkommen«, aber kaum zu Hause, fertigte er einen Riß für den oberen Hofhaltungsbau der Bamberger Residenz an, aus dem der Kurfürst ersehen konnte, wie »zu besserer bequemlichkeit und innerer conformität« die große Hauptstiege nicht nur durch die drei Stockwerke geführt, sondern auch in den keller fortgesetzt werden könnte« (Q 41). Diesen Riß schickte der Statthalter von Aufseß am 26. September an Lothar Franz, am 7. Oktober wurde der dritte »Akkord mit Joh. Leonhard Dinstenhöffer über den Bau der Hauptstiege« abgeschlossen.

Der Riß war vom Kurfürsten eigenhändig unterschrieben, der Hofschreiner hatte ein Modell gemacht. Leonhard mußte »das, so an voriger stiegen albereit gemacht worden«, abbrechen, die Gewölbe nach dem neuen Riß wieder aufbauen, »ingleichen den ganzen bau gegen der capellen wegen des lichts, so in chor der capellen fallen soll, mit 14 schuch nach J. chfl. Gn. befelch« verlängern. Im einzelnen ging es dann um die Gewölbe, den Putz und das Legen der »stiegentritt«. Die gezeichneten Statuen aber sollte nicht er fertigen. Daß Leonhard sehr schön auch Figuren zeichnen konnte, sieht man an dem Entwurf für das Nordportal beim Kloster Ebrach. Er sollte weiter die »lesenen und bögen an der spindel ... mit denen capitellen und friessgesimbsern hauen und versetzen lassen«, ebenso die »ballestrata und das darauf kommende handgesimbs von Zeyler stein der architectur gemees«. Weiter ging es um die Steinplatten für die »ebne pläz«, die Kellerstiegen und die Türen. Leonhard Dientzenhofer sollte für seine Arbeit 2600 fl. und einen Leihkauf erhalten. Er hatte 3021 fl gefordert (Q 42 und Anm. 1).

Inzwischen hatte er die *Bauinspektion* über die Hochstiftsgebäude übertragen bekommen und erhielt am 9. Oktober Diäten für die Visitierung, wie in den Notizen für die »Hofgesindezehrung« vermerkt ist. Zufrieden äußerte sich der Kurfürst, als er »in Zeith dero diesmahlige Anwesenheit allhier mit gnädigster Vergnügung gesehen wie wohl der gn. anbefohlene Bau von stadten gangen sei«.

Wir haben schon gehört, daß sich Fürstbischof Lothar Franz im November 1697 auf Drängen seines Neffen in die Planung einer größeren Wallfahrtskirche in *Walldürn* eingeschaltet hatte. Damals war der Maurer- und Steinhauermeister Lorenz Gaßner, der in *Schöntal* in Arbeit gestanden hatte, beauftragt worden, einen ersten Riß für Walldürn zu machen. Offensichtlich hatte dieser erste Riß kein besonderes Gefallen gefunden, sonst hätte er in seiner Jahresabrechnung 1698 nicht schreiben können: »Sextens bin ich aus befelch des cammerrats Tatveus nach *Bamberg* geschickt worden, den grundriss von selbiger *jesuiterkirch und augenschein eingenommen*« (Q 44). Er sollte also am gelungenen Objekt studieren, wie eine solche Kirche auszusehen hätte. Weil Leonhard ja diese Jesuitenkirche seines Bruders Georg selbst vollendet hatte, fragte er sich natürlich, warum man nicht ihn beauftragt hatte, einen Plan für Walldürn einzureichen. Ob er nun aufgefordert worden war, das zu tun, oder ob er aus freien Stücken sich um den Auftrag bewarb, ist nicht bekannt. Jedenfalls machte er einen im Leiningenschen Archiv zu Amorbach erhaltenen, äußerst ausführlichen Vorschlag. Leonhard versprach vor allem, bei dem »Hochlöbl. Gotteshauß und wunderthätigen Wallfahrts-Kirchen zu Walthüringen« »alle fundamenta durch die meinige, so tieff dieselben vonnöthen, und zue einen recht bestandthafften Baw erfordert werden, graben zue lassen« und »alle fundamente auff daß beste, wie es zu einen wohlgeschaffenen Mauerwerck gehöret, maßiv durchgehendß auß zu Mauern.« Den Turm wollte er erst noch persönlich visitieren. Er bat inständig um den Auftrag:

»Über welches, und wann es von Euer Churfürstl:Gnaden: einiger accord mit mir gnädigst beliebet werden solte, mich gleich nach Dero gdstn. befelch nach Maintz verfügen, und mit mir einigen dergestaltigen billichen accord treffen lassen wollte, worüber Dieselbe ein gnädigstes contento tragen würden, weillen ohne deme hoffentlich daß *closter Schönthal*, so 7 stund von *Walthüringen* entlegen: auch zu bauen haben werde, und *die abrieß von dem Churfürstl. Ambthauß Krautheimb*, an welchen aniezo in den abrießen begriffen bin, gehorsambst einlieffern wolte, welches also Euer Churfürstl. Gnaden p. in tiefster unterthänigkeith, zue schuldigst gehorsambster folglaistung hiermit vnterthänigst berichten: anbey auch Dieselbe götdlichen Schutzes; mich aber Dero ferner beharrlichen Hohen Churfürstl. Gnaden vnterthänig- und gehorsambst empfehlend beharren sollen. Euer Churfürstl. Gnaden vnterthänigst gehorsamster Diner *Lonhardt Dintzenhoffer, baumeister mprio.«* (Q 45)

Trotz dieser »unterthänigsten« Bewerbung bekam Leonhard den Auftrag für Walldürn nicht, was die Auftraggeber dann bitter bereuten. Hätten sie auf den sachlich fundierten Rat des bewährten und erprobten Bamberger Baumeisters gehört, hätte es später nicht so viele Scherereien gegeben.

In Schönthal war man noch nicht so weit mit den Vorbereitungen, die anderen Klöster außer Banz hatten die Bauten eingestellt, Frau und Schwiegervater waren gestorben, die persönliche Situation war alles andere als rosig. Waren es nun die mangelnden neuen Aufträge, war es die Sorge des Witwers um seine kleinen Kinder oder irgendein anderer Grund, Leonhard wollte seine finanzielle Lage verbessern und ließ sich im Januar 1699 das Privilegium des *kurbayerischen Salzhandels für Bamberg und Forchheim* gegen eine jährliche Abgabe von 500 fl übertragen. Am 16. März 1699 bekam er 4800 fl Kapital um 6% von der hochfürstlichen Kammer geliehen. Daß er sich ausgerechnet vom Salzhandel Gewinn versprach, hat manche Autoren zu der Spekulation veranlaßt, das hänge mit seiner Heimat zusammen; denn Leonhard war ja im Inntal geboren, sein Elternhaus oberhalb von Flintsbach am Inn nur eine halbe Stunde Fußweg vom Fluß entfernt, und damals wurde reger Salzhandel auf dem Gebirgsfluß betrieben. Aber er hatte diesen Salzhandel als Kind sicher nicht so intensiv miterlebt, als daß man das als Grund anführen könnte. Mehr als diese Exnegativo-Antwort kann ich freilich auch nicht geben.

Sein Ansehen als Baumeister war im Laufe der Jahre gewachsen, und so wurde Leonhard Dientzenhofer am 5. Mai 1699 mit Genehmigung des Fürstbischofs durch Mehrheitsbeschluß zum *Ratsverwandten* (Ratsherrn der Stadt Bamberg) gewählt. Später wurde er zum *Assessor beim Stadtgericht* ernannt und erhielt einige Jahre darauf das Pflegschaftsamt einer Stiftung »Reichallmosen«.

Der neugewählte Ratsherr hatte inzwischen auch eine Hochzeiterin gefunden und führte am 6. Juli 1699 *Anna Margaretha Sündermahlerin* vor den Traualtar. Sie war die Tochter des Rechtskandidaten, Vizepräfekten des Kapitels und »Granuarius zu Staffelstein«. Von seinem fürstbischöflichen Arbeitgeber bekam der *»nobilis expectatissiums dominus architector aulicus et Senator«* 19 fl, 1 lb, 20 Pf als Hochzeitsverehrung. Die Angaben über den Trauungsort widersprechen sich: die einen nennen den Bamberger Dom, die anderen St. Veit bei Staffelstein, was wahrscheinlicher ist, weil Leonhards zweite Frau aus Staffelstein stammte.

Leonhard stand auf dem Höhepunkt seiner Schaffenskraft. Knapp vierzig Jahre alt, Ratsherr, frisch verheiratet, öffentlich anerkannt und geehrt, tätig als Architekt, Baumeister, Bauleiter – und Salzhändler. Nur dieser Salzhandel machte ihm einigen Kummer. Das Geschäft lief nicht so recht. Er wandte sich deshalb an den Kurfürsten und bat um Pauschalierung des Salzzolles. Der Kurfürst wiederum verwendete sich beim zuständigen Ansbacher Kammerpräsidenten von Johnas für ihn in einem Schreiben vom 31. Januar 1700. Leonhard brauchte Geld, um die beträchtlichen Zinsen von 288 fl plus 500 fl jährlicher Abgabe bezahlen zu können. Mit dem, was er zu dieser Zeit an Aufträgen hatte, konnte er das nicht bewältigen. Diese finanzielle Anspannung änderte sich auch nicht, als ihm im Mai des darauffolgenden Jahres Erleichterungen eingeräumt wurden (Q 160).

In *Schöntal im Jagsttal* entstand zwar in diesem Jahr ein Offiziantenbau außerhalb des Klosters, und vielleicht hat er (nach Heinrich Mayer) 1700 auch das Erholungsheim der Bamberger Jesuiten in *Leimershof* bei Staffelstein, einen behaglichen Barockbau, erstellt, aber das reichte nicht. Außerdem nahm ihn Lothar Franz von Schönborn wegen des Residenzbaus ständig in Beschlag und bestellte ihn u. a. nach Mainz, wo er am 1. Mai Einzelheiten mit ihm

besprach. Über den Stand der Arbeiten an der Residenz berichtete am 11. Juni der Statthalter: Am oberen Hofhaltungsbau sei »vorn heraus alles biss auf die auflegung der haubtgesimbs nunmehro fertig«, »an der hintern seiten aber gegen den garten ist man mit der mauern und gesenkten gesimbs auch fertig und solle künftige wochen die fördere facciata ebenfalls gar gefertiget und die hauptgesimbs auch gelegt werden … Die maurer haben an des h. domprobstens garten an der mauern zu arbeiten albereit angefangen.« (Q 57)

Fast auf den Tag genau ein Jahr nach der Hochzeit gebar Leonhards zweite Frau eine *Tochter*, die nach der Mutter *Anna Margaretha* genannt und am 4. Juli *1700 getauft wurde.*

Nachdem der Residenzbau so gut vorangekommen war, erinnerte sich der Fürstbischof von Bamberg an seine Wahlkapitulation vom 16. November 1693, wo er versprochen hatte, »die ruinösen amthäuser … bis ad meliora tempora unter dach und fach zu erhalten«. Jetzt brauchte er aber nicht mehr nur an Reparaturen zu denken, sondern konnte Neubauten erstellen lassen. Am 23. Juli schrieb Statthalter von Aufseß an Lothar Franz: »Der hiesige *Baumeister Joh. Leonh. Dienstenhöffer* hat den *Riß* für das zu erbauende *Amtshaus in Kupferberg* angefertigt.« Dieser Riß wurde umgehend vom Kurfürsten am 27. Juli genehmigt. Der einfache Walmdachbau oberhalb des Orts Kupferberg dient heute als Mietshaus und erinnert nur durch das Wappen auf der Schmalseite an seine Zeiten als »Schloß«.

Im Juli 1700 erfolgte eine Inspektion des *Neubaus der Residenz* durch den Statthalter im Beisein des Baumeisters. Dabei wurde konstatiert, daß die beiden vorderen Flügel im Rohbau fertig waren: Bemängelt wurde aber u. a., daß die Malerei an den Fensterstöcken »umb ein merkliches weisser seie« als auf dem »aldorten vor augen stehenden *mit farben exprimirten modell*«, »dass die gemahlte säulen … der ganzen architectur einen unform verursachen, dazumalen die säulen in der architectur des neuen baues durchauslaufen, welches dan auch der *hofbaumeister und andere periti* gleichfalls judiciren. In deme nun *hofbaumeister* ferners relationiret, dass er solches schon zum anfang gegen J.chfl.Gn. erinnert.« Wieder haben wir hier ein Beispiel dafür, daß Leonhard als versierter Fachmann schon vor der Verwirklichung gewisser Ideen auf mögliche Folgen aufmerksam machte. In diesem Fall ging es darum, daß ja die Neue Residenz nur zum Domplatz hin mit architektonischen Mitteln gestaltet, die glatten Wände zur Stadt hin aber durch aufgemalte Säulen belebt werden sollten. Auf diesen Inspektionsbericht folgten dann am 31. Juli die »Resolutiones Eminentissimi« (Q 63), in denen der Kurfürst die anstehenden Entscheidungen traf. Im Schreiben des Statthalters an Lothar Franz vom 3. August 1700 tauchte nun zum erstenmal der neue Gedanke auf, einen abschließenden *Pavillon* an den langen Trakt zum Dom hin anzusetzen. Damit aber ergab sich das Problem, »als *der bavillion* uf *dreien* seiten von gehauener architectur dem neuen bau conform solle aufgeführt werden, das es dan der underschaid der architectur und des gemähls, welches an die gehauene architectur gegen der Lochau stosset, gar zu sehr zeigen und die difformität allzu gross herauskommen würde. Dahero Dero *baumeister* die durchspitzung allzu notwendig gehalten, wie dan solche sich bei dem schon verfertigten gibel an der Haadergassen sehr wohl zeiget … Die verfertigung des dohlen (der Tordurchfahrt) soll auch ungesäumt veranstaltet werden.« (Q 64) Der Vertrag über den Dohlen wurde mit der Kammer am 20. September 1700 abgeschlossen, ein weiterer am 7. Oktober und noch einmal einer am 24. April 1702 mit einer Summe von 764 Gulden 37 Kreuzer. Der *Riß für den Giebel über dem Tor des neuen Hofhaltungsbaus* wurde von Leonhard am 13. August 1700 nach Mainz übersandt.

Im Jahre 1700 wurde Leonhard auch mit dem Bau der *Langgass-Kaserne* für die vom Rhein zurückgekehrten Truppen beauftragt.

Leonhard Dientzenhofer zugeschriebener Plan für ein Tor

Der Bau sollte zwei Stockwerke hoch sein, 130 Fenster haben und für 400 Mann eingerichtet werden. Die Kaserne stand bis 1898.

Am 16. Dezember 1700 wurde in *Schöntal* der Vertrag über den Klosterbau abgeschlossen. Wenn auch nur ein Teil der heutigen Gesamtanlage damals entstanden ist, so war doch auch für die später ausgeführten Bauten Leonhards Konzept maßgebend. Und für ihn war es wieder eine große Aufgabe und eine Verdienstmöglichkeit. Auch hier bewährte sich seine Fähigkeit, in großen Dimensionen zu denken, zu planen und zu organisieren, wozu in der damaligen Zeit in dieser Region außer ihm niemand fähig war.

In *Banz* war inzwischen seit 1698 vor allem mit dem Geld gebaut worden, das Otto de la Bourde dem Kloster gestiftet hatte, der von 1665 bis 1677 Abt gewesen war, später dann Geheimer Rat des Kaisers Leopold wurde und als Fürstbischof von Gurk in Kärnten 1708 starb. Der Kernbau des Klosters Banz, um zwei geschlossene und einen offenen Hof gruppiert, ist das Werk Leonhards. 1701 wurde ein neuer Abt, Kilian Düring, gewählt. Die alte Prälatur war damals schon abgebrochen. Deswegen wohnte der neue Abt während der Bauarbeiten am Klosterneubau im oberen Stock des Krankenhaustrakts. Wie auch bei den anderen Klöstern baute man in Abschnitten.

Auch beim *Schloß Seehof* nördlich von Bamberg gingen die Ausbauarbeiten weiter. Schon am 7. März 1699 hatte der Kurfürst 120 »indianische kastanienbäume (maroniers d'Inde)« aus Frankreich für den Mittelgang von der Einfahrt zum Schloß kommen lassen, 1701 nun wurde das große Reservoir ausgehoben. Zum erstenmal war auch Leonhard Dientzenhofer nachweislich am Ausbau des Schlosses beteiligt. Er machte einen Vorschlag für die Kosten der Gartenmauer, die 4000 Fuß lang und 10 Fuß hoch werden sollte. Bei Verwendung von Backsteinen und Quadern für den Grund veranschlagte er Kosten von 3951 fl 50, bei Verwendung nur von Quadern 4156 fl (Q 34, Anm. 1).

Weiter ging es auch bei der Residenz in Bamberg. Am 22. April 1701 schickte Statthalter von Aufseß einen Riß an Lothar Franz über die *Gartenmauer am oberen Hofhaltungsbau* und erwartete den Befehl, ob die Mauer gegen den Hof mit gleichen Bogen oder nur glatt verfertigt werden sollte. »Der *Baumeister* ist mit dem angefangenen Stück des Baues so weit gekommen, daß er meint, bis nächste Woche völlig unter das Dach zu kommen. Er bittet, we-

gen des dompropsteiischen Hofes ein Ganzes zu machen, da er sonst seine Bauleute nicht zu beschäftigen wüßte.« (Q 71) Und schon wurde Leonhard wieder nach Mainz zitiert, von wo er am 1. Mai die Nachricht mitbrachte, daß mit der Einlegung des dem Pavillon im Wege stehenden Hofs des Dompropstes von Würzburg begonnen werden könnte.

In *Gaibach* war 1699 und 1700 am Gartenbau, »300 schuh lang mit 2 flügeln«, an der Mauerung des »gartenseeleins«, an den Böden im ersten Flügel gearbeitet und die *Kreuzkapelle* gedeckt worden. Dazu waren aus Bamberg auch 2 Kreuze und Knöpfe gekommen und ein »geringes glöcklein«; und »bei aufrichtung des gartensaals im Geubacher garten« und bei »aufbauung des neuen gartenbaues« war jeweils ein Festtrunk gespendet worden (Q 53). Einen Festtrunk gab es auch am 4. Mai 1701 anläßlich der Weihe der »*Geubacher heiligen kreuzcapellen*« (Q 69).

Und wieder hatte der Kurfürst an den Plänen der Residenz etwas auszusetzen: »Es will mich bedünken«, schreibt er am 28. Mai an den Statthalter, »dass *das cabinet des eckzimmers,* wan es nach dem mir gestelten *riss und modell* verfertiget werden solle, *etwas zu kirchenhaft* herauskomme«. Er könne aber seine Gedanken darüber nicht schriftlich äußern, deshalb solle die Anfertigung bis zu seiner Ankunft verschoben werden. Der Stukkateur könne sich mit anderem beschäftigen (Q 74).

1701 wurde von Leonhard noch in Bamberg das *Langgasser Tor* gebaut, das man 1808 abbrach, und in *Weismain* mit dem imposanten, wenn auch heute nicht im besten Zustand befindlichen, behäbigen *Kastenhof* begonnen. Die Fledermausgauben auf dem riesigen Dach sind von großem Reiz, wie überhaupt die ganze Anlage an der alten Stadtmauer, von der noch umfangreiche Teile mit einem Rundturm das Areal des Kastenhofs umgeben. Auf dem Tor zum Kirchhof ist die Jahreszahl 1704, die das Ende dieses Baus bezeichnet, mit dem Wappen des Bamberger Hochstifts eingraviert. Für seine Arbeiten im Auftrag des Bamberger Hochstifts wurde Leonhard von Lothar Franz in einem Brief mit Lob bedacht.

Obwohl es keine Belege dafür gibt, war nach Korth Leonhard bei der Wiederaufnahme der Bauarbeiten beim *Kloster Ebrach* 1701 beteiligt. Die Bauarbeiten wurden aber 1702 erneut eingestellt, so daß die von Leonhard geplante Klosteranlage nur zum Teil vollendet werden konnte. Erst 1715 wurden die Arbeiten unter einem anderen Baumeister wieder aufgenommen. Von Ebrach gibt es einen Kupferstich von J. B. Gutwein aus dem Jahre 1738 und einen Gesamtplan der barocken Klosteranlage, eine Bauaufnahme von 1831.

Am 15. September 1701 wurde endlich in *Kloster Schöntal* nach den Fundamentierungsarbeiten der Grundstein »zu dem neuen Conventbau, schlaff und Krankenhaus« gelegt. Von Schöntal wird später noch die Rede sein.

Am 8. Januar 1702 wurde in erweitertem Familienkreis die Taufe der *Tochter Regina Adelgundis Isabella* gefeiert. Patin dieses zweiten Mädchens der zweiten Frau Leonhards war die Tante Maria Isabella, die Frau Wolfgang Dientzenhofers aus Amberg. Diese Patenschaft ist ein weiteres Zeichen des Zusammenhalts innerhalb der Familie. Einer stand für den anderen ein. Georg und Leonhard waren sowieso durch ihre Frauen enger miteinander verbunden, Christoph hatte in Waldsassen als Polier ausgeholfen, Georg bürgte für Leonhard und führte dessen Auftrag aus, Wolfgang vollendete nach Georgs Tod dessen Bauten, in Speinshart waren Georg, Leonhard und Wolfgang gemeinsam am Werk, in Bamberg übernahm Leonhard Georgs Jesuitenkirche, Johann übernahm Leonhards Bauten in Bamberg und Banz, und in Fulda bürgten Wolfgang, Leonhard und Christoph für Johann. Auch die Kinder hielten Kontakt mit der Verwandtschaft, als sie in Bamberg und Prag studierten und dort beim Onkel Christoph waren, der in seinem Testament »Meines Brudern Tochter Maria Dintzenhofferin« 50 und »Ihrer Mutter aber und Schwestern« 60 Gulden vermachte.

1702 plante Lothar Franz von Schönborn einen neuen *Adelshof in Würzburg*. Weil er sich hier auf fremdem Territorium befand, ersuchte er seine Neffen Johann Philipp Franz, seit 1719 dann selbst Bischof von Würzburg, und Friedrich Karl, von 1705 bis 1735 deutscher Reichsvizekanzler, ab 1729 Fürstbischof von Würzburg und Bamberg, in einem Brief vom 30. Januar 1702, sich bei Bischof Johann Philipp von Greiffenclau dafür einzusetzen, daß sein Bamberger Baumeister Leonhard Dientzenhofer diesen Bau ausführen dürfe. Den Baumeister wollte er nach Würzburg schicken. Er begründete dies damit, daß auch Petrini in Bamberg gebaut hatte. »Sollte auch der bischoff den *riss* zu sehen verlangen, so hatt der *baumeister* befelch von mir, ihm solchen zu zeigen und zu expliciren, nicht zweifflend, er werde ihm auff diesen fall vor sich lassen.« (Q 77) Der Plan kam aus ungeklärten Gründen nicht zur Ausführung.

Die Folge seines guten Rufs und der Beteiligung bei fast allen bedeutenden Neubauten im damaligen Franken war, daß er von seinen auswärtigen Berufsgenossen beneidet wurde. Leonhard war als »einem ausgelehrnten Maurer und Steinhauermeister wegen seiner vielen importanten Gebäuen an Hofhaltungen, Abbteyen, Klöstern, Kirchen u.A. vermög eines von gedachtem Handwerk zu Bamberg gemachten und von dem Landherr confirmirten Schluss« erlaubt worden, »eine Mehrzahl der Lehrjungen gebrauchen und fördern zu können«. Diese Vermehrung der Maurerzunft in Bamberg hatte die auswärtigen Meister mit Besorgnis erfüllt, und einer von ihnen, ein Maurer »Hans Michael Reuss zu Heydelberg«, hatte sich bemüht, »die Bamberger Lehrjungen und Gesellen der Ursachen, dass er (Dientzenhofer) mehrer als die Ordnungen insgemein zulassen, gefördert habe, auffzutreiben und damit es soweith gebracht, dass nun auch die Maurer und Steinhauer zu Maintz nicht nur sein, des D., sondern auch der andern Bamberger Maurermeister Lehrjungen und Gesellen eben aus solcher Ursach gleichfalls für untüchtig zu achten beginnen wollten.« Zum Schutz gegen solche Schädigung und Verleumdung wandte sich Leonhard und mit ihm das gesamte Maurer- und Steinhauerhandwerk Bambergs an den Kaiser mit der Bitte um Erteilung eines kaiserlichen Patents. In ihm (Mandat des Kaisers Leopold vom 20. März 1702) wurde das Verfahren der auswärtigen Meister für »reichskonstitutionsmäßig« strafbar erklärt und seine Einstellung verordnet (Weigmann, S. 29/30).

Der Kontrakt über den Pavillon als Abschluß der Residenz wurde am 22. April 1702 geschlossen: Leonhard sollte den Bau »von fundament aus sambt der völligen *architectur* und steinhauerarbeit *uf treien seiten des bavillons*« für 6000 fl frk und einen halben Fuder Bier zum Leihkauf erstellen. Beim Kostenüberschlag wies Leonhard vor allem auf das bis zu 37 Fuß tiefe Fundament hin (Q 78). Der Pavillon wird heute »Vierzehnheiligen-Pavillon« genannt, weil man an schönen Tagen von hier aus bis zum dreißig Kilometer weiter nördlich gelegenen Vierzehnheiligen sehen kann.

1698 hatte sich Leonhard vergeblich um den Bau der *Wallfahrtskirche Walldürn* beworben. Jetzt, am 30. Juni 1702, klagte Amtmann Ostein bei Lothar Franz wegen erheblicher Mängel am dortigen Kirchenbau. Kammerrat Tautphoeus hatte am falschen Ort gespart, die Kirche war drei Winter lang nicht überdacht gewesen, und der Mainzer Baumeister hatte »liederliche anordnungen« gegeben (Q 81). Kammerkanzlist Johann Laurenz Will, ein Verwandter Leonhards, setzte am 28. Juli ein Schreiben auf, das dann am 13. August im Auftrage von Lothar Franz »ahn *baumeister Dienstenhoffer Jtzo zu Schönthal*« geschickt wurde. Leonhard solle nach der Schadensbesichtigung einen schriftlichen Bericht abstatten, einen Kostenvoranschlag unterbreiten und die Schuldfrage

klären. Er eilte also gleich von Schöntal aus nach Walldürn, begutachtete den Schaden und berichtete nach Mainz. Von dort ordnete Lothar Franz am 24. August die Verstärkung der Mauern an (Q 83).

Leonhard hätte diesen Kirchenbau von Walldürn aus finanziellen Gründen dringend nötig gehabt. In der folgenden Zeit war er eigentlich nur noch mit der Sorge um Geld erfüllt, mit dem er die Zinsen und die jährliche Abgabe für den Salzhandel bezahlen sollte. Er erwartete noch Geld und drängte deshalb auf eine Abrechnung, die »gepflogen den 26. septembris 1702«. Es ging um den alten Bau, den neuen Bau, Abbruch- und Steinhauerarbeit, um die neue Hauptstiege, den Dohlen auf dem Burgplatz, den neuen Pavillon und zwei weitere Dohlen. »Summa 41 808 fl. 37 kr. Daran empfangen vom 21. maii 1695 bis den 23. septembris 1702 incl. 39 397 fl. Gegen einander abgezogen, hette h. baumeister noch zu empfangen 2411 fl. 37 kr.« (Q 85).

Bezeichnenderweise fragte Leonhard anfangs November bei der Hofkammer an, ob er mit der Steinhauerarbeit fortfahren dürfe. Über diese Anfrage berichtete ein gewisser Weber (Kammerrat?) am 3. November, daß Dienzenhofer für die Steinhauerarbeiten über den Winter vom Kammerzahlamt *kein Geld verlange*, sondern die 4000 Rheintaler, die er dahin *schulde*, damit *abzahlen* wolle. Aus dem Antwortschreiben des Kurfürsten geht hervor, daß er nichts von der Schuld wußte, weshalb er Aufklärung verlangte (Q 86, Anm. 2). Sie gab am 28. November 1702 Statthalter von Aufseß:

»*Dienstenhöffer* hat bei E.chfl.Gn. angefragt, ob er den Winter über mit der Steinhauerarbeit für den neuen Hofhaltungsbau fortfahren dürfe. E.chfl.Gn. haben bereits befohlen, daß *wegen der gefährlichen Zeiten* nur mit der angefangenen Arbeit zu Ende zu kommen, *der Bau* aber im übrigen *eingestellt* werden solle. Auf der Seite gegen die Lochau zu braucht man keine Steinhauerarbeit mehr und der *Baumeister* ist derenthalben bereits völlig befriedigt. Aber auch auf der seite, wo die Regierung und die Kanzleien sind, kann zu der Fortsetzung der Steinhauerarbeiten nicht geraten werden.« (Q 86, Anm. 2) Im Dezember erklärte der Kurfürst, daß er damit einverstanden wäre, den Bau einzustellen.

Zu der persönlich schwierigen Situation kam die angespannte finanzielle Lage des Bauherrn wegen des Spanischen Erbfolgekriegs. Die allgemeine Unsicherheit führte dazu, daß fast überall, wie wir auch bei Wolfgangs Bauten in der Oberpfalz gesehen haben, die Arbeiten eingestellt wurden. Womit sollte Leonhard seine Schulden bezahlen, wenn nicht mit Arbeit?

Das Jahr 1703 war ein ausgesprochen mageres Jahr. In Ebrach waren die Tätigkeiten zum Erliegen gekommen, in Banz wurde vermutlich »im Laufe des Jahres 1703 ... mit J. L. Dientzenhofer der nächste Akkord vereinbart, der nicht überliefert ist« (Hotz, S. 457), aber eben nicht gebaut, nur Gebäude eingerissen, an deren Stelle dann von 1704 an neue erstehen sollten, in Bamberg selbst gab es nichts zu tun, nur beim *Kloster Langheim* wurde das Backhaus fertig, das an der Stelle des am 16. Mai 1700 abgebrannten Vorgängerbaus errichtet wurde. Es handelt sich um einen zweigeschossigen, verputzten Satteldachbau, dessen Innenräume mit Tonnengewölben mit Stichkappen und Kreuzgratgewölben konstruiert sind. Am Obergeschoß außen wurden das Wappen von Abt Gallus Knauer und ein Chronostichon angebracht:

> »en haeC teCta patent:
> Gallo sVb praesVLe Clarent
> faC qVoqVe oLIMpI reX VnI et Vt
> VnVs honor« (= 1703)

(Sieh diese Häuser sich erstrecken, sie leuchten unter dem fortschrittlichen Gallus, auch einem König des Olymp zur Ehre gereichend. (Übersetzung: Götz-Münch)

Johann Philipp von Greiffenclau, 1699 zum Fürstbischof von Würzburg gewählt, hatte sich in der Wahlkapitulation verpflichten müssen, in der Stadt einen Palast zu bauen. Sein Baumeister Antonio Petrini vollendete kurz vor seinem Tod noch die Pläne. Von 1701 bis 1704 wurde daran gebaut, Anfang 1703 war das Gebäude an der Stelle der heutigen Residenz am Rennweg in den Fundamenten bereits sehr weit fortgeschritten. Zu dieser Zeit bemängelte Johann Philipp Franz von Schönborn in einem in italienischer Sprache an seinen Bruder Friedrich Karl gerichteten Schreiben vom 22. April, daß der Bischof bei diesem Erweiterungsbau nicht dem Rat des Bamberger Baumeisters Leonhard Dientzenhofer folgen wolle. Noch mehr mißfiel ihm, daß in unmittelbarer Nähe auch das Schlachthaus gebaut werden sollte, das einen Teufelsgestank verbreite (Q 88). Das offensichtlich baufällige Gebäude stand fertig 1704 am Rennweg, aber der Fürstbischof blieb lieber auf der Festung Marienberg. Leonhard war also auch hier nicht zum Zug gekommen.

Trotz dieser schlechten Zeiten brachte es Leonhard fertig, am 4. August 1703 1200 Gulden Schuldzinsen zur Finanzierung seines leidigen Salzhandels bar bei der Hofamtskasse einzubezahlen (Q 160). Er hoffte auf Geld »wegen gänzlicher Verfertigung des neuen unter tachstehenden Oberhofhaltungsbau«, wofür er am 29. Juli einen Überschlag machte. Es rührte sich in dieser Angelegenheit aber lange nichts. Am 20. November erinnerte er Statthalter von Aufseß daran und listete alle Kleinarbeiten auf. Dabei war mehr von ändern, einschlagen, abtragen, abbrechen, durchbrechen als von ausgraben, bewerfen, verputzen, hauen, verfertigen, einrichten, aufmauern und aufführen die Rede. Es ging um 2932 Gulden (Q 92).

Diese Aufzeichnung der außerkontraktlichen Arbeiten des Baumeisters an der Bamberger Residenz zeigt sehr deutlich auf, wie sauber Leonhard abrechnete. Sie dokumentiert aber auch, wie viele Änderungen auf Befehl des Bauherrn immer wieder vorgenommen werden mußten, wenn neue Ideen aufkamen, und daß der Baumeister diese Änderungen gegenüber seinem genehmigten Plan praktisch ohne Widerspruch zu akzeptieren hatte. Gleich am 14. Januar 1704 forderte Leonhard noch »598 fl für verschiedene arbeit« auf einem »specificierten und unterschriebenen dingbrief«, und am 15. Januar legte er die erste Gesamtabrechnung des *Residenzbaus* vor, die sich auf 45 006 fl 37 kr belief.

Auf Anfrage schrieb am 22. Januar der Kurfürst aus Mainz, daß man die Arbeiten zwar etwas einschränken, doch nicht abbrechen und wenigstens ein Drittel der bis jetzt gebrauchten Summe verwenden solle, »zumalen sonsten der burgersmann nur forchtsamer sich bezaigen und die gefahr größer als es vor der zeit nötig ist, sich einbilden und imprimiren dörfte«. Wenn das Geld für den verkauften 84er Wein aus Frankfurt komme, werde auch das Zahlamt gekräftigt werden können.

In diesem Jahr ruhte das Bauwesen in Bamberg völlig. Die Bürger fürchteten, daß im Zusammenhang mit dem Spanischen Erbfolgekrieg der bayerische Kurfürst Max Emanuel von der Oberpfalz her in den fränkischen Kreis einfallen würde.

Leonhard Dientzenhofer hatte ja aber noch andere Auftraggeber. Vom 11. August 1704 ist in *Banz* ein Kontrakt erhalten, der sich auf einen »vorigen« Kontrakt und auf eine »in der Abbtey gebaute hauptstiege« beruft. Das Abteigebäude war offensichtlich 1704 fertig. Der neue Vertrag bezog sich auf den »neuen Banzer Bau von der wiederkehr in Höfflein sambt refektorio und haubt stieg bis nächst den Kirchen-Thürn«. Ein Chronogramm an der Westwand dieses Flügels bestätigt die Fertigstellung im Jahe 1705.

In *Hollfeld* baute Leonhard 1704 die heute als Friedhofskirche genutzte *Kirche St. Salvator*. Der massive schlichte Bau mit eingezogenem, dreiseitig geschlossenem Chor hat gerahmte Rundbogenfenster und einen Dachreiter mit Kuppelchen. Im Inneren beeindruckt eine großzügige, zweigeschoßige Empore mit durchgeführten Säulen.

Ebenfalls in *Hollfeld* entstand in dieser Zeit das *Schloß Weiher* als fürstbischöfliches Amtsgebäude. Heute noch bietet das renovierte Schloß mit seinen roten Sandsteinfensterumrahmungen und dem prächtigen Portal einen beeindruckenden Anblick.

Am 11. September 1704 wurde Leonhard mit der »reparation des *Giechschlosses* bei *Bamberg* betraut und erhielt dafür 150 fl. Am 23. September bewarb er sich in einem Gesuch an den Bischof um das Amt des Stadtbaumeisters, das aber spätestens am 27. der Bamberger Baumeister Bissing erhielt.

1705 fertigte Leonhard Dientzenhofer einen Entwurf für den neuen Pfarrhausbau in *Wiesentheid*, zu dem auch der Laienbruder Kilian Staufer einen Riß gezeichnet hatte. Graf Rudolf Franz Erwein entschied sich für Leonhard mit der Begründung, »daß der *Baumeister* besser im Bauwesen als Bruder Kilian, er hingegen in Gips besser als Baumeister experimentirt seye« (Gräflich Schönbornsches Archiv Wiesentheid; zitiert bei Boll, Anm. 20).

Kurfürst Lothar Franz wandte sich in einem Brief aus Gaibach am 4. Juni 1705 an Obermarschall von Schrottenberg· »Ich will bei meiner Rückkehr nach Bamberg am Dienstag oder Mittwoch meine *Neue Hofhaltung* beziehen. Da ich aber wissen muß, ob sie in völligem bewohnbaren Stande ist, so werde ich vorher 2–3 Tage in meiner alten unteren Residenz wohnen.« (Q 109)

Leonhard war wieder mehr unterwegs. Vom 11. bis 14. August in *Gaibach*, wo er »Zehrung« bekam: »Bei anwesenheit des *baumeisters und dessen knecht* über mittag, als er wegen besichtigung der hauptstiegen und zugleich wegen ausmessung des platzes zum tor kommen«, später auch noch einmal für eineinhalb Tage, als er »wegen der durchfuhr und hauptstiegen hier gewesen« (Q 118).

In *Banz* war der erste Bautrakt mit Abtei und Küchenbau bis zum Fürstenzimmer beendet, dessen Deckenbild den Fortschritt der Planung zeigt: der alte Kirchturm wurde beibehalten, eine neue Kirche geplant. In diesem Deckenbild segnen die Bistumspatrone von Bamberg und die Patrone Würzburgs den von Putten getragenen Klosterplan. Banz war geistlich Würzburg und weltlich Bamberg unterstellt. Das ovale Bild in der Hohlkehle zeigt die hl. Kunigunde auf den glühenden Pflugscharen vor der Kulisse der *Neuen Bamberger Residenz*. Der *Abteitrakt* wurde von Westen nach Osten weitergebaut.

Die Curia Sancti Lamperti in der Domgasse 5, die Dompropstei, wurde durch Franz Friedrich Freiherr von Greiffenclau 1705/06 neu gebaut. Das prächtige Barockportal am Torhaus ist durch schräge, runde Giebelstücke und das Wappen des Erbauers bekrönt. Als Architekt wird allgemein Leonhard Dientzenhofer angenommen.

Im Jahre 1706 erlebte Leonhard am 18. April die Konsekration der von ihm umgebauten *Karmeliterkirche in Bamberg* durch Weihbischof Johann Werner Schnatz.

In der Stadt *Zeil am Main* baute Leonhard wahrscheinlich das Haus Nr. 32, den Propstenhof gegenüber dem ehemaligen Jagdschloß des Kurfürsten Lothar Franz von Schönborn, einen sehr stattlichen Sandsteinbau aus Zeiler Sandstein mit Schönbornwappen, dem Mainzer Rad und dem hl. Michael. Am Hauptgesims ist die Jahreszahl 1706 zu lesen.

In *Kirchschletten* gestaltete B. Rauscher nach dem Entwurf Leonhards die romanische Kirche um. Die Kirche hat jetzt ein südnördlich gerichtetes Langhaus mit eingezogenem, trapezförmigem Chor. Das Turmuntergeschoß, das jetzt als Sakristei dient, hat ein Kuppelgewölbe und einen kleinen romanischen Apsiserker.

Am 2. August 1706 schloß Leonhard einen Vertrag in *Banz* über 4500 fränkische Gulden und 100 Thaler Leihkauf »wegen weiterer Fortführung des neuen Bau als von den sogenannten Joachimsbau hinauf zum Eck mit der daselbsten bis an Eck des

Gaibach, Schloß, Treppenhaus Leonhard Dientzenhofers vor der klassizistischen Umgestaltung

Krankenhauss gehenter Mauer und deme hinüber von refektorio bis an die Kirchen laufenden paralel Flügel«. In diesem Flügel befindet sich auch der *Kaisersaal* mit reicher Stuckdecke und Stiftergemälden, der heute als Konzertsaal dient.

Den Winter über zeichnete Leonhard an einem seiner Meisterwerke, der *Kirche von Schöntal*. Am 2. April 1707 unterzeichnete er dort einen »bau-Contract über die Neue Abbtey undt übriges am Convent« sowie über den Bau eines neuen Kirchenschiffs. Den gotischen Chor wollte man zunächst erhalten. Für seinen Entwurf bekam Leonhard schon zu Lebzeiten den Ehrentitel »Meister von Schönthal«. Leider erlebte er nicht einmal mehr die Grundsteinlegung seiner größten Kirche. Die »gewaltige Hallenkirche, die in ihren bedeutenden Größenverhältnissen bei kunstreichstem Wölbungssystem einen ungemein heiteren Eindruck macht« (Weigmann), hat auch eine mächtige Kuppel. Am Sockel der Kirche hat der Verseschmied Abt Knittel drei Chronosticha auf das Jahr 1708 anbringen lassen. Der Weiterbau beim *Zisterzienserkloster Schöntal* im Jagsttal wurde Jakob Ströhlein übergeben, der ein Schwager Johanns gewesen sein soll; nach dessen Tod 1711 führte dessen Schwager Bernhard Schießer den Bau weiter. Bernhard Schießer hatte 1690 die Witwe Georgs geheiratet. Von ihm stammt die Heiliggrab-Kapelle auf dem Kreuzberg oberhalb des Klosters. Es blieb also alles in der Familie.

Dem Langhaus der Pfarrkirche Mariä Himmelfahrt in *Memmelsdorf* wurde 1707 eine Fassadenkulisse vorgelegt, die Balthasar Caminata nach einem Entwurf Leonhards, seines Schwagers, ausführte. Unter einem breiten Giebel auf toskanischen Pilastern stehen in Nischen eine Kreuz- und eine Vespergruppe, Petrus,

Michael und oben die Muttergottes. Auch das Wappen des Kurfürsten Lothar Franz von Schönborn ist angebracht.

Am 29. April befand sich Leonhard nochmals »wegen Besichtigung der Hauptstiegen und zugleich wegen Ausmessung des Platzes zum Thor« wahrscheinlich zum letzten Mal im Schloß *Gaibach*. Heute ist leider nicht nur der barocke Garten praktisch verschwunden, sondern im 19. Jahrhundert wurde auch die an Ebrach erinnernde Außenarchitektur des rückwärtigen Hofes abgeschlagen. Das Treppenhaus wurde in den zwanziger Jahren des 19. Jahrhunderts in klassizistischem Stil völlig umgebaut. Von der Dientzenhofer-Treppe sind noch vier Atlanten und die Spiegeldecke erhalten. In jüngster Zeit wurde ein Kupferstich von 1710 mehrfach publiziert, der die Treppe in ihrer ganzen Pracht zeigt. Thomas Korth hat Baugeschichte und Bedeutung des Treppenhauses eingehend dargestellt.

Für den Fürstbischof von Bamberg hatte Leonhard Dientzenhofer nach der Fertigstellung der Neuen Residenz nur noch kleinere Arbeiten zu erledigen, von denen am 5. August 1707 Kammerpräsident von Erthal an Lothar Franz berichtete: »Da nun der *Brunnen im oberen Hofgarten* gesetzt werden soll, so übersende ich *einige vom Baumeister und vom Gärtner produzierte Risse*« (Q 154), und am 23. August bat der Hofbaumeister Johann Leonhard Dientzenhofer den Fürstbischof nach Erfüllung des Kontraktes um Bezahlung (Q 156). Lothar Franz reagierte prompt am 27. August:

»Uns ist ab Deinen anhero erstatteten berichtsschreiben verlesen worden, was Du wegen unseres darobigen neuen hofhaltungsbau nunmehro erfüllten contracts halber anhero bittlich hast gelangen lassen. Gleichwie wir nun auch dessenthalben anheut an unsere cammer zu Bamberg den befehl erteilet, mit Dir eine vollständige abrechnung zu pflegen und auß der sach zu Deiner künftigen sicherheit ein endschaft zu machen, also hastu Dich daselbsten zu insinuiren. So viel aber nebst deme Dein anderweitiges petitum betrifft, wollen wir geschehen lassen, daß auf nunmehriges ableben des darobigen gewesenen hofmaurers (Sebastian Streit, zugleich Steinhauer und Torwart in Geyerswörth) *Dein Schwager* (Balthasar) *Caminator als dermaliger pallier* künftighin sotane vorfallende arbeit verrichte. Zu dem end wir auch bereits die verordnung (getan)« (Q 158). Und am 29. August befahl Lothar Franz der Bambergischen Rentkammer, mit Dientzenhofer »eine grundsame abrechnung zu halten«.

Diese erfolgte am 9. November. Dabei wurden die schon am 26. September 1702 abgerechneten Dingzettel vom 7. Juli 1695 an noch einmal aufgelistet. »An dieser summa der 45 006 fl. 37 kr. hat *baumeister Dienstenhöfer* vom 21. Mai 1695 bis 14. januarii 1704 vermög seines in handen habenden gegenregisters und des cammerzahlambts wochenrechnungen nach und nach paar empfangen 42 962 fl. und also wegen vielermelten hofhaltungsbaus noch zu fordern 2044 fl. 37 kr. Dahingegen ist mehr benanter *hofbaumeister Dienstenhöffer* der allhiesigen hfl. cammer folgendes zu bezahlen schuldig worden.« Das waren im einzelnen die 4800 fl Kapital und 6% Zinsen, von denen er am 4. August 1703 1200 fl zurückbezahlt hatte. Zusammen war er 6856 fl schuldig. Davon wurden 2044 fl 37 kr abgeschrieben, die er bei der Kammer noch guthatte, 576 fl bezahlte Zinsen, 120 fl wurden für »*Dienstenhöffers* 3-jährige wartbestallung« und 40 fl als an Luciae verfallen abgeschrieben. Dazu kamen noch »302 fl. 24 kr. für 42 stuck nacher hof gelieferte *salzscheuben*« und 713 fl 36 kr Rückzahlung. Insgesamt hatte er jetzt nur noch von seinem Salzhandel 1200 Gulden Schulden, die weiterhin zu verzinsen waren.

Bei dieser Bilanz lag auch eine Abrechnung über die Forderungen wegen des Baues des *neuen Kastens in Weismain und des Amtshauses in Hollfeld* mit 2535 fl 39 kr bzw. 1800 fl. Nach Abzug der erhaltenen Auszahlungen konnte Leonhard am 7. November 1707 noch über erhaltene 225 fl 11 3/4 kr quittieren (Q 160).

Über diese Abrechnung berichteten am 11. November 1707 die Bambergischen Kammerräte an Lothar Franz und erinnerten dabei daran, »daß er, *baumeister*, annoch inhalts derselben zwei welsche camin in dem großen neuen saal und vier offenfrieß in denen daran sich befindlichen neuen zimmern, ferner zwei tür in dem untersten marmorirten gartenzimmer, ingleichen die tür in der bibliotec annoch einzurichten und die wand in dieser letzten gesingumb auch bewerfen zu lassen habe.« (Q 161)

Diese zehn Jahre umfassende Abrechnung macht mit ihrer Gründlichkeit und mit ihrer zum Schluß positiven Bilanz für den Baumeister den Eindruck einer Lebensabrechnung. Als hätte Leonhard seinen baldigen Tod vorausgeahnt, hatte er für reinen Tisch gesorgt. Am 20. November wurde Leonhard, »als er aus der Kirche kommen, von einem starkhem Schlagfluß überfallen und

ist selbigen Augenblicks verschieden«. Darüber berichtete der Bamberger Rat in einem Brief vom 26. November 1707 an Fürstbischof Lothar Franz von Schönborn: »E. ch. Gn. ist bereits gnädigst bekannt, wie unverhoffter Weise der Allerhöchste nach seiner unerforschlichen göttlichen Disposition weilandt Johann Leonhard Dienzenhofer, dero gewesenen Hofbaumeistern und Stattrathsverwandten allhier von dieser vergänglichen Welt abgefordert und hoffentlich in die ewige Freude und Seligkeit übersetzt hat, woran um so weniger zu zweifeln indem E. ch. Gn. und sonsten menniglich sein geführter christlicher und aufrichtiger Handel und Wandel zuer Gnüg wissent, und hoch zu bedauern ist, dass dessen ruhmwürdige Experienz undt Praxis in Ausführung vieler höchst ansehliger Structurn so frühzeitig mit ihm haben beerdiget werden müssen, wormit also dem Publico Ein in der Baukunst perfectionirter Architectus, Uns aber ein geliebt gewesener Rathscollega entzogen worden.«

Die Nachricht vom Tod Leonhards hatte natürlich auch den in Fulda tätigen Bruder Johann erreicht. Er bewarb sich sofort um die Nachfolge im Hofbaumeisteramt, worüber am 2. Dezember Statthalter von Aufseß an Lothar Franz berichtete. Johann reiste auch gleich nach Bamberg, von wo aus er sich am 9. Dezember schriftlich an den Kurfürsten wandte. Der Fürstbischof schrieb daraufhin am 27. Dezember aus Mainz an Obermarschall von Schrottenberg, Johann solle nach Gaibach kommen (Q 162–164). Am 10. Dezember wurden die Dientzenhoferischen Erben aufgefordert, jemanden zur Ausführung der in der Abrechnung vom 11. November aufgeführten, noch nicht erledigten Arbeiten zu bestellen.

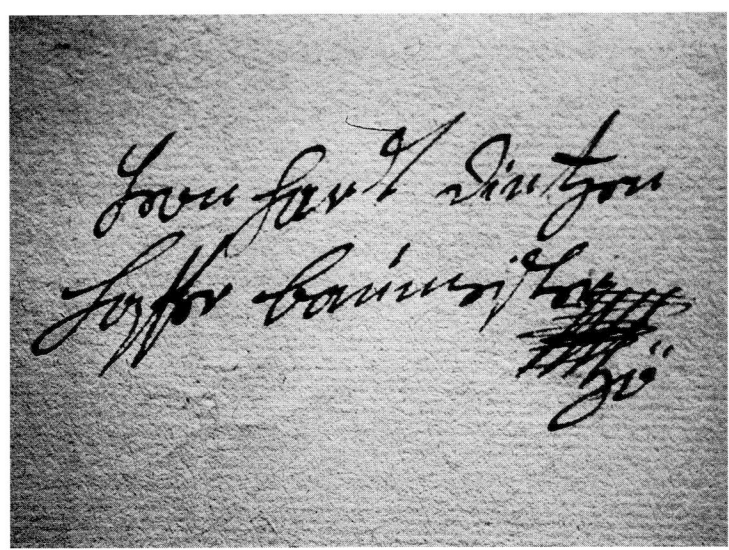

Johann wurde ebenfalls auf dem Gugghof geboren und am 25. Mai 1663 in der Pfarrkirche St. Martin in Flintsbach von Pfarrer Veit Messinger getauft. Der Eintrag im Liber baptismalis lautet:

»25. Bapts Joannes filius georgii *Tanner* (durchgestrichen und drübergeschrieben) *Dünzhofer gundlspergers* et Barb. ux: am Brannenberg zu dem *gugg* pat: Joannes Hueber de *Lyzldorf*«.

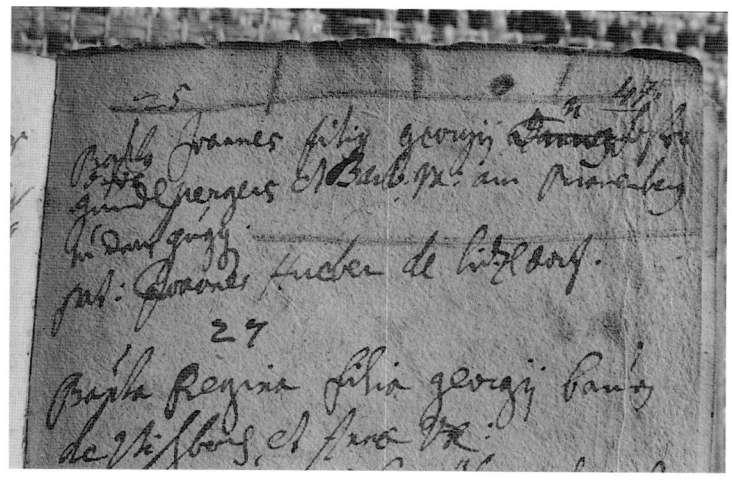

In diesem Eintrag sind gleich vier Namen erwähnt: der Schreibname (Stammhof), der Herkunftsname des Vaters (Gundelsberg), der Name der Mutter (Tanner) und der jetzige Hofname (Gugg).

Johann kam auf jeden Fall schon als kleiner Bub mit den Geschwistern nach Prag, wo er Anfang 1678 die Hochzeit der Schwester mit Wolfgang Leuthner zusammen mit den fünf Brüdern feierte. Dort lernte er das Maurer- und Steinhauerhandwerk und bezeugte später selbst: »Alldieweilen aber auch mich von Jugendt an auf die Architectur geleget, hiezu die Fundamenta von zwey berühmten Baumeistern zu Prach erlehrnet« (am 30. November 1707). Einer davon könnte Abraham Leuthner gewesen sein, der andere Mathey, vielleicht auch Luragho oder ein anderer Italiener.

Wie lange Johann in Prag blieb, ist nicht bekannt. Im Jahre 1685 wurde er noch auf der Kleinseite in der Matrikel der Kirche Maria unter der Kette eingetragen. Er könnte dort aber schon verheiratet gewesen sein, denn *Johann Christoph* Dinzenhofer, ein *Sohn* Johanns (architectoris fuldensis filius), war schon am 26. Dezember 1705 Pate bei der Taufe des Sohnes des Würzburger Bildhauers Esterbauer, sein zweiter Vorname läßt außerdem eine Patenschaft des Onkels Christoph in Prag vermuten. Der ander Sohn *Gottfried*, 1717 schon Bauinspektor, müßte etwa 1694 geboren sein. Interessant ist eine Notiz bei Pralle, leider ohne Quellenangabe: »Die Dientzenhofer waren mit Fulda schon vorher (vor 1700) verbunden. Ein Sohn studierte im Fuldaer Jesuitenkolleg. Als seine Heimat ist Dresden vermerkt.« Diesem Hinweis müßte einmal

nachgegangen werden, weil in Johanns Biographie eine Lücke von mehr als zehn Jahren klafft.

Wahrscheinlich kam Johann etwa 1696 nach *Bamberg zu Leonhard*. 1698 wird er in den Büchern der Pfarrei Unsere Liebe Frau als »Ballier auf dem Mönchsberg« erstmals erwähnt. Er war also Polier beim Bau des Benediktinerklosters St. Michael unter seinem Bruder Leonhard. Am 4. August 1698 bewarb sich Leonhard um die freigewordene Stelle des Kurmainzer Hofbaumeisters und erinnerte den Statthalter von Aufseß daran, »wass für einer gsten intention E.chfl.Gn. (Lothar Franz von Schönborn) letzhin zu Geubach für ihn und *seinen brudern* gewesen seien«. Im Gesuch um die Übertragung der vakanten Hofbaumeisterstelle in Mainz bat er, da er sie selbst im Moment nicht besetzen könne, »zu deren würklicher vertretung aber unterdessen meinen bruder Johann Dientzenhöffer, so der architectur in zeigen und reissen auch wohl erfahren und hirinfals seiner erlernten Kunst nach all behörige satisfaction hoffentlich leisten wirdt, anstatt meiner, weilen ich allhier (in Bamberg) allschon wohn- und seßhaft bin, nacher Mayntz substituiren« (Q 40). Dieser Bitte wurde aber nicht entsprochen, und Johann blieb zunächst in Bamberg.

In diesem Jahr erhielt er in Bamberg den Meisterbrief und das Bamberger Bürgerrecht. Es wurde ihm auch eine *Tochter Anna Barbara* geboren. Sie vermählte sich am 27. Juni 1716 mit Caspar Anton Sartorius, »advocatus Erfurti«. 1699 kam ein weiterer *Sohn, Georg Joseph*, in Bamberg zur Welt.

Über die erste Bamberger Zeit Johanns steht in dem »Fuldaer Historienbüchlein« von G. J. Malkmus von 1872 in dem Kapitel »Der Baumeister der Domkirche in Fulda« eine recht nette Geschichte:

»Gegen Ende des 17. Jahrhunderts lebte in Bamberg ein junger, schöner und talentvoller Steinhauer und Maurer, Namens Dienzenhöfer. Als dieser einst das Haus eines reichen Bamberger Juden restauriren half, entspann sich zwischen ihm und des Juden Tochter ein Liebes-Einverständniß, welches ein Eheverlöbniß beider zur Folge hatte. Die Jüdin ließ sich taufen, und die Verehelichung fand kurze Zeit darauf statt. Die jüdischen Eltern waren aber über den Religionswechsel und die Heirath ihrer Tochter so aufgebracht, daß sie ihr lebenslang grollten und sie in ihrem Testamente enterbten. Der Fürstbischof von Bamberg erklärte jedoch diese testamentliche Bestimmung für nichtig, weil die Taufe und der Übertritt zum Christenthum kein hinreichender Grund zur Enterbung sei. Der Frau gefiel es später nicht recht, einen gewöhnlichen Maurer und Steinmetzen zum Manne zu haben; sie bewog ihn daher, ein Architekt zu werden, und gab ihm das nöthige Geld, um sich in Italien, namentlich in Rom, im Baufache weiter auszubilden. Dienzenhöfer brachte es darin wirklich zu großer Meisterschaft.«

Diese Legende wäre etwa in das Jahr 1690 zu datieren. Historisch dagegen ist das Geleitschreiben des Kurfürst-Erzbischofs Lothar Franz von Schönborn vom 28. Oktober 1698 an den kurmainzischen Residenten Abbate Giovanni Melchiori in Rom für eine Studienreise Johanns nach Italien 1699/1700: »Carissime! Il renditor di questa *Giov. Dinzenhoffer, architetto*, parte di qui per l'Italia di nostro consenso et ordine per approfittarsi mediante *la vista et osservazione di palazzi* e fabriche ...di *perfettionarsi* possibilmente *in questa professione*« (Q 51). Johann sollte also möglichst viel sehen und sich weiterbilden.

Während er in Rom und anderen Orten Italiens Architekturstudien trieb, starb in *Fulda* am 12. Juni 1700 Fürstabt Placidus von Droste. Er hatte durch sparsamste Haushaltsführung einen großen Schatz für den Neubau des Benediktinerstifts angesammelt, den der Kammerzahlmeister im Pulverturm versteckt hatte. Von Drostes Nachfolger wurde Adalbert von Schleifras. Er ernannte auf Empfehlung des Kurfürsten Lothar Franz am 4. September 1700 Johann zum *fürstäbtlichen Hofbaumeister in Fulda*. Bei einem ersten Besuch in Fulda hatte Johann die baulichen Voraussetzungen untersucht und sich notiert:

»Verlangter maßen der Situation, so berichte daß solche licht (= liegt) in Einer Diefe, die Facciata mit den 2 Thürnen gegen Ost, die Neben seithen betreffent, so licht die Linckß gegen der Statt vndt Süd, die rechte aber gegen einer Höhe (= Michelsberg) vndt gegen Nordt, vndt seindt die seithen frey, daß mann ahn nichts gezwungen ist; daß Chor, so gegen West licht, hatt daß anstossente Convent (= Kloster), vndt ist deß Creutz gangs Pflaster vmb 6 schuh Niedericher alß daß Kirchen Pflaster, Eß greift auch in den Creutzgang die S. Bonifacy grufft, Vndt dessen sarg, welcher soll vnueruckt bleiben vndt licht daß Pflaster der grufft umb 10 schuh Niedericher alß daß Kirchen Pflaster.

Die Fundamenta (= der alten Stiftskirche) belangent, so seint sie auff einen Kalchfelsen vndt von vngleicher dieffe gegen Süd bey 12 biß 20 schuh dief, gegen Nord aber ist das fundament ahn Etlichen Orthen gantz heraussen.

Die Materialia (= für den Neubau) belangent, so ist der Kalch sehr guth, vndt wird von aichen stainen gebrent, den Santt betreffend, so kan mann haben theilß wasser santt, theilß grabt mann den selben welcher gelb vndt guth zum bauen. Die stein kan mann haben nach verlangen der gröse, doch zum hauen etwaß Grobkörnig vndt hartt, auch kan mann das aichen holtz haben, wie mann verlangt.« (Zitiert bei Pralle)

Johann erhielt eine jährlich Bestallung von »200 Rth., 7 Mltr. Korn, 3 Mltr. Weitzen, frey Quartier und Holtz, 1½ Fuder Bier, 9 Eimer Wein, 3 Klafter Holz«. Auch der *Neubau am Konvent* wurde ihm verdingt. Er setzte selbst die Grenzen seines Gewinns auf 5000 rheinische Thaler fest und versprach, das eventuell darüber ihm Zufallende zurückzuerstatten (Weigmann, S. 41).

Dientzenhofer legte schon im September 1700 zwei Planungsvarianten vor. Der erste, konservatorisch bestimmte Entwurf zielte auf eine Sanierung der alten Basilika: er wollte die alten »Pfeiler« durch neue nach der »Ordnung Jonica« ersetzen und den Außenwänden Strebepfeiler für die Einwölbung des Baues vorlegen. Die Chor- und Kryptenfenster sollten vergrößert, »darmit Mehrer liecht kon hinein komen«, die Obergaden und Außenwandfenster in neue Steingewäde gefaßt, zwei Portale mit frei stehenden Säulen nach der »Ordnung Dorica« mit je drei Plastiken vorgesetzt und das Innere neu verputzt und geweißt werden. Die Kosten dieses Umbaues, der also Ratgars Basilika im wesentlichen erhalten hätte, berechnete Dientzenhofer mit 16975 Gulden, wobei der Bauherr alles Material zu stellen hatte. Der zweite Entwurf zielte auf einen Neubau, wenn auch konstruktive Teile der Ratgarkirche, wo sie verwendbar waren, einbezogen wurden. Der Kostenvoranschlag lag hier bei 76560 Gulden. Der unsichere Fürstabt entschied sich jedoch zunächst für keinen der beiden Vorschläge, sondern zog den Franziskaner-Baumeister Antonius Peyer, der die Propstei Thulba baute und eben den Entwurf für das Domdechanten-Palais in Fulda gefertigt hatte, sowie den Maurermeister Johann Mützel im benachbarten Tann zu Beratung und Entwürfen heran.

Ehe noch ein Entscheidung gefallen war, mußte Dientzenhofer 1701 die Johanneskapelle und das der alten Basilika vorgelegte Atrium abbrechen. Schließlich siegte bei Fürstab und adligem Stiftskapitel der Wunsch nach einer neuen Kirche, und so wurde der zweite Entwurf realisiert mit Abänderung der Planung und fortgesetzten Umänderungen während der Ausführung, die die Unsicherheit des Bauherrn ebenso wie die Genialität des Baumeisters, aus den fürstlichen Entscheidungen das Beste zu machen, offenbaren. (Nach Pralle)

In einer Punktation mußte sich der Baumeister verpflichten, »den *alten Stiftsbau totaliter ablegen zu lassen*, außer den beiden hohen Türmen, die S. *Bonifazi-capellen zu verlängern*, zu erhöhen und zu wölben, die *Sakristey* und das *Capitelhaus* weiter ahn die Kirchen anzubauen, die *große runde Kuppel* auswendig ringsherumb mit gehauenen Steinen zu versetzen«. In dieser Form wurde der Bau aber dann zunächst nicht ausgeführt.

Von großer Bedeutung für das Verständnis der *Baumeisterfamilie Dientzenhofer* ist die Verpflichtung, die seine Brüder damals für ihn eingegangen sind: »allenfalls derselbe vielleicht nach Gottes unerforschlichem Willen vor völliger accord und rissmässiger Ausbauung solchen aedificii versterben würde, alsdann einer aus uns trey überbleibenden Gebrüdern den Bau zu vollständiger Perfection bringe«. Das heißt, daß sowohl *Wolfgang* (52), damals in Amberg, als auch *Leonhard* (40) in Bamberg und *Christoph* (45) in Prag diese Verpflichtungen eingingen.

Beim Voranschlag für den Dombau bedingte er sich aus, daß »*täglich* frey *eine heillige Mess* im hohen Stiefft vor alle handirende leith gelesen wirdt«, wie dies auch auf dem Michelsberg in Bamberg der Fall gewesen sei, außerdem »haben wir alle 4 Brüder verlobt den *St. Rochitag* hochfeyerlich zu begehen, mit Ambt und heiliger Mess Vormittag, nachmittag die arbeithsamen Leut von

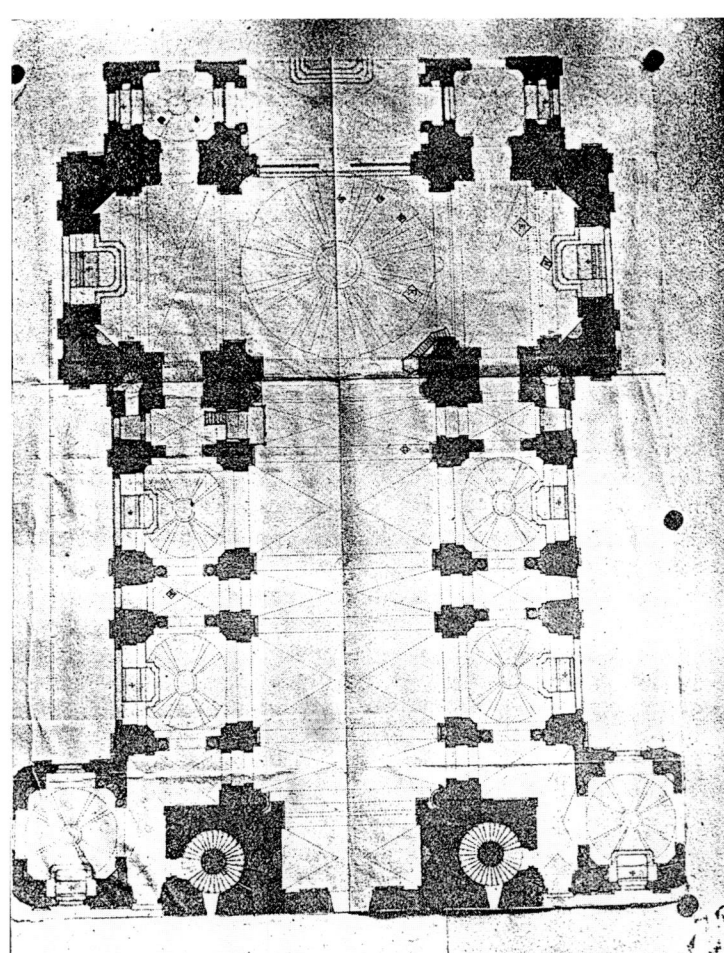

Fulda, Originalplan der Stiftskirche

Baumeister Trunck, dazu von herrschaft auch etwas beliebliches geben werde«.

Im Jahre 1886 erschien im »Rheinischen Merkur« ein Roman der Volksschriftstellerin Josephine Grau, »Der Dombaumeister« (auf den schon Weigmann, S. 42, hingewiesen hat), der 1920 als Fortsetzungsroman in den »Buchenblättern« in Fulda gedruckt wurde und der vor kurzem erstmals in Buchform herauskam. In diesem Roman verbindet die »zartsinnige, kunstverständige Dichterin und glaubensstarke Frau« in der Art des Historismus wörtlich wiedergegebene Urkunden mit recht liebevollen Phantasieerzählungen, einschließlich der Liebesgeschichte mit der Jüdin Lea – als getaufte Gattin Johanns dann Eleonora –, in denen vor allem immer wieder auf die schwierige Stellung der Familie in der fremden Stadt mit ihren Aversionen gegenüber dem Fremden eingegangen wird.

Daß der Fürstabt bei dem großen Bauvorhaben sich nicht vorbehaltlos auf Johann verlassen wollte, beweist ein Brief vom 18. Juli 1701 an den Propst von Thulba, Friedrich von Buttlar:

»Wir haben Euch inliegenden Riß und Beilagen zu dem Ende überschicken wollen, damit Ihr den Franziskaner-Baumeister darüber vernehmen und er sein parere und Gutachten Uns erteilen, die Mühe nehmen möge, welches Wir in Zeit 8 Tagen hinwieder gegenwärtigen wollen… und wollt Ihr beneben von Selbigem sondieren, ob er nicht den Bau zu führen, selbst übernehmen wolle, dergestalt, daß ihm ein anderer Baumeister zugegeben würde, so der Sache wohl kundig und jährlich etlichemal, um die Arbeit zu sehen, und seine Meinung zu sagen, anher berufen würde, wozu er selbst einen vorschlagen kann, massen Wir nicht abgeneigt sind,

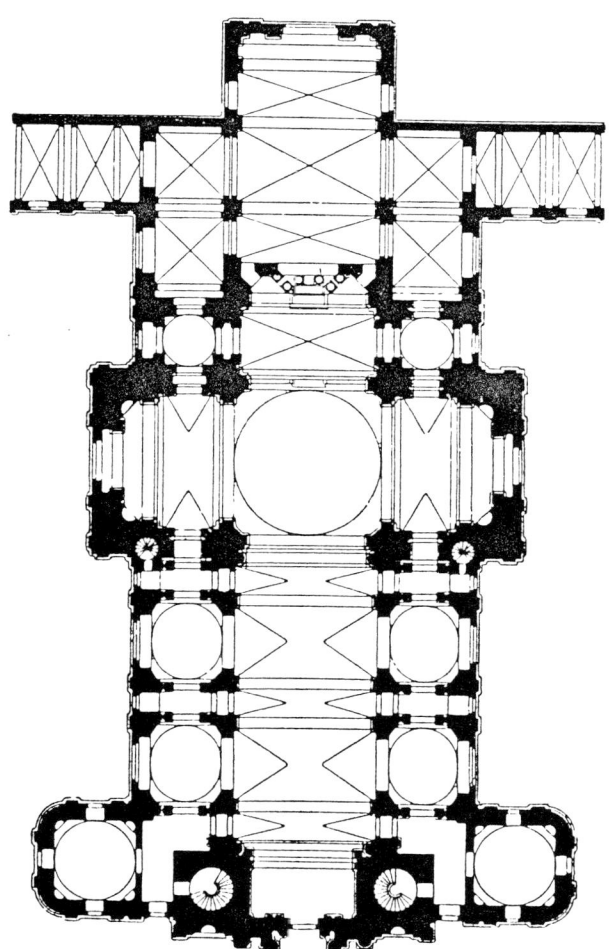

Fulda, Dom, heutiger Zustand

ihn Franziskaner dießfalls zu employren, welches Er noch zur Zeit in der Stille zu halten.«

Während der Vorbereitungen zum Abriß und Neubau der alten Stiftskirche entstanden im Baubüro 1702 die Umbaupläne der katholischen Pfarrkirche zu *Bad Salzschlirf*. Von Johanns Bau ist mit Ausnahme des Turms und des eingezogenen Chors heute nur noch wenig zu sehen, weil es sich einerseits lediglich um einen Umbau der alten gotischen Kirche gehandelt hatte und andererseits 1902/03 dieser Bau durch A. Güldenpfennig aus Paderborn erweitert wurde.

Am 5. November 1702 feierte die Familie Johann Dientzenhofer die Taufe des *Sohnes Justus Heinrich* in der Stiftskirche Fulda. Dieser Sohn wurde später der einzige Baumeister aus den beiden kinderreichen Bamberger Dientzenhofer-Familien. Er starb als Nachfolger seines Vaters am 14. Dezember 1744 in Bamberg. Ihm ist ein eigenes kurzes Kapitel in diesem Buch gewidmet (s. S. 69–71).

1704 wurde ein weiterer *Sohn* am 6. März getauft, *Johann Georg*, später »consiliarius aulicus«.

Am 18. März 1704 waren die Vorarbeiten zum Neubau der Benediktiner-Stiftskirche zu Fulda abgeschlossen: »Zu wissen sei hiermit, daß zwischen dem hochwürdigsten Fürsten und Herrn, Herrn Adalbert Abten des Stifts Fulda, des heiligen römischen Reichs Fürsten, Römisch Kaiserin Erzkanzler, durch Germanien und Gallien Primaten, sodann *Johannes Dientzenhofer* als Baumeister, über allhiesigen hohen Stiftskirchenbau nachfolgender wohlbedächtliche Kontrakt aufgerichtet und *mit Verpfändung seiner Baumeisters Hab und Gut* beliebet und geschlossen worden.« In vierzehn Einzelpunkten wurde festgelegt, daß das Langhaus und seine vier Mauern »bis an den Kreuzbau gegen den Convent«, das Querschiff der alten Kirche, abgetragen werden, dessen seitherige Mauern und das Dach jedoch stehen bleiben sollten. Dem Baumeister wurde aufgetragen, »einen ganz neuen Grund so tief und so weit, wie zu einem solchen Bau erfordert wird, in der Weite und Länge wie jetzt steht zu legen, … die zwei Kapellen neben den Türmen nach der *Ordnung dorica*… wie auch die zu beiden Seiten des Langhauses gehörigen Pilaren in wendig in rechte Architektur und Proportion … nach der *Ordnung jonica* zu setzen«. Die »Thürn und das Rondell« sollten stehen bleiben. Die ganze Kirche war mit einem Gewölbe von gebackenen Steinen zu versehen wie auch die St. Bonifatius-Gruft, die Sakristei und die Bibliothek. Die zwei Kapellen sollten mit einer Kuppel geschlossen werden. Johann übernahm alle Mauer-, Steinhauer- und Weißbinderarbeit, ebenso das Fliesenlegen. In Punkt dreizehn wurde dem »Baumeister, so den ganzen Bau in fünf Jahren zu vollführen übernimmt, gestattet, von dem neubeschlagenen Holz die Späne zu seiner Haushaltung zu verwenden, seine arbeitsame Leute, ob er will, teils selbst zu verpflegen, auch soll er die Materialien als: Blei, Holz, Eisen, was vom alten bau abkömmt, durch fleißige Inspektion zusammen halten und nach Hof liefern lassen.« Dem Baumeister wurde der ganze Bau, für den die Herrschaft nur die Materialien und großen Werkzeuge liefern sollte, um 27 275 fl verdungen. Es wurde ihm eine jährliche Besoldung von 50 rheinischen Thalern mit den üblichen Naturalbezügen wie schon 1700 ausgesetzt. Wichtig ist noch der Satz, daß Johann »herentgegen auch in allen anderen bei hiesigen fürstlichen *Bauvorfallenheiten sich brauchen zu lassen und sein Amt zu verrichten schuldig sein«* sollte.

Die Grundsteinlegung erfolgte, noch bevor der alte Bau ganz abgebrochen war, am 23. April 1704 auf dem Platz der ehemaligen Andreaskapelle, der südlichen Seitenkapelle. Die Urkunde darüber wurde in einem eisernen Kästchen im Helm des nördlichen Turmes aufbewahrt.

Bereits im Februar 1705 mußte Johann neue Pläne vorlegen. Es war also auch hier so, daß während der Vorbereitungen und auch während des Baus neue Ideen, neue Erkenntnisse, finanzielle Erwägungen, wachsende Baulust oder andere Gründe dem Baumeister sein ursprüngliches Konzept veränderten. Johann legte am 3. Februar 1705 dem Fürstabt neue Pläne vor: »Ein schwarz schattiertes Konzept mit hölzerner Kuppel, 33 600 Rth.; dasselbe mit Backsteinkuppel 42 000 Rth. Ein rot schattiertes Konzept, welches etwas weiter und höher ist, auch in allem mehr Majestät an sich hat, 47 300 Rth. Das erst angegebene Konzept, darin die förtern Säulen in Capelle gegen den Langhaus zu ausgelassen werden, den prospekt in die Capellen besser zu haben, 55 200 Rth. «

In einer Punktation vom 5. Februar 1705 wurden vier verschiedene Konzepte und sechs Kostenberechnungen genannt. In Konkurrenz mit Johann schufen auch ein »Thannischer« Architekt und ein Baumeister aus Hammelburg Risse und Modell. Der fürstliche Bauherr wollte seiner Sache sicher sein. Er entschied sich aber dann doch für Johann Dientzenhofer. Der alte Ostchor sollte bei diesen Plänen jetzt wegfallen, dafür wurde eine Fassade mit den beiden alten Türmen vorgesehen.

Bei den Verhandlungen über die Pläne versicherte Johann am 9. Februar, er begehre nicht reich, auch nicht arm darüber zu werden; er habe alles genau überlegt, und es käme auf zwei bis drei m (mille?) nicht an (Weigmann, S. 41). Er erklärte, er wolle lieber dem jetzigen Konzept nach den Bau um 20 000 fl aufrichten als dem roten Riß nach um 40 000 fl. Der Hauptkontrakt ist leider verlorengegangen. Für Stiftskirche und Konvent zusammen wurden Johann 60 400 fl. zugebilligt. Der Baumeister hatte die Oberleitung. Drei Poliere für Maurer und Handlanger, für Steinhauer- und Gerüstarbeiten wurden zugestanden, dazu 120 Maurer und Steinhauer, 60 Handlanger, 1 Anschaffer als Pünktlichkeitskontrolleur, 1 Bauschreiber für die Führung des Bauregisters und die Notierung der Arbeiten sowie für die Beschaffung der Werkzeuge, 1 Handwerker für die Reparatur der Werkzeuge. Auch die Löhne wurden festgelegt.

Am 26. Dezember 1705 war dann der älteste Sohn Johann Christoph Pate bei der Taufe eines Sohnes von Balthasar Esterbauer, dem Bildhauer aus Würzburg, mit dem Johann freundschaftliche Bande verknüpften. Dieser Balthasar Esterbauer arbeitete auch an der Fuldaer Stiftskirche, genauso wie später an der Klosterkirche in Banz.

Aus dem Jahre 1706 ist nur ein Datum bekannt: die Taufe der *Tochter Elisabeth Magdalena* am 15. Februar.

Dafür war das Jahr 1707 um so ereignisreicher: Am 8. Januar wurde, wie im Winter üblich, ein Verzeichnis aufgestellt, »was vor Stein zum künftigen Sommer notwendig sein wird: 2000 Schuh inwendig haubtgesimser, 50 000 Stück Sandtgewölbstein zu Kuppelbögen«, am 23. Februar wurde der Akkord über Stukkateurarbeit mit 7000 fl abgeschlossen, die ebenfalls Johann übernommen hatte, der bei der Ausschreibung billiger als ein ungenannter Italiener war. Er hatte sich aber zu verpflichten, sie so zu verfertigen, daß es »kein der Kunst erfahrener tadeln könne, auf welchen Fall er sich obligiere, das mangelhafte auf seine Kosten anders machen zu lassen«.

Zu den fürstlichen Bauvorhaben, zu denen sich der fürstäbtliche Baumeister verpflichtet hatte, zählte auch der Bau der katholischen *Pfarrkirche Mariä Himmelfahrt zu Burghaun* im Kreis Hünfeld, etwa fünfundzwanzig Kilometer nördlich von Fulda im Jahre 1707. Hans Reuther hat in einer ausführlichen Darstellung die Kirche nicht nur exakt beschrieben, sondern sie auch, weil archivalische Unterlagen fehlen, mit stilkritischen Mitteln Johann zugeschrieben. Die Kirche, deren Chorturm im unteren Teil in den Kirchengrundriß einbezogen ist, besitzt bei einer Länge von 29,70 Metern und einer Breite von 15,50 Metern im Langhaus drei Wölbjoche und im Turm einen überkuppelten Altarraum. Die architektonischen Gliederungen der Außenmauern bestehen aus rotem Sandstein, über dem Portal ruht ein reich profilierter Seg-

mentgiebel mit dem Wappen des Abtes Adalbert I. von Fulda. Der Turm hat eine Zwiebelhaube mit Laterne. Im Inneren fallen die im roten Ton des Sandsteins abgesetzten Architekturgliederungen auf, von denen sich in gelblich-goldenem Ton die Kapitele abheben. Besonders wirksam ist diese Farbgebung bei der Kuppel über dem Altar, bei der man den Eindruck einer Miniaturausgabe von Elementen des Fuldaer Doms hat. Die Wandgliederung vergleicht Reuther mit der der Marienkapelle in Fulda, der des Kaisersaals im Fuldaer Schloß und der des Marmorsaals im Schloß Pommersfelden. Die Kirche steht auf einem erhöhten Platz als Teil eines wunderschönen städtebaulichen Ensembles.

Zu den Schuldigkeiten Johannes zählten auch das kleine, auf hufeisenförmigem Grundriß erbaute fürstäbtliche Fuldaische *Schloß zu Dermbach* in der Rhön, dessen Baubeginn auch im Jahre 1707 lag, und der *Ausbau der Abtsburg in Fulda.*

Als im November 1707 die Nachricht vom Tode des Bruders *Leonhard,* des Bamberger Hofbaumeisters, in Fulda eintraf, begab sich Johann nicht nur nach Bamberg, um mit der Familie zu trauern, sondern um am 30. November ein Gesuch um die durch den Tod seines Bruders Leonhard vakante Hofbaumeisterstelle in Bamberg an Kurfürst Lothar Franz zu richten: »Alldieweilen aber

Fulda, Residenzschloß, Ansicht von Südwesten

auch mich von Jugendt an auf die Architectur geleget, hiezu die Fundamenta von zwey berühmten Baumeistern zu Prach erlehrnet, auch Italien blos darumben, damit in dieser Kunst ein und das andere sehen mögte, durchreißet, bishero aber als Hoff-Baumeister zu Fuldt bereiths ein und andere Structuren aufgeführt, undt noch jederzeith (ohne Ruhmb zu melden) meinen Fürsten und Herrn contentiret habe ...« (Staatsarchiv Bamberg, Statthaltereiakten von 1707) Schon am 2. Dezember leitete Statthalter von Aufseß die Bittschrift an Lothar Franz weiter, »mit der des verstorbenen hiesigen Hofbaumeisters *Bruder,* der z. Z. in Fulda conditiert ist, *Johann Dinzenhofer,* den erledigten Dienst anstrebt«. »Wie ich zuverlässig berichtet werde, hat der *supplicant,* so lang er allhier als ein *ballierer* gestanden, nicht nur in bauarbeit, sondern auch darneben in *rissen sehr gute specimina* von sich gegeben und solche auch im *Fuldischen* dergestalten gezaiget, daß E.chfl.Gn. mit dessen promovirung hoffentlich wohl fahren derften. «

In einem Brief aus Bamberg vom 9. Dezember sprach Johann an Lothar Franz seinen Dank aus »für die nach erleuterung ein und anderer obhabender bedenken« in Aussicht gestellte »succession«

in den Dienst des Bruders. Im Begleitschreiben dazu vom selben Tag empfahl von Aufseß die Erfüllung der Bitte, da er an des Bittstellers Befähigung nicht zweifle, »anerwogen derselbe über die bereits hiesiger lande gegebene specimina sogar *auch zu Rom die alldortigen paläst selbst gesehen* und sich in seiner perfection (Profession) zu perfectioniren gesucht hat.« (Q 163, Anm. 1) Am 27. Dezember bestätigte Lothar Franz gegenüber Obermarschall von Schrottenberg: »Des obermarschalls getane erinnerung wegen des *neuen Bamberger baumeisters* sehr wohl geschehen und mir besonders lieb zu vernehmen ist, daß derselbe solchen für meines hochstifts nützliche dienste tauglich und anständig befindet. Deme ich bereits mit heutiger post von hier habe zuschreiben lassen, sich von *Fulda* aus recta nacher *Gaybach* zu verfügen, woselbst ich von ihme über ein und anders seine meinung und einige prob dessen wissenschaft ersuchen werde.« (Q 164)

Daß Johann in der Praxis die Stelle des Hofbaumeisters übertragen bekam, und zwar zu diesem Zeitpunkt, unterstreicht ein Brief von Aufseß' an Lothar Franz vom 11. Mai 1708. Es ging darin um die Vorlage der *Risse des Hofbaumeisters* »*Johann Dienstenhöffer*« über die von ihm angeordnete Veränderung der Stiege und des großen Saales im Schloß zu *Baunach* und über die Reparatur des durch Blitzschlag beschädigten *Schlosses Veldenstein* (Q 173).

Johann wird in diesem Jahr 1708 ziemlich oft zwischen Fulda und Bamberg hin- und hergereist sein, weil er ja eigentlich in Fulda noch verpflichtet, in Bamberg aber für den neuen Herrn bereits tätig war. Die Familie aber blieb noch für längere Zeit in Fulda. Dort wurde am 5. Juni 1708 die Geburt der *Tochter Anna Margaretha Elisabeth* gefeiert.

Auch in Fulda wurde vom Bauherrn ständig an der Ausführung des Planes etwas geändert. Nun hatte sich Abt Adalbert I. von Schleifras doch dazu entschlossen, auch die beiden Osttürme der Benediktiner-Stiftskirche abbrechen und neu errichten zu lassen. Sie paßten zwar besser ins Gesamtkonzept, aber sicher hätte Johann den Plan Jahre vorher anders gezeichnet, wenn er diesen Gedanken damals hätte ausführen dürfen. So darf man ihm also nicht zum Vorwurf machen, die beiden Türme stünden, für Barocktürme, zu eng. Am 20. April 1709 wurde der Bauvertrag auf 5300 fl über die Abtragung der Türme abgeschlossen, um sie auf dem alten Unterbau »mit allen nötigen Zierrathen in quater« neu aufzuführen. Es könnte durchaus sein, daß der Kopf in der Ecke unter der Normaluhr des Südturms schräg über dem Kapitell des Hauptportals Johann, den Baumeister des Doms, darstellt, wie Weigmann vermutet hat. Schon am 13. Oktober 1708 war es zum Vertrag über den Neubau der beiden Türme gekommen.

Im Jahre 1709 war Johanns Sohn *Johann Christoph* bereits als Student in Prag, wo er in ein Buch Franz Anton Dientzenhofers, eines Sohnes von Leonhard, eine Widmung geschrieben hat.

Das Jahr war für Johann ein Jahr so recht nach dem Geschmack eines erfolgreichen Architekten: von Aufträgen überhäuft, ständig unterwegs, gleich für mehrere Herren tätig. Folgende Bauten wurden begonnen: das Heußlein von Eußenheim und Erthalsche Schloß, jetzt Neues Rathaus in *Bad Kissingen*, das *Raulinohaus* am Grünen Markt in *Bamberg* und das Wasserschloß *Sambach*, von breitem Graben und Ringmauer mit vier Rundtürmen umgeben, das heute als Pfarrhof dient. Aus dieser Periode könnten auch die Häuser *Karolinenstraße 6* und *Am Grünen Markt 7* in Bamberg stammen. Beim *Kloster Banz* hatte Johann die Aufgaben Leonhards übernommen. Dort wurde 1709 der *Kaisersaal* nach einem Riß Johanns von J. J. Vogel an Wänden und Decke reich stukkiert und 1710 von S. Reinhard mit Szenen aus der Gründungslegende des Klosters ausgemalt.

Des weiteren bekam Johann 1709 den Auftrag, an der Stelle der mittelalterlichen Burg einen Neubau des Bergschlosses *Bieberstein* in der Vorderrhön als Sommerresidenz für Fürstabt Adalbert von

Schleifras zu planen. Dieses Schloß aus vier zwei- bis dreigeschoßigen Flügeln, die einen kleinen Innenhof umschließen, wurde von 1711 bis 1714 (Chronogramm) von Maurermeister Johann Kahlenberger aus Eichenzell errichtet. Bedeutend ist die Schloßkapelle mit ihrem Wölbungssystem auf seitlich abgeschrägten Wandpfeilern, das nach Hans Reuther zwischen der Fuldaer Stiftskirche und der Klosterkirche von Banz steht. Das Schloß wurde nach einem Brand im Jahre 1908 verändert. Seit 1904 dient es als eine Hermann-Lietz-Schule.

Der erfolgreiche Architekt wurde jetzt überhäuft mit Aufträgen und von zufriedenen Kunden weiterempfohlen, war auch wegen seines umgänglichen Charakters beliebt und reiste von Baustelle zu Baustelle.

Für den Hof der Benediktinerabtei Michelsberg in *Bamberg* entwarf er 1710 den *Merkurius-Brunnen*, dessen Ausführung durch Nicolaus Resch erfolgte. Im Frühjahr schloß Abt Kilian Düring mit Johann den Vertrag über den *Neubau der Abteikirche im Kloster Banz*, für die am 10. Mai der Grundstein gelegt wurde. Der Rohbau war dann 1713 fertig. Bauinspektor war P. Marianus Lützelberger.

Diese Kirche ist eine der bedeutendsten und interessantesten der barocken Baukunst in Deutschland. Wuchtig ist die zwischen den Doppeltürmen vorgewölbte Fassade über dem Portal, zu dem eine breite Freitreppe führt. Die Figuren in den Nischen stammen von Balthasar Esterbauer, den wir schon als Freund Johanns kennengelernt haben: Dionysius, Petrus, Paulus, Otto von Bamberg, dar-

Bad Kissingen, Heußlein von Eußenheim und Erthalsches Schloß, heute Rathaus

über Benedikt und Scholastika, ganz oben auf der Balustrade die Muttergottes und zwei ganzfigurige Engel.

Über den Innenraum der Kirche und ihr Gewölbesystem ist von H. G. Franz und Hans Reuther das Wichtigste geschrieben worden. Im Archiv der Technischen Universität München befinden sich Längsschnitt und halber Grundriß (72,6 x 48,5 cm), eine grau aquarellierte Federzeichnung, und der so wichtige Grundriß des Klosters und der Kirche (55,6 x 38,9 cm), eine Federzeichnung mit grün aquarellierten Hauptbauelementen, veröffentlicht in dem Buch »Die Architekturzeichnung« von 1986. Die Kirche ist eine *Wandpfeilerkirche*. Der Grundriß basiert auf Ellipsen. »Während zwei große Ovale den Grundriß prägen, bestimmen drei das Gewölbe. Die sich daraus ergebenden Überschneidungen führen zu

der einzigartigen plastischen Wirkung und Belebung des Raumes. Kappen und Kuppel sind umsäumt von den Gurten, die über den Pilastern der Wandpfeiler aufsteigen, in sphärischen Kurven verlaufen und sich im Scheitel berühren. Das Wölbesystem konnte nicht exakt berechnet werden, setzte aber höchste technische Erfahrung und ein sicheres Gefühl für Statik voraus. Es ist eine Fortbildung von Baugedanken des italienischen Spätbarockarchitekten Guarino Guarini, ähnlich wie in der gleichzeitigen Klosterkirche *Christoph Dientzenhofers* in Břevnov bei Prag.« (Hans-Werner Alt)

1710 entstand der Kernbau des heutigen Schlosses *Fasanerie* der Fuldaer Fürstäbte zu *Eichenzell*, das Sommerschloß. Dieser Mittelbau wird Johann zugeschrieben.

Johann baute sich in Fulda auch ein eigenes Wohnhaus, das möglicherweise identisch ist mit dem sog. Lankertischen Haus in der Rittergasse Nr. 4. Es soll der Überlieferung nach von den Steinen gebaut worden sein, die beim Dombau übriggeblieben waren und die der Fürstabt Johann geschenkt hatte. In diesem Haus beklagte Johann am 10. Juni 1710 den Tod der Tochter Elisabeth Magdalena. Vier Wochen später aber, am 6. Juli, freute er sich über die Geburt der *Tochter Barbara Sophia*.

1710 ging das alte Schloß der Truchseß von Pommersfelden durch Erbschaft an die Grafen von Schönborn über. Das Schloß befand sich in einem baufälligen Zustand. Lothar Franz, der Erbe, schloß sofort am 6. Oktober einen Kontrakt mit den Sassendorfer Steinbrechern über den Neubau des alten Schlosses, und am 24. Dezember erbat er sich von P. Provinzial Haan S. J. in Mainz *P. Loyson* als Bauaufsicht für Gaibach und Pommersfelden (Q 222). Der Kurfürst wollte allem Anschein nach diesen »Schandfleck« in seinem Besitztum so schnell wie möglich erneuern und bewohnbar machen. Er hatte schon am 27. September

1710 das alte Schloß als eine »speluncam latronum« (Räuberhöhle) bezeichnet, die vermorscht und verfault sei.

In Würzburg hatte bereits der Vorgänger von Fürstbischof Johann Philipp von Greiffenclau 1698 das Stift Neumünster gedrängt, den Westbau der Kirche zu erneuern. 1711 waren dann alle Vorbereitungen getroffen, und die Westseite wurde abgebrochen. Im Protokoll des Stiftes (Staatsarchiv Würzburg) vom 5. Februar 1711 heißt es dazu: »Nachdeme auch ... dem neulichen Guetbefinden gemäß ein gewisser *Baumeister von Bamberg* zu Rath gezogen, von demselben auch die Besichtigung des Orths ... eingenommen worden.« Lange war es nicht klar, ob nun Johann Dientzenhofer oder Joseph Greising diese schönste Barockfassade Frankens entworfen hat. Heute gilt als sicher, daß der ursprüngliche Entwurf Greisings, der den Bau dann auch ausführte, von Johann Dientzenhofer mehr als »überarbeitet« wurde. So berichtet heute über dem Eingang zur Kiliansgruft unter den Balustern der Freitreppe vor der Fassade der Neumünsterkirche ein Schild davon, daß von Johann Dientzenhofer nicht nur die Fassade, sondern auch der Kuppelbau stammt. Am 23. Mai 1712 legte man den Grundstein zur Fassade, die laut Inschrift 1716 vollendet war. Sie ist »in der seltenen Vereinigung von Spannung und Dynamik eines der großartigsten Werke des deutschen Barock. Mit dem Grundriß ist der gesamte Aufbau der zweigeschoßigen Fassade aus rotem Sandstein in Bewegung geraten. Der Mittelteil mit dem beherrschenden Relief schwingt konkav zurück, die Seitenteile werden nach außen gebrochen. Von starker Plastizität ist auch das Wandrelief erfüllt; Dreiviertelsäulen tragen in beiden Geschoßen Giebel. Der kraftvollen Vertikaltendenz halten die stark ausladenden Gesimse, die Balusterreihen sowie die machtvollen Inschriftbänder die Waage.« (Hanswernfried Muth)

Als in Würzburg am 5. Februar 1711 über den Plan zur Fassade

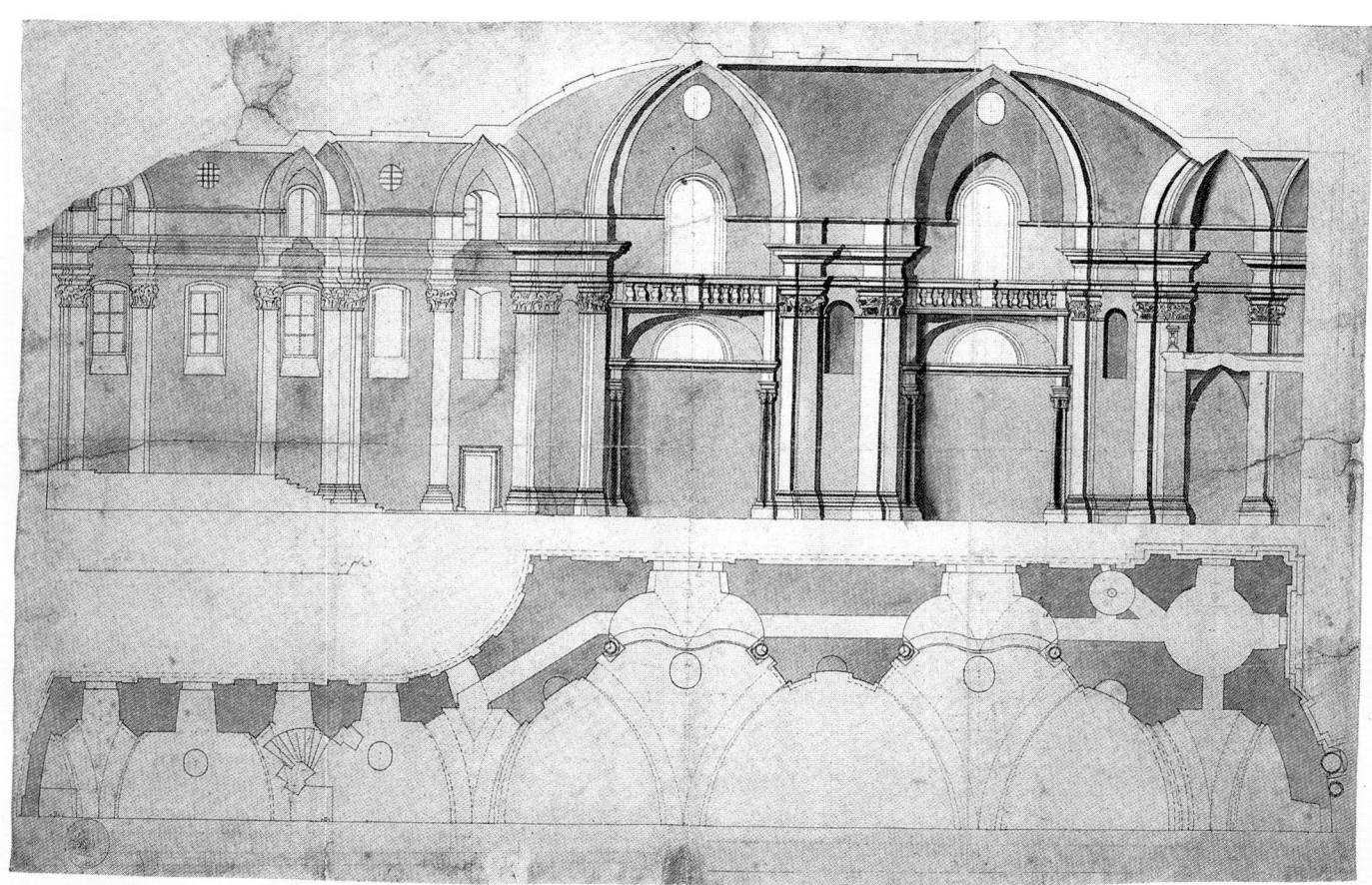

Banz, Pläne für die Klosterkirche von Johann Dientzenhofer

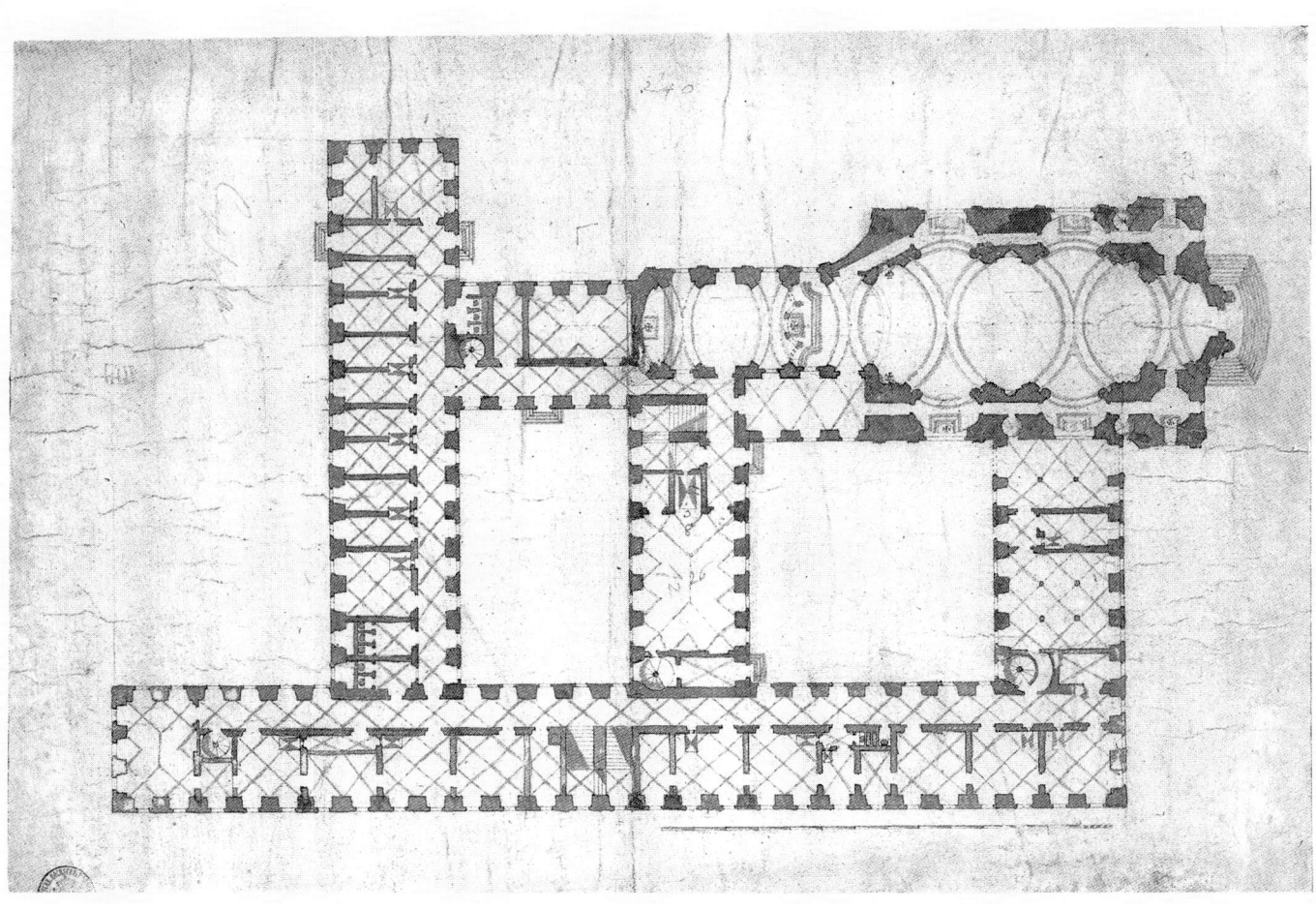

Fulda, Paulustor

verhandelt wurde, traf Johann Dientzenhofer bereits die Vorbereitungen für eine *Reise nach Wien*. Reichsvizekanzler Friedrich Karl von Schönborn hatte aus Wien an Lothar Franz geschrieben, er solle nicht vergessen, »*Dero baumeister* herein zu schicken« (Q 225). Am 11. Februar bereits führte Friedrich Karl mit ihm in Wien einen »discurs« (Q 227). Johann vermittelte dabei die ersten Kenntnisse über das Bauwesen und die Absichten des Kurfürsten. Am selben Tag erhielt P. Loyson vom Fürstbischof seine »Instruction« als »inspector« beim Schloßbau in Pommersfelden (Q 228). Er war verantwortlich für Arbeitseinteilung, Materialbeschaffung und Verrechnung bis zu seinem Tod 1720 in Wien.

Die Entstehungsgeschichte von Pommersfelden hat W. J. Hofmann minutiös dargestellt. Das alte *Truchseßschloß in Pommersfelden* war am 21. Februar bereits zur Hälfte abgebrochen. Im März dachte Lothar Franz an einen Neubau »in ganz anderen mesures« an einem anderen Platz in Pommersfelden wegen der ruinösen Fundamente, und zwischen dem 21. und 24. März 1711 entschloß er sich dazu. »Ueber dem Pommersfeldischen riss bin allhier mit meinem *Bamberger baumeister* begriffen undt will erweisen, dass man auch hier zu landt was hübsch machen kann«, meinte er am 7. April (Q 242).

Da traf die Nachricht ein, daß Kaiser Joseph I. am 17. April gestorben war. Der Erzkanzler des Reichs, der Kurfürst Lothar Franz, muß sofort nach Frankfurt reisen, weil er dort die Wahl des neuen Kaisers zu leiten hatte. Johann Dientzenhofer war am 20. April erstmals in Pommersfelden anwesend, um den Schloßbau abzustecken. Nach seinen Angaben wurden die Fundamente angelegt. Dort erreichte ihn das Schreiben des Kammerrats Johann Georg Nitschky vom 21. April, in dem Johann zur Vorbesprechung nach Frankfurt befohlen wurde. Johann machte sich unverzüglich auf den Weg und wurde dort prompt getadelt. Nitschky

meldete das am 29. April nach Pommersfelden, wobei er vorher die Hoffnung ausdrückte, der Baumeister werde wohl angekommen sein: »N.B. ist hier schon etwas von h. baumeister ubersehn und zuweit gangen worden mit den fundamenten ausheben lassen, dessen er kein ordre hat gehabt.« Ende April wurde der Bau dann eingestellt.

Inzwischen war Johann wieder in *Fulda*. Dort wurde nach seinem Plan 1711 das *Paulustor* zwischen Hauptwache und Abtsburg errichtet, das 1771 nach Westen versetzt und erweitert wurde. Heute bildet es den Eingang und die Einfahrt in das Barockviertel. Hier wie am Schloß sind grüne Erinnerungstafeln an den Baumeister angebracht. Schade, daß die ebenfalls 1711 konstruierte *Neuhöfer-Brücke bei Fulda* 1940 zerstört wurde. Heute steht neben der neu erbauten Brücke in Neuhof ein großer Stein mit der Aufschrift: »An dieser Stelle befand sich bis 1940 die von Fürstabt Adalbert von Schleifras erbaute Brücke.« Der Stein ist flankiert von zwei großen originalen Steinresten der Brücke, die jeweils mit dem Wappen des Fürstabts geschmückt sind und von denen der rechte die Jahreszahl 1711 trägt.

Als sich Johann in Fulda aufhielt, wurde mit ihm auch die große Hauptabrechnung der fürstlichen Rentkammer gemacht. Nach ihr waren ihm »folgende gebäu und arbeith überhaupt verdingt«: »Stieft und Convent, Stuckatorarbeit, Bekleidung der 2 Türme, Marstall, Schloßbau, Backhaus, Neuenhoffer Brücke, Brunnen am Marstall, Pfeiler an der Eisengrub, die alten Küchen abzulegen, Palustrata am fortern Schloßhof, zusammen 104 995 fl.« Außerdem wurden genannt: ein *Dermbacher* Bau und der Konvent.

Auf 104 995 fl lauteten die Kontrakte, 7309 fl 23 waren dem Baumeister Johann Dientzenhofer mehr ausbezahlt worden. Die Verwendung dieser Summe konnte er nicht nachweisen. Weil der Fürstabt von der Ehrlichkeit Johanns überzeugt und mit seiner

Seehof bei Bamberg, Schloß Marquardsburg. Für die Planung dieses von Antonio Petrini erbauten Schlosses bewarb sich auch Georg Dientzenhofer; beim Ausbau wirkten Leonhard, Johann und sein Sohn Justus Heinrich mit.

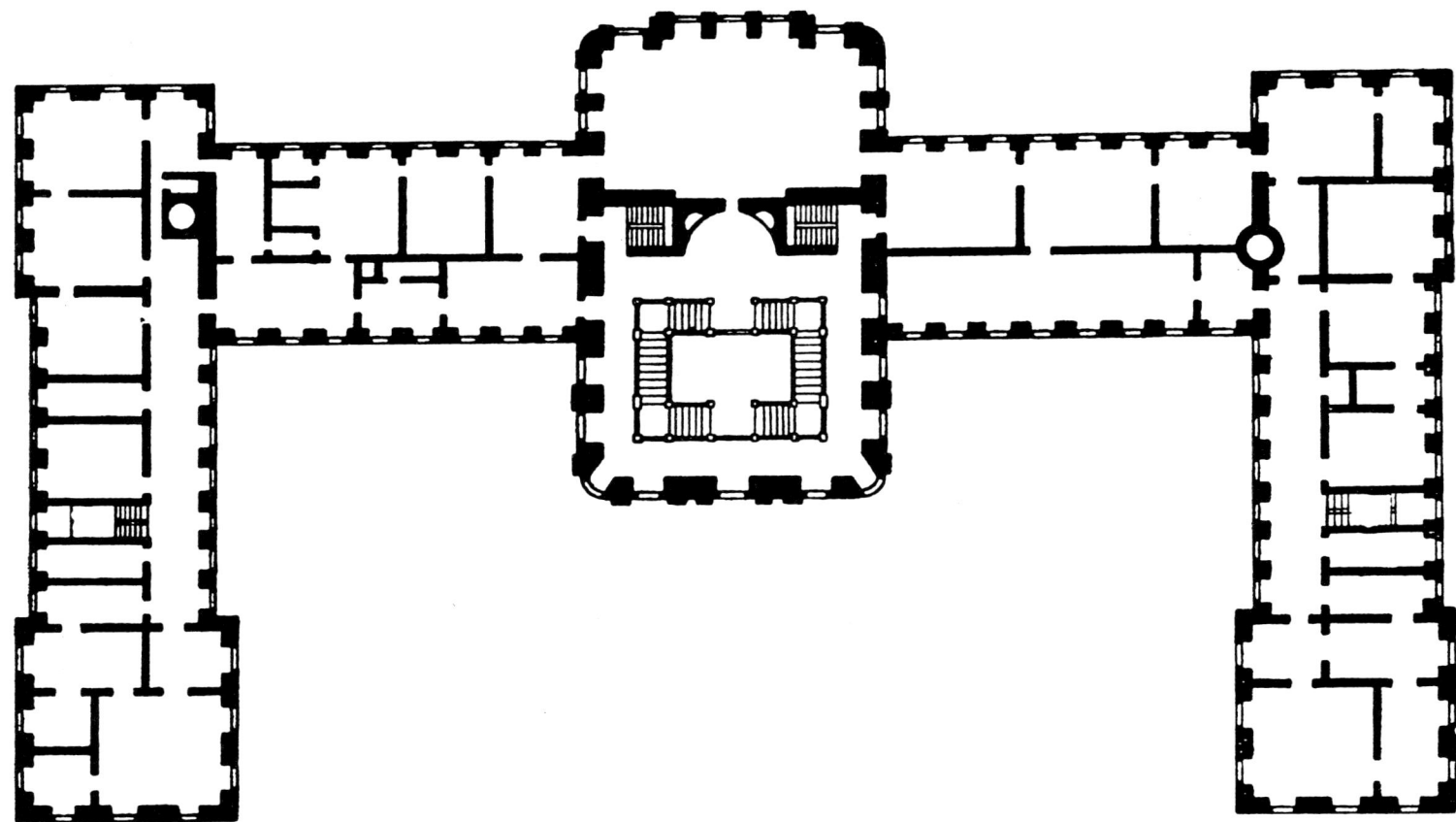

Weißenstein ob Pommersfelden, Grundriß des Schlosses

Arbeit hochzufrieden war, erließ er ihm die Schuld. In dem Roman von Josephine Grau wird dieses Kapitel besonders dramatisch dargestellt. Die Mißgunst der Neider, das Mißtrauen gegenüber dem fremden Baumeister und die Befürchtung der Besserwisser, die Kuppel werde nicht halten, sorgten sogar dafür, daß der Legende nach die Familie des Baumeisters, der ja fest mit Bamberg in Verbindung stand und sich von Fulda lösen wollte, in Fulda bleiben mußte, sozusagen als Pfand. Die verhältnismäßig geringe Summe von gut 100 000 Gulden für all diese Bauwerke ist damit zu erklären, daß damals viele unentgeltliche Frondienste, Hand- und Spanndienste zu leisten waren, über die vor allem die Bauern sehr stöhnten.

Johann hatte in Fulda seinen Vertrag über den Bau der Stiftskirche erfüllt und alle »Bau-Vorfallenheiten«, und das waren nicht wenige, sauber unter das Dach gebracht. Nun mußte er in Bamberg und Umgebung für den Kurfürsten zur Verfügung stehen.

Am 28. Juli 1711 wandte sich der Hofbauschreiber Anton Fick an Lothar Franz wegen der schadhaften Türme beim *Schloß Seehof* bei Bamberg. Es wurde die Veränderung der Aufsätze auf den Türmen angeordnet. Johann machte zwei *Risse* darüber, wobei er einen empfahl. Dieser zeigt eine Variante mit eleganten Kuppeln und Laternen. Der Kurfürst genehmigte die Veränderung und den Vorschlag und ordnete an, daß der Aufsatz aus Kupfer herzustellen wäre. Die Ausführung erfolgte mit fensterlosen Haubendächern.

Am 11. August wurde die kaiserliche Dotation bekanntgegeben, die der Erzkanzler, Kurfürst von Mainz und Fürstbischof von Bamberg für seine Bemühungen bei der Wahl Karls VI. bekam. Es waren 150 000 Gulden, die die Finanzierung des neuen Schloßbaus in Pommersfelden sicherstellten (Q 1582). »Karl VI. hat es

ihm nie vergessen und oft gedankt, daß er sich mit Überzeugung und Energie für die durchaus nicht gesicherte Wahl dieses Habsburgers« eingesetzt hatte (Max-H. v. Freeden).

Am 1. September 1711 erfolgte endlich die längst überfällige Bestätigung von Johanns Ernennung zum *hochfürstlichen Hofbaumeister* des Fürstbistums Bamberg durch Lothar Franz von Schönborn, die verbunden war mit einem Jahresgehalt von 40 Gulden. Deshalb wurde auch am selben Tag der Kontrakt für den Bau des Schlosses *Weißenstein ob Pommersfelden* abgeschlossen: »Kund und zue wissen seye, daß heut dato zwischen dem hochwürdigsten Fürsten und Herrn, Herrn Francisco Lothario des heyl. Stuhls zu Mayntz Ertzbischoffen, des heyl. Röm. Reichs durch Germanien Ertz-Cantzlern und Churfürsten etc., Bischoffen zu Bamberg Und anderseyts Johann Dinzenhoffer Sr. churfürstl. Gnaden hoffbaumeistern zue Bamberg folgender Contract seye geschlossen worden wegen dem Mauerwerckh undt hierunten wohl benennten steinhauerarbeith belangend den rechten fliegel mit beeden Pavillon biß ahn die haubt-Stiegen derselben seytenmauer mit begriffen, in dem neuen Pommersfelder Schloßbau nach den Grundrissen No. 1.–2.–3. undt Auftrag No. 4, so von sr. churf. gnaden gndst beliebet und unterschrieben worden sub dato 1. Septembre 1711« (bei Weigmann, S. 153. Nur diese Anfangssätze sind zitiert, der Kontrakt ist heute nicht mehr auffindbar).

Seit dem 26. September erhielt Johann Zahlungen für Arbeiten in Pommersfelden. (Q 1583) Schon am 1. Oktober wurde die *Grundsteinlegung* in Pommersfelden vollzogen, bei der der Bauherr selbst nicht anwesend war. Er ließ sich durch seinen Bamberger Statthalter Karl Sigmund von Aufseß vertreten. Der 1. Oktober war bewußt deshalb als Termin der Grundsteinlegung gewählt worden, weil an diesem Tag, dem Geburtstag des neuen Kaisers, sein Wahltag angesetzt war, der sich allerdings auf den 12. Oktober verschob wegen Schwierigkeiten mit der Wahlkapitulation. Lothar Franz war also längere Zeit in Frankfurt.

Von dort aus wurde am 17. November P. Loyson zur »dirigierung« des Pommersfeldener neuen Schloßbaus beständig »in loco« vom Rektor des Jesuitenkollegs erbeten und um Dispens vom Dozieren nachgesucht. (Q 256) Am 22. Dezember schließlich krönte der Erzkanzler des Reichs, Lothar Franz, in der Frankfurter Bartholomäuskirche das neue Kaiserpaar.

In Bamberg ließ sich in der Kapuzinerstraße 25 Hans Georg von Rotenhan von Johann das sog. »*Rotenhan-Palais*« errichten, an dem von 1711 bis 1718 gebaut wurde. Von Rotenhan wurde 1715 zum hochfürstlichen Oberstallmeister ernannt und war später einer der Kavalierarchitekten des Fürstbischofs. Der dreigeschoßige Traufseitbau wird vor allem durch die Obergeschoßgliederung und die Muttergottesfigur mit zwei Engeln über dem Mittelfenster des dreiachsigen Mittelrisalits mit der Inschrift: SUB VIRGINIS UMBRA 1717 hervorgehoben.

Johann hatte Fulda zwar mit einem Nachlaß seiner nicht nachweisbaren Mehrausgaben für alle Bauwerke verlassen, er hatte aber noch private Schulden auf seinem neuerbauten Haus dort. Wegen dieser Schulden in Höhe von 1300 Gulden richtete er am 30. Januar 1712 ein *Gesuch an den Fürstabt* mit der Bitte, er möge ihm doch von seinen Schulden 1000 Gulden nachlassen, »umb ihm umb Gottes Willen aus diesem Labyrinth herauszuführen und seine Ehr zu erhalten«. Johann hatte nicht nur hier in Fulda Schwierigkeiten mit der Abrechnung der Bauten und der Finanzierung seines privaten Haushalts. Vielleicht war es doch zuviel, alle Arbeiten pauschal anzunehmen und selbst mit den Handwerkern abzurechnen.

Das Jahr 1712 war bestimmt durch den Bau in Pommersfelden, die Arbeiten in Banz, die Kirchweih in Fulda und die Reisen nach Norddeutschland. In *Pommersfelden* lief zwar alles gut an, es wurde der östliche Flügel des Corps de logis bis zum Hauptgeschoß hochgeführt, aber es muß schon schwierig gewesen sein, mit einem besessenen Architekturliebhaber als Bauherrn auszukommen. Nicht nur, weil dieser ständig den Rat des Reichsvizekanzlers in Wien einholte – Johann war ja 1711 schon zu Besprechungen dort gewesen – , sondern weil er auch noch andere Architekten, wie den Wiener Lukas von Hildebrandt (Jean Lucca) und später auch den seit 1704 in Bamberger Diensten stehenden Maximilian von Welsch sowie weitere »Baudirigierungsgötter« mitmischen ließ. Den »Herren« fiel immer wieder etwas Neues ein, und Johann sollte das dann in seinem Gesamtkonzept berücksichtigen. Das führte auch dazu, daß verschiedene Autoren das Schloß oder wenigstens die schönsten Teile Hildebrandt oder Welsch zusprechen wollten. Glücklicherweise sind diese Fragen inzwischen geklärt, so daß gesagt werden kann, im wesentlichen ist das Schloß ein Werk Johann Dientzenhofers.

Der Fürstbischof korrespondierte nicht nur mit Wien, sondern übersandte auch Risse bzw. ließ sich welche von dort schicken oder beorderte gar den Architekten nach Pommersfelden. Am 14. März 1712 ließ er wissen, »dass es mit zuziehung des wohlerfahrenen Jean Lucca in meinem Pommersfelder bauriss ohne reformation schwerlich abgehen werde«. Das betraf den Saal und die Stiege (Q 263).

In *Banz* mußte Johann 1712 einen Vertrag über die Errichtung einer der großen *Böschungsmauern* unterschreiben, für deren Bestand er seine Erben haftbar machte. Die Mauer mußte später wieder abgetragen werden. Es gab einen Prozeß um die Wiederherstellungskosten, in dem die Erben behaupteten, ein Erdbeben habe die Mauer gefährdet.

Am 24. Januar 1711 hatte Kurfürst Lothar Franz von Agostino Steffani, Bischof von Spiga, aus dem hohen Norden wegen des Kirchenbaus zu *Hannover und Braunschweig* einen Hilferuf erhalten (Q 224). Die Konversion der späteren Kaiserin Elisabeth Christina, der Nichte des Herzogs Anton Ulrich von Braunschweig, am 1. Mai 1707 im Bamberger Dom vor dem Grab des heiligen Kaiserpaars durch Lothar Franz persönlich war der eigentliche Grund. In Hannover wollte man eine St. Clemens-Kirche und in Braunschweig eine St. Nikolai-Kirche bauen, die die Präsenz der katholischen Kirche im protestantischen Norden augenfällig machen sollten. Nun war auch noch Herzog Anton Ulrich von Braunschweig (1633–1714), der berühmte Verfasser von Singspielen (»Christ-Fürstliches Davids Harfenspiel«), geistlichen Liedern und repräsentativen Barockromanen, in hohem Alter zum katholischen Glauben übergetreten. Aber der Bau der Kirchen wollte nicht so recht vorangehen.

Mehrere Pläne, die nach Wien zur Genehmigung durch den Kaiser geschickt worden waren, waren verlorengegangen. Nach dem Tod des Kaisers fragte der Bischof an, »ob man in dem bau einstweil forthfahren oder bis zur wahl eines neuen kaisers darmit zurückhallten solle« (Q 244). Lothar Franz stelle am 21. Mai 1712 seinen eigenen Baumeister in Aussicht, nachdem Steffani zunächst einen Baumeister aus Erfurt verlangt hatte, wo sich aber »niemand taugliches finden wollen«. Die Absendung von Johann verzögerte sich, weil »mein baumeister zu Bamberg noch in einen und anderen ohnbeiseitsätzlichen dingen begriffen.« (Q 266, Anm. 1) Am 18. Juni gab Lothar Franz für die Reise eine »*Instruction vor den Bambergischen baumeister Iohann Dinzenhöffer*«. In sieben Punkten legte er genau fest, daß Johann sich auf Befehl nach Hannover zu begeben, sich beim Bischof von Spiga anzumelden und drei Schreiben, für den Bischof, den Herzog und den Küchenmeister, zu überreichen habe. Er solle deren Anordnungen abwarten, dem kurbraunschweigischen Kammerherrn Baron von Nomis die Beglaubigungsschreiben zustellen und sich dann nach Braunschweig begeben. Dort sollte er den Bau inspizieren und sowohl die Qualität prüfen wie die bisherigen und zukünftigen Kosten des Baus ermitteln, dann sich in Braunschweig nach einem Vertrauensmann des Bischofs erkundigen. »Das übrige wird seiner kunst und erfarnis überlassen, von welchen allen er bei zurückkunft seinen bericht I. chfl. Gn. zu erstatten hat.« (Q 266)

Johann trat also seine erste Reise nach Norddeutschland an. Als er gerade ein paar Stunden in Hannover war, schrieb am 25. Juni Agostino Steffani an Lothar Franz, es gebe ein Hindernis, mit dem man nicht gerechnet habe. Und das war die Notwendigkeit, für das Fundament der Kirche Pfähle zu setzen. Er erwarte daher mit Ungeduld den Architekten. Von Hannover aus berichtete Johann am 30. Juni in einem Brief an einen unbekannten Empfänger (vielleicht Kammerrat Nitschky):

»Ewer Extz. soll ich underthönichst nicht verholten, daß ich den 25. disses obents speth in Hanover glücklich angelonget undt am sontag nochmittag bei Jhre hochwürden genoden hernn bischofen von Spiga und herrn marquis de Monis die mitgegebene brief überreichet, die alles gor gnödich aufgenohmen undt hoben ferners mit mir obgered wie ich mich in Braunschwein undt bei Jhre Durchleicht zu Wolffenbittel verholten solle, so der instruction, die mir von I. chfl. Gn. mitgegeben worden, übereinkommt; auch haben sich mir aufgetrogen auf olhieischen vorhobenten kirchenbau *einen obriß* zu machen, wiewohl sich schon am grundtgraben begrieffen wahren undt sollice kirchen auf einen rost setzen wohlen. Weil ich ober *tieffer groben lassen* so hott von 4 schue tieffer ein fester grundt gefunden, daß nicht nöthig ist, pföll zu schlagen undt ist mein gemochter obris approbiert undt der grundt zu groben höutte angefangen worden. Ich gehe morgen frieh noch Braunschwein undt noch ander daischen kirchenbau zu sehen. Von fernere verrichung werde Ewer Ex. nesten bericht überschreiben.

Berichte auch, daß ich hirher die extra post nehmen müssen, schonsten hötte ich zu Coburg 3 tag wortten müssen. Es ist ober doch wohl geschehen, wan ich noch 2 tag länger wehre außen geblieben so hötte Jhro hochwirden gnoden herrn von Spiga hir nicht angetroffen, dan sieh verreist sein, so sieh selber bolt schreiben werden. Hanover, den 30. juni 1712 *Johonn Dintzenhöffer*«. Nachschrift· »Bitte Ewer Exc. wohlen die gnod vor mich hoben undt disen einschluß *meiner frau* übertragen lassen undt bitte mit meinen schlechten vorlieb zu nehmen undt in gnoden überlassen.« (Wien, Haus-Hof-Staatsarchiv, Mainzer Erzkanzler-Archiv; (Q 268)

Dieser Brief ist bei mehreren Autoren in verkürzter Form zitiert worden. So ist der Eindruck entstanden, Johann sei ein ungebildeter Mensch gewesen, habe neben Balthasar Neumann nicht bestehen können und auch nicht gewußt, wie man sich bei Hofe verhalten müsse. Auch stößt man sich an der Rechtschreibung. Dabei solle man wissen, daß es damals trotz der Bemühungen der Sprachgesellschaften überhaupt keine verbindliche Rechtschreibung gab. Die Schreibweise der Fürstbischöfe oder die des Balthasar Neumann ist nicht weniger kurios.

Bischof Agostino, Bischof von Spiga, hatte jedenfalls einen äußerst positiven Eindruck von Johann. Wenige Tage nach seinem ersten Schreiben an Lothar Franz gab er am 3. Juli ein zweites zur Post:

»Mit dieser Sache habe ich mich mit ged. baumeister vier Tage zu Hannover aufgehalten. Weilen ich ihn aber in seiner kunst so erfahren und dabei so prompt und schleunig, als ich jemand anderen auf dieser welt gekennet, gefunden habe, bin ich mit ihme weiter gegangen und habe mir die schöne occasion zu nutzen gemacht, in dem festen vertrauen, E.chfl.Gn. werden es mir nicht ungnädig aufnehmen … Der gute ehrlicher, recht capabler baumeister als ein engel, der von himmel gefallen ware, hat mir aus allen meinen ängsten geholfen. Er hat mir in einem tag einen neuen, dem alten gleichsehenden grundriß gemacht. Er hat unsere fundamenta und steinbrüche besehen, unsern maurmeister gründlich informirt und unterwiesen, wie nit weniger mir (ex praesumpta benignissima licentia E.chfl.Gn.) sancte versprochen, er wolle so bald er wiederumb nacher haus komme, auf seinen grundriß einen ausführlichen dessein und folgsam eine modele unserer neuen zu erbauenden kirchen verfertigen und nacher Hannover schikken. Unterdessen fahren wir fort, die fundamenta zu setzen, damit die lutherische nicht mehr spotten und die catholische sehen können, daß es ernst seie.«

Er wünschte sich nur einen Mann zur Bauaufsicht, den ihm Johann anscheinend versprochen hatte (Q 269). Lothar Franz antwortete am 7. Juli aus Bamberg, daß er Johann nach seiner Rückkehr anweisen werde, sein Versprechen zu erfüllen, und ordnete am 12. Juli von Bamberg aus über Baron von Nomis seine Rückreise an (Q 269, Anm. 1).

Über die Ergebnisse der ersten Reise ließ sich Baron Nomis in einem französischen Brief vom 18. Juli an Lothar Franz ziemlich lange aus. Der Schluß des Briefes spricht Bände: »Ich flehe Sie an im Namen dieser ganzen Gemeinde, zu erlauben, daß der genannte Herr Dinzenhöffer die Leitung dieses Bauwerkes übernehme und uns zur Seite stehe mit seinem guten Rat.« (Q 270; Übersetzung der altfranzösichen Briefe: Reinhard Rapp) Am 22. Juli meldete Baron von Nomis, daß Dinzenhofer bereits vor mehr als acht Tagen abgereist wäre. Nach seiner Reise nach Braunschweig habe er noch drei Tage in Hannover verbracht.

Lothar Franz gab dem Baron am 6. August zu verstehen, daß er bezüglich des Braunschweiger Baues keine Mittel zur Abhilfe sähe, da Johann berichtet habe, der Braunschweiger Baumeister hätte »alles nach eigenen sinn und willen ohne ansehung eines raisonnements, also vermutlich zu seinem vorteil getan.« »Und ist zwar er, *baumeister*, wegen verschiedener hiesiger orten unter seiner obsicht habender considerabelen gebäuten nicht im stand, den berührten Hanoveranischen kirchenbau völlig in person dirigiren zu können, derselbe will aber doch einen der baukunst erfahrenen und secundum terminos artis so genanten balirer, welchen er von Rom erwartet, mit einem ausführlichen riß und solchere instruction, daß man nicht fehlen könne, hineinschicken, auch des jahres wenigstens einmal den augenschein selbst einnehmen.« (Q 272)

Mitten in die etwas verzwickte norddeutsche Problematik fiel die *Einweihung der Stiftskirche in Fulda* am Fest Mariä Himmelfahrt am 15. August 1712, noch bevor sie ganz fertiggestellt war. In Fulda war man stolz auf diesen Bau. Die basilikale Anlage mit einem Mittelschiff, zwei Seiten- und einem Querschiff, über dessen Vierung die edle Kuppel saß, vor der man so viel Angst gehabt hatte, strahlte eine außergewöhnliche Ruhe und Abgeklärtheit aus und stimmte in den Maßverhältnissen, obwohl Johann mehrmals seinen Plan hatte ändern müssen. Die Türme und Kuppeln brachten eine neue Formensprache in diesen Teil Deutschlands. Einflüsse aus Prag, aus Rom und aus Bamberg waren unverkennbar. Die Fassade hatte Johann, bedingt durch die Engstellung der Türme auf den alten Fundamenten, mit einem Kunstgriff in Form eines gedachten gleichschenkligen Dreiecks gestaltet, das von den Spitzen der Obelisken über die Kuppeln der Seitenkapellen zur Spitze des Risalits verläuft. Bis vor kurzem waren große Teile dieser Fassade, wie auch des ganzen Doms, wegen der notwendigen Restaurierungsarbeiten eingerüstet und verdeckt, aber sowohl außen wie innen kommt man sichtbar zu einem Abschluß. Fünf Figuren bestimmen die inhaltliche Aussage der Fassade: Die Missionare Bonifatius und Sturmius, die Ritter Simplicius und Faustinus und der Welterlöser Jesus Christus, dessen Figur 1945 durch Bomben zerstört, aber wiederhergestellt wurde.

G. J. Malkmus weiß dazu ein paar interessante Einzelheiten· »Die Steine des Gebäudes wurden aus den Sandsteinbrüchen bei Hauswurz und Bimbach entnommen; nur die sechs Marmorsäulen am Hochaltare kamen aus dem Nassauischen. Es waren deren ursprünglich sieben, die auf den Hochaltar gestellt werden sollten. Als sie durch die Stadt gefahren wurden, brach in der Nähe des Kaufmann Komp'schen Hauses in der Friedrichsstraße ein Wagenrad, und eine der Säulen ging in Stücke. Auf der Haustreppe stand gerade der damalige Besitzer des Hauses, der Hofkammerrath Dorn, welcher von einer abgesprungenen Radspeiche dergestalt am Bein verletzt wurde, daß er in Folge davon starb. Aus den Stücken der zerbrochenen Säule ist dann die Kommunikantenbank im Dom verfertigt worden. Während des Bauens selbst war kein einziges Unglück passirt; deshalb ließ Adalbert aus Dankbarkeit auf seine Kosten noch die Kirche in Eiterfeld erbauen.«

Johann war nicht zum letzten Mal in Fulda. Sein Ruf dort war gerade nach dieser Kirchenweihe sehr gut, vor allem, weil die Kuppel immer noch sicher über dem Querhaus stand.

Aber die Hannoveraner ließen ihm keine Ruhe. Schon am 27. August berichtete Baron von Nomis wieder von der Anlegung des Pfahlrostes. Er wünschte, daß »le sieur Dinzenhöffer« alles anschauen und seine Meinung dazu sagen möge (Q 281, Anm. 2). Und er schickte gleich noch einen Brief am 26. September, in dem er seiner Sorge Ausdruck verlieh, während des Winters könne die Erde abrutschen und Schäden verursachen (Q 281).

In dieser Zeit gab es zu Hause wieder eine Taufe. Am 1. Oktober wurde die Geburt des *Sohnes Johannes Franziskus* gefeiert. Er war das zehnte Kind der Familie.

Anfang November trat Johann dann seine *zweite Reise nach Hannover* zwecks Bauinspektion der St. Clemens-Kirche an. Am 9. November hielt er sich dabei im Herzogtum Braunschweig-Wolfenbüttel auf (Q 286).

Während Johanns Abwesenheit war natürlich in *Pommersfelden*

Salomon Kleiner, Ing. Elect. Mogunt. delin.

G. D. Heumann sculp. Norib.

Weißenstein ob Pommersfelden, Treppenhaus des Schlosses

weitergebaut worden. Aber es fehlte anscheinend doch die Autoritätsperson in Gestalt des Baumeisters, sonst hätte sich Lothar Franz nicht in einem Brief an den Reichsvizekanzler vom 20. November über die Faulheit der Handwerker, »welche ein blauen montag über die anderen machen« (Q 283, Anm. 3), beklagen können.

In diesem Jahr 1712 zeichnete Johann auch Risse zum Umbau des mittelalterlichen fürstbischöflich-bambergischen Schlosses zu *Herzogenaurach*/Mittelfranken. Die Kapelle wurde in den ersten Stock verlegt, ein Ostflügel angefügt zu einer L-Form und das ganze Gebäude unter einem Dach zusammengefaßt. Der mittelalterliche Bergfried wurde 1720 eingelegt. Die Bauleitung lag wie in Pommersfelden bei P. Nikolaus Loyson. Über dem Tor ist noch das barocke Wappen gut erhalten.

Johannes Ansehen und Bedeutung für Bamberg wurde zum Jahresschluß noch offiziell gewürdigt durch die Wahl des Hofbaumeisters zum *Ratsherrn von Bamberg*. Ernst Damian von Weitershausen, Oberschultheiß zu Bamberg, berichtete darüber am 30. Dezember an Lothar Franz: »E. chfl. Gn. solle auch anzeigen, daß gestern als den 29. huius Dero befehl nach die syndicus Düring zum burgemeister und der hofbaumeister Dinzenhöfer zum ratsherrn erwehlet, auch beide durch meine wenigkeit praesentiret, also hoffentlich E. chfl. Gn. intention erfüllet worden.« (Q 288 a im Archiv Wiesentheid) Die Wahl in dieses Amt bedeutete nun für Johann nicht nur eine große Ehre, sondern auch Anwesenheitspflicht bei den Sitzungen, aktive Mitarbeit und Übernahme verschiedener, mit dem Amt verbundener Verpflichtungen.

Im Winter 1712 auf 1713 fertigte Johann Dientzenhofer auch die *Risse* zum Umbau des mittelalterlichen Wasserschlosses in *Höchstadt an der Aisch*. Er brachte die aus dem 13. bis 16. Jahrhundert stammenden Bauteile auf gleiche Höhe, gleichzeitig wurde das Innere des Ostbaus stukkiert. Dieser Stuck ist heute noch in einigen Amtsräumen des Landratsamtes erhalten. Der Bau wurde dem Höchstadter Maurermeister Johann Philipp Schröpfel übertragen. Darüber berichteten die Bamberger Kammerräte am 20. Januar 1713 dem Kurfürsten, der sich am 28. damit einverstanden erklärte (Q 293).

Und wieder wurde Johann auf Reisen geschickt. In Begleitung des Kammerrats Nitschky fuhr er über Prag nach *Wien*. Es ging natürlich um weitere Gedanken über den Bau von Pommersfelden. Am 25. Februar 1713 bereitete Lothar Franz den Reichsvizekanzler auf deren Ankunft vor: »Er (Nitschky) hat mein baumeister mit sich genommen, dem ein gnad geschicht, wann er durch den Jean Luca das vornehmste zu Wien in- und auswendig sowohl, als in der statt als in den garthenheusser wirdt können zu sehen bekommen, indem es mir auch in meinem Pommersfellder bau wirdt zu guten kommen. Er wirdt vermuthlich den riss davon mit hieneingenommen haben, in welchem ich allbereiths von meinem ovalen saal komen bin undt will hiengegen ein carré long haben, so ich ihm noch vor seiner Wiener reiss zu wissen gethan habe, allso dass er jetzt zeith auff seiner reis hat darüber zu speculiren. Meine stieg aber muess bleiben, als welche von meiner intention undt mein meisterstück ist.« (Q 297) Die Pläne Johanns zeigten eine zweiarmige, dreiläufige Treppe. Vor dieser Änderung war ein großer ovaler Saal geplant. Der Reichsvizekanzler meinte noch am 4. März: »Jean Lucca wird auch E. chfl. Gn. *baumeistern* in allem nach verlangen an hand gehen und eine meiner ersten occupation sein, uns zusammen zu setzen und den zuversichtlich mitgebrachten *Pommersfeldischen riss* zu durchschauen.« (Q 298) Doch die beiden Baumeister gerieten aneinander, und Johann überwarf sich mit Lukas von Hildebrandt. Man kann sich gut vorstellen, daß Hildebrandt, der schon Fischer von Erlach in Wien verdrängt hatte, in Johann keinen ebenbürtigen Partner für Gespräche über ein solches Projekt sah, sondern nur den Handwerksmeister von

geringerer Herkunft, und umgekehrt Johann sich nicht von oben herab behandeln lassen wollte. Lukas von Hildebrandt weigerte sich, mit Johann Dientzenhofer weiter zusammenzuarbeiten. Er war ein empfindlicher und verletzlicher Epileptiker, »wahrhafftih ein wunderliher Man, mit welhen nit all zu leiht auszukommen«, hatte schon Feldmarschall Graf Harrach von ihm gesagt (nach Grimschitz, S. 13).

Am 24. April war Johann erstmals nach seiner Wien-Reise wieder in Pommersfelden. Friedrich Karl in Wien war der Meinung, er könne in Pommersfelden noch entscheidend eingreifen. »Ich warte auf die riss von Jean Lucca *als wie auf den Messiam*«, schrieb er am 17. Mai an Lothar Franz (Q 315).

Während Johanns Aufenthalt in Wien hatte am 11. März Agostino Steffani an Lothar Franz aus Hannover geschrieben: »Il est claire, comme la lumiere du jour, que *l'architecte* est trompé.« (Es ist klar wie das Tageslicht, daß sich der Architekt getäuscht hat.) Bischof Steffani war mit den Plänen Johanns nicht zufrieden. Er entschuldigte ihn damit, er habe nicht genügend Zeit gehabt, das Gelände zu untersuchen und seinen Plan zu überdenken. Johann sei bei der Berechnung der Stärke der Mauern ein Fehler unterlaufen. Im zweiten Plan hätte er die Mauern der Kirche außerhalb der Fundamente gesetzt und alle Gewölbe auf das falsche Fundament. Steffani bot sich an, den Ruf des Architekten zu retten und dem Kurfürsten Kummer zu ersparen, indem er die vorhandenen Fundamente verwenden wollte. Es seien auch schon Mittel gefunden worden, der Zeichnung des Architekten zu folgen und das Bauwerk solide, schön und brauchbar mit einer Ersparnis von 60 000 Gulden gegenüber dem Voranschlag zu erstellen. Sein Ruf wäre also gerettet (Q 299).

Johann kümmerte sich in Pommersfelden wieder um den Fortgang des Baus. Im Sommer war der rechte Flügel unter Dach, und am 27. August 1713 konnte der Schlußstein des Gewölbes in der Kapelle, unter deren Altar der Grundstein der Schloßanlage liegt, gesetzt werden. Dieses Ereignis wurde »auf Anschaffung des Paters Loyson mit einem Trunk Wein« gefeiert.

Im Winter 1713/14 saßen Baumeister und Fürstbischof am großen *Ausführungsplan für Pommersfelden*, dabei wurde von Johann auch der Entwurf des Wand- und Wölbesystems für die *Sala terrena* ausgearbeitet. Wie oft Johann in diesen Jahren in Pommersfelden war, kann man entnehmen der »Specification derjenigen Mahlzeiten, so wegen des neuen schloßbaus ufn berg von verschiedenen in bau- und anderen angelegenheiten anhero gekommene personen genossen worden. Die mahlzeiten an herren tisch zu 18 kr. 13 fl. 12 kr. vor *44 mahlzeiten*, die der *baumeister Dintzenhöffer* von 20. april bis 19. december 1711, ingleichen 8 fl. 24 kr. von 28 deren, so dieser von 7. martii 1712 bis 2. januar 1713 genossen.« »14 fl. 6 kr. der baumeister Dinzenhoffer, von 24. april 1713 bis 9. januar 1714 an 47 derer.« (Q 405 a) 1713 wurden die Fundamente des Mittelbaus gelegt, 1714 war er im Rohbau fertig. Am Aschermittwoch 1714 schrieb P. Loyson in seinem Bericht an Hofrat Bauer von Heppenstein u. a.: »Wegen dem saal meinte ich, solle auch der h. *baumeister* vernommen werden und *seine riss* darnach einschicken, wie ers mit den säulen vorhat, weil solche durch die bekannte verhöherung aus der proportion kommen sein.« (Q 427)

Eine Besonderheit im architektonischen Schaffen Johanns sind die Entwürfe für Altäre, Kanzeln und Balustraden aus Holz. Schon die drei Altäre in der Pfarrkirche Mariä Himmelfahrt in *Pautzfeld*, Landkreis Forchheim, die Schreiner Voit baute, könnten nach Heinrich Mayer 1711 von Johann entworfen worden sein. Sicher ist das reizvolle Reliquiar in der früher zum Schloß *Freienfels* gehörenden Kapelle des Bamberger Domdechanten Sigmund von Aufseß. Leider sind in den letzten Jahren zwei der kleineren Figürchen gestohlen worden.

Sicher sind aber vor allem die Arbeiten in *Banz*. Am 20. März 1714 schloß Johann einen Akkord über die Lieferung des Modells für die schöne Kanzel in der *Klosterkirche* Banz. Auch die *sechs Altäre* gehen auf Entwürfe Johanns zurück. Eine Besonderheit stellt dabei der am Choreingang stehende *Hochaltar* dar, der den Blick auf den zwölf Meter dahinter stehenden *Choraltar* freiläßt, auf dem die Enthauptung des heiligen Dionysius, des Schutzpatrones des Frankenlandes, auf dem Montmartre zu Paris dargestellt ist. Am 27. September 1714 erhielt der Bildhauer Esterbauer den Auftrag für Choraltar und den »vordern Hohen Altar« in Banz, den er nach Johanns Riß auszuführen hatte. Johann und Esterbauer kannten sich ja schon gut von Fulda her und harmonierten auch privat miteinander. Die Stuckdekorationen in Chor und Kirchenschiff wurden nach den Angaben des Architekten von Johann Jakob Vogel ausgeführt.

Ein späteres Werk Johanns in dieser Art könnte auch der großartige *Kanzelaltar* von 1725 in der Kirche St. Erhard in Steppach sein, das die Schönborns 1721 erwarben.

Zwischen 1714 und 1718 baute Johann das *Schloß* des Hochfürstlich Bambergischen Geheimen Rates, Oberjägermeisters, Oberamtmanns, Generalwachtmeisters und Kommandanten der Stadt Bamberg, Herrn auf Trabelsdorf und Dankenfeld: Christoph Marschalk von Ostheim (1664–1733) in *Dankenfeld*, ungefähr fünfzehn Kilometer westlich von Bamberg. Das Schloß wurde mehrfach umgebaut. Über dem heute zugemauerten Tor ist eine Gedenktafel eingelassen mit folgendem Wortlaut: Dieses Haus, 1766 erbaut, bildet mit der 1854–1855 zur Ortskirche umgebauten Schloßkapelle den Rest eines v. Marschalk'schen Schlosses, dessen westlicher Flügel um 1827 abgebrochen ward. Hier fand am 25. Oktober 1783 die Trauung Charlotte Marschalks von Ostheim, der damaligen Freundin Schillers und Jean Pauls, mit dem französischen Hauptmann Heinrich v. Kalb statt. Heute macht der Bau kaum mehr den Eindruck eines Schlosses, besonders von der Gartenseite her. Nur das Zwiebeltürmchen und die Kapelle an der Straße sowie der Eingang von der Breitseite her erinnern an Johanns Bau. In der Kirche steht ein interessanter Glasschaukasten, in dem noch die Stiefel und andere Reliquien des Abenteurers Christoph Marschalk von Ostheim mit einer Lebensbeschreibung ausgestellt sind.

Intensiv wurde weiter in *Pommersfelden* gearbeitet: Am 28. April legte man das Gebälk im großen Saal, am 29. meldete Hofrat Bauer dem Kurfürsten, er werde sich befehlsgemäß »morgen nachmittag mit h. Cossiau und de Chanx zu Pommersfelden einfinden, auch solches dem *baumeister Dinzenhofer* heut noch bedeuten lassen.« (Q 361, Anm. 1) Am Tag darauf fand dann die angekündigte Konferenz statt. Anwesend waren: Hofrat Bauer von Heppenstein, Vertrauter in Fragen des Kunsthandels, der Gaibacher Galerieinspektor Cossiau, der kaiserliche Bücherkommissär de Chanx und Johann Dientzenhofer. Es ging sicher um die Ausstattung des Schlosses mit Tafelbildern. Der Niederländer Jost von Cossiau, selbst ein hochtalentierter Maler, dessen blautonige Landschaften in allen Museen geschätzt sind, hatte sich als Bilderkäufer in Holland und Frankreich glänzend bewährt. Cossiau wurde als Betreuer der in Gaibach gesammelten Bestände eingesetzt, während für Pommersfelden der Schweizer Rudolf Byß verpflichtet wurde.

In *Bamberg* konnte wieder ein Familienfest gefeiert werden, die Taufe des *Sohnes Johannes Franciscus Antonius* am 14. Juni 1714. Dieses Kind starb aber schon ein Jahr später, am 22. Juni 1715.

Fürstbischof Lothar Franz von Schönborn hatte nicht nur selbst viel Freude am Bauen, sondern ermöglichte es durch Steuererleichterungen auch bürgerlichen Bauherrn, ihre Bauwünsche zu befriedigen. Der Marschalk von Ostheim war einer von ihnen. Ebenfalls 1714 hatte Obermarschall Franz-Wolf Philipp Freiherr

von Schrottenberg sich von Johann Dientzenhofer seinen *Schloßbau zu Reichmannsdorf* bei Bamberg planen lassen, für den am 16. Juli 1714 der Grundstein gelegt wurde. Schloß Reichmannsdorf ist eine stattliche zweigeschoßige Dreiflügelanlage mit einem schmalen Ehrenhof, der mit Vasenpfeilern und schmiedeeisernen Gittern gegen die Dorfstraße abgeschlossen ist. Im Giebel des durch Pilaster angedeuteten Mittelrisalits prangt ein farbenfrohes Wappen. Besonders auffallend sind die kunstvollen Wasserspeier in Form von geflügelten Delphinen. Innen führt ein weites Treppenhaus mit weißen Puttos in den ersten Stock. Ein malerisches Bild bietet das Schloß mit seiner Gartenterrasse auf der Rückseite, wo es sich im Teich spiegelt.

In *Bamberg* selbst ließ sich Freiherr von Schrottenberg in der Kasernenstraße 1 sicher auch von Johann Dientzenhofer ein Haus mit zwei zweigeschoßigen Flügeln errichten, das 1720 durch das Haus Obere Sandstraße 6 erweitert wurde. Er gehörte zu den »Baudirigierungs-Göttern« des Fürstbischofs, zusammen mit Oberstallmeister von Rotenhan, dem kurmainzischen Oberamtmann von Lohr, und Philipp Christoph von Erthal, dem Leiter der Lohrer Spiegelmanufaktur. Von 1718 an gesellte sich Anselm Franz Freiherr von Ritter zu Grünstein dazu, der später Oberbaudirektor in Mainz wurde und für Lothar Franz das Schloß Jägersburg bei Forchheim baute.

Am 19. Oktober 1714 wurde Constantin von Buttlar als Nachfolger von Adalbert I. von Schleifras zum Fürstabt von Fulda gewählt. Er übernahm damit auch die Bauten seines Vorgängers, von denen er sehr angetan war. Er erinnerte sich dabei an den Architekten Johann Dientzenhofer und vermachte ihm ein Geschenk von 1000 Gulden. In einem Brief vom 12. Januar 1715 bedankte sich Johanns Frau Eleonora »unterthänigst« bei ihm für dieses Geschenk, das ihrem Mann »in Ansehung der schönen Gebäude« ausbezahlt worden war. Der Fürstabt kaufte auch 1716 den *Johannisberg im Rheingau*. Johann Dientzenhofer erhielt von ihm 1717 den Auftrag der Barockisierung der Kirche des dortigen Benediktinerklosters, das schon Anfang des 12. Jahrhunderts gegründet worden war. Die Kirche wurde 1826 von Georg Moller aus Darmstadt umgebaut und ist 1942 abgebrannt. Die weinbauenden Benediktiner Fuldas haben hier die Entdeckung der Edelfäule und der Spätlese gemacht. Napoleon hat es einem seiner Marschälle und der Wiener Kongreß dem Fürsten Metternich verehrt, dessen Nachfahren der Johannisberg heute noch gehört.

Unter Constantin von Buttlar wurde 1715 in *Fulda* das Wasser der Waides, das zwischen Stiftskirche und Schloß fließt, tunnelartig überwölbt, und zum Schloß hin wurden bis zu zehn Meter hohe Erdaufschüttungen vorgenommen, um einen bequemen Schloßgarten zu bekommen. Dadurch wurde aber die Lage der Stiftskirche völlig verändert, die zuerst auf einer Muschelkalkterrasse stand und nun in einer Hanglage tiefliegend sich darstellt.

Im Frühjahr 1715 ging es dann wieder an mehreren Bauplätzen mit teilweise neuen Aufträgen an die Arbeit: Am 22. März wurde Johann mit der *Erweiterung der Gruft in der Abteikirche Banz* beauftragt, die jetzt auf die gesamte Kirchenlänge ausgedehnt wurde. Dem Ratsherrn der Stadt Bamberg, Johann Dientzenhofer, wurde am 26. März 1715 nach den Ratsprotokollen auf Verlangen des Fürstbischofs *als Pfründe die Mitpflege an dem Kurhaus*, einem Versorgungshaus, verliehen. Am 8. April hatte er sich, ebenfalls auf Weisung des Kurfürsten, zur Besprechung über Pommersfelden nach Mainz zu begeben, am 16. fing man in *Pommersfelden* mit dem linken Eckpavillon an. An diesem Tag wandten sich der Generalvikar und sämtliche Geistlichen Räte von Bamberg an Lothar Franz von Schönborn mit der Bitte, die Geldmittel für einen Neubau der Pfarr- und Wallfahrtskirche zur Heiligsten Dreifaltigkeit in *Gößweinstein* in der Fränkischen Schweiz zu bewilligen. Der Hofbaumeister Johann Dientzenhofer hatte bereits einen Entwurf

Weißenstein ob Pommersfelden, Schloß, Hof- und Gartenseite

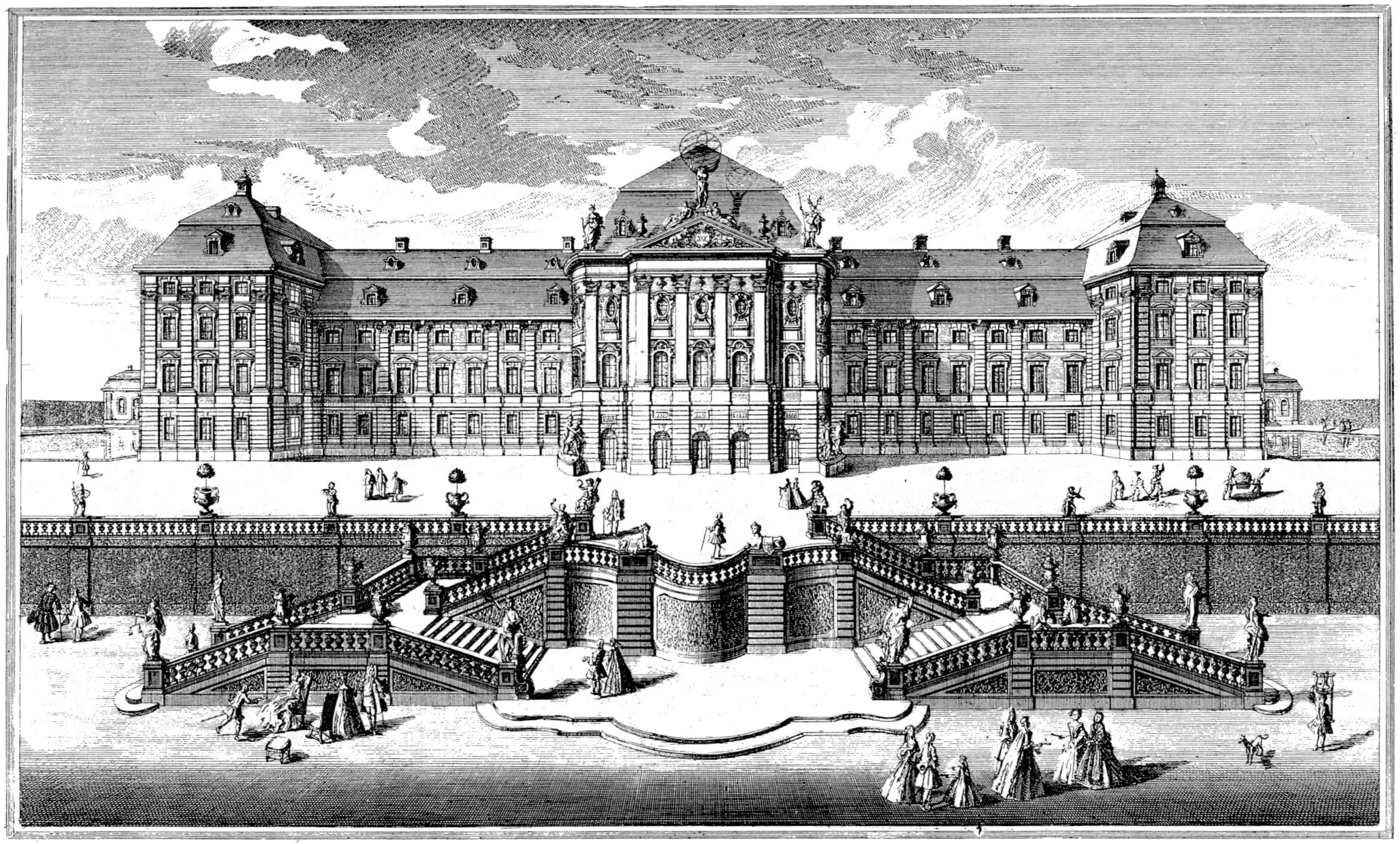

gefertigt, der auf einem symbolhaften Dreipaßgrundriß mit Kuppeln und drei Türmen basierte und dem Kurfürsten zur Begutachtung vorgelegt worden war, und Lothar Franz hatte diesen Entwurf mit seiner Approbation versehen (v. Ritter, S. 76). Der Bau sollte nach den Berechnungen Dientzenhofers ohne alle Stukkaturen 50 000 fl kosten. Die Sache schlief aber zunächst ein. Johann meldete sich dann selbst im Jahre 1719 wieder zu Wort.

Anfang April hielt sich, wie erwähnt, Johann in Mainz auf, von wo aus Lothar Franz am 27. April an die Hofkammer in Bamberg schrieb· »Uns ist von unserem bambergischen hofbaumeister Dinzenhofer ausführlich referiert worden, wie notwendig es seie, den sehr baufälligen *kastenhof zu Vilseck* zeitlich vorzukommen und die schüdböden hinwiderum in guten stand zu bringen, wobei wir auch ganz kein bedenken und weilen aus denen rissen, so erwehnter Dinzenhofer von dem zum einfall inclinirenden *amtsvogthaus zu Weschenfeld* (Waischenfeld) vorgezeiget, nicht wohl zu kommen gewesen, wir demselben anbefohlen haben, den augenschein selbsten einzunehmen, Euch darauf anzuzeichnen, ob zu reparatur selbigen amtshaus oder wie darinnen am besten einzurichten.« (Q 426 a) Während der Kastenhof in Vilseck 1725 renoviert war und auch heute wieder in Weiß und Gelb strahlt, wurde das Amtsvogthaus in Waischenfeld vor einigen Jahren zugunsten eines Schulneubaus abgerissen.

Ausgerechnet in der Geburtsstadt des Maximilian von Welsch, des seit 1704 in bambergischen und mainzischen Militärdiensten stehenden und von Lothar Franz später bevorzugten und geförderten Architekten, in *Kronach* in Oberfranken, wurde ab 1715 nach Johanns Entwurf das *Spitalgebäude* am Flußufer errichtet, ein breitgelagerter zweigeschoßiger Walmdachbau mit zwei Eckrisaliten und einem kleineren Mittelrisalit. Zwischen Mittelrisalit und Kapelle ragt ein kleines Glockentürmchen über das Dach. Die alte Spitalkirche von 1467 wurde so kunstvoll in den Neubau einbezogen und nach rückwärts erweitert, daß die Kranken im Parterre direkt in die Kirche und im ersten Stock auf die von vier hölzernen Säulen gestützte und von zwei schweren Balken getragene Empore gelangen können. An der Wand des Eckrisalits bei der Brücke ist das Wappen Lothar Franz' angebracht.

In *Kronach* gibt es noch ein zweites Gebäude, dessen Entwurf Johann Dientzenhofer zugeschrieben wird, den ehemaligen fürstbischöflich bambergischen *Neuen Kastenhof*, dessen beide untere Geschoße 1719/21 erbaut wurden. Die Inschrift über dem Eingangstor trägt wieder den Namen des Kurfürsten Lothar Franz und die Jahreszahl 1721.

Aus dem Bericht Philipp Christoph von und zu Erthals an Lothar Franz vom 28. Juni 1715 über den Bau an der Hauptstiege in *Pommersfelden* geht hervor, wie umsichtig unter Johanns Leitung dort gebaut wurde, daß hier eben ein erfahrener Praktiker am Werk war, der trotz allen Hineinredens von vielen Seiten solide Arbeit leistete, »das alldasige bauwesen in guten stand« war, »absonderlich das tach über den saal und stiegen, welches wegen des guten verbindens und allzu sichern henkwerks von allen bauverständigen billig vor ein chef d'œvre zu halten. Das untere tach ist schon völlig gedeckt und wird mit dem gewölb von dem unteren saal ingehalten, bis das obere tach auch gedeckt sein wird. Indessen ist schon das gerüst darnach eingerichtet, dass ongeachtet des gewölb vom unteren saal noch nicht verfertiget, nichtsdestoweniger der stuchaturer dannoch seine arbeit allda anfangen könne.« Von Erthal meinte, daß mit der Stukkatur der Stiege im August begonnen werden könne. »Der übrige teil von der facade nebst dem pavillon ist avancirt bis an die fensterbänk des zweiten stockwerks, ... Von dem Flügel ist noch zur zeit noch gar nichts angefangen, sondern nur einsweilen das fundament und der keller ausgegraben, von dem letzten pavillon aber noch gar kein fundament zu graben angefangen.« (Q 441) Der hochinteressierte Kurfürst

bedankte sich am 2. Juli für diesen ausführlichen Bericht und wies den kurmainzischen Oberamtmann an, »wolle Er von Erthal mit meinem baumeister nachtrucksam aus der sach sprechen und selbigen fortersambst dahin anweisen, damit die sala terrena ehmöglichst zugewölbt werde.« (Q 442)

Heute noch sind die Einwohner des Ortes Litzendorf bei Bamberg stolz darauf, daß nach Johanns Plan von 1715 bis 1718 unter Beibehaltung des alten Chorturms von 1467 die *katholische Pfarrkirche St. Wenzeslaus in Litzendorf* neu erbaut wurde. Der Akkord über 2200 fränkische Gulden und 12 Taler Leihkauf wurde am 8. August 1715 abgeschlossen. Die aus dunkelgelben Quadern erbauten Wände der Dorfkirche sind mit gekuppelten dorischen Pilastern gegliedert und an den Westecken abgerundet. Diese Westseite hat doppelte Schwünge am Giebel. Über dem Portal wacht in einer Nische der heilige Wenzeslaus, darüber das hochfürstlich bambergische Wappen, in den Seitennischen die Heiligen Sebastian und Wolfgang. Auf dem ersten Schwung stehen Figuren der heiligen Katharina und Barbara, auf dem Giebel ist der heilige Michael postiert. Die Südseite ist in origineller Weise mit drei großen Reliefs – Ölberg, Kreuzabnahme und Auferstehung – von Leonhard Gollwitzer als Schauseite gestaltet. Eine hohe, das Dachgesims durchbrechende Portal- und Fensternische zwischen Dreiviertelsäulen betont die Mitte.

Hatte der Kurfürst noch wenige Monate zuvor dafür gehalten, mit dem Baumeister »nachtrucksam« zu reden, so klang aus einem Brief vom 12. November an den Herrn von Erthal zum erstenmal deutlicher Tadel an Johann heraus, der »villeicht meine gedanken nicht erreigen oder gar seinen bekanten capricen nach fortfahren, mithin leichtlich ein fehler vorgehen dörfte«. Freiherr von Erthal sollte »mit dem baumeister und mit zuziehung des p. Loyson darüber ein concerto fassen, sich wohl unterreden« und einen Riß darüber anfertigen, den er »sowohl dem baumeister, als p. Loyson zu ihrer darnachachtung für augen legen wolte, demnach umb so weniger einiger anstoss oder fehler zu besorgen sein möchte.« (Q 465) Worin die »capricen« Johanns bestanden, ist leider unbekannt. Daß er sich vielleicht gegen die ständigen Änderungswünsche des Kurfürsten wehrte, die dieser am grünen Tisch mit seinen Amateurarchitekten entwarf, wäre nur allzu verständlich gewesen. Schließlich war der Kurfürst auf die Fähigkeit seines bürgerlichen Baumeisters angewiesen, der ja doch die eigenen Pläne und die seiner hochwohlgeborenen Kavaliersarchitekten in konkrete Architektur umzusetzen hatte.

Aus dem Jahre 1715 stammt noch ein Entwurf für einen Neubau der *Reitschule* der Neuen Residenz zu Bamberg, der aber erst nach 1719, jedenfalls vor 1731 ausgeführt wurde. Diesen Bau kann man sehen, wenn man aus den Südfenstern des Altbaus der Neuen Residenz Richtung Michelsberg schaut.

1716 begann Johann in *Banz* den riesigen Sockel der Terrasse neben der Kirche mit auf den Strebepfeilern angelegten Balkonen und baute die doppelläufige, der Fassadenbiegung folgende *Kirchentreppe*. *Die Kirchenfassade* steigt über einer hohen Freitreppe mit zwei Türmen schlank und wuchtig zugleich empor, in zwei Geschoßen großzügig gegliedert, im Mittelteil vorquellend und mit waagrechter Balustrade abgeschlossen. Die achteckigen oberen Turmgeschoße klingen in stark eingeschnürten Kuppeln mit hohen Laternen aus. Für die Figuren der Heiligen Dionys, Petrus, Paulus, Otto, Benedikt, der Scholastika und der Muttergottes, dieser »zu der Faciata gehörige steinerne biltnisse«, erhielt der Bildhauer Esterbauer 45 fl. Über dem Portal prangen die Wappen des Klosters und des Abtes Kilian Düring, der am 31. August 1716 Fürstbischof Lothar Franz freudig mitteilte, »daß der neue Kirchenbau allgemach in die Höhe kommt«.

Noch einmal hören wir etwas vom Kirchenbau in Hannover. Bischof Agostino Steffani verteidigte sich am 17. Oktober 1716 gegenüber den Beschwerden über den langsamen Fortgang der Arbeiten. Er erinnerte daran, daß Kurfürst Lothar Franz eingewilligt hatte, einen Baumeister zu schicken. *»Dieser baumeister hat einen grundriss verfertigt, wornach unser abriss und der anfang des baus gemacht worden.«* Damit steht wohl fest, daß Tommaso Giusti auf der Grundlage von Plänen des Johann Dientzenhofer die Ausführungspläne gezeichnet hatte.

Von 1716 bis 1722 wurde am linken Regnitzarm in *Bamberg* der später *»Concordia«* genannte Gartenpalast des kur- und hochfürstlich-bambergischen Geheimrats und Kreisdirektorialgesandten Johann Ignaz Tobias Böttinger (1673–1730) zu Bamberg gebaut. Allgemein wird das Werk heute Johann zugerechnet. Der zweigeschoßige zweiflügelige Bau erhebt sich über einem hohen Sockelgeschoß direkt an der Regnitz und spiegelt sich auch in ihr, was besonders in der Nacht recht romantisch wirkt. An der Gartenfront steigert sich die durchgehend angelegte Kolossalgliederung mit einem Risalit, der durch Attika und Ziergaube betont ist, vom Pilaster zur Säule.

Selbstverständlich war Johann immer wieder auch in Pommersfelden. Am 9. April 1717 konnte Obermarschall von Bubenhofen aus Bamberg an Lothar Franz zufrieden und auch etwas schadenfroh berichten:

»verwichenen dienstag, als den 6. dies ist die *legung des ersten steins* an den *zweiten gebau zu Pommersfelden* ganz wohl und allerseits vergnüglich abgeloffen. Gott gebe, daß die dabei wohlmeinend beschehene viele gute wunsch und vota ihren effect erreichen mögten. Die mittagstafel ware besetzt mit 15 personen, benantlichen h. general v. Bibra, denen h. v. Schrottenberg, Gaalen, Pölnitz und Stauffenberg, item h. p. rektor, p. procurator und p. Louison, sodan h. Rottmayer samt der frau und tochter, auch tochtermann, wie auch dem amptman zu Pommersfelden, dem *baumeister* und meiner wenigkeit. Nach vollendtem mitagsmahl und da der wein die gaister etwas ermuntert hatte, bekame der boxpfeifer auch seine arbeit und laufete alles gar wohl ab, ausser, daß der von Gaalen, den der wein auf die erde hat fallen lassen, den anderen morgen mit einem blauen aug nach haus reiten müssen.« (Q 516) Leonhard Dientzenhofer hatte für das *Benediktinerkloster auf dem Michelsberg in Bamberg* schon seit 1696 die ersten Gebäude des Gesamtkonzepts errichtet und 1700 die Fassade vorgeblendet. Johann war selbst schon 1698 als Polier am Bau beschäftigt und hatte 1710 den Merkuriusbrunnen entworfen. Nun wurde er 1717 mit dem Bau des großen *Felsenkellers* und des *Kanzleitraktes* für 14 800 fl beauftragt. Auch später war er immer wieder für dieses Kloster tätig.

1717 soll Johann auch die Entwürfe für die katholische Filialkirche St. Johannes Baptista in *Schirnaidel* bei Forchheim geliefert haben. Diese außen reich gegliederte Kirche mit drei Figuren von Leonhard Gollwitzer an der Fassade und dem Wappen von Lothar Franz über dem Portal birgt viele schöne kleine Details, vom Porträt des Stifters der Kapelle über die kleine Orgel, die guten Altäre und Altarblätter und das achteckige Türmchen mit Zwiebelchen bis zu Johannes dem Täufer als Wetterfähnchen aus Blech.

In *Pommersfelden* gab es auch in diesem Jahr wieder Schwierigkeiten. Freiherr von Erthal berichtete darüber am 30. Juli ausführlich an Lothar Franz, der sich in Schlangenbad aufhielt: »worbei aber onerinnert nicht lassen kann, daß der mittlere ovalsall dem modell und riß gemäß nicht angelegt ist, sondern allbereits umb 3 schuh zu weit heraus gegen den hof gesetzt ist … H. p. Loyson hat solches in zeiten bei dem *baumeister* erinnert, es hat auch derselbe, um hierin zu helfen an die fordere saalmauern inwendig noch 2 quater angesetzt«. Pater Loyson würde »in dieser sach bis auf nechsthin erhaltende resolution nicht fortfahren lassen«. (Q 529) Lothar Franz machte wieder Johann dafür verantwortlich, hielt aber alles für nicht so tragisch: »welches wie leicht zu erachten,

lediglich daher rührt, daß der *baumeister* wenig nachsihet und bei der anlegung des saals sich übereilet hat. Indem ich aber darbei in erwegung zihe, daß dieses ein solcher ort seie, so von der herrschaft wenig und gar selten wird besuchet, noch sich darinnen viel aufgehalten werden, also halte ich darvor, man solle es nur darbei lassen und darmit wie angefangen, fortfahren« (Q 530).

Graf Rudolf Franz Erwein hatte den Wolfstalschen Hof zu Bamberg von dem im Jahre 1717 verstorbenen Grafen Wolfsthal geerbt. Dieses Anwesen wollte er nun umbauen lassen. Er wandte sich am 14. Februar 1718 an Lothar Franz, sich gleichzeitg dafür entschuldigend, daß er den Plan ohne Begleitschreiben geschickt hatte: »E. chfl. Gn. wollen mihr nicht ohngnaden nehmen, daß ich den *riß zu dem graf Wolfsthalschen haus zu Bamberg*, ohne solchen mit einem schreiben zu begleiden, vorgestern mit denen *trompettern*, Deroselben zugeschickth habe… Sollten E. chfl. Gn. übrigens von dem *baumeister zu Bamberg* den riß selbsten bekommen, so wolthe ich bitten, den von mihr letztüberschickthen remittiren zu lassen.«

Am 20. März 1718 schloß die junge Witwe des Johann Philipp Adolf Freiherrn von Frankenstein zusammen mit ihrem Bruder, dem Freiherrn von Eyb, Bamberger Domdekan und Vormund ihrer Kinder, mit Johann einen Vertrag über den Bau des *Schlosses zu Ullstadt* in Mittelfranken anstelle einer Wasserburg. Der stattliche Hauptbau um einen engen Lichthof ist zweigeschoßig mit einem Mezzanin (Zwischengeschoß) und wurde bis 1725 errichtet. Das reich ausgeführte Portal mit einem Balkon darüber ist heute verschwunden, das Mansarddach wurde im 19. Jahrhundert verändert. Die Bauten von 1747 an um den Ehrenhof von Johann Michael Küchel und die plastischen Arbeiten von Ferdinand Dietz haben das Schloß wirkungsvoll erweitert. Vom 26. Juni 1721 datiert ein Brief Johanns mit bautechnischen Details über Ullstadt im dortigen Archiv.

Johann war jetzt seit Ende 1707 in den Diensten Lothar Franz von Schönborns, wenn er auch erst 1711 offiziell zum Hofbaumeister ernannt worden war. Er hatte viel für ihn geleistet, wurde von ihm herumgeschickt, um einerseits für die Zwecke des Fürstbischofs zu lernen, wie in Wien, um andererseits aber auch die Fehler anderer auszubügeln, wie in Hannover; er wurde des öfteren zum Rapport nach Mainz zitiert. Nicht zu gut war er sich, die ständigen Änderungswünsche des Bauherrn zu befriedigen oder die Fehler seiner Poliere unverzüglich zu beheben, und er duldete es auch, daß in seine Pläne immer wieder hineindirigiert wurde. Daß er darauf manchmal in unerwarteter Art reagierte, was die angesprochenen »capricen« vermuten lassen, war nicht zu verwundern. Lothar Franz brauchte ihn notwendig. Wie Lothar Franz aber wirklich über Johann dachte, ist indirekt einem Brief vom 25. Mai 1718 an Friedrich Karl aus Gaibach zu entnehmen, in dem er ihm auch über den Fortgang seiner schönen ovalen Stallungsbauten gegenüber dem Schloß berichtete, die Johann Dientzenhofer in Bauunternehmung nach den Rissen Welschs ausführte (konnte das nicht auch seinen Stolz verletzen, wenn er gegenüber von seinem Schloß jetzt nach Plänen eines Konkurrenten bauen mußte?): »… undt eile ich eben nach Bamberg aus der uhrsach nicht gar zu stark, indem die hitzige krankheith alldahr stark regiret, auch verschiedene leuth in kurtzen darahn alldahr gestorben seint. Wie es denn auch *mein alldahsiger baumeister* vermuthlich gestern oder heuth wirdt gemacht haben, so mir doch leidt ist, *wiewohlen ich Gottlob nicht mehr vonnöthen habe*, sintenmahlen meine stallungen hoffentlich vor Jacobi nach aussag des pater Loisons, so allhier gewesen ist, under tach stehen wirdt.« (Q 571) Der Mohr hatte seine Schuldigkeit getan, er konnte jetzt gehen. Johann war aber nicht an der »hitzigen Krankheit« gestorben. Daß er gesundheitlich nicht mehr ganz auf dem Damm war, wurde in den nächsten Jahren immer deutlicher. Was Lothar Franz zu ihm sagte, als er ihn spätestens bei der Einweihung der *Schloßkapelle in Pommersfelden* am 14. und 15. August 1718 traf, ist leider nicht überliefert. In diesem Jahr nahm Johann an sechsundsechzig Mahlzeiten in Pommersfelden teil. Der Schloßbau war vollendet.

Johann hatte immer noch Aufträge, vor allem auch von Bürgern in Bamberg, aber der Kurfürst wandte seine Gunst mehr und mehr den aufkommenden Sternen Maximilian von Welsch und Balthasar Neumann sowie seinen Kavaliersarchitekten zu. Sie alle hatten den Vorteil einer höheren Geburt, oder sie waren wie Welsch und Neumann Offiziere.

Wie das Kirchlein in Schirnaidel soll auch 1718 die katholische Filial- und Wallfahrtskirche *St. Veit auf dem Ansberg* von Andreas Rheinthaler nach einem Plan Johanns erbaut worden sein.

Schon 1715 hatte Johann Pläne für einen Neubau der Wallfahrtskirche in *Gößweinstein* geliefert. Weil auch 1718 in der Sache nichts vorwärts ging, wandte er sich am 5. März 1719 persönlich an den Kurfürsten. Der Brief drückt die Furcht des gerade wenig beschäftigten Hofbaumeisters aus, daß eventuell ein anderer diese Aufgabe übertragen bekommen haben könnte. Da sein Schreiben unbeantwortet blieb, schrieb er am 5. Mai ein zweites Mal an den Kurfürsten und schloß mit der Bitte, daß die Kirche »ihm und den Seinen zum Trost« gebaut werden möge. Lothar Franz reagierte darauf gar nicht, er befahl nur am 13. Mai der Hofkammer in Bamberg, daß das *Amtshaus zu Herzogenaurach* ausgebessert werden müßte und daß darüber auch »des Hofbaumeisters Gutachten darüber vernommen werden sollte« (Q 623). Mit dem sicher einträglichen größeren Bau der Wallfahrtskirche wurde es also nichts. Das muß für Johann eine ziemliche Enttäuschung gewesen sein. Es war höchste Zeit für ihn, auch einmal Erfreuliches zu hören und Anerkennung zu finden.

Und das geschah bei der Einweihung seiner schönsten Kirche, der Klosterkirche von *Banz*. Das Konsekrationsprotokoll vom 15. Oktober 1719 gibt die ganze Freude des Kirchweihtags wieder. Abt und Konvent feierten mit Weihbischof Johannes Bernhard aus Würzburg einen Festgottesdienst mit »Pauken und Trompeten« unter Chorregent P. Valentin Rathgeber, mit opulentem Festmahl im Fürstensaal und vielen honorigen Gästen.

Das Kloster hatte noch eine bewegte Geschichte: Durch den Reichsdeputationshauptschluß vom 2. November 1803 wurde die Benediktinerabtei aufgehoben, 1814 erwarb es Herzog Wilhelm von Bayern und machte daraus einen Sommersitz. »Schloß« Banz war dann von 1920 bis 1925 Zufluchtsort für Trappisten aus dem Elsaß, seit 1933 Besitz der »Gemeinschaft von den Heiligen Engeln«. Heute gehört es der Hanns-Seidel-Stiftung.

In dieser Zeit, um 1720, soll, nach Heinrich Mayer, Johann einen umfassenden Umbauplan mit starken Anklängen an Ebrach für Abt Gallus Knauer vom Kloster *Langheim* angefertigt haben.

Am 30. Januar 1720 schrieben der Präsident der Obereinnahme zu Bamberg und die Geheimen- und Kriegsräte an Lothar Franz, daß sie »den bei E. chfl. Gn. jüngeren hiersein vorgelegten ... und approbirten riß zu den *in denen cassarmen* allhier höchst benötigten *krankenstuben* Dero *hofbaumeistern Dinzenhöffer* mit dem bedeuten hinwiderum zu stellen lassen, über die darzu erforderliche baumaterialien ... einen überschlag zu machen.« (Q 694)

Die nächsten Jahre waren vom Bau der *Residenz in Würzburg* bestimmt. Balthasar Neumann wird immer genannt, wenn es um diesen größten Schloßbau der damaligen Zeit geht, ebenfalls Lukas von Hildebrandt und Maximilian von Welsch sowie die französischen Baumeister Boffrand und de la Cotte, außerdem der Fürstbischof von Würzburg und Lothar Franz, aber Johann Dientzenhofer hatte damit mehr zu tun, als allgemein bekannt ist.

Man hatte sich bei der Planung der Residenz offensichtlich Gedanken gemacht, wer denn die Bauleitung übernehmen sollte. Pläne zu entwerfen, war zwar eine feine Sache, aber sie auszufüh-

ren und den Bau zu organisieren, eine andere. Lothar Franz war zwar nicht der Bauunternehmer, als Berater in Bausachen aber immer gefragt, oder er drängte sich manchmal auch auf. Jedenfalls wandte er sich am 19. April 1720 aus Pommersfelden an Johann Philipp Franz: »Auch scheinet der *bambergische hofbaumeister Dinzenhofer* großes verlangen zu haben, E. lbd. bei Dero vorhabenden residenz-bau treu eiferigst zu dienen; und sich mit dem lediglich begnügen zu lassen, *darüber die obsicht und acht zu haben ...* ohne sich weder in einigen contracten ... einzulassen, sich auch mit dem hinlänglichen gehalt, so ihm als *bauinspectori* zu assigniren beliebig sein, vollkommen zufrieden stellen wird. Wie ich dan der ganzen sicheren hoffnung bin E. lbd. werden mit demselben ganz wohl fahren, sich einfolglich auf ihme vollkommen verlassen und vertrauen können. Zu dem ende lege von ihme das mir übergebene memoriale hierbei und zur förderung seines petiti solches mit meinem vorwort begleite.« Das beigelegte Memorial ist leider verlorengegangen. Johann Philipp Franz antwortete prompt am 23. April aus Rohrbrunn, war grundsätzlich einverstanden und hoffte nur, daß »in seinem verlangenden gehalth undt jährlichen gehaltsanforderungen derselbe sich auch raisonable zeichen würdt.« Es wäre wünschenswert, wenn Johann »gar in persona ... sich selbsten näher expliciren dethe.« Sofort kam die Meldung am 26. April aus Pommersfelden: »Anlangend den Bamberger hofbaumeister, ist selbiger mit einem kalten fieber überfallen worden und dermalen nicht im stand, sich zu E. lbd. in person stellen zu können, versichere aber, daß er seinen jährlichen gehalt keineswegs zu hoch spannen wird.«

Johann Philipp Franz war anscheinend ungeduldig und ließ Lothar Franz am 28. April wissen: »Betreffend E. lbd. dasigen hofbaumeistern, so gewärtige ich nur dessen forderung, um hiernach endliche resolution fassen zu können.« Diese Post muß sich gekreuzt haben. Im nächsten Brief zwei Tage darauf verteidigte Lothar Franz die Gehaltsforderungen Johanns, weil »er doch mit seinen ganzen haushalten dahin ziehen müßte, er sich mit 400 fl.fr. an geld, 15 eimer wein, 12 mltr. korn und 20 karn holz, nebst der freien, dem neuen residenzbau nahe gelegenen wohnung sich befridigen will, ... zumalen bei jezig klemmen zeit, wo gleichwolen weib und kind mit unterhalten werden.« Diese Bedingungen wurden in der Sitzung der Würzburgischen Hofkammer vom 3. Mai genehmigt mit der Auflage: »Soll aber bloß allein die aufsicht haben und im geringsten sich in kein handel oder contract, wie sie heißen mögen, einmengen und ohne speciale gste. erlaubnus nirgendshin zu gehen, noch etwas vorzunehmen befucht sein.« Der Würzburger Bischof schickte sofort am 5. Mai einen Protokollauszug an Lothar Franz und meinte, daß der »dasige baumeister sich um so geschwinder anhero zu begeben hätte, als ich vest resolviret habe, noch vor meiner abreis nach Mainz, den ersten stein an den neuen residenzbau zu legen.« Und postwendend meldete am 7. Mai Lothar Franz aus Pommersfelden, daß »sich der *bambergische baumeister Dienzenhofer*« dem Befehl des Fürstbischofs unterwerfen und am nächsten, spätestens am übernächsten Tag, sich nach Würzburg begeben würde. In der Sitzung der Würzburgischen Hofkammer am 11. Mai richtete Kammerrat Fries »aus Celsissimi (des Würzburger Fürstbischofs) befehl aus, dem *neuen baumeister Dientzhoffer* den für selbigen entworfenen instruction und bestallungsbrief vorzulesen und wann er damit zufrieden und nichts einwendet, demselben also einstweilen unter dem cammersigill zuzustellen und zu seiner nachacht und versicherung mitzugeben«. (Q 787)

Wichtig ist in diesem Zusammenhang der Brief des damals dreiunddreißigjährigen Stückhauptmanns Balthasar Neumann vom 25. Mai an Johann Philipp Franz, in dem er zuerst den Hauptplan beschreibt und dann deutlich die Funktion des damals siebenundfünfzigjährigen Johann Dientzenhofer bei diesem Schloßbau her-

Würzburg, Planvarianten für die Kapelle des Adeligen Damenstifts St. Anna mit der Unterschrift Johann Dientzenhofers

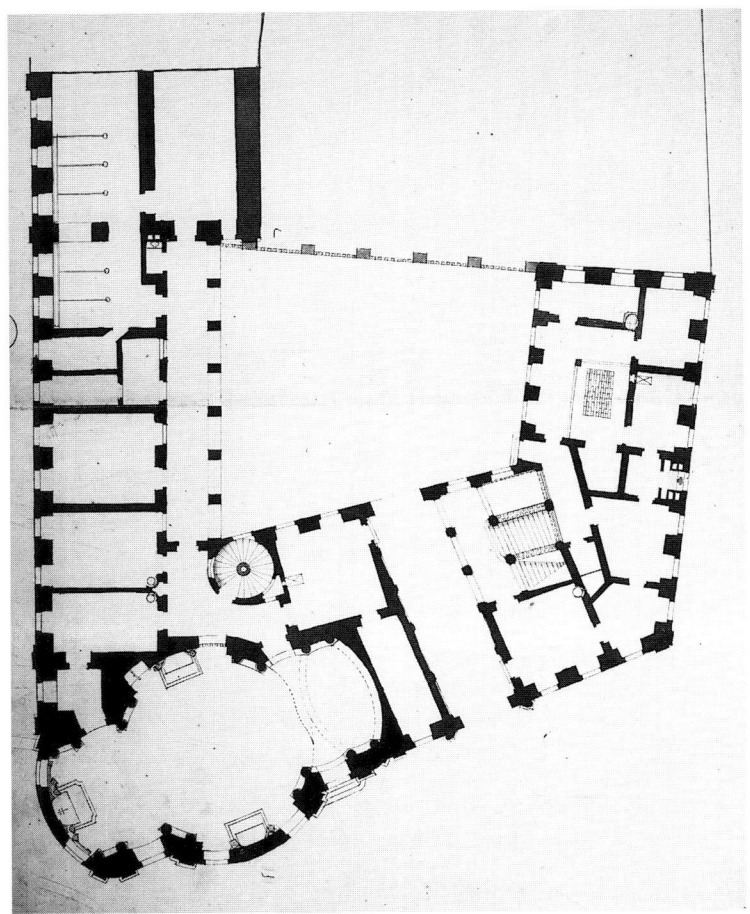

ausstellt, der *Ausführungspläne* auf Neumanns Anweisung zu zeichnen hatte: »Die projecta, so ich habe ausmachen lassen von h. *Dintzenhöffer*«. Neumann schrieb weiter: »undt weilen ermelter h. *Dintzenhöffer* morgen als den 26. mai nacher Bamberg abgehen will, so habe mit selben ehe vor den gantzen bau adjustiert, damit ohne fehler in denen fundamenten kan fortgefahren werdten, ist auch gestern von seiten der hfl. cammer, nebst uns beiden, vorgenohmen wordten wegen der mauerer und steinhauer, welche sich wohl gezeigt undt sich gar einig und sorgfeltig mit allen ihren fleiß auffiren wollen.« Am 29. Mai berichtete Neumann dem Bischof, der zur Kur in Schlangenbad weilte, »wie daß mit h. *Dintzenhöffer* den sambstag in steinbruch gewesen undt denselben mit den meistern untersuchet … Herr Dintzenhöffer ist den 26 may von hier nacher Bomersfelden abgereiset undt vermeinet in 14 tagen oder längsten 3 wochen wider hier zu sein; ich sagte selben, daß es gut were, wan er die redour beschleinigen mechte.« (Q 775–794)

Am Schloßbau waren zu dieser Zeit siebzig Maurer beschäftigt. Der bambergische Baumeister wurde täglich zurückerwartet, kaum daß er abgereist war, weil man ihn halt notwendig brauchte. Der Würzburger Bischof war so am Fortgang des Baus interessiert, daß er am 15. September vom Schloß Marienberg ob Würzburg in die Stadt selbst zog. Bis in den Spätherbst wurde an der Baustelle gearbeitet.

Während dieser Zeit der Zusammenarbeit mit Balthasar Neumann entstanden auch die *Pläne für das Adelige Damenstift zur hl. Anna in Würzburg,* das ganz in der Nähe des Residenz erbaut werden sollte. Thomas Korth hat die früher »Holzkirchenpläne« genannten Entwürfe, die allerdings nicht zur Ausführung kamen, erst in jüngster Zeit sicher datieren und lokalisieren können. Diese umfangreiche Plangruppe zeigt in zwei Grund- und drei Aufriß-

Würzburg, Planvarianten für die Kapelle des Adeligen Damenstifts St. Anna mit der Unterschrift Johann Dientzenhofers

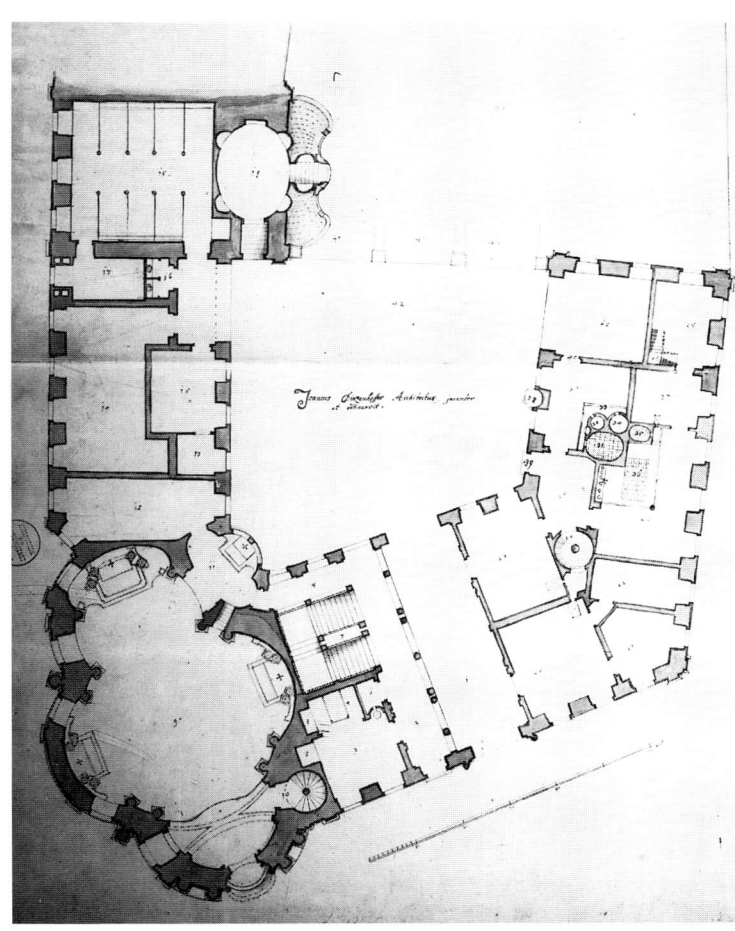

varianten eine unregelmäßige Dreiflügelanlage um einen trapezförmigen Innenhof mit einer Kirche. Die Kirchenentwürfe hatten sicher einen großen Einfluß auf die Gestaltung der Schönbornkapelle am Würzburger Dom durch Balthasar Neumann.

Domdekan Reinhard Anton von Eyb, ein Neffe des Fürstbischofs von Stauffenberg, der schon im Zusammenhang mit Ullstadt genannt wurde, ließ 1720/21 auf alter Substanz die *Vierflügelanlage der Curia Sancti Sebastiani et Fabiani am Domplatz 2 in Bamberg* errichten. Architekt war höchstwahrscheinlich Johann.

Dazwischen weilte er immer wieder in Pommersfelden.

Für ihn war das Jahr 1721 eine kritische Zeit. Höchst aufschlußreich ist sein Brief vom 15. August an Johann Baumann, freiherrlicher von Frankenstein'scher Verwalter in Ullstadt, dem er zwei Monate vorher einen Brief über bautechnische Details in Ullstadt geschrieben hatte. Darin heißt es u. a. »Mich belangent so liege witer als wie recht ein liederlicher. N.B.: es ist gottlob witer ein klein bißigen beßer, kan aber noch nicht gehen alß an steltzen undt stock, so mein weib beßer mündlich sagen würdt, derowägen mich verläßt undt geth in der welt herumb.« Man kann daraus schließen, daß es nicht nur um seine Gesundheit schlecht bestellt war, sondern auch um seine Ehe. Daß es für Johanns Gesundheit auch nicht zuträglich war, in der naßkalten Jahreszeit auf den Baustellen nach dem Rechten zu sehen, ist klar. Aber der Ehrgeiz des gleich neben der Baustelle wohnenden Fürstbischofs mußte ja auch befriedigt werden. So war es nicht verwunderlich, wenn am 11. Dezember 1721 die Würzburger Hofkammer den »baumeister Dintzenhofer befragt, ob man mit deme mauern an der residentz und sonsten fortfahre oder nicht damit aufhören solte.« Nun ist es zwar in Würzburg verhältnismäßig warm auch im Winter, aber es war Zeit zum Aufhören. An anderen Baustellen wurden grundsätzlich Ende November die Maurer heimgeschickt. Die Würzburgische Hofkammer brachte in ihrer Sitzung vom 16. Dezember finanzielle Gründe für den Baustopp vor. Gleichzeitig erbat sie von Johann Vorschläge zur Rationalisierung der Arbeit auf den Baustellen. Drei Tage darauf unterbreitete er folgende Verbesserungsvorschläge: Die Maurerarbeit solle im Taglohn fortgesetzt werden, vom Baumeister ausgesuchte gute Gesellen sollten bei den Meistern verbleiben, für jeden Bau seien eigene Maurermeister zu bestellen, jedem Meister solle täglich 1 Gulden bezahlt und das zur Arbeit erforderliche Geschirr von der Herrschaft gestellt werden, »wann die soldaten künftig wieder mit schanzen helfen solten, so würde ratsam sein, denenselben die arbeit rutenweis täglich oder wochentlich vorzugeben«, und zum Schluß würden »zur beiführung der quater und anderen schweren stein zum wenigsten 8 vierspennige fur- und blochwägen erfordert, welche man für beständig und ohne daß sie sonst gebraucht werden, haben müßte.« (Q 919)

Im März 1722 wurde Johann kurz nach *Bamberg* berufen, um dort für den »vorhabenden *schuelbau*« einen Entwurf zu prüfen, den Akademieplatz auszumessen und in einem neuen Riß seine Gedanken darüber darzulegen.

So wie schon Wolfgang Dientzenhofer sich gegen Verleumdungen mit einem Zeugnis des Abts von Speinshart und Leonhard Dientzenhofer durch ein kaiserliches Patent wehrte, so wünschte auch Johann ein Zeugnis des Fürstabts von Fulda, der ihm durch die fürstliche Kammer folgende hervorragende Bescheinigung ausstellen ließ: »Nachdem von Ihro hochfürstlichen Gnaden, höchstseligen Andenkens, Johannes Dientzenhofer im Jahre 1701 als Baumeister an- und aufgenommen und bis ad annum 1711 in wirkliche Dero Diensten gestanden, sich auch während der Zeit rechtschaffen, treu und fleißig verhalten und die ihm anvertraute hohe Stifts-, Schloß und andere Gebäude in solchen Perfektionsstand gebracht, daß Seine hochfürstliche Gnaden nicht nur ein sattsames contento darob geschöpft, sondern auch, da besagt mit ihm gepflogener richtiger Abrechnung er über das akkordierte Quantum ein Ansehnliches voraus empfangen, von hochgedachter Sr. hochfürstlichen Gnaden zur Bezeugung Dero um seiner guten Ausführung halber ihm zutragenden Gnade solche Alles weniger nicht gnädigst verwilliget, als auch noch 1000 Gulden unter jetzt regierender Sr. hochfürstlichen Gnaden ihm bar ausbezahlt worden, und daher man auch wohl hätte leiden, sofern es anders seine Convenierung gewesen, daß er noch länger allhier verblieben wäre, derselbe aber größeres Fortun und Avancement zu erlangen, sich in das Stift Bamberg begeben, dannenhero auf sein untertänigs Ansuchen der hier aufgehabten Dienste in Gnaden erlassen worden, also hat man auf dessen geziemliches Begehren umsomehr, da von ihm durch übelgesinnte Leute einige Unwahrheiten angegeben werden, wollen all' Obiges attestieren und um seiner rühmlich geführten Conduite und Kunst halber denselben jedermänniglich de meliori recommandieren wollen. Urkundlich hiervor gedruckten hochfürstlichen Rentkammer-Siegels. Gegeben Fulda den 3. Mai 1722.«

Wofür er dieses Zeugnis brauchte, ist nicht bekannt. Der Stadt Fulda und dem dortigen Benediktinerkloster blieb er jedenfalls verbunden. Einer seiner Söhne trat unter dem Klosternamen Odo in das Fuldaer Benediktinerstift ein und wirkte dort bis zu seinem Tode im Jahre 1758. Er ist in der Marienkapelle begraben.

Beim Würzburger *Residenzbau* lief alles wie in den beiden Jahren zuvor. Auch 1722 gab es immer wieder Änderungswünsche. Einmal sollte der ganze Bau niedriger gemacht werden, aber man beließ es dabei, »daß die tächer von denen pavillons sollen coupiret werden, welches nicht allein von dem *obristen von Welsch*, sondern auch von dem *Dintzenhofer*, denen tachdeckern und allen, so darüber zu rat gezogen worden, für gut und zu besserer verwahrung,

des tachwerks sowohl, als absonderlich wegen besserer abführung des wassers in die innere höf und um die rinnen auswendig in der architectur zu evitieren dienlich gehalten worden.« (Q 998)

Als der Kurmainzische Baudirektor Anselm Franz Anton Freiherr von Ritter zu Grünsteyn (1700–1765) das Jagdhaus »Jägersburg« bei Forchheim baute, wurde im Jahre 1722 über die Innenausstattung verhandelt, z. B. mit dem Stukkator Vogel. Aufschlußreich ist dabei folgende Bemerkung: »auch der dortige Bauinspektor Johannes Dientzenhofer will durch Vermittlung seines *Bruders*, der im Sulzbachischen wohne, *Öfen* für Jägersburg kommen lassen« (bei Lohmeyer, Briefe, S. 238). Sollte das gar der verschollene *Abraham* sein, der 1650 auf Ober-Ulpoint geboren und zuletzt 1678 in Prag erwähnt wurde?

Lange Jahre nach dem Abbruch des *alten Truchseßschlosses* in Pommersfelden und dem Neubau von Schloß Weißenstein wurde am 27. Juli 1723 der Wiederaufbau unter Johann in Angriff genommen (Q 1090). Er konnte aber nicht gleich zum Ort des Geschehens eilen, denn er hatte inzwischen Verhandlungen zur *Mitplanung und zum Bau des Schlosses zu Kleinheubach* bei Miltenberg mit Fürst Dominik Marquard zu Löwenstein-Wertheim-Rosenberg aufgenommen. Am 11. September schloß er darüber den Kontrakt. Die ersten Entwürfe zu dem Schloß stammten von dem 1706 durch Kurfürst Georg Ludwig nach Hannover berufenen Hof- und Premierarchitekten Charles Louis Rémy de la Fosse. Im Baukontrakt mußte sich »Johann Dünstenhoffer« verpflichten, den umfangreichen Bau »nach den detaillierten Plänen innerhalb drei Jahre in gänzliche Perfektion und völligen Wohnstand zu setzen« für insgesamt 15 500 fl und 100 Malter Korn (Q 1112).

Das Schloß in einem riesigen Park am Main bildet eine Hufeisenanlage mit Haupt- und Eckpavillons und einem Ehrenhof. Der dreiachsige Hauptpavillon ist deutlich herausgehoben mit einer kolossalen Pilasterordnung, Rundbogenfenstern und hochovalen Okuli. Bei diesem Bau hatte Johann außerordentliche Schwierigkeiten. Es gab Streit mit den Bauhandwerkern, und bei der Abrechnung fehlten 1400 Taler, deren Verwendung er nicht nachweisen konnte.

Im September verabschiedete sich Johann aus *Würzburg*. Von 1720 bis 1723 war dort im wesentlichen, vom nordwestlichen Eckpavillon ausgehend, der westliche Teil des Nordblocks gebaut worden. 1723 befand sich Balthasar Neumann auf einer Studienreise in Paris, so daß die koordinierende Hand fehlte. Außerdem war der Bauherr todkrank und starb auch im Sommer 1724. Am 21. September unterrichtete Oberstallmeister von Rotenhan aus Pommersfelden Lothar Franz: »Da nun heute oder morgen der baumeister Dientzenhöver von Würzburg zuruck erwartet wird, ermangle ich nicht, selbigen sogleich anhero zu senden, um das fernerweite bei hiesigen bauwesen zu besorgen.« Und er berichtete noch über die Tätigkeit der Handwerker in Sala terrena und im Marmorsaal. Die Würzburger Hofkammer hatte Johann für das halbe Jahr völlig bezahlt und war der Auffassung, daß der »Dinzenhöffer sonder allen zweifel einen schriftlichen abschied nebst einem praesent begehren dörfte« (Q 1115–1119).

Gesundheitlich ging es mit Johann nun ständig bergab. War er früher schon einmal am kalten Fieber erkrankt gewesen, so daß der Fürstbischof ihn tot glaubte, mußte er 1721 am Stock gehen; jetzt, im Winter 1723/24, wurde es ganz schlimm. Als der Reichsvizekanzler wieder einen besonderen Bauwunsch hatte, mußte ihm Lothar Franz am 17. Januar 1724 absagen: »So sehe ich auch nicht, wie ich des herren r. v. canzlers verlangen wegen überschickung eines geschickten werkmeisters, der ein gewölb, wie meines zu Pommersfelden in der sala terrena ist, machen könde, ein vergnügen geben kann, allermaßen ich niemand alls meinen baumeister zu Bamberg, alls welcher es gerissen undt in standt gebracht hat, hierzu vorzuschlagen wüßte. Dieser aber ist so kranklich, theils fast beständig ahn dem Podagra, theils auch ahn einer arth von einer zehr sucht, daß ich nicht glaube, daß er noch ein jahr leben werde. Zudem hatt er auch einen neuen schuhlbau under handen welcher wohl 50 000 fl kosten wirdt, allso daß ich nicht glaube, wann ich ihn auch under einem anderen praetext auff Wien schicken wollte, er die hienunderreiss, besonders bei dieser wintherszeith undernemmen würde. « (Q 1136)

Johann war nun wieder öfter in Pommersfelden, wo er den Neubau des abgerissenen alten Schlosses im Dorf überwachte. Im April reiste er mit dem Oberstallmeister von Rotenhan von Bamberg aus dorthin. Dieser meinte, daß man noch im Sommer mit dem Verputzen fertig werden könnte. Bei der Anlage des Grundes bei den Stadeln sollte der Baumeister »zuweilen einen stutz nacher Pommersfeldten tun«, um Fehler zu vermeiden. (Q 1161) Einen solchen »stutz« machte er z. B. am 6. Mai und auch im August. Von diesem wiederaufgebauten Truchseßschloß sieht man heute nur noch den Graben, die Ringmauer und zwei Rundtürme. Das Schloß wurde Ende des 19. Jahrhunderts abgerissen.

Immer problematischer wurde es anscheinend auch zu Hause. Mehrere seiner Kinder waren zwar schon erwachsen, aber besonders Johann Gottfried, damals dreißig Jahre alt, machte dem Vater Kummer. Johann mußte am 12. Juli 1724 eine Bürgschaftserklärung für ihn über einen Wechsel von 300 fl für den Bamberger Schutzjuden Simon Feistl abgeben. Dieser Wechsel wurde allerdings 1726 eingelöst (Stadt- und Landgericht Sulzbach).

Dann erinnerte man sich in Würzburg wieder an ihn, als es darum ging, nach dem Tod des Fürstbischofs und Bauherrn Johann Philipp Franz die Abrechnungspraxis mit den Bauhandwerkern wieder in den Griff zu bekommen. Und so fragte am 10. Oktober 1724 die Hofkammer bei dem neuen Bischof Christoph Franz von Hutten an, ob nicht »der Bamberger baumeister Dientzenhöfer, welcher seines zustands halber zwar nicht jederzeit herkommen kan, ... gegen einen wohlerträglichen erkandnus darumen zu ersuchen, und also gesamter hand mit dahiesigen stückhaubtmann Neumann solche ausmessung vorzunehmen were.« Und der Celsissimus entschied: »Könne der Dientzenhofer bei seinen hin- und herreisen darzu gezogen und also vollführt werden«. Am 20. November wurde dann »dem stückhaubtmann Neumann in camera intimirt, daß auf nechsten samstag h. Dientzenhöfer zu Bamberg zu ausmessung deren herrschaftlichen gebeu, weilen dieser dergleichen zu tuen übernommen, dahier zu erscheinen beschrieben werden könde« (Staatsarchiv Würzburg, Hofkammerprotokoll fol. 359).

Die letzten Jahre Johanns waren bestimmt einerseits von dem mit viel Ärger verbundenen Bau des Schlosses Kleinheubach bei Miltenberg, wofür er am 2. August 1725 noch einen Kontrakt über den Bau der Hauptstiege abschloß, andererseits von kleineren Bauten in und um Bamberg.

Johann Ignaz Tobias von Böttinger ließ sich in *Stegaurach* ein Landhaus mit langer Front auf erhöhtem Gelände mit einer Freitreppe erbauen, das innen von Johann Jakob Vogel stukkiert wurde. Abt Anselm Geisendorfer war der Auftraggeber Johanns für die große *Terrasse mit Freitreppe vor St. Michael in Bamberg* und für das Erstellen der Entwürfe für die freistehenden Plastiken des Erzengels Raffael, den Schutzengel und den Apostelfürsten Petrus und Paulus sowie die großen Vasen. Im Inneren der Kirche gestaltete Johann den *Chor* um. Der *Mönchschor* wurde höher gelegt und durch zwei seitliche Treppenläufe erschlossen. Dadurch entstand der festliche Hochchor der Mönche und darunter die Krypta für das Grab des hl. Otto. An den Stirnseiten der beiden Querschiffarme brachte Johann hölzerne Emporen an, vergitterte Oratorien mit verschwingender Balustrade (Neunburger). Unter der Orgelempore wurden Gitter eingefügt. Neu wurden auch die *Sakristei* und die *Marienkapelle* nach Abbruch der Seitenchöre errichtet.

Im selben Zeitraum könnten nach Heinrich Mayer auch die Freitreppen und Balustraden auf der Terrasse des schlichten Schlosses in *Untermerzbach* und vielleicht auch das steinerne Kommuniongitter der Pfarrkirche Mariä Geburt in *Volsbach*, Landkreis Pegnitz, von Johann entworfen worden sein. Unsicher ist die Zuschreibung auch noch bei dem Bürgerhaus Maximiliansplatz 8 in Bamberg und bei den Plänen für den Abteiflügel des Benediktinerklosters *Weißenohe*.

Geldsorgen plagten Johann am Ende seines Lebens immer mehr. In Kleinheubach kam er gar nicht zurecht, neue Aufträge kamen entweder zögernd, oder er konnte sie gar nicht mehr annehmen, weil sein Gesundheitszustand sich immer weiter verschlechterte. So war er der Meinung, daß ihm vom neuen Schloß Weißenstein ob Pommersfelden noch Zahlungen zustünden und wandte sich an den Kurfürsten. Dieser entschied am 8. Juli 1725: Wenn er »dem supplicanten als hiesigen hofbaumeister Dienzenhoffer über das bereits empfangene viele gelt etwas herauszuzahlen schuldig verbleiben, ihme solches vergnüget werden solle.« (Q 1305) Etwas Geld gab es dann doch noch, als Lothar Franz im August meinte, daß seinem Schützling der Schulbau anvertraut werden sollte, für den er schon Pläne gezeichnet hatte. 200 Gulden Abschlagszahlung sollten ihm ausgehändigt werden. (Q 1314)

Im September wandten sich der Generalvikar und die Geistlichen Räte von Bamberg wegen *Gößweinstein* wieder an Lothar Franz. Johann hatte zehn Jahre nach dem ersten wieder einen Plan beim Vikariat eingereicht, welcher nun zur Approbation nach Mainz weitergeleitet werden sollte. Am 11. September erwartete der Kurfürst den Neubauentwurf und forderte gleichzeitig einen Überschlag über die zu erwartenden Kosten, am 18. wurden Riß und Kostenanschlag abgeschickt, am 25. bestätigte Lothar Franz aus Mainz den Empfang und kündigte sein Urteil nach eingehender Untersuchung an. Alles blieb aber wieder liegen. Erst am 18. Juni 1726 versprach der Kurfürst, den Entwurf des Hofbaumeisters noch einmal zu überprüfen. Aber es wurde nichts mehr daraus.

Am Ende des Baujahrs wurde Kasse gemacht. In Würzburg referierte der Kammerrat Fries der Hofkammer in der Sitzung vom 5. Oktober, »wie Celsissimus anbefohlen, daß dem baumeister Dientzenhofer zu Bamberg, zu complirung der 1723er bestallung noch 70 fl, dann 100 rthlr wegen seiner vorm jahr in ausmessung der herrschaftlichen gebauen gehabten bemühungen vom cammerzahlamt bezahlt und verrechnet werden sollen. « (Q 1317)

Am 6. Oktober erteilte Nitschky, der Nachfolger des verstorbenen P. Loyson, dem Amtmann Schubert die Anweisung von Mainz aus, von Johann Dientzenhofer eine Abrechnung zu verlangen. Der Baumeister war damals gerade mit der Ausmessung des Neubaues in Pommersfelden beschäftigt. Diese »Specification, was ich endsunterschriebener an dem neuen haubtbau Weißenstein ob Pommersfelden nach und nach abschläglich erhalten«, erfolgte am 10. Oktober. Sie ergab eine Gesamtsumme von 25 852 Gulden und 21 Kreuzer fränkisch. »Und woferne ein oder anderer verstoß sich wider verhoffen erzeigen solte, so wird solches nicht ungnädig auszudeuten gebeten; dann mir dermalen weiters nichts als obige summa bewusst ist. « (Q 1319)

Trotz seiner körperlichen Beschwerden wurde Johann ziemlich hin- und hergeschickt, um vor allem kleinere Arbeiten zu erledigen. So mußte er einen Riß zu einem »cassernen bronnen« einschikken, der dem Fürstbischof am 11. Dezember zwar am besten von den drei eingereichten gefiel, woran er aber »noch kein vollkommenes vergnügen« hatte (Q 1329); mit Balthasar Neumann mußte er in *Kitzingen* die neuen *Baracken* ausmessen (Q 1335), 1726 entwarf er noch das *Amtshaus in Hallstadt* bei Bamberg von Amtsvogt J. P. Stapf, das jetzt Apotheke ist, aber erst nach seinem Tod gebaut wurde. Dieses Haus ist hervorragend ausgestattet mit Stukkaturen, Decken- und Wandgemälden im Treppenhaus, einem Gerichts-, Jagd- und Gesellschaftszimmer.

In der Besoldungsliste der Hofkammer Bamberg vom 4. April 1726 erscheint zum letztenmal »Dienstenhöfer hofbaumeister bestallung und costgeld 40 fl, 2 Sra waitz, 10 Sra korn«, und über seinen letzten Auftrag berichteten die Bamberger Kammerräte am 16. April an Lothar Franz: »Wegen einberichteter eußerster gefährlicher baufälligkeit des *Vielsecker pfleegschloß* (10 km nördlich von Sulzbach-Rosenberg) haben wir nach E. chfl. Gn. intention den dahiesigen hofbaumeister Dienstenhöffer und den hofzimmermann Mörsburger dahin abgeschickt ... Diese haben bei ihrer zurückkunft den zuestand und vorfall dieses herrschaftlichen gebaus dermaßen groß gemacht, daß schlechterdings und ohnmöglich eine reparatur vorgenomen werden könte, sondern der bau von dem fundament an neu geführt werden müßte. Zu diesem end gedachter hofbaumeister gegenwertige *riß projectiret*, die wir hiemit E. chfl. Gn. überschicken und wie weit Dieselbe solche zu approbiren belieben werden, gewärtigen wollen.« (Q 1358) Dem Kurfürsten waren die Pläne etwas zu aufwendig, zu viele Kamine und Öfen, er wollte außerdem zum Vergleich einen Grundriß der alten Gebäude, und er wollte wissen, wie hoch jedes Stockwerk im alten Haus wäre. Postwendend schickte vier Tage später am 18. Mai die Hofkammer dem Kurfürsten »den von dem dahiesigen hofbaumeister über das alte Vielsecker schloßgebau aufgenommenen grundriß nebst dem verminderten schloßbauriß, den derselbe *seiner anhaltenden unpäßlichkeit halber* erest anheunt ad cameram communiciret hatte.«

Bis zuletzt also arbeitete der Hofbaumeister Johann Dientzenhofer. Als er am 20. Juli 1726 in Bamberg starb, wurde das in der Sterbematrikel der St. Martinskirche eingetragen und Johann im Familiengrab in der Stadtpfarrkirche Alt-St. Martin beigesetzt. Das Grab ist nicht mehr vorhanden, weil die alte St. Martinskirche 1804 abgebrochen wurde, woran eine Gedenktafel am ehemaligen Priesterseminar erinnert.

Kaum war er tot, ging es um seine Nachfolge. Lothar Franz überließ in einer Anordnung vom 3. August von seinem Schloß Favorite in Mainz aus die Wahl zwischen dem Sohn Johanns und dem bayreuthischen Baumeister Wenzel Perner der Hofkammer (Q 1382). Die Witwe schrieb am 25. September an »Monsieur Gottefrido Dinzenhoffer mon trer cher fill a Sulsbach«, den zweitältesten Sohn, einen Brief, in dem sie die Ernennung des Bruders »Henner« (Justus Heinrich) zum Nachfolger seines Vaters mitteilte. Sie unterschrieb mit »Deine getreue mutter Maria Eleonora Dientzenhofferin wittib«. Die Bestätigung für die Nachfolge Justus Heinrich Dientzenhofers im Amt des Vaters erfolgte allerdings erst am 24. November.

Gut scheint es der großen Familie in den folgenden Jahren nicht gegangen zu sein, da ja Johann wegen der leidigen Geschichte mit dem Schloß Kleinheubach Schulden in Höhe von etwa 1400 Gulden hinterlassen hatte. Vom 7. Februar 1727 datiert ein Gnadengesuch der Witwe, in dem sie um Schuldenerlaß bittet, »da sie von so vielen schon geführten bauen nicht soviel erworben zu haben findten könne, womit sie sich, weniger die ihrigen ehrlich fortbringen könne«, und in einem weiteren Schreiben vom 18. November spricht sie von ihren neun armen Waisen. Von den insgesamt elf Kindern waren Elisabeth Magdalena († 10. 6. 1710) und Johannes Franciscus Antonius († 22. 6. 1715) schon gestorben. Ob die Witwe mit ihren Bittbriefen Gehör fand, ist nicht bekannt.

Im Jahre 1728 erinnerte man sich anläßlich der Bauten in Vilseck am 6. August und in Gößweinstein am 7. September an Johann. Sein Plan wurde nochmals in Erwägung gezogen, von Lothar Franz aber für sehr eng und klein angesehen, der Kirchenbau abermals hinausgeschoben und später an Balthasar Neumann vergeben.

Am 16. Juni 1735 starb Johanns Ehefrau Anna Maria Eleonore.

1748 fand der schon erwähnte Prozeß zwischen den Erben und dem Kloster Banz statt, in dem die Nachkommen zur Zahlung bedeutender Summen verurteilt wurden.

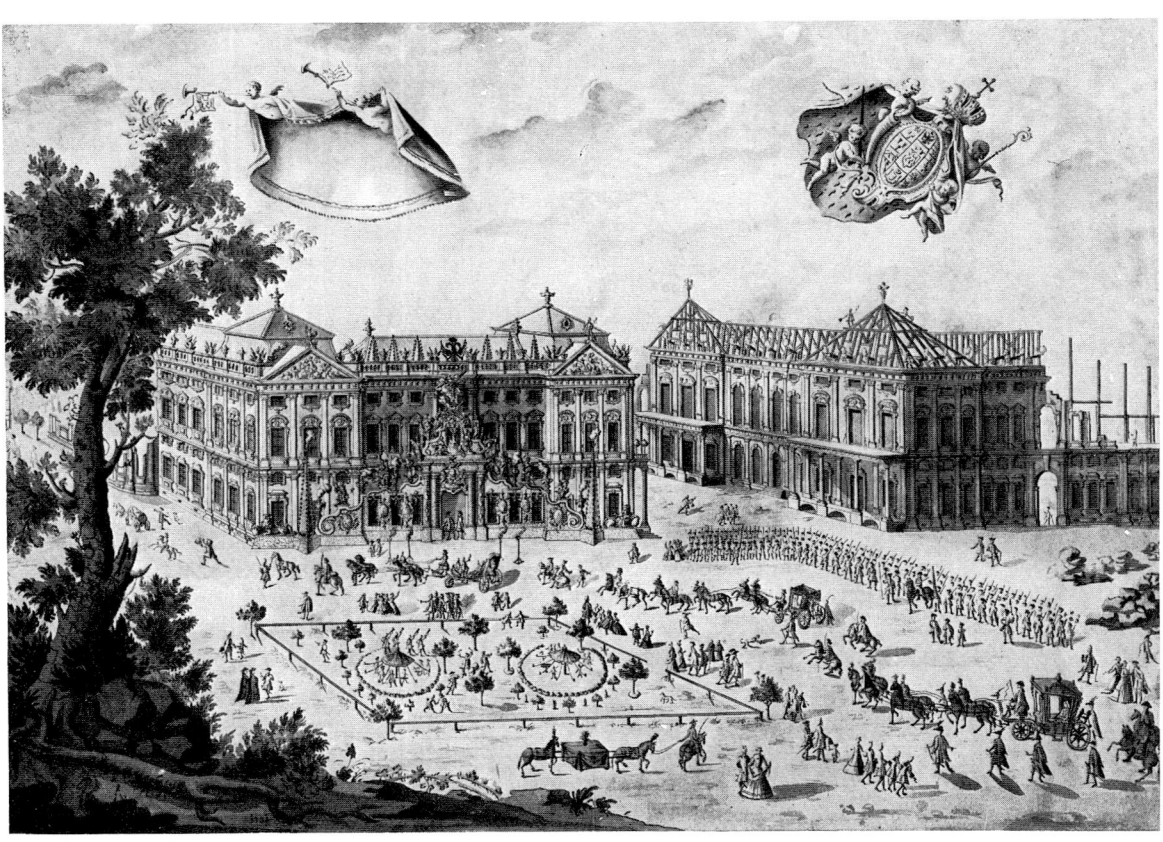

Würzburg, Residenz im Bau 1729

JUSTUS HEINRICH DIENTZENHOFER 1702–1744

Justus Heinrich wurde als Sohn des damaligen fürstäbtlichen Baumeisters von Fulda, Johann Dientzenhofer, und dessen Frau Maria Eleonora am 5. November 1702 in Fulda geboren. Spätestens 1711 übersiedelte die Familie nach Bamberg, wo Justus Heinrich bei seinem Vater lernte und sowohl entwerfender Architekt als auch Maurer- und Steinhauermeister wurde. Als sein Vater am 20. Juli 1726 starb, bewarb sich Justus Heinrich sofort um dessen Nachfolge als fürstbischöflich bambergischer Hofbaumeister. Genauso schnell antwortete am 3. August Lothar Franz; der Sohn konnte die Position des Vaters übernehmen, aber Leiter des Bamberger Bauwesens war von 1726 bis 1729 Maximilian von Welsch.

Justus Heinrichs erste selbständige Arbeit waren wohl der *Chor und die Propstei von St. Getreu in Bamberg*, ein schlichter, quer vor den Chor der Kirche gelegter Bau auf niedrigerem Niveau. Ansonsten gab es zunächst keine größeren Aufgaben. 1728 lieh er sich 100 Thaler von der Bamberger Hofkasse und unternahm eine Reise nach Prag, wo er vielleicht mit den Nachkommen des Onkels Christoph Dientzenhofer, vor allem mit dessen schon berühmtem Sohn Kilian Ignaz zusammentraf. Am 16. März 1728 schrieb Obermarschall von Bubenhofen an Lothar Franz: »Und weilen amtmann zu Pommersfelden zuvor an mich begehret, daß auf verlangen E. chfl. Gn. allhiesigen *hofbaumeister* nach *Pommersfelden* schicken sollte, um allda die in dem untern klöpperstall den einfall betrohende mauern und gewölber in augenschein zu nehmen, der neuangenommene *hofbaumeister Dinzenhöfer* aber annoch in der frömbde sich befindet« (Q 1488). Justus Heinrich hätte also als Bauinspektor tätig werden sollen, aber er war nach wie vor in Prag. Von dort aus bat er seine Mutter um Geld. Sie wandte sich an den Kurfürsten in Mainz, der dieses Gesuch am 24. Juli an die Bamberger Hofkammer übersandte mit der Bemerkung, wenn die Kammer keine Bedenken hätte, »mögen wir ihme solches wohl vergönnen«. Jedoch sollte das Geld nicht der Mutter ausgehändigt, sondern dem Hofbaumeister nach Prag gegen Quittung überlassen werden (Q 1505). Die Hofkammer war aber auf den jungen Hofbaumeister nicht gut zu sprechen und brachte am 30. Juli ihre erheblichen Bedenken vor:

»Wird annoch erinnerlich sein, daß der zum dahiesigen *hofbaumeister* aufgenommene *Dienstenhöfer* vor antretung seiner reis von dahiesigen cammerzahlamt gegen künftige widerbezahlung allbereits hundert thlr. empfangen und damit sich ganz zuefrieden und vergnügt bezaiget habe, daß wir dahero vast zweiflen wollten, ob mit denen von dessen dahiesiger verwittibter mutter für ihne anderweits gebetenen hundert thaler gar zue richtig sein möge. In mehrer anbetracht, daß derselbige 1. seine zeit so gar müßig nicht zuebringen, sondern wenigstens das nötige kostgeld zu verdienen sich bearbeiten werde, außer diesem 2. haben wir so gar kein versicherungs objectum, wie nach zue seiner zeit diese gelter wiederum refundiret werden können … wir haben solchemnach E. chfl. Gn. positiven gstn. befehl ausbitten wollen, ob dessen all ungeachtet eingangs gedachten *Dienstenhöfer* mehrmalen 100 thlr gevolget werden sollen« (Q 1507).

In die Zeit nach seiner Rückkehr aus Prag fiel Justus Heinrichs Vermählung mit *Anna Katharina Burger*. Er wohnte damals in der *Langen Straße* 35, einem Gebäude, das er vielleicht selbst erbaut hatte.

1729 wurde Balthasar Neumann mit der Regierungsübernahme durch Friedrich Karl von Schönborn Leiter des Bamberger Bauwesens, nachdem mit dem Tod von Lothar Franz auch Maximilian von Welsch abberufen worden war. Neumann hatte nur wenig Arbeit für Justus Heinrich, worüber sein Brief vom 14. September 1730 an Friedrich Karl von Schönborn, den Bischof von Würzburg und Bamberg, Aufschluß gibt: »Pommersfelten belangend, so weith *daß glaßhaus*, welches allerdings mit Ziegeln bedeckt, mit den mauerwerck biß auf die Canäl vndt öfen, mit den *Dietzenhöfer* richtigkeit gepflogen, welches in der quartal rechnung von den Herrn Ambtman wirdt vnterthänigst folgen vndt also so wohl den *Dietzenhöfer* nacher Bamberg, weilen er alda nicht mehr nötig alß den andern nacher Würtzburg abgefertiget« (Lohmeyer, Briefe).

1731 wurde ihm am 2. März die *Tochter Anna Regina Catharina* geboren, die aber schon am 3. Februar 1732 starb.

Aus dem Jahre 1732 ist die Mitarbeit am *Kapitelhaus bei St. Gangolf in Bamberg*, das später verlängert wurde, bekannt.

Am *29.* Mai desselben Jahres erfolgte die Grundsteinlegung für das *Priesterseminar* in der Hauptwachstraße 1, heute Neues Rathaus, mit einer Gedenktafel an Alt-St. Martin. Architekt war Balthasar Neumann, die Bauausführung oblag bis 1737 Justus Heinrich. Dieses Seminar war der einzige größere Bau, den Friedrich Karl in Bamberg errichten ließ. Hier begann jetzt sichtbar der langsame, aber unaufhaltsame Abstieg des Architektensohnes vom Vertreter Neumanns zu dessen Gehilfen und schließlich zum Handwerksmeister, der nur Pläne anderer ausführte, nicht einmal mehr ganze Bauten übertragen bekam. Das einzige, was vom alten Glanz blieb, war der Titel des Hofbaumeisters. Das stattliche *Haus Nonnenbrücke* 1, in dem ein Gipsporträt von ihm erhalten ist, hat er als eigenes Wohnhaus 1732 errichtet (vor kurzem außen renoviert).

Von 1732 bis 1734 umbaute er den äußeren Hof des *Dominikanerklosters in Bamberg* mit langgestreckten Trakten, darunter dem schweren rosafarbenen Baublock zwischen dem Hof und der Regnitz.

Am 8. Juni 1734 wurde die *Tochter Anna Maria Catharina* geboren.

Aus dem Jahre 1734 ist ein am 4. Juli datierter Brief von Balthasar Neumann an Friedrich Karl von Schönborn aus Würzburg erhalten, der deutlich die Position Justus Heinrichs gegenüber dem eigentlichen Chef, nämlich die eines Befehlsempfängers, beschreibt: »Ich werdte den freytags Postwagen erwarden wegen ahn kommenden rissen, alß dan auf Bamberg gehen vndt gnädigst anbefohlener Massen daßiges baweßen vntersuchen, es ist in dessen vor 4 tagen der *Dintzenhöfer* dahier geweßen, deme ich die nöthigste Commißion biß zu meinen Dahinkommen mitgegeben. « (Lohmeyer, Briefe)

1735 wurde ein Kind geboren, das »non baptizatus«, (also ungetauft) starb.

Im selben Jahr erbaute Justus Heinrich in der Judenstraße 7 das *Haus zum Schwarzen Adler*, später »Polarbär« genannt. Beim Bau des *Langheimer Hofs* in der Oberen Karolinenstraße 8 um 1735 soll er der Architekt gewesen, vielleicht lag auch ein Plan Neumanns zugrunde. In der gleichen Zeit könnte er auch das *Haus*

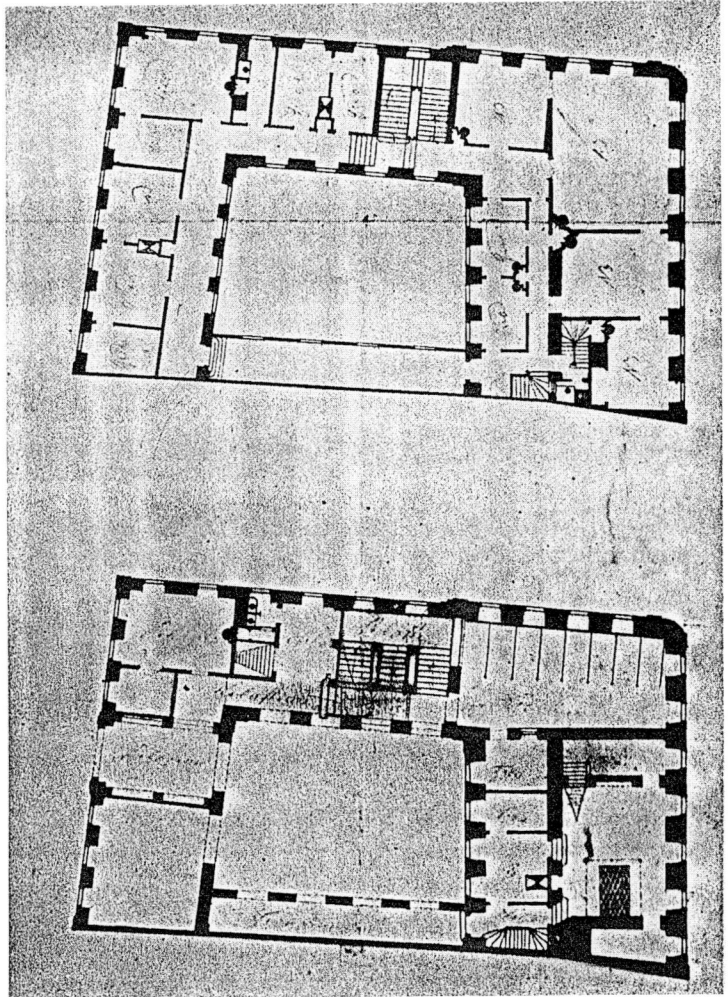

Bamberg, Pläne für die Curia St. Hippolyti auf dem Domplatz

Vorderer Bach 4, einen Bürgerbau des 16. Jahrhunderts, nach der Übernahme durch die Aufseß mit einer Hausteinfassade maskiert haben.

Am 2. September 1735 reichte er ein Gesuch um die Stelle eines *Stadtrats* ein. Als Mitglied der Familie Dientzenhofer und als Nachfolger seines Onkels Leonhard und seines Vaters Johann glaubte er, ein Recht auf diese Funktion zu haben und bat den Bischof, ihn vorzuschlagen, »damit vor anderen Competenten er um so ehendter zu sothaner Ehrenbedinstigung gelange, weilen durch Ihro churf. Gnaden seligen Andenkens (Lothar Franz) ehedessen zwei Dinzenhofer als Hofbaumeister die gleichen Erhalten«. Obwohl Balthasar Neumann ein Jahr zuvor schon den kurmainzischen Leutnant Johann Jakob Michael Küchel nach Bamberg berufen hatte, weil er mit der Vertretung beim Bau des Priesterseminars durch Justus Heinrich nicht zufrieden war (er warf ihm Mangel an Energie und Selbständigkeit vor; Küchel erhielt den Titel »Hofarchitekt«, womit Justus Heinrich an die dritte Stelle der Bauhierarchie am Hofe Friedrich Karls abgesunken war), wurde dieser am 30. September 1736 zum Stadtrat gewählt. Bei der Taufe der *Tochter Francisca Theresia* am 20. August 1736 wurde er allerdings bereits mit dem Titel »Senator« eingetragen, fälschlich als »Johann Heinrich«.

Von 1736 bis 1738 war er mit Maurerarbeiten an *Schloß Seehof* unter Küchel beteiligt. Dieser hätte ihm 1737 den Auftrag zur Ausführung einer Treppe in die Residenz gegeben, wenn Justus Heinrich nicht mit seiner Arbeit im Rückstand gewesen wäre, u. a. am *Wachthaus beim Schloß Seehof*.

Für die Erstellung des *Zeughauses* an der Hallstadter Straße 1737/38 wurden ihm 8339 fl 2 Pf 24 dl. ausbezahlt. Ein Grundriß dafür befand sich in der Sammlung Dros (ca. 1912, Staatsbibliothek Würzburg). Dieser Jagdzeugstadel ist ein Werk Küchels, zu dem Neumann die allgemeinen Richtlinien gab und das Justus Heinrich ausführte.

1737 erfolgte auch der Umbau der *Konventgebäude des Karmeliterklosters in Bamberg* nach Plänen von Balthasar Neumann, dabei wurde der Westflügel durch Justus Heinrich neu gebaut.

1737 bekam er nun endlich einen »anständigen« Auftrag. Susanne Elisabeth Gräfin von Brockdorff, Erbtochter des Ludwig Ernst von Schaumberg, ließ für ihre Tochter, eine verehelichte von Hanxleden, an der Stelle des im Bauernkrieg 1525 verwüsteten Ansitzes derer von Schaumberg bis 1739 das *Schloß Unterleiterbach*, einen zweigeschoßigen Rokokobau mit flachem Mittelrisalit und Mansarddach, von Justus Heinrich Dientzenhofer errichten. Die mittleren drei Achsen der Südseite sind als Eingangsrisalit hervorgehoben und durch einen Dreiecksgiebel mit Wappenkartusche zusammengehalten. Die Gartenmauer neben dem schmiedeeisernen Eingangstor hat eine lebhaft geschwungene Verdachung.

Am 28. März 1738 wurde ihm der einzige *Sohn, Georgius Antonius*, geboren.

1738 veranlaßte Justus Heinrich, daß der Marmorbruch zu Neideck untersucht und bearbeitet wurde. Besonders viel kam davon nach Würzburg zum Bau der Hofkirche.

Weit besser sind wir wegen erhaltener Pläne über einen anderen Bau unterrichtet: Graf von Stadion ließ 1739 die alte *Curia St. Hippolyti* am Domplatz 1 durch einen Barockbau ersetzen. Auf einem der Pläne steht der Vermerk Neumanns vom 24. Mai 1739, daß der Bauherr diesen Riß genehmigt habe. Dieses Blatt ist von Balthasar aus Würzburg an Justus Heinrich in Bamberg adressiert. Die Ausführung erfolgte aber nach entscheidenden Korrekturen Neumanns nach einem dritten Plan Justus Heinrichs.

Die Pläne für den Neubau des *Rathauses in Lichtenfels* von 1740 an sollten zunächst Bauleute aus der dortigen Gegend erstellen, die der Hofbaumeister zu prüfen gehabt hätte. Dieser ergriff aber selbst die Initiative, berichtete am 11. Mai, daß er den Riß zum Rathaus vorlegen werde und erklärte sich bereit, den Bau um

Kaltenbrunn, Fassade der geplanten Pfarrkirche

Bamberg, Justus Heinrich Dientzenhofers Entwurf für die Curia St. Hippolyti mit Korrekturen Balthasar Neumanns

3500 fl fränkisch unter Verwendung bestimmten alten Materials innerhalb von zwei Jahren zu erstellen. Es sind mehrere Risse im Archiv der Stadt und im Heimatmuseum erhalten. Eine dritte, nicht überkommene Fassung wird die Grundlage für den bestehenden Bau gewesen sein. Justus Heinrich bekam aber nicht den ganzen Bau, sondern nur die Maurer- und Steinmetzarbeiten für 1000 fl übertragen. Im Herbst 1742 war der Bau fertig, und die Kammer schickte Küchel zur Überprüfung. Das Modell für die steinerne Treppe entwarf Küchel, Dientzenhofer nannte den Preis, um den er das Geländer machen konnte. Am 5. März 1743 quittierte er für das Entgelt.

Das Rathaus in Lichtenfels ist ein zweigeschoßiger, langgestreckter Bau mit hohem Walmdach, dessen Mitte eine schöne Wappenkartusche betont. Gleichzeitig mit dem Rathausbau ging auch der Neubau des *Pfarrhauses in Lichtenfels*, von dem nur noch das Erdgeschoß original ist und das eine Türe mit schöner Rahmung besitzt.

Die vom Domherrn Jodocus Bernhard von Aufseß († 1738) testamentarisch gestiftete Anstalt zur Beherbergung von Studenten, das sog. *Aufseesianum in Bamberg*, wurde ebenfalls 1740 in Angriff genommen, aber nur den Westflügel des Institutbaus hat man nach Plänen Justus Heinrich Dientzenhofers errichtet.

1741 hielt er sich in einer Erbschaftsangelegenheit in Miltenberg auf. Welcher Art die Verwandtschaft war, ist leider nicht mitgeteilt. Jedenfalls ließ er sich bei dieser Gelegenheit bei Abt Engelbert Kinbacher vom *Kloster Amorbach* empfehlen, wurde »als sehr gerühmter *Baumeister* recommandiert« und zu einem Aufmaß der alten Kirche und Umbauvorschlägen aufgefordert. Während er als Gast im Kloster war und zeichnete, wurde ihm vom Abt der bereits vorhandene Hauptriß des Mainzer Generals Maximilian von Welsch gezeigt. Man erklärte ihm, daß auch Balthasar Neumann beauftragt worden wäre, einen Umbauriß zu machen, und von Welsch als Gutachter bestellt worden sei. Für seine Leistungen bekam er 38 Gulden rheinisch Honorar. Drei bis vier Wochen nach seiner Abreise vom Kloster schickte Justus Heinrich ohne Auftrag »einen in der That wohl ins Gesicht gefallenen Auftrag od. Profil« mit Kostenvoranschlag. Als er nichts mehr hörte, erkundigte er sich am 9. Februar 1742 beim Abt von Amorbach, was der Gutachter Welsch zu seiner »halbausgefertigten Arbeith«, die noch in der Kunstbibliothek Berlin (Hdz 5944) bruchstückhaft erhalten ist, gesagt habe, ob er etwa auf den Auftrag hoffen dürfte, und bat darum, falls Neumann eine Neubauplanung vorlegte, ein Gleiches tun zu dürfen. Ihm käme es nicht so sehr auf das Geld als auf den Ruhm an. Das Kloster schrieb zurück, daß er sich weiter keine Hoffnungen machen sollte. Den Auftrag bekam Welsch. Nun forderte Justus Heinrich ein Honorar für den unaufgefordert eingesandten Riß. Er war verärgert, daß das Kloster die Sachen nicht sogleich zurückgab und vermutete, sein Riß würde kopiert werden. Er bekam schließlich seine Pläne zurück und erhielt ein kleines Ausfallhonorar.

Etwa zu dieser Zeit wurde von ihm das *Gefängnis* in der Oberen Sandstraße 38 begonnen. Der breit gelagerte Bau steht an der Regnitzfront der Bergstadt.

Die durch Justus Heinrich und Hofarchitekt Küchel 1742 geplante Wiederherstellung der *Burg Niesten* in der Pfarrei Weismain, im Mittelalter Sitz der Meranier, später Bamberger Amtssitz, der dann nach Weismain verlegt wurde, kam nicht zur Ausführung.

1744 hatte Justus Heinrich in Pommersfelden die Stelle eines Rechnungsführers inne; aber auch hier war man nicht mit ihm zufrieden. Am 29. April wurden Küchel die Handwerksauszüge zur Revision übergeben, damit der »ehemalige Schlendrian« behoben werde.

Am 15. Oktober dieses Jahres erhielt der Ratsherr Justus Heinrich Dientzenhofer noch die Pflegschaft des Kinderseelhauses auf dem Kaulberg als Pfründe übertragen, aber schon am 14. Dezember starb er in Bamberg im Alter von nur zweiundvierzig Jahren. Seine Witwe erhielt die 40 Gulden Gehalt weiter, zuletzt in der Rechnung vom Jahre 1766.

Schon vier Wochen nach seinem Tod wurde am 11. Januar 1745 wegen der ständigen Klagen über den Hofbaumeister »das bisherige Hofbauinspektionsamt, welches mehr schädlich als nützlich gewesen«, aufgehoben, die Stelle eines Hofbaumeisters als nunmehr überflüssig eingezogen.

An weiteren Bauten werden ihm noch die *Kurie an der Ecke Jakobsplatz* 4 und 5 in Bamberg, das *Schloß zu Vilseck* und die *Gewächshäuser in Pommersfelden* zugeschrieben.

Die Tätigkeit Justus Heinrichs für Kaltenbrunn westlich von Lichtenfels ist im dortigen Pfarrarchiv belegt. Die *Pläne für die Kirche St. Wolfgang in Kaltenbrunn* wurden nicht ausgeführt. Erhalten ist der Entwurf der Fassade. Der Riß, der ihn als *ausgezeichneten Darsteller des Figürlichen* ausweist, ist mit J. H. D. signiert.

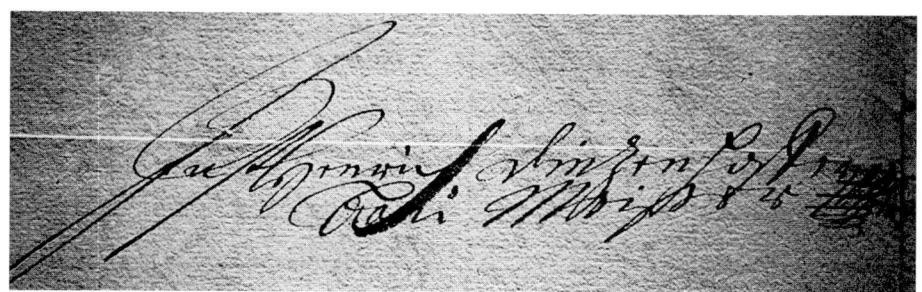

JOHANN GOTTFRIED DIENTZENHOFER *(ca. 1694–17?)*

Über Johann Gottfried Dientzenhofer wissen wir nur aus der Forschungsarbeit Alcuin Heribert Gürths bescheid. Fast alle folgenden Ausführungen sind dem Anhang II in Gürths Werk über Wolfgang Dientzenhofer entnommen.

Johann Gottfried wurde etwa 1694, wahrscheinlich in Prag, geboren. Sein Vater war Johann Dientzenhofer, seine Mutter Maria Eleonora. Über seine Jugend in Prag, Bamberg, Fulda und wieder Bamberg ist nichts bekannt. Er muß in Bamberg studiert haben. Am 16. Dezember 1717 erfolgte seine Instruktion und Bestallung zum Bauinspektor des Herzogs Karl Theodor von Pfalz-Sulzbach. Er bekam noch den Titel eines Hofkammersekretärs verliehen und das Amt eines Oberinspektors der fürstlichen Hammerwerke Philippsburg, Floß, Mantel und Gerbersdorf übertragen. Das Siegel Gottfried Dientzenhofers zeigt einen zweigeteilten Schild: die linke Hälfte enthält ein turmbewehrtes, offenstehendes Stadttor, die rechte einen schrägen, nach der Mitte zu ansteigenden Balken mit drei sechszackigen Sternen. Dem Helm entsteigt ein geflügeltes Pferd.

Der sulzbachische Bauinspektor lebte auf großem Fuße, machte teure und unnütze Anschaffungen und Einkäufe (u. a. silberne Bestecke, Geschirr und Leuchter). Johann Gottfried plante 1725 einen großen Hausbau, wozu er für 40 fl von der Stadt ein Grundstück am »Stuckzwinger« zwischen dem fürstlichen Ballhaus und dem Haus des Schneiders Wohlfahrer erwarb. Nur der Voranschlag des Zimmermeisters Georg Reinthaller vom 24. Dezember 1725 belief sich schon auf 242 fl 40 kr.

Weil er nicht allzuviel verdiente, machte er öfter Schulden. Allein dem Hofschneider schuldete er 300 fl. Für seinen geplanten Hausbau veruntreute er 1726 fünf Zentner Bleiröhren, die für den Hofgarten bestimmt gewesen waren. Er trieb dunkle Geschäfte, versuchte seine Gläubiger durch Drohungen zu erpressen, unterschlug als Hammerverwalter die unglaubliche Summe von 2241 fl 8 kr, womit er 1726 wieder einen Wechsel einlösen konnte. Er maßte sich sogar die niedere Gerichtsbarkeit auf dem Hammergut Mantel an. Im April 1726 kamen die ganzen Machenschaften auf, die Gläubiger und seine Neider meldeten sich zu Wort. Dientzenhofer wurde fristlos entlassen und ins Gefängnis gesteckt. Eine Sonderkommission untersuchte seine Amtsführung als Hammerinspektor. Die Vergleichsverhandlungen mit den Gläubigern, von denen sich dreiundzwanzig mit über 1135 fl Forderungen anmeldeten, dauerten bis 1733. Am 14. Juni und am 4. Juli 1726 richtete Johann Gottfried ein demütiges Schreiben an den Herzog Karl Theodor mit der Bitte, die »hochfürstliche Ungnade« von ihm zu nehmen und ihn aus dem Arrest zu entlassen. Darinnen befinden sich vier verschiedene, mit Tinte sauber gezeichnete und leicht getönte Grundrißentwürfe von Stiegenhäusern, die »großartiger und schöner« sein sollten als das zu Pommersfelden, wie in dem Briefe ausdrücklich vermerkt ist.

Ein Fassadenentwurf und die Grundrisse der drei Geschoße für das geplante Wohnhaus des Bauinspektors, wohl ebenfalls von ihm selbst 1725 verfaßt, und ein dazu gehöriger, beschrifteter Lageplan sind noch erhalten geblieben. Der qualitätvolle und ein wenig kühle Hausentwurf steht ganz in der Tradition des alten Johann Dientzenhofer, der wohl mit Sicherheit als der Lehrmeister unseres Johann Gottfried anzusehen ist. Die Fassade ist gekennzeichnet durch schmale rahmende Eckpilaster mit aufgelösten Kapitellen auf gequaderten Postamenten, Bänder als Geschoßtrennungen, Fensterbänke mit Tüchergehängen, reich gebrochene Fensterrahmenleisten, die Keilsteine mit Masken verziert, Mansarddach mit runden Lukarnen, auf denen kleine Vasen sitzen.

Über das weitere Schicksal des Johann Gottfried Dientzenhofer ist nichts bekannt.

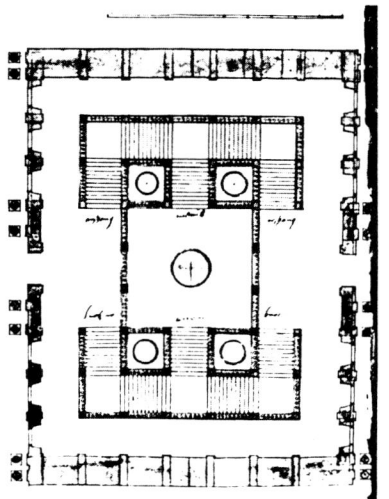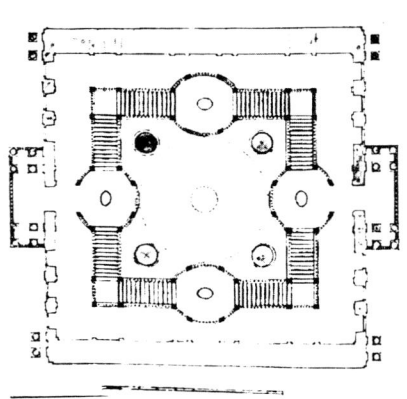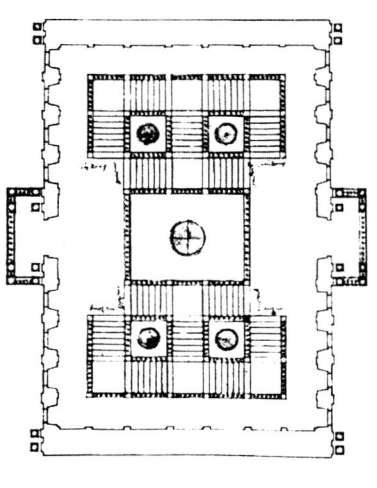

Johann Gottfried Dientzenhofers Treppenhausentwürfe

WOLFGANG DINZENHOFER 1678–1747

Wolfgang Dinzenhofer wurde im Plankenhäusl in Au geboren und am 13. März 1678 in der dortigen Pfarrkirche St. Martin getauft (Taufbuch Au 1674–1678, S. 9). Sein Vater war Andreas Dinzenhofer aus Kronwitt (heute Bad Feilnbach), ein Tagwerker, im Kirchenbuch als »operarius« bezeichnet, der am 4. Juni 1674 Margarethe Huber aus Dettendorf geheiratet hatte (Trauungsbuch Au 1636–1678, S. 150).

1697 wurde Wolfgang Dinzenhofer erstmals auf den Lohnzetteln 211 ff und 458 ff der Salesianerinnen in Amberg mit einem Gesellenlohn von 25 kr. geführt. Er lernte also bei seinem Verwandten Wolfgang Dientzenhofer, der ja in Amberg der führende Baumeister war.

Wann er sich mit *Maria Rosa Feller*, einer Gastwirtstochter aus Miesbach, vermählt hat, ist unbekannt. Aus der Ehe gingen die *Kinder Maria Ursula*, getauft am 25. August 1720 (Taufbuch Aibling, S. 295), *Maria Katharina*, getauft am 25. November 1721 (S. 311), und *Johann Wolfgang*, getauft am 24. Oktober 1723 (S. 337), hervor. Er war in Aibling ein angesehener Bürger und Ratsherr. Sein Bruder war Pfarrer dort.

Sein erster großer bekannter Bau ist die *Pfarrkirche St. Martin in Au*. In der alten gotischen Kirche waren die späteren Baumeisterbrüder Georg, Wolfgang und Abraham Dientzenhofer getauft worden. Pfarrer Mathias Neff hatte 1706 die Erzbruderschaft »Maria Trost« gegründet, die einen solchen Aufschwung erlebte, daß die erst 1655 erweiterte Kirche neu gebaut werden mußte. Zwischen 1719 und 1723 waren Abraham Millauer als Polier und dessen Sohn Philipp von der Hausstatt bei der Arbeit. Am 27. August 1723 wurde die in strengen Formen gehaltene Wandpfeilerkirche von Fürstbischof Franz Eckher konsekriert. Anstelle des gotischen Satteldaches erhielt der Turm 1736 seine jetzige Spitze mit dem Scheyerer Kreuz.

Gleichzeitig wurde von 1719 bis 1723 die *Pfarrkirche von Kössen* in Tirol wieder mit Abraham Millauer als Polier errichtet.

1719 begann man auch mit der *Wallfahrtskirche Kirchwald bei Nußdorf am Inn*. Der Neubau wurde von P. Casimir Weiß, einem Einsiedler, der vorher in Schwarzlack gewesen war, vorangetrieben. Am 12. Mai 1719 erteilte das Ordinariat den Konsens dazu. 1720 war die Kirche neben der Einsiedelei fertig erbaut. Die Konsekration erfolgte am 12. Oktober 1722 durch den Chiemseer Fürstbischof Franz Adolph Graf von Wagensperg. Der Grundriß der Kirche ist ein liegendes Kreuz mit den doppelgeschoßigen Sakristeien als Querarmen. An der Westseite ist eine walmverdachte Vorhalle mit einer angebauten achteckigen Außenkanzel mit Schalldeckel für die Predigten an den Goldenen Samstagen vorgebaut. Das Kircheninnere ist als Saalbau zu drei Achsen mit Tonnengewölbe gestaltet.

1721 war Wolfgang Dinzenhofer an der *Pfarrkirche St. Martin in Flintsbach* tätig. Er bekam den Neubau der Sakristeien und das Ausbrechen zweier Rundfenster im Chor übertragen. Sein Polier war Hans Mayr von der Hausstatt, der Schwiegervater Abraham Millauers. Dieser übernahm 1734/35 den vollständigen Umbau der noch gotischen Kirche zur heutigen Form. Außer der Verlegung des Chorbogens bis zum Westeck des Turmes und der neuen Wandgliederung durch Wandpfeiler war ihm die Erhöhung der Langschiffsmauern und das Aufsetzen eines neuen Dachstuhls auf-

getragen. Damit hatte die Kirche, in der Christoph, Barbara, Leonhard und Johann Dientzenhofer getauft worden waren, ein neues Gesicht erhalten. Dieser Kirche sieht man an, daß durch Wolfgang Dinzenhofer die Bauformen des Wolfgang Dientzenhofer aus Amberg in die Heimat zurückgebracht wurden, allerdings mit einer Verzögerung von nahezu vierzig Jahren. Ein Vergleich mit Weißenohe oder Ensdorf ist durchaus angebracht. Besonders deutlich sind diese Formen von der Orgelempore aus zu sehen. In der Eingangshalle ist in der Wand über dem Weihwasserbecken der Grabstein des Einsiedlers Fr. Colman Dinzenhofer eingelassen.

Von Wolfgang Dinzenhofer wurde auch noch die *Pfarrkirche in Götting bei Bad Aibling* entworfen, die ebenfalls anfangs der zwanziger Jahre errichtet wurde. Alle seine Kirchen sind Wandpfeilerhallen im strengen hochbarocken Stil der italienischen Baumeister, der 1720 vom Kurfürsten verordnet worden war.

Wolfgang Dinzenhofer starb am 30. November 1747 in Aibling als »consul, mercator et cementariorum praefectus« (Sterbebuch Aibling 1702–1777, S. 295). Er wurde auch »mercator et Murariorum magister« genannt.

Flintsbach am Inn, Pfarrkirche St. Martin (Ölgemälde, Ausschnitt)

Stammbaum der Familie Dientzenhofer

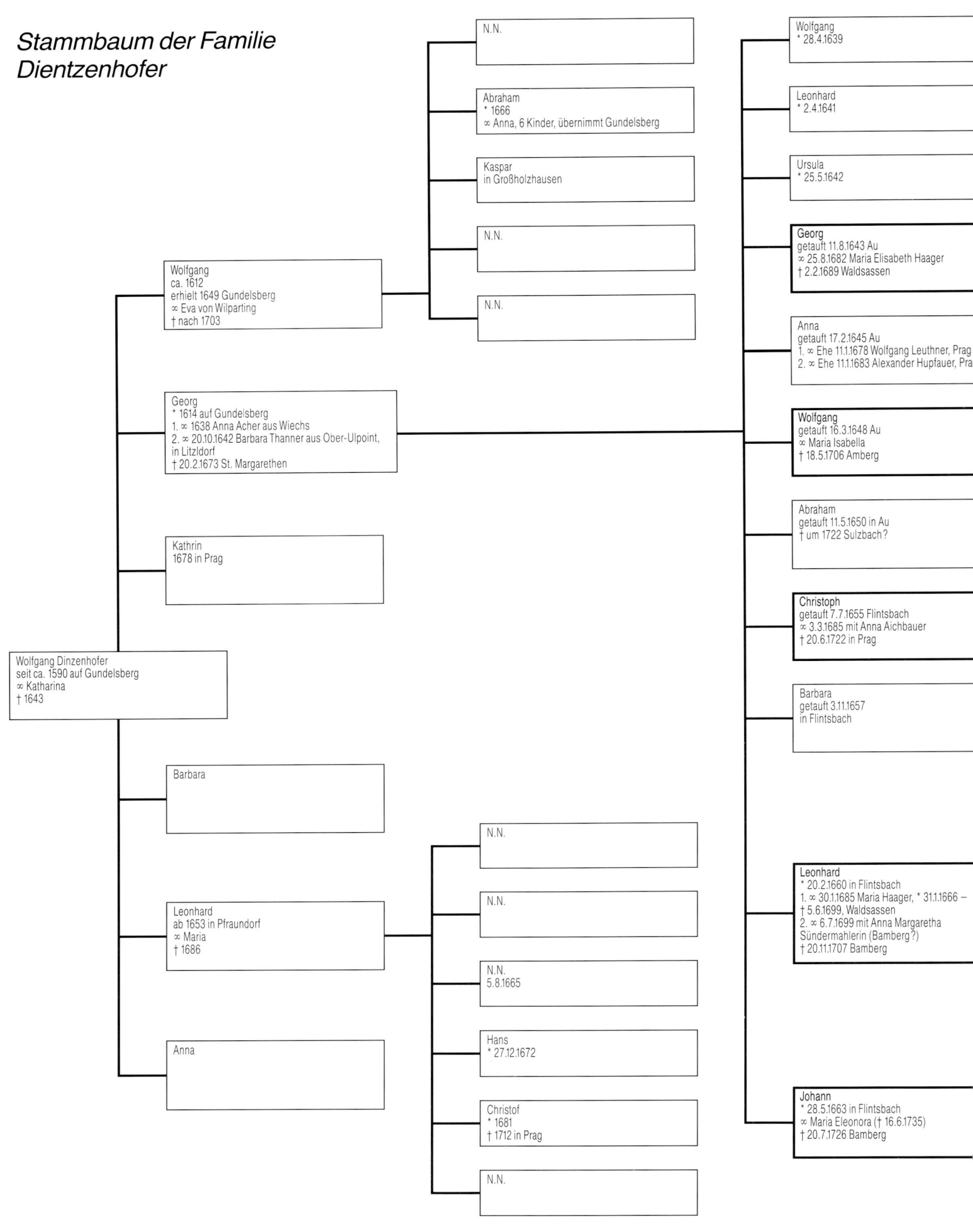

Wolfgang Dinzenhofer
seit ca. 1590 auf Gundelsberg
∞ Katharina
† 1643

Wolfgang
ca. 1612
erhielt 1649 Gundelsberg
∞ Eva von Wilparting
† nach 1703

Georg
* 1614 auf Gundelsberg
1. ∞ 1638 Anna Acher aus Wiechs
2. ∞ 20.10.1642 Barbara Thanner aus Ober-Ulpoint, in Litzldorf
† 20.2.1673 St. Margarethen

Kathrin
1678 in Prag

Barbara

Leonhard
ab 1653 in Pfraundorf
∞ Maria
† 1686

Anna

N.N.

Abraham
* 1666
∞ Anna, 6 Kinder, übernimmt Gundelsberg

Kaspar
in Großholzhausen

N.N.

N.N.

N.N.

N.N.

N.N.
5.8.1665

Hans
* 27.12.1672

Christof
* 1681
† 1712 in Prag

N.N.

Wolfgang
* 28.4.1639

Leonhard
* 2.4.1641

Ursula
* 25.5.1642

Georg
getauft 11.8.1643 Au
∞ 25.8.1682 Maria Elisabeth Haager
† 2.2.1689 Waldsassen

Anna
getauft 17.2.1645 Au
1. ∞ Ehe 11.1.1678 Wolfgang Leuthner, Prag
2. ∞ Ehe 11.1.1683 Alexander Hupfauer, Prag

Wolfgang
getauft 16.3.1648 Au
∞ Maria Isabella
† 18.5.1706 Amberg

Abraham
getauft 11.5.1650 in Au
† um 1722 Sulzbach?

Christoph
getauft 7.7.1655 Flintsbach
∞ 3.3.1685 mit Anna Aichbauer
† 20.6.1722 in Prag

Barbara
getauft 3.11.1657
in Flintsbach

Leonhard
* 20.2.1660 in Flintsbach
1. ∞ 30.1.1685 Maria Haager, * 31.1.1666 –
† 5.6.1699, Waldsassen
2. ∞ 6.7.1699 mit Anna Margaretha
Sündermahlerin (Bamberg?)
† 20.11.1707 Bamberg

Johann
* 28.5.1663 in Flintsbach
∞ Maria Eleonora († 16.6.1735)
† 20.7.1726 Bamberg

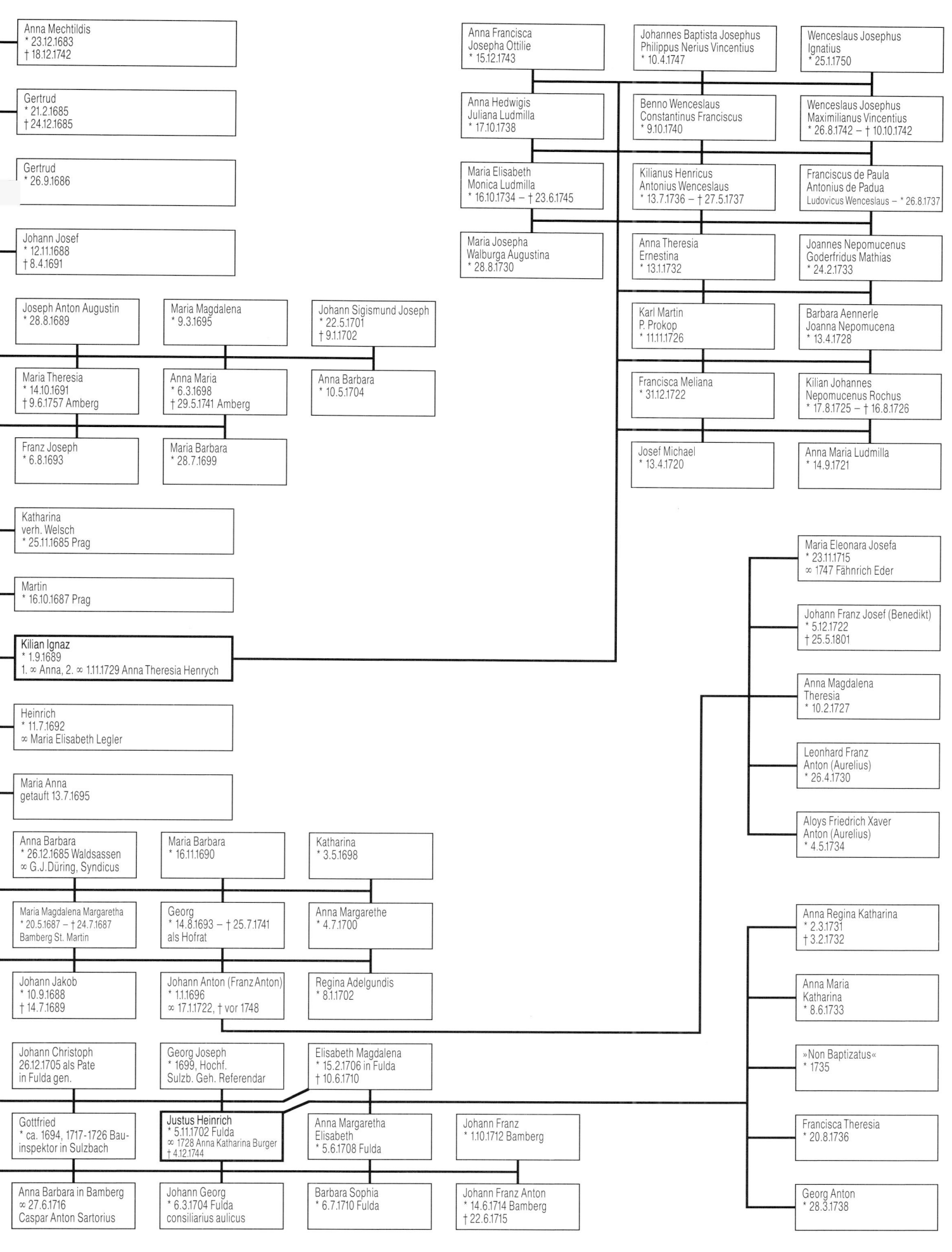

Anna Mechtildis
* 23.12.1683
† 18.12.1742

Gertrud
* 21.2.1685
† 24.12.1685

Gertrud
* 26.9.1686

Johann Josef
* 12.11.1688
† 8.4.1691

Joseph Anton Augustin
* 28.8.1689

Maria Magdalena
* 9.3.1695

Johann Sigismund Joseph
* 22.5.1701
† 9.1.1702

Maria Theresia
* 14.10.1691
† 9.6.1757 Amberg

Anna Maria
* 6.3.1698
† 29.5.1741 Amberg

Anna Barbara
* 10.5.1704

Franz Joseph
* 6.8.1693

Maria Barbara
* 28.7.1699

Katharina
verh. Welsch
* 25.11.1685 Prag

Martin
* 16.10.1687 Prag

Kilian Ignaz
* 1.9.1689
1. ∞ Anna, 2. ∞ 1.11.1729 Anna Theresia Henrych

Heinrich
* 11.7.1692
∞ Maria Elisabeth Legler

Maria Anna
getauft 13.7.1695

Anna Barbara
* 26.12.1685 Waldsassen
∞ G.J.Düring, Syndicus

Maria Barbara
* 16.11.1690

Katharina
* 3.5.1698

Maria Magdalena Margaretha
* 20.5.1687 – † 24.7.1687
Bamberg St. Martin

Georg
* 14.8.1693 – † 25.7.1741
als Hofrat

Anna Margarethe
* 4.7.1700

Johann Jakob
* 10.9.1688
† 14.7.1689

Johann Anton (Franz Anton)
* 1.1.1696
∞ 17.1.1722, † vor 1748

Regina Adelgundis
* 8.1.1702

Johann Christoph
26.12.1705 als Pate
in Fulda gen.

Georg Joseph
* 1699, Hochf.
Sulzb. Geh. Referendar

Elisabeth Magdalena
* 15.2.1706 in Fulda
† 10.6.1710

Gottfried
* ca. 1694, 1717-1726 Bauinspektor in Sulzbach

Justus Heinrich
* 5.11.1702 Fulda
∞ 1728 Anna Katharina Burger
† 4.12.1744

Anna Margaretha
Elisabeth
* 5.6.1708 Fulda

Johann Franz
* 1.10.1712 Bamberg

Anna Barbara in Bamberg
∞ 27.6.1716
Caspar Anton Sartorius

Johann Georg
* 6.3.1704 Fulda
consiliarius aulicus

Barbara Sophia
* 6.7.1710 Fulda

Johann Franz Anton
* 14.6.1714 Bamberg
† 22.6.1715

Anna Francisca
Josepha Ottilie
* 15.12.1743

Johannes Baptista Josephus
Philippus Nerius Vincentius
* 10.4.1747

Wenceslaus Josephus
Ignatius
* 25.1.1750

Anna Hedwigis
Juliana Ludmilla
* 17.10.1738

Benno Wenceslaus
Constantinus Franciscus
* 9.10.1740

Wenceslaus Josephus
Maximilianus Vincentius
* 26.8.1742 – † 10.10.1742

Maria Elisabeth
Monica Ludmilla
* 16.10.1734 – † 23.6.1745

Kilianus Henricus
Antonius Wenceslaus
* 13.7.1736 – † 27.5.1737

Franciscus de Paula
Antonius de Padua
Ludovicus Wenceslaus – * 26.8.1737

Maria Josepha
Walburga Augustina
* 28.8.1730

Anna Theresia
Ernestina
* 13.1.1732

Joannes Nepomucenus
Goderfridus Mathias
* 24.2.1733

Karl Martin
P. Prokop
* 11.11.1726

Barbara Aennerle
Joanna Nepomucena
* 13.4.1728

Francisca Meliana
* 31.12.1722

Kilian Johannes
Nepomucenus Rochus
* 17.8.1725 – † 16.8.1726

Josef Michael
* 13.4.1720

Anna Maria Ludmilla
* 14.9.1721

Maria Eleonara Josefa
* 23.11.1715
∞ 1747 Fähnrich Eder

Johann Franz Josef (Benedikt)
* 5.12.1722
† 25.5.1801

Anna Magdalena
Theresia
* 10.2.1727

Leonhard Franz
Anton (Aurelius)
* 26.4.1730

Aloys Friedrich Xaver
Anton (Aurelius)
* 4.5.1734

Anna Regina Katharina
* 2.3.1731
† 3.2.1732

Anna Maria
Katharina
* 8.6.1733

»Non Baptizatus«
* 1735

Francisca Theresia
* 20.8.1736

Georg Anton
* 28.3.1738

Christoph (1655–1722) und
Kilian Ignaz Dientzenhofer (1689–1751)
in Böhmen

Vorbemerkungen

Es ist nicht leicht, den Stand der bisherigen Forschung über das Werk der beiden Prager Dientzenhofer in der Tschechoslowakei zu charakterisieren. Sie ist nämlich in zwei Richtungen verlaufen, in eine einhellig positiv wertende bezüglich des Sohnes Kilian Ignaz und in eine sehr widersprüchliche hinsichtlich seines Vaters Christoph. Letzterer wurde von einigen Forschern ganz negativ, von anderen etwas verlegen und eigentlich nur in Ausnahmen positiv bewertet. Während die Kenntnis des Werkes von Kilian Ignaz stetig zunahm – vor allem Dank der Entdeckungen von M. Korecký, der als erster eine abgeschlossene Übersicht seines Werkes geliefert hat –, ergingen sich die Studien über Christophs Werk jahrelang in ellenlangen und nicht besonders fruchtbaren Polemiken hinsichtlich der Frage, ob das, was man ihm zugeschrieben hatte, auch wirklich von ihm gebaut worden war, und wenn ja, ob er imstande gewesen war, es auch selbst zu entwerfen. Für den genialen Planer einer bestimmten »Gruppe von Architekturen des böhmischen radikalen Barock« wurde entweder Johann Blasius Santini-Aichl oder ein uns bisher unbekannter Architekt gehalten, dessen Name vielleicht einmal irgendwo auftauchen wird. Der Begründer dieser Theorie von einem unbekannten Architekten war O. Stefan, für die Urheberschaft Santinis setzte sich mit Nachdruck V. Richter ein, gefolgt von seinen Schülern, der sog. »Brünner Schule«.

Mehrere bedeutende Kenner der böhmischen Barockarchitektur beteiligten sich an diesem Streit nicht. Sie lehnen sich in ihren Publikationen an die alte topographische Tradition an, die durch neuere archivalische Entdeckungen bekräftigt ist und über die Urheberschaft Christoph Dientzenhofers nicht zweifelt (die tschechischen Forscher O. J. Balžíček, E. Poche, V. Mencl und die deutschen H. G. Franz und B. Menzel). Ihre Ansicht fand jedoch kein Echo. Der Stand der lange währenden kunsthistorischen Diskussion war in den vorangegangenen Jahren der, daß die erste, vor allem von der »Brünner Schule« vertretene Gruppe Christophs Urheberschaft resolut ablehnte, während die zweite ihm zwar gewisse Verdienste zuerkannte, allerdings die Mitarbeit von J. B. Santini-Aichl bei ihm unterstellte (M. Korecký, V. Kotrba).

Diese Teilung der Ansichten ist ohne Zweifel die Ursache dafür, daß in der tschechischen Fachliteratur und populärwissenschaftlichen Literatur eine umfassende Monographie über das Werk dieser beiden, zu den bedeutendsten Vertretern des Hochbarock in Böhmen zählenden Architekten bisher fehlte. Mit ein wenig Bedauern muß festgestellt werden, daß sich dieser Arbeit, für die vor allem ein tschechischer Forscher prädestiniert wäre, mit hervorragendem Erfolg ein ausländischer Forscher annahm, und zwar auch noch ein Angehöriger einer Nation, die mit Böhmen eigentlich keine direkten kulturellen, noch politischen Beziehungen gehabt hat. Der Norweger Christian Norberg-Schulz bewertete in seiner ausführlichen, 1968 in Rom herausgegebenen Monographie mit dem Titel »Kilian Ignaz Dientzenhofer e il barocco boemo« nicht nur das Werk von Kilian Ignaz, sondern wies, von den tschechischen kunsthistorischen Streitereien unbelastet, auch dem Werk seines Vaters Christoph einen entsprechenden Platz zu. Er sah in ihm wohl mit Recht den Architekten jener bestimmten »Gruppe von Bauten des böhmischen radikalen Barock«.

Im Staatlichen Institut für Rekonstruktion von denkmalgeschützten historischen Städten und Objekten hat in den sechziger Jahren eine bauhistorische Untersuchung der Objekte und Baukomplexe begonnen, die nach der alten tschechischen topographischen Tradition mit den Namen von Christoph oder Kilian Ignaz Dientzenhofer verbunden waren. Bei den Untersuchungen des Großteils dieser Objekte habe ich an der Bearbeitung der historischen Aspekte mitgewirkt. Das systematische Studium der Archivalien brachte nach und nach viele bisher unbekannte Erkenntnisse ans Tageslicht. Diese haben geholfen, festere Grundlagen für eine objektivere Einschätzung des Werkes von Christoph Dientzenhofer zu schaffen. Diese Einschätzung bestätigt die Ergebnisse von Christian Norberg-Schulz.

In den Fachzeitschriften habe ich viele Erkenntnisse aus meinem langjährigen Studium veröffentlicht, aber es fiel mir eigentlich nicht ein, ein Buch über die »Prager Dientzenhofer« zu schreiben. Mit einer solchen Anregung konfrontierte mich Dr. Pavel Preiss, der mich schließlich zu dieser Arbeit überredete. Möglicherweise ist sie noch etwas verfrüht, es wird sicherlich noch vieles durch weiteres Studium der Archivalien zu ergänzen sein, aber es gibt bereits jetzt soviel entdecktes und noch nicht publiziertes Material, daß es doch angebracht erscheint, die fachliche wie auch die breitere Öffentlichkeit damit vertraut zu machen.

Ich wollte keine ausschließlich wissenschaftliche Arbeit schreiben, sondern ein Buch mit menschlichen Zügen. Ich bin der Meinung, daß diese »alltäglichen Momente« für die kunsthistorische Bewertung unserer Barockarchitektur nicht zu vernachlässigen sind und sie manchmal genausoviel wie die fachlichen und formalen Analysen zu einem besseren Verständnis beitragen können.

Abschließend möchte ich all jenen danken, die sich um das Entstehen meiner Arbeit verdient gemacht haben. Vor allem danke ich Dr. Pavel Preiss, denn ohne seine Initiative hätte ich mich zum Aufsetzen des Textes nicht entschlossen. Er opferte viel Zeit und Sorgfalt für das Durchsehen des Manuskripts. Dr. Dobroslav Líbal danke ich dafür, daß er mir als Leiter des Ateliers für baugeschichtliche Forschung im Staatlichen Institut für Rekonstruktion von denkmalgeschützten historischen Städten und Objekten während meiner dortigen Mitarbeit großzügig die Objekte zur Bearbeitung überließ, deren Studium es mir ermöglichte, die Kenntnis der »Dientzenhoferschen Problematik« zu vertiefen. Schließlich gebührt Dank Dr. Věra Naňková für ihre aufopfernde und uneigennützige Hilfe. Sie hat mir eine große Menge von wertvollen Informationen und Anregungen aus ihrer reichhaltigen Kenntnis der Literatur über die Barockarchitektur in Böhmen und in anderen Ländern vermittelt. Ihr Gutachten über mein Manuskript gab mir viele wichtige sachliche Hinweise, und ihre Unterstützung bei der Zusammenstellung des Werkverzeichnisses war für mich außerordentlich hilfreich.

Prag, im März 1989
Dr. Milada Vilímková

Die Prager Dientzenhofer – Vater und Sohn – gehören zu einem Geschlecht, aus dem in mehreren Generationen Maurergesellen, Meister und schließlich Baumeister und Architekten hervorgegangen sind und deren Werke für die gesamte Epoche der Barockarchitektur zweifellos Weltrang erlangt haben. Es war der Sohn, Kilian Ignaz, der das Prager Panorama so nachdrücklich geprägt hat wie vielleicht nur Michelangelo das Panorama Roms. Das Doppelmotiv von Kuppel und Glockenturm der Niklaskirche beherrscht optisch die Prager Kleinseite. Sie erhebt sich hoch über deren Bebauung und bildet ein Gegengewicht zum Turm des Veitsdoms. Die Kirche des hl. Nikolaus in der Prager Altstadt, die als einziger Bestandteil des dortigen Benediktinerklosters erhalten geblieben ist, wurde seinerzeit in eine vollkommen andere städtebauliche Situation hineingebaut. Ihre südliche Hauptfassade war zu einem kleinen Plätzchen hin orientiert, welches sich trichterförmig nach Norden öffnete und an der westlichen und der östlichen Seite durch den Rathausblock beziehungsweise durch das große Krenn-Haus geschlossen war. Die geänderte Situation nach der Sanierung des fünften Prager Bezirkes und des nördlichen Teils der Prager Altstadt ließ diese Kirche zum beherrschenden Punkt der nordwestlichen Ecke des Altstädterringes werden. Eben diese neue Situation beweist die hohe Qualität der Dientzenhoferschen Konzeption, die den Kirchenbau ohne jegliche Einbuße annimmt und dabei doch nichts von ihrer Wirkung verliert. Nicht weniger ausdrucksvoll, wenn auch in einer abgelegeneren Umgebung, ist Kilian Ignaz Dientzenhofers Werk in der Prager Neustadt mit dem Bau der Kirche des hl. Johann Nepomuk am Felsen, auf dem Weinberghang über dem Emmauskloster, zur Geltung gekommen. Auf dem Hradschin baute er schließlich in eine lauschige Ecke des kleinen, durch den Zusammenlauf der Straßen Kanovnická und U kasáren gebildeten Plätzchens eine ebenfalls dem hl. Johann Nepomuk geweihte Kirche. Die architektonische Komposition des Raumes vor der Front dieser Kirche ist leider nur unvollständig erhalten.

Die Arbeit des Vaters, bescheidener in der Anzahl der Bauten, tritt, vorläufig, noch ein wenig in den Hintergrund. Die tiefere Kenntnis der Prager Barockarchitektur wird bald zeigen, daß es eben der Vater war – an dessen kreativer Fähigkeit in Böhmen, wie erwähnt, lange gezweifelt wurde –, der mit seinem Werk die Grenze vom Früh- zum Hochbarock überschritt und dadurch die Voraussetzungen für die monumentale Arbeit seines Sohnes schuf. Sein Kirchenschiff von St. Niklas auf der Kleinseite verliert sich selbstverständlich hinter dem Turm und der Kuppel des Sohnes, aber die Westfront der Kirche und die Komposition des Innenraums sind die pure Manifestation des radikal-barocken Stils der Guarinischen Prägung – ebenso wie die Kirche St. Margaret in Breunau, die Schloßkapelle in Smiřice oder die Clarissenkirche in Eger.

Der Niederländer Volpertus van Ouden Allen hat in den achtziger Jahren des 17. Jahrhunderts die Hauptstadt Böhmens auf einem großen Panoramabild dargestellt. Es ist eine wahrlich monumentale Ansicht, leider aber zeichnet sie sich im Vergleich zu anderen Panoramabildern Prags nicht gerade durch große Genauigkeit und Glaubwürdigkeit aus. Aus der ikonographischen Sicht ist der Kupferstich von Ouden Allens eines der am wenigsten

zuverlässigen Dokumente und verführte nicht nur einen Topographen oder Kunsthistoriker schon zu unrichtigen Schlüssen[1]. Das, was auf diesem Panoramabild aus der Zeit um das Jahr 1685 festgehalten ist, ist sozusagen, »Dichtung und Wahrheit«, wobei es hier weniger Wahrheit gibt als davon, was sich van Ouden Allen dazugedichtet hat. Um ihm nicht Unrecht zu tun, muß man zugeben, daß die endgültige Ausformung einzelner Bauten, die damals noch gar nicht standen oder sich erst im Bau befanden, nicht ausschließlich Produkt seiner Phantasie waren. In vielen Fällen hatte er sich die Pläne der angefangenen oder geplanten Bauten angesehen und einfach danach die Lücken in den Fronten der Straßen und auf den Plätzen zu Ende gedacht. Dies gilt zum Beispiel für die Kirche St. Niklas auf der Kleinseite, die auf dem Panoramabild als eine frühbarocke Architektur mit einem Turm an der Stelle des heutigen Turmes abgebildet ist, obwohl bis zum Jahre 1686 nur die Fundamente der westlichen Fassade ausgehoben, aufgemauert und wieder mit Erde zugeschüttet waren. Die Väter der Gesellschaft Jesu dachten und handelten nämlich sehr wirtschaftlich. Aus dieser Sicht hatte für sie das Wohnhaus (das Profeßhaus), das zuerst gebaut worden war, bei weitem größere Bedeutung als die Kirche. Für den Gottesdienst mußte die alte Kirche so lange genügen, bis die Mittel für den Bau einer neuen zusammenkamen. Auf die Baupolitik der Jesuiten sowie der verschiedenen anderen Orden wird noch häufiger einzugehen sein, und zwar gerade im Zusammenhang mit den Dientzenhofern.

Was über die Darstellung der Niklaskirche gesagt wurde, gilt auch für das Neustädter Jesuitenkolleg, dessen Front auf dem Panoramabild die südliche Hälfte des damaligen Viehmarktes beherrscht. In Wirklichkeit stand damals lediglich ein kleiner bescheidener Abschnitt des Hauptgebäudes, dessen Vollendung sich bis in die zweite Hälfte des 18. Jahrhunderts hinzog. Von den großen Gebäuden in Prag waren damals weit mehr unvollendet als fertiggestellt und eben dieser Zustand ist auf van Ouden Allens Vedute nicht festgehalten. Sie stellt Prag als eine durch und durch fertige Stadt dar, in Wirklichkeit war es damals eine einzige große Baustelle. Dieser Zustand hatte nicht nur historische, sondern auch politische und wirtschaftliche Gründe.

Der Traum Rudolphs II. (1552–1612) von einer goldenen Hauptstadt des Königreiches bezog sich sowohl auf die Baukunst, ja auf die Kunst überhaupt, als auch auf eine zuvor nie gekannte wirtschaftliche Blüte. Aus diesem Traum erwachten die Länder zunächst nur allmählich, und das nicht immer auf für sie angenehme Weise. In der letzten Phase, an jenem unglücklichen 8. November 1620, als die Heere der rebellierenden Stände am Weißen Berg geschlagen wurden, war es dann ein wahrhaft grausames Erwachen. Die Auswirkungen dieses anfangs wohl kaum einzuschätzenden Ereignisses waren sowohl für das ganze Land als auch für seine Hauptstadt wirklich unübersehbar. Die Niederlage am Weißen Berg bedeutete in ihrer Konsequenz nicht nur die legendäre Hinrichtung der 27 Teilnehmer des Ständewiderstandes auf dem Altstädter-Ring, sie bedeutete nicht nur den Anfang des Dreißigjährigen Krieges, sondern brachte, vor allem in Prag, radikale Veränderungen des Besitzstandes, die manchmal ungewöhnlich drastisch, manchmal nur nach und nach und weniger auffällig vonstatten gingen, mit sich. Eben diese Veränderungen haben die

Bedingungen geschaffen für die Entwicklung der frühbarocken Bauweise in der Hauptstadt der Länder der Böhmischen Krone. Es ist nicht übertrieben zu sagen, daß das barocke Prag ohne die Niederlage vom Weißen Berg völlig anders aussähe.

Die Bautätigkeit in der Stadt im letzten Viertel des 17. Jahrhunderts war in der Tat sehr lebhaft. Die Kleinseitner Jesuiten bauten ihr Profeßhaus, ihre Mitbrüder am gegenüberliegenden Moldauufer waren dabei, den ersten Bauabschnitt des Clementinums zu vollenden, es wurde an der Dominikanerkirche Maria Magdalena gebaut, die Kleinseitner Karmeliterinnen beendeten den Bau ihres Klosters und bereiteten den Bau ihrer Kirche vor. Das Prämonstratenserstift auf dem Strahow setzte nach einer längeren Pause, dank ihres Abtes Hieronymus Hiernheim, den Bau des Klosterkomplexes fort, nachdem der Bau auf Nebenobjekte beschränkt gewesen war. Nach dem von Giovanni Domenico Orsi ausgeführten Umbau des westlichen Renaissanceflügels in eine Bibliothek folgte die Errichtung des südwestlichen Teiles mit dem Sommerrefektorium nach dem Projekt des Jean Baptist Mathey[2]. In der nächsten Nachbarschaft wurde am Czernin-Palais unter der Leitung von Francesco Caratti gearbeitet[3]. Auf dem Hradschinplatz baute Francesco Luragho das erzbischöfliche Palais nach dem Entwurf des erzbischöflichen Architekten Jean Baptist Mathey um, dem es, nebenbei bemerkt, trotz seiner zahlreichen und mächtigen Fürsprecher nicht gelang, die Erteilung der sog. »Hoffreiheit« zu erlangen. Sein ursprünglicher Beruf war nämlich Maler und nicht der eines gelernten Maurermeisters, und daher durfte er zwar auf den Baustellen die »künstlerische Oberleitung« ausüben, hatte sie aber de facto nicht inne[4]. In der Kanovnickágasse war man noch beim Bau des kleineren Palastes des Hložek von Žampach[5]. Den Benediktinerinnen von St. Georg auf der Prager Burg brachte ihre verbesserte wirtschaftliche Situation und wohl auch die Unterstützung verschiedener Gönner die Möglichkeit, sowohl den Klosterumbau in Angriff zu nehmen, als auch die Kirchenfront, wahrscheinlich nach dem Entwurf von Francesco Caratti, im barocken Stil umzugestalten[6]. Hierbei sollte man allerdings auch Abraham Leuthner in Betracht ziehen, da er ein Haus auf dem Aujesd (Újezd), dem Gebiet der klösterlichen Jurisdiktion, besaß und die Benediktinerinnen daher eigentlich seine Vorgesetzten waren. In der Altstadt neben der Karlsbrücke begann im Jahre 1679 der Prior der Kreuzherren mit dem roten Stern, Georg Ignaz Pospíchal, den Bau der neuen Ordenskirche St. Franziskus, und zwar unter der Ägide des Großmeisters des Ordens, des Prager Erzbischofs Johann Friedrich von Waldstein. Als Projektant kommt kaum ein anderer in Frage als Jean Baptist Mathey. Der Bau wurde allerdings von den dazu berechtigten Baumeistern durchgeführt[7]. Nicht weit von hier, am Annaplatz, stückelten die etwas finanzschwachen Dominikanerinnen ihr Kloster im wahrsten Sinne Stück für Stück zusammen. Als Planer und Baumeister wechselten bei ihnen in den sechziger und siebziger Jahren Giovanni Domenico Orsi, Johann Peter Spinetti und Johann Peter Nittola[8]. Wohl nach dem Plan Orsis errichteten die Barfüßer-Karmeliter Anfang der siebziger Jahre in langsamem Tempo ihr Kloster bei St. Gallus, und auf der gegenüberliegenden Seite wurde das Palais des Johann Wenzel Graf Nowohradský von Kolowrat gebaut, von dem nur der zum Obstmarkt hin orientierte Frontflügel erhalten geblieben ist[9]. In der Neustadt führten die Jesuiten langsam und mit Unterbrechungen den Bau ihres Collegiums auf dem Viehmarkt fort, wobei Carlo Luragho bei der Bauleitung von dem Maurermeister Martin Reiner abgelöst wurde[10]. Über dem Stadtgraben, gegenüber der Altstadt, entstand das Kloster der Ursulinerinnen[11].

Es wurde aber auch in der näheren Umgebung Prags gebaut. Silvestre Carlone war in Troja mit dem Bau des Sommersitzes für Wenzel Adalbert Graf von Sternberg beschäftigt, und zwar nach einem nachträglich durch Jean Baptiste Mathey verbesserten Riß des Giovanni Domenico Orsi[12]. Der Abt des Breunauer Klosters, Thomas Sartorius, erweckte nach Jahren des tiefen Verfalls das »Archisterium« der Benediktiner durch den Neubau des sogenannten »kleinen Klosters«, der dem Maurermeister Martin Reiner[13] anvertraut wurde, zu neuem Leben.

Das sind nur die bekanntesten und bedeutendsten frühbarocken Bauten. Währenddessen wurde die Prager Befestigung vorangetrieben, und es gab wohl keinen Baumeister, der sich nicht durch irgendeinen Beitrag daran beteiligt hätte, selbstverständlich jedoch nicht als Planer, ging es doch um qualitativ gute Ausführung von Plänen der Festungsingenieure und nicht um individualistische Invention.

Für einen geschickten und tüchtigen Maurergesellen gab es in Prag also nicht nur genügend Arbeit, sondern auch gute Aussichten, bald Polier und womöglich selbständiger Maurer- und Baumeister zu werden, auf den unzählige Betätigungsmöglichkeiten warteten. Es fehlten hier weder die Besitzer von geeigneten Bauplätzen, die aus irgendeinem Grunde mit dem Bau ihres Palastes, Hauses oder eines anderen Objektes bislang nicht begonnen hatten, noch solche, die mit dem Bau der großen Projekte langsam, in Bauabschnitten und oft mit langen Unterbrechungen voranschritten. Das galt vor allem für die geistlichen Institutionen, deren Bautätigkeit von Zeit zu Zeit aus Mangel an Finanzmitteln steckenblieb. Die jungen Dientzenhofer hatten diese Situation zweifellos sehr gut erfaßt. Die Möglichkeiten, die Prag und Böhmen überhaupt einem fähigen Baumeister und Architekten boten, bewertete Christoph allerdings am besten, und zwar im Hinblick auf die eigene als auch auf die Zukunft seines Sohnes. Er schaute sich jenseits der Grenze um und kehrte dann nach Prag zurück.

Siegelwappen von Christoph und Kilian Ignaz Dientzenhofer (gezeichnet von Josef Rank)

CHRISTOPH DIENTZENHOFER

Der junge Meister

Unter den Schöpfern der böhmischen Barockarchitektur – und vielleicht der gesamten historischen Architektur Böhmens überhaupt – gibt es aber wohl keine Persönlichkeit, die mit so vielen Fragen behaftet ist wie eben dieser Christoph Dientzenhofer. Dies ist auf jenen Tepler Konventualen zurückzuführen, der im Jahre 1691 in die Klosterannalen eintrug, der Baumeister des neuen Teils des Stifts sei ein »Herr Christoph Dientzenhofer, ein aus Bayern stammender Prager Bürger, der seine Kunst ausgezeichnet verstand und sie an vielen Orten durchführte, doch aber (recht verwunderlicherweise) absolut nicht lesen und schreiben konnte. Sein Polier war Wolfgang Branbock, ein Bayer aus der Gemeinde Miespach, sechsundzwanzigjährig, ein in seiner Kunst sehr berühmter Mann ... (unleserlich) und als Baumeister sehr erfahren.«

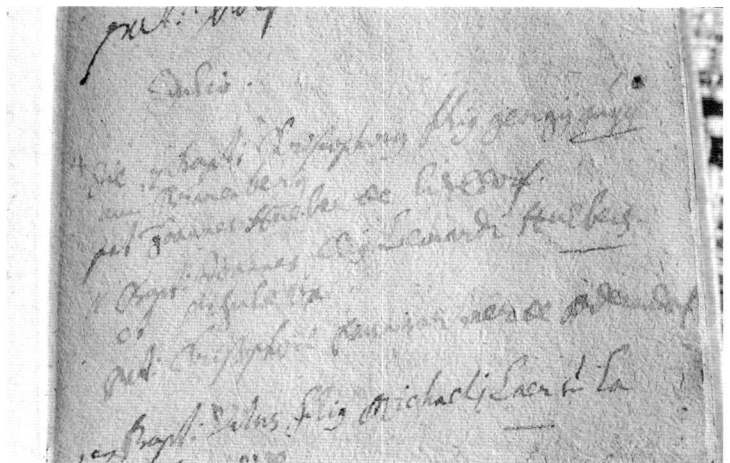

Taufbuch-Eintrag für Christoph Dientzenhofer

Nach einer späteren Eintragung kaufte Branbock im Jahre 1699 ein Haus in Tepl (Teplá) und wurde dort eingebürgert[1]. Zu der definitiven Degradierung des Christoph Dientzenhofer trug die tschechische Kunstwissenschaft in der Zeit zwischen den Kriegen bei. Man fragte sich, was für ein Architekt oder Baumeister das wohl hätte sein können, der nicht lesen und schreiben konnte; wie hätte er denn einen Entwurf zeichnen können? Die Traditionen des 18. Jahrhunderts, die außer der erwähnten Tätigkeit in Tepl Christoph Dientzenhofer zumindest auch das Schiff der Niklaskirche, die Fertigstellung der Magdalenenkirche auf der Kleinseite und die Kirche der hl. Margaret in Breunau zuschrieb, wurde verworfen, und Christoph Dientzenhofer figurierte in der hiesigen kunstgeschichtlichen Literatur fortan und eigentlich bis vor kurzem als eine höchst zweifelhafte Person, als ein Maurermeister, der schlecht und recht in der Lage war, einen fremden Entwurf einigermaßen auszuführen; falls ihm irgendwann etwas Bedeutenderes zugeschrieben worden war, so konnte er es nur nach dem Entwurf eines anderen Architekten und mit dessen Hilfe gebaut haben. Einige meinten, daß jener »Architekt« der um einiges jüngere Johann Blasius Santini-Aichl sein könnte, andere wieder, es wäre ein bisher nicht bekannter Architekt gewesen[2]. Es wird noch Gelegenheit geben, zu dieser Problematik zurückzukehren und sie aufgrund der zahlreichen neuen archivalischen Erkenntnisse abschließend zu behandeln.

Die Brüder Dientzenhofer kamen nicht lange vor dem Jahre 1678 aus ihrer bayerischen Heimat nach Prag. Georg, geboren im Jahre 1643, war damals schon fünfunddreißig Jahre alt und hatte bereits seine Meisterprüfung hinter sich. Meister war wohl auch schon der fünf Jahre jüngere Wolfgang. Der dreiundzwanzigjährige Christoph war erst Geselle, der achtzehnjährige Leonhard beendete vielleicht eben seine Lehrjahre, und der Jüngste, Johann, war damals ein fünfzehnjähriger Lehrjunge. Just er ist es, der im Jahre 1707 betont, daß er »die Grundfesten seines Handwerks bei zwei berühmten Baumeistern in Prag erlernte«[3].

Zufällig ist eine ausführliche Liste der Maurer- und Steinmetzmeister erhalten geblieben, die eben in den siebziger Jahren in Prag tätig waren. Sie wurde im Jahre 1679 wegen der Beschwerden der Gesellen zusammengestellt, daß die Meister mehr Lehrlinge hielten als erlaubt, diese auf Baustellen beschäftigten und dadurch selbstverständlich an Gehältern sparen könnten. Für die Gesellen gebe es daher nicht genügend Arbeit. Zu der Altstädter Zunft gehörte damals (der im selben Jahre gestorbene) J. D. Orsi, dessen Unternehmen offensichtlich das größte war. Er hatte zwölf Lehrlinge, von denen allerdings fünf gerade beim Militär gewesen, ein weiterer nach Wien, ein anderer nach Rom gegangen seien und ein dritter krank im Welschen Spital gelegen hätte. Jeweils vier Lehrlinge beschäftigten J. B. Allio, Fr. Luragho und Gaudentio Casanova. J. D. Canevalle hatte zwei, Schwartzbauer und J. B. Potz je einen. Der Steinmetzmeister Fr. Torri hatte drei Lehrlinge, der Steinmetz J. B. Passarini einen. In der Prager Neustadt wirkte damals Andreas de Quadri, ein Oberzunftmeister. Da dieser mit gutem Beispiel vorangehen wollte, hatte er vorschriftsgemäß lediglich zwei Lehrlinge. Der hier bereits erwähnte Martin Reiner hatte zwölf, von denen er allerdings sechs vom kurz zuvor verstorbenen Giovanni de Capauli übernommen hatte. Abraham Leuthner hatte vier, Johann Panecius und Johann Neumann je drei, und die restlichen, also Hans Georg Gottwick, Wenzel Leytok, Jan Patočka und Giovanni de Quadri gaben bloß einen einzigen an. Der Steinmetzmeister Karl Rokyta hatte fünf Lehrlinge. Die Kleinseitner Meister Christoph Lehner und Wilhelm Oppenrieder hatten je drei, Domenico Ernesti Sepricius, Leonhart Musspiller, Christoph Niculin und Georg Aichbauer je zwei, Domenico Auguston und Kolman Ubel je einen Lehrling. Die Meister Sandin Materna, Johann Blot und Andreas Dimel beschäftigten seinerzeit keine Lehrlinge[4]. Es ist wahrscheinlich, daß Johann Dientzenhofer damals bei Abraham Leuthner, der jahrelang seine älteren Brüder beschäftigt hatte, in die Lehre ging. Es ist schwer zu sagen, wer sein zweiter »berühmter Meister« war. Die bedeutendste Persönlichkeit war damals sicherlich Orsi, der allerdings im Jahre 1679 starb; und es ist schwer, heute einen anderen berühmten Meister aus der erwähnten Liste auszumachen, obgleich man in Erwägung ziehen muß, daß die damalige Wertung mit Sicherheit von der heutigen abwich.

Christoph Dientzenhofer war noch im Jahre 1685 Polier bei Leuthner, und zwar am Bau des Klosters in Waldsassen, der gleichzeitig von seinem älteren Bruder Georg geleitet wurde.

Christoph war damals dreißig Jahre alt und heiratete in Prag *Anna*, Witwe des Georg Aichbauer, die ein kleines Haus auf der Kleinseite und zwei Kinder in die Ehe brachte, den fünfjährigen Sohn Georg und einen weiteren Sohn Johann, über dessen Existenz man nur aus Christophs Testament erfährt. – Das Haus in der Sackgasse hinter der Nostitz-Reitschule steht noch heute (Konskr. Nr. 465-III). – Selbstverständlich genoß er alle Vorteile, die die Söhne der Meister und die Ehemänner der Witwen oder der Töchter verstorbener Meister hatten. Im November desselben Jahres wurde den Neuvermählten das erste Kind, die *Tochter Katharina*, geboren. Ein Jahr später beantragte Christoph Dientzenhofer beim Kleinseitner Magistrat die Erteilung der Bürgerrechte mit der Bemerkung, daß er das Dokument »über die ordentliche Zeugung« binnen dreier Monate nachreichen würde, da sein Geburtsort von Prag sehr weit entfernt sei. Die Maurermeister Peter Erhardt und Sebastian Sok verbürgten sich für ihn[5]. In den Jahren 1686 und 1687 hatte Johann Köpfer die Stelle des Poliers in Waldsassen inne, wahrscheinlich, weil Christoph damals mit der Erledigung von wichtigen persönlichen Angelegenheiten beschäftigt war[6]. Das Bürgerrecht beantragte er mit Sicherheit darum, weil er sich um die Aufnahme in die Kleinseitner Maurerzunft bewarb. Er mußte daher eine Meisterprüfung ablegen und hielt sich zu dieser Zeit offenbar vorwiegend in Prag auf. Ob er das unerläßliche Dokument selbst in seinem Heimatort abholte oder er einen Bekannten damit beauftragte, ist leider unbekannt. J. Herain gibt an, daß ihm das Bürgerrecht sowie das Recht, ein Gewerbe zu betreiben, am 14. November des Jahres 1687 erteilt wurde[7]. Es handelt sich dabei allerdings um einen Irrtum, denn Herain verwechselt die schon erwähnte Antragstellung mit ihrer Erledigung, deren Datum bedauerlicherweise in die Stadtbücherei nicht eingetragen wurde.

Christoph Dientzenhofer arbeitete sodann auch weiter bei Abraham Leuthner, den er schon im Mai 1685, damals noch als Polier, bei der zeitweiligen Aufsicht am Bau des Schlosses von Herzog Julius Franz von Sachsen-Lauenburg in Schlackenwerth, vertrat. Die meist mehrtägigen Aufenthalte in Schlackenwerth wiederholten sich im Mai 1686 und im April und Juni 1687. Im Jahre 1688 löste der Leitmeritzer Giulio Broggio Leuthner in der Bauleitung ab, und Christoph Dientzenhofer taucht in den Abrechnungen des genannten Schlosses nicht mehr auf. Christoph bezog dort den Lohn eines Poliers, 45 Kreuzer täglich. Die Tatsache, daß er Abraham Leuthner vertrat, zeigt, daß er dessen volles Vertrauen genoß und bereits als Polier eigentlich die Funktion des Maurermeisters übernahm[8].

Nach der Anfertigung »des Meisterstücks« wurde Christoph, wahrscheinlich im Jahre 1688, in die Kleinseitner Maurerzunft aufgenommen. Im Jahre 1687 wurde den Eheleuten Dientzenhofer das zweite Kind, der *Sohn Martin*, geboren. Er schlug nicht die Laufbahn des Vaters ein, sondern trat in das Kapuzinerkloster in Brüx (Most) ein, wo er nach dem Ablegen der Gelübde unter dem Namen Bruder Tobias lebte[9].

Auch als ordentliches Mitglied der Kleinseitner Zunft blieb Christoph Dientzenhofer in den Diensten Abraham Leuthners. Bis zum Jahre 1689 arbeitete er neben seinem älteren Bruder Georg als »jüngerer Maurermeister« in Waldsassen. Als Georg in dem genannten Jahr starb, übernahm Christoph seine Stelle als »Altmeister«. Die Namen von Abraham Leuthner und Christoph Dientzenhofer tauchen in den Klosterabrechnungen nach der Wahl des neuen Abtes Albert im Jahre 1691, der den Baumeister Bernard Schießer engagierte, nicht mehr auf[10]. Im Jahre 1689 dachte Christoph Dientzenhofer bereits daran, sich vollkommen selbständig zu machen. Eine willkommene Gelegenheit bot sich ihm nicht sehr weit entfernt an, und zwar auf der böhmischen Seite des Erzgebirges, wo der Tepler Abt P. Reymond Willfert beabsichtig-

te, sein Kloster zu erweitern. Er erwähnte dies gegenüber P. Josef Werner in Waldsassen, wobei er den Namen des jungen Meister Christoph als einen möglichen Baumeister nannte. Christoph Dientzenhofer wandte sich also selbst am 6. Mai 1689 schriftlich an den Abt und teilte ihm mit, daß er es wage, ein so erhabenes Werk wie das in Waldsassen auszuführen und den Abt bitte, ihm den geplanten Bau anzuvertrauen. Er wäre persönlich gekommen, da er aber sowohl mit dem Bau in Waldsassen beschäftigt sei, als auch aus wichtigen Gründen nach Prag reisen müsse, könne er nicht anders, als auf die Reise nach Tepl zu verzichten. Sollte der Abt sich entschließen, ihm den Bau anzuvertrauen, so möge er ihm eine Nachricht und die gnädige Order zukommen lassen, wann er sich einfinden solle. Er unterschrieb als »Bürger und Maurermeister in Prag und in Waldsassen«. Das Schreiben wurde in Eger verfaßt. Es wurde nicht von Christoph eigenhändig geschrieben, aber es war damals üblich, sich einen wichtigen Brief von einem routinierten Schreiber in Schönschrift schreiben zu lassen. Der zweite Brief ist vom 12. November desselben Jahres in Prag datiert. Christoph entschuldigt sich darin, daß er nicht, wie versprochen, acht Tage vor St. Martin nach Tepl gekommen sei, um über den »proponierten Bau« weiter zu verhandeln und alles in die Wege zu leiten. Er sei durch eine wichtige Arbeit in Prag zurückgehalten worden und verspreche, innerhalb der nächsten drei, spätestens jedoch vier Wochen einzutreffen. Er habe schon die Grundrisse angefertigt und arbeite an der Fassade, und das alles wolle er mitbringen. Er hoffe, daß bei dem Bau des »neuen Stocks« (also Flügels) jenseits der Sakristei nicht viel würde abgebrochen werden müssen, und daß man darin noch bis zur Fertigstellung würde wohnen können (die Formulierung ist nicht ganz klar; es scheint, daß es sich um einen Anbau handelte und um die Möglichkeit, in dem älteren Teil des Flügels noch zu wohnen). Gleichzeitig wird der Abt gebeten, mit den Arbeiten im Steinbruch fortzufahren; der Steinbrecher solle sieben Viertel (Ellen) breite und dreieinhalb (Ellen) hohe Stücke für die Türen und Fenster sowie eine Elle hohe Stücke für den Sockel brechen und davon so viele, wie er nur bis zu seiner Ankunft schaffe. Er könne auch längere und kürzere Sockelsteine vorbereiten. Zum Schluß des Briefes empfiehlt er sich in des Abtes Gunst. Aus diesem Brief geht hervor, daß es sich um einen Umbau und offensichtlich auch einen Anbau an einem Flügel des Klostergebäudes hinter der Sakristei handelte; Christoph Dientzenhofer sollte nach seinem eigenen und keinesfalls einem fremden Entwurf bauen[11].

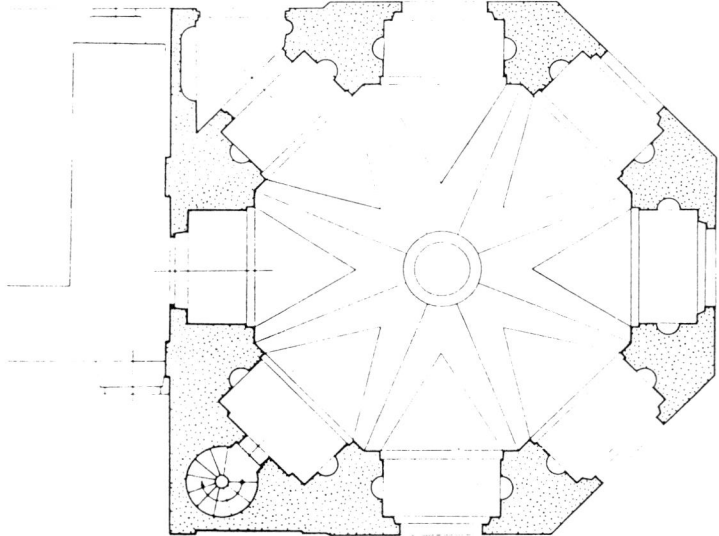

Tepl, Spitalkapelle zur Allerheiligsten Dreifaltigkeit

Die Bautätigkeit in *Tepl* beschränkte sich nicht nur auf den erwähnten *Flügel des Stiftes.* Nach der Überlieferung baute Christoph Dientzenhofer auch die *Kapelle der Allerheiligsten Dreifaltigkeit,* und zwar in den Jahren 1692 bis 1699, und die unter der Schirmherrschaft des Tepler Stiftes stehende *Kirche der Geburt des hl. Johannes des Täufers in Neumarkt* (Úterý). Der Grundstein der Kirche in Neumarkt wurde am 29. April 1695 gelegt, und der Bau wahrscheinlich bis zum Jahresende 1698 abgeschlossen. In den neunziger Jahren des 17. Jahrhunderts bauten die Tepler Prämonstratenser auch in Kladrau und Krukanitz (Krukanice) und in den Jahren 1706 bis 1708 dann ein *kleines Schloß bei ihrem Gut in Hammerhäuseln (Hamníky)* in der Nähe von Marienbad. In den Stiftsannalen aus den genannten Jahren sind zwar die Ausgaben notiert, ja sogar auch der »Gesellengroschen« des Baumeisters wird erwähnt, nicht aber sein Name. Daß Christoph Dientzenhofer an diesen Bauten mitgewirkt hat, ist für die neunziger Jahre sehr wahrscheinlich, was für die Jahre 1706 bis 1708 dann jedoch weniger zutrifft, da er damals in Prag intensiv beschäftigt war. Völlig ausgeschlossen ist es aber nicht[12]. Die Ausführung vertrauten die Tepler Prämonstratenser zweifellos dem bewährten Maurermeister Johann Wolfgang Braunbock (auch als Branbock notiert) an, dem ehemaligen Polier von Christoph Dientzenhofer, der sich in Tepl niedergelassen und selbständig gemacht hatte.

Die Tätigkeit Christoph Dientzenhofers in Westböhmen war jedoch umfangreicher, und er arbeitete hier auch für andere Bauherren. Im Jahre 1688 beschlossen die Kreuzherren mit dem roten Stern, in *Maria Kulm* (Chlum sv. Máří, Chlum nad Ohří) eine *Wallfahrtskirche* zu bauen. Der Grundstein wurde am 7. Mai 1690 gelegt. Die Grundsteinlegung fiel aber selten mit dem tatsächlichen Baubeginn zusammen, welcher schon einige Zeit zurückliegen oder aber auch erst für viel später vorgesehen sein konnte. Der schnelle Fortschritt in Maria Kulm spricht dafür, daß zur Zeit der Grundsteinlegung die Arbeiten dort schon weit fortgeschritten waren. Der Bau ist verhältnismäßig gut durch die Rechnungen dokumentiert, in denen, wie damals üblich, die Handwerker nur selten namentlich erwähnt sind. Der Polier war wieder Wolfgang Braunbock aus Tepl. Dem nirgends namentlich erwähnten Baumeister zahlte man ein Jahresgehalt, das von den ursprünglichen 50 rh. Gulden in den folgenden Jahren auf 20 rh. Gulden sank. Die Frage, wer der Architekt war, ist in diesem Falle kompliziert, und zwar aus folgenden Gründen: Da der postulierte Großmeister der Kreuzherren mit dem roten Stern der Prager Erzbischof Johann Friedrich von Waldstein war, arbeitete für sie auch dessen Architekt Jean Baptiste Mathey. Seine Mitarbeit an dem ursprünglichen Projekt der Kirche der hl. Maria Magdalena muß angenommen werden; der Prior des Konvents, Georg Ignaz Pospíchal, war zwar ein außergewöhnlich energischer und selbständiger Mensch, dennoch konnte er den Architekten seines Großmeisters kaum umgehen. Um so weniger, als er mit diesem viel verkehrte. Mathey war der Autor des Plans der Kreuzherrenkirche des hl. Franziskus; er führte zweifellos die künstlerische Aufsicht an seinem Bau, auch wenn er ihn nicht selbst leiten konnte. In Westböhmen stand Christoph, der mit seinem Polier Wolfgang Braunbock in dieser Gegend arbeitete, für die Bauleitung zur Verfügung. Es besteht deshalb Grund zur Annahme, daß man in Maria Kulm vielleicht wirklich nach Matheys Plänen zu bauen begann. Das gilt vor allem für die Stirnseite mit einer ovalen Kapelle, die schon im Jahre 1692 fertiggestellt, und offensichtlich auch das Presbyterium, dessen Grundstein im Juni dieses Jahres gelegt und dessen Bau im Jahre 1694 fertig wurde. In diesem Jahr starb aber Johann Friedrich von Waldstein, und Mathey ging nach Frankreich. Deshalb ist es wahrscheinlich, daß die Vollendung der Kirche bereits ein Werk Christoph Dientzenhofers ist – wenn auch möglicherweise im Rahmen eines Generalplans. Dafür spricht auch die architek-

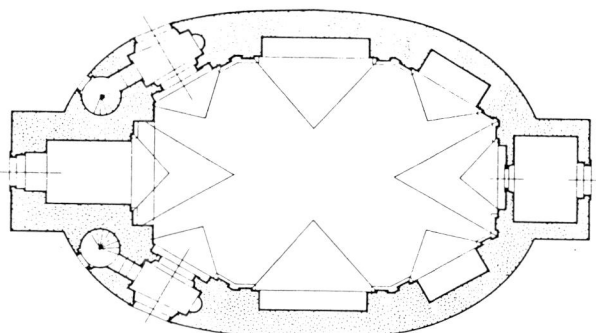

Neumarkt, Kirche der Geburt des hl. Johannes des Täufers

tonische Gliederung des Interieurs. Da sie eine Einheit bildet, scheint es, daß Mathey die Details in diesem Falle nicht selbst gezeichnet hat, sondern ihre Ausführung dem Baumeister überließ. Es muß bemerkt werden, daß Mathey nicht mit dem Baumeister identisch ist, dem der »Gesellengroschen«, also ein Jahresgehalt, gezahlt wurde – und zwar deshalb nicht, weil jener nicht genannte Baumeister zu seinem Gehalt auch die Summe zugewiesen bekam, welche für die Lehrlinge bestimmt war, die Mathey ja nicht anstellen konnte[13].

Die Kirche wurde im Jahre 1701 fertiggestellt und eingeweiht. Die Bauarbeiten in ihrem Umfeld waren aber noch nicht beendet, da die unumgänglichen Nebengebäude und die weiteren Bestandteile eines Wallfahrtsortes – Ambitus mit Kapellen – noch zu errichten waren. Daß Christoph Dientzenhofer für die Kreuzherren mit dem roten Stern in den neunziger Jahren des 17. Jahrhunderts wirklich arbeitete, ist für das Jahr 1692 belegt, in dem er ihren ausgebrannten *Wirtschaftshof in Tursko* umbaute[14]. Die Bauarbeiten in Maria Kulm leitete Wolfgang Braunbock bis zu seinem Tode im Jahre 1729[15].

In den Jahren 1698 bis 1701 leitete Christoph Dientzenhofer auch die *Befestigungsarbeiten in Eger.* Das wurde zwar vor einiger Zeit in Zweifel gezogen, weil in der Dokumentation zu den Arbeiten in Eger der Name Johann Dientzenhofer angegeben ist, Johann aber schon seit dem Jahre 1698 Bürger von Bamberg war. Das fehlerhafte Aufschreiben von Vornamen kam seinerzeit häufig vor; wenn der Schreiber sich gerade nicht erinnern konnte, schrieb er den Namen Johann, weil damals jeder zweite so hieß. In Eger trat Christoph Dientzenhofer an die Stelle von Abraham Leuthner, der dank dem damaligen »Oberfeldwachtmeister«, General Graf Daun, zum Oberfestungsbaumeister ernannt worden war[16].

Der Schwerpunkt von Christoph Dientzenhofers Tätigkeit verlagerte sich allmählich nach Prag und in die Prager Umgebung. Er war ein Mitglied der Kleinseitner Zunft des Maurer- und Steinmetzhandwerks und seit dem Jahre 1695 als ihr beeideter Altbaumeister tätig und als solcher mit der Teilnahme an Baukommissionen beauftragt. Diese war für die Altmeister Pflicht, wobei es sich um Gutachten bei Baurechtsstreitigkeiten unter Nachbarn handelte. Die Zunft schickte meistens zwei beeidete Altmeister, und wenn es sich als nötig erwies, wurde das Sachverständigengremium um einen beeideten Meister der Zimmermannszunft ergänzt. Als Mitglied der Kommission ist Christoph Dientzenhofer am 9. September 1695 zum ersten Male eingetragen; gemeinsam mit Antonio Luragho und Georg Zeidler lieferte er das Gutachten in dem Streit des Bauherrn Simon Rener mit seiner Nachbarin, Gräfin Hassenstein. Zwei Jahre später nahm er gemeinsam mit dem Kleinseitner Baumeister Johann Georg Mayer und dem Zimmermeister Kilian Gabriel an der Verhandlung der Kommission über den Streit teil, den die Freifrau von Rantzau gegen die Kar-

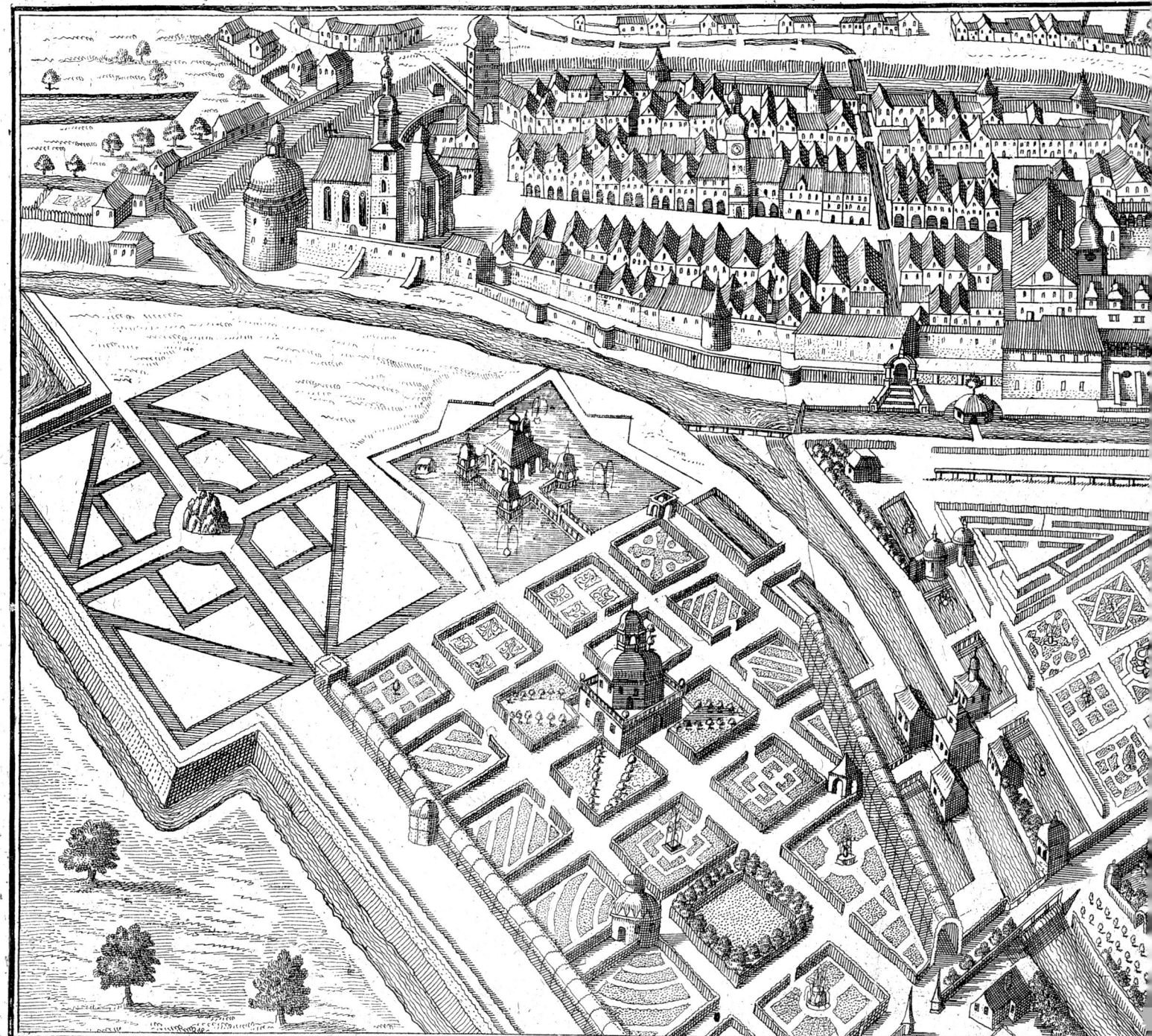

Schlackenwerth, Schloß

meliterinnen wegen deren Gartengebäude führte; ein Jahr später trat diese Kommission in der gleichen Zusammensetzung bei der nächsten Streitsache der Freifrau von Rantzau zusammen; diesmal stritt sie mit ihrem Nachbarn, Herrn Evančický. Im Jahre 1699 war er zweimal Mitglied der Baukommission. In beiden Fällen ging es um den Streit des Bauherrn des Fenoralischen Hauses mit der Nachbarin, Ludmila Staab. Das andere Mitglied der Kommission war wiederum Johann Georg Mayer. Im Jahre 1700 schließlich lieferte er zusammen mit Antonio Luragho ein Gutachten in der Streitsache zwischen Doktor J. F. Löw, dem Besitzer des Hauses Zum roten Löwen, und dessen Nachbarn, Herrn von Glauchow[17].

In den Kleinseitner Bürgerbüchern taucht der Name Christoph Dientzenhofer jedoch auch in anderen Zusammenhängen auf. Im Jahre 1696 trat Frau Maria Maximiliana Theresia Sattler, geborene von Kührenberg, ihr Haus in der damaligen Neuen Gasse (der heutigen Letenská) hinter St. Thomas an Wilhelm Johann Anton Graf Daun ab, der damals Prags militärischer Oberbefehlshaber war. Als Zeuge bei dem Vertragsabschluß wird der Oberfestungsbaumeister Abraham Leuthner angegeben, bei dessen Unterschrift angemerkt ist: »da der königliche Herr Oberbaumeister der Schrift nicht kundig ist, hat er mich gebeten, diesen seinen Namen für ihn zu unterschreiben, was ich hiermit bezeuge. Christoph Dientzenhofer«. Der Vertrag wurde am 7. August des Jahres 1696

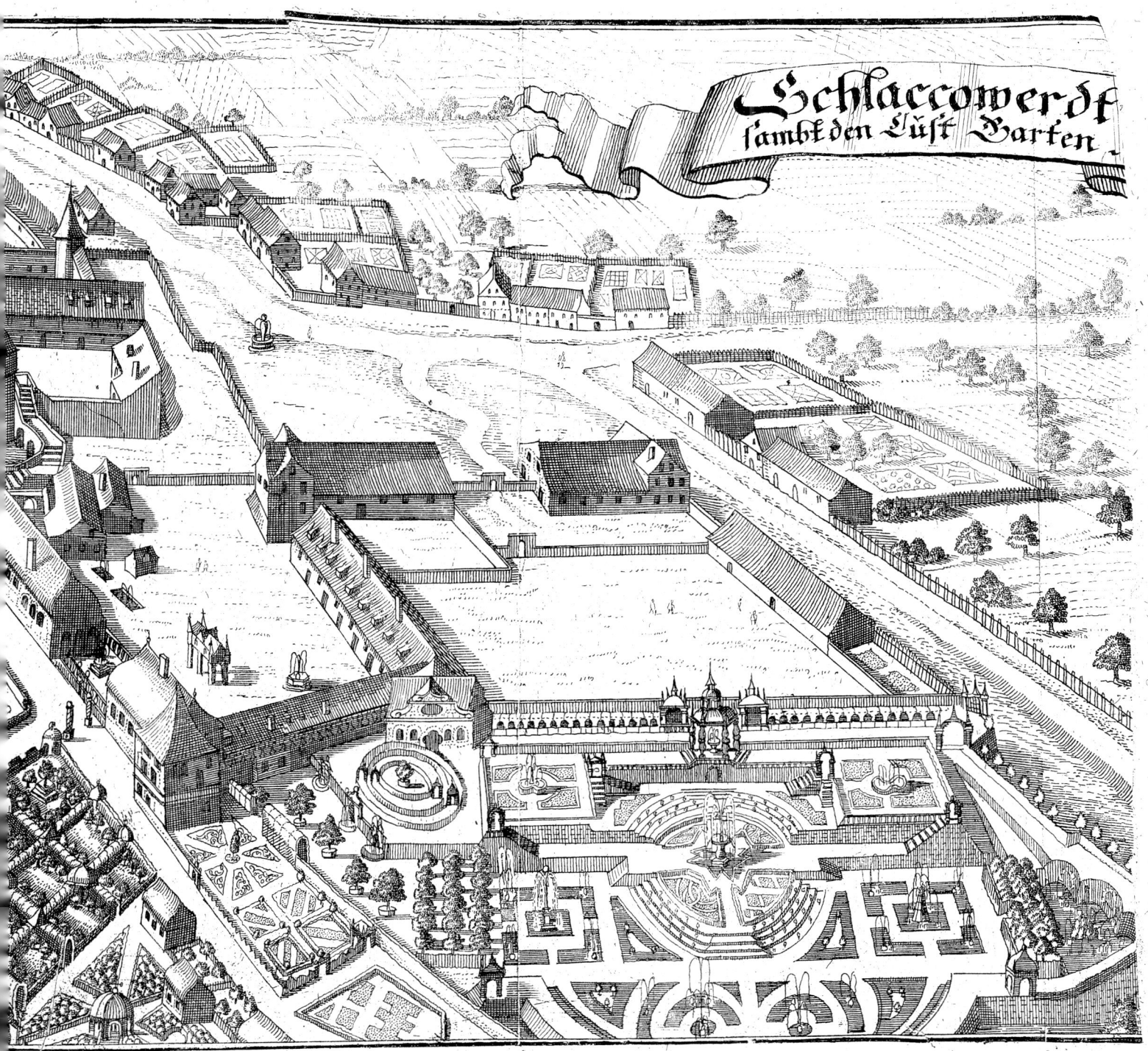

abgeschlossen, und drei Tage später erwarb Graf Daun, ebenso durch Abtretung, auch das benachbarte Haus des Wolf Andreas Sigismund von Kührenberg. Als Zeuge ist hier wieder Abraham Leuthner mit einer gleichlautenden Anmerkung eingetragen[18].

Dieses Kapitel wurde mit der Notiz des Tepler Chronisten aus dem Jahre 1691 eingeleitet, in der es heißt, daß Herr Christoph Dientzenhofer weder lesen noch schreiben gekonnt habe. Die zitierten Anmerkungen in dem Prager Kontraktbuch bezeugen das Gegenteil. Es ist wohlbekannt, daß Christoph Dientzenhofer mit seinem Namen unterschreiben konnte; es gibt von ihm Dutzende Unterschriften. Es wäre der Einwand möglich, daß er nicht mehr als eben seine Unterschrift gelernt hätte. Nun weiß man, daß er

nicht nur für sich selbst, sondern auch für Abraham Leuthner unterschrieb. Auch gibt es bei keinem anderen Vertrag, bei dem er als Zeuge oder als Käufer angegeben ist, eine Anmerkung, daß er nicht schreiben könnte. Es ist also offensichtlich, daß der Tepler Chronist irrte. Wahrscheinlich hat er Christoph Dientzenhofer mit Abraham Leuthner verwechselt, der in Westböhmen eine bekannte Persönlichkeit war. Aber selbst wenn Christoph Dientzenhofer im Jahre 1691 nicht hätte schreiben können, mußte er es im Laufe von fünf Jahren gelernt haben, was wiederum ein Beweis für seine Zielstrebigkeit wäre, eine bessere Bildung zu erlangen.

Am meisten überrascht wären wohl heute diejenigen, die einen des Lesens und Schreibens unkundigen Baumeister für der schöp-

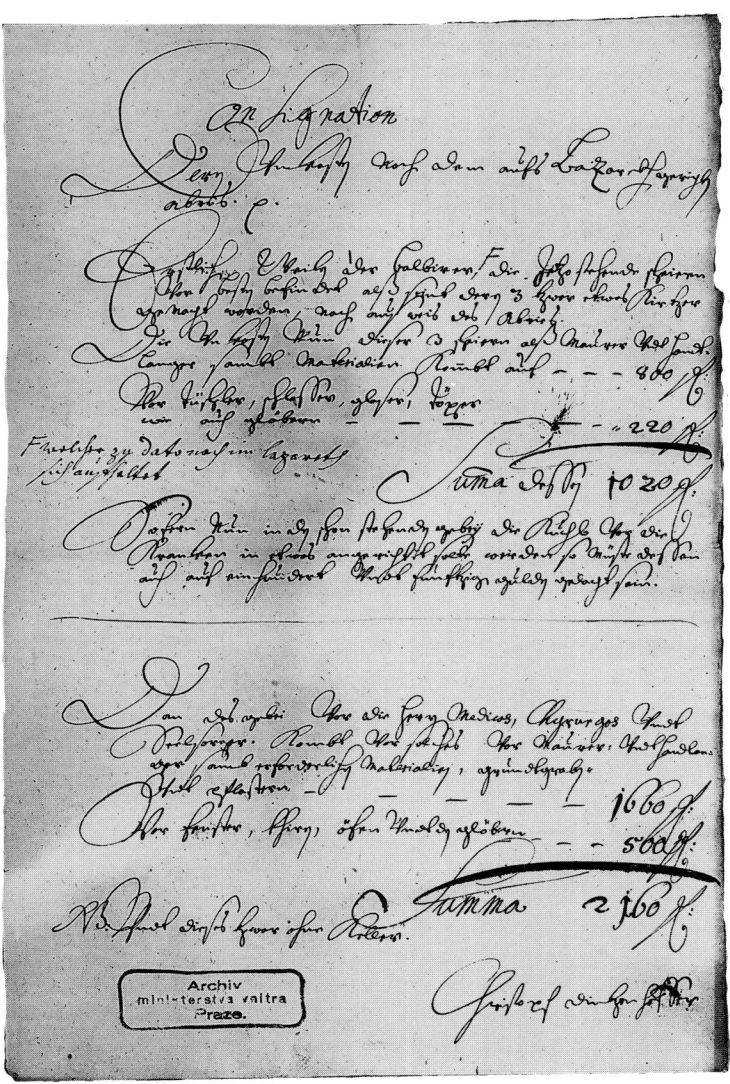

Schriftprobe Christoph Dientzenhofers (1715/16)

ferischen Arbeit unfähig hielten. Abraham Leuthner, der wirklich nicht schreiben konnte – in dieser Hinsicht hat die amtliche Niederschrift, was die Glaubwürdigkeit betrifft, einen höheren Wert als die Bemerkung in der Tepler Chronik –, ist sogar der Autor des bekannten Buches »Über die fünf Säulenordnungen«, das schon 1677 im Druck erschien. Er mußte also die Texte zu seinen Zeichnungen jemandem diktiert haben. So konnte im 17. Jahrhundert ohne weiteres jemand zum Buchautor werden, der sogar nicht einmal unterschreiben konnte. Es war schließlich Christoph Dientzenhofer, der am 18. November im Jahre 1700 Leuthners Testament unterschrieben und vermutlich auch eigenhändig niedergeschrieben hat. Diese Tatsache merkte V. Wachsmannová schon im Jahre 1946 an, und trotzdem ist Christoph Dientzenhofer für die tschechischen Forscher ein analphabetischer Maurermeister geblieben.[19]

In den letzten Jahren des 17. Jahrhunderts arbeitete Christoph Dientzenhofer an der Fertigstellung der schon im Jahre 1656 gegründeten *Kirche der hl. Maria Magdalena auf der Kleinseite.* Der Bau wurde von Wenzel Michna Graf von Weizenhofen finanziert, den Entwurf fertigte Francesco Caratti an. Nach dem Tode Wenzel Michnas zeigte es sich, daß er bankrott war, was zur Stillegung des Baues führte. Das Konkursverfahren dauerte mehrere Jahre; wann der Kirchenbau wieder aufgenommen wurde, ist unbekannt. Christoph Dientzenhofer führte ihn jedenfalls zu Ende und veränderte angeblich die ursprünglichen Pläne. Die Kirche wurde am 30. Juni 1709 geweiht. Nicht nur die alte Prager topographi-

sche Literatur, sondern auch der Umstand, daß Christoph gerade in dieser Kirche seine Familiengruft errichtete, bezeugen seine Beteiligung an diesem Bau. Es gilt als sicher, daß er die Bauleitung nicht vor, eher nach 1688 übernehmen konnte, dem Jahre, in dem er selbständiger Maurermeister wurde[20].

Im Jahre 1698 bezeugte Christoph Dientzenhofer, daß er das *Haus »Zur goldenen Lilie«* auf dem *Kleinen Ring* (Konskr. Nr. 456-I) des Altstädter Bürgers und Chirurgen Roman Georg Buresch von Greifenbach recht aufwendig *umgebaut* hätte, und zwar sogar teilweise einschließlich der Fundamente, die er habe »unterfangen« müssen[21].

Der Name Christoph Dientzenhofer erscheint mehrmals in den Schriftstücken, die den länger dauernden Streik der Maurergesellen im Jahre 1699 betreffen. Einige von den verhafteten und verhörten Gesellen waren bei ihm beschäftigt, und die Protokolle der Verhöre geben Auskunft über seine damalige Bautätigkeit in Prag. So sagte der bei »Meister Christoph« beschäftigte Geselle Urban Bauer aus, daß er von dem Streik nichts gewußt habe und Mittwoch früh zur Arbeit auf dem Hradschin zu seiner Exzellenz Graf Sternberg gegangen sei, wo damals insgesamt zwölf Gesellen arbeiteten. Er habe jedoch nur zwei davon an der Baustelle angetroffen; aber die Handlanger seien vollzählig gewesen. Weil zuwenig Gesellen auf so viele Handlanger kamen, wollte er bei Meister Allio (der entweder ein Zunftaltmeister oder womöglich die nächst erreichbare Autorität im Falle gelegentlicher Abwesenheit Christophs in Prag war) fragen, was zu tun sei. Auf dem Weg vom Hradschin zu ihm sei er verhaftet worden. Ein anderer Geselle Dientzenhofers, Thomas Liebert, arbeitete ebenfalls bei Graf Sternberg, nicht aber auf dem Hradschin, sondern in Troja. Ein dritter, Franz Obelzauser, war bei den Kleinseitner Karmelitern, allerdings nur zum Kälken. In den Streik waren noch weitere Gesellen Christophs verwickelt, von denen Aegidius Leitgeber, Thomas Hinterberger, Baltzer Rösel und noch ein gewisser Georg als Führer des Streiks bezeichnet wurden, bei dem auch die an der Kirche der hl. Ursula arbeitenden Gesellen des Neustädters Marc Antonio Canevalle mitmachten. Nach einmonatiger Haft reichte Aegidius Leitgeber bei dem Böhmischen Statthalter einen Antrag auf Vergebung und Haftentlassung ein, in dem er angab, daß sich für ihn zwei Kleinseitner Bürger, von denen einer sein Arbeitgeber Christoph Dientzenhofer war, verbürgten. Dieser wurde wegen des Streiks gemeinsam mit weiteren Maurer- und Steinmetzmeistern auf das Kleinseitner Rathaus vorgeladen und befragt, ob seine Gesellen arbeiteten. Er antwortete damals, daß die eine Hälfte von ihnen arbeitete, und die andere, wie es hieß, »krankfeiere«, doch er nannte keine Namen[22]. Die Ursache des Streiks war die amtlich verordnete Änderung der Arbeitszeit.

Von den damaligen Baustellen Christoph Dientzenhofers wurden drei erwähnt: das Schloß in Troja, das Karmeliterkloster auf der Kleinseite und der Palast des Grafen Wenzel Adalbert von Sternberg auf dem Hradschin, an dem recht intensiv gearbeitet worden sein muß, wenn man die Anzahl der Gesellen in Betracht zieht. In Troja handelte es sich wahrscheinlich um untergeordnete Wirtschaftsgebäude, deren Bau vielleicht schon im ursprünglichen Plan von G. D. Orsi vorgesehen war. Es ist jedoch auch nicht auszuschließen, daß sie von J. B. Mathey oder von Christoph Dientzenhofer nachträglich entworfen wurden. Das Kälken bei den Karmelitern konnte, mußte aber nicht mit einer konkreten Bautätigkeit zusammenhängen; denn damals besorgten das Kälken die Maurer und nicht die Anstreicher.

Am interessantesten ist die Information, daß Christoph Dientzenhofer den *Hradschiner Palast des Wenzel Adalbert von Sternberg über dem Hirschgraben* baute. Dieser Palast hat eine lange und interessante Geschichte. Auf dem Grundstück stand das Renaissance-Haus des Christoph Lobkowitz, dessen Besitzer später abwech-

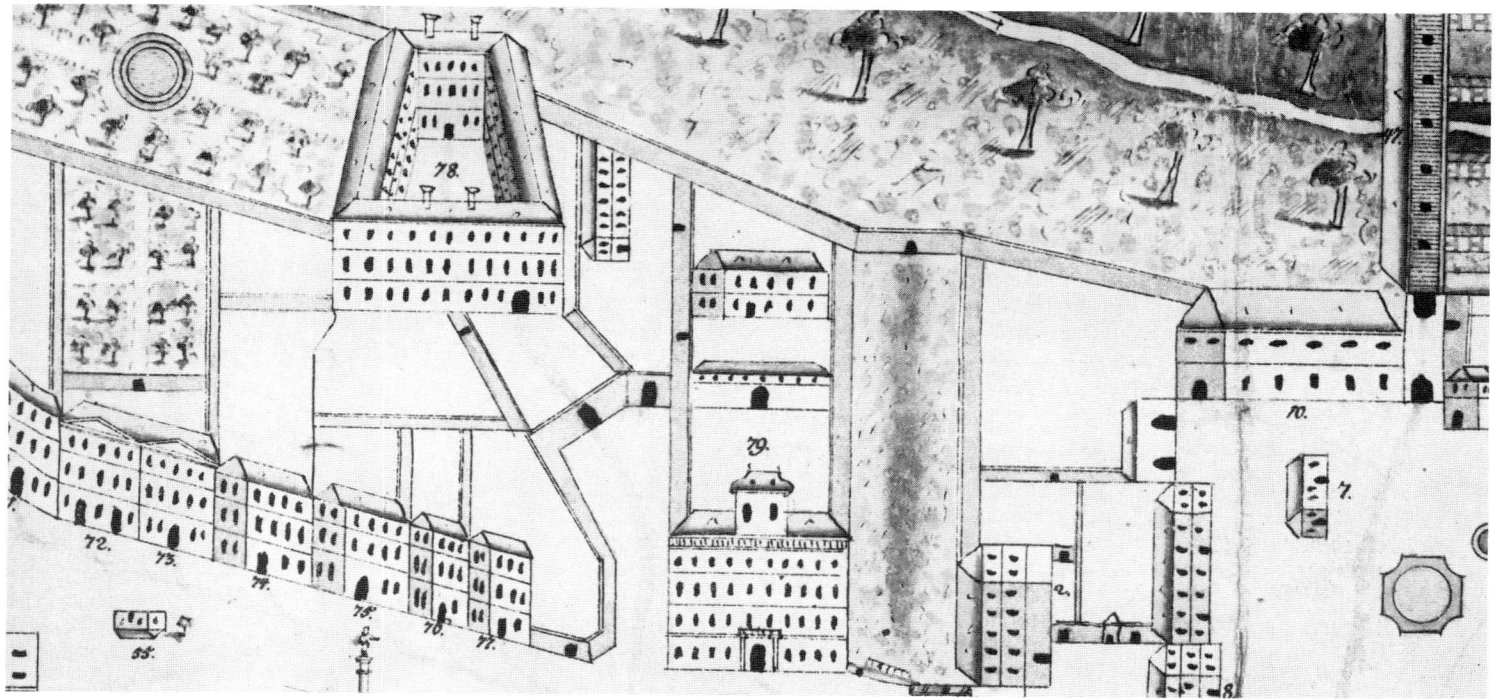

Prag, Palais des Grafen Sternberg (Nr. 78) und Erzbischöfliche Residenz (Nr. 79), Ausschnitt aus einem alten Stadtplan

selnd die Fürstenberg und die Schwarzenberg waren. Wenzel Adalbert kaufte es im Jahre 1690 zusammen mit dem schon seit längerem dazugehörigen Vorderhause am Hradschiner Platz (Konskr. Nr. 60-IV). Bislang konnte die Frage, ob das erste Palastprojekt von J. B. Mathey ausgearbeitet wurde, nicht beantwortet werden. Fest steht, daß sich Wenzel Adalbert von Sternberg schon im Jahre 1692 an den damals in Wien wirkenden, berühmten Architekten italienischer Abstammung, Domenico Martinelli, mit der Bitte um einen Entwurf wandte. Dieser Architekt wurde ihm vom Grafen D. A. Kaunitz, dem Bauherrn des Schlosses von Austerlitz bei Brünn, empfohlen. Martinelli arbeitete das Projekt tatsächlich aus; die Pläne wurden kürzlich in der Sammlung auf Castello Sforzesco in Mailand identifiziert[23]. Aus ihnen geht hervor, daß dem Grafen Sternberg damals eine langgezogene, aber verhältnismäßig schmale Parzelle zur Verfügung stand. Von Martinelli wurde dafür ein Palast mit zwei hintereinanderliegenden Höfen entworfen – einem längsgerichteten und einem quergelagerten, der sich zum Hirschgraben hin öffnete. Es kann angenommen werden, daß Graf Sternberg nach Martinellis Plänen bauen wollte, als er im Jahre 1694 die Böhmische Kammer um die Abtretung eines Baugrundstücks über dem Hirschgraben bat, da der auf ihnen dargestellte Palastgrundriß die nördliche Parzellengrenze tatsächlich um einiges überschreitet. Als Baumeister war wohl Martin Allio vorgesehen. Die Situation änderte sich allerdings im Jahre 1697, als es dem Grafen gelang, das mit der heutigen Konskr. Nr. 60 im Westen benachbarte Haus »Zu den Schwänen« (heute Konskr. Nr. 61-IV) mitsamt des daran anschließenden Grundstücks dazuzukaufen, wodurch er die ursprüngliche Parzelle beträchtlich erweiterte. Der Bau wurde wahrscheinlich im Jahre 1698 begonnen und war im Jahre 1699 schon in vollem Gange. Als neuer Architekt wird allgemein G. B. Alliprandi, der Vermittler der Wiener Einflüsse in Prag, angesehen. Dagegen könnte die Tatsache sprechen, daß Alliprandi, damals noch ein sehr junger Baumeister, im Jahre 1696 als Nachfolger von D. A. Rossi in die Dienste des Grafen Czernin getreten war, bei dem er am Bau seines Prager Palastes und seit 1697 an den Umbauten der Schlösser in Neudek und Kosmonosy tätig war. Man könnte vermuten, daß der junge Baumeister logischerweise – zumindest in den ersten Jahren seiner Dienste – vor allem auf die

Tätigkeit bei seinem Arbeitgeber achten und nach keinen anderen Aufträgen Ausschau halten würde. In Wien standen damals zwei Lustschlösser, deren Grundrisse ovale, entweder längs beziehungsweise quer angeordnete Säle aufwiesen; es handelt sich um die Schlösser der Grafen Althan und Schlick. Ein drittes Schloß, das Strattsmann-Bartolottis, näherte sich im Jahre 1697 seiner Vollendung. Alle wurden sie von Johann Bernhard Fischer von Erlach entworfen. Da Wenzel Adalbert Graf Sternberg im Jahre 1687 Pate seiner Tochter wurde, nimmt Hans Sedlmayr an, dieser Umstand hänge mit Baumaßnahmen J. B. Fischers zusammen, mit denen ihn der Graf beauftragte. Die Paten von Fischers Kindern waren allesamt seine Auftraggeber[24]. Es sieht so aus, wenn Wenzel Adalbert von Sternberg nicht zögerte, sich im Jahre 1692 an den renommierten Martinelli zu wenden, um dann sein Projekt ad acta zu legen, hätte er vermutlich einem anderen bekannten Architekten den Vorzug gegeben vor dem Anfänger Alliprandi, der damals noch kein bedeutendes Werk aufweisen konnte. Sicher ist, daß J. B. Fischer von Erlach sich damals mit den verschiedensten Dispositionen ovaler Säle intensiv befaßte und deshalb für den Grafen zumindest eine Skizze der grundsätzlichen Konzeption angefertigt haben kann, die dann im Detail von dem ausführenden Baumeister durchgearbeitet werden sollte.

Auch eine andere Alternative ist nicht ausgeschlossen. Schließlich entschied der Bauherr, wie und was er gebaut haben wollte, und vielleicht genügte es, etwa Christoph Dientzenhofer zu sagen: »Ich will einen Palast mit einem ovalen Saal ähnlich dem Lustschloß meines Freundes Graf Schlick oder Graf Althan in Wien.« Damals war es nach Wien nicht so weit wie man heute annimmt, und auch Christoph Dientzenhofer konnte hinfahren und sich dort umsehen. Die Grundrißdisposition mit vier Flügeln ist an sich nichts Besonderes, wobei sich auf der Nordseite ein Teil der Mauern des alten Renaissance-Hauses befand und vielleicht auch ein Teil der mittelalterlichen Hradschiner Stadtmauer, an welche es offensichtlich angebaut war. Das Fesselndste daran ist die geistreiche und treffende Lösung der Durchfahrt mit einem querliegenden ovalen Vestibül. Die Durchfahrt konnte nirgendwo anders als in der Ecke angeordnet werden, da der Zufahrtsweg topographisch durch die Parzellengrenzen des erzbischöflichen Palais und der Residenz des Kanonikus (Konskr. Nr. 58-IV) fixiert war. Dem

Verfasser des Entwurfes ist es gelungen, dieser ungünstigen Situation ein wirklich einmaliges Raummotiv abzugewinnen. Es steht fest, daß Christoph Dientzenhofer im Jahre 1699 der Sternberger Baumeister war und daß er es auch in den nächsten Jahren blieb, was eine zeitgenössische archivalische Notiz belegt[25].

Nach der Überlieferung schickte Servatius Ignaz Engel, Baron von Engelfluß, der damalige Eigentümer der Herrschaft Mníšek pod Brdy, Christoph Dientzenhofer um 1690 nach Marseille, wo er von der dortigen Gnadenkapelle der Büßerin Maria Magdalena Pläne anfertigen sollte. Der Baron verehrte nämlich diese Heilige und beabsichtigte, auf seiner Herrschaft eine Kapelle in derselben Form zu bauen wie die jener heiligen Stätte in Marseille. Es heißt, Christoph Dientzenhofer habe diese lange Reise tatsächlich unternommen, und die Richtigkeit der von ihm angefertigten Pläne sei sogar vom Bürgermeister der französischen Stadt bestätigt worden. Danach wurde dann in den Jahren 1692/93 die *Kapelle St. Maria Magdalena* mit einer kleinen Niederlassung der Benediktiner auf dem Berge *Skalka bei Mníšek* errichtet[26]. Die Kapelle hat einen ovalen Grundriß, dem auf der Westseite eine gerade Front mit abgerundeten Ecken, in denen Wendeltreppen untergebracht sind, vorgelagert ist. Diese Front wird von einem kleinen Giebel mit dreieckigen Tympanon gekrönt, hinter dem Presbyterium ist ein kleiner Glockenturm angeordnet. Das Äußere wird durch einen niedrigen Sockel und einen zweifachen Lisenenrahmen oberhalb dessen gegliedert. Ein Zahnschnitt betont das Hauptgesims. Das Interieur, das an die Grotte, in der die Heilige gelebt hatte, erinnern soll, ist mit künstlichen Tropfsteinen dekoriert.

Eine weit größere Bedeutung als dieses sichtbare, steinerne Ergebnis der Reise nach Marseille hatten für Christoph Dientzenhofer zweifellos die Erfahrungen, die er unterwegs sammelte. Sein späteres Werk beweist nämlich, daß die Nachricht über diese Reise sicherlich keine Legende ist. Kaum hätte er sonst die Gelegenheit gehabt, die italienische Barockarchitektur, vor allem die Bauten Guarinis in Turin, kennenzulernen. Auslandsreisen waren damals nichts Außergewöhnliches, und wenn zum Beispiel ein Lehrling G. D. Orsis nach Rom, ein anderer nach Wien fahren konnte, warum hätte Christoph Dientzenhofer nicht nach Frankreich reisen können? Seine Reiseroute führte vermutlich über Österreich und Norditalien, wo er bestimmt nicht versäumte, mindestens einige der bedeutendsten und aktuellsten Bauten des italienischen Hochbarock zu besichtigen. An dem, was er später gebaut hat, sieht man, daß er wirklich Grundlegendes dazugelernt hatte, wobei es ihm nicht nur um die Grundrisse und die Gewölbetypen ging, sondern auch um die Prinzipien der technischen Ausführung. Christoph Dientzenhofer scheint in dieser Hinsicht wirklich ein Genie gewesen zu sein, da er diese Prinzipien nicht nur begriffen und bewältigt hat, sondern auch imstande war, sie noch weiter zu entfalten und auf ihrer Grundlage seine eigenen, einmaligen Variationen zu schaffen. Sein Entwicklungsprozeß verlief zwar langsam – die wichtigsten Bauten, mit denen er sich in der böhmischen und in der europäischen Barockarchitektur einen Namen gemacht hat, entstanden erst im letzten Drittel seines Lebens –, doch vielleicht sind eben deswegen diese Bauten in ihren Proportionen so harmonisch und im Detail ausgereift.

In den neunziger Jahren des 17. Jahrhundert besaß Christoph schon ein sehr gutgehendes und einträgliches Bauunternehmen und konnte so seine wirtschaftlichen Verhältnisse festigen. Die günstigste Investition war damals der Kauf einer Immobilie. Schon im Jahre 1699 bemühte sich Christoph Dientzenhofer um den Kauf des »Liska« genannten Hauses, das sich damals in kirchlichem Besitz befand (wahrscheinlich durch eine Stiftung) und versteigert werden sollte[27]. Der Handel kam aus unbekannten Gründen nicht zustande. Erst im Oktober 1704 kaufte er von Adam Ernesti, dem Expeditor der Hofkanzlei, das den Pistorius-Erben gehörende sog. »Petržilksche« Haus am Aujesd (Újezd), unweit des Klosters St. Maria Magdalena. Er bezahlte dafür 1000 rh.Gulden zuzüglich 100 rh.Gulden Schlüsselgeld[28]. In der Fachliteratur wird dieser Kauf mit dem des Valkounschen Hauses in der Spornergasse (Nerudastraße) verglichen, das ein Jahr später Johann Blasius Santini-Aichl für 3000 rh.Gulden von Georg Wenzel Schwabl von Schwalbenfeld erwarb. Der Grund ist, daß Christoph Dientzenhofer nur eine Anzahlung leistete und den Rest des Kaufpreises erst im Jahre 1706 zahlte, während Santini das Haus bar bezahlte. Einige sahen darin einen Anhaltspunkt dafür, daß Johann Blasius Santini-Aichl ein besserer und besser bezahlter Architekt war[29].

Mit dem Valkounschen Haus ist noch ein weiterer, lange Zeit tradierter Irrtum verbunden, den der bekannte Kleinseitner Topograph Cyril Merhaut verursacht hat. Es heißt, daß Christoph Dientzenhofer dieses Haus umgebaut und dann seinen Verkauf an Santini vermittelt habe; daraus wurde gefolgert, zwischen den beiden habe eine geschäftliche und wahrscheinlich auch berufliche Beziehung bestanden[30]. Merhaut verwechselte allerdings dieses Haus mit einem anderen Valkounschen Haus, das in der heutigen Hellichovastraße stand. Es war das zwischen den Häusern »Zum roten Löwen« und »Zum goldenen Pelikan« gelegene Haus »Zur goldenen Kugel«. Wenzel Johann Adalbert Valkoun, Freiherr von Adlar, kaufte es im Jahre 1702 von Frau Regina Dirix, die es von ihrem ersten Ehemann Michael Mirth geerbt hatte. In dem Kaufvertrag wird das Haus als ein »Neubau im Garten des Doktor Binermann« bezeichnet. Herr Valkoun bezahlte dafür 10 000 rh.Gulden. Das Haus war jedoch noch nicht fertig, denn am 8. Juni desselben Jahres schloß Herr Valkoun von Adlar einen neuen »per Pausch«-Vertrag über 2900 rh.Gulden ab, mit denen Christoph Dientzenhofer das Gebäude fertigzustellen hatte. Als Anzahlung wurden 900 rh.Gulden bezahlt, der Rest sollte bis zum Gallustage des Jahres 1704 nachgezahlt werden. Bis zu diesem Termin sollte der Betrag durch das Haus abgesichert werden. Die Schuld wurde 1703 in das Obligationsbuch der Kleinseite eingetragen, das Restgeld jedoch erst im Jahre 1708 bezahlt[31]. Es ist nicht ausgeschlossen, daß Christoph Dientzenhofer mehrere solcher Restschulden bei den Bauherren hatte und ihm beim Kauf des »Petržilkschen« Hauses das Bargeld fehlte. Das große Valkoun-Haus ist leider nicht erhalten geblieben, es ist dem klassizistischen Bau des Chotek-Palais (Konskr. Nr. 458) gewichen. Schade darum, denn Christoph Dientzenhofer hat es wahrscheinlich für Michael Mirth als Neubau von Grund auf gebaut und für Herrn Valkoun von Adlar zu Ende geführt.

Der Umbau des eigenen Hauses am Aujesd durch Christoph Dientzenhofer muß aufwendig gewesen ein, weil er damit im Jahre 1716 eine Kaution von 6000 rh.Gulden für seinen Stiefsohn Johann Georg Aichbauer absichern konnte und ihm dadurch ermöglichte, am Bau der Befestigung in Brünn zu arbeiten[32]. Diese Hypothek wurde erst nach seinem Tode durch das zweifellos auf Antrag der Erben erlassenen Reskript Karls VI. vom 3. Mai 1725 gelöscht.

Am Anfang des 18. Jahrhunderts war Christoph Dientzenhofer also bereits ein bekannter Baumeister, der für eine Reihe bedeutender Bauherren aus geistlichen und adligen Kreisen baute und mit seiner Familie in guten und stabilen Verhältnissen lebte.

Man hat den Eindruck, als ob die Bauten aus der Zeit vor 1700, die von der Überlieferung Christoph Dientzenhofer zugeschrieben werden oder bei denen seine Urheberschaft aus den historischen Zusammenhängen erschlossen werden kann – beweiskräftige Archivdokumente fehlen leider in den meisten Fällen –, seine künftige Entwicklung nur sehr unbestimmt, ja, noch etwas tastend andeuten. Die Gnadenkapelle der hl. Maria Magdalena auf Skalka bei Mníšek soll eine Replik der Kapelle in Marseille sein, die übrigens nicht bekannt ist, und deshalb bleibt die Frage, was in diesem Falle für seinen eigenen schöpferischen Anteil gehalten werden kann. Vielleicht das Eingangsportal und das Hauptgesims mit dem Zahnschnitt und mit der vornehmen Profilierung. Bei der übrigen, äußeren Gliederung ist man sich nicht mehr so sicher, da sie sich auf das französische Vorbild stützen könnte. Die Tropfsteindekoration des Interieurs hat keinen besonderen architektonischen Wert.

Der achteckige Zentralbau der Spitalkirche der Allerheiligsten Dreifaltigkeit in Tepl und die Kirche des hl. Johannes des Täufers im ebenfalls zum Tepler Stift gehörenden Neumarkt (Úterý) weisen schon etwas deutlicher auf einige Prinzipien hin, die sein späteres Werk prägen. Es ist vor allem die Betonung der tragenden Pfeilerkonstruktion, die Reduzierung der Wände mit den Fensteröffnungen auf beinahe ungegliederte Füllungen und das Höhenverhältnis zwischen dem Niveau des Hauptgesimses im Interieur und den Fensterbögen, nämlich das typische Ansetzen des Hauptgesimses ungefähr auf der Höhe der Kämpferlinie oder knapp darunter. Die Kirche in Neumarkt hat den Grundriß eines länglichen, in ein Oval einbeschriebenen Achtecks. Beide Kirchen haben im Inneren eine zweigeschoßige Wandgliederung; in Neumarkt macht sich das untere Geschoß aber nach außen nicht bemerkbar. Auch die Profilierung der Gesimse im Inneren ist schon von jenem für Christoph Dientzenhofer so bezeichnenden Duktus: mit einem leichten Anlauf und einer ausgeprägten Auskragung der Deckplatte. Diesen charakteristischen Zügen begegnet man auch im Interieur der Wallfahrtskirche in Maria Kulm (Chulm nad Ohří), wo die Deckplatte des Hauptgesimses noch zusätzlich von Konsolen gehalten wird. Dieses Schema benutzte Christoph Dientzenhofer erneut in Smiřitz (Smiřice) und in der Niklaskirche auf der Kleinseite. Von der Streitfrage um seinen Anteil an der Gesamtkonzeption der Kirche in Maria Kulm war bereits die Rede.

Von seinen durch Quellen gut belegten frühen Profanbauten ist keiner erhalten geblieben. Das Valkoun-Haus, wahrscheinlich noch vor 1700 begonnen, wurde abgerissen; sein eigenes Haus auf dem Aujesd, das er wohl bald nach dem Erwerb im Jahre 1704 umgebaut hat, steht nicht mehr. Die Frage der Urheberschaft des Sternberg-Palais auf dem Hradschin, das Christoph Dientzenhofer wirklich baute, ist, wie schon gezeigt, sehr kompliziert. Wenn die beiden oben erwähnten Kleinseitner Häuser erhalten geblieben wären, wäre es vielleicht möglich, das Maß seines schöpferischen Anteils an der Konzeption dieses Palais zu bestimmen, da die Möglichkeit des Vergleichs gegeben wäre. Vielleicht gelingt es jedoch durch weiteres Forschen in den Archiven, einen anderen erhalten gebliebenen Bau aus Christophs Frühperiode zu entdecken, der behilflich sein könnte, die Probleme im Zusammenhang mit dem Sternberg-Palais zu klären. Dazu braucht man ein wenig Forscherglück, das manchmal lange auf sich warten läßt.

Erst nach der Jahrhundertwende war für Christoph Dientzenhofer die Zeit gekommen, in der er Gelegenheit bekam, einige wirklich monumentale Bauten, vor allem im Bereich der Sakralarchitektur, zu entwerfen und zu realisieren. Der erste von ihnen ist die *Schloßkapelle in Smiřitz,* wobei deren Monumentalität nicht in ihrer Größe, sondern in ihrer Konzeption beruht.

Der Besitzer der Herrschaft Smiřitz war Johann Joseph von Sternberg, der Neffe des Wenzel Adalbert, welcher sein Vormund war und der die Herrschaft bis zur Volljährigkeit seines Neffens verwaltete. Johann Joseph beabsichtigte, bei dem dortigen Schloß eine Kapelle zu errichten. Es ist anzunehmen, daß die Geburt seines Sohnes, von der er seinem Onkel im Juli 1696 berichtete, der Anlaß dazu war. Bereits im Jahre 1697 wurde das Baumaterial vorbereitet. Irgendwann in dieser Zeit wird sich Johann Joseph wohl an den damaligen Baumeister seines Onkels, an Christoph Dientzenhofer gewandt und ihn beauftragt haben, einen Riß zu entwerfen und wohl auch die Ausführung zu übernehmen. Es gibt zwar keine direkten Archivdokumente darüber, die indirekten sind allerdings ausreichend beweiskräftig. Die Jahreszahl in der Kartusche im Vorraum der Kapelle bezieht sich ohne Zweifel auf die Grundsteinlegung, die allerdings nicht mit dem tatsächlichen Baubeginn übereinstimmen muß. Johann Joseph von Sternberg und seine Gattin kamen im darauffolgenden Jahr bei der Rückfahrt aus Italien auf tragische Weise ums Leben, als sie im Hochwasser des Inns ertranken. Erbin war die kleine Tochter Maria Theresia; denn der im Jahre 1696 geborene Sohn starb im Kindesalter. Zum Vormund wurde Wenzel Adalbert von Sternberg, ihr Großonkel, bestimmt. Der Bau der Schloßkapelle geriet unter diesen Umständen ins Stocken, aber Wenzel Adalbert hat sich nach seinem Besuch in Smiřitz im Jahre 1701 des Baues angenommen und sorgte für seine Vollendung.

Im selben Jahre bat er Graf Czernin um die Erlaubnis, in dessen benachbarter Herrschaft Welchow (Velichovky) Steine zu brechen. Unmittelbar danach aber wurde ein Steinbruch direkt auf der Herrschaft Smiřitz gefunden, und der Bau konnte fortgesetzt werden[1]. Die Steinmetzarbeiten wurden dem Bruder des Blasius Santini, Franz Jakob Santini-Aichl, anvertraut, der auch die Werksteinelemente für das Sternberg-Palais anfertigte[2]. Im Jahre 1709 stand die Kapelle vor der Fertigstellung, und zwei Jahre darauf wurden darin schon Taufen gefeiert. Norberg-Schulz gibt in seinem Werk über Kilian Ignaz Dientzenhofer und das böhmische Barock Guarinis Kapelle San Lorenzo in Turin und Hildebrandts Kirche in Deutsch-Gabel (Jablonné) als die nächsten Vorbilder für die Smiřitzer Kapelle an; das bezieht sich vor allem auf die Verbindung des Hauptraumes mit den Ovalen der Vorhalle und des Presbyteriums. Johann Lukas von Hildebrandt entwarf für die Dominikaner die Kirche St. Laurenz in Deutsch-Gabel ungefähr zu der Zeit, als Christoph an den Plänen der Kapelle in Smiřitz arbeitete, und daher erscheint eine gegenseitige Beeinflussung kaum möglich (der Grundstein zu beiden Bauten wurde im gleichen Jahr gelegt und der Bau in Smiřitz schritt nach einer kurzen Unterbrechung in den Jahren 1700/01 sogar schneller voran). Die Kapelle San Lorenzo ist offensichtlich die gemeinsame Inspirationsquelle

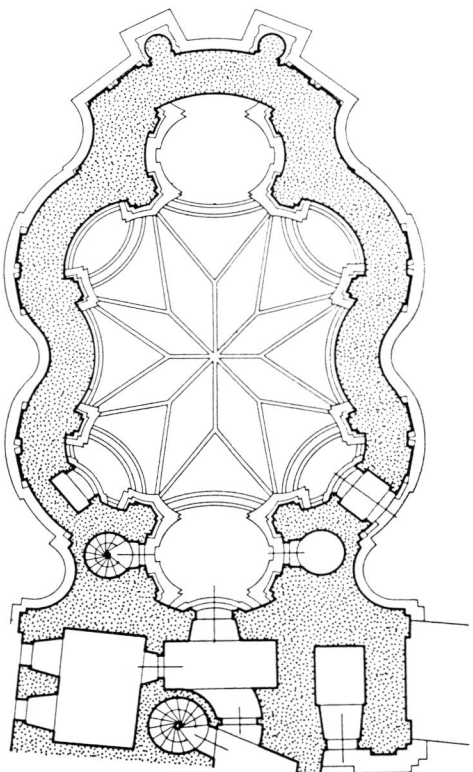

Smiřitz, Schloßkirche

für beide Bauten, von denen jeder auf eine eigene Art gestaltet wurde. Der Kirchenraum hat sowohl bei San Lorenzo als auch in Deutsch-Gabel einen quadratischen Grundriß, dessen Seiten konvex nach innen schwingen, wobei sich diese geometrische Form in der Außenhülle gar nicht abzeichnet. Demgegenüber ist in Smiřitz die geometrische Grundform ein Rechteck mit konvex-konkaven, wellenförmig geschwungenen Wänden, denen auch die Form der Außenwände folgt; verständlicherweise nicht an der Eingangsseite, weil die Kapelle an den Schloßkomplex angebaut ist, und auf der Seite des Presbyteriums nur zum Teil, wo die konvexen Seitenwände mit einer kurzen konkaven Fläche in das Abschlußsegment übergehen, und zwar eigentlich in der entgegengesetzten Richtung zu den kürzeren Abschnitten des ovalen Grundrisses des Presbyteriums. Sowohl der Außen- als auch der Innenraum sind eingeschoßig aufgebaut. Das bedeutet, daß über dem hohen, aus großen behauenen Quadern gemauerten und mit einem Gesims abgeschlossenen Sockel nur eine Fensterreihe verläuft. Die schmale Front des Presbyteriums ist durch eine von ionischen Säulen flankierte Ädikula hervorgehoben, die übrige Gliederung kommt durch ionische Doppelpilaster, zurückgesetzte Kreisfelder und einige ebenso geformte Fenster in der Brüstungszone zustande. Das Gewölbe liegt auf korinthischen Pilastern, die das Gebälk tragen. Das Abschlußgesims hat eine weit auskragende und mit kleinen flachen Akanthuskonsolen unterstützte Gesimsplatte. Die Fensterwände sind glatt, bis auf ein kleines Gesims in Höhe der Kämpferlinie. Flache Sattellünetten vermitteln zwischen ihnen und dem Gewölbe. Seine Fläche ist durch acht Rippen unterteilt, so daß ein achtzackiger Stern entsteht, das Wappen der Sternberg und zugleich das Symbol der Heiligen Drei Könige, denen die Kapelle geweiht ist[3].

Es wird angenommen, und das völlig zu Recht, daß die Pauliner in *Wobořischt* (Obořiště) der erste Orden waren, der als Bauherr mit dem Auftrag für die Anfertigung von *Plänen für die Klosterkirche* an Christoph Dientzenhofer herantrat. Das Kloster, für dessen Gründung sich der Dekan des St. Veitskapitels Tomáš Pešina aus

Čechorod, dem das Gut Wobořischt gehörte, eingesetzt hatte, wurde von 1685 an mit Unterbrechungen infolge zeitweiligen Geldmangels gebaut. Erst an der Wende vom 17. zum 18. Jahrhundert beschlossen die Pauliner, dem immer noch nicht fertiggebauten Kloster auf der Südseite eine Kirche anzufügen. Im Jahre 1702 erteilte das Konsistorium sein Einverständnis zu dem Bau, zusammen mit der Erlaubnis, die Orientierung umzukehren und das Presbyterium im Westen anzuordnen. Im selben Jahr wurde der Grundstein gelegt. Da es üblich war, dem Antrag auf Baugenehmigung einen Plan beizufügen, kann angenommen werden, daß dieser schon im Jahre 1701, wenn nicht schon früher, fertig war. Norberg-Schulz hält die Josephskirche in Wobořischt für das erste und noch wenig ausgeprägte Glied in einer Kette hochbarokker Kirchen, die durch eine Reihe übereinstimmender oder ähnlicher Merkmale miteinander verbunden sind, was zu der Annahme berechtigt, daß sie das Werk ein und desselben Architekten sind[4].

Bisher sind keine Archivdokumente über die Teilnahme von Christoph Dientzenhofer am Bau dieser Kirche gefunden worden, was allerdings nicht überrascht angesichts der Tatsache, daß es sich um ein aufgehobenes Kloster handelt. Der Grundriß der Kirche ist von außen rechtwinklig bestimmt, indem an das breitere Rechteck des Schiffes im Westen ein beinahe quadratisches Presbyterium anschließt und im Osten eine etwas schmalere, zwischen den Eckturm und das halbkreisförmige Treppenhaus geschobene Vorhalle angefügt ist. Der Turm hat deutlich abgeschrägte Ecken, so daß sein Grundriß eigentlich achteckig ist. Die Hauptfront ist im Mittelteil konkav geformt. In den rechteckigen Außenbau wurde ein Schiff hineingelegt, das im Grundriß aus drei sich durchdringenden Ovalen besteht, wobei das mittlere etwas schmaler und kürzer als die beiden anderen ist. Der Raum ist mit einem recht komplizierten Gewölbegebilde abgeschlossen. Über den beiden Endovalen gibt es Dreiergruppen von dreieckigen Stichkappen, die sich mit ihren Spitzen berühren. Zwischen ihnen ist eine Art Platzlgewölbe eingelegt. Dieser komplizierte Baldachin liegt auf einem System aus doppelten, schräg gestellten korinthischen Pilastern, die die vorspringenden Abschnitte des Gebälks tragen. Die Fensternischen entsprechen den dreieckigen

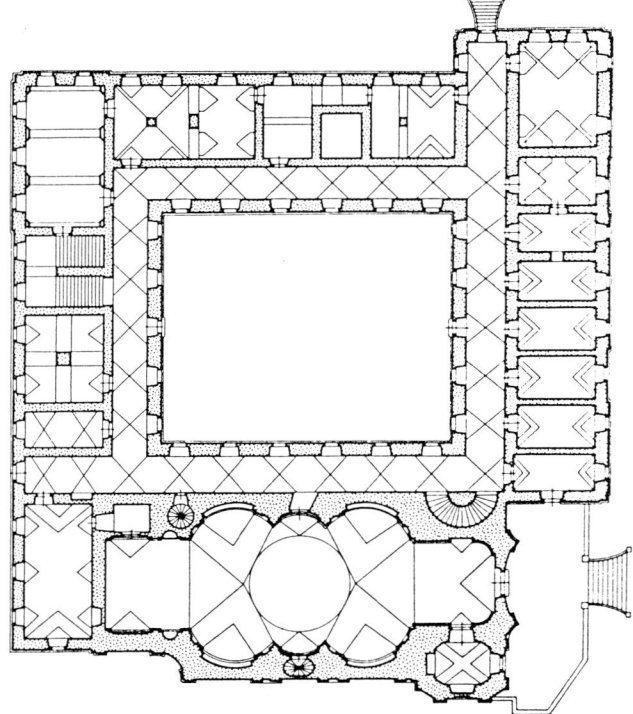

Wobořischt, Klosterkirche der Pauliner

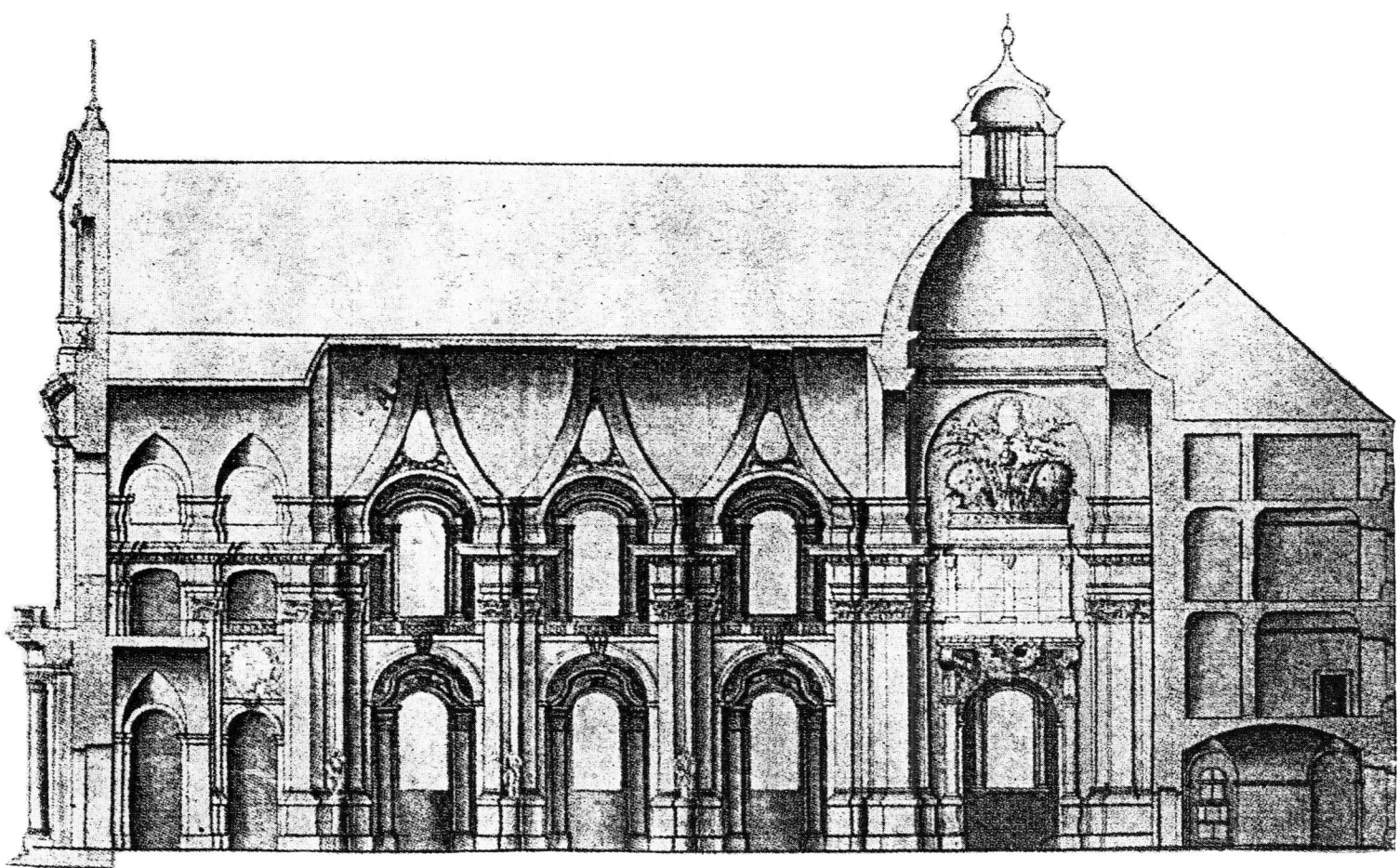

Prag-Kleinseite, St.-Niklas-Kirche, Original-Längsschnitt

Stichkappen. Die Kirche ist außen und innen zweigeschoßig gegliedert, das heißt mit zwei Reihen verhältnismäßig niedriger, halbkreisförmig gewölbter Fenster übereinander. Das Presbyterium ist mit einer Tonne mit je zwei gegenüberliegenden dreieckigen Stichkappen gewölbt. Ein ähnliches Gewölbe hat auch die Orgeltribüne, wobei hier allerdings der östliche Teil durch eine dreieckige Stichkappe zur Frontwand überleitet. Das durchgehend umlaufende Hauptgesims des Interieurs hat eine »Dientzenhofersche« Profilierung, mit einer deutlich auskragenden Deckplatte, diesmal ohne unterstützende Konsolen. Die Fensterwände sind wieder ungegliedert. Die konkave Einbuchtung im mittleren Teil der Hauptfassade wird über dem Kordongesims mit einem Segmentbogen betont; diese Heraushebung steigert sich noch in der Ausformung des mit Voluten flankierten Abschlußgiebels über einer Dachattika mit einem ovalen Okkulus. Das Projekt wurde zweifellos durch Guarinis erzbischöfliche Kirche in Turin inspiriert, deren Grundrißschema allerdings aus zwei sich nicht berührenden Kreisen, mit einem zwischengeschobenen, quasi rechteckigen Feld, konstruiert ist[5].

Die Kirche in Wobořischt wurde im Jahre 1711 beendet und am 19. März 1712 geweiht. Für die Fertigstellung des Konvents wird in der Literatur der Zeitraum zwischen 1714 und 1732 angegeben. Es ist nicht ausgeschlossen, daß diesen Plan ebenfalls Christoph Dientzenhofer entworfen hat. Dafür spricht auch die übersichtliche Disposition des Westflügels mit einer breiten, zweiläufigen Treppe[6].

Der nächste Orden, der sich an Christoph Dientzenhofer mit einem diesmal recht aufwendigen Vorhaben wandte, waren die *Kleinseitner Jesuiten*. Sie waren schon mehr als ein Dreivierteljahrhundert auf der Kleinseite ansässig, und die Fundamente der Westfront ihrer künftigen *Kirche St. Niklas* warteten in der Erde schon

seit dreißig Jahren. Die seinerzeit von dem sehr jung verstorbenen Ordensmitglied Franz Wenzel Graf Kolowrat erhaltenen finanziellen Mittel waren längst schon für den Bau des Profeßhauses verbraucht, und es blieb nichts anderes übrig als abzuwarten, bis auf eine andere Weise wieder Geld zusammenkam. Eine solche Situation ergab sich Anfang des 18. Jahrhunderts, als offensichtlich einige großzügige Spenden und Nachlässe den Beginn des so lange hinausgezögerten Kirchenbaus ermöglichten. Die Herren Patres entschlossen sich schon im Jahre 1702 zu dem Bau. Die erneuten Verhandlungen mit dem Kleinseitner Magistrat bezüglich der Plazierung des neuen Turmes nahmen zwei Jahre in Anspruch. Es sollte für die Kleinseitner Gemeinde als Ersatz für den Glockenturm der Pfarrkirche St. Niklas, die den Jesuiten ursprünglich von Ferdinand II. geschenkt worden war, sowie als Ersatz für den kleinen Glockenturm der Wenzelkirche, die der Gemeinde als Entschädigung abgetreten worden war, errichtet werden. Der kleine Glockenturm ging für sie verloren, weil die kleine Kirche zugunsten des Profeßhauses abgerissen und eine dafür in die nordwestliche Ecke des Hauses integriert wurde. Während dieser Verhandlung müssen die Pläne der neuen Kirche bereits fertig vorgelegen haben, weil dazu konkrete Unterlagen erforderlich waren. Es gab allerdings die ursprünglichen Pläne der gesamten Anlage, einschließlich der Kirche – womöglich in mehreren Varianten. Eine hatte F. Caratti erarbeitet, eine andere, nachträglich von F. Luragho überarbeitete, stammte von G. D. Orsi. Doch nach dreißig Jahren war der alte Entwurf für die Kirche nicht mehr modern. Die Jesuiten hatten inzwischen von ihrem zeitweiligen Prinzip der Schlichtheit und Zweckmäßigkeit von Ordensbauten Abstand genommen und neigten eindeutig zur entgegengesetzten Auffassung.

Die ursprünglichen Pläne vom Anfang des 18. Jahrhunderts sind nicht erhalten. Es ist aber, dank des Grundrisses und des Schnittes, die sich heute im Archiv Groensteyn in Kiedrich befinden, und dank eines anderen Grundrisses, der im tschechoslowakischen Staatlichen Zentralarchiv liegt, bekannt, wie das Projekt aussah[7]. Außerdem wird in der Sammlung Grimm in Brünn die Zeichnung der Front und des Grundrisses der Kirche aufbewahrt[8]. Der Grundriß im Staatlichen Zentralarchiv stammt mit Sicherheit aus einer späteren Zeit und wurde von der Hand des Kilian Ignaz Dientzenhofer gezeichnet; die zwei mir in Reproduktionen bekannten Pläne in Kiedrich wirken genauso. Beide Grundrisse zeigen ein dreijochiges Schiff, überwölbt von einem Gebilde aus sich durchdringenden sphärischen Ovalen, die mit Hilfe gekrümmter Gurte konstruiert sind. Das Resultat ist das Bild einer Folge von linsenförmigen Feldern, in welche die dreieckigen Zwickel über den Emporenöffnungen hineingeschoben sind. In diese Zwickel mit konkav gebogenen Seiten wurden kleine, eiförmige Fenster gelegt. Seitlich des Vorraumes unter der Orgeltribüne ist links eine mit einer Flachkuppel überwölbte Totenkapelle auf ovalem Grundriß angeordnet. Rechts befindet sich die Kolowratkapelle – die Kapelle der hl. Anna –, deren Grundriß zwei sich überschneidende Kreise und deren Decke zwei einander durchdringende Flachkuppeln bilden. Das Presbyterium auf rechteckigem Grundriß sollte mit einer ovalen Kuppel mit Laterne eingewölbt werden. Zu seinen Seiten waren zwei Kapellen mit rechteckigem, einem Quadrat angenähertem Grundriß vorgesehen. Hinter dem Presbyterium lagen drei Räume: die Sakristei und das Repositorium sowie, in der südwestlichen Ecke, ein Turm, für den sich die Kleinseitner einen wahrhaft dominanten Standort aussuchten. Der aus der Brückenstraße (Mostecká) oder aus der Karmelitergasse (Karmelitská) Herankommende erblickt als erstes diesen Turm, der das Eigentum der Kleinseitner war. Erst dahinter ist die Kuppel der Kirche zu sehen. Kein Zweifel, daß die dominierende Stellung des Turmes in diesem ursprünglichen Entwurf um so markanter war, als die Kuppel nicht allzu hoch sein sollte. Doch dazu wird noch etwas zu sagen sein.

Der Bau wurde wahrscheinlich im Jahre 1702 begonnen, und zwar auf der Westseite, die von den Verhandlungen mit dem Magistrat nicht betroffen war. Daraus läßt sich schließen, daß im Jahre 1703, als in der Totenkapelle das Gerüst einstürzte, dieser Teil schon sehr weit fortgeschritten gewesen sein muß. Der Name Christoph Dientzenhofers wird in dem erhaltenen Archivmaterial des Profeßhauses der Jesuiten nur einmal erwähnt, und zwar im Jahre 1704, als er sich gemeinsam mit dem Zimmermeister Johann Georg Wagner verbürgte, daß der alte Turm der Niklaskirche bis zur Errichtung des neuen stehen bleiben könnte und daß beim unerläßlichen Abtragen eines Teiles von ihm die Glocken keinen Schaden nähmen[9]. Dank der alljährlichen Tätigkeitsnachweise der Jesuiten in »Litterae Annuae« kann man den Baufortgang recht gut verfolgen[10]. Die Steinmetzarbeiten übertrug man Jakob Franz Santini, und nach seinem Tode im Jahre 1709 Pietro della Torre. Die Fassade wurde im gleichen Jahr im Rohbau ausgeführt. Der vordere Teil der Kirche samt der Vorhalle, der Totenkapelle, der Kapelle der hl. Anna und zweier Felder des Schiffes mit den Seitenkapellen war bis zum Jahre 1711 fertiggestellt und wurde im Osten provisorisch geschlossen und geweiht. Die Kapellen an der Evangelienseite wurden dem hl. Michael und dem hl. Ignaz, die an der Epistelseite der hl. Katharina und dem hl. Franz Xaver geweiht. Dieser Zustand ist durch den erwähnten Plan im Staatlichen Zentralarchiv, der 1727 als Grundlage für die weiteren Verhandlungen mit dem Kleinseitner Magistrat angefertigt wurde, dokumentiert; zu dieser Zeit drängte der Magistrat die Jesuiten, mit dem Bau des versprochenen Turmes zu beginnen. Christoph Dientzenhofer lebte damals schon nicht mehr, und der Autor dieser Kopie seines Plans ist zweifellos sein Sohn Kilian Ignaz[11].

Christoph Dientzenhofer war auch nach der Fertigstellung des ersten Bauabschnitts der Niklaskirche für die Jesuiten tätig. Im Jahre 1711 verfaßte er gemeinsam mit dem Maurermeister Thomas Haffenecker einen *Bericht über den Bauzustand des Marradas-Hauses* (ein Teil der heutigen Konskr. Nr. 1-III), welches die Jesuiten zum Gymnasium umbauen wollten. Sowohl das Gutachten als auch der vorläufige Kostenvoranschlag sind erhalten; und der Umbau wurde offensichtlich realisiert[12].

Die Dokumente über die Bautätigkeit der Kleinseitner Jesuiten am Anfang des 18. Jahrhunderts sind leider viel bescheidener als die aus der zweiten Hälfte des 17. Jahrhunderts. Die Ursache dafür liegt in der inkonsequenten Skartierung der Jesuitenarchive nach Auflösung des Ordens im Jahre 1773, als es bloß darauf ankam, was der jeweilige Gubernialbeamte von dem ihm anvertrauten Material für wichtig oder unwichtig hielt. Einheitliche Richtlinien gab es damals nicht.

Auch die alte topographische Überlieferung bezeugt, daß die Niklaskirche wirklich von Christoph Dientzenhofer gebaut wurde. Absolute Beweiskraft hat ihre architektonische Formensprache, die mit derjenigen der Kapelle in Smiřitz sehr verwandt ist. Nur ist in St. Niklas die Betonung der tektonischen Konstruktionselemente gegenüber den ausfachenden Wandbereichen noch konsequenter. Den Gewölbegurten entsprechen Paare schräggestellter korinthischer Pilaster. Die Gebälkabschnitte darüber sind mit einem Gesims abgeschlossen, dessen Deckplatte – ähnlich wie in Smiřitz – von Akanthuskonsolen unterstützt wird. Das Gesimsprofil ist jedoch noch weiter verfeinert. Die plastische Modellierung der konkav-konvex gewellten Westfassade mit der sehr nüchternen Anwendung von Reliefschmuck ist in seiner perfekten Ausgewogenheit ein wahrhaft einmaliges Meisterwerk.

An dieser Stelle ist es angebracht, einige kurze Überlegungen darüber anzustellen, wer Christoph Dientzenhofer den Jesuiten empfahl. Wahrscheinlich niemand. Das Profeßhaus hatte nämlich einen Garten am Wasserlauf Čertovka, der vom Dientzenhoferschen Haus nur durch einen Zaun getrennt war. Es ist deshalb mehr als wahrscheinlich, daß der benachbarte Baumeister schon jahrelang verschiedene kleine Reparaturarbeiten für die Jesuiten durchführte; und darüber, was für ein guter Baumeister er war, konnten sich die Herren Patres auch anderswo leicht informieren. Sie waren nämlich wahre Meister, was das Sammeln verschiedenster Informationen anbelangt. Das Grundrißschema, eine Variante des sogenannten »Jesuitentypus«, dessen Urvorbild Vignolas Il-Gesù-Kirche in Rom ist, legten sie sicherlich selbst für sich fest.

Das erste Jahrzehnt des 18. Jahrhunderts war für Christoph Dientzenhofer die Zeit der großen schöpferischen Anstrengung und der bedeutenden Erfolge. Aus einem begabten, sachkundigen und erfahrenen Maurermeister und Baumeister war mit den Jahren ein berühmter Architekt geworden. Auf *die* Gelegenheit seines Lebens hatte er jedoch bis zu diesem Zeitpunkt warten müssen; er erhielt sie als ein nun wirklich reifer Architekt, jenseits der fünfzig.

Der Breunau-Braunauer Abt Otmar Zinke dachte zweifellos schon seit seiner Wahl im Jahre 1700 ungeduldig daran, das *Breunauer »Archisterium«, das älteste Männerkloster der Benediktiner in den Ländern der Böhmischen Krone, von Grund auf wiederherzustellen,* damit es jene geistige und wirtschaftliche Blüte wiedererlange, wegen der es schon im Mittelalter einmal in hohem Ansehen gestanden hatte. Die Anfänge der Bestrebungen um die Wiederherstellung des lange vernachlässigten Klosters datierten schon aus der Zeit seines Vorgängers, des Abtes Thomas Sartorius, der Anfang der siebziger Jahre des 17. Jahrhunderts ein kleines Kloster an der Südseite der Kirche errichtet hatte[13]. Dies war allerdings nur ein bescheidenes Pflaster auf die Ruinen des ehemals so großartigen Komplexes. Das kleine Kloster bot zwar einer beschränkten Anzahl von Ordensbrüdern ein Leben im Geiste der Ordensregel,

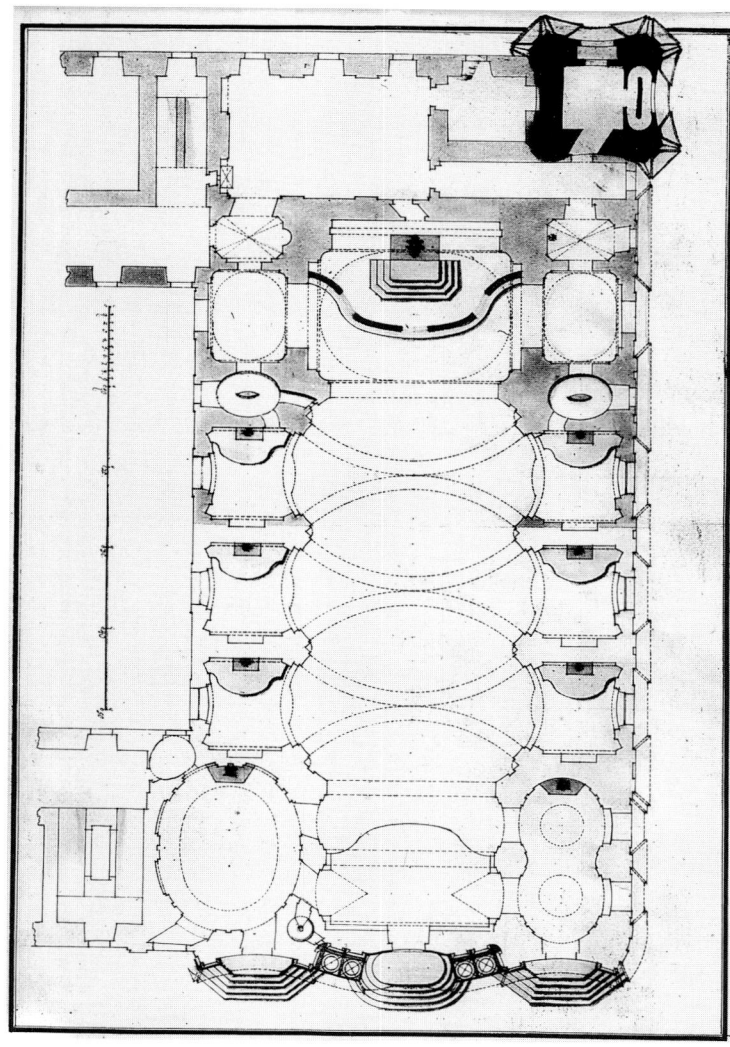

Prag-Kleinseite, St.-Niklas-Kirche, Grundriß,
kopiert von Kilian Ignaz Dientzenhofer

ermöglichte aber keineswegs eine solche Prachtentfaltung, wie sie in dem Kloster vor den Hussitenkriegen herrschte, also vor seinem jähen Ende.

Abt Otmar Zinke ging sehr behutsam vor – nicht umsonst erfreute er sich des Rufes, hervorragend hauszuhalten. Zunächst bemühte er sich, die wirtschaftliche Basis des Klosters zu verbreitern, in dem künftig eine wesentlich größere Kommunität leben sollte als in dem kleinen Kloster des Sartorius. Das gelang ihm im Jahre 1705, als er von der Herzogin Anna Maria Franziska von Toscana die Herrschaft Kladno mit dem Gut Hnidousy für 140 000 rh.Gulden kaufte[14]. Die Ausarbeitung des Plans für das neue Breunauer Kloster vertraute er Paul Ignaz Bayer an. Zu dieser Wahl verführte ihn wohl der Umstand, daß Bayer für den Orden schon zu Zeiten von Abt Sartorius baute, und daß er ein renommierter Baumeister war, der in Diensten von bedeutenden Adelsfamilien arbeitete; an erster Stelle sind hier die Schwarzenberg zu nennen[15].

Es bleibt die Frage, warum es zum Baubeginn, der schon für das Jahr 1703 geplant war, erst fünf Jahre später kam, also 1708. War es etwa dadurch verursacht, daß Abt Otmar damals von anderen Aufgaben in Anspruch genommen wurde, die einerseits die Klosterwirtschaft (den Kauf von Kladno), andererseits den Streit um die Exemtion mit dem Prager Erzbischof betrafen, also die Herausnahme des Ordens aus der Rechtsbefugnis des erzbischöflichen Konsistoriums und seine direkte Unterstellung nach Rom, worauf das Breunauer Kloster aufgrund seiner mittelalterlichen Dokumente Anspruch erhob? Oder wurde die Verzögerung des Baus

durch die Säumigkeit von Paul Ignatz Bayer verursacht? Seine Unzuverlässigkeit war schließlich bekannt, und Abt Otmar mahnte bei ihm mittels seines Prager Agenten Georg Bořek die Pläne des Neubaus öfters an[16]. Beides ist möglich, und es sieht so aus, daß der Abt lange mit Bayers Plänen nicht zufrieden war. Das war offensichtlich auch der Grund für die Ausarbeitung von mehreren Varianten, von denen einige im Klosterarchiv erhalten geblieben sind[17]. Bayer entwarf ursprünglich eine symmetrische Lösung, mit einer Kirche im Zentrum und den Klostergebäuden an den Seiten. Das aber hätte bedeutet, daß das kleine Kloster des Sartorius hätte abgerissen werden müssen, nachdem es bloß dreißig Jahre stand. Dabei wäre es doch weiter zu nutzen gewesen. Seine Beseitigung bedeutete folglich einen beträchtlichen wirtschaftlichen Schaden, und Abt Otmar entschied sich aus diesem Grunde für eine andere Lösung – für den Bau eines vollkommen neuen Konvent- und Prälaturkomplexes auf der nördlichen Seite der künftigen Kirche, die ihrerseits an der Stelle der mittelalterlichen Kirche gebaut werden sollte.

Der Grundstein wurde schließlich am 30. Mai 1708 gelegt, worüber von dem damaligen Klostersenior und seinem apostolischen Protonotar P. Rupertus Hausdorff ein Sonderprotokoll verfaßt wurde. Dessen Wortlaut spricht dafür, daß Abt Otmar über die Disposition des neuen Klosters wirklich sehr lange nachgedacht hatte und es wahrscheinlich eine größere als die erhalten gebliebene Anzahl von Projektvarianten gab. In den Diensten des Abtes verblieb Paul Ignaz Bayer nach der Grundsteinlegung allerdings nur ein einziges Jahr. Möglich ist, daß einige seiner Brotgeber seine gelegentliche Unzuverlässigkeit duldeten, Abt Otmar gehörte aber nicht zu solch wohlwollenden Bauherrn. Nach dem Konzept des Briefes an Johann Christoph Bořek, den Bruder und Nachfolger des bereits verstorbenen Georg Bořek, ärgerte er sich schon vor Baubeginn über diese Eigenschaft Bayers, und als Bayer dann die Bauaufsicht nachlässig führte, entschied sich Abt Otmar, ihn ohne Umschweife zu entlassen, obwohl er ihm vor dem Fest anläßlich der Grundsteinlegung eine Dublone geschenkt hatte. Die Entlassung geschah in Braunau, wohin ihn der Abt wohl bestellt hatte und wohin Bayer mit seinen Plänen kam. Sie wird im Konzept eines Briefes dokumentiert, den der Abt entweder dem schon erwähnten Georg Bořek oder dem Prior des Breunauer Konvents schrieb. Nach seinen eigenen Worten warf er Bayer einfach hinaus, was er mit folgenden Worten schildert: »der Herr Baumeister verabschiedete sich hinter der Türe und nahm alle seine Pläne mit.« Seine Entlassung begründete er damit, daß er gegen die Bestimmungen des am 3. Mai 1708 geschlossenen Vertrages verstoßen hatte, der ihm mit der Kündigung zurückgeschickt wurde. Daß er nämlich den Bau nicht beaufsichtigte und damit ein beträchtlicher Schaden entstanden war, daß er den Bauarbeitern den Lohn kürzte, die Fundamente nicht tief genug anlegte, und daß er einen unerfahrenen Ziegler engagierte, der eine Menge Holz unnütz verbrannt hatte und unnötig Bäume im Klostergarten fällte, die noch Jahre hätten tragen können[18].

Es ist sehr leicht zu verstehen, warum Abt Otmar im Jahre 1709 eben Christoph Dientzenhofer als neuen Baumeister gewählt hat. Damals ragte am Kleinseitner Ring bereits die neue Kirchenfront von St. Niklas in voller Höhe empor, die nicht nur von den Bauherrn, den Jesuitenpatres, bewundert wurde, die in ihren Jahresberichten über ihre ungewöhnliche Form auf Lateinisch ganze Gedichte schrieben, sondern ebenfalls von der Prager Öffentlichkeit, die sie auch nicht übersehen konnte und für etwas Besonderes halten mußte. Auch Abt Otmar, der an diesem Ort bei seinen Prager Besuchen unterwegs nach Breunau vorbeifuhr, konnte sie sehen. Der ehrgeizige barocke Prälat begriff zweifellos augenblicklich, daß hier etwas gebaut wurde, was sein bisheriger Baumeister nicht imstande gewesen wäre zu entwerfen oder gar zu

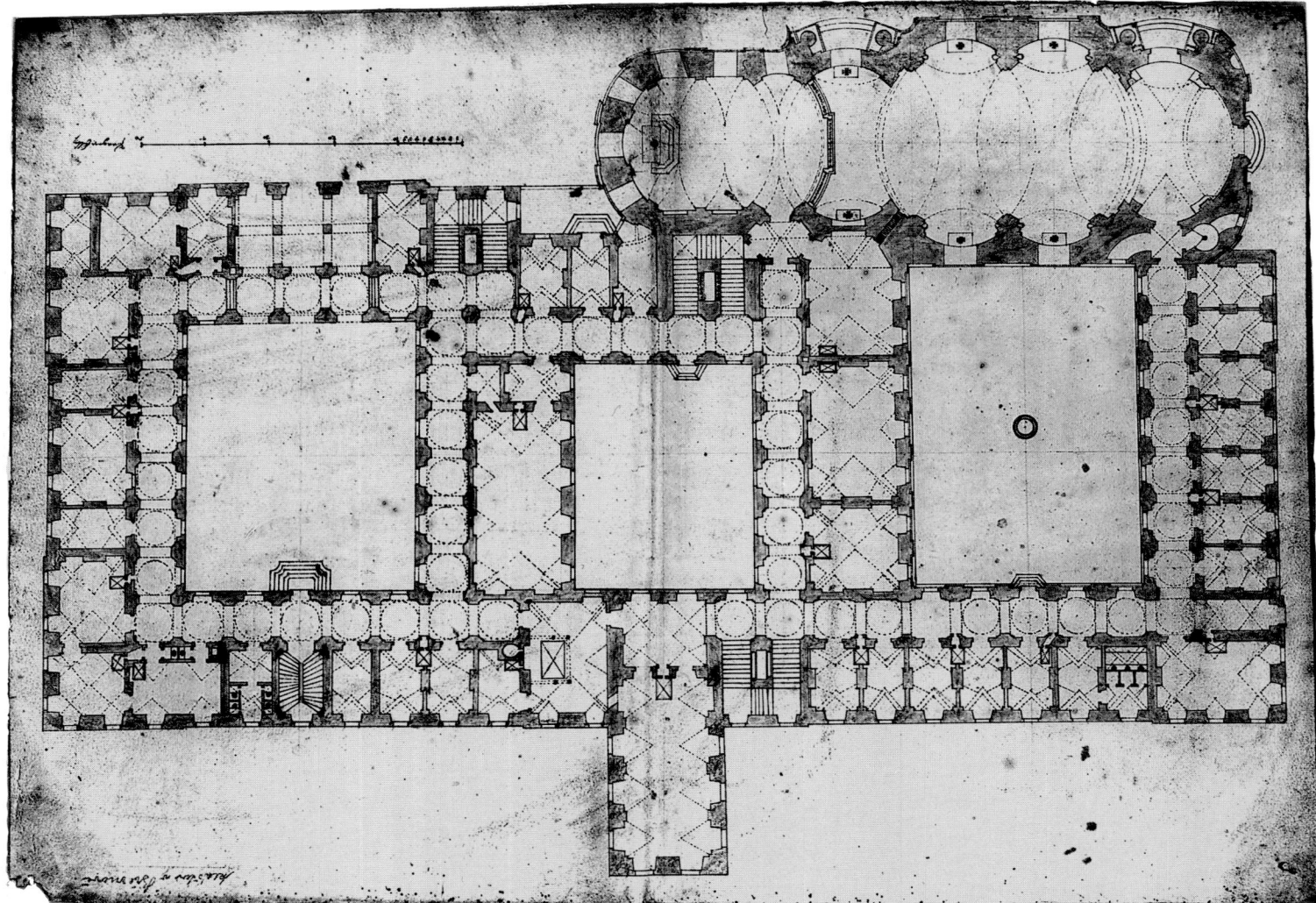

Prag-Breunau, Benediktinerkloster St. Margaret, endgültiger Plan von ca. 1716

realisieren. Wir wollen mit diesen Vermutungen nicht zu weit gehen, aber es ist nicht auszuschließen, daß nicht so sehr die Unzuverlässigkeit das Hauptmotiv für die Kündigung Bayers war, sondern die Einsicht des Abtes, daß er mit dem Bau einen Architekten von nur durchschnittlichen Fähigkeiten betraut hatte und daß sich ihm hier die Gelegenheit bot, einen überdurchschnittlichen, vielleicht gar einen genialen Fachmann zu gewinnen. Eben das stand im Einklang mit seinem Selbstverständnis als Prälat, der Würde und dem Rang nach der Erste in Böhmen nach dem Prager Erzbischof überhaupt; wie könnte er zulassen, daß sein »Archisterium« von einem schlechteren Baumeister gebaut werden sollte als demjenigen, der für die Jesuiten arbeitete? Außerdem war Christoph Dientzenhofer ein Baumeister, auf den Verlaß war, über den niemals Beschwerden wegen Nachlässigkeit oder mangelnder Sorgfalt kamen. Er konnte wirklich bauen und nicht nur irgendwie zusammenschustern.

Von der Mitte des Jahres 1709 an übernahm Christoph Dientzenhofer den *Bau des Breunauer Klosters;* von diesem Datum an unterschrieb er die Ausweise der Maurerarbeiten. Er fertigte ebenfalls neue Pläne für den gesamten Komplex an. Was den westlichen Teil des Klosters, das Konventsgebäude, anbelangt, veränderte er Bayers zweifellos nach Anweisungen von Abt Otmar angefertigten Lageplan nur in einigen Details. Die Kirche und die Prälatur wurden jedoch ganz neu entworfen. In diesem Falle gibt es sogar die seltene Gelegenheit, die Ausgangssituation, die zweifellos die letzte Lösung Bayers darstellt, einmal mit dem neuen Entwurf, den Christoph Dientzenhofer nach der Bauübernahme

anfertigte, und außerdem mit der endgültigen Lösung des ganzen Komplexes einschließlich der Prälatur zu vergleichen. (Dabei steht nicht fest, ob der Grundriß der Kirche an diesem ersten Plan nicht zumindest teilweise den alten Zustand wiedergibt.) Der letzte Plan stellt die Kirche und den westlichen Teil des Klosters mit dem Konvent so dar, wie sie wirklich ausgeführt wurden. Die innere Aufteilung der Prälatur wurde, offensichtlich während des Baus, noch in einigen kleinen Details nachträglich geändert. Im Wölbungsprinzip der Kirche ging Christoph von dem System aus, das er für die Einwölbung des Schiffes der Niklaskirche benutzte. In Breunau brachte er es jedoch konsequent zur Vollendung. Während bei St. Niklas mit diesem auf der Durchdringung von Ovalen basierenden System nur das Schiff einzuwölben war, wurde dieses bei St. Margaret auch auf die Felder über der Orgeltribüne und über dem Presbyterium ausgedehnt. Die Folge der Ovale ist bei St. Niklas dichter, so daß sie sich berühren und zwischen ihnen nur dreieckige, bikonkave Zwickel ausgespart bleiben; die gekrümmten Gewölbegurte sind auf der Gewölbefläche reliefartig betont. Bei St. Margaret ist die Ovalfolge lockerer, und so wird eine Komposition von bikonvexen und bikonkaven Feldern im Wechsel gebildet, die nur mit einer leichten Stuckprofilierung voneinander getrennt sind. Im ersten Projekt war das Presbyterium etwas kürzer geplant und sollte an seinem Ende mit einer flachen ovalen Konche überwölbt sein. In der endgültigen Ausführung ist es länger geworden und konstruktiv mit einer dichten Folge von Ovalen eingewölbt, zwischen denen – ähnlich wie bei St. Niklas – nur konkav eingeschnittene dreieckige Zwickel ausgespart bleiben. Die ganze Konstruktion ist auch diesmal streng tektonisch, ja man kann sagen förmlich skelettartig. Zwischen den schräggestellten Pfeilern befinden sich flache Kappen; die Fensterwände sind vollkommen glatt[19].

Der Bauverlauf kann dank der erhaltenen Abrechnungen sehr genau verfolgt werden. Es sind auch die Namen aller Mitarbeiter Dientzenhofers bekannt. Die Werksteinteile wurden von Franz Kaspar Lejsek gehauen; mit den Schreinerarbeiten wurde Christian Kovář beauftragt; die Schlosserarbeiten erledigte Meister Johann Georg Knobloch und die Zimmerarbeiten Meister Balthasar Poltzer, um nur die bedeutendsten zu nennen. Bis Juni 1715 war Markus Rix Poltzers Polier, nach ihm kam Joseph Leffler und später noch weitere, ebenfalls bekannte Zimmermeister, von denen Leffler aber wohl der beste Barockzimmermeister nicht nur in Prag, sondern in Böhmen überhaupt war. Er war ein langjähriger Mitarbeiter und Freund von Kilian Ignaz. Die beiden lernten sich in Breunau kennen, wo Kilian Ignaz schon im Jahre 1716 nach seiner Rückkehr von einem »Wanderaufenthalt« im Ausland seinem Vater am Bau half[20].

Ebenso wie der Bau des Klosters ging auch der Bau der Kirche St. Margaret in Etappen voran. Das Schiff wurde im Jahre 1712 beendet und am 18. Dezember geweiht. Daraufhin begann der Bau des Presbyteriums, der allerdings aufgehalten wurde, weil im Jahre 1713 in Böhmen die große Pest wütete, während der praktisch nicht gebaut wurde. Der Grundstein für die ganze Kirche wurde auf St. Laurenz (10. August) 1714 gelegt, also in eine Zeit, da in dem provisorisch geschlossenen Schiff seit zwei Jahren Gottesdienste gefeiert wurden.

Auch der Bau des Presbyteriums war also zweifellos schon recht weit fortgeschritten. Der Grund für die so späte Grundsteinlegung war, daß Abt Otmar ihn im Presbyterium gelegt haben wollte. Der Turm der Kirche wurde im Jahre 1715 fertiggestellt und am 7. Juli geweiht; der Rohbau des Presbyteriums ein Jahr später. An der inneren Gestaltung der ganzen Kirche wurde aber noch bis zum Jahre 1721 gearbeitet[21].

Im Jahre 1716, am 28. Dezember, schrieb Christoph Dientzenhofer die »Attestation« auf, die das Breunauer Kloster als Nachweis für die Verwendung der Mittel aus der »Salzkasse« brauchte. Das Konzept dafür verfaßte entweder der Abt selbst oder der Protonotar des Klosters; auf jeden Fall ist dieses Dokument ein absolut verläßliches Zeugnis darüber, was Christoph Dientzenhofer bis zum Ende des genannten Jahres in Breunau gebaut hatte. Er führt darin ausdrücklich auf, daß Herr Otmar, der Abt von Breunau und Braunau, ihm den Bau des neuen Breunauer Klosters anvertraute und daß er bis dahin eine neue Kirche mit einem Turm von den Fundamenten an aufgebaut hatte, wofür – außer der nötigen Einrichtung – insgesamt 16 000 rh. Gulden ausgegeben wurden. Hinzu kamen noch zwei ganze quadratische (also rechteckige) Klosterbauten, die 37 000 rh. Gulden kosteten, und daß er noch einen Großteil des Klosters (die Prälatur) bauen sollte, was nicht weniger als 25 000 rh. Gulden kosten werde. Danach sollten die Wirtschaftsgebäude an die Reihe kommen. Der Text der Attestation ist mit der Hand von Kilian Ignaz geschrieben, der im Herbst 1715 wohl schon für immer nach Hause zurückgekehrt war. Die Unterschrift stammt eigenhändig von Christoph[22].

Seit dem Jahre 1716 arbeitete Kilian Ignaz Dientzenhofer in Breunau als Polier des Vaters oder vielleicht schon als junger Maurermeister. Die Arbeitsausweise sind mit seiner Hand geschrieben und auch mit seiner Hand, aber mit Vaters Namen unterschrieben. Unter seiner Leitung wurden im Jahre 1721 die Prälatur beendet und auch einige neue Wirtschaftsbauten errichtet. Dies belegt ein unikates graphisches Blatt mit einer Ansicht von Breunau, das nach seiner Zeichnung gestochen wurde. Signiert ist es: *K. D. aedilis filius* (Kilian Dientzenhofer, Sohn des Baumeisters). Da-

durch wird erneut bestätigt, daß der gesamte Breunauer Klosterkomplex das Werk seines Vaters Christoph ist[23].

Die langen Jahre des Aufbaus des Breunauer Klosters hatten auch gesellschaftliche Folgen. Ein beredtes Zeugnis davon sind die Eintragungen in den Breunauer Matrikeln aus den Jahren 1710 bis 1721. Viele Maurer- und Steinmetzmeister schlossen damals freundschaftliche Beziehungen mit den Bewohnern des kleinen Dorfes Breunau. Sie sind in den Geburtenmatrikeln als Paten oder als Taufzeugen der dortigen Kinder eingetragen. Als Paten oder als Zeugen traten oft der Polier Peter Auracher und seine Frau Helena auf, und sogar Christoph Dientzenhofer ist einmal als Zeuge, und zwar bei einem unehelichen Kinde, eingetragen. In dieser Hinsicht waren die Ansichten damals noch sehr engstirnig, weshalb der genannte Umstand von der Großzügigkeit seiner Einstellung zeugt. Man nimmt an, daß es aufgrund der Nähe des Dorfes zur Baustelle zwischen den Bewohnern und den am Breunauer Bau arbeitenden Gesellen zu den Kontakten kam; sie läßt auch vermuten, daß viele der Gesellen sich bei den Dorfbewohnern eingemietet hatten[24].

Abt Otmar Zinke hatte sich in seinem neuen Baumeister nicht getäuscht. Christoph Dientzenhofer arbeitete für ihn bis zu seinem Tode im Jahre 1722 für ein monatliches Gehalt von 100 rh. Gulden. Es war eine Vereinbarung »zum Gesellengroschen«, was in diesem Falle nicht nur die Anfertigung aller Pläne für das Breunauer Kloster und die persönliche Bauaufsicht beinhaltete – wobei die praktische Bauleitung einem erfahrenen Polier und später seinem eigenen Sohn anvertraut wurde –, sondern noch viel umfang-

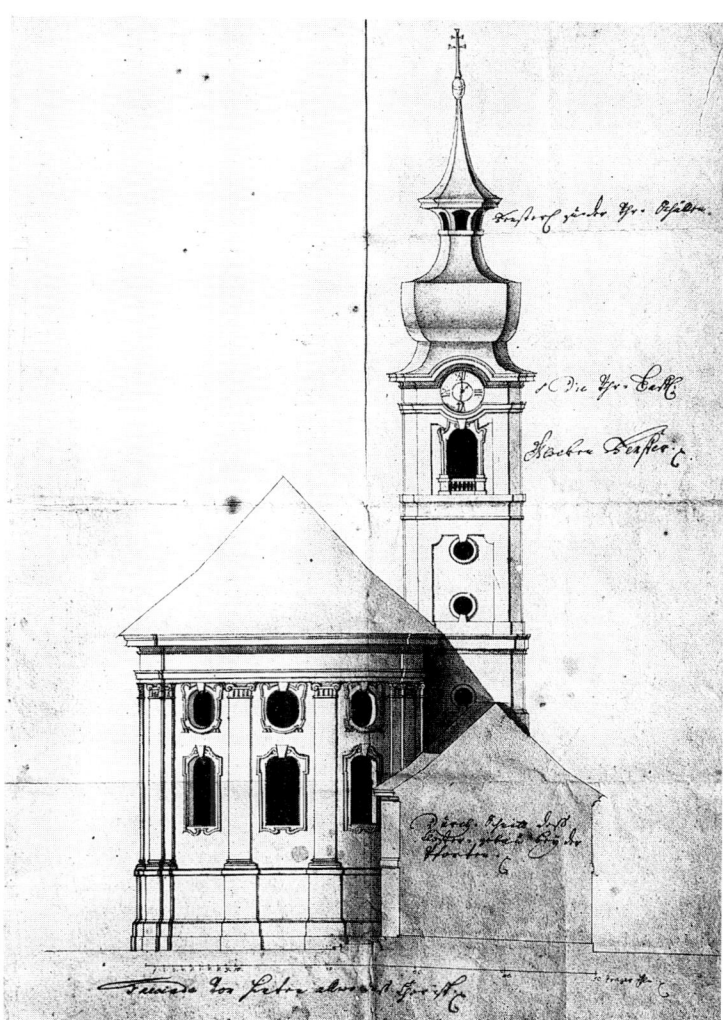

Prag-Breunau, Presbyterium des Benediktinerklosters St. Margaret, Zeichnung von Kilian Ignaz Dientzenhofer

*Prag-Breunau, Benediktinerkloster St. Margaret, Ansicht aus dem Jahre 1722 nach einer Zeichnung
von Kilian Ignaz Dientzenhofer (Ausschnitt)*

reichere Verpflichtungen bedeutete. Christoph war nämlich ver-
pflichtet, die Pläne zu allen eventuellen Bauten auf den ausgedehn-
ten Ländereien der Breunau-Braunauer Abtei zu erarbeiten. Die
Ausführung überwachte jeweils sein Polier oder aber ein örtlicher
Maurermeister unter der Oberaufsicht des Baumeisters, der bei
Bedarf zur Kontrolle angereist kam.

Es gibt demnach keinen Zweifel darüber, daß Christoph Dientzenhofer auch am Bau des Klosters in Braunau beteiligt war, vor

allem an dem Bau des »Neuen Gebäudes« in den Jahren 1709 bis
1711. Es handelt sich hierbei um den Umbau des neuen Flügels an
der Südseite des westlichen Teiles des Klosterkomplexes, den Carlo Luragho Ende der fünfziger Jahre des 17. Jahrhunderts für Abt
Augustin Seyfert gebaut hatte. Es ist nicht ausgeschlossen, daß die
ursprünglichen Pläne des Umbaus noch Paul Ignaz Bayer anfertigte. Zu dieser Zeit errichtete man auch ein neues Tor zur Kirche,
und dabei sollte der Zugang insgesamt neu gestaltet werden. Im

Jahre 1710 wurden der Bau der »Lateinischen Schulen« (des späteren Gymnasiums) und der Apotheke in der unmittelbaren Nachbarschaft begonnen. Davon, daß Christoph Dientzenhofer damals nach Braunau reiste, zeugt eine Niederschrift in dem Diarium des Politzer Klosters aus dem Jahre 1710, in der es heißt, »Herr Christoph, unser Baumeister«, sei von hier zusammen mit zwei Brüdern am 11. August heimgereist. Es ist wahrscheinlich, daß er damals auch in Politz zu tun hatte, da in dieser Stadt damals für das Kloster Mietshäuser gebaut wurden[25].

Als Polier arbeitete in Braunau Joseph Mayerhofer, der aus Breunau dorthin geschickt wurde; die Steinmetzarbeiten lieferten die örtlichen Steinmetze. Sowohl das »Neue Gebäude« als auch die »Lateinischen Schulen« und die Apotheke waren aus architektonischer Sicht weniger anspruchsvoll; im übrigen sind sie nicht in der ursprünglichen Gestalt erhalten geblieben. Das Gymnasium wurde unter Abt Johann Nepomuk Rotter 1869 um ein Geschoß erhöht, so daß der Bau seine ursprünglichen Proportionen verlor[26].

Der architektonisch bedeutendste Teil ist der dreiachsige Vorbau an der südlichen Kirchenfront mit dem in einer Ädikula plazierten Portal und mit einem Paar korinthischer Säulen, die die Gebälkabschnitte und einen gebrochenen Segmentgiebel tragen. Die elegante Profilierung der Gesimse ist typisch Dientzenhofer. Die Steinmetzarbeit wurde dem Prager Meister Franz Kaspar Leipek anvertraut.

Eine Bautätigkeit Christoph Dientzenhofers im Bereich des Politzer Klosters kann heute nur schwer nachgewiesen werden.

Der Komplex des Breunauer Klosters und seiner Kirche ist zweifellos das wichtigste Werk Christophs. Die Kirche hat zwar nicht die Monumentalität von St. Niklas auf der Kleinseite, die Christoph Dientzenhofer wegen des Geldmangels in der Jesuitenkasse allerdings nicht zu Ende bauen konnte. Die Kirche der hl. Margaret mit den dazugehörigen Bauten des Konvents und der Prälatur sind dagegen ein abgeschlossenes Werk, das noch zu Lebzeiten vollendet wurde, zwar schon unter aktiver Mithilfe von Kilian Ignaz, auf jeden Fall aber noch nach Christophs Plänen. Die einschiffige Kirche ist außen und innen eingeschoßig. Sie hat zwei künstlerisch gleichwertige Fronten. Die Eingangsfront im Westen mit dem Hauptportal in der Mitte hat abgerundete Ecken. Das große, halbrundabgeschlossene Fenster über dem Portal hat eine ganz einfache, schlichte Einrahmung. Die seitlichen Abschnitte der Eingangsfront werden durch Dreiergruppen ionischer Pilaster gegliedert. Deren auf einem hohen Sockel aufgesetzte Basen befinden sich in der Höhe des Portalsturzes. In den Feldern zwischen den beiden Eckpilastern sitzen oben und unten zwei zurückgesetzte Rechtecke, zwischen die eine schmale Nische eingelassen ist. Über dem mächtig auskragenden, wuchtig profilierten Hauptgesims erhebt sich ein Giebel mit einem ovalen Fenster, der durch ein in der Mitte segmentförmig gebogenes Gesims abgeschlossen ist. Die Südfront besteht aus zwei Teilen – der westliche entspricht dem Schiff, der östliche dem Presbyterium. Die Front des Schiffes ist symmetrisch komponiert: mit einem zweiachsigen Risalit in der Mitte, der mit einem Giebel der gleichen Form abgeschlossen ist, wie der über der Westfront. Der Risalit ist durch eine ionische Großordnung gegliedert, in den Brüstungsfeldern liegen zurückgesetzte Ovale. Den Risalit begleiten zwei mit ionischen Dreiviertelsäulen eingerahmte Ädikulen; ihre Wandflächen sind leicht konvex, ebenso die kleinen Giebel über dem Hauptgesims, die sie krönen. In der östlichen Ädikula befindet sich ein Blindportal. Die Gliederung des Presbyteriums wiederholt die ionischen Pilaster, aber die Höhenverhältnisse sind umgekehrt. Die halbkreisförmig eingewölbten Fenster sitzen viel tiefer, und über ihnen befindet sich eine Reihe ovaler Fenster, die den ovalen Feldern in der Brüstungszone des Schiffes entsprechen. Nach dem ursprünglichen

Entwurf sollte das Presbyterium durch lediglich drei Fenster belichtet werden, in der Realisierung verdoppelte sich jedoch ihre Anzahl. Die oberen, in die Gewölbezwickel eingelegten Ovalfenster wiederholte Christoph Dientzenhofer auch bei St. Niklas, wo sie allerdings im Zusammenhang mit der Gewölbeumgestaltung für das Fresko zugemauert wurden. Die in der Breunauer Kirche angewandte Komposition der Fensterverdopplung nähert sich sogar Santini-Aichl, der dieses Motiv mehrmals angewandt hat, zum Beispiel in der Wallfahrtskirche in Kiritein (Křtiny). Der Bau in Kiritein wurde gleichzeitig mit dem Breunauer Presbyterium begonnen; so ist nicht anzunehmen, daß Christoph Dientzenhofer dieses Motiv gerade von Santini-Aichl hätte übernehmen können. Jene »umgekehrte« vertikale Gliederung des Presbyteriums im Gegensatz zum Schiff ist eine ungewöhnliche Lösung und verleiht der südlichen Fassade der Kirche St. Margaret einen beinahe pikanten Reiz.

Über das Interieur der Kirche St. Margaret ist im Zusammenhang mit ihren Plänen gesprochen worden. Es bleibt hinzuzufügen, daß ihre architektonische Gliederung ungewöhnlich schlicht ist. Sie beschränkt sich auf tektonische Bauelemente und besteht im Grunde nur aus korinthischen Doppelpilastern und den über ihnen liegenden Gebälkabschnitten. Diese Pilaster sind schräg gestellt – analog zu St. Niklas. Der ausgereifteste Bestandteil in der Architektur Christoph Dientzenhofers ist unstrittig seine Gesimsprofilierung. In dieser Hinsicht konnte sich mit ihm keiner seiner Zeitgenossen messen, und sogar sein berühmter Sohn erreichte nicht diese Vollkommenheit. Vielleicht die schönsten sind die Gesimse in der Kirche der hl. Margaret, wo Christoph ähnlich wie in Obořiště von dem Motiv der unterstützenden Akanthuskonsolen abgekommen ist und sich auf reine, perfekt geformte und wohlausgewogene Profile beschränkt hat, die dennoch im Grunde nicht kompliziert sind. Ein solches »Sagama« (also eine Profilzeichnung für den Steinmetz, Maurer oder Stukkateur, nach der ein Schreinermeister die Schablone anfertigen mußte) mit dieser Sicherheit und Reinheit der Linien und einer solchen Eleganz zu zeichnen wie Christoph Dientzenhofer es konnte, brachten nicht einmal die berühmten Wiener Architekten oder sein größter Prager Konkurrent, Johann Blasius Santini-Aichl, fertig. Santini-Aichls Gesimse im Interieur lösen sich nämlich nur zögernd aus der Vertikalen der Wand hervor und erreichen nie die Reinheit der Form und die Wucht eines Christoph.

Das Gebäude des Breunauer Klosters kommt in den meisten kunsthistorischen Bewertungen des gesamten Komplexes etwas zu kurz. Es ist, mit Ausnahme der Ostfassade der Prälatur, nur eingeschoßig und seine Gliederung ist ziemlich einfach und unauffällig. Der Westflügel tritt geringfügig vor die Kirchenfront vor, was seinerzeit als Unvermögen des Architekten abgewertet wurde[27].

In Wirklichkeit ist eben das der Beweis seiner Raffinesse. Dieser kurze Abschnitt der einfach gegliederten Fassade des Klostergebäudes betont die Plastik der Kirchenfronten und verleiht ihnen einen monumentalen Maßstab. Man beachte, daß das Sockelgesims der Kirche knapp unterhalb des Kordongesimses des Klostergebäudes verläuft, und der Portalsturz der Kirche sich knapp oberhalb des Sockelgesimses befindet. Das erscheint an sich sinnvoll; damit wird betont, daß der Sockel der Kirche fast so hoch ist wie das Erdgeschoß des Klosters. Es ist außerdem das gesamte Grundrißschema des Konvents und der Prälatur zu beachten, die um drei rechteckige Innenhöfe gruppiert sind. Die Situierung der einzelnen Bereiche, das heißt der Zellen, des Winter- und Sommerrefektoriums, des Infirmariums (des Krankenzimmers), der Küche und der weiteren Räume war zweifellos ein gemeinsames Produkt von Abt Otmar und seinen Architekten; im Grunde ist sie schon im letzten Riß Bayers enthalten. Christoph Dientzenhofer brachte diese Disposition in eine zusammenhängende sinnvolle Beziehung, indem er das gesamte System aus einem einzigen Modul entwickelte, und zwar dem Modul eines quadratischen Gewölbefeldes des Kreuzganges. Alle Räume sind das Ergebnis seiner Multiplizierung – ihre Größen entsprechen also zwei, vier, sechs oder sogar acht Feldern. Darüber hinaus wiederholt die gesamte innere Gliederung in verkleinerten und vereinfachten Formen die Profilierung der Gesimse im Kircheninterieur, womit eine einmalige Vereinheitlichung der Textur erreicht wird. Für den Repräsentationssaal der Prälatur benutzte Christoph Dientzenhofer wieder die zweifache, obere und untere Belichtung; die oberen Fenster sind innen kreisförmig, und außen entsprechen ihnen rechteckige Fenster des vierachsigen Dachaufbaus. Es ist nicht ausgeschlossen, daß die ursprüngliche Profilierung des Hauptgesimses im Saal vom Stukkateur Egidius Qurin Asam, dem Bruder des berühmten Freskomalers Cosmas Damian, der mit diesem gleichzeitig an der endgültigen Innengestaltung des Saals arbeitete, allerdings erst einige Jahre nach Christophs Tod, zum Teil korrigiert wurde[28]. Wenn wir berücksichtigen, daß Christoph Dientzenhofer verpflichtet war, als Baumeister mit einem festen Jahresgehalt für seinen Brotgeber alles, was anfiel, zu entwerfen, ist es wahrscheinlich, daß die *Entwürfe für die Kirchen St. Michael in Wernersdorf* (Verněřovice) und vielleicht auch *St. Jakob in Ruppersdorf* (Ruprechtice) ebenfalls sein Werk sind. Der Grundstein der Kirche in Wernersdorf wurde nämlich schon 1719 gelegt und der Bau 1720 abgeschlossen. Der erste Bauabschnitt in Ruppersdorf lag im Jahre 1720, als auch der Grundstein gelegt wurde. Die Kirche wurde 1723 geweiht[29]. Über den Bau der Kirchen auf den Landgütern seiner Klöster entschied zwar Abt Otmar immer selbst, doch die Kosten mußten, zumindest zum Teil, die örtlichen Pfarrer entweder aus den Einkünften der Pfarrei oder aus wohltätigen Spenden tragen. Diese Dorfkirchen sind deshalb einfacher und haben eine flache Decke mit hohen Vouten. Die Kirche in Wernersdorf hat einen ovalen Grundriß (ähnlich wie die Kirche in Neumarkt), die in Ruppersdorf ist auf dem Grundriß eines länglichen Oktogons errichtet.

Außer den kirchlichen Objekten baute Christoph Dientzenhofer auch die *Wirtschaftsbauten für die Breunau-Braunauer Äbte*. Im Areal des Breunau Klosters selbst, auf der westlichen Seite des zweiten Hofes, stehen bis heute ein *Kornhaus* und rechts vom Hauptzugang zu diesem Hof die *Stallungen*. Rechts vor dem Tor zum ersten Hof stand ein *Brauhaus,* das nach dem Zweiten Weltkrieg bei dem Straßendurchbruch der »Bělohorská třída« abgerissen wurde, als auch der gesamte erste Hof zerstört wurde. Alle diese Objekte sind auf der schon erwähnten, nach der Zeichnung von Kilian Iganz Dientzenhofer gestochenen Graphik aus dem Jahre 1721 eingezeichnet[30].

Niemanden wird es überraschen, daß den Baumeister des Breunau-Braunauer Abtes und Visitators der böhmischen Benediktinerprovinz bald auch dessen Mitbrüder, die Vorsteher anderer Benediktinerklöster, zu engagieren suchten. Der erste, der sich an ihn wandte, war der Abt des Klosters des hl. Johann unter dem Felsen. Die Klosterkirche, die in den Jahren von 1656 bis 1661 von Carlo Luragho unter Abt Ferdinand Sobek von Bielenberg, dem späteren Prager Erzbischof, erbaut wurde, war mit einer Tonne gewölbt, welche mit einem solchen Gewicht auf die Außenmauern drückte, daß diese anfingen, sich nach außen zu neigen. Im Gewölbe zeigten sich Risse, und es bestand die Befürchtung, daß es einstürzen könnte. Im Jahre 1710 wurde die gründliche *Instandsetzung der Kirche des Klosters des hl. Johann unter dem Felsen* beschlossen; man beauftragte damit Christoph Dientzenhofer. Auf seinen Rat hin wurden alle Altäre und die Grabstätte des hl. Ivan mit Holz verschalt und der Steinboden mit einer dicken Schicht von Zweigen und Laub abgedeckt. Dann entfernte man die Eisen-

kette, mit der das Gewölbe außen zusammengehalten war; das Gewölbe stürzte von selbst herab, ohne einen großen Schaden anzurichten. Die herabfallenden Steine durchschlugen die Holzverschalung über dem heiligen Grab und beschädigten es. Dies aber führte zu einer unerwarteten Entdeckung. Der Abt von St. Johann, Emilian Kotterovský, ließ das Innere der Grabes, das nun durch den Riß zugänglich war, untersuchen. In dem mit vier Steinen in Form einer Truhe ausgelegten Grab fanden sich die Überreste des hl. Ivan. Das erfreute verständlicherweise den Konvent; die Überreste wurden geborgen und in einer neuen Zinntruhe auf dem Altar in der Mitte der Kirche aufbewahrt. Über den Fund verfaßte man am 9. Oktober 1712 ein feierliches Protokoll. Sein Autor war der Senior des Breunauer Klosters und sein apostolischer Protonotar P. Rupertus Hausdorff. Es unterschrieben drei Benediktineräbte: Otmar Zinke, Maurus Roučka von St. Nikolaus in der Prager Altstadt und der damalige Kladrauer Abt Maurus Fintzguth. In diesem lateinisch geschriebenen Protokoll wird Christoph Dientzenhofer als »peritus et famosus architectus«, also als ein erfahrener und berühmter Architekt bezeichnet[31].

Die Kirche wurde nach dem Entwurf von Christoph Dientzenhofer repariert, worüber er selbst am 1. August 1715 einen Bericht verfaßte. Nach seiner Ansicht hatte die Kirche keine ausreichenden Fundamente. Die Außenmauern, die sich nach dem Einsturz des Gewölbes geneigt hatten, mußte er ausbessern und das gemauerte Gewölbe durch ein falsches Holzgewölbe ersetzen. Er führte auch an, daß sich die Abtei in einem sehr schlechten Zustand befand und daß, obwohl an dem Konventsgebäude einiges erneuert worden sei, man noch viel würde weiterbauen müssen. Falls alle drei Gebäude, die Kirche, die Prälatur und der Konvent, in einen ordentlichen Zustand gebracht werden sollten, würde das mindestens 10 000 rh. Gulden kosten, den Transport des Materials nicht mitgerechnet[32]. Die Reparatur der Kirche wurde 1711 abgeschlossen, gleichzeitig oder wenig später auch der Turm erhöht und neu eingedeckt.

Offensichtlich in demselben Jahr, als die Reparaturen der Kirche St. Johann unter dem Felsen begonnen wurden, also 1710, wandte sich auch der Kladrauer Abt Maurus Fintzguth an Christoph Dientzenhofer mit der Bitte um Anfertigung der Pläne für seine Klosterkirche. Er war als Prälat nicht weniger ehrgeizig als sein Breunau-Braunauer Mitbruder und gab sich deshalb nicht mit einem einzigen Entwurf zufrieden. Er beauftragte gleichzeitig Johann Blasius Santini-Aichl, den damals größten Konkurrenten Christoph Dientzenhofers, mit der Anfertigung der Umbaupläne; für die letzteren entschied er sich schließlich auch, was er in seinem Brief vom 11. Februar 1711 Emilian Kotterovský, dem Abt des Klosters St. Johann unter dem Felsen, mitteilte[33]. Es ist wirklich sehr bedauerlich, daß das Kladrauer Kloster in der Josephinischen Zeit aufgehoben wurde und sein Archiv nur in Fragmenten erhalten geblieben ist. Obwohl von Abt Maurus bekannt war, daß er

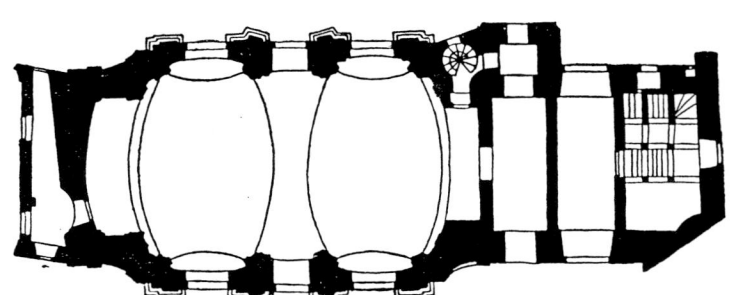

Eger, Klosterkirche der Klarissen

die Bauabrechnungen zu verbrennen pflegte, kann doch angenommen werden, daß er den nicht ausgeführten Entwurf Christoph Dientzenhofers im Klosterarchiv deponiert haben wird.

An der Wende vom ersten zum zweiten Jahrzehnt des 18. Jahrhunderts arbeitete Christoph Dientzenhofer nicht nur für die Benediktiner und die Jesuiten. Zweifellos zu Recht wird ihm auch der *Plan der Klosterkirche der Klarissen in Eger* zugeschrieben[34]. Bisher gibt es keine Archivdokumente über diesen Bau. Zu Eger unterhielt Christoph seit langem Beziehungen; der Grundstein wurde von dem Abt des Klosters in Waldsassen, Albert Haussner, gesegnet, und auch in Waldsassen war Christoph gut bekannt. Die Autorenschaft wird ihm allerdings nur aufgrund der Stilanalyse des Objekts zugeschrieben, die erst vor kurzem Norberg-Schulz noch präzisiert hat[35].

Die Kirche hat einen longitudinalen Grundriß mit einem relativ kurzen Schiff, das mit einem Paar flacher, ovaler, sich nicht berührender Gewölbefelder gedeckt ist, die, ähnlich wie in Breunau, mit einem bikonkaven Feld voneinander getrennt sind. Das Gewölbe ruht in der Mitte auf breiten, im Querschnitt konkav eingezogenen Pfeilern und auf gegliederten Eckpfeilern. Der verhältnismäßig lange und etwas schmalere Chor für die Ordensfrauen hat ein höheres Fußbodenniveau und ist mit einer Tonne mit Lünetten eingewölbt. Im Unterschied zum eingeschoßigen Langhaus hat der Chor außen und innen eine zweigeschoßige Gliederung. Das Presbyterium ist sehr kurz, mit einem bikonkaven Platzlgewölbe gedeckt. Die Unterschiedlichkeit beider Räume drückt sich auch in der dualen Komposition der Hauptfront aus. Dies ist hier ähnlich wie bei der Prager Kirche St. Ursula die Seitenfront. Der dem Langhaus der Kirche entsprechende Abschnitt ist symmetrisch komponiert mit einem durch einen konkav geschwungenen Risalit betonten Mittelteil; der konkave Schwung wird in die Giebelfläche mit ihren gebogenen Flügeln und einem ausdrucksvoll profilierten, mächtigen Gesims weitergeführt. Der hohe Sockel schließt mit einer Gesimsplatte knapp unter dem Sturz des Hauptportals ab. Ionische Pilaster bilden die vertikale Gliederung. Zwei große Fenster sind halbkreisförmig eingewölbt, oberhalb des Portals liegen zwei kleine Ovalfenster übereinander. Interessant ist der asymmetrisch gelöste Abschnitt zwischen der Hauptfront und dem Chor. Einer Wendeltreppe entsprechen hier drei Fensteröffnungen: eine kleine mit Segmentbogen knapp unter dem Sockelgesims, darüber dann eine höhere ovale, dann die höchstgelegene, wiederum ovale, wobei sich zwischen den beiden letzteren eine flache, halbkreisförmig eingewölbte Nische befindet (die den Eindruck einer späteren Hinzufügung erweckt). Das ganze Feld ist konkav geschwungen, gefolgt von einem einachsigen Risalit mit einem niedrigen Eingang im Erdgeschoß, über dem sich ein segmentförmig eingewölbtes Oberlicht befindet. Über dem Sockel ist der Risalit durch einen Linsenrahmen gegliedert, in dem ein einziges, schmales und hohes Ovalfenster angeordnet ist. Ganz ähnlich, nur mit kleineren Abweichungen, ist die gegenüberliegende Fassade ausgeführt. Im Interieur kommt der Kontrast zwischen der tragenden Konstruktion und den ausfachenden Fensterwänden zum Ausdruck, die, ähnlich wie in Breunau, ganz glatt sind. Analog zu St. Margaret besticht hier auf den ersten Blick die vollkommene Schönheit aller architektonischer Elemente und vor allem der Gesimsprofile.

Im zweiten Jahrzehnt des 18. Jahrhunderts baute Christoph Dientzenhofer auch für die Hradschiner Kapuziner, oder besser gesagt, für die Kapuziner und Fürst Lobkowitz, den Patron der Hradschiner Loreto-Gnadenstätte. Die *Loreto-Anlage* wurde seit den dreißiger Jahren des 17. Jahrhunderts in Abschnitten gebaut, als ihre Gründerin, Benigna Katharina von Lobkowicz, die »Casa santa«, eine Kopie des »Wohnhauses Mariens« im italienischen Loreto, bauen ließ. Eine ganze Reihe von Baumeistern hat hier

nacheinander gebaut[36]. Bis zum Jahre 1685 wurden die Umgänge und der Turm an der Front errichtet, und man arbeitete weiter an den beiden Eckkapellen der Front. Der Baumeister war der Kleinseitner Johann Georg Mayer, der wahrscheinlich auch die Schatzkammer im Frontflügel in den Jahren 1700 bis 1702 baute. Christoph Dientzenhofer nahm erst in den Jahren 1711/12 an der baulichen Entwicklung Loretos teil, als er die *Kapelle des hl. Antonius* in der Mittelachse des südlichen Wandelganges erbaute. Die Steinmetzarbeiten führte sein bewährter Mitarbeiter, Meister Johann Ulrych Mannes, die Zimmerarbeiten Meister Georg Král und die bildhauerische Ausstattung Mathäus Wenzel Jäckel aus. Der Bau der gegenüberliegenden *Kapelle des hl. Franziskus* folgte in den Jahren 1716 bis 1717. Im Jahr ihrer Weihe am 17. Juli legte man den Grundstein zur *Kapelle Christi Geburt* in der Achse des östlichen Wandelganges. Sie wurde schon im Jahre 1718 – mit einem Aufwand von 4000 rh.Gulden – fertiggestellt. Die Stifterin der beiden älteren kleinen Kapellen war Eleonora Karolina Fürstin Lobkowitz; den Bau der Christi-Geburts-Kapelle finanzierte Marie Margarete Gräfin Waldstein.

Fürstin Eleonora Karolina starb im Jahre 1720; in ihrem Testament vermachte sie der Hradschiner Loreto-Gnadenstätte 4500 rh.Gulden, für die eine neue Hauptfront gebaut werden sollte. Den Bauvertrag mit Christoph Dientzenhofer schloß der verwitwete Fürst Philipp am 21. Feburar 1721. Der Vertrag betraf nicht nur die *Überarbeitung der Fassade der Anlage,* sondern auch den *Umbau des gesamten Flügels,* in dem die Schatzkammer zu erweitern und einige Wohnräume, ein Keller und eine neue Treppe rechts vom Eingang einzurichten waren. Die Wohnräume waren für den Loreto-Kustos bestimmt; diese Funktion hatte, schon seit der Gründung, jeweils eines der Mitglieder des Kapuzinerklosters inne[37].

Den letzten Vertrag mit den Hradschiner Kapuzinern schloß Christoph Dientzenhofer im Jahre seines Todes, im März 1722. Es ging darin um die *Erweiterung der Christi-Geburts-Kapelle* durch einen Anbau an der Westseite in den Innenhof hinein. Die Kosten sollten 2150 rh.Gulden betragen. Christoph starb am 20. Juni, und die erste Rate für die Kapellenerweiterung nahm Kilian Ignaz schon am 21. Juli in Empfang. Er führte den Umbau des Frontflügels und die Kapellenerweiterung unter der Mitwirkung des Steinmetzmeisters Johann Ulrych Mannes im Jahre 1723 zu Ende. Die Wappen über dem Portal sind vom Kleinseitner Bildhauer Johann Fridrich Kohl, der sie 1724 lieferte. Die übrigen Handwerker und Künstler sind in den zeitgenössischen Dokumenten nicht genannt, und auch in der Gedenkschrift aus dem Jahre 1723 wird nur Kilian Ignaz Dientzenhofer namentlich genannt[38].

In den Grundzügen ist die Komposition der Front noch offensichtlich ein Werk Christophs. Norberg-Schulz macht auf ihre Verwandschaft mit der Frontfassade der Kirche St. Klara in Eger mit dem konkaven Mittelfeld und dem analog gebogenen einachsigen, auf der Attika sitzenden Dachgiebel aufmerksam[39]. Die als ornamentales Steinrelief gestalteten Dachgiebel in Loreto kann man für eine von Kilian Ignaz entworfene Ergänzung halten. Charakteristisch ist auch der hohe, in der unteren Hälfte in Quadern ausgeführte und mit einem mächtigen Werksteingesims abgeschlossene Sockel. Die Pilaster haben Gesimskapitelle; die Gliederung der älteren Eckkapellen beeinflußte vielleicht die Wahl dieses Typs. Die Mitwirkung von Kilian Ignaz kommt in Frage bei der Komposition der Steinreliefs über den Fenstern des zweiten Geschoßes und dem Steindekor des Turmfußvorbaus, die mit dem rationalen architektonischen Empfinden seines Vaters nicht übereinstimmen.

Die Hradschiner Ursulinerinnen waren weitere Bauherrinnen in den letzten Lebensjahren von Christoph Dientzenhofer. Schon im Jahre 1700 faßten sie am Hradschin Fuß, als es ihnen gelang, das

Haus »Zum schwarzen Mohren«, das spätere »Talmberg-Haus«, zu erwerben. Sein letzter Besitzer war Johann Franz von Talmberg, Bischof in Königgrätz, von dem – oder aus seinem Nachlaß – es Frau Katharina Polyxena von Lammingen, eine geborene von Lobkowitz, um das Ende des 17. Jahrhunderts kaufte. Für das Haus, das nicht im besten Zustand war, zahlten ihr die Ursulinerinnen im Jahre 1700 10 500 rh. Gulden, wozu auch die große Mitgift ihrer Vorsteherin, Mutter Maria Anna Eleonora, einer geborenen Berka aus Dubá und Lipé, von der Allerheiligsten Dreifaltigkeit diente. Zum Haus gehörte ein ausgedehnter Garten. Die Ursulinerinnen hatten aber keine eigene Kirche. Ihr Antrag, die Loreto-Kapelle der Kapuziner jenseits ihres Gartens benutzen zu dürfen, wurde abgelehnt. So blieb den Ursulinerinnen nichts anderes übrig, als über den *Bau einer eigenen Kirche* nachzudenken. Außerdem ging es nicht nur um die Kirche, sondern auch um den *Neubau des Klostergebäudes*. Die Ursulinerinnen waren auf Mädchenerziehung spezialisiert, und für die jungen Damen aus den adligen Familien brauchten sie entsprechende Unterkunft. Sie beabsichtigten, die Klosterbauten auf dem Gartengelände zu errichten; für die Kirche brauchten sie allerdings zusätzliche Fläche, weswegen sie schon im Jahre 1713 Verhandlungen mit dem Hofbauamt über die Abtretung eines Teils vom Hof des benachbarten kaiserlichen Spitals aufnahmen. Die Verhandlungen zogen sich in die Länge, denn auf dem geforderten Grundstück standen Ställe für die Maultiere und der durch das Hofbauamt repräsentierte Burgärar bestand darauf, daß Ersatzstallungen gebaut werden mußten. Die Ursulinerinnen waren schließlich einverstanden, einen neuen Stall hinter dem Spital auf einem Teil ihres Gartengrundstücks zu errichten. Zum Vertragsabschluß kam es im Jahre 1719, und aus diesem Jahr stammt wahrscheinlich auch der nicht realisierte Entwurf der Kirche, der die Züge von Kilian Ignaz Dientzenhofer trug. Es ist schwer zu sagen, ob er ihn ganz selbständig oder gemeinsam mit seinem Vater erarbeitet hatte. Die gesamte Komposition entspricht weitgehend Christophs Handschrift, doch die dekorative Verfeinerung der Front ist zweifellos das Werk Kilian Ignaz'. Offenbar lieferten die Dientzenhofers gleichzeitig auch den Entwurf des neuen Klostergebäudes, für das im Jahre 1721 die Arbeiten mit den Fundamenten anfingen. Das weckte großen Unmut bei den Kapuzinern, die den Bauplan anforderten, und als sie feststellten, daß das neue Gebäude im Mittelteil sogar fünfgeschoßig sein sollte, reichten sie Beschwerde beim erzbischöflichen Konsistorium mit der Begründung ein, daß man aus den oberen Stockwerken nicht nur in ihren Garten, sondern auch in ihr Refektorium würde einsehen können. Das Konsistorium ordnete eine Baukommission an, die im Oktober 1721 zusammentrat, als der Neubau schon die Höhe des dritten Stockwerkes erreicht hatte. Da die Ursulinerinnen von Christoph Dientzenhofer vertreten wurden, der zugleich auch der Baumeister der Kapuziner war, mußten sie für diesen Fall einen anderen Sachverständigen bestellen, und zwar den Hofmaurermeister Jakob Anton Canevalle. Die Entscheidung wurde in der nächsten Kommissionssitzung getroffen, auf der die Vertreter des Konsistoriums erklärten, die Entfernung zwischen den beiden Bauten wäre so groß, daß die Höhe des neuen Gebäudes die Kapuzinerpatres nicht weiter stören sollte. Christoph Dientzenhofer nahm auch an einer anderen Kommissionssitzung teil, die am 20. Juni 1720 im Hof des kaiserlichen Spitals stattfand. Es handelte sich um die von der Vorsteherin aus »Gründen der besseren Symmetrie« beantragte Erweiterung des Baugrundstücks für die Kirche. Es ist nicht ausgeschlossen, daß dieser Antrag mit der Änderung des Entwurfs der Kirche zusammenhing, deren Grundstein am 15. Oktober desselben Jahres gelegt wurde. Am aufschlußreichsten ist der Wortlaut der bei dieser Gelegenheit verfaßten Gedenkschrift. Außer den beiden Dientzenhofern wird darin noch Hieronymus da Costa

(im Text: de Kostta) erwähnt. Seine Mitarbeit bei den beiden Dientzenhofern ist allerdings nicht genau zu bestimmen.

Die Frontgliederung der Kirche St. Johann orientiert sich in der vertikalen Konzeption an Christophs Prinzipien, im Detail ist sie zweifellos ein Werk des Kilian Ignaz. Sie ist zierlicher, dekorativer und weniger plastisch. Dasselbe gilt auch für die architektonischen Elemente des Interieurs – dazu reicht ein Blick auf die Profilierung der Gesimse. Auch wenn hier weiterhin Christophs Prinzip eines leichteren Gesimsansatzes und einer deutlich auskragenden Gesimsdeckplatte zur Geltung kommt, ist es doch nicht mehr Christoph selbst. Alles wird mehrfach wiederholt, überall wurde etwas hinzugefügt, und der Aufbau der Profile ist nicht mehr so stark ausgeprägt und wuchtig[40].

Christoph Dientzenhofer war jedoch nicht nur der Baumeister der »hochwürdigen« Prälate und Propste und der von ihnen geführten kirchlichen Institutionen. Er war auch ein Kleinseitner Bürger, an den sich zweifellos seine näheren und entfernteren Nachbarn wandten. Das Haus »Zur goldenen Lilie« auf dem Altstädter Kleinen Ring und das Haus von Johann Wenzel Adalbert Valkoun von Adlar in der heutigen Hellichovastraße sind schon erwähnt worden. Es ist nicht auszuschließen, daß Christoph Dientzenhofer auch das dem Valkounschen benachbarte Haus, »Zu den zwei roten Löwen« reparierte oder umbaute. Es gehörte dem Zimmermeister Kilian Gabriel, und im Kaufvertrag aus dem Jahre 1708 ist festgehalten, daß Christoph daran eine Schuldforderung von 500 rh. Gulden hatte. Auch wenn diese Summe in den Kleinseitner Obligationsbüchern nur als ein Darlehen eingetragen ist, ist es möglich, daß sie mit einer Bautätigkeit zusammenhing. Im Jahre 1708 wurde der Garten des Thun-Hauses (heute das sog. »Hohe Haus«, Konskr. Nr. 91-III) in Parzellen aufgeteilt. Dadurch entstand die »Neue Gasse« (Míšeňská), auf deren beiden Seiten Parzellen vermessen wurden, um vor allem den Handwerkern eine Baugelegenheit anzubieten, deren Betriebe Lärm erzeugten und dadurch ihre Nachbarn belästigten, also etwa den Schmieden, Hufeisenschmieden, Kupferschmieden, Klempnern und anderen. Auf beiden Seiten der Straße entstanden dann allmählich kleine Bürgerhäuser, interessant dadurch, daß sie eine reine, von Grund auf barocke Disposition aufweisen. Beinahe das ganze barocke Prag entstand nämlich durch Umbauten, Anbauten und Fassadenumgestaltungen von viel älteren, gotischen und Renaissance-Häusern. Wie es bei den Bürgerhäusern immer der Fall ist, blieben ihre Baumeister anonym. Es wird angenommen, daß sich an dieser neuen Bebauung vor allem die Kleinseitner Maurer- und Baumeister beteiligten, z. B. Thomas Haffenecker, der die »Neue Gasse« vermessen hatte, sowie der in der Nähe der Karlsbrücke ansässige Philipp Spannbrucker oder Antonio Luragho, auch er ein Kleinseitner Bürger. Erst kürzlich wurde eine Eintragung gefunden, in der es heißt, daß Christoph Dientzenhofer das »Zum weißen Kegel« genannte Eckhaus an der linken Seite der Míšeňskástraße (Konskr. Nr. 66-III) für Franz Josef Schreiner gebaut hat. Schreiner nahm nämlich für den Bau ein Darlehen auf und hinterließ Schulden bei dem Baumeister, dem er im November 1710 eine Schuldforderung an sein Haus zusicherte. Im Jahre 1714 war er gezwungen, das Haus zu verkaufen, und die Schuld wurde aus dem Kauferlös bei Christoph Dientzenhofer beglichen[41]. Das Eckhaus ist ein schlichtes, aber elegantes dreigeschoßiges Gebäude mit einem Kegel als Hauszeichen an der Ecke. Diese ziert eine darübergelegene Nische mit der Statue des hl. Joseph.

In der Prager Altstadt ist die Bautätigkeit Christoph Dientzenhofers im Jahre 1716 archivalisch belegt, wo er damals für die dort ansässigen *Dominikanerinnen bei St. Anna* ein *Nebengebäude des Klosters* mit der heutigen Konskr. Nr. 213-I nahe der jetzigen Náprstkovastraße entworfen und erbaut hatte. Es ist ein zweigeschoßiges Gebäude mit drei Flügeln, die kürzere Front zur Straße hin orien-

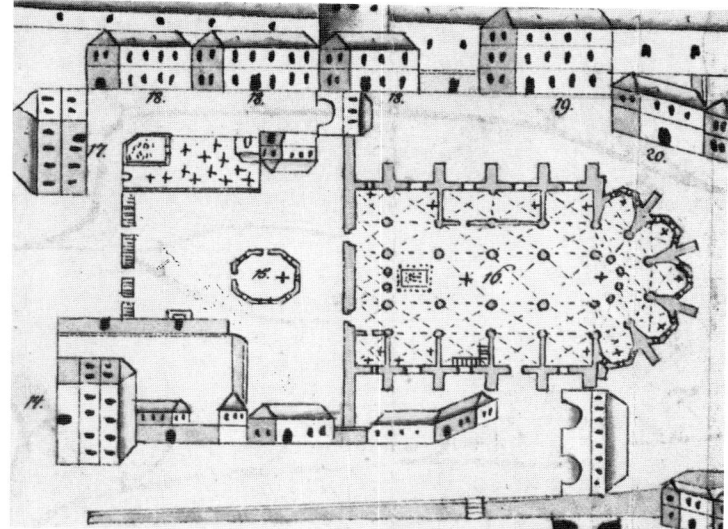

Prag, St. Veitsdom (Nr. 16), Ausschnitt aus einem alten Stadtplan

tiert, an die ein langer Hofflügel mit einem kurzen, nach Westen zeigenden Anbau anschließt. Es ist ein ausgesprochen nüchternes Nutzgebäude, an dessen Aussehen der Bauherr offensichtlich keine besonderen Ansprüche stellte[42].

Im »Einschreibbuch« der Prager Baumeister wird unter dem Namen Christoph Dientzenhofer unter anderem auch seine Tätigkeit in den Diensten der Kleinseitner Augustiner bei St. Thomas erwähnt. Die Klosterarchivalien beinhalten keine Dokumente, ob Christoph je für sie gearbeitet hat. Dem Kleinseitner Konvent unterstand allerdings das *Augustinerkloster bei St. Katharina in der Prager Neustadt.* Der Baumeister dieses Gebäudes war bisher nicht bestimmt. Im »Memoirenbuch« dieses Klosters liest man am Fol. 21, daß am 4. Mai 1718 der Grundstein zum Klostergebäude gelegt wurde, das – nach der Eintragung auf dem Fol. 33 – im Jahre 1730 fertiggebaut wurde. Das Gebäude des Neustädter Augustinerkonvents ist in der Grundrißdisposition eine Replik der Prälatur des Benediktinerklosters in Breunau. Christoph Dientzenhofer kann also als Autor des Entwurfes bezeichnet werden. Sein Name ist in dem »Memoirenbuch« offenbar deshalb nicht erwähnt, weil der Bau nach seinem Tode im Jahre 1722 von Kilian Ignaz Dientzenhofer geleitet worden war, der ihn fertigbaute[43].

Etwas überraschend mutet die Mitarbeit von Christoph Dientzenhofer an den *Reparaturarbeiten des Veitsdoms* an. Der Kommission aus dem Jahre 1704, an der der Hofmaurermeister Jakob Anton Canevalle, der Steinmetzmeister Giovanni Pietro della Torre und der Kupferschmied, also Kesselmeister, Johann Karl Strein teilnahmen, erschienen die Reparaturen an den Strebebögen, im Vorraum vor dem Hauptportal, an der Pflasterung der Dachgalerie und an der Kupferdachhaut als dringend erforderlich. Die vorläufige Kalkulation betrug 6560 rh. Gulden. Nach der nicht datierten Abrechnung wurden an Christoph Dientzenhofer für die Maurerarbeiten 799 Gulden 22 Kreuzer gezahlt, die Zimmermannarbeiten führten der Hofzimmermeister Thomas Stubner und Meister Johann Kreitter für einen Betrag von 1698 Gulden aus, und für die Reparatur des Daches berechnete der Kupferschmied Johann Karl Strein 2512 Gulden 51 Kreuzer. Es folgen kleinere Beträge für die Schmiede- und Schlosserarbeiten. Die Reparatur wurde offensichtlich in den Jahren von 1704 bis 1708 durchgeführt. Weil der Erhalt des Veitsdomes von der Böhmischen Kammer durch das Hofbauamt finanziert wurde, hätte die Maurerarbeiten der Hofmaurermeister Canevalle ausführen müssen. Es ist nicht einfach zu erklären, warum das nicht so geschehen ist. Er konnte kaum durch andere Aufgaben verhindert gewesen sein in

einer Zeit, da an der Burg kaum gebaut wurde. Entweder war er also krank, oder Christoph Dientzenhofer wurde aus anderen Gründen ausgewählt. Es handelte sich nämlich um die Reparatur an den Strebebögen, und Canevalle fehlten wahrscheinlich die Erfahrungen mit den Arbeiten in Stein, die Christoph Dientzenhofer als Festungsbaumeister gesammelt hatte. Es ist also möglich, daß dieser Umstand die Auftragsvergabe entschied[44].

Es ist nicht genau bekannt, wie lange Christoph Dientzenhofer als Prager Festungsbaumeister tätig war, da die Archivalien zum Bau der Prager Befestigung nicht komplett erhalten geblieben sind und das schriftliche Material in mehreren verschiedenen Archiven zerstreut ist. Es ist sicher belegt, daß er das »Sandtor« gebaut hatte. Bei den Schanzenbauarbeiten in diesem Abschnitt arbeitete er schon im Jahre 1718, und gleichzeitig baute er auch Schanzen beim Aujesder-Tor. Den Bau des auch Karlstor genannten Sandtores entwarf Baron Damian von Sikkingen, der höchste Militärkommandant im Königreich Böhmen, im Februar 1719. Es handelte sich aber um einen Vorentwurf und einen Sparvorschlag zugleich, denn er beschränkte sich auf eines statt der ursprünglich zwei geplanten Tore, von denen das westliche gegenüber der Pulverbrücke stehen sollte. Den detaillierten Plan entwarf der Militäringenieur, Hauptmann J. Vogl. Derselbe entwarf auch die plastische Dekoration des Tores, deren Durchführung an den Bildhauer Johann Ulrych Mayer vergeben wurde. Christoph Dientzenhofer leitete die Maurerarbeiten, wofür ihm im Jahre 1719 24 Wochen lang 350 rh. Gulden zur Verfügung gestellt wurden[45]. Als Projektant im Bereich des Festungsbaus hatte offensichtlich keiner der damaligen Baumeister Gelegenheit, sich zu bewähren, da diese Aufgabe ausschließlich den Militäringenieuren vorbehalten war.

Zum Abschluß sollten noch die nicht realisierten Entwürfe erwähnt werden. Der *Grundriß der Kirche des hl. Johann Nepomuk,* der zweifellos das Werk von Christoph Dientzenhofer war, befindet sich im Konvolut der Breunauer Pläne in der Manuskriptabteilung der Prager Universitätsbibliothek. Er ist zwar nicht unterschrieben und datiert, aber die Beschriftung zeigt eine Handschrift, die mit den Unterschriften Christophs vollkommen identisch ist. Es handelt sich dabei um einen Zentralbau, dessen hexagonaler Hauptraum auf allen Seiten durch halbkreisförmige Kapellen erweitert war; die Kapelle des Hauptaltars wurde durch den Sakristeianbau, über dem noch eine Orgeltribüne geplant war, um einiges gekürzt. Die Kirche sollte angeblich in Rosenthal (Rožmitál pod Třemšínem) gebaut werden. Zu dieser Lokalität hatten die Benediktiner allerdings keine Beziehung, denn Rosenthal war seit 1623 ein erzbischöfliches Gut. Es ist jedoch nicht ausgeschlossen, daß der Entwurf von Georg Ignaz Pospíchal, dem Prior der Kreuzherren mit dem roten Stern und seit dem Jahre 1694 ihrem ersten nicht postulierten, sondern gewählten General, an Christoph Dientzenhofer vergeben wurde. Pospíchal kümmerte sich nämlich auch um die erzbischöflichen Güter, und da die Kreuzherren auch zu den Verehrern und Propagierern des hl. Johann Nepomuk gehörten, ist es wahrscheinlich, daß er der Initiator dieses nicht verwirklichten Projektes gewesen war. Nach Breunau gelang dieser Plan wohl in der Zeit, als Christoph Dientzenhofer dort tätig war, und zwar vielleicht als ein Beispiel für eine Zentraldisposition aufgrund eines Bauvorhabens des Abtes Otmar Zinke[46].

Erhalten geblieben ist auch Christoph Dientzenhofers *Kostenschätzung für die Kirche in Hochwessely* (Vysoké Veselí u Bydžova). Sie ist zwar unterschrieben, aber nicht datiert. Naheliegend ist die Annahme, daß sie im Zusammenhang mit seinen Diensten bei Wenzel Adalbert Graf von Sternberg entstanden war, da Hochwessely dessen Neffen Johann Joseph und nach dessen tragischem Tod seiner einzigen Tochter Maria Theresia Violanta gehörte, die später mit Johann Leopold Graf von Paar verheiratet war. Wenzel Adalbert von Sternberg war ihr Vormund[47]. Der Bau kam nicht zustande.

Familie, Freunde, Mitarbeiter und Konkurrenten

Es ist nicht einfach, über eine längst nicht mehr existierende Familie, von den Beziehungen ihrer Mitglieder untereinander wie auch von ihren Beziehungen zur Umwelt zu schreiben. Ein Schriftsteller wäre da wahrscheinlich nicht so verlegen, wie es ein Historiker ist. Es bleibt in unserem Falle nichts anderes übrig, als die wenigen aus verschiedenen zeitgenössischen Quellen zusammengetragenen Bruchstücke zusammenzufügen und daraus eine Skizze zu erstellen, die in groben Zügen andeutet, wie die Familie des Kleinseitner Baumeisters lebte.

Die wichtigsten Lebensdaten sind zwar schon erwähnt worden, aber es ist vielleicht angezeigt, sie noch einmal kurz zusammenzufassen.

Anna, geborene Lang, Witwe des Maurermeisters Georg Aichbauer, brachte in ihre zweite Ehe mit Christoph zwei Kinder mit, *Johann Georg,* der im Jahre 1685 fünf Jahre alt war, und den wahrscheinlich älteren *Johann,* von dem nichts weiter bekannt ist, als daß er in die Welt hinausging und bis zum Tode seines Stiefvaters nicht zurückkehrte. Von ihrem ersten Mann hatte Anna ein Haus geerbt, das bis heute erhalten ist. Es ist die Konskr. Nr. 465-III in einer engen Sackgasse hinter der heutigen Nostitz-Reitschule, wo seinerzeit das Holweyl-Haus und die Zlomek-Mühle (heute Konskr. Nr. 468 und 469-III) standen. Auf der anderen Seite lag der Garten der Jesuitenpatres vom Kleinseitner Profeßhaus. Das Familienhaus war nicht groß, und es kann angenommen werden, daß Christoph Dientzenhofer es nicht nur repariert und bestens in Stand gehalten, sondern wohl auch ein wenig erweitert hat. In den Visitationstabellen aus dem Jahre 1727 ist eingetragen, in welchem Zustand er es verließ[1]. Es war zweistöckig, aus Stein, gut gebaut, auf 1200 rh.Gulden geschätzt. Dieser Preis entspricht nicht unbedingt dem wirklichen Wert – es ist nicht ausgeschlossen, daß der Betrag in dem Erbschaftsverfahren von Georg Aichbauer aufgeführt ist. Im Erdgeschoß hatte das Dientzenhofersche Haus ein Zimmer, eine Küche, eine Speisekammer und eine Abstellkammer, dazu gehörte ein Stall für zwei Pferde und ein Hof mit dem Brunnen. Im Untergeschoß soll sich ein Kellerraum befunden haben. Im ersten Stock an der Straßenseite lag ein Zimmer, daneben eine Kammer; zum Hof hin, der offenbar hinter dem Haus gegen den Lauf der Čertovka hin gelegen war, gab es eine kleine Kammer und zwei kleine Abstellräume. Im zweiten Geschoß, das nur über dem vorderen Teil des Hauses aufgestockt war, befanden sich ein Zimmer, eine Kammer und eine Küche. Die verwitwete Frau Anna Dientzenhofer lebte in diesem Haus mit zwei Mietern: einem Polier, der sicherlich bei ihrem Sohn Kilian Ignaz arbeitete und jährlich 16 rh.Gulden Miete zahlte, und mit einer gewissen ledigen »Person weiblichen Geschlechts«, die 12 rh.Gulden jährlich bezahlte.

Vordem war dieses eher bescheidene Haus das Heim für eine vielköpfige Familie. Gemeinsam mit den zwei Jungen aus der ersten Ehe wuchsen hier außerdem die fünf Kinder aus der zweiten Ehe auf. Töchterchen *Katharina* wurde 1685, Sohn *Martin* 1687, *Kilian Ignaz,* der in der Niklaskirche die Taufe erhielt, am 1. September 1689 geboren, zu einer Zeit, da sein Vater bereits seine Karriere als selbständiger Baumeister im Prämonstratenserkloster von Tepl begonnen hatte; *Heinrich* war um drei Jahre jünger, er wurde am 11. Juni 1692 ebenfalls in St. Niklas getauft, und das letzte Kind, Tochter *Maria Anna,* genannt Mariandl, ließ man dortselbst am 13. Juli 1695 taufen. Die Kinder wuchsen an den Ufern der Čertovka auf, inmitten der Natur am Rande der Kleinseite und in der Nachbarschaft nobler Adelspaläste: des Palais Nostitz und des etwas weiter abgelegenen Waldstein-, später Buquoy-Palais. Beide Töchter heirateten. Die ältere, Katharina, erst im Alter von etwa neunundzwanzig Jahren, und zwar den Kanzlisten des erzbischöflichen Konsistors Joseph Melchior Welsch. Die Hochzeit fand bereits im Westteil der Niklaskirche statt, den ihr Vater gebaut hatte. Sie starb jung; schon in Christophs Testament aus dem Jahre 1722 ist der Anteil für ihre verwaisten Kinder angegeben. Maria Anna heiratete als vierundzwanzigjährige im Jahre 1719 Franz Joseph Krusbursky. Als die beiden Töchter heirateten, waren die Besitzverhältnisse des Vaters schon sehr gut. Welche Aussteuer er der älteren Tochter mitgab, ist unbekannt, aber die jüngere, Mariandl, erhielt ein Haus in der Thomasgasse, das ihr Vater im Jahre 1714 von Wenzel Hoffmann für 900 bar bezahlte rh.Gulden kaufte und dann aufwendig umbaute, so daß der in seinem Testament angegebene Preis 5800 rh.Gulden ausmachte. Dieses sogenannte »Mandersche-Haus« steht bis heute, es ist die Konskr. Nr. 13-III auf der linken Seite der Thomasgasse[2].

Von einer Ausbildung der Töchter ist aus guten Gründen nichts überliefert. An der Bildung für die Söhne hat Christoph Dientzenhofer aber offensichtlich nicht gespart. Er selbst arbeitete sich, wie man sagt, »von der Pike auf« hoch, und der Wert seiner Ausbildung war ihm wohl bewußt. Nach F. M. Pelzel studierte Kilian Ignaz am Kleinseitner Jesuitengymnasium, was sicherlich stimmt. Kilian Ignaz selbst betonte später, daß er der »lateinischen Sprache kundig« sei, und diese Kenntnisse konnte er kaum anderswo erworben haben[3]. Die Jesuiten hatten ihre »Lateinischen Schulen«, wie man sie damals nannte, im Marradas-Haus, und zwar schon lange bevor sie es zum Gymnasium umbauten (heute Ostteil der Konskr. Nr. 1-III). Die Dientzenhofer waren ihre Nachbarn, und außerdem war Kilian Ignaz in der Zeit, als Christoph für die Jesuiten zu bauen begann, schon ein dreizehnjähriger Junge. Seiner Aufnahme ins Jesuitengymnasium standen keine Schwierigkeiten entgegen. Es ist auch sehr wahrscheinlich, daß er ein Jahr oder länger im Altstädter Clementinum Philosphie studierte. Das Maurerhandwerk erlernte er wohl von seinem Vater, außer bei den Abschlußarbeiten für die Dominikanerkirche St. Maria Magdalena sicherlich auch an der Niklaskirche, welche die wichtigste Baustelle des Vaters während seiner Lehrjahre war. Das Vermessen soll er im Jahre 1707 bei einem Landesvermesser gelernt haben. Es gibt keinen Zweifel darüber, daß der Vater als Festungsbaumeister die Landesvermesser kannte. Schwer ist nur die Antwort auf die Frage, wie er den Unterricht an den »Lateinischen Schulen« mit den vier vorgeschriebenen Lehrjahren verbinden konnte, die notwendig waren, um Geselle und später Maurermeister werden zu können. Er hat es zweifellos geschafft, denn er war ordentlicher Baumeister und mußte daher alle Voraussetzungen einschließlich der Prüfungen erfüllt haben. Diese wurden auch den Söhnen der Meister nicht erlassen. Pelzel gibt an, daß der Nachlaß des im Jahre 1707 verstorbenen Vaters Kilian Ignaz eine Reise ins Ausland ermöglichte[4]. Das ist selbstverständlich ein Irrtum; es kann sich aber um den Nachlaß von Leopold Leuthner gehandelt haben, der sein gesamtes Eigentum Christoph Dientzenhofer im Jahre 1706 vermacht hatte[5]. Aber auch ohnedies scheint eine Auslandsreise im Jahre 1707 wenig wahrscheinlich, da Kilian Ignaz doch Anfang 1708 gemeinsam mit seinem Stiefbruder Georg Aichbauer, seiner Schwester Katharina und Rosalia Haffenecker als Zeuge bei der Hochzeit des Maurergesellen Martin Preihauer aufgetreten war, der sicherlich bei Christoph arbeitete[6]. Die Annahme ist berechtigt, daß er erst im Jahre 1708 oder 1709, vielleicht gar erst 1710 den Wanderstab ergriff und ins Ausland ging. Man kann nämlich vermuten, daß er sich nicht als Lehrling, sondern als Geselle auf den Weg machte, denn dies war für ihn lukrativer. Von seiner Tätigkeit bei Johann Lucas von Hildebrandt in Wien zeugt indirekt die im Harrach-Archiv aufbewahrte Korrespondenz, die sich auf den Bau der Kirche in Georgswalde (Jiříkof) bezieht[7]. Da Kilian Ignaz im Jahre 1725 ein so beschäftigter Baumeister war, daß er kaum für eine Mitarbeit gewonnen werden konnte, empfahl der Inspekteur der Harrachschen Herrschaft, Johann Anton Fuhrmann, seinem Brotgeber, dem Grafen Harrach, Georg Aichbauer in seine Dienste zu nehmen, den Stiefbruder Kilian Ignaz', der »wie man sagt bei dem Wiener Architekten Johann Lucas (von Hildebrandt) praktizierte«. Wenn aber sein Stiefbruder bei Hildebrandt gewesen war, ist Kilian Ignaz' Aufenthalt bei diesem damals schon berühmten Baumeister mehr als wahrscheinlich. Pelzel führt noch weitere Reisen Kilians ins Ausland auf, vor allem die Italienreise mit allen bedeutenden Städten: Venedig, Mailand, Florenz, Rom und Neapel. Das klingt gar nicht so abwegig, wie man vielleicht annehmen könnte; für einen unternehmungslustigen Gesellen, der womöglich wertvolle Empfehlungen seines Wiener Arbeitgebers, vielleicht auch von den Prager Jesuitenpatres vorweisen konnte, war eine solche Reise nichts Unmögliches.

Nun aber zurück zur Familie. Wie noch gezeigt werden soll, war Christoph Dientzenhofer ein sehr gewissenhafter Vater, der wohl keinen Unterschied zwischen seinen eigenen Kindern und den Stiefkindern machte. Deshalb ist zu vermuten, daß auch Johann Georg Aichbauer eine entsprechende, zumindest aber eine Grundausbildung erhielt. Er lernte wahrscheinlich bei seinem Stiefvater und verbrachte eine gewisse Zeit, wie schon erwähnt wurde, in Wien bei Johann Lucas von Hildebrandt. Christophs ältester eigener Sohn Martin trat als Zwanzigjähriger dem Kapuzinerorden bei, offensichtlich nach Absolvierung der »Lateinischen Schulen« der Jesuiten, denn er setzte das Studium der Philosophie und Theologie fort. Auch der jüngste Sohn Heinrich hatte offenbar keinen Sinn für die Architektur geerbt, doch was seine Ausbildung anbelangt, war er ebenfalls nicht zu kurz gekommen. Die Grundlagen erhielt er wahrscheinlich auch bei den Kleinseitner Jesuiten; er studierte Philosophie am Clementinum-Kolleg, wo er den Magistertitel erwarb; danach widmete er sich der Jurisprudenz[8].

Es ist nicht genau bekannt, wie viele Jahre Kilian Ignaz im Ausland verbrachte. Sicher ist, daß er Ende des Jahres 1715 nach Hause zurückkehrte und vom nächsten Jahr an seinem Vater beim Bau des Breunauer Klosters half. Möglicherweise stammt der von seiner Hand gezeichnete und elegant beschriftete Entwurf der Ostfassade des Presbyteriums der Kirche St. Margaret just aus dem Jahre 1715[9]. Es ist nicht ausgeschlossen, daß es sich nicht nur um eine Hilfe für den Vater handelte, sondern hauptsächlich darum, den hoffnungsvollen Sohn mit dieser Zeichnung bei Abt Otmar Zinke zu präsentieren. Die Ausführung entspricht jedoch nicht in allen Einzelheiten dem Entwurf. Christoph ließ alle dekorativen Elemente Kilians, welche das Ergebnis der Wiener Schule waren, einfach weg, mit Ausnahme der Rahmen der Fensterbrüstungen. Darin zeigt sich Christophs konsequenter Rationalismus und sein Sinn für die nüchterne und maßvolle Gestaltung seines plastischen Schmucks.

Daß Kilian Ignaz wohl tatsächlich erst im Herbst 1715 aus dem Ausland zurückkehrte, belegt auch der Umstand, daß Christophs Quittung für das Jahresgehalt vom 2. Januar 1716 schon mit Kilians Hand geschrieben ist. Seit dem 11. Mai desselben Jahres stellte er alle Arbeitsnachweise der Gesellen auf dem Bau des Breunauer Klosters aus, und unterschrieb sie auch – allerdings mit dem Namen seines Vaters.

Zweifellos war Christoph ein sehr kluger Vater und Lehrer, der früh anfing, dem Sohn selbständige Aufgaben zu übertragen. Schon im Frühling 1717 fuhr Kilian Ignaz mit dem Jesuiten P. Lysý nach Mirowitz (Mirovice) in der Herrschaft Klingenberg (Orlík), wo Verhandlungen über die Erweiterung der Pfarrkirche des hl. Kliment und über den Bau einer Kapelle der hl. Barbara geführt wurden. P. Lysý erwähnt es in seinem Brief an den Hauptmann der Klingenberger Herrschaft, Daniel J. Eckher, mit folgenden Worten: »aus welchem Grunde ich besonders und beinahe absichtlich mit dem Sohn des Prager Herrn Dientzenhofer, des hiesigen fürstlichen Paumeisters, der in dieser Kunst auch gut bewandert ist, nach Mirowitz gefahren bin«[10]. Die Pläne, die P. Lysý gleichzeitig mit dem Brief abschickte, fertigte zweifellos Kilian Ignaz an. Die Herrschaft Klingenberg gehörte damals den Schwarzenberg, und da P. Lysý Christoph einen »fürstlichen Baumeister« nennt, könnte es auch bedeuten, daß er damals für sie tätig war. Es ist bisher nicht gelungen festzustellen, welche Objekte gemeint sein könnten.

Im Jahre 1717 wurde auch der Bau des Neustädter Lusthauses von Johann Wenzel Michna von Weizenhofen begonnen. Dieses von der Wiener Schule inspirierte architektonische Bravourstück ist das erste selbständige Werk des jungen Kilian Ignaz Dientzenhofer, das er offenbar mit dem Unternehmen seines Vaters realisierte, an dessen Führung er bereits beteiligt gewesen sein wird[11].

In Breunau arbeitete er ständig als Bauleiter und gewann sehr bald das Vertrauen des Abtes Otmar, und zwar in solchem Maße, daß er schon im Jahre 1721 am 30. November als dessen Stellvertreter den Vertrag über sechs Altarbilder für die Klosterkirche in Braunau in einem Gesamtwert von 1300 rh. Gulden mit Wenzel Laurenz Reiner abschloß. Mit diesem Betrag bezahlte er Reiner, der schon damals sein guter Freund war, jeweils nach der Lieferung der einzelnen Bilder bar[12]. Noch zu Lebzeiten seines Vaters erarbeitete er selbständig auch den Entwurf für die neue Pflasterung der Braunauer Kirche, für die am 19. Februar 1722 mit dem Steinmetzmeister Ulrych Mannes ein Vertrag abgeschlossen wurde[13]. Es ist wahrscheinlich, daß Christoph Dientzenhofer damals schon kränkelte und die Leitung der Firma mehr und mehr auf den Sohn übertrug. Allem Anschein nach verlief ihre Zusammenarbeit harmonisch, und Kilian Ignaz war ein dankbarer Sohn, der die Autorität des Vaters respektierte. Davon zeugt auch seine schon erwähnte Unterschrift auf der Ansicht von Breunau aus dem Jahre 1721 mit den zugefügten Worten »aedilis filius« – Sohn des Baumeisters, die er für Abt Zinke gravieren ließ und ihm als Andenken an den Bauabschluß des Breunauer Klosterkomplexes schenkte.

Mehr Sorgen als die eigenen bereiteten Christoph Dientzenhofer die Stiefkinder. Johann war irgendwo im Ausland verschollen, und Johann Georg brauchte die Unterstützung des Stiefvaters – nicht etwa, weil er arbeitsscheu gewesen wäre, sondern weil seine Gesundheit nie sehr gut war. Wir wissen nicht, ob er im Unternehmen seines Vaters arbeitete wie später Kilian Ignaz, oder wann er sich selbständig machte. Es ist nicht ausgeschlossen, daß die Durchführung des von Johann Ignaz Baron Putz von Adlerthurn finanzierten Baus der Kirche der Allerheiligsten Dreifaltigkeit in der Brentengasse (Spálená) sein erstes selbständiges Unternehmen war. Das Projekt wurde von Ottavio Broggio aus Leitmeritz (Litoměřice), dem Baumeister der Putz, erarbeitet. Da die Realisierung in Prag für ihn verschiedene Komplikationen bedeutet hätte, schloß Baron Putz einen Vertrag über die Ausführung mit Johann Georg Aichbauer und dessen Stiefvater Christoph Dientzenhofer ab, der aber das Papier eher als Bürge für die Arbeit seines Stiefsohnes denn als wirklich ausführender Architekt unterschrieb. Der Vertrag datiert vom Jahre 1705; das Projekt wurde 1710 im Bereich des Presbyteriums etwas verändert, und die Kirche 1712 vollendet[14]. 1716 übersiedelte Johann Georg für einige Zeit nach Brünn, wo er am Bau der Befestigung arbeitete. Damals bürgte Christoph Dientzenhofer für ihn mit der schon erwähnten Kaution in Höhe von 6000 rh.Gulden, für die er beim Militärärar sein 1704 gekauftes und aufwendig umgebautes Haus am Aujesd als Sicherheit eintragen ließ. Die Hypothek wurde erst nach seinem Tode im Jahre 1725 aufgehoben, als das Haus schon Kilian Ignaz Dientzenhofer gehörte[15].

Die Bauleitung der Allerheiligsten Dreifaltigkeit brachte Johann Georg Aichbauer offenbar einen weiteren bedeutenden Auftrag ein. In den dreißiger Jahren des 18. Jahrhunderts wurde Maria Anna Hrzán von Harasov, geborene Putz von Adlerthurn, Besitzerin des späteren Palais Buquoy am Grandprioratsplatz (Velkopřevorské nám). Sie erinnerte sich wahrscheinlich, daß Johann Georg Aichbauer die von ihrer Familie gestiftete Kirche gebaut hatte, und beauftragte ihn mit dem Umbau des Palastes[16].

Das Palais Buquoy ist das größte selbständige Werk Aichbauers – nach dem Stand der bisherigen Forschung. Die anderen dokumentierten Bauten sind weniger anspruchsvoll.

Im Jahre 1725 trat er in die Dienste Alois Thomas Graf Harrachs und entwarf für dessen nordböhmische Herrschaften die *Kirchen in Altehrenburg* (Staré Křečany), *Starkenbach* (Jilemnice) und *Georgswalde*. In ihrer Grundrißdisposition sind alle diese Kirchen den drei Frühentwürfen von Kilian Ignaz Dientzenhofer ähnlich, von denen nur die Klosterkirche St. Elisabeth in Slupp realisiert wurde. Es sind keine großen Kirchen. Sie haben jeweils ein längliches Schiff mit zwei Jochen, die durch doppelte Gurtbögen voneinander getrennt und mit böhmischen Kappen eingewölbt sind. An der Front ist je ein Turm situiert, die Presbyterien sind rechteckig. Die Akzentuierung der tragenden Elemente entspricht dem von Christoph Dientzenhofer entwickelten Prinzip[17].

Nach dem Tode des Bartolomeo Scotti (im Jahre 1737) bewarb sich Johann Georg Aichbauer um dessen Stelle auf dem Bau der Prager Befestigung, und zwar nur um »kleinere Arbeiten«, also um das sogenannte »Flicken«. Diese wurden ihm nicht anvertraut, zum einen, da sein Stiefbruder Kilian Ignaz zum Oberfestungsbaumeister ernannt worden war, was zu Schwierigkeiten hätte führen können, und andererseits, weil er nicht gesund war, – er litt an Podagra. Die Fortifikationskommission bewertete ihn aber als den fähigsten von den vier Bewerbern. Von den übrigen: Jakob Schödl, der auch Hofmaurermeister war, Anselmo Luragho und Anton Wenzel Spannbrucker wurde schließlich Spannbrucker ausgewählt; die kleineren »Tagesarbeiten« bekam Luragho[18].

Nach dem Tode des Vaters im Jahre 1722 pachtete der jüngste Sohn Heinrich Dientzenhofer die Kleinseitner Ziegelei und führte sie bis zum Jahre 1727, als das Pachtrecht an Johann Georg Aichbauer übertragen werden sollte. Damals bürgte die Mutter, die verwitwete Anna Marie Dientzenhofer, für den Sohn aus der ersten Ehe. Für die geforderte Kaution von 1200 rh.Gulden nahm sie eine Hypothek auf das den »Zwei Turteltauben« (Konskr. Nr. 465-III) gegenüberliegende alte Dientzenhofersche Haus. Erst 1740, als die Mutter und der Stiefbruder bereits verstorben waren, beantragten die Geschwister die Löschung der Hypothek[19].

Ein beredtes Zeugnis über Christophs Beziehung zu seinen eigenen Kindern und den Stiefkindern ist auch sein Testament, das er am 7. Januar 1722 verfaßte[20]. Dieses Dokument ist schon allein wegen seiner – in der damaligen Zeit völlig ungewöhnlichen – Form interessant. Es fehlt die damals übliche Präambel, die mit den Worten: »Im Namen der Allerheiligsten Dreifaltigkeit« anfing, wonach gewöhnlich ein Abschnitt mit allerlei Betrachtungen über die Kürze und die Flüchtigkeit des menschlichen Lebens folgte; im Anschluß daran erklärte der Testor dann in der Regel, daß er seine Seele dem Allmächtigen anvertraue. Christophs Testament ist ebenso sachlich und rational formuliert, wie es auch sein Denken und sein Werk waren. Das Testament fängt mit folgendem Satz an (Wiedergabe in heutiger Schreibweise):

»Punkte, die nach meinem Tode von meinen unten genannten Erben unbedingt zu beachten sind:

1. Ich möchte in meiner Gruft bei St. Maria Magdalena begraben werden.

2. Für die Beerdigung und die Totenmessen setze ich 300 rh.Gulden aus.

3. Der Rosenkranzbruderschaft vermache ich 50 rh.Gulden.

4. Der Bruderschaft der hl. Anna vermache ich 40 rh.Gulden.

5. Den Patres bei St. Maria Magdalena vermache ich 100 rh.Gulden, wofür sie im Laufe von zwei Jahren 20 hl. Messen halten sollen.

6. Der Bruderschaft des hl. Skapulier bei den Karmelitern vermache ich 30 rh.Gulden.

7. Der Schutzengelbruderschaft bei den Paulinern in der Prager Altstadt vermache ich 30 rh.Gulden.

8. Zur Verteilung an die Armen vermache ich 50 rh.Gulden.

9. Meiner Ehefrau Anna Dientzenhofer vermache ich 1500 rh.Gulden, ein Wohnzimmer in einem meiner Häuser, und einen Anteil an meinem Haus (offensichtlich heute die Konskr. Nr. 465-III) in der Höhe von 83 rh.Gulden 20.Kr.

10. Meinem Stiefsohn Georg Aichbauer vermache ich 400 rh.Gulden.

11. Seinem Bruder Johann, sollte er zurückkehren, vermache ich 200 rh.Gulden und 83 rh.Gulden und 20 Kreuzer als Anteil am Haus einschließlich der Zinsen aus diesem Anteil in der Höhe von 155 rh.Gulden.

12. Meiner Schwester Anna Hausfauer 50 rh.Gulden.

13. Meiner Schwägerin Elisabeth Lang (der Schwester der Ehefrau) 150 rh.Gulden und die Nutzung des Zimmers, in dem sie wohnt bis zu ihrem Lebensende.

14. Meiner Nichte Marie Dientzenhofer 50 rh.Gulden.

15. Ihrer Mutter und den übrigen Schwestern 60 rh.Gulden.

16. Als meine Erben setzte ich meine vier, mit meiner Ehefrau gezeugten Kinder fest, namentlich: Katharina, verheiratete Welsch, und an ihrer Stelle ihre zwei verwaisten Kinder: diesbezüglich gibt es nach meinem Tode eine Abrechnung und eine Erklärung über den Betrag von 1000 rh.Gulden. Kilian Ignaz und die Tochter Mariandl, verheiratete Krusburský, haben ihren Anteil von 1000 rh.Gulden bereits erhalten, und der Sohn Heinrich wird ihn nach meinem Tode bekommen.

17. Der älteste Sohn, ein Mitglied des Kapuzinerordens, Bruder Tobias, soll für sein Kloster sechs Jahre lang 30 rh.Gulden jährlich erhalten.

18. An meine Kinder übertrage ich die Verwaltung der Leuthner-Stiftung (die Abraham Leuthner gründete und die Christoph nach seinem Tode verwaltete); zu ihrer Unterhaltung dienen die Einkünfte aus dem Eckhaus hinter St. Maria Magdalena (wahrscheinlich aus dem Leuthnerschen Hause ›Zum blauen Hirschen‹ in der Nähe der Kirche St. Laurenz).«

Das Testament wurde am 25. Juni 1722 veröffentlicht, und daraufhin meldeten sich am 7. Juli Kilian Ignaz Dientzenhofer mit den anderen Geschwistern und dem Rechtsbeistand der Waisenkinder der Schwester Katharina, Doktor L. H. Kytribius, zur Erbschaft. Das Dokument über die Nachlaßverteilung wurde am 2. Februar 1723 in das Kontraktbuch eingetragen[21].

Aus der Einführung zur »Nachlaßverteilung« erfährt man, daß Christoph Dientzenhofer auch Gemeindeältester auf der Kleinseite gewesen war. Der Erbschaftsanteil für die Waisenkinder der Tochter Katharina bestand zum größten Teil aus Schuldforderungen, deren Höhe sich zwischen 100 und 1500 rh.Gulden bewegte. Manche davon sind als Restschulden für Bauarbeiten bezeichnet, z. B. 400 rh.Gulden für die Fassade der Hradschiner Loreto-Gnadenstätte und 1500 rh.Gulden für die Befestigungsarbeiten. Auch bei den anderen Schuldforderungen handelt es sich wahrscheinlich um Restschulden – z. B. bei dem in den Landtafeln abgesicherten Betrag von 1000 rh.Gulden, die Christoph Dientzenhofer von Franz Fleischmann von Tupach zu bekommen hatte, oder bei dem Betrag von 240 rh.Gulden auf dem Hause des Otto Rolandt. Weitere Restforderungen ergaben sich aus Lieferungen der von Christoph gepachteten Kleinseitner Ziegelei.

Kilian Ignaz erbte das Haus hinter St. Maria Magdalena im Werte von 6200 rh.Gulden sowie eine Schuldforderung für die Erweiterung der Loreto-Kapelle in Höhe von 300 rh.Gulden. Bei Heinrichs Namen ist das Material aus der von ihm übernommenen Ziegelei im Werte von 1160 rh.Gulden und weitere Schuldforderungen verzeichnet, die insgesamt 5430 rh.Gulden ausmachen – wahrscheinlich ohne jene 1000 rh.Gulden, die er nach dem Testament seines Vaters erhalten sollte.

Maria Anna Krusburský erhielt das genannte Haus in der Thomasstraße im Werte von 5800 rh.Gulden und eine kleine Schuldforderung von 67 rh.Gulden.

Das Vermögen, das Christoph Dientzenhofer hinterließ, überstieg 20 000 rh.Gulden, was in jener Zeit ein wirklich schönes Eigentum war. Daß er die Ehefrau seines Bruders und ihre Töchter bedachte – es handelte sich wahrscheinlich um die Witwe seines älteren Bruders Wolfgang und dessen Kinder –, spricht für einen starken Familienzusammenhalt der Dientzenhofer. Die gesonderte Position für die Nichte Maria könnte dadurch erklärt werden, daß sie wahrscheinlich eine Zeitlang beim Onkel in Prag gelebt hatte.

Wenn schon die Informationen über die Familie so bescheiden sind, ist es um so verständlicher, daß wir über Freunde und Bekannte Christophs noch weniger wissen. Als Quellen dienen hier vor allem die Matrikeln und die dort eingetragenen Namen der Paten seiner Kinder, und umgekehrt die Namen derer, denen das Ehepaar Dientzenhofer diesen Dienst erwiesen hatte. Die Eintragungen in den Kleinseitner Matrikeln hat systematisch A. Podlaha veröffentlicht. Nicht bei allen Kindern sind die Namen der Paten und der Taufzeugen angegeben[22]. Soweit wir wissen, gehörten sie zu seinem Bekanntenkreis; beim Adel bewarb er sich nie um die Patenschaft. Vielleicht war es noch nicht in Mode gekommen, oder er hatte kein Interesse daran. Als Paten und Zeugen kamen offensichtlich die Nachbarn oder gute Bekannte und Freunde aus der Maurer-, der Steinmetz- oder auch der Zimmermannszunft in Frage. Vor allem erwähnt wird der Zimmermeister Kilian Gabriel, der sein Trauzeuge, der Pate von Kilian Ignaz und Taufzeuge bei den Kindern Heinrich und der Tochter Maria Anna war. Heinrichs Pate war der Maurermeister Peter Erhardt, der seinerzeit bei Christophs Antrag auf das Bürgerrecht bürgte. Als Gegenleistung war Christoph Pate der Kinder von Kilian Gabriel, der übrigens auch in seiner Nachbarschaft wohnte. Den gleichen Dienst erwies er 1705 auch dem Aujesder »Schiffer« Simon Bezstarosti. Gemeinsam mit Antonio Luragho war er im Jahre 1718 Pate bei der Taufe des Sohnes von Thomas Haffenecker, für den er sich bei dessen Antrag auf das Bürgerrecht verbürgte[23].

Der älteste und beste Freund Christophs war offensichtlich sein langjähriger Arbeitgeber und Lehrer Abraham Leuthner. Wie treu und zuverlässig Christoph Dientzenhofer dessen Freundschaft erwiderte, ist vielfach belegt. Es wurde schon erwähnt, daß er ihm zwei Verträge als Zeuge unterschrieb. Zu einer Zeit, da er schon

lange ein selbständiger Meister war, bedeutete dies, daß er am ganzen amtlichen Verfahren teilnehmen mußte. Er war also offenbar bereit, Abraham Leuthner einen Dienst zu erweisen, wo immer dieser ihn brauchte. Er unterschrieb auch dessen Testament, und wahrscheinlich hat er es sogar selbst niedergeschrieben. Leuthner schätzte wohl Christophs Treue hoch, da er ihn seinen »vertrauten Freund« nannte. Er vertraute ihm auch die Verwaltung der von ihm gegründeten Stiftung an, und Christoph gab sie, wie schon erwähnt, in seinem Testament an seine Erben weiter. Auch Abrahams Sohn Leopold, der in seinem Testament 1706 Christoph zu seinem Universalerben bestimmte, unterhielt freundschaftliche Beziehungen zu den Dientzenhofern. Er war nicht verheiratet; seiner Schwester Anna vermachte er lediglich 200 und ihren Kindern 400 rh.Gulden[24].

Auch die Kleinseitner Baumeister Thomas Haffenecker und Antonio Luragho waren offenbar gute Freunde Christophs. Gemeinsam nahmen sie an zahlreichen Kommissionen in Bauangelegenheiten teil. Luragho war der Pate beinahe aller Kinder von Christophs Stiefsohn Johann Georg Aichbauer[25].

Über die Mitarbeiter Christoph Dientzenhofers ist natürlich mehr bekannt als über seine Freunde. Das rührt daher, daß der Architekt auf kollektives Arbeiten angewiesen ist. Ein Bau- oder Maurermeister kommt nie und nimmer ohne einen Zimmer-, Dachdecker-, Schreiner- oder Schlossermeister aus. Auch einen Klempner- und Kupferschmiedmeister braucht er stets. Einen Steinmetz kann er entbehren, aber nur bei ganz einfachen Bauten, bei anspruchsvolleren Objekten ist die Steinmetzarbeit ein wichtiger Bestandteil.

Zu Beginn des 18. Jahrhunderts arbeitete Christoph Dientzenhofer mit dem Hofzimmermeister Johann Georg Wagner. Davon zeugt ein Gutachten über den Zustand des alten Glockenturms von St. Niklas aus dem Jahre 1704, das sie gemeinsam unterschrieben. Ein anderer Mitarbeiter war sein Nachbar Kilian Gabriel, mit dessen Familie er freundschaftliche Beziehungen unterhielt. Bei den Reparaturarbeiten am Veitsdom in den Jahren 1704 bis 1708 führten der damalige Hofzimmermeister Thomas Stubner sowie Meister Johann Kreitter die Zimmerarbeiten aus. Die Beteiligung eines Hofzimmermeisters war selbstverständlich, den anderen suchte offensichtlich der Hofbauschreiber aus. Beim Bau des Breunauer Klosters wirkte der Zimmermeister Balthasar Poltzer mit. Er war zweifellos ein guter Meister und hatte gute Poliere, Markus Rix und Joseph Leffler, die beide später einen ausgezeichneten Ruf als selbständige Meister genossen. Im Jahre 1717 übernahm Martin Rix, wohl ein älterer Bruder des Markus, unter dem er auch weiter als Polier arbeitete, die Zimmerarbeiten in Breunau[26]. Beim Bau der Kapelle des hl. Anton auf dem Hradschiner Loreto-Komplex arbeitete Christoph mit dem Kleinseitner Meister Georg Král zusammen.

Die Steinmetzarbeiten im ersten Jahrzehnt des 18. Jahrhunderts führte Jakob Franz Santini-Aichl für Christoph Dientzenhofer aus. Er meißelte die Steinteile für das Sternberg-Palais auf dem Hradschin, für die Kapelle in Smiřitz und für die Niklaskirche auf der Kleinseite. Ebenso ist die Pflasterung in der Kirche Maria de Victoria bei den Kleinseitner Karmelitern, für die Christoph auch arbeitete, sein Werk. Er war zweifellos ein sehr fähiger Steinmetz, und Christoph Dientzenhofer schätzte ihn sicher sehr; er beschäftigte ihn beinahe mehr als dessen eigener Bruder, Johann Blasius Santini-Aichl. Jakob Franz starb leider sehr früh. Bei St. Niklas wurde er von Pietro della Torre abgelöst[27]. In Breunau waren die Steinmetzarbeiten vermutlich schon zur Zeit des Wirkens Bayers an Franz Kaspar Lejsek vergeben worden. Dieser arbeitete für den Klosterneubau bis zu seinem Tode im Sommer 1715. Seine Witwe Rosina, später verheiratete Andrlíčková, leitete dann eine Zeitlang die Werkstatt, und die anspruchsloseren Arbeiten meißelte der

Steinmetz Johann Měcháček[28]. Schon seit 1712 arbeitete der Steinmetzmeister Johann Ulrych Mannes beim Bau der Hradschiner Loreto-Stätte für Christoph Dientzenhofer; ihm vertraute auch Kilian Ignaz nach dem Tode seines Vaters recht oft die Steinmetzarbeiten an. Mannes war einige Zeit auch Hofsteinmetzmeister[29]. Auf den Baustellen außerhalb Prags arbeiteten zweifellos die örtlichen Zimmer- als auch Steinmetzmeister. Für die Bauten im Breunauer Klosterareal an der Wende vom ersten zum zweiten Jahrzehnt des 18. Jahrhunderts meißelte allerdings der Prager Franz Kasper Lejsek die Steinteile[30].

Von den Tischlerarbeiten für das Breunauer Kloster fertigten die meisten der Prager Meister Christian Kovář an, wobei ihm die Tischler aus den Herrschaften der Benediktiner halfen, wie zum Beispiel Michael Wallisch aus Politz (Police nad Metují). Die anspruchsvollen Schreiner- und Schnitzarbeiten für die Kirche führte die Werkstatt des Meisters Johann Ignaz Dobner aus, die den Altar, die Kanzel, die Beichtstühle und das Geländer der Orgeltribüne lieferte. Dobner arbeitete auch an der neuen Ausstattung der Klosterkirche in Braunau[31].

Die Schlosserarbeiten für Breunau wurden Meister Johann Georg Knobloch anvertraut, der auch sämtliche Ziergitter anfertigte. Die Dachdeckerarbeiten besorgte Meister Daniel Hrdlička. Schade, daß es durch den Mangel an Archivmaterial nicht möglich ist, auch die Namen der Mitarbeiter an den anderen Bauten Christophs festzustellen[32].

Von den Prager Bildhauern arbeitete Christoph Dientzenhofer am häufigsten mit Matthäus Wenzel Jäckel zusammen, der den plastischen Schmuck für Breunau, für Braunau und auch für den Loreto fertigte und in dessen Werkstatt die Statuen für die Interieurs der Kirchen dieser Baukomplexe entstanden[33].

Die Ausstattung der Außen- und Innenräume mit Skulpturen unterstützte der Architekt mit den erforderlichen Hilfsmaßnahmen, wie der Bereitstellung von Postamenten, Konsolen, Nischen und ähnlichem. Anders verhält sich die Situation bei der Malerei, sprich der Wandmalerei. Dafür gilt, daß der Rahmen der einzelnen Szenen durch die Form des Gewölbefeldes bestimmt ist, und dieses kann vor allem bei Gewölbedurchdringungen sehr unterschiedlich sein. Bei den einfachen Tonnen- oder bei den durch die Bogengurte abgegrenzten Böhmischen Kappen handelt es sich entweder um ein Quadrat oder um ein Rechteck. In jedem Falle wird hier der Freskomaler vor vollendete Tatsachen gestellt, er kann sich höchstens mit dem Stukkateur über die Einrahmung einzelner Felder abstimmen. Schließlich konnte auch die Form des Gewölbes verändert werden. Bei St. Niklas auf der Kleinseite wurde die ursprüngliche Gewölbegliederung durch ausgekrümmte Gurtbögen später der neuen Auffassung der Freskomalerei geopfert, denn die Herrn Patres wünschten im Langhaus ein Fresko in monumentalen Dimensionen statt winziger Szenen in stuckumrahmten Feldern oder etwa noch kleineren Flächen. Offenbar schon bei der Fertigstellung der Kirche wurden die Okkulusfenster in den Zwickeln wieder zugemauert, die Gurtbögen abgeschlagen, und das östlichste Joch vor dem Chorabschluß wurde schon auf eine andere Art eingewölbt. So ist eine längliche, leicht gewellte Fläche entstanden, die den Anforderungen eines monumentalen Freskos entsprach[34].

Es ist vielleicht angebracht, den wohl kostspieligsten Mitgestalter der barocken Interieurs zu erwähnen, selbst wenn zwischen ihm und dem Baumeister oft schon gar keine Beziehung mehr bestand. Es war der mit dem künstlichen Marmor, dem sogenannten »stucco lustro« arbeitende Stukkateur. Damit der Leser sich eine Vorstellung machen kann, was eine solche Arbeit in künstlichem Marmor kosten konnte, sei hier zumindest ein Beispiel aufgeführt:

Für die Ausstattung der keineswegs großen Kirche Christi Geburt im Hradschiner Loreto wurden Blasius Hasselwander von 1735 bis 1738 insgesamt 4650 rh. Gulden gezahlt. Sie war also genauso teuer wie der Bau der Loretofront und die erste Kirchenerweiterung zusammen. Es ist nicht bekannt, ob die Wahl der Farbnuancen des Kunstmarmors von ihrem letzten Baumeister, Christophs Stiefsohn Johann Georg Aichbauer, beeinflußt wurde. Es sieht so aus, als hätten die Stukkateure am liebsten ganz selbständig gearbeitet, auf der anderen Seite zeichneten aber auch die Architekten Entwürfe für die Stuckausstattung. Ein solcher Entwurf für die Einrahmung eines Ovalfeldes mit der Unterschrift Christoph Dientzenhofers ist in der Graphischen Sammlung der Strahower Bibliothek untergebracht. Der zu teure künstliche Marmor wurde oft durch Ölfarbe nachgeahmt, was von den »Staffierern« ausgeführt wurde. Diese billigere Variante konnte nach dem Entwurf und unter der Aufsicht des Architekten eher realisiert werden als die aus Stuckmarmor, und zwar aus dem einfachen Grund, weil man nicht warten mußte, bis genügend Geld zusammengespart worden war[35].

Die jedem Baumeister am nächsten stehenden Mitarbeiter, ohne die er das Werk nicht zu einem erfolgreichen Abschluß bringen konnte, waren seine Poliere. Vor allem dort, wo der Bau in der Regie des Baumeisters oder »zum Gesellengroschen« mit Einsatz seiner eigenen Gesellen errichtet werden sollte. Dort, wo er den Bau nicht selbst ausführen konnte – meistens wegen der zu großen Entfernung –, waren es die örtlichen Maurermeister, die sowohl die Arbeitskräfte als auch den Polier stellten. Ohne diese Regelung wäre die Durchführung einer riesigen Anzahl von Projekten, vor allem des jüngeren Dientzenhofer oder Johann Blasius Santini-Aichl, überhaupt nicht möglich gewesen. Der Polier mußte ein in der Bauausführung erfahrener Mann sein, er mußte die Bauarbeiten so organisieren können, daß er das Programm zu dem vom Baumeister gesetzten Termin erfüllen konnte, und er mußte auch ausreichend praktische Erfahrung mit der Führung der Arbeitsausweise seiner Gesellen, Lehrlinge und Handlanger haben. Selbstverständlich durfte es ihm nicht an Übersicht über den Vorrat an Baumaterial fehlen, damit der Bau nicht aus Mangel an Steinen, Ziegeln, Kalk oder Sand steckenblieb. Er war, kurz und gut, die rechte Hand des Baumeisters, und es nimmt darum nicht wunder, daß in manchen Verträgen wörtlich stand, der Baumeister stelle einen erfahrenen und verläßlichen Polier für den Bau.

Der erste Polier Christoph Dientzenhofers war Johann Wolfgang Braunbock, der Anfang der neunziger Jahre des 17. Jahrhunderts die Bauarbeiten im Prämonstratenserstift in Tepl, von 1704 bis 1710 in der gesamten Stiftsdomäne, zunächst als Polier, später, beim Bau der Kirche in Maria Kulm, als Maurermeister mitgestaltete. Danach hatte eine Zeitlang Philipp Leuthner, der jüngere Bruder Abrahams, die Stelle des Poliers inne[36]. Wolfgang Braunbock blieb bei den Bauarbeiten in Maria Kulm, die noch Jahre nach Christophs Tod weitergingen, und auch seine freundschaftlichen Beziehungen zur Familie Dientzenhofer erhielt er aufrecht. Er hat noch im Jahre 1727 Kilian Ignaz Dientzenhofer bei den Bodenproben auf dem Bauplatz der künftigen Kirche St. Maria Magdalena in Karlsbad geholfen[37]. Er selbst arbeitete damals am Projekt der Kapellen am Ambit der Kirche in Maria Kulm, und zweifellos hat er sich darüber mit Kilian Ignaz beraten.

Auf der Baustelle des Breunauer Klosters war Joseph Mayerhofer Christophs Polier, den er im Jahre 1710 als Bauleiter nach Braunau schickte. In den Breunauer Bauabrechnungen werden Peter Balthasar Auracher und nach ihm Hans Georg Linhard als Poliere genannt[38]. Die Archivdokumente über die anderen Bauten Christoph Dientzenhofers sind leider sehr spärlich. Es handelt sich dabei ausschließlich um Archive aufgehobener Klöster, die beim Ordnen in der Universitätsbibliothek meistens sehr rücksichtslos skartiert wurden.

Die Zahl der Bau- und Maurermeister in den einzelnen Prager Städten war zwar nicht übermäßig groß, doch mit der Konkurrenz mußte man rechnen. Es sieht so aus, daß es Gruppen von Baumeistern und Meistern gab, die in freundschaftlicher Beziehung miteinander lebten und unter denen es zu keinen Konflikten kam. Eine solche Freundschaft unterhielt offenbar Christoph Dientzenhofer zu Thomas Haffenecker und Antonio Luragho. Allerdings gab es auch gänzlich oder beinahe indifferente Beziehungen. Eine solche scheint die zwischen Christoph und seinem bedeutendsten Konkurrenten, Johann Blasius Santini-Aichl, gewesen zu sein. Mit Ausnahme des »Wettbewerbs« für den Bau der Klosterkirche in Kladrau (Kladruby) haben sie sich wohl vollkommen ignoriert.

Es gab auch Situationen, in denen von Zeit zu Zeit gegenseitige Rivalitäten zum Vorschein kamen. In einem Streit, zu dem es irgendwann im Jahre 1701 gekommen sein soll, nannte der Kleinseitner Maurermeister Nikolaus Schumann Christoph Dientzenhofer einen »Pfuscher«[39]. Solche Äußerungen über einen Berufskollegen zu machen und dies ihm gar ins Gesicht zu sagen, galt damals als ehrenrührig, und es wurde daraufhin eine Klage beim Magistrat angestrengt. Eine derartige »Entehrung« konnte aber jeder erleiden, besonders dann, wenn die Meister und Gesellen bei der Zunftversammlung »dem Glase fleißig zugesprochen« hatten. So geschah es zum Beispiel im Juni 1711 dem Thomas Haffenecker und dem Johann Georg Aichbauer, die, angeblich in angeheitertem Zustand, den Polier Franz Fortini und die Gesellen Urban Grünwald und Martin Hasse, die damals beim Grafen Colloredo arbeiteten (zweifellos am Bau seines Palastes am Neuen Markt, später Schönborn-Palais), angriffen und auf der Straße »mit Schlägen und Ohrfeigen traktierten«. Johann Baptist Alliprandi, der sich wohl seines Poliers und der Gesellen annahm, nannten sie einen »Pfuscher«. Für diese Beleidigung verklagte er sie, und sie wurden zu einer Geldstrafe von 20 rh. Gulden verurteilt[40]. Deshalb möchte man annehmen, daß Alliprandi damals nicht zum Freundeskreis Christoph Dientzenhofers gehörte.

Aufgrund der Aussagen darüber, wie Christoph Dientzenhofer anderen als Entwerfer von Plänen, als Baumeister und schließlich auch als Mensch erscheint, kann man sehr wohl zu dem Schluß kommen, daß er als Architekt nüchtern und sachlich vorging. Davon, wie klar und gescheit sein Urteil war, zeugt beispielsweise die ökonomische Lösung der Abtragung des Gewölbes der Kirche St. Johann unter dem Felsen. Von seiner Sachlichkeit sprechen einige Anmerkungen »des Herrn Baumeisters zur Entscheidung für Seine Gnaden« (den Abt Otmar Zinke), die ein Breunauer Ordensbruder, wahrscheinlich ein Prior oder ein Provisor, notierte, und die sich in dem Faszikel der Bauabrechnungen von 1715 finden. Christoph Dientzenhofer schlug damals vor:

1. die Kirche mit Naturstein zu pflastern, außer im Bereich unter den Bänken, der mit Holz belegt sein könne, wo dann eine Ziegelpflasterung ausreiche;

2. bei dem Portal oder bei dem Eingang innen »eine Holl« (einen Windfang) einzurichten, damit es nicht in die Kirche ziehe und der Wind die Kerzen auf den Altären nicht lösche und die Fenster nicht litten;

3. bei den Seitenaltären würde es geboten sein, die unteren Stufen aus Stein, die oberen aus Holz anzufertigen;

4. das Chorgeländer solle aus dem vorrätigen Lindenholz in Form von steinernen Balustern beim Tischler angefertigt werden;

5. die »cimasse« (d. h. die profilierte obere und wahrscheinlich auch untere Sockelplatte des Geländers) ebenfalls aus Lindenholz;

6. der Chor (gemeint ist die Orgeltribüne) ist wegen des besseren Klanges aus doppelten Dielen zu legen und

7. was die Bänke angehe, werde hier die Entscheidung dem gnädigen Herren (dem Abt) überlassen.

Diese Anmerkungen scheinen sehr einfach zu sein, aber nur auf den ersten Blick. In Wirklichkeit steckte darin ein hohes Maß an praktischer Erfahrung, an Voraussicht und an Sparsamkeit, welche für das damalige Bauwesen bezeichnend war. Was nicht zu sehen war, konnte aus weniger aufwendigem Material gearbeitet werden.

Die engeren und entfernteren familiären Beziehungen Christophs waren offensichtlich harmonisch und dauerhaft. Das geht schließlich aus seinem Testament hervor, in dem er sowohl seine eigene weitere als auch die Verwandtschaft seiner Frau bedachte. Er hatte offenbar ein großes Pflicht- und Verantwortungsbewußtsein. Seinen Stiefsohn Johann Georg Aichbauer unterstützte er mit allen Mitteln, viel mehr als seinen eigenen Sohn Kilian Ignaz, der allerdings viel tüchtiger war. Mit Johann Georg unterschrieb er gemeinsam den Vertrag für den Bau der Kirche der hl. Dreifaltigkeit, er bürgte für ihn bei dem Militärärar mit einer Summe, die dem Wert seines großen Hauses gleichkam, nur um ihm die Arbeit an der Befestigung in Brünn zu ermöglichen, und bedachte ihn auch in seinem Testament. Sein Verhältnis zu Abraham Leuthner dokumentiert, daß er ein treuer und zuverlässiger Freund war. Es sieht so aus, als ob ihm nicht viel an vornehmen Bekanntschaften oder an viel Prunk lag. Die Paten seiner Kinder wählte er unter seinen Nachbarn und Freunden und nicht unter seinen vornehmen Bauherrn. Da er sich für einen seiner Gesellen verbürgte, der wegen der Teilnahme an dem Streik im Jahre 1699 inhaftiert worden war, kann angenommen werden, daß er ein gutes Herz hatte, denn dieser Streik brachte ihm eine Menge Unannehmlichkeiten und vielleicht auch finanziellen Verlust.

Allem Anschein nach war Christoph ein tadelloser und großzügiger Mensch und sowohl in seiner schöpferischen Arbeit als auch im Wesen das Gegenteil seines größten Rivalen Johann Blasius Santini-Aichl. Man ist beinahe versucht zu sagen, daß Christoph Dientzenhofer eher ein Rationalist der Architektur des Hochbarock war, während Santini-Aichl ein Romantiker dieser Zeit gewesen ist – einschließlich all der bei Romantikern oft zu beobachtenden Wesenszüge wie Geheimnistuerei, Mißtrauen, fast unverständliche Habgier. Darüber gibt die reichhaltige Korrespondenz Auskunft, die Santini-Aichl in dem langjährigen Streit mit seiner verwitweten Schwägerin über den Nachlaß seines früh verstorbenen Bruders Franz Jakob führte[41]. Es ist sicher, daß die beiden, Christoph Dientzenhofer und Johann Blasius Santini-Aichl, nie zusammengearbeitet haben, daß sie sich mieden, womöglich ganz bewußt, und daß das künstlerische Empfinden des einen dem des anderen so entgegengesetzt war, daß eine Zusammenarbeit nie in Frage kommen konnte.

Wappen des Abtes von Prag-Breunau

KILIAN IGNAZ DIENTZENHOFER

Aedilis noster

Die Übersetzung dieses erhaben klingenden Titels ist sehr einfach: unser Baumeister. Im alten Rom waren die *aediles kommunale* Beamte, ursprünglich zwei Helfer der Volkstribune, also die *aediles plebei*. Später kam ein weiteres aus den Patriziern gewähltes Paar dazu, die *aediles curules*. Eine ihrer Pflichten war die Pflege der Stadt, und zwar auch in bezug auf die baulichen Belange. Daher hat man angefangen, im barocken Latein das Wort *aedilis* als Synonym für das Wort *architectus* zu benutzen mit der feinen Schattierung, daß *aedilis* immer der Baumeister war, der den Bau sowohl entwarf als auch ausführte und in den Diensten eines Bauherrn stand, was für die Bezeichnung *architectus* nicht die Bedingung war. *Dominus architectus* – der Herr Baumeister – konnte jedweder Architekt oder Baumeister sein, während *aedilis noster* »Unser Baumeister« bedeutete, was ein sehr ehrenvoller Titel war. Die Verbindung *architectus noster* wurde fast nie benutzt. Sicher ist, daß es in der ersten Hälfte des 18. Jahrhunderts nicht viele Baumeister gab, die sich dieses Titels hätten rühmen können. Zu ihnen gehörten allerdings beide Dientzenhofer und Johann Blasius Santini-Aichl. Es ist verständlich, daß die lateinischen Bezeichnungen fast ausschließlich in den Kreisen der geistlichen Bauherren eingeführt wurden. Christoph Dientzenhofer war ein solcher »Unser Baumeister« bei den Breunau-Braunauer Benediktinern, vielleicht auch bei den Kreuzherren und wohl auch bei den Kleinseitner Jesuiten. Bei letzteren ist man sich nicht sicher, da es aus der Zeit, in der er bei ihnen tätig war, nicht genügend schriftliche Nachrichten gibt. Christoph bereitete seinem Sohn den Weg in diese Position bei den Breunauer Benediktinern sehr zielbewußt. Nicht umsonst ließ er ihn als Leiter des Baus in Breunau arbeiten. Der Sohn war für ihn dort zweifellos eine große Stütze und gleichzeitig erwarb er wertvolle praktische Erfahrungen. Christoph wird darauf spekuliert haben, daß Abt Otmar auf diesen tüchtigen jungen Mann, der bereits seine Wanderjahre hinter sich gebracht und bei bedeutenden Architekten in Wien – vor allem bei Johann Lucas von Hildebrandt – praktiziert hatte, wohl bald aufmerksam werden würde. Darin täuschte er sich nicht.

Der junge Dientzenhofer brachte aus der Wiener Schule die Neigung zu mehr Ornament und Verfeinerung im Detail mit, und entgegen der massiven Plastik der großen Volumina seines Vaters die Tendenz zu einer kleinmaßstäblichen bis hin zu einer verspielten Gliederung der Fassade. In der Zeit seines Wiener Aufenthaltes wurde nach dem Entwurf Hildebrandts das Palais Daun-Kinsky gebaut (1713–1716), man fing an, am unteren Belvedere zu arbeiten (1715), und man bereitete den Bau der Kirche St. Maria Treu (1716) vor. An den Plänen dieser Kirche wurde sicher schon seit einiger Zeit gearbeitet, so daß Kilian Ignaz sie bereits »als Praktikant« damals in die Hände bekommen haben konnte und nicht erst bei seinem Besuch in Wien im Jahre 1725. Gelegenheit, sie abzuzeichnen, hatte er zweifellos mehr als genug[1]. Er blieb den Hauptgrundsätzen des Werkes seines Vaters treu, die er sich schon vor der Reise ins Ausland angeeignet hatte und in denen er sich besonders während der Zeit vervollkommnete, als er den Bau des Breunauer Klosters leitete. Zu jenen Grundsätzen gehörten vor allem der Typus der »Skelettkonstruktion« mit der Betonung der tektonischen Elemente und mit einer Art künstlerischer Zurück-

drängung der dazwischenliegenden Wände und außerdem das Prinzip der vertikalen Strukturierung der Kirchenfronten. Aber darauf wird noch einzugehen sein.

Abt Otmar gewann den Sohn »seines Baumeisters« sehr schnell lieb; und weil er ein erfahrener Mensch war und sicherlich auch ein guter Menschenkenner, konnte er sehr gut abschätzen, daß Kilian Ignaz nicht nur ein begabter, sondern auch ein fleißiger und entgegenkommender junger Mann war, ebenso zuverlässig und ehrlich wie sein Vater. Er zögerte deshalb nicht, ihn schon zu Lebzeiten von Vater Christoph mit selbständigen Vertragsabschlüssen zu beauftragen, und er hatte keine Bedenken, ihm größere Geldsummen anzuvertrauen. Es war deshalb selbstverständlich, daß Kilian Ignaz bei den Breunau-Braunauer Benediktinern nach dem Tod seines Vaters sofort dessen Stelle übernehmen konnte, und das mit gleichem Jahressalär und mit den gleichen Verpflichtungen »unseres Baumeisters« – was bedeutete, daß er *alle Bauten im Bereich der Breunau-Braunauer Klosterdomäne sowie der dieser Abtei unterstehenden Klöster entwerfen und ausführen* mußte. Dort, wo man wegen der zu großen Entfernung die Durchführung einem örtlichen Maurermeister anvertraute, mußte er von Zeit zu Zeit die Aufsicht übernehmen. Das Jahresgehalt von 100 rh. Gulden wurde ihm, wenn auch nicht immer termingerecht, so doch ohne Rücksicht darauf, wieviel oder wie wenig in dem jeweiligen Jahr gebaut wurde, ausgezahlt. Es kam vor, daß er das Geld sogar erst mit einjähriger Verspätung bekam. Wenn er in entferntere Gegenden fahren mußte, bekam er zusätzlich noch Spesen. Für eine Reise nach Braunau und von dort aus nach Wahlstatt (Lehnické Pole) machte das 10 rh. Gulden aus [2].

Abt Otmar war ein großzügiger Bauherr, und so ließen bedeutende Aufgaben nicht lange auf sich warten. Schon am Anfang des Jahres 1721 entwarf Kilian Ignaz eine neue *Pflasterung für die Klosterkirche in Braunau* für das Presbyterium aus Marmor in drei Farben – grau, rot und leberbraun, für das Langhaus in zwei Farben – rot und leberbraun. Der Vertrag über die Ausführung wurde mit dem langjährigen Mitarbeiter der beiden Dientzenhofer, Johann Ulrych Mannes, abgeschlossen, die Arbeit im Jahre 1723 beendet. Sie war nicht unbedingt billig, kostete die Pflasterung doch 5405 rh. Gulden. Dieser hohe Preis war wahrscheinlich auch durch den Umstand bedingt, daß die Marmorplatten von Prag nach Braunau transportiert werden mußten, und das war kostspielig. – Gleichzeitig mit der Pflasterung wurde vor dem Hauptaltar eine neue Marmorbalustrade aufgestellt[3].

Die nächste Aufgabe war schon wirklich bedeutend. Bald nach seiner Wahl ging Abt Otmar daran, über den Kauf der Güter im schlesischen Wahlstatt zu verhandeln. Als historische Berechtigung dazu wurden Dokumente angesehen, die besagten, daß diese Güter ehemals zum Kloster Opatovice gehörten, das von den Hussiten zerstört und nicht wieder aufgebaut worden war. Zu Beginn des 18. Jahrhunderts wurden sie zum Kauf angeboten, da ihr damaliger Besitzer Hans Sigismund von Braun verschuldet war und die Gläubiger ihn bedrängten. Otmar Zinke gelang es, bei Kaiser Leopold I. die Einwilligung zu bekommen, die beim Kauf von einem weltlichen Besitzer unerläßlich war. Am 13. Dezember 1703 schloß man den Kaufvertrag ab. Für die Herrschaft

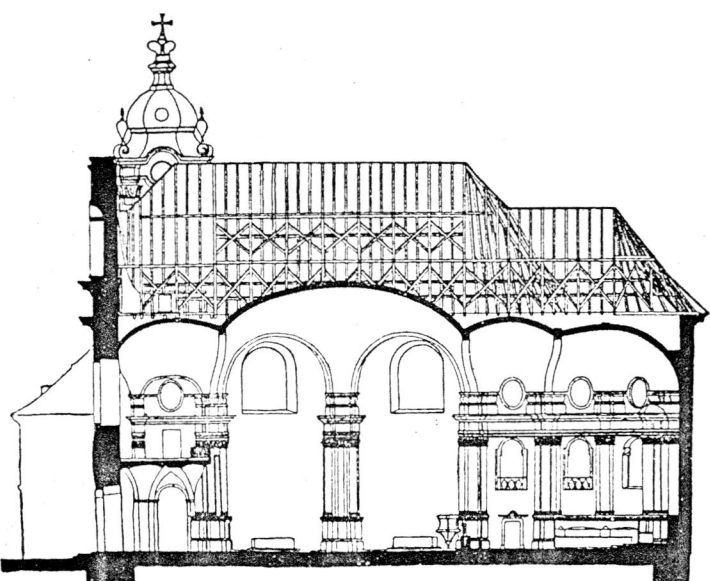

Wahlstatt/Schlesien, Klosterkirche St. Hedwig, Aufriß

wurden 23 000 schlesische Taler und 200 Taler Schlüsselgeld bezahlt. Es war zweifellos von Anfang an die Absicht des Abtes, in *Wahlstatt eine neue, den Breunau-Braunauer Äbten unterstehende Propstei* zu gründen. Auch dazu erlangte er die Einwilligung des Kaisers; denn das neue Kloster bedeutete ein Rekatholisierungszentrum in der nächsten Nachbarschaft des protestantischen Liegnitz (Lehnice)[4].

In Wahlstatt gab es zunächst nur ein Pfarramt, dessen Besetzung bereits Schwierigkeiten bereitete, denn es war nicht möglich, eine Vereinbarung mit dem bischöflichen Konsistor in Breslau zu treffen. Otmar Zinke verzichtete jedoch nicht auf die Idee einer Klostergründung. Im Jahre 1710 bewilligte das Kapitel sein Vorhaben, und der Abt ging daran, sich um die Erweiterung der wirtschaftlichen Basis der künftigen Propstei zu kümmern, für deren Unterhaltung die Wahlstatter Herrschaft zu klein war. Im Jahre 1716 kaufte er von Graf Holtrop das Gut Weicherau für 25 000 schlesische Taler. Später, im Jahre 1728, als der Bau schon im Gange war, kaufte er das kleine Gut Strachwitz bei Wahlstatt für 16 000 und schließlich die große Herrschaft Kaltwasser vom Grafen Götz für 184 000 schlesische Taler einschließlich 4000 Taler Schlüsselgeld, sowie das Gut Schönau vom Grafen Nostitz für 72 000 schlesische Taler. Den Grundstein des künftigen Klosters legte Abt Otmar sicherheitshalber schon am 15. Juni 1719, obwohl er den Bau noch nicht anfangen konnte. Der Breslauer Bischof bereitete nämlich weiterhin Schwierigkeiten, und erst im Juni 1723 erlaubte er schließlich die Errichtung der Propstei[5]. Der Bau des Klosterkomplexes wurde nach dem Enwurf von Kilian Ignaz Dientzenhofer begonnen, der eine symmetrische Disposition mit einer Kirche in der Mittelachse und den Klosterbauten zu ihren Seiten vorsah. Bei den Höhenverhältnissen zwischen der Kirchenfront und den Klostergebäuden stützte er sich auf das Vorbild seines Vaters in Breunau – auch in Wahlstatt verläuft das Sockelgesims der Kirchenfront knapp unterhalb der Kordongesimse der Klostergebäude. Die Anbindung der beiden Frontflügel an die etwas zurückgesetzte Kirchenfront ist schon immer ein heikles Problem gewesen. Kilian Ignaz löste es mit einer größeren Öffnung des Raumes vor der Front, die er durch große konkave Einbuchtungen an den beiden flankierenden Ecken der Klostergebäude erreichte. Die Front der Kirche ist in klassischer Weise eingeschoßig nach dreiachsigem Schema mit einem Turmpaar und einem hohen Giebel über dem Mittelfeld komponiert. Das Grundrißschema basiert auf der Kombination des länglichen Ovals des

Schiffes mit den Querovalen der Vorhalle und des Raumes vor dem halbkreisförmig abgeschlossenen Presbyterium. Zwischen den Außenwänden und den das Gewölbe tragenden Gurtbögen wölben sich mächtige Stichkappen.

Mit dem Jahr 1723, als der Bau in Wahlstatt in Angriff genommen wurde, begann für Kilian Ignaz eine Zeit alljährlicher langer Reisen von Prag über Sloupno – wo die Pferde gewechselt wurden – nach Braunau und von dort nach Schlesien. Soweit bekannt, dauerten die Reisen, die er durchschnittlich drei Mal in einer Bausaison unternahm, ganze vierzehn Tage. Nach Nordostböhmen war er jedoch schon zu Lebzeiten seines Vaters gereist. Er hatte einerseits mit größter Wahrscheinlichkeit die Bauaufsicht bei den Dorfkirchen St. Michael in Wernersdorf (Vernéřovice; von 1719–1720) und St. Jakob in Ruppersdorf (Ruprechtice; von 1720–1723), die offensichtlich noch sein Vater entwarf, geführt; andererseits mußte er die Klosterkirche in Braunau ausmessen, für die er die Marmorplattierung entworfen hatte.

Vom Klosterbau in Wahlstatt wurde 1726 der Gebäudeteil mit dem als Provisorium für die Gottesdienste eingerichteten Saal fertiggestellt. Die Grundsteinlegung für die Kirche war am 15. August 1727, und der Bau wurde 1731 beendet. Im selben Jahr weihte der Breslauer Bischof Elias von Sommerfeld die Kirche. Die Bauarbeiten an den Klostergebäuden dauerten noch bis zum Jahre 1738 an, Abt Otmar Zinke weihte sie am 10. August, am Tage seines 74. Geburtstages[6].

Bis dahin mußte Kilian Ignaz allerdings in seinen Diensten noch eine weitere anspruchsvolle Aufgabe bewältigen. Am 12. Dezember 1726 bewilligte das Kapitel den Vorschlag des Abtes zum *Umbau des Braunauer Klosters,* dessen Gebäude den zeitgemäßen Anforderungen nicht mehr entsprach. Dieser Umbau sowie der teilweise Neubau wurden, nach den erhaltenen Abrechnungen, im Jahre 1727 begonnen und 1733 abgeschlossen[7]. Die Maurerarbeiten leitete anfangs der Braunauer Altmaurermeister Hans Schott; im Juni 1727 ersetzte ihn Kilian Ignaz durch seinen eigenen Polier Johann Rebenauer. Am Umbau des Klosters wurde sehr intensiv gearbeitet. In der Hauptsaison tummelten sich hier fünfzig und mehr Maurergesellen und eine entsprechende Anzahl Handlanger. Die Zimmer-, Schreiner- und die anderen Handwerksarbeiten wurden meistens den örtlichen Handwerkern übertragen. Am künstlerisch anspruchsvollsten in Braunau ist die Lösung der Hoffronten des Konvents und der Prälatur mit ihren konvexen Risaliten, denen in der Prälatur auf der südlichen und nördlichen Seite jeweils Ovalsäle entsprechen.

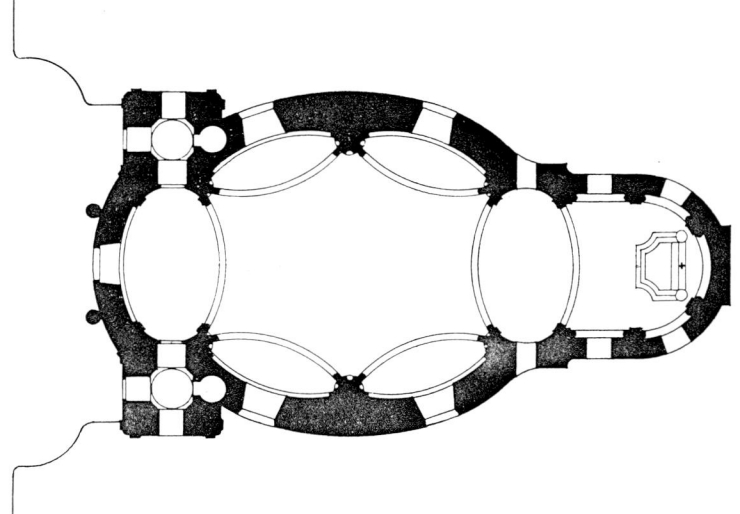

Wahlstatt/Schlesien, Klosterkirche St. Hedwig, Grundriß

Darüber hinaus gab es noch eine Reihe weiterer kleinerer Aufgaben, mit denen Abt Otmar Kilian Ignaz buchstäblich überhäufte. In den Jahren 1723/24 war es die *Umgestaltung der Front der Klosterkirche Mariä Himmelfahrt in Politz* (Police nad Metují). Im Notariatsinstrument vom 1. Juli 1724 wird sie zwar sehr gelobt, aus architektonischer Sicht ist sie aber vollkommen bedeutungslos, so daß die Beteiligung von Kilian Ignaz an diesem Projekt zweifelhaft erscheint. Wenn er aber schon einmal der Baumeister der Breunau-Braunauer Benediktiner war, wären diese nach den damaligen wirtschaftlichen Prinzipien kaum bereit gewesen, sich einen weiteren Architekten zu leisten. Es bleibt daher nichts anderes übrig, als diese bescheidene bauliche Umgestaltung als Folge unzulänglicher finanzieller Möglichkeiten des Klosters anzusehen. Den Umbau des Klosters in Politz ging Abt Otmar übrigens insgesamt zweimal an, das erste Mal im Jahre 1709, als sogar schon die Fundamente ausgehoben wurden, das zweite Mal im Jahre 1733, und zwar da nach einem älteren Plan, dessen Autor entweder noch Christoph oder schon Kilian Ignaz Dientzenhofer war. Aber auch diesmal kam es nicht zur Realisierung, und das Kloster wurde erst in den Jahren zwischen 1753 und 1757 umgebaut, wahrscheinlich von Anselmo Luragho, der nach dem Tode Kilian Ignaz' sein Nachfolger bei den Benediktinern wurde[8].

Nach und nach wurden auf dem *Gebiet des Braunauer Klosters* auch *neue Dorfkirchen* gebaut. Im Jahre 1723 war es die *Kirche Allerheiligen in Hermsdorf* (Heřmánkovice), in den Jahren 1725/27 die *Kirche St. Anna in Wiesen* (Vižnov); 1725 wurde der Anbau des Presbyteriums an die *Kirche des hl. Johannes des Täufers in Johannesberg* (Janovičky) angefügt, im selben Jahr begann der Bau der *Kirche St. Barbara in Ottendorf* (Otovice), die im Jahre 1726 beendet wurde. Zwischen 1726 und 1730 baute man die *Kirche der hl. Margaret in Schönau* (Šonov), 1732 bis 1733 die *Kapelle der Jungfrau Maria in Stern bei Weckersdorf* (Hvězda u Křinic), und schließlich die letzte und anspruchsvollste aus der Reihe dieser Kirchen: *St. Maria Magdalena in Barzdorf* (Božanov), deren Bau allerdings schon im Jahre 1709 begonnen worden war. Nach den erhaltenen Abrechnungen war damals auch der Turm und vielleicht auch das Presbyterium bereits fertiggestellt – dies ergibt sich daraus, daß eine Zahlung für die Mensa vermerkt ist. Danach kam es zu einer Pause von fast einem Vierteljahrhundert, und die Vollendung wurde nach dem neuen Plan Kilian Ignaz Dientzenhofers ausgeführt.

Im *Politzer Gebiet* wurde in den Jahren 1724/27 die *Kirche des hl. Prokop in Bösig* (Bezděkov) gebaut.

Die Mittel für diese Kirchen waren beschränkt, da die Braunauer Abtei nur für einen Teil der Baukosten aufkam; den größeren Anteil mußte man aus den Einnahmen der Pfarrämter und aus Spenden decken. Deshalb sind diese Kirchen – mit Ausnahme der Kapelle der Jungfrau Maria in Stern und der Kirche der hl. Maria Magdalena in Barzdorf – nicht gewölbt, sondern mit Spiegel- oder Baldachingewölbe nachahmenden Holzkonstruktionen über ho-

Weckersdorf im Braunauer Ländchen, Kapelle der Jungfrau Maria in Stern

hen Vouten eingedeckt. Interessant ist aber die Mannigfaltigkeit der Grundrisse. Abwechselnd findet man hier längliche Oktogone in verschiedenen Varianten sowie Ovaldispositionen, wobei das Grundschema bereichert ist durch folgende Mittel: konvex-konkave Wellen (Wiesen), Anordnung eines Kapellenkranzes (Ottendorf) und schließlich ein oktogonales Schiff mit Ovalen als Vorhalle und Presbyterium, welche in die komplizierte gewellte Außenwand – wiederum ein Oval im Grundriß – eingeschrieben sind (Barzdorf). Die Kapelle der Jungfrau Maria in Stern hat den Grundriß eines fünfzackigen Sterns, in den ein kreisförmiger Raum mit fünf halbkreisförmigen Altarnischen eingeschrieben ist. Die an der Stelle der protestantischen Holzkirche aus dem Jahre 1613 gebaute Kirche des hl. Wenzel in Braunau, wurde 1729 geweiht. Sie hat den Grundriß eines leicht länglichen griechischen Kreuzes; an den rechteckigen Raum des Presbyteriums schließt eine halbkreisförmige Apsis an[10].

Zum Breunauer Kloster gehörten im *Leitmeritzer Kreis* die Dörfer Hrdly und Počaply. Der Bau der *Kirche in Hrdly*, der schon im Jahre 1724 vorbereitet wurde, wie aus der Korrespondenz zwischen dem dortigen Pfarrer P. Balthasar und dem Breunauer Superior P. Raffael Berger hervorgeht, wurde verschoben. Im Herbst desselben Jahres begannen die Verhandlungen über den Bau der *Kirche in Počaply*. Sie wurde in den nächsten zwei Jahren realisiert; die Weihe fand am 26. August 1726 statt. Information darüber enthält die Korrespondenz des dortigen Pfarrers P. Laurentius mit P. Raffael Berger[11]. Der Grundriß ist aus einem Quadrat und zwei Ovalen zusammengesetzt. Die Seiten des Quadrats sind konvex nach innen gebogen. Seine Ecken sind abgeschrägt, und in den Schrägen sitzen Nischen. Die Ovale bilden die Vorhalle und das Presbyterium. Der Turm auf der westlichen Seite scheint der Umbau eines älteren zu sein; an das Presbyterium ist eine quadratische Sakristei mit außen leicht konkaven Wänden angefügt. Die Verbindung eines zentralen mannigfaltig geformten Raumes mit Querovalen ist ein Thema, mit dem sich Kilian Ignaz, wie noch gezeigt werden wird, sehr oft befaßte.

Der *Klosterkomplex in Breunau* wurde zwar einschließlich der Wirtschaftsgebäude im ersten Hof noch zu Lebzeiten Christoph Dientzenhofers fertig, aber für seinen Sohn blieb dennoch auch hier genügend Arbeit übrig. In den Jahren zwischen 1724 und 1726 wurde nach seinem Entwurf ein *Gartenpavillon über der Quelle der Vojtěška* gebaut. Die Zimmerarbeiten führte Meister Martin Rix

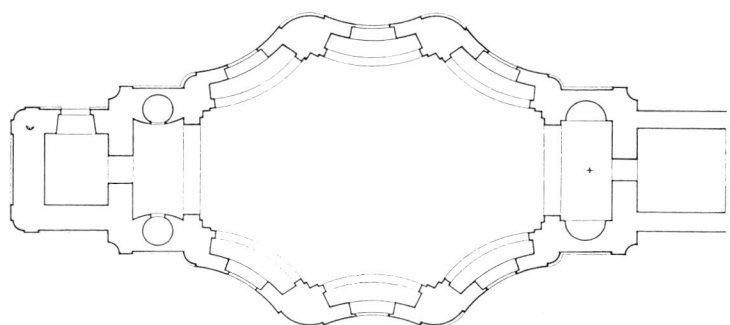

Hermsdorf, Kirche Allerheiligen

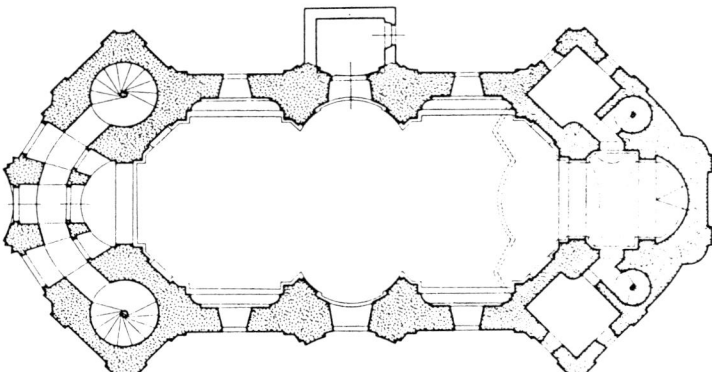

Schönau, Margaretenkirche

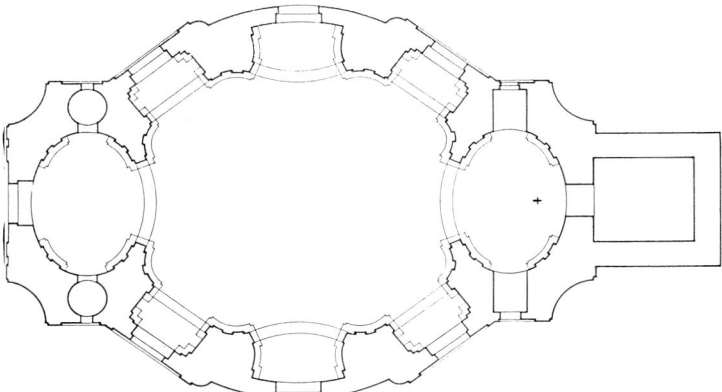

Barzdorf, Kirche St. Maria Magdalena

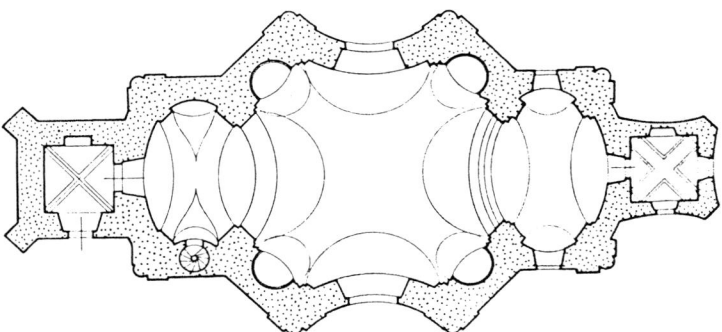

Podčapel bei Leitmeritz, Pfarrkirche St. Adalbert

durch. Im Jahre 1726 fertigte der Schreiner Johann Wenzel Rössler nach den Zeichnungen Kilian Ignaz' ein *Modell eines oktogonalen Baus aus Lindenholz* an. Es ist leider nicht bekannt, ob es sich dabei um einen weiteren Gartenpavillon handeln sollte oder um eine Kapelle[12]. 1727 führte Kilian Ignaz Dientzenhofer die Aufsicht bei der Vorbereitung der Decke im großen Saal der Prälatur für das Fresko, das der berühmte bayerische Maler Cosmas Damian Asam malen sollte[13]. 1735/36 wurde nach seinem Entwurf das *alte Breunauer Kloster des Sartorius umgebaut,* in dem man ein *Infirmarium mit einer Kapelle* einrichtete; für den *Klostergarten,* der in den Jahren 1737/38 neu gestaltet wurde, entwarf er ein *Glashaus.* Das waren seine letzten Bauten in Breunau, die er noch zu Lebzeiten des im Jahre 1738 verstorbenen Abtes Otmar Zinke ausführte.

Seinem Nachfolger Benno Löbl hinterließ der verstorbene Abt die Breunau-Braunauer Abtei und die ihr unterstellten Propsteien einschließlich der dazugehörigen Pfarrkirchen in bestem wirtschaftlichem Zustand. Das machte sich auch in der Höhe der Taxe bemerkbar, die dem Fiskus für die Wahl zum Abt gezahlt werden mußte; sie wurde auf 29 075 rh. Gulden festgesetzt – eine Summe,

für die man schon eine kleine Herrschaft kaufen konnte[14]. Fast alle Gebäude waren entweder ganz neu erbaut oder umgebaut, so daß der neue Abt sich als Bauherr monumentaler Objekte nicht mehr betätigen konnte. Das bedeutete allerdings nicht, daß es für »Herrn Kilian«, wie die Breunauer ihren Baumeister nannten, etwa keine Arbeit mehr gab. Er erhielt zwar Aufgaben kleineren Umfangs, die aber trotzdem anspruchsvoll waren, da Abt Löbl sich auf seinen Baumeister und Freund in allem verließ, und das vielleicht sogar noch mehr als sein Vorgänger.

Bereits ein Jahr nach seiner Wahl, also 1739, beschloß er, die Wohnräume der Breunauer Prälatur neu einrichten zu lassen, wobei »Dominus Chilianus« (Herr Kilian) nicht nur sein Berater war, sondern, wie wir zu wissen glauben, auch die Verträge über die meisten Handwerkerarbeiten, vor allem die der Schreiner und Polsterer, aushandelte[15]. Gleichzeitig wurde auch die Stuckdekoration des Refektoriums ausgeführt; den Vertrag darüber – mit Bernhard Spinetti – schloß ebenfalls Kilian Ignaz ab. Nach dem Refektorium folgte die Stuckausstattung im kleinen Saal. Zur selben Zeit entwarf er das Postament für die Mariensäule in Kladno. Die Steinmetzarbeit wurde vom Meister Johann Baumgartner durchgeführt, die Statue schuf Karl Joseph Hiernle. Mit diesen beiden arbeitete er auch im Jahre 1740 beim Bau des neuen Haupttores des Breunauer Klosters zusammen[16].

Im Jahre 1739 wurde auch der *Umbau des altertümlichen Kastells in Kladno* begonnen. Abt Otmar Zinke hatte sich darauf schon 1728, als Kilian Ignaz Dientzenhofer das Kastell aufmaß und die Entwürfe für den Umbau ausarbeitete, vorbereitet. Die Pläne wurden allerdings nicht realisiert. Den Umbau führte man schließlich nach einem weit radikaleren Riß aus, obwohl auch bei diesem die Bestrebung deutlich ist, möglichst viel von dem älteren Mauerwerk wiederzuverwenden. Aus dem Kastell mit einem unregelmäßigen fünfeckigen Grundriß wurde ein zweistöckiges Schlößchen mit einem »Ehrenhof«[17].

Das Jahr 1741 war für die Bautätigkeit besonders ungünstig. Nach dem Ausbruch des Krieges um das österreichische Erbe wurde Prag von den vereinigten bayerisch-französischen Heeren eingenommen. Bei den Artilleriegefechten zwischen ihnen und der österreichischen Belagerungsarmee litt das *Breunauer Kloster* beträchtlich. Für Kilian Ignaz bedeutete dies in den nächsten Jahren viel *Arbeit mit den Reparaturen der Klostergebäude sowie der Wohnhäuser im Dorf Breunau.* Beide Gaststätten dort, die Tejnka und die Záverka, mußten ganz neu gebaut werden[18]. Auch die Baulichkeiten der Braunauer Klosterdomäne waren in Mitleidenschaft gezogen worden, und man mußte eine Reihe von Reparaturen ausführen[19].

In den Jahren 1746/47 wurde das *Verwaltungsgebäude des Gutes Hrdly umgebaut* und dort eine *Kapelle* auf rechteckigem Grundriß mit einer flachen Vorhalle und einem Presbyterium eingerichtet[20]. *1748 entwarf und baute* Kilian Ignaz für Abt Löbl ein *Schlößchen auf dem Gut Sloupno.* Es ist wiederum ein eingeschoßiges Gebäude mit drei Flügeln um einen »Ehrenhof« und mit einer durch einen dreiseitigen Mittelrisalit und rechtwinkligen Eckrisalit gegliederten Hauptfront[21]. Im Jahre 1750 wurden im *Breunauer Kloster* gleichzeitig zwei Bauaufgaben begonnen. Es war einerseits ein *Anbau am Flügel mit dem Sommerrefektorium und der Bibliothek;* beide Räume, das Refektorium im Erdgeschoß und die Bücherei im ersten Stock, wurden um Säle mit etwa quadratischem Grundriß erweitert. Andererseits war es der *Umbau und die Erweiterung des Pavillons über der Vojtěška-Quelle* im Klostergarten. Gleichzeitig war auch noch der *Bau der Benediktinerresidenz in Halbstadt* (Mezimĕstí) unweit von Braunau im Gange. Diese Residenz ist ein längliches, durch je drei Risalite auf den beiden Längsfronten gegliedertes Gebäude[22].

Im letzten Jahr seines Lebens und des Lebens »seines Baumeisters« legte Abt Benno am 24. Juli 1751 den Grundstein zur *Kapelle des hl. Florian in Kladno.* Es ist möglich, daß damals der Bau schon seit einiger Zeit im Gange war, mindestens seit dem Frühjahr 1751, oder sogar seit dem Jahr davor. Diesen Zentralbau über oktogonalem Grundriß mit vier halbkreisförmigen Apsiden und einem Paar schräggestellter Türme an der Front konnte Kilian Ignaz nicht mehr vollenden und Abt Benno Löbl nicht mehr weihen. Beide starben im Dezember 1751. Die Kapelle wurde von Anselmo Luragho fertiggestellt, den Abt Friedrich Grundtmann für ein Jahresgehalt von 50 rh. Gulden in seine Dienste nahm[23]. Soweit bekannt, wurde auch das Jahresgehalt von Kilian Ignaz Dientzenhofer in den Jahren 1750 und 1751 um die Hälfte gekürzt, vielleicht deshalb, weil schon nicht mehr so viel gebaut wurde. Die letzten 50 rh. Gulden zahlte man am 30. Dezember 1751 der verwitweten Frau Theresia Dientzenhofer aus[24].

Man sollte annehmen, daß das, was Kilian Ignaz im Dienste der Breunau-Braunauer Äbte entwarf, für die Erfüllung des Berufslebens eines sehr fleißigen Baumeisters reichen würde. Dabei brachte die Stellung »unseres Baumeisters« zumindest bei den Benediktinern noch viele weitere Verpflichtungen oder, besser gesagt, freiwillige Dienste mit sich. Kilian Ignaz schloß nicht nur die Verträge mit den Handwerkern und den Künstlern im Namen der Äbte ab, sondern erledigte auch die unterschiedlichsten Einkäufe. Er kaufte verschiedenste Dinge und Gebrauchsgegenstände ein, die sehr oft mit der Bautätigkeit gar nichts zu tun hatten. Dies waren zum Beispiel Bezugsstoffe, verschiedene teure Textilien für die Anfertigung von Ornaten und anderen Paramenten, sehr oft auch Goldschmiedearbeiten – und zwar nicht nur Meßgeschirr, sondern auch wirkliche Kleinodien, wie zum Beispiel ein Kreuz mit Diamanten, das er im Jahre 1741 für Benno Löbl besorgte, sowie Dinge des täglichen Gebrauchs: Silberlöffel, Silbergefäße und Küchengeschirr. Nicht nur das! Kilian Ignaz Dientzenhofer besorgte und brachte nach Braunau verschiedene Leckereien, die entweder er selbst oder auch seine Ehefrau, die sich an diesen Diensten beteiligte, beim damaligen italienischen Delikatessenhändler Gialdi kaufte[25]. Im Verzeichnis der Feinschmeckereien sind u. a. angegeben: Austern, Moskauer Lachs, Parmesan- und Holländerkäse. Manchmal machte er auch den Kurier, der Geldsummen etwa aus Kladrau nach Breunau transportierte oder im Münzhaus den Umtausch von fremden Währungen in die heimische besorgte[26].

Es wäre sicherlich aufschlußreich, etwas über die Art der menschlichen Beziehungen zwischen den Breunauer-Braunauer Äbten und ihren Baumeistern zu erfahren. Es gibt keine konkreten Informationen darüber, und selbst in der Korrespondenz der Abtei wurde kein einziger Brief von Christoph oder Kilian Ignaz Dientzenhofer gefunden, obwohl dort die Briefe von Steinfels und Brandl deponiert sind[27]. Alles Wichtige wurde also offensichtlich mündlich verhandelt, entweder in Breunau, im Haus der Braunauer Äbte in der Prager Altstadt, oder auch in Braunau selbst. In den Braunauer und Breunauer Diarien aus dieser Zeit gibt es Hinweise darauf, daß beide, der Vater und öfter noch der Sohn, zu festlichen Mittagsmahlen nach Breunau eingeladen wurden, vor allem an wichtigen Feiertagen (also zu St. Benedikt am 21. März und zu St. Margaret am 13. Juli) und zu den Namenstagen der Äbte (zu St. Otmar am 16. Dezember und zu St. Benno am 16. Juni). Wenn man aus allem, was über Abt Otmar bekannt ist, überhaupt etwas schließen will, möchte man sagen, daß er seinen Baumeistern gegenüber zwar liebenswürdig war, jedoch einen wohlwollenden Abstand wahrte – denn er war ein sehr selbstbewußter Herr, autoritär bis usurpatorisch, was zu vielen Protesten unter seinen unzufriedenen Untergebenen führte, vornehmlich im Breunauer Konvent. Kilian Ignaz gegenüber hat er vielleicht ein wenig väterliche Freundlichkeit gezeigt, denn er kannte ihn schon

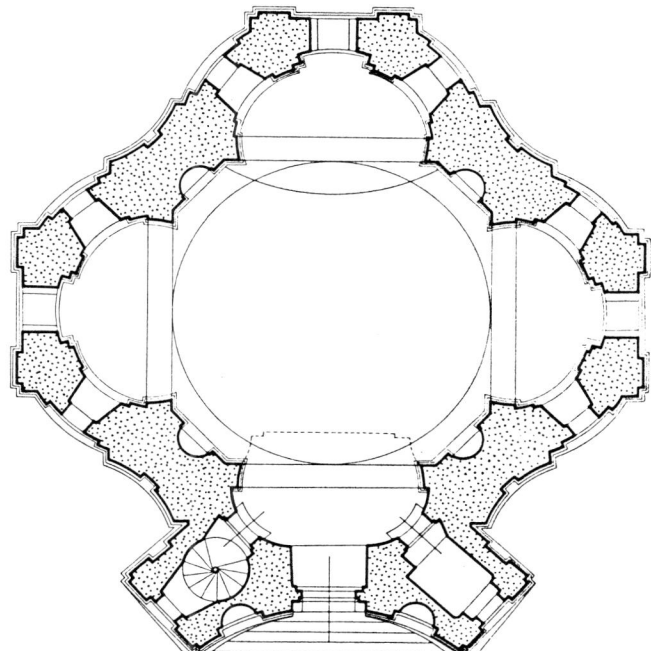

Kladno, St.-Florian-Kapelle

seit seinen Anfängen und war der Mitgestalter seiner Karriere. Es kann angenommen werden, daß er sich über die Dientzenhofer nicht mit einem solch verachtenden Despekt wie über Paul Ignaz Bayer äußerte, den er meistens einen »Maurer« nannte[28]. Die Wesenszüge dieses Prälaten hat Peter Brandl, der Autor seines offiziellen Porträts, wirklich perfekt getroffen: der gescheite Blick seiner durchdringenden Augen und die Kurve seiner Mundwinkel im ironischen Halblächeln verraten vieles. Im Umgang mit diesem Herren war es geboten, die gehörige Reverenz an den Tag zu legen, und es gab sicher keine Gründe, warum seine Baumeister die Regeln souveräner Höflichkeit nicht respektiert haben sollten.

Mit Benno Löbl, dem Nachfolger Otmar Zinkes, verband Kilian Ignaz Dientzenhofer eine wirkliche Freundschaft. Das erfahren wir zumindest aus den Dokumenten über das nicht unbedingt glückliche Klosterleben seines Sohnes Karl Dientzenhofer mit dem Ordensnamen Bruder Prokop. Es ist deshalb zu vermuten, daß ihre Beziehung zeitweise nicht nur weniger förmlich, sondern von einem menschlichen, herzlichen Ton durchstrahlt war. Aber auch hierzu gibt es keine Belege außer der schon erwähnten Angaben des Sohnes – und das, obwohl Abt Benno sogar der Pate eines der jüngeren Söhne Kilian Ignaz' war. In den Aufzeichnungen der Breunauer Diarien oder in der Korrespondenz zwischen Breunau und Braunau findet man eine Äußerung in weniger offiziellem Ton wirklich selten. So erwähnt beispielsweise der Schreiber eines undatierten, von Braunau nach Prag geschickten Briefes, der sich in dem Faszikel aus den Jahren 1725 bis 1728 befindet, daß »Dominus Chilianus« einen Tag zuvor erkrankt sei; sein Kopf und seine Zähne hätten dermaßen weh getan, daß er die ganze Nacht nicht geschlafen habe und nicht habe abfahren können. Der Polier sei am Sonntag nach Prag abgefahren[29]. Der Brief des späteren Abtes P. Friedrich Grundtmann vom 13. Juli 1730 gibt ein Gespräch wieder, das er mit »Herrn Kilian« über die Bauten in Schlesien und Braunau und über seine Reise nach Schlesien und zurück nach Prag führte. Auf dieser Reise war ein Pferd verendet und der Wagen zu Bruch gegangen, wohl wegen der Unvorsichtigkeit des Kutschers. Jemand schwärzte Kilian Ignaz beim Abt an, als ob ihn eine Mitschuld an dem Unfall träfe und daß der Beschädigte sich dadurch schwer getroffen fühlte[30]. Im Breunauer Diarium wird zum 15. November des Jahres 1739 angemerkt, daß »unser Bau-

Braunau, Kloster der Benediktiner, Stich aus dem 18. Jahrhundert

Birckhart sculp.

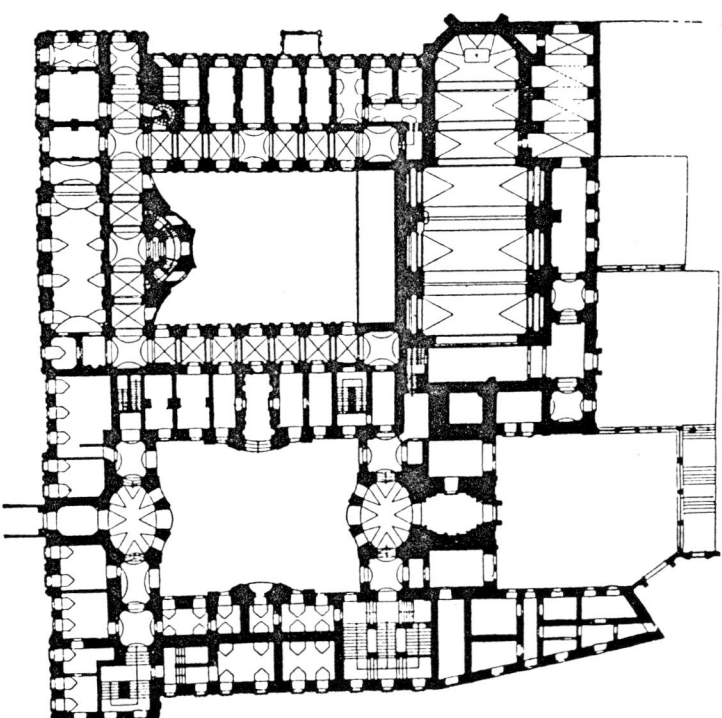

Braunau, Benediktinerkloster

meister« in irgendeiner »Hausangelegenheit« mit dem Abt nach Braunau abgefahren sei, die etwas mit dem Kloster zu tun hätte und die an Ort und Stelle besprochen werden müsse[31]. Ohne Zweifel war Kilian Ignaz bei seinen Aufenthalten in Braunau auch Gast im Refektorium, und vielleicht nicht nur dort, sondern auch im Eßzimmer des Abtes.

Ansprüche auf die Dienste von Kilian Ignaz Dientzenhofer erhoben bald auch andere Benediktinerklöster in Böhmen, für die er dann bei einer weit größeren Anzahl von Bauten arbeitete als sein Vater. Es ist schwer zu sagen, welcher der damaligen Äbte sich als erster an ihn wandte. Für die *Altstädter Benediktiner bei St. Nikolaus* fing er im Jahre 1724 an zu arbeiten, als er für sie ein ausführliches *Gutachten über den Zustand des Klosters und den Entwurf für einen Anbau* erstellte. Bis 1718 hatten für die Altstädter Benediktiner die beiden Kaňka, der Vater Veit und der Sohn Franz Maximilian, gearbeitet. Der Wechsel zu einem anderen Baumeister nach einer mehrjährigen Unterbrechung ist wahrscheinlich auf den Rat des Abtes Otmar Zinke hin zustande gekommen, mit dem der Abt von St. Nikolaus, Anselm Vlach, freundschaftlich verkehrte. Die Fertigstellung des Konvents mit dem proponierten Neubau eines Flügels, der den alten Konvent mit dem Winterrefektorium verbinden sollte, die Errichtung eines weiteren Flügels auf der Seite zum Tor sowie die Vollendung der Prälatur sollten nach vorläufiger Kostenschätzung 30 000 rh. Gulden kosten. Die Arbeiten wurden 1727 begonnen. Daran schloß sich der Bau des Sommerrefektoriums an, der von Kilian Ignaz in seinem Gutachten nicht erwähnt wird. Der neue Konvent mit siebzehn bequemen Zellen für die Ordensbrüder, mit dem Priorat, dem Studienraum und einem Infirmarium mit Kapelle war 1730 fertig. Der alte Konvent wurde auch im Erdgeschoß erneuert und in den Zellen und im Ambit eingewölbt.

Schon im Jahre 1732 begann man, die Fundamente für die neue Nikolauskirche zu legen, die im Jahre 1735 im Rohbau fertig wurde. In der durch die Lage der alten Kirche vorgegebenen beengten städtebaulichen Situation errichtete Kilian Ignaz den Neubau in Form einer »verlängerten Zentrale« mit einer tiefen Vorhalle und einem noch tieferen Presbyterium. In Anbetracht der Gesamtsituation mußte man den Haupteingang an die Südseite legen und,

ähnlich wie bei St. Ursula in der Neustadt oder bei St. Klara in Eger, wurde die Südfront als Hauptfassade akzentuiert und durch zwei Ecktürme eingefaßt. Der kreisförmige Zentralraum ist von einer achteckigen Kuppel auf einem hohen Tambour überwölbt und von vier diagonal angeordneten Ovalkuppeln begleitet. Die Fresken in der Nikolauskirche malte Cosmas Damian Asam, mit dem Kilian Ignaz schon im Saal der Breunauer Prälatur und an der Hedwigskirche in Wahlstatt zusammengearbeitet hatte[32].

Fast zur gleichen Zeit wandte sich auch der Abt des kleinen und weniger vermögenden *Klosters bei St. Johann unter dem Felsen,* Emilian Kotterovský, an Kilian Ignaz mit der Bitte, die *Prälatur umzubauen.* Das Projekt wurde in den Jahren von 1728 bis 1731 realisiert[33].

Offenbar etwas später meldeten sich dann die *Benediktiner in Kladrau.* Nach dem Tod von Johann Blasius Santini-Aichl im Jahre 1723 war Abt Maurus Fintzguth dabei, das Interieur der Kirche zu vollenden. Wann genau der *Bau des Konvents* begonnen wurde, wissen wir nicht. Die Autorenschaft Kilian Ignaz Dientzenhofers ist sowohl im Verzeichnis seiner Bauten, das 1732 der damalige Archivar des Nikolausklosters, P. Guntherus Jacob, zusammenstellte, als auch durch die Aufzeichnungen in den Breunauer und in den jesuitischen Archivalien über seine Reisen nach Kladrau sicher belegt[34]. Im übrigen ist die Gliederung der Hauptfront des Konvents in Kladrau mit der Front der Prälatur beim hl. Johann unter dem Felsen sehr verwandt. Auch der Grundriß auf dem Plan aus der Zeit nach der Auflösung des Klosters verrät, daß das Projekt kaum von jemand anderem geschaffen worden sein kann. Die übersichtliche und logische Disposition beruht auf dem Prinzip des Raummoduls eines Ambitfeldes. Wir haben sie im Zusammenhang mit dem Breunauer Kloster beschrieben[35].

Das *Kloster in Sazawa* (Sázava) blieb lange unbeachtet. Die Ursache dafür waren die ständigen Streitigkeiten des dortigen im Jahre 1703 gewählten Abtes Václav Košín mit dem Breunauer Abt und Provinzvisitator Otmar Zinke, welche die zweimalige Absetzung Košíns zur Folge hatten; das erste Mal im Jahre 1712, und, nachdem er 1719 zurückgekehrt war, das zweite Mal 1724. 1730 lieferte Kilian Ignaz Dientzenhofer ein *Gutachten über den damaligen Zustand des Klosters mit einer vorläufigen Kostenrechnung.* Danach sollte die Erneuerung 20 000 rh. Gulden betragen. Zu dem Umbau kam es allerdings erst nach dem Brand 1747 unter Abt Anastasius Schlanczovsky. Er wurde wahrscheinlich nach dem *Entwurf von Kilian Ignaz* ausgeführt. Der Breunauer-Braunauer Abt Benno Löbl schaute sich das im Bau befindliche Kloster bei seiner Visitation 1748 an; dem »scrutinium« konnte er schon im neuen Refektorium vorstehen[36].

Ein weiterer Orden, der sich Kilian Ignaz Dientzenhofer als »seinen Baumeister« zu eigen machte, waren die *Kreuzherren mit dem roten Stern.* In Prag hatte allerdings der damalige General des Ordens, Franz Mathäus Böhm, für den jungen Baumeister keine größere Aufgabe. Die Klosterbauten und die Kirche St. Franziskus hatten schon seine Vorgänger errichtet. In Maria Kulm ging der Komplex der Wallfahrtskirche schon seiner Vollendung entgegen; es handelte sich darum nur noch um Kleinigkeiten, und Kilian Ignaz konnte dort dem alten Familienfreund Wolfgang Braunbock eher mit Rat als mit eigener Tat beistehen. Die Kreuzherren besaßen aber in *Karlsbad* ein *Pfarramt mit einer altertümlichen Kirche.* Sie befand sich in einem schlechten Zustand und war zudem zu klein geworden; mit ihrer Architektur repräsentierte sie den bedeutenden böhmischen Orden längst nicht mehr in angemessener Weise. Darüber hinaus war Karlsbad die Stadt, in der Kaiser Karl VI. – und so manch anderes gekröntes Haupt Europas samt Suite – höchstselbst von Zeit zu Zeit mit seinem Hofe zu einem längeren Kuraufenthalt erschien. In der Saison kam dort eine große und noble Gesellschaft zusammen, und man mußte daher an den Bau

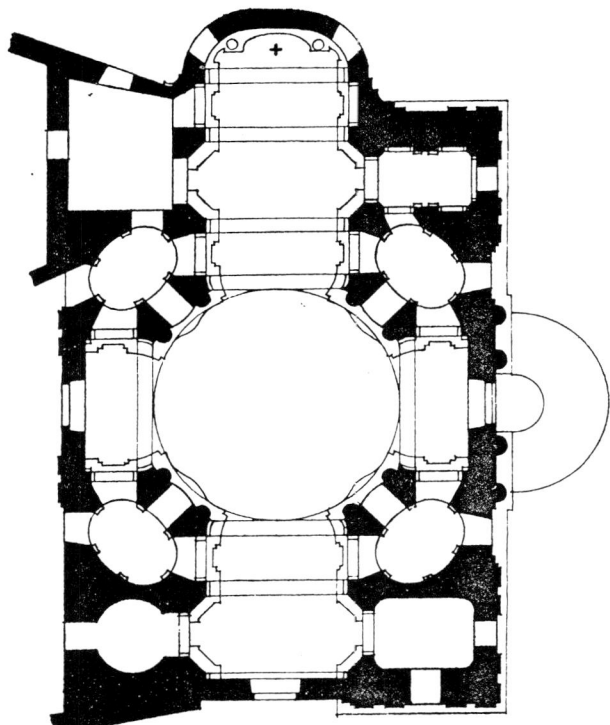

Prag-Altstadt, Nikolauskirche

einer Kirche denken, die in Größe und Erscheinung den Ansprüchen des Ortes und der Zeit entsprach. Nach der Eintragung im Diarium der Kreuzherren fuhr »unser Baumeister Kilian Ignaz Dienstenhofer (sic!) nach Karlsbad zum ersten Male am 8. Oktober 1727, um die Fundamente (für die neue Kirche) zu inspizieren und um festzustellen, ob sie fest genug sind«[37]. Die Äußerung ist nicht präzise, denn es handelte sich nicht um die Fundamente, sondern um die Struktur des Untergrunds am künftigen Bauplatz oder, besser gesagt, auf den zwei Bauplätzen, die man damals erwog.

Der Aufenthalt in Karlsbad verlängerte sich auf vierzehn Tage, und die erhaltene Korrespondenz ermöglichte uns, einen Blick in den schöpferischen Prozeß und die praktische Ausführung barokker Bauten zu werfen. Dieser Briefwechsel zeigt auch, daß der damals achtunddreißigjährige Ignaz ein ernstzunehmender und ungewöhnlich erfahrener Baumeister war. Die Begehung der Bauplätze, von denen der eine am Standort der alten Kirche über dem Sprudel und der andere am Ufer der Tepl (Teplá), gegenüber der sogenannten Neuen Wiese (Nová Louka) lag, war kein Sommerspaziergang. Kilian Ignaz, dem der ehemalige Polier seines Vaters Wolfgang Braunbock half, ließ über dem Sprudel einige Schächte ausheben, in welchen er die Beschaffenheit des Untergrundes wie auch das Durchsickern des heißen Wassers des Sprudels untersuchte. Er fertigte eine Zeichnung von allen Schächten an, der er am 20. Oktober 1727 in einem an den Ordensgeneral adressierten Brief ausführliche Erläuterungen beifügte, und entwarf zwei Risse: den einen für den Bauplatz über dem Sprudel, den anderen für den Platz am Tepl-Ufer gegenüber der Neuen Wiese, beide mit einer ausführlichen Beschreibung[38].

Diese Pläne, die seinerzeit O. Stefan publiziert hat, sind heute leider verschollen. Stefan hat auch irrtümlich angenommen, daß es sich um eine Entwicklungsreihe von vier Plänen handelte, obwohl er feststellte, daß sich einer von ihnen auf die Baustelle gegenüber der Neuen Wiese bezieht[39]. In Wirklichkeit handelt es sich um zwei Paar Pläne – je zwei für den Platz über dem Sprudel und zwei für das Tepl-Ufer –, und die Verschiedenheit ergibt sich hier nicht aus der stufenweisen Durcharbeitung einer ursprünglichen

Konzeption, sondern aus der unterschiedlichen topographischen Situation. Für die Alternative am Ufer der Tepl, wo sich hinter der geplanten Kirche eine Böschung unterhalb der Straße erhob, plante Kilian Ignaz hinter dem Presbyterium der Kirche eine architektonisch gegliederte Wand in Form einer Art Nymphäum, die die Böschung verkleiden sollte. Es ist eine sehr originelle Idee und vielleicht durch eine Anlage inspiriert, die er während seines Aufenthaltes im Ausland gesehen haben mochte. Erstaunlich ist die ungewöhnliche Schöpfungskraft, mit der er innerhalb von vierzehn Tagen zwei verschiedene und, nach seinem eigenen Kommentar, vollkommen durchdachte Kirchenentwürfe buchstäblich »aufs Papier warf«.

Aus diesen Entwürfen ist auch zu ersehen, wie er alle Umstände erwägen – nicht nur beim Entwurf des Planes selbst, sondern auch bei der Zuordnung zur näheren und entfernteren Umgebung – und die Vorteile und Nachteile beider Bauplätze erfassen konnte. So zum Beispiel plante er im Entwurf über dem Sprudel die Türme an der Front, weil bei der Anordnung der Türme hinter dem Presbyterium die Masse des Gebäudes den Klang der Glocken gedämpft hätte. Für die Baustelle gegenüber der Neuen Wiese schlug er eine Brücke mit einem künstlichen, direkt im Flußbett der Tepl errichteten Brückenkopf vor der Kirchenfront vor. Am Ende seines Briefes erwähnte er noch einen dritten Bauplatz »beim Schuppen«, der allerdings so ungeeignet wäre, daß er sich damit gar nicht befassen wollte. Auch Wolfgang Braunbock schickte Ordensgeneral Böhm einen Brief mit der Beschreibung des Bauplatzes über dem Sprudel, in dem er mitteilt, daß er die Pläne der Kapellen am Ambit in Maria Kulm »mit dem Herrn Baumeister« schicke[40].

Vom ersten Besuch des Kilian Ignaz in Karlsbad bis zum Baubeginn vergingen allerdings einige Jahre. Nach den Eintragungen im Diarium der Kreuzherren fuhr ihr General Böhm Ende Mai 1729 mit »unserem Baumeister« Kilian Ignaz Dientzenhofer nach Karlsbad, um dort über eine geeignete Stelle für die neue Kirche zu entscheiden, da die alte schon einzustürzen drohe. Der Schreiber gibt an, daß das Ausheben der Fundamente aus Angst, die Quelle zu gefährden, hinausgezögert worden sei. Anfang Juni 1732 fuhr Böhm wegen des Kirchenbaus erneut nach Karlsbad, und am 9. Juli begab sich auch Kilian Ignaz mit der Postkutsche dorthin, für den Böhm ein Zimmer reserviert hatte. Er sollte die Fundamente für die Kirche so abstecken, daß die Quelle nicht in Mitleidenschaft gezogen würde. Dies geschah am 11. Juli, und die Parzelle der künftigen Kirche wurde bis zu der Stelle verschoben, wo das Dekanat stand. Danach beantragte der Ordensgeneral die Einwilligung des Herrschers zum Bau und legte das Bewilligungsdekret samt der Zeichnung dem Karlsbader Magistrat vor, der den Bau genehmigte. Der Kaiser spendete für den Bau der neuen Kirche 4000 rh.Gulden. Am 18. Juli begab sich General Böhm mit »seinem Baumeister« nach Maria Kulm, um dort die neue Ausschmückung der Kirche und des Altars der Jungfrau Maria in Augenschein zu nehmen. Tags darauf fuhr Kilian Ignaz nach Kladrau. Der Schreiber des Diariums hielt fest, daß General Böhm ihm 60 rh.Gulden gab, da er vor drei Jahren schon einmal in Karlsbad gewesen wäre und nichts dafür hätte annehmen wollen, obwohl er dort sechs Tage verweilte. In einem der letzten Briefe aus dem Jahre 1732 können wir lesen, daß Böhm sich oft mit dem Baumeister Dientzenhofer über den bevorstehenden Bau der Karlsbader Kirche beriet, mit dem er im nächsten Jahr beginnen wollte. Man würde das Dekanat abreißen und für den Dekan eine neue Unterkunft besorgen müssen. Das Baumaterial war zu beschaffen. Die Beratungen wurden auch im Frühjahr des darauffolgenden Jahres fortgesetzt, als endlich am 27. April der Grundstein der Kirche der hl. Maria Magdalena gelegt wurde. Bis zum 9. September 1733 konnten das Presbyterium und die Sakristei erstellt und provisorisch abgeschlossen werden, so daß das Abhalten von Gottesdiensten möglich war. Der Bau ging verhältnismäßig schnell voran; am 1. Oktober 1736 wurde die Kuppel eingewölbt. Weitere Eintragungen im Diarium sind schon dürftiger und ziemlich stereotyp. Hier und da wird erwähnt, daß sich der »Herr General mit unserem Baumeister« beraten habe oder der Bau der Kirche vorangehe. Zu dieser Zeit hatte der Vorsteher der Kreuzherren noch andere Sorgen. Karl VI. entschied nämlich, daß die Kreuzherren die neue Kirche des hl. Karl Boromäus in Wien verwalten sollten, und General Böhm reiste sehr oft in die Reichshauptstadt. Ende Oktober 1737 vermerkte der Diariumsschreiber, daß der Bau der Kirche in Karlsbad schon fast fertig wäre, daß jedoch für ihre vollkommene Fertigstellung, also für die Ausschmückung und Ausstattung, noch viel Geld nötig sein würde[41].

Den ganzen Ablauf des Baus der Kirche Magdalena in Karlsbad dokumentieren die Rechnungen und Quittungen der jeweiligen Handwerker, so daß wir alle ihrem Namen nach kennen. Es waren örtliche Handwerker; nur der Stukkateur Ignaz Palliari war aus Prag; aus Prag kamen offenbar auch die Poliere. Die Modelle der Gesimsprofile und die Formen für die Ziegeln des Mönchs- und Nonnendachs stellte der Schreinermeister Franz Dietl her, dem auch alle übrigen Schreinerarbeiten übertragen wurden. Die Zimmerarbeiten führte der örtliche Meister Ecker mit seinen Gesellen, die Schlosserarbeiten Johann Kaspar Kraus und Johann Peter Hütter aus. Der erste Polier war Thomas Hausl, der in Karlsbad starb. Nach ihm wurde die Baustelle kurze Zeit von Martin Läx, und vom Jahre 1740 an von Georg Markus Ehamb geführt[42].

Die Realisierung des Risses der Karlsbader Kirche, deren endgültiger Gestalt die Skizze aus dem Jahre 1727 zugrunde lag, war mit außerordentlichen Komplikationen verbunden. Zu der Zeit, da man auf dem Bauplatz die Probeschächte gegraben hatte, war darin an höher gelegenen Stellen nur ein wenig kaltes, an den tiefer gelegenen Stellen ein wenig warmes Wasser festgestellt worden. Es war wohl ein ungewöhnlich trockenes Jahr gewesen. Denn als dann 1733 die Fundamente ausgehoben wurden, gab es so viel Wasser, daß es eine Gruppe von Tagelöhnern ausschöpfen mußte. Der ganze Bau war eigentlich in Wasser gegründet, und die Tatsache, daß der Kirchenboden von der Front zum Presbyterium sichtbar ansteigt, hängt womöglich damit zusammen, daß auch die Fundamentsohle ansteigt und daß diese Vorrichtung den Wasserabfluß gewährleisten und somit das Aufsteigen von Feuchtigkeit in das Gemäuer verhindern sollte. Diese Maßnahme war in der Tat wirkungsvoll, denn bei der unlängst angestellten Untersuchung wegen einer Erneuerung der Kirche wurde festgestellt, daß das Gemäuer bis heute nicht naß geworden ist.

Die Kirche St. Maria Magdalena ist nicht nur ein hervorragendes architektonisches Werk, sondern auch in technischer Hinsicht ein bemerkenswerter Bau. Er ist ein Beweis dafür, daß Kilian Ignaz Dientzenhofer auch schwierige Probleme meistern konnte[43].

Zu den Verpflichtungen »unseres Baumeisters« gehörte bei den Kreuzherren auch die Lösung von weniger bedeutenden Aufgaben. So zum Beispiel fuhr Ordensgeneral Böhm am 31. Mai 1731 in der Begleitung von Kilian Ignaz nach Dobřichowitz (Dobřichovice), um dort eine heruntergekommene Mühle in Augenschein zu nehmen und zu beratschlagen, wie man bequem und mit geringem Aufwand eine neue bauen könnte. Im selben Jahre führte Kilian Ignaz auch *verschiedene Umgestaltungen im Kreuzherrenkloster* aus; es handelte sich dabei um die Vergrößerung des Refektoriums und um die Veränderung des Oratoriums. Nach der Eintragung im Diarium beriet sich der General mit Kilian Ignaz über die genannten Adaptationen. Aus dieser Zeit stammt wahrscheinlich auch der in der Plänesammlung der Prager Burg befindliche *Grundriß der Klosterkirche St. Franziskus*[44]. Die genannten Umbaumaßnahmen wurden im August und im September 1731 realisiert.

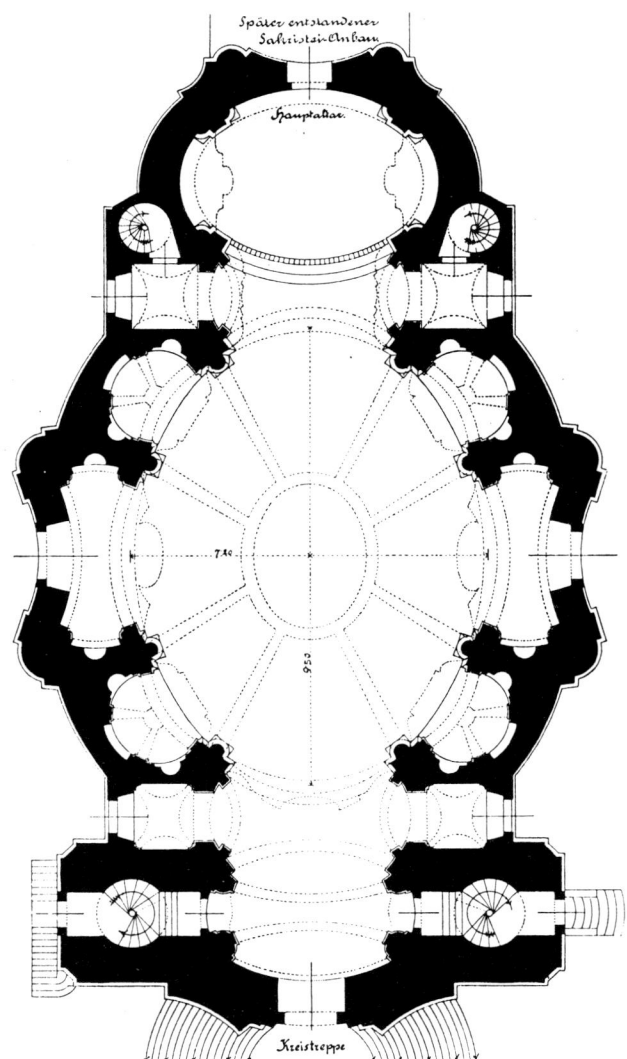

Karlsbad, Kirche St. Maria Magdalena

Im Mai 1732 begann man den *Bau eines Wirtschaftsobjektes in Dablitz* (Ďáblice) – die Eintragungen im Diarium berichten nur von einem »Bau« – und der *neuen Mühle in Dobřichowitz.* Im Oktober fuhr der Polier »unseres Baumeisters« nach *Popowitz* (Popovice), um die Ruinen eines *alten Kastells* aufzunehmen und danach zusammen mit dem Baumeister einen *Entwurf* anzufertigen, wie man ein *neues Schloß* erbauen könnte, und zwar ohne großen Aufwand. Den Bau des Schlosses in Popowitz erwähnt der Diariumschreiber nicht. In Dablitz wurde der Bau fortgeführt und zugleich auch weitere Umgestaltungen im Prager Kloster vorgenommen. 1736 führte man einige Reparaturen an dem kleinen Schloß und an der Kirche in Dobřichowitz durch. Für das folgende Jahr gibt es im Diarium Eintragungen über den *Bau von Stallungen,* die die *Kreuzherren in ihrem Garten am Aujesd* errichten wollten, wo schon einige Zeit zuvor (1725–1727) eine neue Gastwirtschaft erbaut worden war. Es ist anzunehmen, daß Kilian Ignaz bereits in jenen Jahren für den Orden gearbeitet hatte und daß er als entwerfender Architekt und auch, was die Kostenermittlung betraf, an all den Bauten beteiligt war, die »bequem und mit kleinem Aufwand« verwirklicht werden sollten, wie der Autor der Eintragungen in dem zitierten Diarium so oft und gerne wiederholt[45].

Der letzte Orden, in dessen Diensten Kilian Ignaz die Stellung des Vaters übernommen hatte, waren die Jesuiten, und zwar vor allem die *Jesuiten auf der Kleinseite.* Es ist schwer zu sagen, ob er auch für sie »unser Baumeister« war. Die Herren Patres waren nämlich sehr kühle Patrone, die nichts von der Herzlichkeit der

Vertreter der alten Orden hatten. Sie waren wie nach einheitlichem Format geschnitten, das von der ihnen schon in der Studienzeit in Fleisch und Blut übergegangenen langjährigen Jesuitendisziplin geprägt war. Ihre schriftlichen Äußerungen gleichen einander so sehr, daß man ohne Unterschrift kaum entscheiden könnte, ob der Autor der Propst des Profeßhauses, der Rektor eines Kollegiums oder ein Provinzprokurator war. Diejenigen, die sich nicht in diese feststehende Form einfügten, konnten niemals die wichtigsten Funktionen bekleiden. Es ist allerdings wahr, daß die Herren Patres, wenn ihnen solche Funktionen anvertraut wurden – zumeist wechselten in der Besetzung der bedeutendsten Positionen die Mitglieder einer sehr kleinen Gruppe einander ab –, wirklich außerordentlich fähig waren.

Die Jesuiten waren sehr zielstrebige Bauherren. Aus bescheidenen Anfängen erklommen sie in der Barockzeit nach und nach die erste Stelle unter allen in Böhmen wirkenden Orden. Im Laufe der Zeit wurden sie als Bauherrn auch immer erfahrener, vorsichtiger und behutsamer in der Wahl ihrer Baumeister. Es war sicher kein Zufall, daß der Propst des Kleinseitner Profeßhauses im Jahre 1724 für die Ausarbeitung der *Pläne des radikalen Umbaus des »Gymnasiums«* einen jungen, erst zwei Jahre selbständig tätigen Baumeister auswählte. Die Herren Patres kannten Kilian Ignaz nämlich schon seit seiner Kindheit. Er war der Schüler ihres »Gymnasiolums«, wie sie ihre Schule nannten, und sie werden ihn sicherlich auch auf seinem weiteren Lebensweg aufmerksam beobachtet haben. Über seine Fähigkeiten und die Qualität seiner Bauten konnten sie sich ja sehr leicht informieren.

Die erste Besprechung über den Umbau des Gymnasiums fand am 7. März 1724 statt. Danach folgten Verhandlungen mit dem Kleinseitner Magistrat über die Festlegung der Fluchtlinie. Ende April legte Kilian Ignaz die Berechnungen vor, und die örtliche Kommission, die die Baustelle endgültig abstecken sollte, tagte in seiner Anwesenheit. Die Verhandlungen waren wahrscheinlich weder angenehm noch einfach. Die Kleinseitner hatten auch nach einem ganzen Jahrhundert des Zusammenlebens mit den Jesuiten keine Zuneigung zu ihnen gewonnen, und wenn sie Gelegenheit dazu bekamen, zeigten sie die Antipathie offen. So war es auch in diesem Falle, bei dem es sich um die Abtretung eines Stückes »öffentlicher Fläche« handelte, das für den Bau des neuen Gymnasiums benötigt wurde. Schließlich bezahlten die Herren Patres 100 rh.Gulden für das unbedingt notwendige Stückchen; am 15. Juli wurde der Baukontrakt in zweifacher Ausfertigung aufgesetzt, Kilian Ignaz unterschrieb ihn am nächsten Tag. Im Jahre 1726 war das Gymnasium – heute der östliche Teil der Konskr. Nr. I-III – bereits fertig, und die Jesuiten bekamen deshalb Streit mit dem Magistrat. Die Ursache war, daß sie darin, entgegen der ursprünglichen Abmachung, auch Mieter untergebracht hatten. Bei dem Kommissionstermin am 6. September 1726 vertrat die Kleinseitner Baumeister Luragho (Antonio), während anstelle von Kilian Ignaz, der sich außerhalb Prags aufhielt, sein leider nicht genannter »amanuensis« erschien. Der Streit zog sich in die Länge, und Kilian Ignaz fertigte deswegen neue Pläne für das Gymnasium an, die im Faszikel der Dokumente über diesen Streit enthalten sind. Es ist schade, daß vom ganzen Gebäude nur das Portal der Ostfassade unverändert erhalten ist; der äußere Schmuck an den beiden Straßenfronten wurde nach der Auflösung des Ordens, als das Ärar des Hofes das Objekt übernahm und dem benachbarten Haus der Hofkammer zuschlug, und bei der Anpassung des Gebäudes an die Erfordernisse der damaligen zentralen Behörden, gelinde gesagt, dezimiert. Diesen Verlust kann auch das aufwendige klassizistische Portal auf der Südseite des Gebäudes nicht ersetzen[46].

Der Kleinseitner Magistrat nutzte damals die Streitigkeiten mit den Jesuiten auch in einem anderen Bereich aus. Er fing an, sie zu drängen, endlich mit dem Bau des Turmes der Niklaskirche zu beginnen, der ihnen, wie schon erwähnt, seinerzeit verbindlich zugesagt worden war, was auch durch das Gubernialdekret aus dem Jahre 1721 bestätigt war. Aber die Kleinseitner Patres dachten nicht daran, den Turm zu bauen, offenbar aus Mangel an Finanzmitteln. Es gelang ihnen damals, die Kleinseitner, zumindest für einige Jahre, zu beruhigen. Die Frage des Turmbaus wurde aber 1735 wieder zum Thema. Auch jetzt waren die erforderlichen Mittel noch nicht beisammen. Erst am 4. März 1737 versammelten sich der damalige Propst, Provinzialprokurator P. Ferdinand Hoffmann, Prokurator Wolf und Kilian Ignaz Dientzenhofer im Profeßhaus zur Besprechung über die Fertigstellung der Niklaskirche. Die Besprechung wurde am 22. März in Anwesenheit der Magistratsvertreter fortgesetzt und mit einer Besichtigung des Ortes verbunden, an dem der neue Turm gebaut werden sollte. Kilian Ignaz und der Prokurator Wolf waren darauf Gäste beim Mittagsmahl im Profeßhaus. Auf der letzten, im Rathaus abgehaltenen Zusammenkunft wurden in Gegenwart des Baumeisters und Wolfs schließlich die letzten Unklarheiten beseitigt und noch verbliebene Meinungsverschiedenheiten beigelegt.

Der Provinzialprokurator P. Hoffmann beendete seine Tätigkeit leider im September 1737, und sein Nachfolger, P. Ignatius Schindler, hatte für die Fertigstellungsarbeiten an der Kirche, die im Sommer 1737 in Angriff genommen wurden, nicht das geringste Verständnis, und in den Tagebuchaufzeichnungen des Provinzialprokurators erwähnt dieser sie gar nicht[47]. Es sind aber einige andere Dokumente erhalten geblieben, vor allem die Korrespondenz zwischen dem Kleinseitner Magistrat und dem Probst des Profeßhauses, P. Johann Seidl; sie beinhaltet den Abriß des alten Turmes von St. Niklas und den Bau eines provisorischen Glockengerüstes. In dem Faszikel ist auch der wichtige Vertrag zwischen dem Propst des Profeßhauses, Provinzialprokurator P. Ferdinand Hoffmann, und dem Bürgermeister und Ratskollegium der Prager Kleineren Stadt enthalten, in dem sich die Jesuiten zum Bau des Turmes, zur Anbringung einer Uhr und zum Unterhalt eines Nachtwächters gemäß den Gubernialdekreten aus den Jahren 1721 und 1727 verpflichteten. Diese Verpflichtung wolle das Profeßhaus nunmehr in die Tat umsetzen, und zwar nach dem vorgelegten Hauptplan, den beide Seiten unterschrieben. Daß der Autor dieses »Hauptplanes« Kilian Ignaz Dientzenhofer gewesen ist, geht aus den zitierten Eintragungen im Tagebuch des Provinzialprokurators hervor; und weil es in der Abmachung mit dem Magistrat um den Turm und nicht um den Abschluß der Kirche ging, kann nicht daran gezweifelt werden, daß der Turmentwurf bei dieser Verhandlung der wichtigste Teil des »Hauptplans« war. Es ist also ausgeschlossen, daß der Turm erst etwa nach Fertigstellung des Chores durch Anselmo Luragho errichtet wurde; denn die Jesuiten mußten ihre Verpflichtung – nach einigen Ermahnungen – ohne Verzug erfüllen. Kilian Ignaz Dientzenhofer entwarf damals auch das provisorische, hölzerne Glockengerüst, das einen quadratischen Grundriß in den Ausmaßen 6 mal 6 Ellen haben und in der Ecke zwischen dem Profeßhaus und dem Haus der Erben des Franz Moser stehen sollte (Konskr. Nr. 3-III)[48].

Über den Fortgang der Bauarbeiten am östlichen Abschluß der Kirche und am Turm informieren uns dann die schon erwähnten »Litterae Annuae«, die jede Ordensinstitution verpflichtet war, dem Generalat nach Rom sowie auch dem Provinzialat nach Wien zu schicken. Aus diesen Nachrichten erfahren wir, daß der Bau des Presbyteriums und des Turmes im Jahre 1745 die Höhe des Hauptgesimses des Profeßhauses erreicht hatten. Im Jahre 1750 waren der Anschluß der Kirche sowie der Turm bereits so hoch, daß sich unter den Leuten Befürchtungen breit machten, der Jesuitenneubau könnte einstürzen. Man berief deshalb die vereidigten Baumeister aus allen drei Prager Städten, um den Bau bis zu den

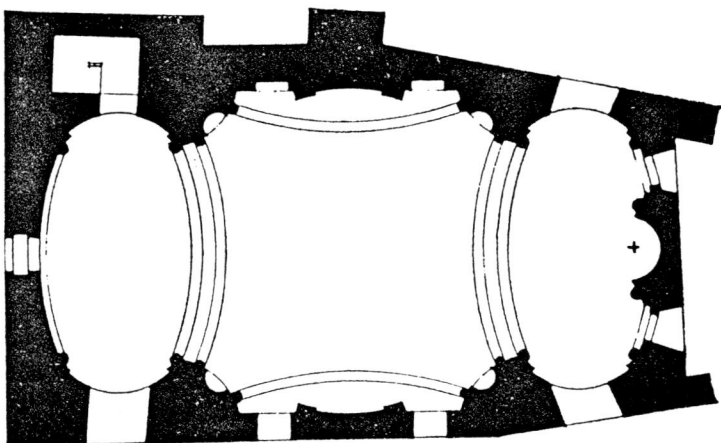

Prag-Altstadt, St.-Bartholomäus-Kirche

Fundamenten zu überprüfen. Daraus ergab sich eine einmütige Versicherung, daß keine Einsturzgefahr drohte. Im selben Jahre wurden, nach der Vereinbarung mit dem Magistrat vom 14. März, in den unfertigen Turm die Glocken eingehängt. Die Kuppel wurde am 23. Oktober des folgenden Jahres geschlossen, und zugleich auch der Turm bis zu seiner Spitze geführt. Zu dieser Zeit war Kilian Iganz Dientzenhofer offenbar schon schwer krank und wurde bei der Bauführung von Anselmo Luragho vertreten, der verständlicherweise an dem Turmentwurf nichts mehr ändern konnte; er ist also völlig das Werk von Kilian Ignaz. Er starb leider im Dezember 1751 und konnte seinen monumentalsten Bau, in dem er sein eigenes Werk mit dem seines Vaters vereinigt hatte, nicht mehr vollendet sehen[49].

In der Zeit, als nach den Plänen von Kilian Ignaz das Kleinseitner Gymnasium gebaut wurde, das ja, zumindest formal, dem Clementinum unterstand, hatte der junge Baumeister auch schon für die *Altstädter Jesuiten* gearbeitet. Beim Jesuitenkonvikt in der Bartholomäusstraße hat er die *Bartholomäuskirche* gebaut. Nach der Eintragung im Tagebuch des Provinzprokurators vom 31. Dezember 1725 hatte man von dem für den Bau dieser Kirche vorgesehenen Geld dem Propst des Profeßhauses 1000 rh. Gulden geliehen. Es kann deshalb angenommen werden, daß dieser Bau damals bereits in Vorbereitung, wenn nicht schon im Gange war. Die Kirche wurde im Jahre 1731 geweiht. Den Innenraum gestaltete Kilian Ignaz ähnlich wie in Počaply: an den quadratischen, mit einer böhmischen Kappe auf konvexen Gurten überwölbten Hauptraum schließen die Querovale der Vorhalle und des Presbyteriums an. Die Möglichkeiten der architektonischen Gliederung des Äußeren waren in diesem Falle sehr beschränkt, da nur eine beengte trapezförmige Parzelle zur Verfügung stand, die nicht vergrößert werden konnte. Die Straßenfront ist vollkommen ein-

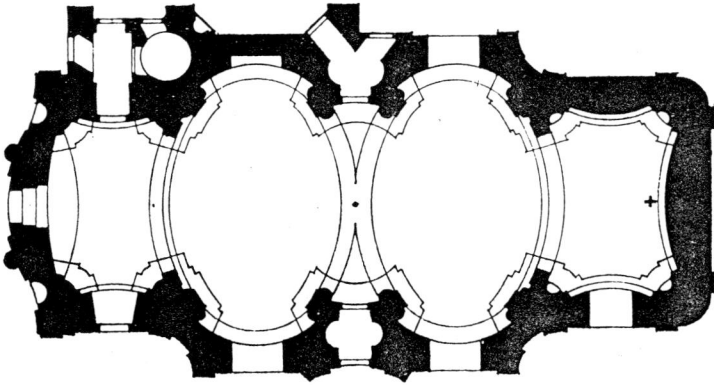

Wopořan, Kirche des hl. Franz Xaver

fach, die in den Hof des Konvikts gewandte Fassade dafür aber reich und interessant gegliedert[50].

In den Jahren 1732 bis 1735 baute er für die *Altstädter Jesuiten* die *Kirche des hl. Franz Xaver bei ihrer Residenz in Wopořan* (Opařany). Die Konzeption des Grundrisses wurde offenbar von der Kirche St. Klara in Eger beeinflußt – das Schiff ist aus einem Paar sich berührender Ovale gebildet, der Vorraum und das Presbyterium sind breite Rechtecke mit konvex geformten Wänden. Die plastische Gliederung ist innen und außen allerdings viel reicher als in Eger; im Interieur kommen ausdrucksvoll nach vorn gestellte Pilaster und Dreiviertelsäulen zur Geltung, die das enge Mittelfeld des Schiffes einfassen[51].

Im Jahre 1733 wurde der Grundstein zu einer *weiteren Kirche der Jesuiten* gelegt: *St. Clemens in Wodolka* (Odolena Voda) *bei Kralup* (Kralupy nad Vltavou). Die Grundrißdisposition ist wieder eine Kombination des zentralen Raumes – eines mit einer Flachkuppel überdeckten Quadrates mit abgerundeten Ecken – mit den ovalen Räumen der Vorhalle und des Presbyteriums. Die südliche und die nördliche Seite des Schiffes sind durch einen einachsigen Risalit akzenturiert, an das Presbyterium schließt eine quadratische Sakristei an, der auf der gegenüberliegenden Seite der Turm entspricht. Einen ähnlichen Grundriß wandte Kilian Ignaz etwas später auch bei der Benediktiner-Pfarrkirche in Barzdorf (Božanov) an. St. Clemens in Wodolka wurde im Rohbau schon 1735 fertig, geweiht jedoch erst 1740[52].

Im Jahre 1738 wurde der *Bau der neuen Jesuitenresidenz in Libeschitz* (Liběšice) im Leitmeritzer Kreis begonnen. Der Autor der Eintragung im dortigen Diarium erwähnt 1738 und 1739 einige Male die Ankunft »des Herrn Baumeisters«, der zwar nicht genannt ist, der aber ganz zweifellos Kilian Ignaz Dientzenhofer war. Mit ihm zusammen arbeitete hier sein Freund, der Hofzimmermeister Josef Leffler. In April 1738 fuhr Kilian Ignaz von hier aus nach Wodolka , und zwar in Begleitung des P. Superior. Am zweiten Tage begab er sich nach Záhořany und am dritten nach Kladrau. Im Juni desselben Jahres kam er dann mit dem Gärtner des Grafen Colloredo und im August mit dem Zimmermeister Leffler, mit dem er gemeinsam nach Prag zurückgefahren war. Ein Besuch von Leffler ist auch noch im Oktober vermerkt. Im Jahre 1739 kam Kilian Ignaz Ende Mai an, um den Bau der Residenz zu besichtigen. Von dort aus fuhr er nach Záhořany und kehrte wieder nach Libeschitz zurück. Er kam erneut in der zweiten Augusthälfte. Der Bau der Residenz ging verhältnismäßig langsam voran; er wurde von den Kriegsereignissen in den Jahren 1742 und 1744 aufgehalten, so daß der Bau noch in den Jahren 1745/46 fortgesetzt wurde. 1748 schließlich wurde der vordere, niedrigere Flügel mit dem Turm in der Mitte gebaut[53]. Kilian Ignaz entwarf zweifellos auch den in den Jahren 1729 bis 1732 realisierten *Anbau der Clementiner Residenz in Tuchomeritz* (Tuchoměřice) und führte die Reparatur an der Front der dortigen Kirche, die zwischen 1733 und 1736 entstanden war, aus. Damals wurde gleichzeitig der *Altan im Residenzgarten* errichtet. F. M. Pelzel schrieb ihm irrtümlich den Bau der gesamten Residenz zu, die jedoch schon in den sechziger bis achtziger Jahren des 17. Jahrhunderts zusammen mit der Kirche gebaut wurde, für die J. D. Orsi die Pläne anfertigte[54]. Den Jesuiten gehörte auch der *Garten in Smichow* (Smíchov, Stadtteil von Prag), in dem Kilian Ignaz im Jahre 1735 einen *zweistöckigen Pavillon* errichtete, der als Dispensarium diente. Dieses reizende Gebäude wurde im Jahre 1930 wegen des Baues eines Straßenanschlusses der Jirásek-Brücke abgerissen. Vor dem Abriß, über dessen Notwendigkeit in der Presse lange Diskussionen geführt wurden, hat man zumindest eine umfassende Dokumentation erstellt[55].

Für die *Jesuitenresidenz auf dem Heiligen Berg* (Svatá Hora) bei *Příbram* (Příbram) entwarf er eine großzügig konzipierte *Treppe*

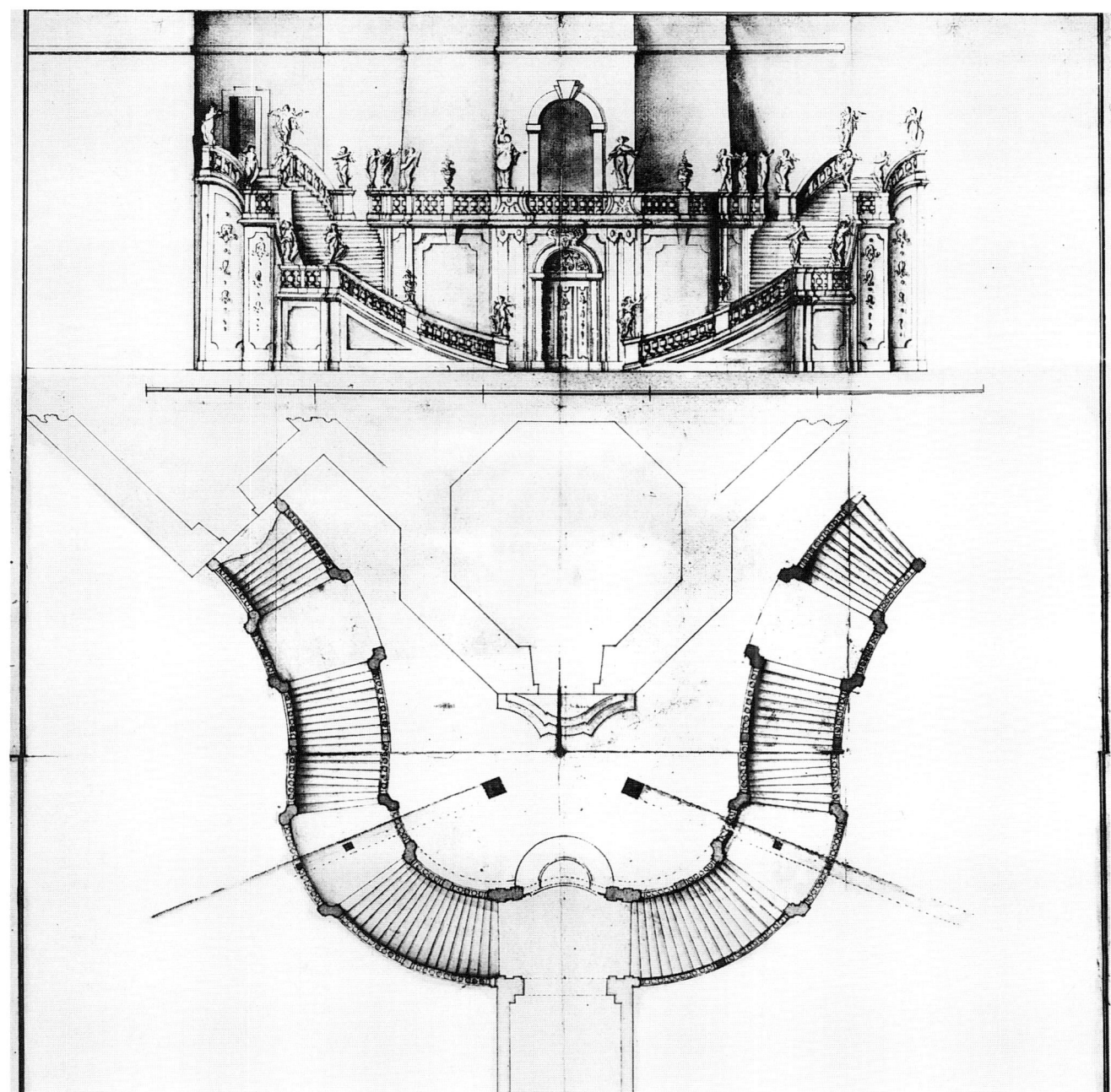

Příbram, Stiege zur Jesuitenresidenz zum Heiligen Berg

mit zwei Kapellen, zu denen drei aus der Zeit um das Jahr 1726 datierte Pläne erhalten geblieben sind[56].

In den Diensten der Jesuiten war Kilian Ignaz Dientzenhofer einmal auch in Mähren tätig, und zwar sehr früh, nämlich zu der Zeit, als er noch im Betrieb seines Vaters arbeitete. Sein Anteil an dem Projekt ist durch Korrespondenz belegt, wobei nicht ausgeschlossen ist, daß er mit dem Vater zusammengearbeitet hat. Es handelte sich um den *Umbau des südlichen Teils des Kollegiumgebäudes in Olmütz* (Olomouc) und wahrscheinlich auch um die *Gestaltung der Repräsentationsfassade zum Platz hin.* Im Hinblick auf die wirklich frühe Zeit – im Herbst 1720 war Christoph noch voll beschäftigt – kann die Fassade auch in Zusammenarbeit mit dem Vater entstanden sein. Dafür sprächen ihre relative Nüchternheit und eine sehr sparsame Applikation der verschiedenen dekorativen Elemente[57]. Zur Berufung der Dientzenhofer nach Olmütz trug wahrscheinlich P. Johannes Miller bei, der bekannte Jesuitenhistoriker, der nach Beendigung seiner Zeit als Rektor des Clementinums in Olmütz wirkte.

Die Benediktiner, die Kreuzherren mit dem roten Stern und die Jesuiten beschäftigten Kilian Iganz Dientzenhofer die gesamte Zeit seiner freiberuflichen Tätigkeit hindurch. In ihren Diensten baute er eine ungeheuer große Anzahl monumentaler bis ganz kleiner, überall in Böhmen verstreuter Sakralbauten, Wohnhäuser und Nutzgebäude. Es ist nicht ausgeschlossen, daß hier nicht alle Bauten genannt wurden, und zwar, weil nicht alle bekannt sind oder darüber keine Informationen in den Archiven erhalten geblieben sind, und weil außerdem einige davon abgerissen wurden, bevor bekannt wurde, daß es Dientzenhofers Werke waren. Hierzu gehören beispielsweise *Teile des Benediktinerklosters bei St. Nikolaus in der Altstadt,* das an der Wende vom 19. zum 20. Jahrhundert im Rahmen der Sanierung abgerissen wurde. Wir wissen, daß Kilian Ignaz für die Benediktiner auch auf dem Lande gebaut hat, zum Beispiel die *Residenz auf ihrem Gut in Mischkowitz* (Miškovice), wie auch die *Brauerei in Popowitz* (Popovice), also Objekte, über die heute nichts bekannt ist; und es existierten oder existieren vielleicht noch weitere. Einige Bauten werden wir in Zukunft vielleicht noch als Dientzenhofersche Werke entdecken und auswerten, die anderen sind leider für uns verloren.

In der Barockzeit liebte man Titel – vornehme, bildhafte, vielsagende Titel, wenn möglich in Superlativen. Man benutzte sie aber nicht nur nach eigenem Gutdünken. Einige waren an die Standeszugehörigkeit gebunden, andere an eine Würde amtlicher oder geistlicher Art. Vor allem letztere wurden in lateinischer Sprache verwendet, und manchmal sucht man vergeblich nach einer geeigneten Übersetzung. So wurden zum Beispiel die bedeutendsten Brotgeber und Protektoren der beiden Dientzenhofer, die Breunau-Braunauer Äbte, gewöhnlich als *reverendissimus et amplissimus* tituliert, was »der Würdigste« und »der Ehrenwerteste« heißt, wobei der Ausdruck *amplissimus* ursprünglich »der Weiteste« bedeutete. Der Prager Erzbischof hatte Anspruch auf den Titel *Eminentia* oder *Celsitudo vestra*, was in beiden Fällen mit »Eure Hoheit« wiedergegeben werden kann. Bei den niedrigeren Würden waren die Titel *reverendus* oder *reverendissimus* angebracht, je nachdem, wie hoch der Betreffende die Leiter der Würden emporgestiegen war. Den hohen Beamten der Staatsverwaltung und den Diplomaten gebührte damals schon der Titel *Excellenz*, den Universitätsrektoren war der Titel *Magnificus* vorbehalten. Der einfache Bürger war gewöhnlich *honestus*, auf Deutsch: »bieder«, was in beiden Fällen »rechtschaffen« oder auch »wacker« bedeutete.

Das Lateinische ist jedoch wortreich, und so blieb noch eine ganze Reihe sozusagen freier, nicht an weltliche oder geistliche Würde gebundener Titel übrig, die man mehr oder weniger nach Gutdünken benutzen konnte. Dabei war allerdings Sorgfalt geboten, denn auch diese Titel waren nicht wohlfeil und beliebig zu verschenken. Hierher gehören solche, mit denen von Zeit zu Zeit auch die Künstler geehrt wurden. *Peritus* oder *peritissimus* und auch *in arte sua peritissimus* bedeutet: »erfahren«, »sehr erfahren« oder »in seiner Kunst sehr erfahren«; *famosus, clarus, praeclarus, clarissimus* sowie *celeberrimus* heißt: »berühmt« und »sehr berühmt«. Darüber hinaus benutzte man auch die Bezeichnung *generosus*, was sowohl »wohlgeboren« als auch »edel« oder »edelmütig« bedeutete, und *praenobilis*, eine gleichbedeutende Bezeichnung, nur im Superlativ. Auf Deutsch kommt häufig das zweiteilige Adjektiv »kunstreich« vor. Das sind Titel, denen wir manchmal auch in den beide Dientzenhofer betreffenden Schriftstücken begegnen. Wir wissen aber nicht, wie sie in Briefen angesprochen wurden, denn diese sind nicht erhalten. Die Dokumente, die gemeint sind, erwähnen sie in der dritten Person. Es sind vor allem die Schriftstücke aus den Benediktinerklöstern, oft von offiziellem Charakter, die gewöhnlich von den Senioren oder Protonotaren der einzelnen Klöster zum Festhalten von Begebenheiten geschrieben wurden. Nicht jeder Baumeister erfreute sich allerdings einer solchen Ehre und eines solchen Ruhmes wie die beiden Dientzenhofer, und schließlich kam es auch darauf an, wer der Bauherr war. Kilian Ignaz galt in der Zeit seines größten Ruhms für das Hofbauamt oft nur als »der Hofmaurermeister«, was seiner Ehre keinen Abbruch tut.

Die Stellung, für die Christoph seinem Sohn vor allem bei den Benediktinern und den Jesuiten den Weg bereitete, war eine ausgezeichnete Grundlage, und die Aufgaben, mit denen diese Orden ihn betrauten, waren eine gewichtige Empfehlung, die seinen Ruf sehr schnell und wohl auch sehr weit trugen. Kein Wunder, daß sich bald immer weitere Bauherrn meldeten, und zwar nicht nur aus kirchlichen, sondern auch aus weltlichen Kreisen. Schon im Jahre 1725 war er ein so begehrter und beschäftigter Baumeister, daß es selbst für bedeutende Bauherrn adliger Kreise schwer war, ihn zu gewinnen. Alois Thomas Graf Harrach wünschte, daß er eine Kirche auf seinem Gut in Georgswalde (Jiříkov) entwerfe. Die Verhandlungen über diese Angelegenheit vertraute er seinem Inspektor Johann Ant. Fuhrmann an, der in einem Brief vom 7. April 1725 mitteilte, daß der Baumeister Dientzenhofer in Prag nicht zu erreichen sei, da er sich zur Zeit in Schlesien befände, wo er ein Kloster (in Wahlstatt) baue, und auch in Mähren (wahrscheinlich in Olmütz) arbeite. Es wurde ihm, wie schon erwähnt, sein Stiefbruder Georg Aichbauer empfohlen. Graf Harrach, der nicht warten mochte, bis Kilian Ignaz frei wurde, holte Aichbauer in seine Dienste[1].

Schon damals konnte sich der junge Baumeister seine Aufgaben aussuchen. Es ist schwer zu sagen, was seine Auswahl beeinflußte. In manchen Fällen waren es Bauten, wie man sagt, »auf der grünen Wiese«, wo er seiner schöpferischen Phantasie wirklich freien Lauf lassen konnte, zumindest soweit es die Geldmittel des Bauherrn zuließen; ein anderes Mal handelte es sich um Umbauten und Fertigstellungen, die beschwerlich und nicht lukrativ waren. Es ist klar, daß er solche Aufträge seinem ständigen Bauherrn nicht ausschlagen konnte, dies brachte die Stellung »unseres Baumeisters« mit sich.

Für die *Kleinseitner Augustinern* baute er das Kloster der St. Katharina in der Prager Neustadt, und darum nahm er sich auch des anspruchsvollen und auch in technischer Hinsicht nicht einfachen *Umbaus ihrer Klosterkirche St. Thomas* an. Diese in der Renaissance gründlich renovierte und neu eingewölbte Kirche hätte in diesem Zustand wohl noch eine ganze Zeit lang ihre Aufgabe erfüllt, wenn nicht bei einem schweren Gewitter im Jahre 1723 der Blitz den Turm, das Gewölbe und die Front beschädigt hätte. Infolgedessen hatte das Gewölbe – wohl eine recht schwere Tonne – angefangen, sich von der Front zu lösen und drückte wahrscheinlich auch die Seitenwände auseinander. Der damalige Prior P. Serafin Meltzer nahm zunächst an, daß er die Kirche retten könnte, wenn er sie durch einen eisernen Ringanker zusammenhielte. Das gelang aber nicht; im Frühjahr 1727 wurde Kilian Ignaz Dientzenhofer beauftragt, über die Kirche ein Gutachten zu erstellen. Darin heißt es, daß die Risse, die auf beiden Seiten des Gewölbes zum Vorschein kamen, so gefährlich wären, daß man sowohl das Gewölbe als auch das schwere Dach abtragen und das Mauerwerk durch Pfeilervorlagen verstärken müsse, und zwar möglichst bald, damit die Kirche nicht einstürze und viele Menschen unter ihren Trümmern begrübe. Am Schluß des Gutachtens ist als ungefährer Kostenaufwand für den Umbau eine Summe von 25 000 rh. Gulden angegeben. Das Gutachten wurde am 30. März aufgesetzt, schon am 26. April schloß der Prior mit Kilian Ignaz einen Vertrag über die Kirchenerneuerung ab. Es ist ein sehr ausführlicher Vertrag, in dem alle Arbeiten namentlich erwähnt sind, die der Baumeister durchzuführen hatte. Es sollte vor allem das alte Gewölbe des Schiffes abgetragen und erneuert werden, wobei es auf beiden Seiten mit den notwendigen Pilastern »in schöner architektonischer Form« und mit einem neuen Hauptgesims zu unterstützen war. Anstatt der kleinen Fensterpaare sollten sich große

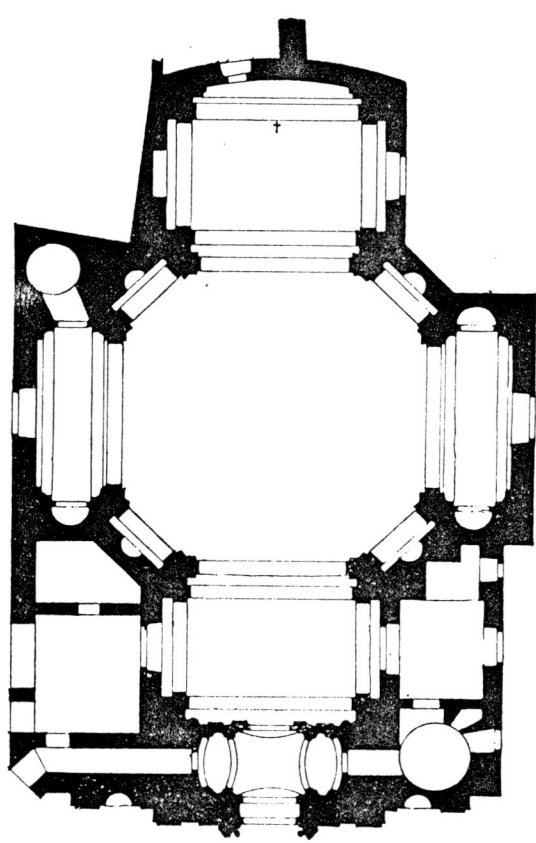

Prag-Hradschin, Ursulinen-Klosterkirche St. Johann Nepomuk

schöngeformte Fenster öffnen, die genügend Licht durchließen. Die Fenster im Presbyterium sollten zwar belassen, aber, gemäß der Zeichnung, mittels Gesimsen und anderer Verzierungen angepaßt werden. Es sollten auch beide Bögen stehen bleiben, der eine zwischen der Kirche und dem Lobkowitzer Haus (Konskr. Nr. 34–III), der andere auf der linken Chorseite; da beide Risse aufwiesen, würde es nötig sein, sie neu zu wölben und angemessen zu schmücken. Außerdem müsse das Mauerwerk unterhalb des Turmes bei der Kapelle Ecce Homo verstärkt werden, da es zu schwach sei. Der Herr Baumeister müsse es an allen Seiten so verstärken, daß der Turm wieder fest stände und den danebenstehenden Bogen entsprechend verändere. Er würde auch ein fehlendes Stück des Chorbogens anfügen und wegen der Symmetrie in der gegenüberliegenden Kapelle des hl. Thomas von Villanueva nach Bedarf neue Strebepfeiler aufmauern müssen. Der Vertrag enthält ferner die Forderung nach einer Reparatur des Mauerwerks im Ambit der Kirche sowie die endgültige Gestaltung der Front- und der Seitenfassade durch Lisenen und ein entsprechendes Hauptgesims, was bereits mündlich vereinbart worden sei. Mit der Frontfassade wurde tatsächlich schon im Jahre 1725 begonnen. Drei neue Fenster zur Straße sollten mit Eisengittern versehen werden. Kilian Ignaz verpflichtete sich, für alle notwendigen Handwerkerarbeiten und das Material (mit Ausnahme des Holzes für die Zimmerleute) zu sorgen; außerdem hatte er sich um die Maurer und Handlanger, Schreiner, Schlosser, Glaser und Stukkateure zu kümmern. Das alles, einschließlich des Holzes für die Gerüste, besorgte er für 8300 rh. Gulden, wovon ihm bei Vertragsschluß 1000, am Tage des hl. Georg weitere 1000, später 3000 rh. Gulden und der Rest erst nach Beendigung der Bauarbeiten ausgezahlt werden würden. Es ist ein klassischer »per Pausch«-Vertrag in der Regie des Baumeisters. Aus dieser Verseinbarung geht hervor, daß Kilian Ignaz bereit war, die Kirche für ein Drittel der Summe umzubauen, die er zunächst in seinem Gutachten angegeben hatte[2].

Mit ihm zusammen am Umbau von St. Thomas arbeitete der Zimmermeister Leonard Metz, mit welchem Prior P. Serafin Meltzer, wie es die Zunftsatzung verlangte, einen eigenen Vertrag abschloß. Meister Leonard sollte das alte Dach abtragen (das ganze Material sollte im Kloster bleiben) und dann aus eigenem, gutem Holz, Brettern und Latten sowie dem übrigen notwendigen Material, also den Nägeln und Eisen, für 650 rh. Gulden einschließlich Arbeitslohn einen neuen Dachstuhl errichten. Die Steinmetzarbeiten wurden Meister Anton Simon Hrdlička übertragen, der für 1568 rh. Gulden in der Kirche ein neues Pflaster aus braunem und grauem Marmor »aus dem Steinbruch der Kreuzherren«, also zweifellos aus Slivenec, zu verlegen hatte. Der Bildhauer Karl Joseph Hiernle, der auch später oft mit Kilian Ignaz Dientzenhofer zusammenarbeitete, wurde mit der verhältnismäßig bescheidenen Aufgabe der Anfertigung des »Ketzer« und des »Kindes« (also des Engelchens) zu den Statuen des hl. Thomas und des hl. Johannes Nepomuk betraut[3]. Die Kirche wurde am 17. Juni 1729 geweiht; das betraf jedoch nur das Schiff. Den Umbau des Presbyteriums hielt ein Streit mit dem Fürsten Lobkowicz auf, dessen Ursache das aus seinem Palast zugängliche Oratorium war. Der Fürst fühlte sich durch die neue Anordnung der Fenster des Oratoriums und die Verringerung ihrer Anzahl geschädigt. Schließlich kam es zur Einigung, und das Presbyterium mit den Kapellen der hl. Dorothea und des hl. Sebastian wurde am 9. August 1731 geweiht[4]. Die Ausschmückung mit Statuen besorgte Johann Anton Quittainer, den Hauptaltar und die Kanzel fertigte »nach der Zeichnung« (wahrscheinlich von Kilian Ignaz) der Schreinermeister Christian Kovář an, mit dem beide Dientzenhofer in Breunau zusammengearbeitet hatten. Der Umbau der Kirche ging zweifellos unter dem Diktat größter Sparsamkeit vonstatten, was bedeutete, daß der Baumeister sich bemühen mußte, von dem alten Gemäuer möglichst viel zu erhalten, was der Entfaltung der schöpferischen Phantasie des Architekten nicht soviel Raum gab wie im Falle eines Neubaus. Die Art und Weise, wie Kilian Ignaz in technischer und architektonischer Hinsicht mit diesem Problem fertig wurde, ist bewundernswert.

Wie wir wissen, begann Kilian Ignaz noch zu Lebzeiten seines Vaters den *Bau der Kirche des hl. Johann Nepomuk am Ursulinenkloster auf dem Hradschin*. Der ursprünglich geplante Longitudinalbau wurde durch eine Disposition mit oktogonalem, kuppelgewölbtem Zentralraum, mit flachen rechteckigen Seitenkapellen und tieferen, ebenfalls rechteckigen Räumen für Vorhalle und Presbyterium ersetzt. Bei der Bewertung dieser Disposition darf man nicht vergessen, daß der vom Ärar des Hofes abgetretene Bauplatz beengt war, was ein schwerwiegendes Problem darstellte. Der Grundstein der Kirche wurde am 20. Oktober 1720 gelegt, als der Bau vielleicht schon über die Fundamente hinaus geführt war; beendet wurde er im Jahre 1728. Beide Dientzenhofer bauten allerdings auch das Kloster, Christoph den nördlichen, Kilian Ignaz den südlichen Teil. Das Innere dieses Baus wurde aber leider nach der Aufhebung des Klosters in der Josephszeit als Kaserne adaptiert. Die Disposition war nicht uninteressant. Besonders bemerkenswert war die Lösung des obersten Geschosses mit den kleinen Luxusappartements für die weiblichen Zöglinge aus reichen adligen Familien[5].

Bleiben wir noch auf dem Hradschin. Für die *Kapuziner*, die die *Loreto-Gnadenstätte* renovierten, arbeitete Kilian Ignaz noch zu Lebzeiten seines Vaters. Auf die Fertigstellung der Front und die Erweiterung der Kapelle Christi Geburt folgte fast unmittelbar die *Ausgestaltung des Bereiches vor dem Gebäude*. Kilian Ignaz erarbeitete den Entwurf dazu und führte ihn unter Mitarbeit des Steinmetzmeisters Johann Ulrych Mannes und des Bildhauers Andreas Philipp Quittainer aus. Mannes haute die Balustrade und die Postamente, die Platten und die Stufen; Quittainer fertigte dann neun

Kuttenberg, Klosterkirche der Ursulinen, Längsschnitt

Doppel- und neunzehn einfache Statuen an, die auf die Postamente der Balustrade plaziert wurden. Diese sollten mit Reliefs zum Thema »Geheimnisse der Jungfrau Maria« geschmückt werden. Die Reliefs wurden in Kartuschen angeordnet. An ihnen lehnen Putten oder halten sie mit den Händen. Für diese Reliefs lieferten die Kapuziner ein genaues Programm, das dem Vertrag beigelegt war. Die Verträge mit den genannten Künstlern wurden am 1. Dezember 1725 abgeschlossen, die Ausgestaltung des Vorplatzes im darauffolgenden Jahr für 4757 rh. Gulden aus der Kasse des Fürsten Lobkowicz durchgeführt[6].

Die nächste Etappe in der Bauentwicklung des Loreto war die *zweite Erweiterung der Kapelle Christi Geburt*. Dazu mußte vom Nachbarn auf der östlichen Seite, Franz Norbert Graf Trauttmansdorff, ein Stück seines Gartens erworben werden, der zu seinem Majoratshaus (Konskr. Nr. 180-IV) gehörte. Den Vertrag über die Abtretung schloß Philipp Fürst Lobkowicz mit dem Grafen in Wien am 9. März 1733. Bedingung war, daß am Trauttmansdorffschen Oratorium, welches vergrößert werden sollte, sein Wappen angebracht wird und daß der Graf das Recht bekam, in dieser Kapelle eine Familiengruft einzurichten. Das Ausheben der Fundamente begann am 10. Mai, der Grundstein wurde am 24. Mai 1735 gelegt. Der Baumeister war diesmal der Stiefbruder von Kilian Ignaz, Johann Georg Aichbauer. Im Rohbau war die Verlängerung der Kapelle zwar schon im November 1735 fertig, die Arbeiten an der Ausschmückung dauerten aber noch weitere zwei Jahre, so daß die Weihe erst am 7. Juni 1737 stattfand. Die Zimmererarbeiten wurden an Joseph Leffler, die Steinmetzarbeiten an Johann Peter Baumgartner, die Schreinerarbeiten an Wenzel Unmuth und die Schlosserarbeiten an Thomas Kuschl vergeben. Sie alle waren geradezu feste Mitarbeiter Kilian Ignaz Dientzenhofers. Hans Michael Brüderle und Richhard Prachner besorgten die Ausschmückung des Interieurs mit Plastiken. Von Blasius Hasselwander, dem man das Überziehen der Altäre und der Kapellenwände mit Kunstmarmor anvertraute, ist bereits gesprochen worden. Es ist möglich, daß Kilian Ignaz damals anderswo zu sehr in Anspruch genommen war und deshalb diesen Auftrag, zu dem er zweifellos aufgefordert worden war, an seinen Stiefbruder weitergab. Es ist nicht ausgeschlossen, daß er ihm den Auftrag mit Rücksicht auf seine Kränklichkeit überließ, weil die Nähe der Baustelle aufwendige Dienstreisen ersparte[7].

Zum Loreto kehrte er jedoch noch einmal zurück, und zwar im Jahre 1746, als er den *Umbau des Ambits entwarf*, dessen Gewölbe zu niedrig und in schlechtem Zustand waren. Es wurden neue Gewölbe eingezogen und ein Obergeschoß aufgesetzt. Der 1747 begonnene Bau wurde diesmal nicht »zum Vertrag«, sondern »zum Gesellengroschen« erledigt. Vollständig – einschließlich der Ausmalung des Ambits durch Felix A. Scheffler – wurde er im Jahre 1751 abgeschlossen[8].

Es ist anzunehmen, daß das Beispiel ihrer Hradschiner Schwestern die *Ursulinen in Kuttenberg* veranlaßte, sich an Kilian Ignaz Dientzenhofer zu wenden und ihn mit dem *Entwurf für den Neubau des Klosters und der Klosterkirche* zu beauftragen. Sie taten es vielleicht schon im Jahre 1723 oder 1725, als die Kommissionen zur Auswahl eines passenden Grundstückes zusammentraten. Die Pläne konnten aber frühestens im Jahre 1732 angefertigt werden, nachdem der Bauplatz endgültig bestimmt war. Der Bau wurde Ende April 1735 begonnen, der Grundstein am 3. Mai gelegt. In der Klosterchronik sind in den Jahren 1734 bis 1735 zeitweilige Aufenthalte Kilian Ignaz' eingetragen, welcher, wie damals üblich, leider nicht genannt ist. Die von ihm unterschriebenen Abrechnungen, die die älteren Forscher kannten, sind 1950, als das Kloster aufgelöst und das Archiv ohne Überlegung dezimiert wurde, verlorengegangen[9]. Nichtsdestoweniger gibt es keine Zweifel darüber, daß er an dem – leider unvollendeten – Klosterbau als Planer beteiligt war. Es genügt, den Entwurf mit der auf der Symmetrieachse einer liegenden Wabe angeordneten Kirche anzusehen, um sich darüber im klaren zu sein, daß solch eine

Kuttenberg, Klosterkirche der Ursulinen, Querschnitt

Kuttenberg, Ursulinenkirche und -kloster, Hauptfassade, Entwurf

Anlage kein anderer erdenken und entwerfen konnte als Kilian Ignaz Dientzenhofer. Seiner Handschrift entspricht auch die minuziöse Technik und Strichführung der Pläne, die besonders bei den Schnitten und Ansichten zum Tragen kommt. Der erste Entwurf zeigt ein längliches, von zwei sich nicht berührenden querovalen Kuppeln überwölbtes Schiff. Diesen Langbau kombinierte er mit einem quadratischen, von einer flachen halbovalen Apsis abgeschlossenen Presbyterium, neben dem die viereckigen Räume für die Sakristei und das Repositorium liegen. Gegenüber dem Presbyterium öffnet sich der fast gleichdimensionierte Raum für Orgeltribüne und Vorhalle mit kleinen Seitenkapellen. Diese Va-

riante ist von Hand gezeichnet. Im endgültigen Riß hat Kilian Ignaz das longitudinal disponierte Schiff durch einen kuppelüberwölbten Zentralraum auf kreisförmigem Grundriß mit halbrunden Kapellennischen in den Diagonalen ersetzt. Der Raum des Schiffes ist bei dieser Lösung verkürzt; dafür wurde der Eingangsbereich gestreckt, der nun aus einer herzartig geformten Vorhalle und einem rechteckigen, zum Schiff hin sich öffnenden Raum besteht, der von einem Kapellenpaar mit dem Grundriß eines griechischen Kreuzes begleitet wird. Diese Kapellen sind durch enge Umgänge mit den Räumen am Presbyterium verbunden. Die Kuppel über einem hohen Tambour ist die Vorgängerin jener von

St. Niklas auf der Kleinseite. Die Verbindung der Kirchenfront mit den Flügeln des Konvents erinnert an die Wahlstatter Lösung. Dieses großzügige Projekt wurde nur fragmentarisch realisiert, der Hauptteil des Konventgebäudes 1743 beendet. Danach ging es nur schleppend voran. Bis zum Jahre 1749 wurde ungefähr die Hälfte des geplanten Gebäudes errichtet, die Kirche aber nicht mehr angefangen[10].

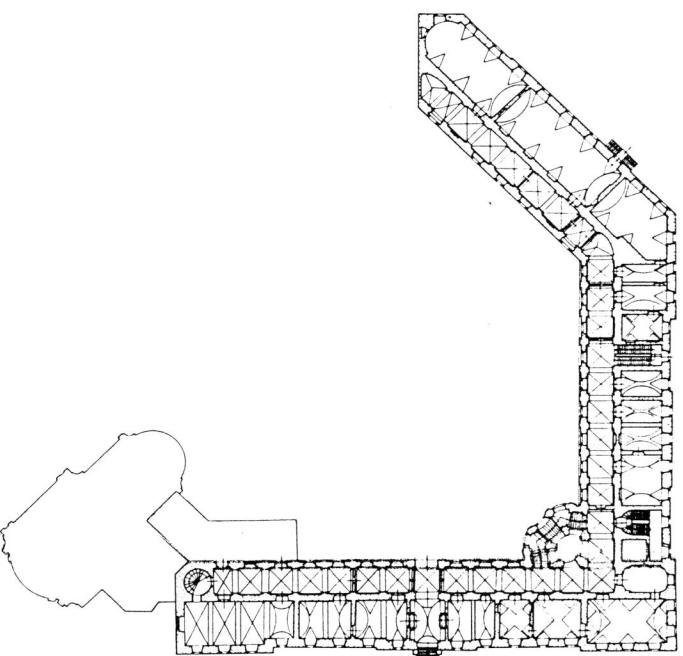

Kuttenberg, Kloster der Ursulinen, heutiger Baubestand

In Prag entwarf Kilian Ignaz Dientzenhofer Kloster- und Kirchenbauten für zwei weitere Frauenorden; es wurde aber nur das erste der beiden Projekte realisiert. Es handelte sich diesmal um einen Auftrag, der seit 1719 in Slupp ansässigen *Elisabethinerinnen.* Nach den Aufzeichnungen in der Klosterchronik aus den Jahren 1719 bis 1797 wurde 1724 der Bau des unteren Gebäudes und der Stallungen begonnen, die Grundsteinlegung fand am 8. August statt. Die nicht allzu große Kirche, eine Variante des ursprünglichen Plans für die Kirche der Ursulinen auf dem Hradschin, wurde schon am 25. November 1725 geweiht. Ein Jahr darauf folgte der Bau des Klosters, der wiederum ein Jahr später geweiht wurde, und 1728 begann der Bau des Spitals, das man nach und nach durch An- und Umbauten vervollständigte. Der Name Kilian Ignaz' ist auch noch im Jahre 1746 in der Chronik erwähnt, als er an der Schlichtungskommission in der Streitsache mit den benachbarten Jesuiten als Vertreter der Elisabethinerinnen teilnahm. Deren Stifterin war Marie Margaret Gräfin Waldstein, eine geborene Czernin von Chudenitz, dieselbe, die sich um das Hradschiner Loreto verdient gemacht hatte. Kilian Ignaz ist zweifellos auf ihre Empfehlung Baumeister der Elisabethinerinnen geworden. Die kleine Kirche mit zwei in Form von böhmischen Kappen gewölbten Deckenfeldern, mit einem quadratischen Presbyterium und ohne Vorhalle, ist eine typisch »Dientzenhofersche«, die tektonischen Elemente akzentuierende Architektur mit glatten Fensterwänden. Die Gesimsprofilierung erinnert ein wenig an Breunau, ist aber üppiger und im Detail verfeinert, was auch für die Kapitelle der korinthischen Pilaster zutrifft, die durch Festons bereichert sind[11].

Das zweite, weit interessantere Projekt wurde leider nicht ver-

wirklicht. In der Zeit, als Kloster und Spital der Elisabethinerinnen schon fast fertig waren, sollten die Cölestinerinnen bzw. Annunziaterinnen aus Gradlitz (Choustníkovo Hradiště) bei Königinhof sich in Prag niederlassen. Sie waren von Franz Anton Graf Sporck nach Böhmen geholt worden, dessen ältere Tochter Maria Kajetana Eleonora Aloisia ein Mitglied ihres Ordens war. Das Kloster in Gradlitz, eigentlich ein für ihre Bedürfnisse notdürftig hergerichtetes altes Schloß, konnte den Cölestinerinnen kaum genügen; kein Wunder, daß sie die Übersiedlung nach Prag herbeisehnten. Im Jahre 1733 kaufte Graf Sporck für sie die »auf der Bastei« genannte Parzelle gegenüber dem Kloster der Elisabethinerinnen. Den Plan des Klostergebäudes arbeitete für sie, wahrscheinlich im selben Jahr, Kilian Ignaz Dientzenhofer aus. Erhalten geblieben sind die von Hand gezeichneten Grundrisse des Erdgeschoßes und des ersten Obergeschoßes – also die erste Variante des Projekts – sowie, exakt aufgerissen, der Entwurf der Front mit einem Teil des Erdgeschoßgrundrisses, also wohl die endgültige Form des Plans. Kilian Ignaz entwarf eine symmetrische Disposition mit der Kirche auf der Achse und den Klosterbauten an den Seiten. Die im Verhältnis zu den Klosterflügeln zurückgesetzte Front der Kirche ist deshalb interessant, weil ihre Form von der Front der Kirche St. Niklas auf der Kleinseite inspiriert wurde, und zwar in ihrem zweigeschoßigen Aufbau und in der Verwendung von flankierenden Säulen an den Seiten des Eingangsportals ebenso wie in der Giebelkomposition. Auf den ersten Blick wirkt diese Fassade wie eine Verkleinerung von St. Niklas; es fehlt allerdings deren typische komplizierte Schwingung. Die Klostergebäude sollten dreigeschoßig sein, im ganzen schlicht und mit dreiachsigen Seitenrisaliten. Am linken Flügel ist ein Walmdach über einem reichgegliederten Giebel gezeichnet.

Die Kirche wurde als ein verlängerter Zentralbau mit einem ovalen Hauptraum und einer ovalen Vorhalle konzipiert. Es folgt ein zweiter, in die Breite angelegter Vorraum, seine Seitenwände waren nach innen geschwungen; das analog konzipierte Presbyterium schloß mit einem Segment ab. Der Kirchenraum ist an den Diagonalen durch flache und an der Querachse durch zwei selbständige ovale Kapellen erweitert, die durch Gänge mit der Sakristei, mit dem am Presbyterium gelegenen Repositorium bzw. mit analog geplanten quadratischen Räumen an den Seiten der Vorhalle verbunden sind.

Die Pläne wurden aus verständlichen Gründen im Konvolut des Ursulinenklosters in Kuttenberg abgelegt. Der endgültige Entwurf der Kuttenberger Kirche ist eigentlich eine Variante des Entwurfes für die Cölestinerinnen, obzwar im Detail modifiziert; es ist deshalb höchst wahrscheinlich, daß Kilian Ignaz persönlich den

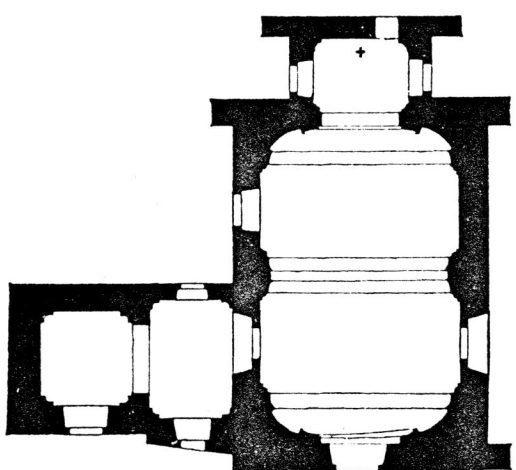

Prag-Neustadt, Klosterkirche der Elisabethinerinnen in Slupp

Entwurf nach Kuttenberg brachte und ihn dort belassen hat. Die Cölestinerinnen hatten ihr Kloster »auf der Bastei« nämlich nicht gebaut. Die Nachbarinnen auf der gegenüberliegenden Straßenseite, die Elisabethinerinnen, zeigten sich so zänkisch und kämpften mit solcher Vehemenz gegen ihre unwillkommenen Schwestern in Christo, daß diesen schließlich nichts anderes übrigblieb, als nachzugeben, immerhin gegen eine Abfindung, welche die Elisabethinerinnen zu zahlen bereit waren. Das Ersatzgrundstück war der sogenannte »Engelsgarten« in der Heinrichsgasse (an der Stelle des heutigen Hauptpostamts), wo sie ihr Kloster am Ende errichteten. Nach dem Wortlaut eines Briefes der Vorsteherin Maria Anastasia an den damaligen Prager Erzbischof, Gustav Moritz Manderscheidt (offenbar aus dem Jahre 1735), hatte man in der Heinrichsgasse im Prinzip nach dem Plan für »die Bastei« gebaut, den sie dem Brief mit der Entschuldigung beifügte, daß Baumeister Dientzenhofer die neuen Entwürfe noch nicht geliefert habe. In Wirklichkeit wurde das Kloster offensichtlich nach einem ganz anderen Riß mit einer Kirche an der Ecke erbaut, dessen Grundriß – der Plan war von der Notwendigkeit geprägt, vorhandenes altes Mauerwerk zu verwenden – durchaus nichts »Dientzenhofersches« an sich hat. Um die vierziger Jahre des 18. Jahrhunderts wurden die Cölestinerinnen zahlungsunfähig. Damals meldete sich Anselmo Luragho mit einer beachtlichen Forderung in Höhe von 2000 rh. Gulden. Daraus kann man schließen, daß das Kloster in der Heinrichsgasse von ihm und nach seinem Entwurf gebaut wurde[12].

Die *Kirche des hl. Johann auf dem Felsen in der Prager Neustadt*, deren Front sich hoch über die Vyšehradstraße erhebt, mit der sie durch eine reizvolle zweiläufige Treppe verbunden ist, wird für eine der schönsten Kirchenarchitekturen Kilian Ignaz Dientzenhofers gehalten. Auch wenn es noch so sicher ist, daß er sie entwarf und auch zweifellos erbaute, gibt es über diesen Bau keine direkten Dokumente. Die im Jahre 1732 eingetragene Nachricht über seine Urheberschaft verdanken wir dem kunstliebenden Archivar des Benediktinerklosters bei St. Nikolaus in der Altstadt, P. Gunther Jacob. Der Mangel an Archivquellen ist durch den Umstand verursacht, daß der Bauherr der Kirche kein Orden, sondern eine Bruderschaft war, die bei einer Kapelle des Johann Nepomuk lange vor dessen Seligsprechung gegründet worden war. Im Jahre 1697 ließ der königliche Steueramtsoberschreiber Christian Florian Höger diese Kapelle auf seinem Weinberg errichten. Da sie rege besucht wurde, beabsichtigte er, sie durch eine größere Heilige Stätte zu ersetzen, zu der man 1709 sogar schon die Fundamente legte. Den Entwurf verfaßte der Baumeister Paul Jihlavec, hinter dem sich wahrscheinlich der aus Iglau (Jihlava) stammende Paul Ignaz Bayer verbirgt. In seiner Abwesenheit wurde der Bau von Jakob Anton Canevalle geleitet. Es handelte sich allerdings um einen vom Konsistorium nicht genehmigten und dann auch eingestellten Bau. Höger wurde später wegen Veruntreuung verurteilt, sein Eigentum verfiel dem Fiskus. 1729 wandte sich die Kongregation des hl. Johann Nepomuk an den Böhmischen Statthalter mit der Forderung, den Weinberg, der an die Gläubiger Högers abgetreten werden sollte, der Kapelle zu überlassen. Die Kapelle war noch aus Holz, die Kongregation wollte sie durch eine gemauerte ersetzen. Nach dem Schriftwechsel mit dem Böhmischen Statthalter wurde im August 1730 der Grundstein gelegt, offensichtlich nur symbolisch, da der Bau nicht begann. Er muß aber im darauffolgenden Jahr in Angriff genommen worden sein, da der Neustädter Bürgermeister Joseph Wenzel Sedeler die Hälfte des genannten, ihm als Högers Gläubiger gehörenden Weinberges der Kapelle stiftete. Es ist möglich, daß die Kirche im Jahre 1733 so weit fertig war, daß dort Gottesdienste gehalten werden konnten. Dies kann aber bedeuten, daß, ähnlich wie in Karlsbad, nur das notdürftig abgeschlossene Presbyterium existierte und der Bau

noch weitergeführt wurde. Zu beachten ist, daß Kilian Ignaz für den Grundriß dieser Kirche als Vorbild den der hölzernen Kapelle benutzte, selbstverständlich in einer sehr verfeinerten Ausführung. Er hatte die Form eines länglichen Achtecks, und die Kirche des hl. Johann ist somit eine Erinnerung an die ursprüngliche Heilige Stätte. Es ist wahrscheinlich, daß die Kirche auf dem Felsen schon im Jahre 1738 fertig wurde, was allerdings nur aus den Begleitumständen zu folgern ist. An ihrer inneren Ausstattung arbeitete man dann noch bis Anfang der fünfziger Jahre des 18. Jahrhunderts weiter.

Die Mittel für den Bau der Kirche kamen zwar von anonymen Spendern, aber da in der Kommission, die wegen der Kirchenbauangelegenheit einberufen wurde, die Grafen von Würben, Czernin, Kokořov, Sternberg, Pötting, Serenyi und der Freiherr von Goltz als Mitglieder genannt sind, darf man vermuten, daß entweder diese selbst oder ihre frommen Ehefrauen Mitglieder jener genannten Kongregation waren und auch zu den anonymen Spendern und Stiftern der Kirche gehörten. Es ist nichts Überraschendes, daß sich so viele Spender fanden. Dank den Jesuiten, denen auch andere Orden – zum Beispiel die Kreuzherren mit dem roten Stern – nicht nachstanden, hatte sich die Popularität des neuen böhmischen Heiligen Johann von Nepomuk recht schnell verbreitet; nach seiner Seligsprechung im Jahre 1721 folgte bereits im Jahre 1729 seine Heiligsprechung. Seine Beliebtheit eilte sogar den beiden unumgänglichen kirchenrechtlichen Akten um Jahrzehnte voraus[13].

Wie schon gesagt, war der Ausgangspunkt für die Gestaltung der Johannskirche das längliche Achteck der ursprünglichen Kapelle, das allerdings von Kilian Ignaz durch eine konkave Gestaltung der Außenwände und ihre konvexe Ausschwingung nach innen plastisch geformt war. Das Ganze ist die Kombination eines mit einem baldachinartig gewölbten Zentralraumes mit den Querovalen der Eingangshalle und des Raumes vor dem Chor, der selbst einen hufeisenförmigen (genauer gesagt einen aus zwei Dritteln des Kreises gebildeten) Grundriß hat. Die Schrägstellung der Fronttürme entwarf Kilian Ignaz schon 1727 für die Kirche der hl. Maria Magdalena in Karlsbad, und zwar für das Grundstück am Teplufer. Der Grundriß für St. Johann auf dem Felsen ist gewissermaßen die Modifikation dieses nicht realisierten Entwurfes. Die Räume der Sakristei und des Repositoriums sind jedoch hier dem Presbyterium angegliedert; der Abschluß im Osten ist also völlig flach. Die Kirche steht auf einer hohen Untermauerung aus Quadern, auf die der Sockel aufgesetzt ist. Er ist um einiges niedriger, als dies sonst bei den eingeschoßigen Kirchen der Dientzenhofer üblich ist. Der Grund ist einsichtig: Verhältnismäßig hoch angesetzt, würde ein zu hoher Sockel beim Blick von unten durch die perspektivische Verkürzung im Verhältnis zu den oberen Partien der Front zu wuchtig wirken.

Von den schon längst abgerissenen Prager Sakralbauten wird in der kunstgeschichtlichen Literatur die Zdaraser Kirche Peter und Paul Kilian Ignaz zugeschrieben, deren Bau noch sein Vater angefangen haben soll. Diese Zuschreibung stützt sich nicht auf Archivmaterialien, und ihre Richtigkeit wird in der letzten Zeit bezweifelt[14].

Um 1735 baute Kilian Ignaz unweit des Bruskatores die Mariahilf- bzw. Maria-Schanz-Kapelle, wie man damals sagte. Sie wurde in den Jahren zwischen 1757 und 1761 durch einen Neubau ersetzt, den der damalige Kapitelbaumeister Juschka nach dem Entwurf von A. F. Palliardi ausführte. Die ursprüngliche Kapelle ist auf dem Hradschinplan aus der Zeit knapp um die Mitte des Jahrhunderts als ein kleiner einschiffiger Bau eingezeichnet, mit einer an den Ecken ausdrucksvoll abgeschrägten Front, über der sich ein kleiner Turm erhebt[15].

Im Jahre 1723 entwarf Kilian Ignaz für die *Kleinseitner Gemeinde eine Friedhofskapelle*, die am neuen Friedhof in Körbern (Košíře) gebaut werden sollte. Ihr Grundriß bestand aus einem Schiff mit zwei Gewölbefeldern und einem flachen Vorraum; er war eine Variante des unaufgeführten Entwurfs der Ursulinenkirche auf dem Hradschin. Das Presbyterium ist länger und innen halbkreisförmig abgeschlossen.

Mit dem Namen Kilian Ignaz Dientzenhofer verbindet man auch die Karl-Boromäus-Kirche, ein Bestandteil des Hauses für alte Priester, das in den Jahren von 1730 bis 1740 *auf dem Zderas* (Na Zderaze) gebaut wurde. Die Geschichte dieses Baukomplexes ist kompliziert. Er wurde unter der Leitung Paul Ignaz Bayers 1730 begonnen; 1733 übernahm die Leitung Christian Spannbrukker, mit dem Kilian Ignaz in den Jahren 1735 bis 1738 abwechselnd die Baunachweise unterschrieben hat. Kilian Ignaz beendete den Bau in den Jahren 1739/40. Die Kirche hat einen länglichen Grundriß mit fünf Gewölbefeldern. Die drei mittleren bilden das Schiff, das westliche und östliche die Vorhalle und das Presbyterium. Die einzelnen Felder sind als Tonnen mit Lünetten eingewölbt. Das Schiff wird auf beiden Seiten von Kapellen flankiert. Weder der Grundrißtyp und weniger noch die Art der Gewölbe in dieser Disposition passen zum Werk Kilian Ignaz'. Der mit Bayers Entwurf der Clemenskirche im Clementinum verwandte Entwurf ist offenbar dessen Werk. Kilian Ignaz' Beitrag kommt womöglich bei einigen Details und bei der Gliederung der beiden Fronten zum Vorschein[17].

Auf den ersten Blick sieht es so aus, als habe der Schwerpunkt von Kilian Ignaz Dientzenhofers Schaffen im Bereich der Sakralarchitektur gelegen. Dem ist jedoch nicht so. Selbst für seine kirchlichen Brotgeber baute er nicht nur Kirchen, sondern auch Wohnhäuser und Lustschlösser sowie reine Wirtschaftsgebäude: Glashäuser, Brauereien, Stallungen und Speicher. Umgekehrt entwarf und baute er für die Bauherren aus den weltlichen Kreisen außer den Wohn- und Nutzbauten auch sakrale Objekte. Wenn man die Sakral- und Profanbauten, die archivalisch belegt sind, zusammennimmt mit jenen, die man ihm aufgrund der Stilanalyse verhältnismäßig sicher zurechnen kann, ergibt sich, daß die Zahl der Profanbauten sogar überwiegt. Sie sind jedoch nicht so auffällig und darüber hinaus in vielen Fällen nicht erhalten.

Bevor wir uns nach seinen Werken außerhalb von Prag umsehen, die fast im gesamten Böhmen verstreut sind, bleiben wir noch bei seinen *Prager Profanbauten* – vorläufig nur bei denen, die er als privater Baumeister für private Bauherrn errichtete. Nachrichten über die Bauherrn von Bürgerhäusern sind eine Seltenheit. In der Regel erfährt man nur etwas, wenn es zwischen dem Bauherrn und seinen Nachbarn zum Streit kam, zu dessen Schlichtung eine Kommission einberufen wurde, eine sogenannte »vejchoz«, an der der Baumeister für den Bauherrn teilnahm. Dann ist es noch ein Glück, wenn dieser im Protokoll namentlich erwähnt ist; gewöhnlich wurden nur die vom Magistrat delegierten Kommissare genannt und gegebenenfalls der beeidigte Baumeister oder Maurermeister, der als Sachverständiger teilnahm.

Glücklicherweise ist die architektonische Morphologie der von Kilian Ignaz entworfenen Fassaden so eigenwillig und ausdrucksvoll, daß es ohne Mühe möglich ist, ihm einige Prager Häuser zuzuschreiben. Das erste davon ist das Haus »Zum goldenen Hirschen«, Konskr. Nr. 26–III, in der Thomasgasse, dessen Fassade eine Ferdinand Brokoff zugeschriebene Gruppe des hl. Hubertus mit dem Hirschen schmückt[18]. Das Haus wurde 1722 von einem gewissen Herrn Johann Kaspar Fridrich gekauft, der sich sogleich schon im Jahre 1723 zum Umbau entschloß. Anläßlich seines im Juni 1725 an den Prior des Klosters geschickten Gesuches um die Erlaubnis, die von seinem Hof zur Thomaskirche führende Türe zu belassen, gab er an, daß er »sein Haus von Grund auf und mit nicht geringem Aufwand renoviert habe«[19].

Auch das nicht weit entfernt liegende Haus »Zur goldenen Brezel«, Konskr. Nr. 22–III, auf der rechten Seite der Thomasgasse, hat eine edle Fassade, die für Kilian Ignaz Dientzenhofer spricht. Es wurde später als »Der goldene Hirsch« umgebaut, offenbar kurz nach 1738[20].

Diesem sehr ähnlich ist das Haus Konskr. Nr. 202–III in der Schloßgasse (Zámecká) und das in der Neustadt, Konskr. Nr. 708, in der Wassergasse (Vodičkova)[21].

Das Lausitzer Seminar ist zwar ein Gebäude, das einer geistlichen Institution diente, aber es wurde eigentlich von einem Privatmann gebaut. Die Lausitzer Geistlichen, die Brüder Martin Norbert und Georg Joseph Simon, gründeten in Prag eine Stiftung für die Erziehung des geistlichen Nachwuchses aus der Lausitz und kauften für die Unterbringung der Studenten zunächst die Parzelle der heutigen Konskr. Nr. 86–III. Das »Hospiz« sollte von Christoph Dientzenhofer gebaut werden, der damals aber offenbar nicht genügend Gesellen hatte, so daß das zweigeschoßige Objekt schließlich mit Hilfe von Soldaten errichtet wurde. Es war zu klein, weshalb P. Georg Joseph Simon eine unregelmäßig geformte Eckparzelle aus dem parzellierten Garten des Thunschen, sonst auch »Hohes« genannten Hauses, Konskr. Nr. 91–III, kaufte. Hier wurde am 15. Juni 1726 der Grundstein zu einem neuen Seminargebäude gelegt, das 1728 fertiggestellt war. Die Baukosten betrugen 11 088 rh. Gulden. Obwohl das Archiv des Seminars erhalten geblieben ist, fand man darin keinen Vermerk über den Baumeister[22]. Die ungewöhnlich edlen, an der Ecke mit einer Statue des hl. Petrus geschmückten Fronten sowie eine Reihe architektonischer Details außen und im Inneren sprechen für Kilian Ignaz Dientzenhofer. Das gemeinsame Zeichen aller genannte Objekte ist die Kombination von architektonisch gegliederten, in glattem Putz ausgeführten Flächen mit ungegliederten Flächen von rauh angeworfenem Putz. Diesen Wechsel von glattem und rauhem Putz wandte Kilian Ignaz schon bei seinem ersten selbständigen Prager Bau an, bei dem »Villa Amerika« genannten Michna-Lusthaus. Es wird angenommen, daß Kilian Ignaz auch das Haus »Zu den zwei Turteltauben«, Konskr. Nr. 466–III in der Nostitzstraße (Nosticová), umgebaut hat, das seinem langjährigen Mitarbeiter und Nachbarn, dem Hofzimmermeister Josef Leffler gehörte. Auch bei dem benachbarten Eckhaus, Konskr. Nr. 467–III, dessen Gliederung um einiges einfacher ist, kommt seine Mitarbeit am Umbau in Frage. Ein eigenes Dokument über einen von Kilian Ignaz durchgeführten Umbau gibt es nur bei einem einzigen Kleinseitner Haus. Es ist die Konskr. Nr. 438–III auf der ehemaligen Kapiteljurisdiktion in der heutigen Všehrdovastraße, das er nach dem Jahre 1726 für seinen jüngeren Bruder Heinrich umgestaltete[23].

1725 baute Kilian Ignaz Dientzenhofer in Smichow, dem damaligen Vorort der Kleinseite vor dem Aujesder-Tor, für seine Familie eine zweigeschoßige Villa, die nach seinem späteren Besitzer, dem jüdischen Fabrikanten Porges aus Portheim, »Villa Portheim« hieß. Von diesem Objekt sind nur das Hauptgebäude und der später verlängerte Nordflügel erhalten geblieben; der Südflügel wurde im Zusammenhang mit dem Bau der Kirche St. Wenzel im Jahre 1884 abgerissen. Auch wenn die Villa offenbar für den Sommeraufenthalt der Familie bestimmt war, konzipierte er sie als einen kleinen, doch sehr repräsentativen zweitraktigen Bau mit einer üppig gegliederten Gartenfassade. Hinter dem dreiseitigen Risalit verbirgt sich im Erdgeschoß eine Sala terrena und im ersten Obergeschoß ein aufwendiger Ovalsaal, in welchem die Wände mit Kunstmarmor überzogen sind und dessen Gewölbe ein Fresko mit dem Motiv eines Bacchanals schmückt; es wurde für Kilian Ignaz im Jahre 1729 von seinem Freund Wenzel Laurenz Reiner gemalt. In das komplizierte Mansarddach mit Eckpavillons ist ein Dachgeschoß hineinkomponiert.

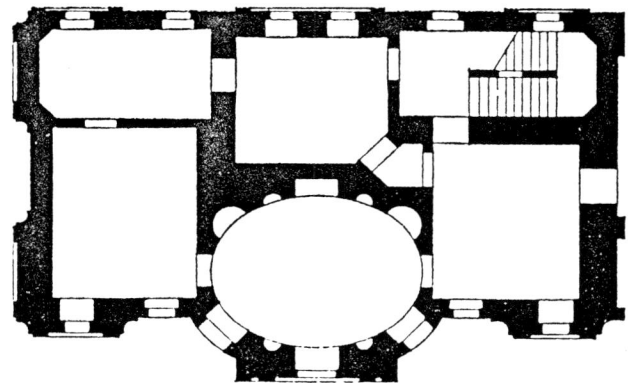

*Prag-Smichow, Sommerhaus Kilian Ignaz Dientzenhofers,
heute Villa Portheim*

»Villa Portheim« ist das Zeugnis einer erfolgreichen Karriere des jungen Baumeisters, der sich schon drei Jahre nach dem Tode seines Vaters ein Lusthaus leisten konnte, das eines adeligen Bauherrn würdig war. Sie zeugt auch davon, daß er der Prager Gesellschaft mit einem vor den Toren der Stadt gelegenen Wohnsitz von außergewöhnlichen architektonischen Qualitäten imponieren wollte. Es kommt wohl der Wahrheit sehr nahe, daß diese Villa nicht nur dem Aufenthalt der Familie diente, sondern auch der Schauplatz von Verhandlungen mit bedeutenden Bauherren war, und zweifellos wurden dorthin auch seine Freunde eingeladen[24].

Während der dreißigjährigen Tätigkeit des Kilian Ignaz Dientzenhofer wurden in Prag viele Paläste neu errichtet oder umgebaut. Es ist erstaunlich, daß der Name eines so renommierten Baumeisters lediglich im Zusammenhang mit einem Palast archivalisch belegt ist. Es ist das sogenannte *Sylva-Taroucca-Palais*, das Kilian Ignaz im letzten Jahrzehnt seines Lebens für den Fürsten Ottavio Piccolomini *auf dem Graben* (Konskr. Nr. 852–II) *entworfen und gebaut hat*. Der Palaiskomplex wurde auf einer tiefen und relativ schmalen Parzelle, zum Teil unter Verwendung vorhandener Gebäude, erstellt. Die Behauptung, Anselmo Luragho habe an diesem Bau mitgewirkt, hat eine gründliche Archivforschung nicht bestätigt[25]. Der einzige Entwerfer war Kilian Ignaz Dientzenhofer. Die Ausstattung des Gebäudes mit Statuen besorgte Ignaz Platzer. Ein Ärgernis stellen heute die unpassenden Fensterrahmen dar, die die Hauptfassade verunstalten. Deren Gliederung ist einmalig. Das Interessanteste an ihr besteht in der historisierenden Verwendung frühbarocker Elemente, zum Beispiel der gekuppelten Ringbossensäulen oder der liegenden Voluten an den Fensterverdachungen in den seitlichen Partien der Fassade. Das Erdgeschoß ist mit gürtelartigen Bossenbändern rustiziert. Das Hauptgeschoß gliedern ionische Pilaster, die an den äußeren Achsen der beiden Seitenpartien von rustizierten Vorlagen begleitet werden. Das niedrige zweite Geschoß ist durch mächtige Konsolen unterteilt. Das Mittelrisalit wird von einem dreieckigen Tympanon gekrönt, über den mittleren Achsen der Seitenpartien wölben sich Segmentfrontons. Im Interieur beeindrucken ein geräumiges Vestibül und eine schöne Treppe, der Ignaz Platzers Statuen eine intime Atmosphäre verleihen, was diese Treppe von der kühlen Monumentalität der Treppenhäuser der meisten Barockpaläste unterscheidet. An das Hauptgebäude schließen die Neben- und ein Querflügel an, die sich um zwei Innenhöfe gruppieren; dahinter befand sich ein Garten.

Vom Zentrum Prags aus verbreitete sich das Wirken Kilian Ignaz Dientzenhofers nach ganz Böhmen. Zum Beispiel war Adolf Bernhard Graf Martinitz der Stifter einer seiner ersten Landkirchen, der *Kirche Mariae Geburt in Nitzau (Nicov) bei Klattau*. In Prag waren die Martinitz Nachbarn der Hradschiner Ursulinen; beide Paläste, der alte in der Kanovnickástraße (Konskr. Nr. 67-

IV) und der neue (Konskr. Nr. 181–IV) in der vormaligen Voršilskástraße, standen in unmittelbarer Nähe des Klosters. Man kann annehmen, daß die Wahl des Baumeisters wie auch der Grundrißdisposition von dem Umstand beeinflußt wurden, daß Graf Martinitz den Bau der Johann-Nepomuk-Kirche von Anfang an verfolgte und für Nitzau einen entsprechenden Grundriß gewählt hat: ein verlängertes Kreuz, allerdings mit halbkreisförmigen Seitenflügeln und Apsis, bereichert um quadratische Räume für Repositorium und Sakristei zu beiden Seiten des Presbyteriums und um ein Turmpaar an der Front. Die Gliederung der tektonischen Elemente im Inneren, die Kapitelle der korinthischen Pilaster sowie die Gesimsprofilierung sind bei beiden Kirchen identisch[26].

In diesem Zusammenhang ist auch die Annahme berechtigt, daß Kilian Ignaz das Gartengebäude, die *Sala terrena in Smečno*, dem Sitz des Geschlechtes Martinitz, *entworfen* hat[27]. Es ist ein kleines längliches eingeschoßiges Objekt mit dreiachsigen Endrisaliten an der südlichen und nördlichen Seite der Fassade.

Der nächste Sakralbau, den Adolf Bernhard Graf Martinitz Kilian Ignaz anvertraute, war die zwischen 1734 und 1738 gebaute *Johann-Nepomuk-Kirche in Nepomuk*. Die Grundrißdisposition ist die Kombination aus einem oktogonalen Hauptraum mit breiten, flachen Seitennischen und aus quadratischen Räumen der Vorhalle und des Presbyteriums, die abgeschrägte Ecken haben, – also ein Schema, das Kilian Ignaz in den dreißiger Jahren mehrmals entwarf und ausführte.

Franz Michael Graf Martinitz, der Besitzer des Gutes in Brunnersdorf (Prunéřov), finanzierte zu einem guten Teil den *Neubau der Peter- und Pauls-Kirche in Priesen* (Březno), wo er das Patronat hatte. Der Bau wurde im Jahre 1737 begonnen und nach einigen längeren Unterbrechungen im Jahre 1766 abgeschlossen. Nach den Archivdokumenten ist der Bau vom Kaadener (Kadaňer) Baumeister Johann Christoph Kosch geleitet worden, dem im Jahre 1762 der Priesener Maurermeister Paul Eisenberger half. Auch weitere Arbeiten wurden an örtliche und an auswärtige Handwerker vergeben. Nur die Ausmalung hatte man einem Prager, dem Hofmaler Franz Ferdinand Müller, anvertraut. Die Mitarbeit von Kilian Ignaz Dientzenhofer am Entwurf ist zwar in den Archivquellen nicht belegt, doch der edle Bau auf dem Grundriß eines griechischen Kreuzes weist viel Merkmale seines Stils auf. Der zentrale Raum hat einen achteckigen Gundriß, die Seitenflügel sind echteckig, die Vorhalle und das Presbyterium und die Sakristei. Auch die Ausführung der Details sowohl außen wie innen trägt »Dietzenhoferschen« Charakter. Für seine Mitarbeit am Entwurf des Baus spricht auch die Tatsache, daß Franz Michael der Sohn von Adolf Bernhard Graf Martinitz war, des Bauherrn der Kirchen in Nitzau und Nepomuk; außerdem ist sie aus der Berufung des Hofmalers Fanz Ferdinand Müller, der mit seinen Fresken eine Reihe Dientzenhoferscher Kirchen auf den kaiserlichen Herrschaften ausschmückte, zu schließen[28].

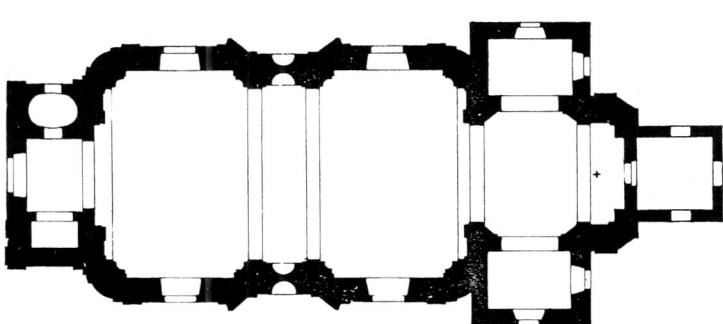

Rothkosteletz, Pfarrkirche des hl. Jakob

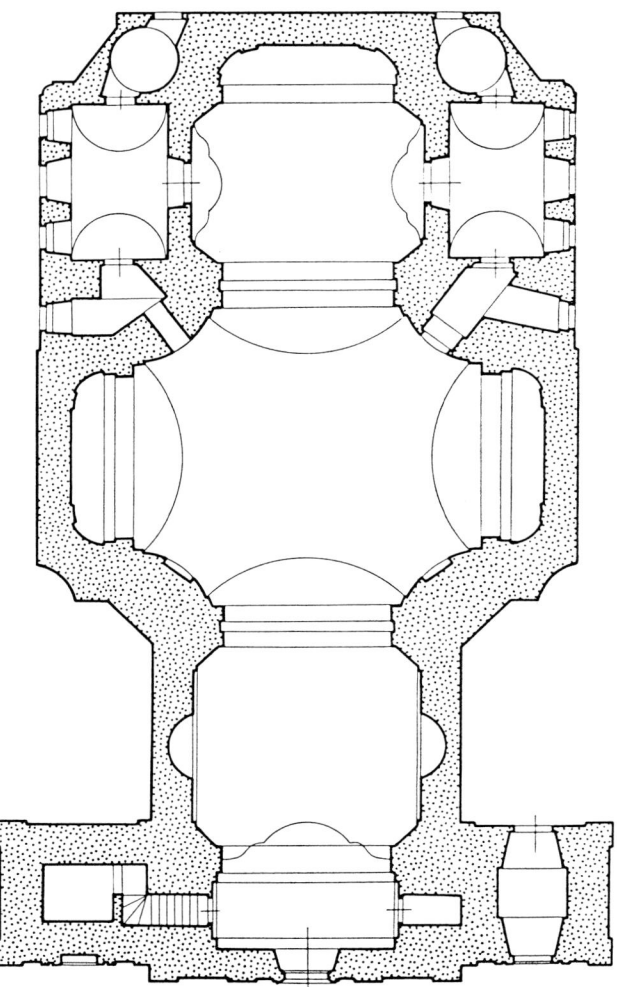

Nepomuk, Kirche St. Johann Nepomuk

Auch die im Jahre 1744 begonnenen und erst nach dem Tod von Kilian Ignaz beendete *Rekonstruktion der Pfarrkirche des hl. Jakob in Rothkosteletz* (Červený Kostelec) verweist eindeutig nach Prag. Rothkosteletz gehörte nämlich zur Herrschaft Nachod, für deren Besitzer, den Fürsten Piccolmini, er fast gleichzeitig das Palais am Graben baute[29]. Das Grundrißschema ähnelt nicht nur der Clarissenkirche in Eger, sondern ebenfalls – und vielleicht noch mehr – der Kirche der Neustädter Ursulinen. Man merkt hier auch eine Affinität zu den frühen Entwürfen, sei es zu dem für die Nepomukkirche auf dem Hradschin, für die Elisabethinerinnenkirche oder für die auf dem Friedhof in Körbern (Košíře). Die Gliederung der Silhouette ist allerdings aufwendiger[30].

Prag bildet zweifellos auch den Hintergund für die *Tätigkeit in den Diensten des Grafen Joseph Thun*. Sie war zwar nicht sehr umfangreich, begann aber relativ früh und wurde zu verschiedenen Gelegenheiten bis zum Ende der fünfziger Jahre fortgesetzt. Schon im Jahre 1723 entwarf er den *Speicher in Tetschen* (Děčín), später, Anfang der dreißiger Jahre, fertigte er die *Pläne für die neue Kirche in Rosawitz* (Rozbělesy), und noch im Jahre 1752, also schon nach seinem Tode, wurden seinen Erben 24 rh. Gulden 44 Kreuzer für die *Pläne des hinteren Tetschener Schlosses* ausgezahlt, welche Kilian Ignaz einige Jahre vorher geliefert hatte[31]. Schließlich lernte Kilian Iganz bei der Familie Thun seine zweite Gattin Theresia, die Tochter des Hausmeisters im Thunschen Palais in Prag, kennen; Graf Thun war Zeuge bei dieser Hochzeit und seine Tochter Josepha die Patin des ersten Kindes aus dieser Ehe, der Tochter Marie Josepha. Der Grund für die Berufung von Kilian Ignaz Dientzenhofer nach *Platten* (Blatná), wo man ihm die *Planung und die Ausführung der Filialkirche des hl. Johannes des Täufers in Paschtik* (Paští-

ky) anvertraut hatte, war offenbar der Umstand, daß die Besitzerin der Herrschaft, Maria Elisabeth Gräfin Serenyi, wahrscheinlich ein Mitglied der Johannisbrüderschaft bei der Kirche auf Skalka war. Außerdem war sie eine geborene Waldstein, und der Name der Waldsteins taucht sowohl im Zusammenhang mit dem Hradschiner Loreto als auch mit dem Konvent und dem Spital der Elisabethinerinnen in Slupp auf; in beiden Fällen waren sie großzügige Spender. Das längliche Schiff der Kirche hat drei Joche – das mittlere von einer böhmischen Kappe, die beiden äußeren sind von Tonnen mit Stichkappen überwölbt –, die Ecken sind abgerundet, das quadratische Presbyterium endet mit einer Apsis. In den Details des Interieurs, vor allem in der Profilierung der Gesimse und dem Verzicht auf jeglichen Stuckdekor, ruft dieses Spätwerk eine Reminiszenz an das reife Werk des Vaters, vor allem an die Margaretenkirche in Breunau hervor. Die Meisterschaft der eleganten Breunauer Profilierungen, denen sich Kilian Ignaz in seinem Spätwerk zu nähern suchte, wurde allerdings weder hier noch in einem anderen seiner Bauten aus dieser Periode erreicht. Der Bau dauerte von 1748 bis 1750. Gleichzeitig mit der Kirche wurde eine kleine *Friedhofskapelle* gebaut – ein Zentralbau mit dem Grundriß eines auf die Spitze gestellten Quadrats. Die Ecke der Front ist abgeschrägt und als gerader Fassadenabschnitt ausgebildet, der mit einem niedrigen dreieckigen Tympanon abschließt. Der kreisförmige Innenraum ist mit einer Kuppel überwölbt, deren niedriger Tambour über das Dach hinausragt; in den seitlichen Ecken des diagonal gestellten Quadrats befinden sich halbkreisförmige Apsiden[32]. Offenbar gleichzeitig fertigte Kilian Ignaz auch den *Entwurf für den Umbau der Kirche der Verklärung Christi in Křesovec oberhalb von Pacelice* an. Der Entwurf der Hauptfront ist erhalten. Der Umbau wrude im Jahre 1763 realisiert[33].

Die Beteiligung an dem in den Jahren von 1741 bis 1744 vorgenommenen *Umbau der gotischen Kirche in Höritz* (Hořice) hängt zweifellos mit dem Bau des Invalidenhauses zusammen. Höritz war nach der Bestimmung von Peter Strozzi ein Bestandteil der von ihm gegründeten Stiftung für die Invaliden, der es nach dem

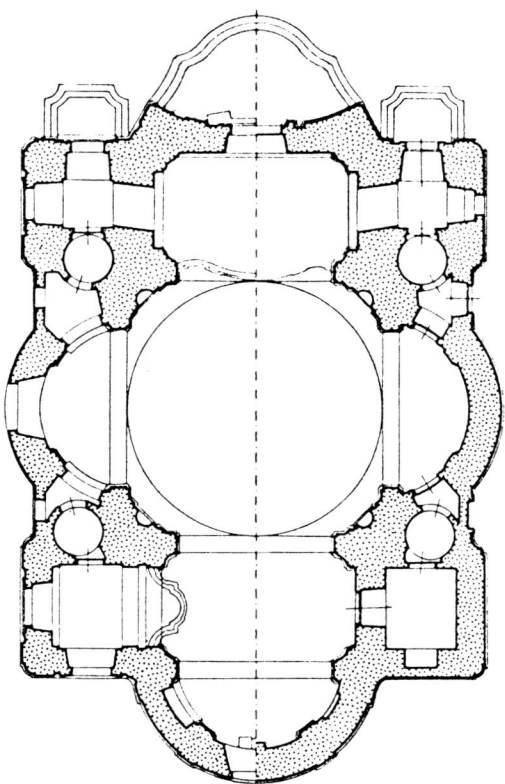

Nitzau, Wallfahrtskirche Mariä Geburt

Tode seiner Frau Marie Franziska, geborene Gräfin Khewenhüller, im Jahre 1714 endgültig zufiel. Die Verwaltung unterstand dem Prager Erzbischof[34].

In der zweiten Hälfte der vierziger Jahre des 18. Jahrhunderts nahm Kilian Ignaz Dientzenhofer auch die Funktion des *Baumeisters auf den vormaligen Domänen der Anna Marie Franziska Großherzogin von Toscana* wahr, die ihre Tochter aus erster Ehe, Marie Anna Karolina Herzogin von Bayern, erbte. In dieser Funktion inspizierte er Gebäude auf der Herrschaft Buštěhrad, fertigte Gutachten über deren Zustand an und zeichnete einen Plan des Schlosses, den er im Mai 1750 nach München, dem Aufenthaltsort der Herzogin, schickte. Im selben Jahr wurde auch an der *Galerie des Schlosses in Ploschkowitz* (Ploškovice) gearbeitet, und der Administrator für die böhmischen Herrschaften der bayerischen Herzogin beschwerte sich, daß die Arbeiten sehr langsam vorangingen, da der Baumeister Dientzenhofer wegen der Arbeitsüberlastung keine Zeit habe, auf den Verlauf der Bauarbeiten zu achten. Der jahrelang geplante Umbau des Buštěhrader Schlosses blieb fast bis zum Tode von Kilian Ignaz im Stadium der Vorbereitung stecken, man fing erst im Mai 1751 mit den Arbeiten an – wohl nach seinem Entwurf und vielleicht auch noch unter seiner Leitung; beendet wurde er offensichtlich von Anselmo Luragho, der auch hier zum Nachfolger Dientzenhofers wurde[35]. Mit den Arbeiten auf den Toscanaherrschaften hängt vielleicht auch der *Entwurf der Kirche der Enthauptung des hl. Johannes des Täufers in Hořelice* zusammen. Sie hat den Grundriß eines länglichen Ovals mit Querovalen für Vorhalle und Presbyterium, alle drei mit Baldachinen überwölbt. Hořelice gehörte zu Tachlovice, das ebenfalls ein Bestandteil der Herrschaft Toscana war. Der Bau wurde allerdings erst in den Jahren 1756/57 verwirklicht[36].

Die Beteiligung von Kilian Ignaz Dientzenhofer am *Entwurf der Kirche Mariä Himmelfahrt in Zlonitz* (Zlonice) ist nicht bestätigt; der Autor war F. M. Kaňka, was archivalisch belegt ist. Dafür lieferte Kilian Ignaz 1746 die *Pläne für das Pfarrhaus*, das in den

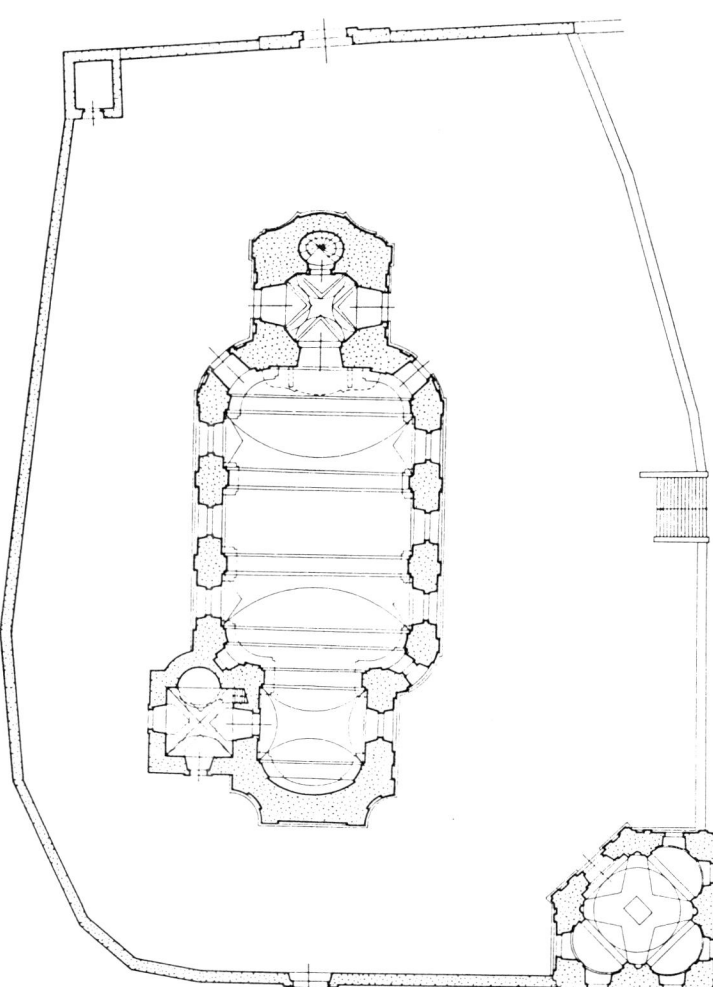

Paschtik, Kirche des hl. Johannes des Täufers mit Friedhofskapelle

Jahren 1747 bis 1752 vom Baumeister J. F. Hübner errichtet wurde. Das Gebäude weist viele Ähnlichkeiten mit dem abgerissenen Jesuitenpavillon in Smichov aus. Zlonitz gehörte der Familie Kinsky, was bedeutete, daß sie das Patronat über diese Kirche hatte und somit auch Einfluß auf die Wahl des Architekten. Bisher gibt es keine Beweise dafür, daß Kilian Ignaz für irgendeinen Zweig dieser Familie irgendwo gearbeitet hätte[37].

Zu den großen Bauvorhaben der letzten fünf Jahre seines Lebens gehörten zweifellos der *Plan und der Bau der Klosterkirche samt Konvent für die Augustiner in Unterrotschow* (Dolní Ročov). Auch hier spielten offenbar seine langjährigen Beziehungen zu den Augustinern bei St. Thomas eine Rolle. 1745 waren die Fundamente der alten Kirche durch Hochwasser beschädigt worden. Der Grundstein der neuen Kirche wurde in Anwesenheit von Kilian Ignaz Dientzenhofer am 14. August 1746 gelegt. Das Presbyterium war im September des nächsten Jahres fertiggestellt, und in der ins Sanktusglöckchentürmchen gelegten Gedenkurkunde wird wiederum der Name Kilian Ignaz angegeben. Die Kirche wurde im Jahre 1750 vollendet, die Weihe fand am 5. April statt. Im folgenden Jahr, am 23. August, wurde der Grundstein des Konventgebäudes gelegt, das Kilian Ignaz ohne Zweifel entwarf, aber nicht mehr zu Ende führte; sein Nachfolger wurde hier wie auch bei vielen anderen seiner Bauherren Anselmo Luragho[38]. Das Grundrißschema erinnert an die Kirche in Wobořischt; das Schiff hat drei durch Gurtbögen voneinander getrennte Gewölbefelder. Die breiteren Endfelder sind mit böhmischen Kappen gedeckt, das mittlere ist von einer Tonne mit Lünetten überwölbt. Die zweigeschoßige Front wird von einem Turmpaar eingerahmt. Die Situierung an der Ecke des Komplexes wurde durch die Lage der

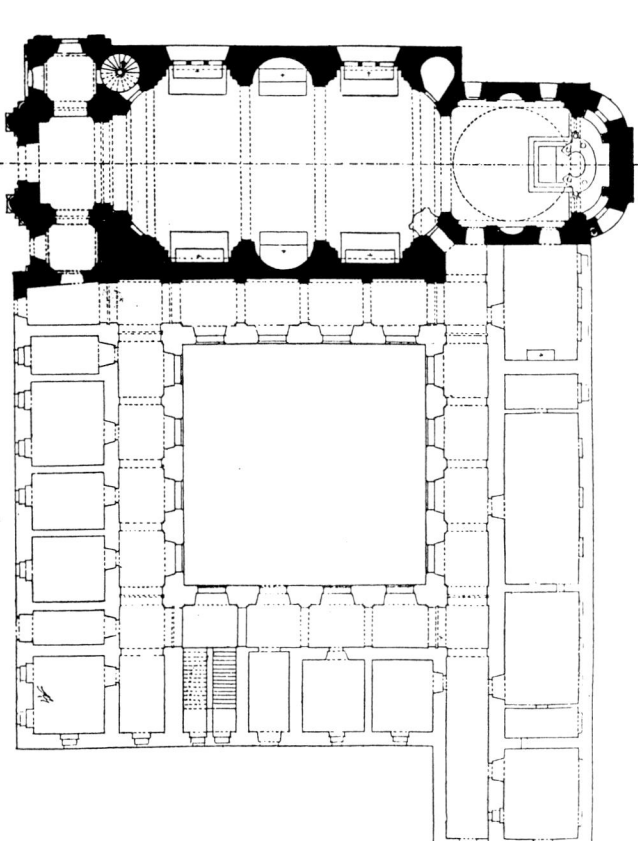

Unterrotschow, Augustinerkloster und -kirche

alten gotischen Kirche bestimmt. Das Konventgebäude soll ursprünglich zweigeschoßig geplant gewesen sein; im sechsten Jahrzehnt des 18. Jahrhunderts wurde es aber unter der Leitung Anselmo Luraghos dreigeschoßig angelegt[39].

Falls Kilian Ignaz Dientzenhofer wirklich die *Pläne für den Neubau* des in den Jahren 1745 bis 1748 realisierten *Augustinerklosters in Taus* (Domažlice) geliefert hat, so mußte der Prager Kleinseitner Konvent der Vermittler gewesen sein[40].

Die Grundlage für seine *weitere Bautätigkeit in Westböhmen* oder zumindest für einen Teil davon war die Arbeitsbindung an das Prämonstratenserkloster in Tepl und die an das Benediktinerkloster in Kladrau, die schon seit langem bestanden. Nach der Fertigstellung des *Konvents in Tepl* war die Bautätigkeit hier offenbar nur sporadisch. Im Jahre 1720, also noch zu Lebzeiten seines Vaters, hatte Kilian Ignaz unter seiner Mitarbeit einige *Veränderungen am Chor der Klosterkirche* entworfen. Die Arbeiten an Ort und Stelle hat sicherlich der zuverlässige Wolfgang Braunbock geleitet. Zum Tepler Kloster gehörte auch *Pistau* (Pístov) und daher auch das Patronat über die dortige *Bartholomäuskirche*. Es ist möglich, daß Kilian Ignaz auf das Grundrißschema der dortigen Kirche noch Einfluß hatte. Die Bauarbeiten, die wahrscheinlich von einem ortsansässigen Maurermeister ausgeführt wurden, dauerten von 1750 bis zum Jahre 1765. Es ist also nicht verwunderlich, daß an diesem Bau keine für Kilian Ignaz charakteristischen Details zu finden sind[41].

Přestitz gehörte dem *Kloster in Kladrau*, und deshalb ist es wahrscheinlich, daß Kilian Ignaz die *Pläne für den Bau der dortigen Kirche Mariä Himmelfahrt* lieferte. Die im Jahre 1745 begonnenen Bauarbeiten zogen sich aber über dreißig Jahre hin; bei der Leitung lösten Franz Ignaz Prée, Anselmo Luragho und schließlich auch Anton Haffenecker einander ab. Von dem ursprünglichen Entwurf blieb offensichtlich nicht mehr als das eigentliche Grundrißschema übrig: eine kreuzförmige Disposition mit einer böhmischen Kappe über der Vierung – und vielleicht noch die Form der Türme mit konkaven Wänden[42].

Zu Westböhmen gehört ein weiteres Spätwerk des Kilian Ignaz Dientzenhofer, die *Pfarrkirche St. Martin in Kalenitz* (Chválenice) *bei Pilsen*. Der Bau wurde im Jahre 1747 begonnen. Laut Aufzeichnungen in der Pfarrchronik nahm Kilian Ignaz nicht nur das Honorar von 112 rh. Gulden für die Planung in Empfang, sondern blieb vier Wochen am Ort, um die Fundamente zu vermessen und die Bauarbeiten zu starten, die er dann in den Jahren 1748 bis 1749 auch überwachte. Die Kirche wurde zwar erst nach seinem Tode im Jahre 1753 fertiggestellt, aber der Rohbau, einschließlich der architektonischen Details, wurde unter seiner Leitung ausgeführt. Das längliche dreiteilige Schiff mit einem breiteren Mittelfeld, dessen Risalite mit abgerundeten Ecken nach außen hervortreten, öffnet sich nach Osten dem quadratischen Raum des mit einer Apsis abgeschlossenen Presbyteriums; im Westen im Erdgeschoß des Turmes ist eine kleine Vorhalle angeordnet. Das Mittelfeld des Schiffes ist von einer böhmischen Kappe überwölbt, die schmaleren Felder davor und dahinter sind von Tonnen mit Lünetten überspannt. Die architektonische Gliederung des Interieurs ist um einiges reicher als die in derselben Zeit errichteten Kirche von Paschtik, obwohl auch hier die Stukkatur sich im wesentlichen auf die Schabrackenkapitelle und die Muscheln in der Nischenwölbung beschränkt. Wie in Paschtik ist hier eine Tendenz zur Vereinfachung und zur Betonung der Gesimsprofilierung erkennbar, die in diesem Falle derjenigen Profilierung in der Clarissenkirche in Eger am nächsten kommt[43].

Im Jahre 1747 oder 1748 lieferte Kilian Ignaz Dientzenhofer den *Entwurf und die Kostenschätzung für den Bau der Peter- und Pauls-Kirche in Kostelez an der Eger* (Kostelec nad Ohří). Der Initiator war der Budiner Dekan Leopold Lausecker, der Patron war Graf

Karl von Dietrichstein. Er akzeptierte zwar den Entwurf, äußerte aber Einwände gegen die Kostenschätzung und war erst mit ihr einverstanden, nachdem sie von einem nicht genannten Baumeister in Leitmeritz geprüft und bestätigt wurde. Die Kirche befand sich bereits 1749 im Bau, geweiht wurde sie aber erst im Jahre 1758. Der längliche Bau mit zwei von Tonnen mit Lünetten überspannten Feldern, mit deutlich abgeschrägten Ecken des Schiffes, mit gerade abgeschlossenem Presbyterium und mit einem Turm an der Front wurde offenbar von einem örtlichen Meister ausgeführt, ohne die Aufsicht des Architekten und größtenteils erst nach dessen Tod, so daß vom Entwurf wohl nicht viel mehr als das Grundrißschema erhalten ist[44].

Die kleine *Kapelle Mariä Heimsuchung auf dem Kalvarienberg bei Radnitz* (Radnice) im Rokycaner Kreis ist ein Bau, bei dem Kilian

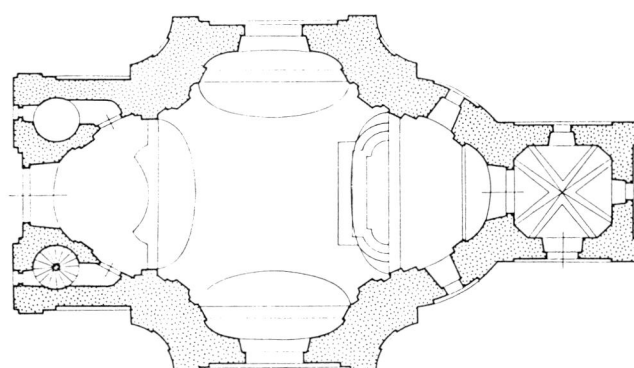

Radnitz, Kapelle Mariä Heimsuchung auf dem Kalvarienberg

Ignaz als Autor zwar durch Quellen nicht belegt ist, der aber für ihn in seiner Gesamtkonzeption und zum Teil auch in den Details so charakteristisch ist, daß darüber kein Zweifel besteht. Es handelt sich dabei um einen leicht gestreckten Zentralbau mit einem quadratischen, von einer Tonne überspannten Mittelteil, einem halbkreisförmigen Presbyterium, einer trapezförmigen Vorhalle und flachen, breiten Seitennischen. An das Presbyterium schließt eine quadratische Sakristei an, über der Front erhebt sich ein kleiner Turm. Die Datierung liegt zwischen den Jahren 1735 und 1745. Eine genaue Betrachtung der Details – zum Beispiel der Pfeifenkapitelle an den Pilastern im Interieur – läßt auf die letzte Schaffensperiode Kilian Ignaz Dientzenhofers schließen. Dabei zeigt sich hier keine deutliche Tendenz zur Vereinfachung der Formen, wie sie beispielsweise für Kalenitz und Paschtik bezeichnend ist. Allerdings weisen manche Details am Interieur, besonders die Fensterumrahmungen, auf die Hand des ausführenden Maurermeisters hin. Der Patron und der Bauherr war in diesem Fall Johann Wenzel Graf von Bubna. Über die Beziehungen Kilian Ignaz' zu diesem Geschlecht ist bisher nichts Näheres bekannt[45].

Der südlichste Bau, der nach dem Entwurf Kilian Ignaz Dientzenhofers in den Jahren 1733 bis 1739 ausgeführt wurde, ist die *Wallfahrtskirche zu den Sieben Schmerzen Mariens in Gutwasser* (Dobrá Voda) *bei Budweis* (České Budějovice). Im Grundriß handelt es sich um einen ovalförmigen Zentralbau, der an den Seiten mit weit sich öffnenden Altarnischen verbreitert ist. Das Presbyterium sowie die Vorhalle sind Querrechtecke mit konkav nach innen gebogenen Wänden; die Sakristei und das Repositorium haben einen ovalen Grundriß. Dieses Schema kann man ohne Mühe zum Werk Dientzenhofers aus den dreißiger Jahren zählen; allerdings entspricht die Ausführung der Details dieser Schaffensperiode weniger, so daß der Bau allem Anschein nach unter der Leitung eines örtlichen Meisters, also ohne Aufsicht des Architekten entstanden sein muß[46].

Kilian Ignaz Dientzenhofer war nicht nur Inhaber eines ziemlich großen und gutgehenden Bauunternehmens und Privatarchitekt, um dessen Dienste sich »fast der gesamte böhmische Adel und die Geistlichkeit« bemühte, so daß er »wegen der Anhäufung der Arbeit« oft kaum Zeit hatte, auf den Fortgang der jeweiligen Bauarbeiten zu achten, wie der Administrator der Böhmischen Herzoglichen Bayerischen Herrschaften – früher der Toscanischen –, Philipp Benno von Wünkler, im Jahre 1750 nach München schrieb[1]. Er bekleidete auch zwei bedeutende Funktionen in der staatlichen Verwaltung. Seit 1730 war er *Hofbaumeister*, und seit 1737 *Oberfestungsbaumeister*.

Zu der ersten Funktion sollten einige historische Anmerkungen vorausgeschickt werden. Der Titel »Hofbaumeister« wurde in Prag erst im Zusammenhang mit der Ernennung Kilian Ignaz Dientzenhofers in diese Funktion eingeführt. Hinsichtlich der damit verbundenen Pflichten war es allerdings ein schon sehr altes Amt, dessen Wurzeln bis ins Mittelalter reichen. Die ersten bekannten Hofbaumeister waren Matthias von Arras und Peter Parler aus Gmünden, wobei man diesen Titel damals noch nicht benutzte. Peter Parler war entweder »Meister Peter« oder »Meister Peter, der Steinmetz«, oder aber auch »Meister des Neubaus der Prager Kirche«, das heißt der St.-Veits-Kathedrale[2].

Die Baumeister des Jagellonenkönigs Wladislaw, Hans Pehem, Hans Spieß und Benedikt Ried, waren lediglich »Meister«. Nach dem Tode des Meisters Benedikt, der mehrere Jahre für Ferdinand I. arbeitete, kamen nach dem Jahre 1535 die Italiener Giovanni Spazio und Paolo della Stella auf die Prager Burg. In den Archivdokumenten werden auch sie nur »Meister« genannt.

Wann man den offiziellen Titel »Paumeister der Prager Burg« zu benutzen anfing, läßt sich schwer bestimmen. Es sieht so aus, daß er erst nach dem »großen Brand der Kleinseite, der Burg und des Hradschins« im Jahre 1541 eingeführt wurde, als die Restaurierungsarbeiten richtig losgingen und der Bau der Burg allmählich vorankam. Das selbständige »Amt des Prager Schloßpaumeisters« entwickelte sich offensichtlich langsam und hat wohl erst während der langjährigen Tätigkeit des Bonifaz Wollmuth (1555 bis 1570) seine endgültige Form erhalten. Damals war es schon ein wirklich von einem »Paumeister« geführtes Amt, der einen »Bauschreiber« zur Seite hatte. Auch diese administrative Funktion war älteren Datums; bekannt sind die Namen der Bauschreiber bereits schon aus der Zeit vor dem Brand im Jahre 1541. Offensichtlich war der Bauschreiber allerdings zunächst ein Vertreter der 1527 von Ferdinand I. gegründeten Böhmischen Kammer.

Das »Amt des Prager Schloßpaumeisters« gewann im Laufe der Zeit weitgehend an Selbständigkeit und wurde zu einer eigenständigen Institution, die der Böhmischen Kammer unterstand. Das Personal dieses Amtes wurde auch immer aus den Mitteln der Kammer und nicht aus denen der Hofkammer entlohnt. In der zweiten Hälfte des 16. Jahrhunderts wurde das Amt, wie schon gesagt, wahrscheinlich seit dem Wirken Bonifaz Wollmuths von einem echten »Paumeister« geführt, dem außer dem Bauschreiber noch weitere Mitarbeiter unterstanden, und zwar Verwaltungsleute und ausführende Maurermeister, die entweder direkt auf der Burg oder auf den Kammerherrschaften tätig waren.

Unter Bonifaz Wollmuth arbeiteten zum Beispiel Ulrico Aostalli, Giovanni Lucchese und in Brandeis (Brandýs) Matheo Borgorelli. Aostalli wurde Wollmuths Nachfolger und hatte die Maurermeister Martin Gambarino und in Brandeis Etore Vaccani zur Hand. Unter Orazio Fontana und vor allem unter dem letzten Architekten Rudolphs II., Giovanni Maria Filippi, arbeiteten sicherlich auch einige Maurermeister, denn die Aufgaben, die Rudolph seinen Baumeistern stellte, waren anspruchsvoll und umfangreich. Besonders Filippi muß einen guten Stellvertreter gehabt haben, da er nach Beginn der Abschlußarbeiten zum Westteil der Prager Burg im Jahre 1613 für eine Zeitlang nach Italien fuhr[3]. Außer dem »Paumeister« arbeiteten auf der Burg auch andere selbständige Handwerker. Es waren vor allem der »Hofzimmermeister«, der »Hofschlosser«, der »Hofschreiner« und der »Hofsteinmetzmeister«, um nur die wichtigsten zu nennen. Aber bei keinem der Berufe bedeutete die Arbeit an der Prager Burg, daß ein Meister etwa keine anderen Aufträge hätte annehmen können. Es war im Gegenteil gängige Praxis, denn manchmal wurde an der Burg so wenig gearbeitet, daß kein Handwerker hätte davon leben können. Der Zusatz »Hof-« war allmählich zu einem Titel geworden, der besagte, daß der betreffende Handwerker auch für den Kaiserhof tätig ist; ähnlich wie im Falle des »Hofkaufmanns«, der längst nicht ausschließlich ein Hoflieferant war.

Die Institution des »Prager Schloßpaumeisters« ging offenbar endgültig ein, nachdem Giovanni Maria Filippi im Jahre 1615 fortgegangen war. Das Amt des Bauschreibers gab es zwar weiterhin, aber die Bauarbeiten, die, besonders in den ersten Jahren nach der Niederlage der ständischen Heere am Weißen Berg, nicht sehr zahlreich waren, besorgten die Hofmaurermeister. Zur Leitung der ersten größeren Baumaßnahme, der Fertigstellung und dem Umbau der Burg in den Jahren 1638 bis 1647, wurde deshalb der Hofbaumeister Giuseppe Mathei delegiert, der nach dem Abschluß der Arbeiten wieder nach Wien zurückkehrte. Auf der Burg gab es keinen eigentlichen Baumeister bis zum Tode von Thomas Haffenecker, der nach Jakob Anton Canevalle von 1727 bis 1730 für kurze Zeit die Stelle des Hofmaurermeisters innehatte. Er hatte Canevalle bei zahlreichen Maßnahmen bereits seit vielen Jahren vertreten. Während in der Renaissancezeit der Schloßbaumeister der wirkliche Leiter des Hofbauamtes war, änderte sich das Verhältnis der beiden Funktionen nach den Ereignissen am Weißen Berg in der Weise, daß die leitende Position dem Hofbauschreiber zukam, der der ständige Angestellte der Böhmischen Kammer war, während der Maurermeister und später, völlig legal, auch der Hofbaumeister eigentlich nur dem Titel nach zu ihrem Personal gehörten.

Im 16. und am Anfang des 17. Jahrhunderts war die Stelle des »Prager Schloßpaumeisters« ein Arbeitsplatz mit einem festen Jahresgehalt, das in manchen Fällen sogar vom Herrscher selbst festgesetzt wurde[4]. Wahrscheinlich war dieses Gehalt nicht immer gleich. Vollständige Informationen darüber sind nicht vorhanden, und zwar aus folgendem Grunde. Die Böhmische Kammer war für Böhmen gleichzeitig Innen- und Finanzministerium. Das ausführende Finanzamt war das Rentamt, wo die Einkünfte aus dem gesamten Königreich zusammenkamen und von dem auch das

Personal der Böhmischen Kammer bezahlt wurde. Im Rentamt wurden die Bücher sehr sorgfältig geführt, und zwar doppelt. Ein Buch war dem Rentmeister anvertraut, das zweite dem sogenannten »Gegenhändler«, also seinem Mitarbeiter und Kontrolleur. Bei den Revisionen wurden diese unabhängig voneinander geführten Bücher verglichen. Aus der langen Reihe dieser Bücher sind bloß zwei Exemplare erhalten, ein Rentmeisterbuch aus den zwanziger Jahren des 17. Jahrhunderts und ein Buch des »Gegenhändlers« aus der zweiten Hälfte des 16. Jahrhunderts. Wenn heute mehr Bücher zur Verfügung stünden, wüßte man genau, wie hoch die Gehälter der Angestellten der Böhmischen Kammer und der dazugehörigen Ämter waren, und zwar angefangen mit ihrem Präsidenten bis hin zum Pförtner, und man wüßte auch, wann welcher Mitarbeiter eingetreten ist und wann seine Beschäftigung aufhörte[5]. In den erhaltenen Akten findet man zwar manchmal Angaben dieser Art, sie sind aber sporadisch, und es ist nicht möglich, daraufhin einen Gesamtüberblick zu erstellen. So ist zum Beispiel bekannt, daß Jakob Anton Canevalle als »Hofmaurermeister« »zum Gesellengroschen« bezahlt wurde. Nach den erhaltenen Dokumenten hatte er einen Tageslohn, der genauso hoch war wie der eines Poliers. Außerdem war er Hausmeister im Haus der Hofkammer auf der Kleinseite (Westteil der heutigen Konskr. Nr. I–III), wo er auch eine Wohnung hatte[6]. Im Alter arbeitete Canevalle nur noch wenig. Auf der Burg half Thomas Haffenecker aus, und auf den Kammergütern Franz Maximilian Kaňka. Ihm sicherte sein großer Gönner Franz Wenzel Graf Trauttmansdorff bei der Böhmischen Kammer eine besondere Stelle als Baumeister der Gestüte mit einem ungewöhnlich hohen Jahresgehalt von 250 rh. Gulden[7].

Auch Thomas Haffenecker, der, wie schon erwähnt, seit 1723 Canevalle vertrat, arbeitete »zum Gesellengroschen«, was bedeutete, daß ihm Diäten für die Dienstreisen und Honorare für die Entwürfe gezahlt wurden. Die Situation eines Inhabers der Stelle des Hofzimmermeisters war vergleichbar. Thomas Stubner arbeitete nach 1723 nur noch wenig, und die Zimmerarbeiten wurden bei Joseph Leffler, dem Nachbarn und Freund Kilian Ignaz Dientzenhofers, in Auftrag gegeben. Leffler wurde 1729 offiziell zum Hofzimmermeister ernannt. Als ein Jahr später Kilian Ignaz auf Antrag des Hofbauschreibers Johann Heinrich Dinebier mit Dekret vom 23. November zum neuen Hofmaurermeister ernannt wurde, forderte man ihn auf, am folgenden Tag zur Ablegung des üblichen Eides vor der Böhmischen Kammer zu erscheinen. Die Kammer sollte dann sein Jahresgehalt, die Höhe der Diäten und die Honorarsätze für die Entwürfe festsetzen[9].

Die Höhe der Diäten und der Honorare für die Entwürfe wurde zwar bestimmt (beziehungsweise blieb so, wie die Böhmische Kammer gewohnt war zu zahlen), die Höhe des Jahresgehaltes aber keineswegs. Kilian Ignaz arbeitete also für den kaiserlichen Hof »zum Gesellengroschen«, und das, wie später gezeigt werden wird, zu einem sehr bescheidenen. Dabei machte das Gehalt des Wiener Hofarchitekten Johann Bernhard Fischer von Erlach jährlich 1500 rh. Gulden aus, und Johann Lukas von Hildebrandt, der zweite Hofarchitekt, hatte 600 rh. Gulden, bis er nach dem Tode J. B. Fischers dessen Stelle übernahm[10].

Der Bauschreiber Dinebier war zwar ein sehr sparsamer Beamter und sah es ungern, wenn das Geld umsonst ausgegeben wurde, er war aber gleichzeitig gerecht und konnte die Fähigkeiten des neuen »Hofmaurermeisters« – der Titel »Hofbaumeister« wurde erst etwas später eingeführt – sowie des Hofzimmermeisters entsprechend einschätzen. Schon vor der Ernennung Kilian Ignaz Dientzenhofers wies er darauf hin, daß Franz Maximilian Kaňka für den Bau der Stallungen in Kladrau und Selmitz einen »Gesellengroschen« in Höhe von 250 rh. Gulden bezogen hätte und daß ihm dazu noch Reisekosten (sog. Liefergeld) von 3 rh. Gulden täglich gezahlt würden. Kaňka teilte seinen »Gesellengroschen«

angeblich mit einem nicht genannten Baumeister aus Daschitz, den man einmal pro Quartal auf dem Bau sähe und zwar dann, wenn er sein Geld holen sollte. Nach Meinung Dinebiers wäre es nicht möglich, nur für die Stallungen einen so teuren Baumeister und außerdem einen Maurermeister zu halten. Den Bau der Stallungen könne man ganz gut Meister Thomas Haffenecker anvertrauen, der übrigens auch schon die Pläne zu drei Wohnobjekten, Stallungen und verschiedenen Kirchen auf den kaiserlichen Gütern geliefert hätte. Wegen der Kirchen und der wirtschaftlichen Nebengebäude müsse er sowieso über Kladrau fahren. Im übrigen wären die Zimmerleute auf den kaiserlichen Gütern vollkommen unerfahren und nachlässig in ihrer Arbeit, was sich beispielsweise am Dachstuhl der Kirche in Daschitz gezeigt hätte. Es wäre daher unerläßlich, die Arbeiten von Hofzimmermeister Leffler und Hofmaurermeister Haffenecker leiten zu lassen, die honorarfrei schon eine Reihe von Zeichnungen angefertigt hätten. Es würde vollkommen ausreichen, wenn man ihnen in Kladrau einen guten Polier und zwei erfahrene Gesellen zur Seite stellte[11].

Kaňka bekam das genannte Gehalt bis Ende 1727, und Dinebier strebte danach die Aufteilung dieses Gehaltes unter Kilian Ignaz Dientzenhofer und Joseph Leffler an, damit der Hofbaumeister 150 rh. Gulden und der Hofzimmermeister 100 rh. Gulden jährlich bekämen[12]. Die Böhmische Kammer, die einige Jahre lang Kaňka 250 rh. Gulden pro Jahr nur für die Stallungen gezahlt hatte, wies seinen Antrag im Jahre 1732 ab. Gegen diese Entscheidung protestierten beide Betroffenen mit dem Hinweis darauf, daß sie nicht nur in Prag arbeiteten, sondern auch an Kirchenbauten und anderen Baustellen auf den kaiserlichen Gütern und Gestüten. Sie würden auch weiter für das ihnen zuerkannte Gehalt arbeiten, seien aber beide verheiratet und hätten unversorgte Kinder, zahlten Kontributionen für ihre Häuser und trügen alle weiteren städtischen Gebühren. Unter diesen Umständen könnten sie die geforderten Pläne und Kostenrechnungen nicht ausarbeiten und liefern; dies würde ihnen durch die Schwankungen der Materialpreise und durch das übliche zwei- bis viermalige Kopieren noch erschwert. Sie könnten auch nicht an den Baukommissionen teilnehmen und mit ihren eigenen oder mit gemieteten Pferden auf die kaiserlichen Güter hinausfahren und dort das eigene Gerät kaputtmachen. Kurzum, sie könnten die Arbeit nicht für den in Böhmen gängigen Gesellengroschen tun. Beide wären noch bereit, den Bau der Brauerei in Brandeis zu Ende zu führen, da es nicht weit von Prag entfernt liege, aber bei den übrigen Baustellen hätten sie nicht vor weiterzumachen. Sie forderten, daß ihnen außer dem anstehenden Reisegeld sowohl die Pläne als auch die Kostenrechnungen honoriert werden.

Nach diesen Ausführungen wurde den Beamten der Böhmischen Kammer doch klar, daß sie zwei hervorragende Fachleute verlieren könnten. Sie erhöhten den beiden mit dem Dekret vom 28. November 1732 das Liefergeld von 1 Gulden 30 Kreuzer auf 2 Gulden täglich[13].

Es ist interessant zu wissen, wie man dem Hofbaumeister und dem Hofmaurermeister die Pläne bezahlte, die sie für das Hofbauamt anfertigten. Eine Übersicht der Jahre 1732 und 1733 stellte Johann Heinrich Dinebier zusammen. Für einen Plan, der den Grundriß, die Fassade und das »Profil« (also den Schnitt durch das Gebäude) beinhaltete, bekam der Baumeister 3 rh. Gulden. Für einen kleineren Plan, wie zum Beispiel die Zeichnung für die Restaurierung der Schloßbrauerei in Pardubitz (Pardubice), war das Honorar niedriger – nur 1 rh. Gulden. Dem Hofzimmermeister zahlte man für die Zeichnung des Dachstuhls auch nur 1 rh. Gulden, und zwar ohne Rücksicht darauf, wie groß und kompliziert der Dachstuhl war.

Während der genannten zwei Jahre fertigte Kilian Ignaz Dientzenhofer eine ganze Reihe von *Plänen für das Hofbauamt*. Es waren

Pläne zum Bau einer Kirche in Vysoké Chvojno, die nicht realisiert wurde, weil der Pardubitzer Hauptmann den Bau unterbrach und die Kirche von einem Maurermeister aus Daschitz bauen ließ. Es war der Maurermeister Roček, zweifellos derselbe, mit dem Franz Maximilian Kaňka seinen »Gesellengroschen« in Kladrau teilte. Die Verbitterung Johann Heinrich Dinebiers war groß, aber gegen die Entscheidung des Pardubitzer Hauptmanns konnte er entweder nichts unternehmen, oder er wurde über die ganze Angelegenheit zu spät informiert. Aus den Jahren 1731 bis 1732 datieren die *Entwürfe für weitere Kirchen:* für die *Neubauten von St. Peter in Lustdorf* (Oškobrh), von *St. Peter in Fesseln* für Velenka und zur *Kirche für Altkolin* (Starý Kolín) sowie für den *Umbau der Kirche in Sadska.* Außerdem lieferte Kilian Ignaz einen *kleinen Plan für die Reparatur der Brauerei in Pardubitz* und einen *Plan für die Wirtschaft in Skalka* bei der Wiener Straße, wo man in einem Brunnen eine Erzader fand. Die Honorare der Böhmischen Kammer waren tatsächlich armselig, was erst im Vergleich mit den Honoraren des Neustädter Baumeisters Jakob Halíř oder Halířek deutlich wird, der einige Pläne für die kaiserlichen Güter unter der Verwaltung von Baron Kayser anfertigte und pro Stück 20 bis 24 rh. Gulden bekam. Demgegenüber verdiente Kilian Ignaz im Laufe von zwei Jahren nur 17 rh. Gulden, und Joseph Leffler, der zu allen seinen Entwürfen die Pläne der Dachstühle und außerdem selbständige Pläne für Dachstühle von alten Gebäuden auf den kaiserlichen Gütern, Zeichnungen von reinen Holzbauten wie zum Beispiel der Schuppen zum Trocknen von Ziegeln und ähnliches lieferte, bekam als Honorar insgesamt 12 rh. Gulden bezahlt[14]. Die Böhmische Kammer war der am schlechtesten zahlende Bauherr des Königreiches überhaupt, und es kann ohne Übertreibung gesagt werden, daß der Titel »Hofbaumeister« in Wirklichkeit ein Ehrentitel war, der für seinen Träger keinerlei finanzielle Absicherung bedeutete. Es ist bisher nicht möglich zu erklären, warum es hier einen solchen Unterschied zwischen Wien und Prag gab.

In die ersten Jahre von Dientzenhofers Tätigkeit für das Hofbauamt fallen auch zwei Bauten, von denen einer auf dem Gelände der Prager Burg selbst, der andere ganz in ihrer Nähe auf dem Hradschin realisiert wurden. Lange Jahre war über die *neue Gestaltung des königlichen Gartens* verhandelt worden. Drei Generationen Hofgärtner hatten sich um seine »Modernisierung« bemüht; es war der Großvater Mathes Zinner, sein Sohn Franz Joseph und schließlich der Enkel Franz. Erst diesem gelang es im Jahre 1728, die Genehmigung für die Barockisierung des Gartens zu bekommen, der bis dahin immer noch seine Renaissanceform beibehalten hatte, mit regelmäßigen quadratischen Beeten in zwei Reihen, die eigentlich selbständige, mit Zäunen umgebene Gärtchen bildeten. An diesem Erfolg von Zinner hatte Dinebier zweifellos den Löwenanteil. Mit der Barockisierung des Gartens hing auch der *Bau eines neuen Glashauses* zusammen, welcher in den Jahren 1730/31 realisiert wurde. Es wurde wahrscheinlich noch nach einem Entwurf von Thomas Haffenecker in Angriff genommen, Kilian Ignaz Dientzenhofer überarbeitete ihn, und unter seiner Leitung führte dann der damalige Hofpolier Franz Hoffe den Bau aus[15]. Das Glashaus hat leider die Bombardierung während der preußischen Belagerung von Prag im Jahre 1757 nicht überstanden. Beide Seitenflügel mit den großen Fenstern wurden zerstört, so daß man von einer Erneuerung absah und nur der kleine zweigeschoßige Mittelpavillon stehen blieb, der als Lusthaus genutzt wurde. Er bildet heute den Mittelteil der Villa des tschechoslowakischen Präsidenten[16].

Nach dem Abschluß des Glashausbaus im Jahre 1732 begannen die Verhandlungen über eine *gründliche Instandsetzung des kaiserlichen Spitals auf dem Hradschin* (Konskr. Nr. 73–IV). Es war eine vom Prager Erzbischof Jan Očko aus Wlaschim für arme und kranke Geistliche gegründete Einrichtung aus dem Mittelalter, die im Jahre 1374 geweiht wurde. Später war das Spital ein Heim für die Kranken und Alten des Personals der Burg geworden. Nach zahlreichen Reparaturen in der Renaissance und danach war es nicht in bestem Zustand. Johann Heinrich Dinebier waren vor allem die kleinen Häuser, die an seiner von der mittelalterlichen Burgmauer der Stadt Hradschin gebildeten Nordwand angebaut worden waren, ein Dorn im Auge. Über einen radikalen Umbau wurden erst im Jahre 1729 Überlegungen angestellt; Thomas Haffenecker arbeitete sogar die Entwürfe aus, aber die Böhmische Kammer zögerte von Jahr zu Jahr mit der Genehmigung. Erst durch das kaiserliche Dekret vom 20. September 1732 wurde der Bau genehmigt, und Kilian Ignaz Dientzenhofer fertigte *neue Pläne* an. Für die Spitalkapelle erarbeitete er mehrere Grundrißvarianten, die sich vor allem dadurch voneinander unterschieden, daß bei den älteren der Mittelraum regelmäßig quadratisch war und er bei den späteren leicht trapezförmig wurde. Nach einer der letzten Varianten wurde die Kapelle schließlich gebaut. Der Umbau des gesamten Gebäudes wurde in den Jahren vor 1733 bis 1737 verwirklicht und ist lückenlos durch regelmäßige Nachweise dokumentiert, die vom Hofbauamt geführt wurden. Es ging um sog. Wochenzettel, die allerdings vierzehntägige Nachweise sind. Diese Nachweise beinhalten Aufstellungen von allen baulichen und handwerklichen Arbeiten, ergänzt durch kurze Beschreibungen dessen, was wo getan wurde – besonders in bezug auf die Steinmetzarbeiten; selbstverständlich sind darin auch Angaben darüber enthalten, wie viele Tage gearbeitet und wieviel gezahlt wurde. Bei den übrigen Handwerkern ist angegeben, was und zu welchem Preis sie es lieferten. An dem Umbau des Spitals arbeitete natürlich der Hofzimmermeister Joseph Leffler mit, die Steinmetzarbeiten führte Peter Baumgartner aus, der die Nachfolge seines Schwiegervaters Johann Ulrych Mannes, des langjährigen Mitarbeiters beider Dientzenhofer, antrat. Den Innenraum der Kapelle hat Ignaz Palliardi mit Stuck dekoriert, und das Fresko im Gewölbe malte der Hofmaler Franz Anton Müller, der auch der Autor der Altarbilder ist. Der Umbau des Spitals kostete insgesamt 25 085 rh. Gulden und 41 Kreuzer. Nach der Fertigstellung wurde der Nordflügel, gemäß seiner ursprünglichen Bestimmung, als Wohnstätte für die alten Bediensteten und Angestellten der Burg genutzt. Im westlichen Flügel wurde das Pfründenamt untergebracht und die Räume, die zum Betrieb der Stallungen hinter dem Spital gehörten, als Ersatz für die im Zusammenhang mit dem Neubau der Nepomukkirche abgebrochenen Gebäude verwendet[17].

Abgesehen von diesen zwei Hauptprojekten war Kilian Ignaz für *alle kleinen Reparaturarbeiten auf der Burg und auf den kaiserlichen Herrschaften in und außerhalb Prags* verantwortlich. Dem Hofbauamt unterstanden nämlich beide Wildgehege – das sogenannte »alte« in Bubeneč sowie das »neue« auf dem Weißen Berg – und einige weitere Objekte auf dem Hradschin, die Prager Zeughäuser und selbstverständlich sämtliche Wohnbauten sowie Wirtschaftsgebäude und die sonstigen Anlagen auf den kaiserlichen Gütern. Es waren damals die Herrschaften in der Niederung der Elbe: Brandeis an der Elbe (Brandýs nad Labem), Przerow (Přerov) an der Elbe, Kolin, Podebrad (Poděbrady) sowie Pardubitz und, südwestlich von Prag, die Herrschaften Zbirow (Zbiroh), Königshof (Králův Dvůr) bei Beroun, Žebrak (Žebrák) und Točník. So unternahm zum Beispiel 1731/32 Kilian Ignaz Dientzenhofer gemeinsam mit dem Zimmermeister Leffler und dem Hofbauschreiber Dinebier verschiedene Reisen auf diese Herrschaften und auch eine nach Karlsbad, wo er die Unterkunft für einen Aufenthalt des kaiserlichen Hofes organisierte[18]. Von April bis August 1732 verbrachte Kilian Ignaz insgesamt 37 Tage unterwegs auf Reisen über die kaiserlichen Herrschaften.

Dank des unermüdlichen Eifers von Hofbauschreiber Dinebier,

der die Böhmische Kammer mit seinen Vorschlägen über notwendige Baumaßnahmen – Instandsetzungen oder Neubauten – förmlich bombardierte und sich durch keine Ablehnung entmutigen ließ, entwickelte sich Anfang der dreißiger Jahre eine ungewöhnlich rege Bautätigkeit, besonders auf den kaiserlichen Herrschaften. Damit das alles bewältigt werden konnte, wurde im Jahre 1732 Jakob Schödl als Maurermeister in die Hofdienste aufgenommen, der damit die Stelle seines verstorbenen Vetters Thomas Haffenecker antrat. Seine Tätigkeit beschränkte sich auf Entwürfe von weniger anspruchsvollen Wirtschaftsgebäuden, auf das Vermessen und die Bauaufsicht – kurz, auf die Aufgaben, welche für Kilian Ignaz Dientzenhofer einen zu großen Zeitverlust bedeutet hätten[19].

Der Bau von Dorfkirchen–Semitz in der Przerower Herrschaft, Činewes (Činěves) in der Herrschaft Podebrad und Bohdanetsch (Bohdaneč) und Platenitz (Platěnice) in der Herrschaft Pardubitz – wurde unter der Leitung des neuen Hofbaumeisters bis Ende des Jahres 1731 fortgesetzt. Die beiden ersten begann Thomas Haffenecker, die zwei weiteren der Baumeister Halířek, der auf der Pardubitzer Herrschaft unter der Verwaltung von Baron Kayser tätig war. So entstanden auch die neuen Kirchen in Podčapl (Počaply) bei Königshof im Berouner Kreis, von Velenka in der Podebrader Herrschaft und eben dort der Umbau der gotischen Kirche in Sadska. Hier hielt sich Kilian Ignaz einige Tage auf; denn er leitete höchstpersönlich die Grabungsarbeiten zur Ermittlung der Tiefe der alten Kirchenfundamente. Eine weitere Kirche sollte in Altkolin gebaut werden, wo schon das Baumaterial bereitlag, und man nahm den Bau der Pfarrämter in Předměritz (Předměřice) und Čelakowitz (Čelákovice) und einer Wirtschaft in Velenka in Angriff.

Für das Jahr 1732 bereitete man sich auf eine längere Visite des kaiserlichen Hofes in Böhmen vor, was vor allem unumgängliche Modernisierungen und Instandsetzungen von Schlössern auf allen kaiserlichen Herrschaften bedeutete, besonders aber in Brandeis, Pardubitz und Podebrad. An die Pfarrkirche in Prelautsch (Přelouč) sollte die Kapelle St. Barbara angefügt werden; in Altbunzlau (Stará Boleslav) wurde ein Wirtshaus gebaut. Der Hofbaumeister und der Hofzimmermeister stellten die Kalkulation für den Umbau der Kirche in Sadska zusammen, der 5546 rh. Gulden und 26 Kreuzer kosten sollte.

Im Jahr 1733 entfalteten sich nicht weniger reiche Aktivitäten. Es wurden Ausschreibungen für das Baumaterial zum Umbau der Kirchen in Sadska und in Velenka, die Kalkulation für die Kirche in Altkolin und die Pläne für die Kirchen in Vysoké Chvojno und in Holitz (Holice) vorbereitet. Die Popowitzer Brauerei wurde restauriert, der Bau der Brauerei in Brandeis an der Elbe fortgesetzt und mit dem Bau des Wirtschaftshofes in Popowitz begonnen.

In das Jahr 1734 fällt die Vorbereitung des Baus der Peter- und Pauls-Kirche auf dem Berg Oškobrh (Lustdorf) in der Herrschaft Podebrad. Auf dem Schloß Pardubitz wurden umfangreiche Umbauarbeiten des ersten und des zweiten Obergeschoßes des Frontflügels durchgeführt und gleichzeitig der Dachstuhl repariert. Auf dem Schloß Zbirow besserte man das Dach über der Wohnung des Hauptmanns aus.

Für das Jahr 1736 wurden größere Restaurierungsarbeiten des Schlosses Brandeis an der Elbe vorbereitet. Ein Unglücksfall beschleunigte das Vorhaben: Der Blitz beschädigte den alten Schloßturm, den man gründlich instandsetzen lassen mußte. Seine barocke Form war ein Werk von Kilian Ignaz Dientzenhofer, aber erhalten ist er leider nur auf den älteren Bildern des Schlosses. Im Jahre 1872 wurde er nämlich im Geiste der »Neorenaissance« nach dem Entwurf Friedrich Wachsmanns, des künstlerischen Beraters des damaligen Besitzers der Herrschaft, Erzherzog Ludwig Salva-

tor, umgestaltet. Im Jahre 1736 bereitete man auch den Bau der Kirche und des Pfarramtes in Čelakowitz vor.

Die Schriftstücke aus dem Jahre 1737 beinhalten auch Informationen über den Bau der Kirchen in Lustdorf und Holitz. Außerdem wurde das kleine Schloß beim Gestüt in Kladrau erneuert und der Bau der Kirche in Prelautsch (Přelouč) vorbereitet. Der schon seit langem geplante Umbau der Kirche in Sadska war immer noch nicht in Gang gekommen. Man schickte den Hofmaurermeister Jakob Schödl hin, damit er Unterlagen für eine neue Kalkulation erarbeite.

1738 wurde der Bau der Kirche in Předměritz vorbereitet, und noch immer war man dabei, die Dachstühle des Schlosses in Brandeis an der Elbe zu reparieren, wofür Kilian Ignaz Dientzenhofer gemeinsam mit Joseph Leffler 1739 eine genaue Kalkulation erarbeitete. Es wurden ebenfalls Instandsetzungsarbeiten an der Kirche in Zditz (Zdice) vorgenommen.

In das Jahr 1740 fallen die umfangreichen Änderungen im Innern des Schlosses in Brandeis an der Elbe, wo Kilian Ignaz eine neue »Retirade« (also ein Privatgemach) für die Kaiserin und ein neues Ananas-Glashaus für den Garten entwarf. Am Pardubitzer Schloß wurde der Uhrenturm repariert, außerdem arbeitete man am Bau der Kirche in Holitz und an der Brauerei in Daschitz. Die Dienstreisen in die meisten der genannten Orte unternahm Kilian Ignaz Dientzenhofer gewöhnlich in Begleitung von Hofzimmermeister Joseph Leffler; häufig schloß sich ihnen auch der Hofbauschreiber Johann Heinrich Dinebier an. Zeitweise wurde Kilian Ignaz vom Hofmaurermeister Jakob Schödl vertreten[20].

Auf der *Prager Burg und an den Objekten in Prag, die das Hofbauamt verwaltete*, stand die Arbeit auch nicht still. Außer den schon erwähnten größeren Baumaßnahmen, dem Bau des Glashauses im königlichen Garten und dem Umbau des kaiserlichen Spitals, waren es allerdings *vorwiegend Reparaturarbeiten*. In den Jahren 1737/38 wurde an dem Flügel, wo die Landtafel untergebracht war, auf der Seite zum Palasthof der anspruchslose Anbau der »Votantenstube« (also der abstimmenden Beamten) errichtet.

Wegen des bayerisch-französischen Einfalls nach Böhmen und der Einnahme Prags zu Beginn des Krieges um die österreichische Erbfolge wurde diese eifrige Bautätigkeit in den Jahren zwischen 1741 und 1742 unterbrochen. Das folgende Jahr war von unumgänglichen Reparaturen der durch die Kriegshandlungen entstandenen Schäden und durch Vorbereitung der Krönung Maria Theresias gekennzeichnet, was umfangreiche Restaurierungsarbeiten an den Gebäuden auf der Prager Burg, in der Stadt und auf den kaiserlichen Herrschaften mit sich brachte, an denen sowohl Kilian Ignaz Dientzenhofer als auch Joseph Leffler intensiv beteiligt waren[21].

Nach der Krönung im Jahre 1743 erwartete beide Meister eine Aufgabe, die zwar nicht sehr wirkungsvoll, dafür aber technisch um so schwieriger war. Der *Spanische Saal*, den der letzte Baumeister Rudolphs II., Giovanni Maria Filippi, 1603 bis 1606 für ihn erbaut hatte, war ein Raum mit zwei Schiffen, den eine Reihe von vier Säulen teilte, mit zwei entsprechenden Halbsäulen an den beiden Stirnseiten. Dieses Renaissance-»Doppelschiff« war mit einem Paar parallelgelegter Satteldächer und einer Rinne dazwischen eingedeckt. Daraus ergaben sich Schwierigkeiten, denn die Dächer waren zu schwer und das Außengemäuer wurde auseinandergedrückt. Bereits im Jahre 1685 hatte man an eine Verbesserung gedacht und die Böhmische Kammer forderte damals den erzbischöflichen Architekten Jean Baptiste Mathey auf, einen Entwurf auszuarbeiten. Mathey legte einen solchen zwar vor, aber zu einer Realisierung kam es nicht. Der Grund dafür war vielleicht der Umstand, daß ihm – er war ein gelernter Maler, aber kein Baumeister – die selbständige Bauausführung verboten wurde. Dies war aber wohl kaum der einzige Grund. Die wahre Ursache wird darin gelegen haben, daß sein Entwurf Mißtrauen erregte, was der oben genannte Umstand noch verstärkte[22].

Der Saal wurde auf irgendeine Weise provisorisch gesichert, mit der Generalüberholung wartete man bis 1743, als sich sein Zustand offenbar wiederum verschlechtert hatte. Kilian Ignaz Dientzenhofer und Joseph Leffler untersuchten den Saal gemeinsam und legten ein *Gutachten über den Zustand des Gebäudes sowie Zeichnungen und eine Kostenrechnung* vor. Sie schlugen damals die Anhebung der Decke mit Hilfe einer hohen Voute vor, die bis in den Dachraum hineinragen sollte, und natürlich einen neuen Dachstuhl. Eine Erhöhung der Mauer kam damals nicht in Frage, da die Stützwand, die im Jahre 1669 dazugemauert worden war, keine festen Fundamente hatte. Die Kostenschätzung für die Maurerarbeiten betrug damals 8995 rh. Gulden, der neue Dachstuhl sollte 5455 rh. Gulden kosten. Für den Boden des Saals schlug man eine Pflasterung aus grauem Marmor vor, die nach der Berechnung des damaligen Hofsteinmetzmeisters Joseph Lauermann 7651 rh. Gulden gekostet hätte. Als Variante kalkulierte der Hofschreinermeister Joseph Nonnenmacher einen Holzboden für 2373 rh. Gulden. Die Gesamterneuerung des Saales mit Marmorboden sollte 22 105, mit Holzboden 16 231 rh. Gulden betragen. Die Böhmische Kammer hatte sich noch nicht entschieden, als der nächste Einfall kam, diesmal von den Preußen, und zwar noch bevor alles das in Ordnung gebracht worden war, was die bayerisch-französische Invasion von 1741 an Schaden angerichtet hatte.

1744 zeigte der Spanische Saal neue Mängel, und die Restaurierung war wirklich unumgänglich. Dazu kam es jedoch erst im Jahre 1747. Kilian Ignaz ließ nun die tragenden Wände mit neun starken eisernen Zangen zusammenziehen. Die schwächliche Wand gegenüber der Burggießerei mußte »unterfangen« und »von Grund auf« bis zum neuen Dach aufgefüttert werden. Er erhöhte die Außenmauern um 5¾ Ellen (also um etwa 3,45 m) und legte auf beiden Seiten die ovalen oberen Fenster an. Das beschädigte Gewölbe über der Haupttreppe wurde abgetragen, um die Wände zu entlasten. Die Wand zwischen dem Saal und der »Retirade« (dem Raum zwischen dem Spanischen Saal und der Galerie Rudolphs) wurde neu aufgemauert und dort außerdem eine Giebelwand hinzugefügt. Der Hofzimmermeister fertigte einen neuen Dachstuhl an und ummantelte alle im Raum befindlichen Statuen mit einer Holzverschalung. Der Schreinermeister Nonnenmacher erstellte, zweifellos nach dem Entwurf von Kilian Ignaz Dientzenhofer, die Modelle für die eisernen Zangen sowie zwei Schablonen aus Eichenholz für das Ziehen des neuen Hauptgesimses. Man entfernte die alten, auf Leinen gemalten Deckenbilder und zog die neue Decke mit hohen Vouten ein, zu der Meister Leffler das Gerüst konstruierte. An der Gestaltung des Saals wurde noch im Jahre 1750 gearbeitet. Die Säulenreihe blieb merkwürdigerweise stehen, wahrscheinlich weil die ganze Arbeit zunächst unfertig blieb – es ist leider nicht bekannt, aus welchen Gründen. Vier Jahre später wurde sie von Anselmo Luragho fortgesetzt. Erst zu diesem Zeitpunkt vollendete man die Konstruktion der hohen Voute und der Decke und beseitigte man die Säulen. Der Entwurf zur endgültigen Gestaltung des Interieurs stammte allerdings nicht von Luragho, sondern vom Wiener Hofbaumeister Niccolo Pacassi[23].

Die gemeinsamen Dienstreisen des Hofbaumeisters und des Hofzimmermeisters wurden wieder aufgenommen, sobald die Kriegsgefahr vorüber war. Abwechselnd besuchten sie die Herrschaften Brandeis, Podebrad, Przerow an der Elbe, Pardubitz und Zbirow. In den Jahren 1743/44 fuhren sie nach *Königshof bei Beroun*, wo ein *Renaissance-Schlößchen umgebaut* werden sollte, das 1743 ausgebrannt war. In demselben Jahr fertigte der Hofbaumeister gemeinsam mit dem Hofzimmermeister eine detaillierte Kalkulation an, in der alle geplanten Maßnahmen im Zusammenhang

mit diesem Umbau kommentiert wurden. Der gesamte Aufwand betrug 6518 rh. Gulden 43 Kreuzer. Franz von Lothringen, dem Maria Theresia alle kaiserlichen Herrschaften in Böhmen schenkte, genehmigte den Bau im Jahre 1744. Die Kriegsereignisse dieses Jahres verzögerten ihn offenbar; es sieht so aus, als ob er in den letzten Jahren des fünften Jahrzehnts des 18. Jahrhunderts realisiert wurde[24].

Mit diesem barocken Umbau und mit vielen weiteren Bauten, die während der Zeit entworfen und ausgeführt wurden, als Kilian Ignaz Dientzenhofer die Funktion des Hofbaumeisters innehatte, hängen einige schwer lösbare Probleme zusammen. Der Hofbauschreiber Johann Heinrich Dinebier entwarf nämlich gerne selbst. Er ist auch der Urheber zahlreicher Pläne, die in der Archivsammlung der Prager Burg aufbewahrt sind. Bei den von Hand gezeichneten Plänen ist seine Autorenschaft zu erkennen. Er konnte aber auch sehr exakt zeichnen, und da er auch die Entwürfe unterzeichnete, die Kilian Ignaz lieferte, ist es oft sehr schwierig zu entscheiden, wer der Autor war. Das betrifft natürlich besonders die Wirtschaftsbauten, die ohne ausgeprägte architektonische Details blieben.

Auf einigen Entwürfen vermerkte Dinebier den Urheber. Zum Beispiel auf Dientzenhofers Entwurf für den Umbau der Kirche in Sadska notierte er den Namen des Autors mit der Anmerkung, man habe den Entwurf nicht ausgeführt, während er auf einem Blatt mit dem ausgeführten gotisierenden Entwurf dazuschrieb, daß er selbst der Autor sei. Auch die Pläne über den alten Zustand und den Umbau des kleinen Schlosses in Königshof sind von Johann Heinrich Dinebier unterschrieben, und weil die barocke Gestaltung im ganzen anspruchslos war, ist es nicht ausgeschlossen, daß er sie wirklich selbst, vielleicht in Zusammenarbeit mit Kilian Ignaz, entworfen hatte, der zweifellos die Kalkulation erstellte und die technische Seite des Umbaus leitete. Dasselbe gilt auch für den Entwurf des 1740/41 durchgeführten Umbaus des Löwenhofes auf der Prager Burg (Konskr. Nr. 51-IV). Wir haben in diesem Falle auch nur Dinebiers Pläne, wobei bekannt ist, daß der Umbau von Kilian Ignaz Dientzenhofer und seinem Polier durchgeführt wurde[25].

Es gab ständig Scherereien mit dem Ausbezahlen des Reisegeldes an den Baumeister und den Hofzimmermeister. Beide mußten oft recht lange warten, vor allem weil die Böhmische Kammer verlangte, daß die Diäten vom Hauptmann der jeweiligen Herrschaft gezahlt wurden, und diese wiederum verließen sich darauf, daß die Böhmische Kammer sie beglich. Als im Jahre 1744 ein Bausachverständiger ausgesandt werden sollte, um das Pfarramt in Starkstadt (Stárkov) auf der sequestrierten Kaiersteinschen Herrschaft zu besichtigen, kam Johann Heinrich Dinebier zu dem Schluß, daß es besser sei, diese Aufgabe seinem Hofbaumeister anzuvertrauen; er sollte nämlich ohnehin nach Politz oder nach Breunau zum dortigen Herrn Prälaten fahren und könnte die Besichtigung unterwegs erledigen. Warum sollte die Böhmische Kammer die Diäten zahlen, wenn sie ebensogut der Breunauer Prälat erstatten konnte[26]!

Aus dem, was über die Tätigkeit Kilian Ignaz' in den Diensten des kaiserlichen Hofes schon angeführt wurde – und es war nicht wenig –, geht leider hervor, daß im Laufe von zwanzig Jahren Hofdienst keine wirklich monumentale Aufgabe erwachsen ist, bei der er seine Fähigkeiten in vollem Glanze hätte entfalten können. Das, was er für den Hof entwarf und baute, war in den meisten Fällen nicht mehr als bloßes »Flickwerk«, wie sein Vorgänger Bonifaz Wollmuth eine solche Arbeit zu nennen pflegte, auch wenn es – freilich – oftmals ein recht anspruchsvolles »Flickwerk« war, welches große Erfahrung und technischen Verstand erforderte.

Die einzige außergewöhnliche Aufgabe, die ihm als Hofbau-

Prag-Karolinenthal, Invalidenhaus, Fassade

meister anvertraut wurde, war ein *Bau außerhalb des Burgareals*. Im Jahre 1664 gründete Peter Graf Strozzi eine Stiftung für Kriegsversehrte. Erst Ende der zwanziger Jahre des 18. Jahrhunderts wurde aber »an höchster Stelle« entschieden, daß von dieser Stiftung ein »*Invalidenhaus*«, ein Haus für die Unterbringung und Versorgung der versehrten, ausgedienten Soldaten, gebaut werden solle. Zur *Ausarbeitung des Entwurfs* forderte man die Baumeister Antonio Erhardo Martinelli und Kilian Ignaz Dientzenhofer auf. Dieser fuhr mit seinen Plänen am 18. Februar 1731 nach Wien. Die Kommission empfahl dem Herrscher Dientzenhofers Projekt. Die Teilnahme Joseph Emanuel Fischer von Erlachs an der Konzeption ist nur hypothetisch[27]. Dientzenhofers Entwurf zeigt eine riesenhafte Anlage, quadratisch, mit neun Höfen. An der Mittalachse im Zentrum des Komplexes sollte die Kirche plaziert sein, ein durch die Betonung des mittleren Jochs leicht zentralisierter Langbau. In der Front zum ersten Hof war eine Art Portikus geplant. Mit den Flügeln der Wohnbauten sollte die Kirche durch gewölbte Gänge, offenbar Arkaden, verbunden sein. Die Disposition der Wohnflügel ist zweitraktig mit den Gängen an den Hofseiten und mit im großen und ganzen regelmäßigen Wohnzellen an den Außenseiten. In den hinteren Flügeln sind einige große Küchen untergebracht; die großen Räume in den Seitenflügeln sollten offenbar als Eßsäle und Aufenthaltsräume dienen.

Nach der Eintragung im Kreuzherrendiarium wurde das Invalidenhaus am 18. März 1729 gegründet. Dies bezieht sich zweifellos auf die endgültige Standortbestimmung, denn außer dem Platz hinter dem Spitaltor auf den Grundstücken der Kreuzherren mit dem roten Stern wurden noch zwei weitere vorgeschlagen: oberhalb von Holeschowitz (Holešovice) und hinter dem Aujesder Tor. Seinen Entwurf arbeitete Kilian Ignaz 1729/30 aus. Nach seiner Genehmigung in Wien wurde von 1731 bis 1737 lediglich ein Neuntel des geplanten Komplexes erstellt: ein Gebäude mit vier Flügeln und ein Innenhof. Die Gliederung der dreigeschoßigen Front mit von Lisenen zusammengefaßten Obergeschoßen über einem sockelartigen Parterre ist, im Einklang mit der Bestimmung des Hauses, verhältnismäßig nüchtern; lediglich die

zwei Risalite sind plastisch akzentuiert und von dreieckigen Giebeln und figurengeschmückten Attiken bekrönt. In dem zerklüfteten Giebel über dem Osttor ist auf einem profilierten Sockel eine Plastik angeordnet, in der verschiedene Kriegsembleme wie zu einem riesigen Akroterion miteinander verbunden sind. Das Eingangstor ist von toskanischen Halbsäulen eingerahmt. Da die Strozzi-Stiftung vom Prager Erzbischof verwaltet wurde, sind die Rechnungen in seinem Archiv aufbewahrt. Den Bau leitete der Polier Kaspar Mayer, die Zimmererarbeiten der Polier Andreas Seits. Die Steinmetzarbeiten fertigte Meister Andreas Kranner. Interessant ist die Position für die Herstellung von Inschriften auf den Balken, offensichtlich des Dachstuhls, wofür extra zwei Holzschnitzer bezahlt wurden, Anton Hampisch und Ferdinand Leiner. Die Schlosserarbeiten führte Mathes Bucher aus. Der Stein für die Fundamente wurde in Žižkow (Žižkov) gebrochen, der für die Mauern von Prosek herangefahren; der Kalkstein (zum Kalkbrennen) kam per Schiff aus Branik und das Bauholz auf die gleiche Weise aus Beraun[28].

Auch das Projekt des *Zollamtes*, das in der Nachbarschaft des Münzhauses mit der Front zum Obstmarkt errichtet werden sollte, hängt sicherlich mit der Stellung Kilian Ignaz' in den Diensten des Hofes zusammen. Die Front dieses Projektes war, nach dem erhaltenen Grundriß, reich gegliedert; es hatte einen leicht konkav gebogenen Mittelrisalit mit abgerundeten Ecken; die eigentlichen Ecken des Gebäudes sollten wiederum konkav geformt sein. In diesen Ecken situiert lagen die Durchfahrten zum Hof; die risalitbetonte Mitte des zweitraktigen Hauptflügels nahm ein querliegender zweischiffiger Saal ein mit konvex nach innen gebogenen Längswänden und abgerundeten Ecken. Dahinter an der Hofseite lag ein kleinerer ovaler Saal, an dessen Seiten zweiläufige, aus den Durchfahrten zugängliche Treppenhäuser situiert waren. Der trapezförmige Hof hatte wieder abgerundete Ecken. Die Seitenflügel sprangen mit den dreiachsigen Mittelrisaliten in den Hof vor. Hinter den Risaliten lagen offenbar eingewölbte Vestibüle, die sich mit Arkaden zum Hof hin öffneten. Von ihnen aus konnten die Seitentreppenhäuser betreten werden. Auch die Mitte der Front

des hinteren Hofflügels war durch einen flachen dreiachsigen Risalit akzentuiert. Was den Betrieb des geplanten Zollhauses anbelangt, sind die zwei Toiletten mit jeweils fünf Kabinen bemerkenswert, die in den Seitenflügeln, dicht neben den Durchfahrten liegen und sowohl vom Hof als auch vom Gebäude aus zugänglich waren[29]. Es ist schade, daß das Zollhaus nicht nach diesem Entwurf gebaut worden ist, weil der erhaltene Grundriß in der Tat außergewöhnliche Qualitäten aufweist.

Mit dem Bau des Invalidenhauses sind wir eigentlich im Grenzbereich zum Militärärar, dem Kilian Ignaz Dientzenhofer – wie auch sein Vater – zunächst als Baumeister der Prager Befestigung und nach dem Tode des Bartolomäus Scotti als *Oberfestungsbaumeister* diente. Nach dem Schreiben des Freiherrn Ogilvy vom 9. Mai 1737 wurde er mit Wirkung vom 30. Mai desselben Jahres in diese Funktion berufen. Das Jahresgehalt betrug 480 rh. Gulden. Das Salär Scottis sollte vom 16. Februar 1737 an auf Kilian Ignaz übertragen werden. Scotti starb am 1. Februar, und ein Teil seines Gehalts für Januar und die erste Hälfte Februar wurde offenbar an seine Witwe gezahlt. Kilian Ignaz übernahm zweifellos die Leitung sofort nach Scottis Tode, den er wohl während seiner Krankheit vertreten hatte, also noch vor der endgültigen Entscheidung über die Besetzung dieser Stelle. Durch die Ernennung Kilian Ignaz Dientzenhofers zum Oberfestungsbaumeister war die Stelle des Prager Festungsbaumeisters frei geworden, für die sich nun vier Interessenten bewarben: Johann Georg Aichbauer, Jakob Schödl, Anton Wenzel Spannbrucker und Anselmo Luragho. Gegen Aichbauer sprachen seine schlechte Gesundheit und die Tatsache, daß er mit dem neuen Oberfestungsbaumeister verwandt war. Aufschlußreich ist, daß bei Jakob Schödl, welcher schon im fünften Jahre Hofmaurermeister war, seine fremde Abstammung störte. Zum Prager Festungsbaumeister wurde daher Spannbrucker ernannt, und die kleineren Aufgaben, die sogenannten »Alltagsarbeiten«, vertraute man Luragho an[30].

Die Funktion des Oberfestungsbaumeisters stellte an Kilian Ignaz Dientzenhofer weitere mit Zeitaufwand verbundene Anforderungen, denn er hatte damit nicht nur die Oberbauleitung beim Bau der Befestigung von Prag, sondern auch bei der von Eger inne. Ohne Zweifel mußte er darüber hinaus die Kalkulationen und vor allem die Endabrechnungen der Bauarbeiten in den jeweiligen Bauabschnitten kontrollieren, die ihm von den unterstellten Kollegen vorgelegt wurden. Die Reparaturen der Befestigung nach dem bayerisch-französischen Einfall im Jahre 1741/42 und nach der preußischen Belagerung von 1744 bedeuteten für ihn sicherlich viel zusätzliche Arbeit.

Es ist nicht sicher, ob die Unterhaltung des Kleinseitner *Lazaretts vor dem Aujesder Tor* ebenfalls zu den Pflichten des Oberfestungsbaumeisters gehörte. Auf jeden Fall stellte Kilian Ignaz im Jahre 1743 eine *Kostenschätzung* der für die Fertigstellung dieses Objektes nötigen *Maurerarbeiten* zusammen, für die er auch eine von Hand gezeichnete *Skizze* anfertigte. Die Kostenschätzung für die Zimmererarbeiten lieferte Joseph Leffler. Das Lazarett wurde angeblich in der Pestzeit genutzt. 1741/42 lagen hier offenbar verwundete Soldaten, und im Jahre 1747 sollte es zum städtischen Armenhaus umfunktioniert werden[31].

Als Hofbaumeister, Oberfestungsbaumeister und als beeidigter Kleinseitner Baumeister mußte Kilian Ignaz an *verschiedenen Baukommissionen teilnehmen*. Er vertrat dort, wenn es sich um strittige Angelegenheiten handelte, entweder den Bauherrn oder die Interessen der Gegenseite. Als Vertreter des Hofbauamtes reichte er zum Beispiel 1737 ein Gutachten ein in der Streitsache des Hofärars mit Franz Jakob Unkoffer, dem damaligen Eigentümer des Hauses »Zur goldenen Birne« (Konskr. Nr. 77-IV), der mit dem geplanten Umbau seines Hauses das kaiserliche Spital beschädigt hätte[32]. In der Streitsache des Metropolitankapitels mit Graf Martinitz, zu dem es bei dem Umbau der Kanonikerresidenzen (Konskr. Nr. 63-IV) im Jahre 1726 kam, vertrat er den Grafen[33]. Weiter nahm er an Kommissionen teil, die die Untersuchung des Bauzustandes von Objekten zur Aufgabe hatten; so zum Beispiel reichte er im Jahre 1736 gemeinsam mit Bartholomäus Scotti und Johann Christian Spannbrucker ein Gutachten über den Bauzustand des erzbischöflichen Seminars in der Prager Altstadt in der Nähe des Pulverturms ein[34]. Es war selbstverständlich, daß er

Prag-Karolinenthal, Invalidenhaus, Hoffassade

solche Gutachten für seine ständigen Auftraggeber erarbeitete, denn dies gehörte zu den mit seiner Tätigkeit verbundenen Pflichten.

In drei Kapiteln wurde von der großen Anzahl von Bauten berichtet, die Kilian Ignaz Dientzenhofer vom Ende der zwanziger Jahre des 18. Jahrhunderts bis zu seinem Tode 1751 entwarf und dann zum Teil selbst baute, zum Teil mit Hilfe anderer Baumeister realisierte. Es kann nicht mit Sicherheit gesagt werden, ob alle Bauten erwähnt worden sind, aber bestimmt ist kein bedeutender ausgelassen worden, sei es im Bereich der Sakralarchitektur oder des Profanbaus. Der Akzent wurde hier nicht auf eine kunsthistorische Analyse gelegt, sondern wir haben uns mit einer kurzen Charakteristik der bedeutenderen Objekte begnügt. Dort, wo es die erhaltenen Dokumente wenigstens zum Teil ermöglichten, haben wir uns vor allem auf die »menschliche Dimension« konzentriert, die bei der Entstehung des jeweiligen Gebäudes eine mehr oder weniger wichtige Rolle spielte und die es, auf die eine oder andere Weise, dem Leser eher näherbringt als komplizierte ikonologische Analysen. Ikonologische Aspekte spielen allerdings bei manchen Gebäuden eine Rolle, aber es kann angenommen werden, daß dabei der ausdrückliche Wunsch des Bauherrn den Ausschlag gab, dem der Architekt in der Konzeption seines Entwurfs Rechnung tragen mußte. Kilian Ignaz war sicherlich ein genialer Künstler, aber er war auch und vor allem ein praktischer Baumeister, dem für ikonologische Spekulationen sehr wenig Zeit übrigblieb. Bei den Entwürfen mußte er eine Menge gewichtiger realer Faktoren berücksichtigen.

Er zeichnete nicht nur Grundrisse, Schnitte und Ansichten, er stellte auch Kostenschätzungen zusammen, er vermaß die Fundamente und steckte sie mit Pflöcken ab. Er mußte oft schnell und tatkräftig die Probleme lösen, die durch unvorhersehbare Umstände entstanden waren. Er mußte eine ständige Übersicht über die Baustoffpreise haben, die von Ort zu Ort verschieden waren, wie auch darüber, wie gut, zuverlässig und schnell der jeweilige Zimmer-, Steinmetz-, Schreiner- oder Schlossermeister arbeitete. In seiner Bauunternehmung verfügte er sicherlich über eine größere Anzahl von Polieren, die er auf seinen Baustellen je nach Fähigkeit und Erfahrung einsetzte. Wenn man alle Tage zusammennehmen würde, die er zum Beispiel Anfang der dreißiger Jahre des 18. Jahrhunderts auf Reisen in Diensten der Benediktiner, der Kreuzherren, der Jesuiten und des Hofbauamtes verbrachte, ergäbe sich der Schluß, daß er sehr wenig daheim in Prag war. Es ist zu fürchten, daß ihm für tiefergehende Überlegungen, was das eine oder andere Bauglied oder der eine oder andere Raum symbolisch zum Ausdruck bringen sollte, wirklich kaum Zeit blieb.

Seine eigenen Kommentare zu den beiden Planvarianten der Kirche Maria Magdalena in Karlsbad belegen das überzeugend. Sie sind sachlich, voll praktischer und technischer Bemerkungen, aber man findet darin kein Wort, wie der entworfene Raum oder Grundriß zum Ausdruck bringen sollte, daß nun just die genannte Heilige die Patronin der Kirche war. Offensichtlich stand für ihn die Gestaltung im Mittelpunkt seines künstlerischen Interesses; dafür spricht auch, daß er mit seiner Einbildungskraft innerhalb von vierzehn Tagen zwei Entwürfe ausarbeitete, die sich in den Grundzügen zwar ähnelten, in den Details aber verschieden waren, denn jeder von ihnen war für einen anderen Standort be-

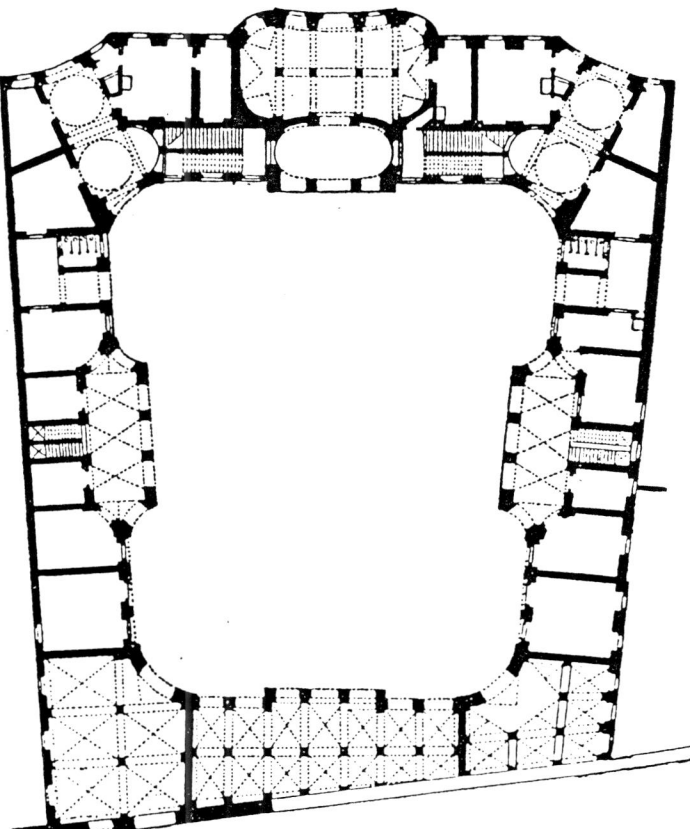

Prag-Neustadt, Zollamt

stimmt. Hier spielte sein reifes bildnerisches und ästhetisches Empfinden ebenso eine Rolle wie das sichere Gespür dafür, daß jeder Ort eine andere Auffassung von Architektur verlangt. Und das, obwohl der Grundgedanke bei beiden Varianten identisch war, nämlich der längsliegende ovale Raum des Schiffes.

Man kann für das langjährige Schaffen Kilian Ignaz Dientzenhofers eine eingehende Auseinandersetzung mit bestimmten Grundriß- und Raumkonzeptionen aufzeigen. Nach den Langbau- und Zentraldispositionen der zwanziger Jahre sind es in den Dreißigern überwiegend die leicht verlängerten Zentralen, länglichen Ovale, gestreckte Oktogone oder Quadrate mit eingebogenen Seitenwänden, die in verschiedensten Variationen mit abschließenden Querovalen oder diagonal versetzten Ovalpaaren kombiniert sind; oder auch umgekehrt sind es in dieser Zeit die meist aus zwei Ovalen zusammengesetzten Schiffe, an welche Presbyterien und Vorhallen von rechteckigem oder quadratischem Grundriß mit nach innen gebogenen Wänden angefügt sind. Nach dem nicht realisierten Entwurf für die Kuttenberger Ursulinen mit einem kreisförmigen Hauptraum, einem tiefen Vorraum und mit dem ebenso tiefen Presbyterium erstellte er Ende der dreißiger Jahre einen rein zentral konzipierten Abschluß der Niklaskirche an der Kleinseite. Im letzten Jahrzehnt kehrte er dann zu den longitudinalen Dispositionen zurück, bei denen eine Beruhigung, ja eine Befreiung von üppigem Dekor und ein Bestreben um eine verfeinerte Gesimsprofilierung sichtbar sind, mit denen er sich der fast unerreichbaren Schönheit der Werke seines Vaters näherte.

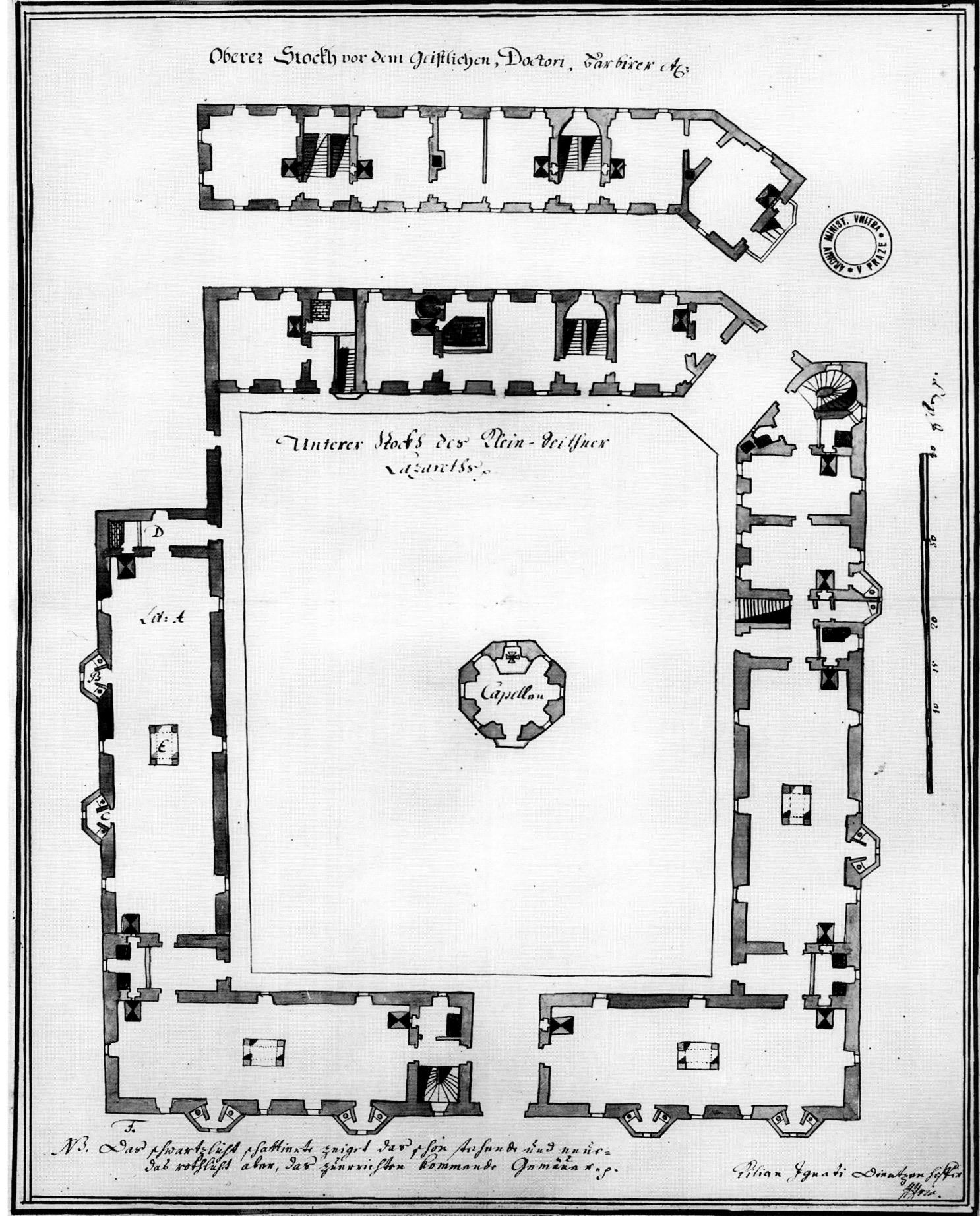

Prag-Kleinseite, Lazarett, Handzeichnung mit Bemerkungen Kilian Ignaz Dientzenhofers (Ausschnitt)

Kilian Ignaz Dientzenhofer heiratete noch zu Lebzeiten seines Vaters im Jahre 1719. *Seine Braut, Anna Cäcilia Popel,* war zehn Jahre jünger als er. Sie wurden bei St. Johann an der Furt, einer Filialkirche von St. Ägidius, in der Prager Altstadt getraut. Daher kann angenommen werden, daß die Braut einer Altstädter Familie in der Pfarrei St. Ägidius entstammte, die in der Nähe der kleinen Kirche St. Johann lebte. Die Neuvermählten werden wohl nach der Hochzeit in das Petržilksche Haus (»U Petržilků«) gezogen sein, das der Vater Christoph schon im Jahre 1704 gekauft und aufwendig umgebaut hatte. Auch wenn es schon seit langem nicht mehr existiert – es war die frühere Konskr. Nr. 454–III (an der Stelle der heutigen Konskr. Nr. 452–III in der Karmeliterstraße) –, wissen wir doch zumindest, um welches Haus es sich handelte. In den Visitationstabellen aus dem Jahre 1727 wird es als ein dreigeschoßiges, ordentlich aus Stein gebautes Haus beschrieben. Im Erdgeschoß hatte es drei gewölbte Stuben, eine Waschküche, eine Küche, einen Küchenherd und einen Holzkeller. Im ersten Stock waren fünf Zimmer; eine Kammer und eine Küche zur Straße, zwei Zimmer zum Hof hin und eine Küche. Im zweiten Geschoß hatte das Haus zur Straße hin sechs Zimmer, zum Hof hin eines, eine Küche und einen Küchenherd. Außer dem Besitzer, Kilian Ignaz Dientzenhofer, der damals ein Jahresgehalt von 500 rh. Gulden hatte, wohnten im Hause drei Mieterinnen, alles Witwen, und zwar eine im Erdgeschoß, eine im ersten und eine im zweiten Stock. Die erste zahlte 30, die zweite 28 und die dritte 24 rh. Gulden Jahresmiete. Es kann angenommen werden, daß sie in den Zimmern zum Hof hin gewohnt haben[1]. Die Familie Dientzenhofer wohnte offenbar in den zur Straße liegenden Zimmern des ersten und des zweiten Geschoßes, sie nutzte aber sicherlich auch einen Teil des Erdgeschoßes.

In der Ehe mit Anna Cäcilia Popel wurden *sechs Kinder* geboren. Als erstes Kind ein Junge, der am 1. November *1720* getaufte *Joseph Michael*[2]. Der Name des Paten ist zwar nicht angegeben, aber nach dem Taufnamen kann man annehmen, daß es wahrscheinlich Postsekretär Michael Rubner war, der auch als Zeuge bei der Taufe der *zweitgeborenen Tochter Anna Maria Ludmilla* eingetragen ist, die *im folgenden Jahr* am 14. September stattfand. Ihre Patin war Frau Anna Theresia Fridrich, als Zeugen sind Eleonora Katharina Jungwirt, Johann Knadlinger und der schon erwähnte Michael Rubner eingetragen. Beim dritten Kind, der am 21. Dezember *1722* getauften *Franziska Meliana*, ist Franziska Vejvoda als Patin eingetragen. Das vierte Kind, ein Junge, wurde nach dem Vater *Kilian Ignaz* und weiter *Johann Nepomuk Rochus* genannt und am 17. August *1725* getauft, aber er starb im Alter von einem Jahr und wurde in der Familiengruft der Dientzenhofer bei St. Maria Magdalena bestattet. Am 11. November *1726* wurde das fünfte Kind, der Junge *Karl Martin*, getauft. Der Pate war Johann Kaspar Frydrych, die Zeugen der Kaufmann Johann Knadlinger und Frau Franziska Tomason. Das letzte Kind aus der ersten Ehe war das als *Barbara Anna Joanna Nepomucena* getaufte Töchterchen, dessen Patin Frau Münzmeisterin Barbara Šorf und dessen Taufzeugen Fräulein Filipina Oraehaus und der Kaufmann Johann Knadlinger waren.

Als Frau Anna Cäcilia Dientzenhofer im Alter von dreißig Jahren am 1. Januar 1729 starb, war ihr kleinstes Mädchen nicht einmal neun Monate alt und der Junge Karl Martin etwas über zwei Jahre. Er verlor die Mutter in einem Alter, wo ein Kind noch unselbständig ist und sehr an ihr hängt. Wie noch zu zeigen sein wird, wurde Karl Martin durch diesen tragischen Verlust für sein ganzes Leben geprägt.

Kilian Ignaz wurde also im Alter von vierzig Jahren Witwer und hatte fünf Kinder zu versorgen, von denen der älteste Junge neun Jahre alt war und das jüngste Mädchen noch in der Wiege lag. Es ist völlig klar, daß er sich selbst um die Kinder nicht kümmern konnte. Er mußte die Familie ernähren, und bei seinem Beruf war er mehr unterwegs als zu Hause. Es lebte zwar noch seine Mutter, Frau Anna Dientzenhofer, die in dem alten Dientzenhoferschen Haus unweit entfernt wohnte, aber sie hätte in ihrem hohen Alter – sie muß schon einiges über die Siebzig gewesen sein – den großen Haushalt ihres Sohnes nicht führen können. Eine solche Situation ließ sich kaum anders lösen als durch eine erneute Heirat. Seine *zweite Ehefrau, Anna Theresia,* hatte Kilian Ignaz offenbar schon einige Jahre zuvor kennengelernt, als er anfing, für Graf Thun zu arbeiten, denn ihr Vater, Martin Henrych, war Hausmeister im Palais Thun. Dort fand auch die *Hochzeit am 1. Oktober 1729* statt. In der Matrikel der Niklaskirche ist Joseph Graf Thun als Trauzeuge eingetragen, der allerdings von Franz Krusburský, dem Ehemann der jüngeren Schwester von Kilian Ignaz, Anna Maria, vertreten wurde. Die weiteren Zeugen waren sein Bruder Heinrich Dientzenhofer und Maria Filipina, die verwitwete Gräfin Thun.

Das *erste Kind aus der zweiten Ehe* war die Tochter *Maria Josepha Walburga Augustina.* Die Taufe fand am 28. August *1730* in St. Niklas statt; Patin war Fräulein Josepha Gräfin Thun, vertreten durch Fräulein Josepha Grünwald. Als Zeugen wurden das wohlgeborene Fräulein Maria Josepha Malczan, vertreten durch die Jungfrau Maria Anna Hibl, und Wenzel Markvart von Hrádek, damals Statthalter und Unterkämmerer des Königreiches Böhmen, vertreten durch Franz Krusburský, den Schwager von Kilian Ignaz, eingetragen. Das Mädchen hatte – zweifellos dank der Hochzeit »von den Thun« – wirklich edle Paten, was in der Familie Dientzenhofer eher die Ausnahme als die Regel war. Am 13. Januar *1732* wurde die zweite Tochter *Anna Theresia Ernestina* getauft. Ihre Patin war Frau Anna Veronika Reiner, die Frau des guten Freundes der Familie, des Malers Wenzel Laurenz Reiner. Zeugen waren Anna Fridrich und Herr Michael Rubner. Das dritte Kind war ein am 24. Februar *1733* getaufter Junge namens *Johann Nepomuk Godefriedus Mathias.* Sein Pate war der wohlgeborene Herr Godefriedus de Martinsberg, Sekretär der Böhmischen Statthalterei, die Zeugen der Bauschreiber der Prager Burg, Johann Heinrich Dinebier, und Frau Maria Elisabeth Wolf. Als Patin ist Frau Wolf ein Jahr darauf in der Matrikel eingetragen, als am 16. Oktober die nächste Tochter *Maria Elisabeth Monika Ludmila* getauft wurde. Die Zeugen waren diesmal Veronika Galch und Wenzel Laurenz Reiner. Am 13. Juni *1736* wurde der Junge *Kilian Henricus Anton Wenzel* getauft. Der Pate war Johann Heinrich Dinebier, die Zeugen Heinrich Wolf und Scholastika Schmid. Auch diesem Kilian war es nicht gegönnt, »in die vernünftigen Jahre zu kommen«, wie man früher sagte. Er starb im Jahre 1737, noch nicht ein Jahr alt. Im August desselben Jahres wurde ein weiterer Junge, *Francis-*

cus de Paula Anton de Padua Ludovicus Wenceslaus, getauft. Der Pate war Herr Joseph Cunerth, die Zeugen Franz Gnadlinger und Jungfrau Maria Langer. Die Patin der ein Jahr jüngeren *Anna Hedvigis Juliana Ludmila*, die am 17. Oktober *1738* getauft wurde, war wiederum Frau Anna Fridrich; als Zeugen sind Juliana Peykert und Samuel Berrmann eingetragen. Der Breunau-Braunauer Abt Benno Löbl erklärte sich bereit, der Pate des am 9. Oktober *1740* getauften Söhnchens zu werden. Der Junge bekam selbstverständlich den ersten Namen nach ihm, die weiteren lauteten: Wenzel Konstantin Franz. Abt Benno Löbl wurde bei der Taufe durch Herrn Franz Ferdinand Rubner vertreten. Wenzel Laurenz Reiner war der Pate des nächsten Jungen bei der Taufe am 26. August *1742*. Der als *Wenzel Joseph Maxmilian Vincenz* getaufte Junge starb nicht einmal zwei Monate später am 10. Oktober 1743. Ihm folgte das am 15. Dezember *1743* getaufte Töchterchen *Anna Franziska Josepha Otylia*. Ihre Patin war Jungfrau Maria Franziska Šimek, die Zeugen waren Anna Maximiliana Köster und Joseph Beer. Im Jahre 1745 starb die zehnjährige Marie Elisabeth; sie wurde in der Familiengruft bei den Dominikanern auf der Kleinseite bestattet. Die letzten zwei Jungen kamen nacheinander in den Jahren *1747* und *1750* zur Welt. Der erste hieß *Johann Baptiste Joseph Philipp Neri Vincenz*, der zweite *Wenzel Joseph Ignaz*. Bei keinem von ihnen sind die Namen der Paten und der Zeugen angegeben.

Die Namen und die Standeszugehörigkeit der Paten fast aller Kinder Kilian Ignaz Dientzenhofers zeugen davon, daß er sich nur selten an die Vertreter der höheren Stände mit der Bitte um Patenschaft wandte. Man kann sogar annehmen, daß sie ihm angeboten wurde, ohne daß er darum gebeten hätte. In den meisten Fällen tauchen als Paten seiner Kinder die nächsten Freunde und Nachbarn auf.

Die Taufnamen der Kinder wurden nach den Paten, den damals populären Heiligen und auch jenen Patronen gewählt, deren Kirchen Kilian Ignaz baute. Durch den Namen Hedvigis gedachte er der Patronin der Klosterkirche, die er im Schlesischen Wahlstatt gebaut hatte, die Namen Johann Nepomuk und Joanna Nepomucena könnten an zwei diesem Heiligen geweihte Kirchen erinnern, obwohl die Namen in jener Zeit so beliebt waren, daß jedes zweite Kind sie trug. Demgegenüber kommt bei keinem der Kinder der Name Nikolaus vor, obwohl Kilian Ignaz ebenfalls zwei diesen Heiligen geweihte Kirchen baute, oder etwa der Name Thomas. Vielleicht waren diese Namen in jener Zeit nicht gängig. Etwas ungewöhnlich ist, daß ein und derselbe Name bei zwei oder sogar drei Kindern an erster Stelle steht, zum Beispiel Anna oder Maria. Da damals aber mindestens zwei, öfter aber drei oder vier Taufnamen üblich waren und nicht festgelegt wurde, daß gerade der erste der Rufnahme sein soll, konnte man jeden anderen für das Kind benutzen. Zum Beispiel wurde die verstorbene Maria Elisabeth »Elisabeth« gerufen; sie ist auch unter diesem zweiten Namen im Sterberegister eingetragen.

Die Dientzenhofers wurden auch ihrerseits manchmal in ihrem Bekanntenkreis um Patenschaft gebeten. Die Eintragungen sind allerdings nicht vollständig, sie stammen meistens aus der Matrikel der Kleinseitner Niklaskirche, aber Kilian Ignaz konnte damals sicherlich auch der Pate von Kindern seiner Freunde oder Bekannten sein, die zu anderen Pfarreien, etwa der Alt- oder Neustädter, gehörten. Im Jahre 1735 wurde er Pate des Sohnes eines guten Bekannten, des Steinmetzmeisters Andreas Kranner, mit dem er sowohl an der Prager Befestigung als auch am Bau des Invalidenhauses zusammengearbeitet hatte. Im darauffolgenden Jahr ist er als Zeuge bei der Taufe der Tochter des Schreinermeisters Christian Kovář eingetragen, vielleicht des Christian Kovář, der schon zu Lebzeiten von Christoph Dientzenhofer für das Breunauer Kloster gearbeitet hatte, oder möglicherweise bereits dessen Sohnes.

Im Hause Dientzenhofer lebten fünfzehn Kinder. Vater Kilian Ignaz hatte alle Hände voll zu tun, um die vielköpfige Familie zu ernähren, obwohl die Kinder aus erster Ehe Anfang der vierziger Jahre schon fast erwachsen und imstande waren, für sich selbst zu sorgen.

Über das Familienleben erfahren wir zwar verschiedene Einzelheiten, doch einige Informationen müssen sehr vorsichtig, sozusagen *cum grano salis,* behandelt werden. Der letzte Junge aus der ersten Ehe, der 1726 geborene Karl Martin, trat nämlich mit achtzehn Jahren als Novize ins Kloster der hl. Margaret in Breunau ein. Als Mitglied der Ordensgemeinschaft studierte er Moraltheologie, und nach der Ablegung der Gelübde nahm er den Ordensnamen Prokop an. Im Jahre 1747 wurde er aus Breunau ins Kloster Politz an der Mettau verlegt. Nach dem Zeugnis seiner Mitbrüder hat er sich über das Ordensleben bis zum Tode seines Vaters nicht beschwert. Erst 1754, als Kilian Ignaz schon drei Jahre in der Familiengruft bei St. Maria Magdalena ruhte, machte sich bei ihm Unzufriedenheit mit dem geistlichen Leben breit, und er bat um die Aufhebung seiner Gelübde. In diesem Zusammenhang wurden viele Zeugen gehört, und zwar die Mitbrüder des P. Prokop wie auch Familienmitglieder und Bekannte, die ihn vor dem Eintritt in den Orden kannten.

Außerdem wurden auch viele Briefe geschrieben. Unter den erhaltenen befindet sich ein langer, lateinisch geschriebener P. Prokops, der seinen Lebenslauf von Kindheit an, die er noch als Karl Martin daheim verbrachte, enthält. Aus seiner eigenen Schilderung geht hervor, daß er, wie schon berichtet, in einem Alter verwaiste, in dem ein Kind vor allem seelisch von der Mutter abhängig ist. Dem Jungen, der gerade zwei Jahre alt und wohl Mutters Liebling gewesen war, konnte die Stiefmutter beim besten Willen nicht die verstorbene Mutter ersetzen. Dies um so weniger, als diese bald eigene Kinder bekam. Der Junge hatte den Eindruck, daß er mit dem Tode seiner Mutter auch den Vater verloren hat und daß die Stiefmutter ihn um die Liebe des Vaters brachte. Kilian Ignaz wird von ihm als ein ergebener Diener seiner Stiefmutter geschildert, die ihn, wie man so sagt, vollkommen »um den Finger gewickelt hat«. Frau Theresia ist in seinen Erinnerungen eine böse Frau geblieben, die an den Kindern aus der ersten Ehe ihres Mannes dauernd ihre Wut ausließ, ihnen nicht genug zu essen gab und sie schlecht anzog, so daß sie sogar von den Mitschülern verspottet wurden. Der Vater hätte sich ihrer niemals angenommen und benahm sich seiner Meinung nach so, als ob er die Gunst seiner Frau immer wieder neu erringen mußte. Diese hetzte ihn angeblich dauernd gegen die Kinder aus der ersten Ehe auf und wiederholte stets, daß sie nicht ruhig und zufrieden leben könne, solange sie sie im Hause sähe.

Es ist schwer zu sagen, was der Wahrheit entspricht und was den Erinnerungen an die Kindheit erwuchs, als der Junge sich wohl dann schon ungerecht behandelt fühlte, wenn er berechtigterweise bestraft wurde. Es steht außer Zweifel, daß Kilian Ignaz sich den Kindern nur selten widmen konnte. Frau Theresia mußte sehr energisch vorgehen, um die große Familie und den großen Haushalt zu bewältigen, auch wenn man bei weitem nicht annehmen sollte, daß sie alle Hausarbeiten alleine machte. Es gingen ihr sicherlich nicht nur ein Dienstmädchen, sondern vielleicht auch eine Köchin und eine Wäscherin zur Hand, denn damals gab es um Hausgesinde keine Not. P. Prokop führt in seinem Lebenslauf weiter an, daß er ein gewisses Talent oder vielleicht auch nur Ambitionen hatte, in Vaters Fußstapfen zu treten und Architekt zu werden. Der Vater soll aber gesagt haben, daß er seinen Sohn lieber zum Schuster als zum Architekten ausbilden lassen wolle. Bei der dauernden beruflichen Anspannung mag dem Vater einmal eine solche Äußerung herausgerutscht sein. Der Junge besuchte doch die Schule, zweifellos das Kleinseitner Gymnasium, wo er die niederen humanistischen Studien absolvierte. Das aber gab ihm nicht die Möglichkeit, von zu Hause wegzugehen und sich selbständig zu ernähren. Er konnte zwar nicht behaupten, daß die Eltern ihn zum Eintritt ins Kloster zwingen wollten, aber er selbst sah für sich keine andere Lösung. Wenn er nämlich im Philosophiestudium hätte fortfahren wollen, hätte sein Vater ihn noch drei Jahre ernähren müssen, und das Leben mit der Stiefmutter erschien ihm offenbar unerträglich. Deshalb ersuchte er den Breunau-Braunauer Abt Benno Löbl um die Aufnahme als Novize. Der Abt, der ein Freund seines Vaters war, nahm ihn offenbar an, um den Vater von der Sorge zu befreien. In der Schilderung seiner Vergangenheit bekennt P. Prokop, daß er nicht ohne sexuelle Erfahrungen ins Noviziat trat. In Wirklichkeit waren es homosexuelle Erfahrungen, zu denen ihn angeblich sein älterer Bruder verführte, mit dem er daheim das Bett teilen mußte. Er fühlte sich also zum geistlichen Leben nicht berufen, was übrigens dem Novizmeister bekannt sei. Er klagte, wie unfreundlich, ja sogar grob sich sein Vater ihm gegenüber bei einem Essen im Klosterrefektorium benommen habe, als er gerade Tafeldienst hatte. Im Jahre 1748 wurde er von Breunau nach Politz verlegt. Weil ihm die Gründe für seine Verlegung nicht mitgeteilt wurden, nahm er an, daß die Familie sich mit der Klosterleitung verschworen habe. Als am 2. Dezember 1750 Abt Benno Löbl starb (in Wirklichkeit starb er ein Jahr später) und sein Vater ihm sechzehn Tage später in die Ewigkeit folgte (am 18. Dezember 1751), wurde Fridrich Grundtmann zum Breunau-Braunauer Abt gewählt; dieser war zur Zeit seines Noviziats Prior im Breunauer Kloster gewesen und ihm niemals wohlgesonnen.

Diesem Brief, der ungewöhnlich aufrichtig klingt, jedoch zweifellos wenig objektiv und zu befangen ist, wurde in dem P. Prokop betreffenden Faszikel auch die Stellungnahme des Konvents beigefügt. Es ist verständlich, daß sich P. Prokop hinsichtlich der Lösung der Ordensgelübde auch an den Prager Erzbischof und an die päpstliche Kurie in Rom wandte. In der genannten Stellungnahme wird erwähnt, daß der Vater P. Prokops, Prager Bürger und kaiserlich-königlicher Architekt, ein unbescholtener, vertrauenswürdiger Mann mit gutem Ruf gewesen sei, außerdem der berühmteste Architekt nicht nur in den Prager Städten, sondern in ganz Böhmen. Sein Sohn, Karl Martin, habe bereits mit fünfzehn Jahren die Aufnahme in den Orden beantragt, dann erneut mit sechzehn und schließlich mit siebzehn Jahren, als er in das Breunauer Noviziat aufgenommen wurde. Er habe nie gesagt, daß er zum Eintritt ins Kloster gezwungen worden sei. Es könne kaum richtig sein, daß er im Kindesalter Hunger gelitten habe oder schlecht und unzulänglich gekleidet worden sei. Das hätte sich sein Vater schon mit Rücksicht auf seine bedeutende Stellung nicht leisten können. Weder sein älterer Bruder, der in den Karmeliterorden eingetreten sei, noch seine damals schon verheirateten Schwestern würden sich über die Eltern beschweren. Keiner von ihnen habe je behauptet, zur Wahl des Berufs oder zur Ehe gezwungen worden zu sein. Auch P. Prokops Stiefmutter bezeuge, daß Karl von niemandem zum Eintritt in den Benediktinerorden gezwungen worden sei, denn Kilian Ignaz Dientzenhofer habe keinem seiner Kinder den Beruf vorschreiben wollen – er sei immer ein Vertreter der freien Entscheidung gewesen. Joseph Geier, Schwager von Kilian Ignaz Dientzenhofer, bestätigte dies in seiner Stellungnahme und ergänzte, daß Karl schon immer ein trotziges und widerspenstiges Kind gewesen sei. Die weiteren Stellungnahmen kamen von den Mitbrüdern des unglücklichen P. Prokop. Den einzigen intimeren Freund schien er in P. Vitalius Schachtler gefunden zu haben. Aus seinen zwei Briefen aus dem Jahre 1755 geht hervor, daß P. Prokop im Alltag tschechisch sprach, denn er zitierte wörtlich einen tschechischen Satz von ihm. Daraus könnte man schließen, daß offenbar alle Kinder Kilian Ignaz' tschechisch gesprochen haben, oder daß in der Familie zumindest teilweise

tschechisch gesprochen wurde und daß auch Kilian Ignaz das Tschechische beherrschte, obwohl seine schriftlichen Äußerungen alle deutsch sind. Nach der Mitteilung von P. Vitalius hing die Entscheidung P. Prokops, den Orden zu verlassen, damit zusammen, daß er sich in die Tochter eines Färbers aus Braunau verliebt hatte. Dieser Umstand erkläre seine plötzliche Unlust am Klosterleben, die zehn Jahre nach dem Eintritt in das Breunauer Kloster wie aus heiterem Himmel zum Vorschein gekommen sei. Es ist nicht ausgeschlossen, daß dieses Motiv P. Prokop, einen ziemlich unausgeglichenen Menschen, um die Fähigkeit brachte, die Situation objektiv zu beurteilen, und daß er alles, was mit seinem Eintritt in das Kloster zusammenhing, nachträglich maßlos verzeichnete und verdrehte. Sein Urteil über den Vater ist auf jeden Fall mit Zurückhaltung und großer Vorsicht zu bewerten, denn es spiegeln sich darin eher die Gefühle eines auf die Stiefmutter eifersüchtigen Jungen, der jedes Liebeswerben seines Vaters verurteilte und darin nur Schwäche und nichts anderes sah[3].

Über die Bedingungen, unter denen die Familie lebte, ist schon gesprochen worden. Sie war finanziell, und auch was die Wohnverhältnisse anbelangte, für jene Zeit nicht schlecht gestellt. Außer dem verhältnismäßig großen Haus stand der Familie auch das von einem Garten umgebene Sommerhaus in Smichow zur Verfügung, das im Sommer sicher genutzt wurde. Das von Kilian Ignaz im Jahre 1725 angegebene Jahresgehalt von 500 rh. Gulden war sehr anständig, wenn man berücksichtigt, daß er noch ein sehr junger Baumeister war. Thomas Haffenecker gab im selben Jahre ein Einkommen von 300 rh. Gulden an, und er war ein alter, erfahrener Meister mit einer langjährigen Praxis[4]. Wahrscheinlich handelte es sich bei den 500 rh. Gulden wirklich um ein Nettoeinkommen. Von 1737 an, als Kilian Ignaz zum Oberfestungsbaumeister ernannt wurde, erhöhte sich sein festes Einkommen um 480 rh. Gulden jährlich, also auf fast das Doppelte. Auch wenn die Dientzenhofers viele Kinder hatten, mußte die Familie sicherlich nicht Not leiden.

Zwar wissen wir nicht, wie die Kontakte der Familie zu ihren nächsten Verwandten, vor allem zu den Geschwistern von Kilian Ignaz, zu seinem jüngeren Bruder Heinrich und der Schwester Anna Krusburský waren, aber wenn man den Zusammenhalt der Familie bedenkt, kann man annehmen, daß sie freundschaftlich gewesen sind. Heinrich Dientzenhofer absolvierte ein Jurastudium an der Karl-Ferdinand-Universität. Er wurde am 9. August 1718 promoviert. Seine Doktorarbeit mit dem Titel »Jura servitutum in VIII disceptationibus juridicis exposita« widmete er Johann Joseph Graf Wrtba, seinem besonderen Mäzen, mit dessen finanzieller Unterstützung sie auch gedruckt wurde. Die Prüfungen legte er bei dem damals berühmten Juristen und Dekan der Rechtswissenschaftlichen Fakultät Wenzel Xaver Neumann von Puchholz ab. Der Rektor der Universität, Hermanus Oppersdorf S. J., war Pate. Die Dissertation wurde unlängst in der Bibliothek entdeckt, die zum Nachlaß Franz Anton Dientzenhofers, des Sohnes von Christophs Bruder Johann Leonhard, gehört. Franz Anton wurde 1696 geboren, war also vier Jahre jünger als Heinrich Dientzenhofer. Nach einer Bemerkung in einem seiner Bücher, in der es heißt: »emit Pragae F. A. Dientzenhofer«, ist er in Prag gewesen und hatte seine Vettern zweifellos persönlich gekannt. Es kann angenommen werden, daß Heinrich seine Arbeit direkt an ihn geschickt hatte[6].

Heinrich heiratete im Jahre 1724 Maria Elisabeth Lagler. 1729 war er Zeuge bei der zweiten Trauung seines älteren Bruders Kilian Ignaz. Ein Jahr später kaufte er das Hruby-Haus (»U Hrubých«, Konskr. Nr. 436–III) im Bereich des Nebenrechtes des Metropolitenkapitels am Aujesd, und im Dezember desselben Jahres beantragte er bei der Böhmischen Kammer die Erlassung der Kontributionen, denn er hatte nicht nur das unweit des Kleinseitner Spitals gelegene Haus in der zur Fähre führenden Straße neu gebaut, sondern diese Straße auch gepflastert. Als Dokument fügte er eigenhändig geschriebene Bescheinigungen seines Bruders Kilian Ignaz und des Hofzimmermeisters Leffler bei. Kilian Ignaz erklärte, daß er das Hruby-Haus, das auf Schlamm gebaut und in schlechtem Zustand war, zum Schmuck für die Stadt und mit einem nicht geringen Aufwand von Grund auf neu auf Kalk und Stein gebaut, mit gebrannter Dachhaut gedeckt, mit feuerfesten Wänden versehen und gegen Feuer gesichert hätte. Meister Leffler bestätigte, daß er an dem Haus die Zimmerarbeiten ausgeführt habe. Der Kleinseitner Hauptmann besichtigte das Haus und bestätigte die beigelegten Dokumente, woraufhin Heinrich Dientzenhofer die Kontributionen für die nächsten drei Jahre erlassen wurden[7]. Später gehörte Heinrich auch das Haus »U Flavínů« (Konskr. Nr. 36–III) am Unteren Kleinseitner Ring.

Alle Kinder Heinrichs, die Töchter Stanislava und Theresia und die Söhne P. Lambert, P. Amadeus und Magister Wenzel, wählten den geistlichen Stand. Stanislava wurde Benediktinerin im Kloster St. Georg auf der Prager Burg, Theresia Prämonstratenserin in Choteschau, P. Lambert war Karmeliter, P. Amadeus Augustiner und Magister Wenzel war Mitglied der Gesellschaft Jesu. Nach dem Wortlaut seines Testaments aus dem Jahre 1763 hatte Heinrich Dientzenhofer gewisse literarische Ambitionen, denn er vermachte seinen Kindern einige seiner im Druck herausgegebenen Schriften. Zum Beispiel: »Memoria Species facti et fati der Verwustung Greül der Stadt Prag von 20. Octob. 1740«, weiter: »Verdriessliche und doch artige gedancken« und »Civil moralische Einfälle oder Herbstgedancken«. Das Wesentliche seines Nachlasses an seine Kinder – außer den Mobilien und Immobilien, die in fünf gleiche Teile zu unterteilen waren – bestand aus verschiedenen Bildern, Büchern und Kupferstichen. Er bedachte auch die Kinder seines verstorbenen Bruders und die Schwägerin Anna Theresia. Den jüngsten Söhnen Kilian Ignaz', den damals noch jugendlichen Joseph und Wenzel, vermachte er jeweils 150 rh. Gulden, seine Kleider, Bücher und Kupferstiche, sofern er sie nicht seinen eigenen Kindern gab. Der Schwägerin vermachte er sechs Dukaten, Möbel und Bilder[8].

Über die Schwester Anna, genannt Mariandl, verheiratete Krusburský, wissen wir eigentlich gar nichts. Ihr Mann Franz Krusburský vertrat blaublütige Zeugen bei der Hochzeit von Kilian Ignaz mit Anna Theresia Hendrych und bei der Taufe ihres ersten Kindes.

Zum Kreis der nächsten Freunde der Familie und der Mitarbeiter gehörte offenbar an erster Stelle Wenzel Laurenz Reiner. Wo ihn Kilian Ignaz kennengelernt hatte, wissen wir nicht, aber zweifellos vermittelte er Reiner einen großen Auftrag für die Braunauer Klosterkirche, mit dem er dort auch an Otmar Zinkes Statt den Vertrag abschloß. Zu diesem Zeitpunkt, am Anfang der zwanziger Jahre des 18. Jahrhunderts, werden sie sich bestimmt schon längere Zeit gekannt haben. Reiner malte die Fresken in der Kuppel der Kirche des hl. Johann Nepomuk auf dem Hradschin sowie an der Decke des hl. Thomas auf der Kleinseite. Die Bacchanale auf dem Gewölbe des »Rundells« der Vorortsvilla Dientzenhofers war offenbar sein Dank für die großen Aufträge, die Kilian Ignaz ihm vermittelte. Die freundschaftlichen Beziehungen zeigten sich auch in der häufigen Teilnahme an den Taufen von Dientzenhofers Kindern, entweder als Pate oder als Zeuge.

Der nächste Mitarbeiter, sozusagen ein Nachbar und Freund Kilian Ignaz Dientzenhofers, war der Hofzimmermeister Joseph Leffler. Sie kannten sich seit ihren Polierjahren, die sie beide am Bau des Breunauer Klosters abgeleistet hatten, Kilian Ignaz bei seinem Vater und Joseph Leffler bei dem hervorragenden Meister Baltzer Poltzer. Joseph Leffler wurde ein Jahr früher zum Hofzimmermeister ernannt als Kilian Ignaz zum Hofbaumeister. Bei beiden war die Ernennung in die Hofdienste offenbar ein Verdienst des Hofbauschreibers Johann Heinrich Dinebier, der sehr gut und früh erkannte, wer ein wirklich guter und zuverlässiger Meister seines Handwerks war. Sie hatten im Dienst für den Hof und auch im Dienst für andere Bauherrn gemeinsam viele Probleme zu lösen, sie verfaßten gemeinsam die Kalkulationen und unternahmen gemeinsame Dienstreisen. Trotzdem taucht der Name Joseph Leffler unter den Paten der Kinder Kilian Ignaz' und unter den Zeugen bei ihren Taufen nicht auf. Es ist aber nicht ausgeschlossen, daß er der Pate der beiden jüngsten Söhne war, denn bei beiden wurde als zweiter Taufname Joseph eingetragen. Leffler gehörte das Haus »Zu den zwei Turteltauben« (Konskr. Nr. 466–III), so daß er der Nachbar der Dientzenhofer war, solange sie noch in ihrem alten Hause wohnten. Das Haus »Zu den zwei Turteltauben« ist verhältnismäßig groß, hat eine sehr klare, übersichtliche Disposition und vor allem eine ungewöhnlich edel gestaltete Front. Für den alten Mitarbeiter und Freund konnte es kaum ein anderer als Kilian Ignaz Dientzenhofer entworfen haben, wie wir übrigens schon erwähnt haben. Frau Anna Maria Dientzenhofer, die Christoph um sechzehn Jahre überlebte, wohnte lange in ihrem alten Haus. In den letzten Jahren ihres Lebens schaffte sie es wohl nicht mehr, sich darum zu kümmern und fing an, mit Joseph Leffler über einen Verkauf zu verhandeln. Bevor es dazu kam, starb sie. Die vorläufige Abmachung blieb jedoch gültig. Nach dem Kaufvertrag, der erst drei Jahre nach dem Tode von Frau Anna im Jahre 1741 in die Stadtbücher gelegt wurde, bezahlte Joseph Leffler für das Haus 1000 rh. Gulden, also um 200 weniger, als der in den Visitationstabellen im Jahre 1726 eingetragene Preis ausmachte[9]. Joseph Leffler überlebte Kilian Ignaz Dientzenhofer um drei Jahre; er starb 1754 [10].

Den Hofbaumeister und den Hofzimmermeister begleitete auf Dienstreisen sehr oft der Hofbauschreiber Johann Heinrich Dinebier. Er war sicherlich ein Freund der beiden, und er ist in der Matrikel der Niklaskirche als Pate und Zeuge bei der Taufe der Kinder von Kilian Ignaz eingetragen. Johann Heinrich Dinebier war der fleißigste, gewissenhafteste, leistungsfähigste und wirklich verdienstvollste Bauschreiber, der je an der Prager Burg tätig war. Er verdiente eine Monographie, bloß, man weiß nichts über sein Privatleben. Von seinem Wirken erfahren wir aber aus den Hunderten oder gar Tausenden von Eingaben, Meldungen und verschiedenen Schreiben, die er an die Böhmische Kammer richtete. Sein einziges Interesse und Steckenpferd war offenbar das eigene Amt. Kein Bauschreiber vor ihm oder nach ihm hat so viel Papier beschrieben, verbrauchte so viel Tinte und Federn und verbrannte so viel Ärarkerzen wie er. Dabei war es keine leere Schreiberei. Johann Heinrich Dinebier kannte genau den Zustand eines jeden Objektes, das unter die Dienstbefugnis des Hofbauamtes gehörte, er wußte, was ausgebessert und umgebaut oder etwa neu gebaut werden mußte, und das, was er für unerläßlich hielt, schlug er unermüdlich immer wieder vor. Darüber hinaus reichte es ihm nicht, zu wissen, wozu das jeweilige Objekt zu seiner Zeit diente: er verbrachte seine ganze Freizeit – offenbar auch die Feiertage und Sonntage – in den Archiven der Böhmischen Kammer, der Böhmischen Statthalterei und der anderen an der Prager Burg angesiedelten Institutionen und suchte unermüdlich, wozu es in der Vergangenheit genutzt wurde. Seine Ergebnisse schrieb er auf besondere Blätter und notierte sie auch auf älteren Schriftstücken und Plänen, die ihm zur Verfügung standen. Ohne Johann Heinrich Dinebier wüßten wir über die alte Topographie der Prager Burg viel weniger. Er hat nämlich viele Beschreibungen aus Archivalien kopiert, die es heute schon nicht mehr gibt, weil sie später skartiert wurden, oder aus solchen, die nicht leicht zu finden sind, weil sie bei den sogenannten »Manipulationen«, also beim Ordnen der Archive der Böhmischen Kammer und der Böhmischen Statthalterei, in Faszikel abgelegt wurden, wo man sie nicht suchen würde. Der Grund dafür war oft irgendein Zusammenhang mit einer Verhandlung, worauf sich das Schriftstück zwar unter anderem auch bezieht, mit dem man es aber heute logischerweise nicht ohne weiteres in Verbindung bringen würde.

Johann Heinrich Dinebier reorganisierte nach der Übernahme des Hofbauamtes im Jahre 1720 auch die gesamte Arbeitsweise dieser Dienststelle, und das gründlich. Er gründete Kopialbücher der Amtskorrespondenz, die in zwei Reihen geführt wurden. Die eine wurde »Berichte« genannt (sie beinhaltete Berichte bzw. Eingaben) und diente zur Aufzeichnung dessen, was das Hofbauamt – im Grunde der Hofbauschreiber – an verschiedene Institutionen schickte; die zweite trug die Überschrift »Decreta« und diente der Aufzeichnung dessen, was von »höheren Stellen« ins Amt kam, also aus den Amtsstuben der Statthalterei oder der Böhmischen bzw. der Hofkammer, seien es positive oder negative Entscheidungen, die Ernennungen von Hofhandwerkern oder Anweisungen in Bauangelegenheiten. Dinebier verdanken wir auch eine Reihe weiterer Amtsmanuskripte, die sogenannten »Partikularien« und die »Wochenzettel« (in Wirklichkeit vierzehntägig); das waren Berichte über alle handwerklichen Arbeiten, die an diesem Amt unterstehenden Objekten im Laufe des jeweiligen Jahres durchgeführt wurden. Solche Partikularien wurden bei den einzelnen Baumaßnahmen schon seit langem geführt, aber es sind davon nur Fragmente übriggeblieben, da sie in den Amtsstuben des Hofbauamtes herumlagen, bis sie jemand fortwarf, dem sie im Wege waren. Seit Beginn der Tätigkeit Dinebiers wurden diese Nachweise doppelt geführt, und zwar unter den oben genannten Titeln – für die laufenden Bauaktivitäten und Reparaturen das sogenannte »ordinarium«, und für besondere Aktionen das »extraordinarium«, zu welchem auch die verschiedenen, hauptsächlich im Zusammenhang mit den Krönungen und den längeren Aufenthalten des Wiener Hofes durchgeführten Reparaturen und Restaurierungen der Bauwerke auf der Prager Burg gehörten.

Damit sind noch immer nicht alle verdienstvollen Taten des Johann Heinrich Dinebier aufgezählt. Er entwarf gerne selbst. Die heute im Archiv der Prager Burg aufbewahrte Sammlung der Pläne des Hofbauamtes ist angefüllt mit seinen Skizzen und gerissenen Projekten, die sich meistens mit den Wirtschaftsgebäuden und manchmal auch mit den Dorfkirchen auf den kaiserlichen Herrschaften befassen. Er war sicherlich kein genialer Architekt, aber er war auch nicht unkritisch sich selbst gegenüber und kannte sehr wohl seine Grenzen. Die Schwierigkeit liegt darin, daß wir bis heute in der Tat nicht wissen – besonders bei den Nutzobjekten –, wer sie eigentlich entworfen hat: ob es der Hofbaumeister oder der Hofbauschreiber war. Auf fast allen Plänen befinden sich mit der charakteristischen Schrift Johann Heinrich Dinebiers geschriebene Bemerkungen, und Kilian Ignaz Dientzenhofer wiederum unterschrieb die für das Hofbauamt angefertigten Entwürfe nur selten. Dinebier kennzeichnete sie manchmal als sein Werk, in einem anderen Zusammenhang betonte er seine eigene Urheberschaft – wie zum Beispiel beim Entwurf des auch tatsächlich ausgeführten gotisierenden Umbaus der Kirche in Sadska, der irrtümlich Kilian Ignaz Dientzenhofer zugeschrieben wurde[11]. Doch in vielen Fällen kommt man in Verlegenheit, wie zum Beispiel beim Löwenhof der Prager Burg[12].

Es sei noch hinzugefügt, daß Johann Heinrich Dinebier immer unglaublich gewissenhaft und wirtschaftlich handelte. Er sah es sehr ungern, wenn das Ärargeld umsonst ausgegeben wurde, und er wies immer wieder auf solche Vorfälle hin. Seine wiederholten Attacken gegen das Jahresgehalt des Baumeisters der kaiserlichen Gestüte, Franz Maximilian Kaňka, sind schon erwähnt worden. Ähnlich ging er auch in anderen Fällen vor. So zum Beispiel lebte im Hirschgraben, der vom Hofbauamt verwaltet wurde, eine

Hirschherde, die sich so vermehrte, daß die Weide für sie nicht ausreichte. Man mußte die Tiere mit Heu zufüttern, das von anderen Orten, vor allem von den Wiesen bei Königssaal (Zbraslav), herangeschafft wurde. Das war Johann Heinrich Dinebier jahrelang ein Dorn im Auge. Immer wieder forderte er, die Hirsche abzuschießen oder wenigstens ihre Zahl zu dezimieren. Sein Wunsch wurde im Jahre 1741 erfüllt, allerdings ohne sein Zutun. Als die vereinigten bayerisch-französischen Heere Prag stürmten, schossen die französischen Soldaten die Hirsche im Hirschgraben ab und verspeisten sie. Johann Heinrich Dinebier sorgte dann dafür, daß kein weiterer Hirsch in den Hirschgraben gebracht wurde[13].

Auf der anderen Seite konnte er eine gute Arbeit und ein Kunstwerk von hohem Niveau wirklich schätzen. Als Matthias Bernhard Braun im Jahre 1734 einen Zuschuß für die allegorischen Statuen »Tag und Nacht« für den königlichen Garten beantragte, da er sie aus hartem Stein aus Toužetín und nicht aus dem weichen Žehrovicer Sandstein gehauen hatte, empfahl er der Böhmischen Kammer seinen Antrag mit dem Hinweis auf die hohe künstlerische Qualität der genannten Statuen[14].

Johann Heinrich Dinebier überholte seine Freunde beim Gang in die Ewigkeit. Er starb schon im Jahre 1748. In seinem Testament, das er Johann Nonnenmacher, Mathäus Joseph Zinner und seinem Schreiber Elias Richter diktierte, ernannte er seinen Bruder P. Johann Franz Dinebier, Pfarrer in Röchlitz bei Reichenberg (Rochlice u Liberce), zu seinem Universalerben. In dem Falle, daß sein Bruder ihn nicht überleben würde, sollten die übrigen Verwandten die eine Hälfte seines Eigentums erben und die andere Hälfte sein treuer Schreiber Elias Richter. Die zweite Version wurde gültig, denn der Bruder verzichtete aus Altersgründen auf die Hinterlassenschaft. Dem Armenhaus und den »Schachtleyen« (Geldbüchsen?) in Prag vermachte er 100 rh. Gulden, sein Bett ebenfalls dem Armenhaus und den Bediensteten 30 rh. Gulden. In seinem Testament bedachte er keinen seiner Freunde, aber sein Eigentum war wohl nicht sehr groß; und er hat vielleicht auch angenommen, daß jene keine Erbschaft brauchten[15].

Außer den sozusagen festen Mitarbeitern – an erster Stelle der schon genannte Zimmermeister Joseph Leffler – gab es noch eine ganze Reihe anderer, die je nach Ort und Zeit wechselten. Auch in Prag arbeitete Kilian Ignaz nicht immer mit Joseph Leffler zusammen, und außerhalb, falls es sich nicht um Bauten an den kaiserlichen Herrschaften handelte, wurde die Zimmerarbeit an die örtlichen Meister vergeben.

Bei den Steinmetzen handelte es sich vor allem um die Hofmeister, mit denen Kilian Ignaz allerdings auch an vielen Baustellen außerhalb des Hofärarbereiches zusammenarbeitete. Den Hofsteinmetzmeister Johann Ulrych Mannes lernte er schon einige Jahre, bevor er selbst zum Hofbaumeister ernannt wurde, kennen. Im Jahre 1734 wurde an Mannes Stelle dessen Schwiegersohn, Meister Johann Peter Baumgartner, ernannt. Am Bau der Prager Befestigung arbeitete er mit dem Meister Andreas Kranner zusammen, dem man auch die Steinmetzarbeiten für das Invalidenhaus übertrug. Es wurde schon erwähnt, daß Kilian Ignaz der Pate seines Sohnes war. Das schöne Krannersche Haus in der Sporckgasse (Sporkova) aber baute Bartolomeo Scotti[16].

Von den Schreinermeistern muß zumindest der Hofmeister Joseph Nonnenmacher genannt werden, der unter anderem auch die wichtigsten technischen Hilfsmittel, wie Schablonen zum »Ziehen der Gesimse« oder Modelle für die eisernen Ringanker, anfertigte.

Während seiner etwas mehr als dreißigjährigen Bautätigkeit arbeitete Kilian Ignaz mit fast allen bekannten Prager Bildhauern zusammen. In Breunau lernte er noch Mathias Wenzel Jäckel kennen, der später von Karl Joseph Hiernle und Johann Anton Quittainer abgelöst wurde. Mit Mathias Bernhard Braun kam er wohl nur zweimal zusammen, und das nicht direkt am Bau; zum erstenmal hinsichtlich des Lusthauses »Amerika«, dessen Garten Brauns Plastiken zieren. Die Statuen »Tag und Nacht« hingen zwar mit der Neugestaltung des Königlichen Lustgartens zusammen, an der sich auch Kilian Ignaz mit dem Bau des neuen Glashauses beteiligte und zu dem er vielleicht auch mit einigen Vorschlägen zur Gestaltung des Parterres beitrug, aber sie hatten mit der Architektur des Glashauses nichts zu tun. Brokoffs Statuengruppe des hl. Hubertus mit dem Hirschen, die den Eingang des Hauses »Zum goldenen Hirschen« (Konskr. Nr. 26–III) in der Thomasgasse schmückt, ist die Frucht der einzigen Begegnung der beiden Künstler.

Auf der Prager Burg begegnete er nach seiner Ernennung noch Johann Friedrich Kohl, an dessen Stelle im Jahre 1736 Joseph Klein trat, dem sein Titel eigentlich nur verliehen wurde, weil Braun damals für längere Zeit in Dux (Duchcov) beschäftigt war und in den folgenden Jahren nicht mit Bildhauerarbeiten auf der Prager Burg gerechnet wurde. Klein hatte den Auftrag für Breunau wahrscheinlich Kilian Ignaz Dientzenhofer zu verdanken. Bei dieser Arbeit handelte es sich um die Figurengruppe der Begegnung des hl. Adalbert mit Fürst Boleslaw, die er für den dortigen Vojtěška-Pavillon anfertigte[17]. Mit der architektonischen Konzeption hing diese für das Interieur bestimmte Gruppe aber nicht zusammen. In den letzten Jahren arbeitete wahrscheinlich Franz Ignaz Platzer am meisten für die Bauten Kilian Ignaz Dientzenhofers. Als Stukkateure sehen wir überwiegend Bernardo Spinetti und Michael Ignaz Palliardi mit ihm zusammen.

Hier sind bei weitem nicht alle Namen der uns bekannten Mitarbeiter Kilian Ignaz' genannt. Es wurden nur diejenigen erwähnt, denen er wirklich sehr oft begegnete, sowie die Namen derjenigen, bei denen man annehmen kann, daß sich neben der Zusammenarbeit auch noch gesellschaftliche oder vielleicht sogar freundschaftliche Bande entwickelt hatten. In diesem Bereich muß man sich aber überwiegend mit Mutmaßungen begnügen.

Wir kennen auch die Namen einiger Poliere, die bei Kilian Ignaz Dientzenhofer arbeiteten. Manche wurden schon bei der Übersicht seiner Bauten angegeben. Zum Schluß erwähnen wir noch einen, und zwar Jakob Mandelík, dem Kilian Ignaz die Leitung des technisch anspruchsvollsten Baues anvertraute, nämlich den Abschluß der Kleinseitner Niklaskirche.

Kilian Ignaz Dientzenhofer starb am 18. Dezember 1751, offenbar nach einer längeren Krankheit. Nach der Testamentseröffnung am 11. Januar 1752 wurde die Erbschaft verteilt, was jedoch erst am 8. Juni 1753 im Kleinseitner Kontraktbuch vermerkt ist. Er hinterließ 10 554 rh. Gulden 18 Kreuzer und 1 Den. in bar. Dieses Geld wurde zu gleichen Teilen unter die verwitwete Anna Theresia und die dreizehn Kinder aufgeteilt, von denen die ältesten schon erwachsen waren und der jüngste, Wenzel, beim Tod des Vaters noch keine zwei Jahre zählte. Drei Töchter waren verheiratet, und zwar Anna Maria, die zweitgeborene aus der ersten Ehe, die Pimskorn hieß, Franziska Meliana, ebenfalls aus der ersten Ehe, verheiratete Fischer, und die letzte, Barbara Anna, nun Leixner. Der älteste Sohn Joseph Michael war Mitglied des Karmeliterordens und trug den Ordensnamen Joannes Baptista. Der uns bereits bekannte Karl Martin war ein Benediktiner, P. Prokop, und noch ein Sohn, und zwar einer aus der zweiten Ehe, trat dem Benediktinerorden bei und wirkte dort unter dem Ordensnamen Benno in Kladrau. Es war offenbar der im Jahre 1733 geborene Johann Nepomuk Godefriedus Matthias. Die Töchter aus zweiter Ehe, die 1730 geborene Josepha, die 1732 geborene Theresia und die 1738 geborene Hedwig, lebten noch bei der Mutter, genau wie die Söhne: der 1737 geborene Franz Anton, der 1740 geborene Benno, der 1747 geborene Johann Joseph und der schon erwähnte jüngste, Wenzel Joseph, geboren 1750. Von den siebzehn Kindern

waren noch dreizehn am Leben geblieben. Außer denen, deren Tod schon erwähnt wurde, überlebte die im Jahre 1743 geborene Tochter Anna Franziska Josepha Otylia ihren Vater nicht. Bei der Verteilung der Erbschaft sind auch einige Forderungen aufgeführt, von denen die folgende Position die interessanteste ist: bei den Eheleuten Fischer 970 rh. Gulden für das Haus. Es handelt sich dabei zweifellos um eine Restzahlung für den Bau ihres Hauses, aber dem Namen nach ist es schwer festzustellen, um welches Haus es sich handelte. Der Name Fischer war nämlich recht häufig, und aus den Verzeichnissen des Prager Hausbesitzes um die Mitte des 18. Jahrhunderts kann man bereits nicht mehr so viel entnehmen wie aus den Visitationstabellen aus dem Jahre 1726[18].

Drei Jahre nach dem Tod ihres Mannes wandte sich Frau Theresia Dientzenhofer mit dem Antrag auf Witwenrente an das Hofbauamt. Sie gab an, daß ihr Mann zwanzig Jahre als Hof- und Festungsbaumeister gedient habe und daß ihm das Gehalt, 500 rh. Gulden jährlich, das ihm das Fortifikatorium bezahlt habe, im Jahre 1743 entzogen worden sei. Während der französischen Belagerung Prags habe er sich verschulden müssen, so daß ihm eine Pfändung gedroht habe. Während des preußischen Einfalls im Jahre 1744 habe er die Explosion einer Mine verhindert, weil er die Lunte abgerissen habe. Vor dem Krieg und auch danach habe er alle Pläne für Eger (also für die Egerer Befestigung) und für alle Kammerherrschaften, Kirchen, Schlösser und andere Bauten angefertigt und außerdem ohne Entgelt am Spanischen Saal gearbeitet. Er sei während seines Aufenthaltes in Neuhof (Nový Dvůr) erkrankt, wo er die Restaurierungsmaßnahmen für den Besuch ihrer Majestät habe durchführen sollen. Er sei an dieser Krankheit gestorben. Das Hofbauamt, an dessen Spitze nicht mehr Johann Heinrich Dinebier stand, bestätigte, daß Kilian Ignaz während seiner gesamten Tätigkeit in der Funktion des Hofbaumeisters kein festes Einkommen bezogen habe. Es sei ihm lediglich das Fahrgeld erstattet worden; die Pläne, die Kalkulationen und die Bauaufsicht habe er umsonst erledigt.

Das Hofbauamt empfahl eine Rente für die verwitwete Frau Dientzenhofer[19]. Am selben Tag desselben Jahres reichte auch die verwitwete Frau Elisabeth Leffler ihren Antrag ein. Ihr Mann, der Hofzimmermeister Joseph Leffler, war im Mai gestorben. Es sieht so aus, als habe Frau Leffler in der Rentensache die Initiative entwickelt, denn sie hatte mit dem Antrag nicht so lange gewartet wie Frau Theresia Dientzenhofer. Auch Frau Lefflers Antrag wurde vom Hofbauamt zur positiven Entscheidung empfohlen[20].

Man könnte das Schicksal der Familie Dientzenhofer weiter verfolgen, aber die Ergebnisse würden die in das Quellenstudium der verschiedensten Archive investierten Anstrengungen nicht lohnen. Von den Söhnen erlangte nur ein einziger größere Bedeutung, und zwar der jüngste, Wenzel. Er war angeblich schon mit fünfzehn Jahren in den Jesuitenorden eingetreten und studierte in den Jesuitenkollegien von Olmütz und Prag. Nach der Auflösung des Ordens begab er sich nach Wien, wo er Rechtswissenschaften studierte und im Jahre 1779 die Doktorwürde erlangte. Er wirkte als Professor für Staats- und Lehensrecht in Innsbruck. Von dort ging er im Jahre 1782 an die Prager Universität, wo er außer den genannten Wissenschaften noch Reichsgeschichte las. Seit 1784 war er Grenzreferent des Guberniums[21].

Kilian Ignaz Dientzenhofer war der einzige Baumeister der Barockzeit, den die Nachgeborenen so zu schätzen wußten, daß sie ihn zu den »berühmten Männern« der Vergangenheit zählten. Hervorzuheben ist F. M. Pelzel, dem wir es auch verdanken, daß uns Kilian Ignaz' Aussehen bekannt ist. Sein Porträt hat als Stich sicherlich nicht den Wert einer Photographie, aber es läßt vermuten, daß das ausdrucksvolle Profil mit der hohen Stirn und der Adlernase zumindest die charakteristischen Züge seines Gesichts festhält. Es ist das Gesicht eines reifen, energischen, selbstbewuß-

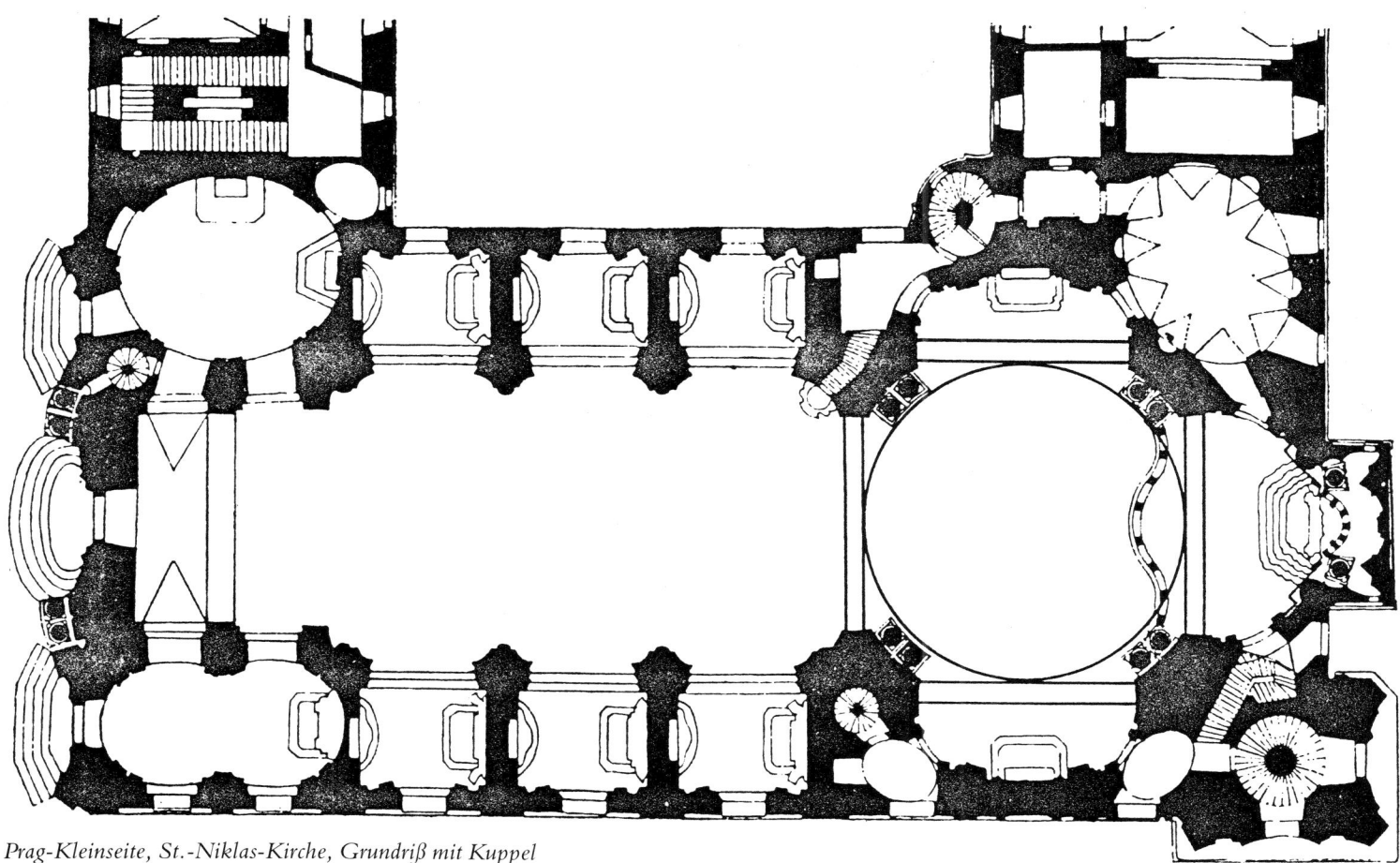

Prag-Kleinseite, St.-Niklas-Kirche, Grundriß mit Kuppel

ten Mannes, der im Leben viel geleistet hat und gewöhnt war, daß sein Urteil überall mit Respekt angenommen wird. In Pelzels Biographie gibt es wohl zahlreiche fehlerhafte Angaben, auf der anderen Seite steht aber außer Zweifel, daß er vieles über Kilian Ignaz Dientzenhofer erfahren konnte, vor allem von Kennern aus geistlichen und adligen Kreisen, in denen er sich in Prag häufig bewegte. Er schildert ihn als einen ernsten Menschen, der nicht gern über seine Baukunst sprach, der aber um so lieber über Philosophie und Religion diskutierte. Kilian Ignaz hatte sicherlich genügend Gelegenheit zu solchen Diskussionen, da er in den gebildeten Kreisen weltlichen und geistlichen Standes verkehrte, und das nicht nur als Baumeister, sondern oft auch als Gesprächspartner bei Tisch, vor allem in den Refektorien der verschiedenen Orden, und manchmal auch auf Reisen, wo man in der Kutsche die Langeweile durch Gespräche zerstreute.

Die freigewordene Stelle des Hofbaumeisters wurde am 27. März 1752 Anselmo Luragho anvertraut. In der Empfehlung seines Antrages heißt es, daß er Kilian Ignaz Dientzenhofer in der Zeit seiner Krankheit vertreten habe, und das nicht nur beim Hofbauamt, sondern auch bei seinen Kunden und vor allem beim Bau der Kleinseitner Kirche, womit die Niklaskirche gemeint war. In dieser Empfehlung wird betont, daß die Stellung des Hofbaumeisters nur ein »zum Gesellengroschen« bezahlter Titularrang sei[22].

Nachbemerkungen

Ich habe versucht, ein Bild über das Leben und das Werk der beiden Prager Dientzenhofer, des Vaters und des Sohnes, unter den zeitgenössischen Bedingungen und im Mikrokosmos der Prager und insbesondere der Kleinseitner Verhältnisse zu zeichnen. Dieses Bild mag zunächst treffend wirken. Wir wissen aber, daß es längst nicht vollständig ist, auch wenn man glaubt, nichts Wichtiges ausgelassen zu haben. Es ist wie ein restauriertes Mosaik – auf den ersten Blick entsteht der Eindruck, daß nichts fehlt, beim näheren Hinschauen aber merkt man, daß an manchen Stellen die ursprünglichen Steinchen durch neutral gefärbten Zement ersetzt worden sind, und schließlich stellt man fest, daß es eine ganze Reihe solcher Stellen gibt. Schon während der Abschlußarbeiten an diesem Teil des Buches wurden Dientzenhofers *Pläne für die Kirche und das Kloster der Cölestinerinnen in der Prager Neustadt* sowie sein *Entwurf für das Kleinseitner Lazarett vor dem Aujesder Tor* gefunden und identifiziert – beim letzteren einschließlich jener Dokumente, die aussagen, daß beide Dientzenhofer an dem Bau beteiligt waren.

In Prag gibt es einige Bauten des Hochbarock, wo die Frage der Autorenschaft offensteht, die einmal dem einen, dann dem anderen zugeschrieben werden. Es soll nun auf diese Bauten hingewiesen werden – ohne den Anspruch, die Autoren aller dieser Bauten eindeutig bestimmen zu können.

Der erste ist die Kirche St. Kliment im Clementinum. Zu ihrem Bau sind sozusagen alle zeitgenössischen Dokumente erhalten, mit Ausnahme der Pläne, nach denen sie ausgeführt wurde, und des Vertrages mit dem Baumeister. Es steht fest, daß der Initiator in diesem Falle der bekannte jesuitische Historiograph und damalige Clementiner Rektor, P. Joannes Miller, war, der auch an den Verhandlungen mit dem städtischen Magistrat teilnahm, als am 13. August 1711 die neue Flucht der Straßenfassade markiert wurde. Die Grundsteinlegung war ein Jahr später, am 10. Juli. Bei der Beschreibung dieses Festes ist von einem Architekten die Rede, der allerdings nicht namentlich genannt ist[1]. Wäre P. Joannes Miller auch während der nächsten drei Jahre Rektor des Clementinums geblieben, würden wir wahrscheinlich ausführlicher über den Bauverlauf erfahren haben. Im Jahre 1712 folgte ihm jedoch P. Jakob Stessl, der die Verträge mit den Handwerkern abschloß, dem Bau im Tagebuch der Clementiner Rektoren aber denkbar wenig Aufmerksamkeit zollte.

Die unlängst abgeschlossene Restaurierung der Kirche St. Kliment brachte eine Gedenkschrift aus dem Jahre 1713 zutage, in der Antonio Luragho als Baumeister genannt wird[2]. Soweit bekannt, lieferte P. I. Bayer die Pläne für den Bau dieser Kirche, die aber nicht realisiert wurden. Der Grundriß eines Abschnitts des Clementiner Kollegs findet sich zusammen mit einem älteren Entwurf in München im sogenannten »Dientzenhoferschen Skizzenbuch«, und er könnte auch als Grundlage für die Ausarbeitung des eigentlichen Entwurfs angesehen werden. In der hiesigen kunsthistorischen Literatur wird der Bau F. M. Kaňka zugeschrieben, und zwar hauptsächlich deshalb, weil er zwanzig Jahre später den Innenraum der Kirche St. Johann Nepomuk in Kuttenberg (Kutná Hora) ähnlich gestaltete[3]. Dies entspricht sicherlich der Wahrheit, aber es ist auch das einzige, was beide Bauten miteinander verbindet. Dabei muß angemerkt werden, daß die Lösung mit den vorgerückten Säulen und den vorkragenden Gebälkabschnitten unter dem Triumphbogen bei St. Kliment wirklich funktional ist. Es stand nämlich nur ein schmales rechteckiges Grundstück zur Verfügung, und darauf sollte ein sakraler Raum mit einem Schiff und einem Presbyterium verwirklicht werden. Das letztere ist in der Tat genauso breit wie das Schiff und nur optisch durch die genannten Säulen verengt, während in Kuttenberg diese Säulen ein rein dekoratives Motiv darstellen.

Man muß außerdem darauf aufmerksam machen, daß St. Kliment wenn auch eine einfach wirkende, so doch eine sehr raffinierte Architektur aufweist, die im Grunde viele Merkmale der Arbeit Christoph Dientzenhofers trägt. Außen sind dies der hohe Sockel sowie die konsequente »Skelettkonstruktion« mit den akzentuierten tektonischen Elementen und den glatten Ausfachungen der Fensterwände, und schließlich der typische Gewölbeansatz in Höhe der Kämpferlinien der Fensterbögen. Das alles spricht eher für Dientzenhofer als für Kaňka. Außerdem, warum hätte Kaňka seinen eigenen Entwurf zwanzig Jahre später viel schlechter wiederholen sollen? Er konnte sich doch auch von fremder Architektur inspirieren lassen. Einige Kleinigkeiten bei St. Kliment fallen allerdings aus dem Dientzenhofer-Konzept heraus. Die Profilierung des Hauptgesimses im Interieur ist weniger ausgefeilt, weniger ausgeprägt geformt, dafür durch Stukkatur verziert. Die korinthischen Pilaster, die die Fassaden gliedern und deren Kapitelle noch durch durchhängende Festons bereichert sind, passen auch nicht zum Werk Christoph Dientzenhofers; bei seinen eingeschoßigen Kirchenbauten bevorzugte er an den Fassa-

den die ionische Ordnung. Insgesamt aber hat St. Kliment die kargen Linien seines Stils und nicht jene niedliche Dekorativität Kaňkas. Die Säulen bei St. Kliment sind wirklich »Säulen« und nicht »Säulchen« wie die in Kuttenberg. Der einzig belegte Name ist allerdings Antonio Luragho, und dieser kann nur deshalb nicht übergangen werden, weil von seinen selbständigen Arbeiten beinahe nichts bekannt ist. Er war ein beeidigter Kleinseitner Altmaurermeister, er nahm an verschiedenen Baukommissionen teil und gehörte, zusammen mit Thomas Haffenecker, zum Kreis der guten Bekannten, wenn nicht sogar Freunde Christoph Dientzenhofers. Er war zum Beispiel Pate aller Kinder seines Stiefsohnes Georg Aichbauer. Es ist nicht ausgeschlossen, daß genauso wie Thomas Haffenecker auch er vom Werk Christoph Dientzenhofers beeinflußt wurde, und es ist auch ganz gut möglich, daß er bei St. Kliment einen von Christoph allein oder in Zusammenarbeit mit ihm – vielleicht mit einigen Lizenzen – ausgearbeiteten Plan ausführte. Der Auftraggeber des Entwurfs war nämlich der schon genannte P. Joannes Miller, der mit Christoph Dientzenhofer beim Bau des Jesuitengymnasiums in Kontakt gekommen war und der die Fassade seiner Niklaskirche sehr bewunderte. Die Pläne für die Klimentkirche wurden noch zur Zeit seines Rektorats angefertigt und in Rom genehmigt, wie aus seinen eigenen Eintragungen im bereits zitierten Tagebuch der Rektoren des Kollegs hervorgeht, wo er aber, getreu des damaligen verhängnisvollen Brauchs, den Autor des Entwurfes nicht nennt. Kürzlich wurde in Hausstatt, dem Sitz einer Baumeisterfamilie, deren Vorfahren Altersgenossen Christoph und Kilian Ignaz Dientzenhofers waren, ein Grundriß zusammen mit einem Schnitt der Kirche St. Kliment gefunden. Es ist ein alter Plan, der dadurch Bedeutung erhält, daß sich auf demselben Blatt auch eine Zeichnung des Portals vom Kleinseitner Jesuitengymnasium befindet, dessen Autor Kilian Ignaz Dientzenhofer ist. Abraham Millauer, in den zwanziger Jahren des 18. Jahrhunderts der führende Kopf jener Unternehmung, hat offenbar Prag besucht und diesen Plan – und wahrscheinlich noch andere Pläne – bei Kilian Ignaz kopiert. Es fällt nämlich auf, daß Millauers Schaffen von der zweiten Hälfte der zwanziger Jahre des 18. Jahrhunderts an einen starken Einfluß der Prager Dientzenhofer aufweist, und zwar nicht nur in den Dispositionen, sondern auch in vielen Details. Auch diese Umstände stützen unsere *Annahme, daß Christoph Dientzenhofer die Klimentkirche im Clementinum entworfen hat* und Antonio Luragho nach seinen Plänen baute[4].

Der Bau der Kirche St. Kliment war gewissermaßen das Vorspiel zur letzten Etappe des Baus des Clementiner Kollegs, der erst im Jahre 1719 begonnen wurde, obwohl die Entwürfe bereits 1715 genehmigt worden waren[5]. Im Jahre 1722 wurde der »astronomische Turm« beendet und mit »Schmuck« versehen; im selben Jahr wurde die Bibliothek, unter der sich das Oratorium »der größeren lateinischen Kongregation«, also die sogenannte »Spiegelkapelle« befand, im Rohbau bis zum Dach ausgeführt. Gleichzeitig nahm man den Flügel am Marienplatz (Mariánské náměstí) in Angriff. 1724 wurde das Gewölbe der Bibliothek ausgemalt und gleichzeitig die darunter befindliche Kapelle mit Kunstmarmor ausgeschmückt. Die Weihe war am 4. September desselben Jahres[6]. Es sind sogar drei Entwürfe zum Anbau des Ostteils des Kollegs erhalten, aber keiner von ihnen trägt eine Unterschrift. Der erste ist ein vorläufiger Entwurf aus dem Jahre 1710, der zweite undatiert, und man kann nicht sagen, ob er aus der Zeit der Anbaufertigstellung oder aus einer späteren stammt[7]. Der dritte stammt sicherlich aus der Zeit der Fertigstellung, denn unter dem fragmentarisch ausgeführten Grundriß des neuen östlichen Kollegteils sind sowohl die ursprünglichen Katasterlinien des Clementinums wie auch die des Häuserblocks in der Seminarstraße (Seminářská) zu erkennen. Dieser Plan ist sehr fein ausgeführt, und die Faktur erinnert an die Art, wie Kilian Ignaz arbeitete. Die wenigen Zahlen des Maßstabes reichen allerdings nicht aus, um die Handschrift zu vergleichen[8].

Die Zuschreibung an den einen oder den anderen Architekten aufgrund einer Stilanalyse ist dadurch beträchtlich erschwert, daß bei der Fertigstellung des Kollegs die Bemühung um einheitliche Fassaden im gesamten Komplex eine wesentliche Rolle spielte. Das macht sich in der Anwendung von frühbarocken Elementen bei den steinernen Fenstereinrahmungen im Parterre und bei der Profilierung der Gesimse bemerkbar, die den älteren Kollegflügeln gleichen. Die Details des Interieurs sind nicht so ausgeprägt, als daß man sich an ihnen orientieren könnte. Für beide Dientzenhofer spräche der Umstand, daß sie lange im Dienste dieses Ordens gearbeitet hatten, was von Kaňka nicht bekannt ist. Kilian Ignaz hat noch vor der Fertigstellung des östlichen Kollegteils mit dem Bau des Kleinseitner Gymnasiums begonnen, das als Institution dem Kolleg unterstand; kurz darauf begann er dann die Kirche St. Bartholomäus im Konvikt. Auch Antonio Luragho ist als Baumeister nicht auszuschließen – er war ja ein Nachfahre des Baumeistergeschlechtes, dessen Mitglieder jahrelang für die Kleinseitner Jesuiten gewirkt hatten. Allem Anschein nach war aber Antonio ein Maurermeister mit bescheideneren Ambitionen, und die Fertigstellung des Clementinums war ein zu großes und anspruchsvolles Unterfangen. Es bleibt uns wiederum nur die Hoffnung, daß ein glücklicher Fund in der Zukunft die Frage abschließend lösen hilft[9].

Die Kirche Mariä Himmelfahrt im Paulanerkloster in Neupaka (Nová Paka) wird gewöhnlich – mit unterschiedlicher Wertung des künstlerischen Niveaus – in die Gruppe böhmischer Sakralbauten des radikalen Barock eingeordnet. Es gibt verhältnismäßig wenige Angaben zu diesem Bau. Der Grundstein wurde im Jahre 1709 gelegt und die Kirche zuerst im Jahre 1724 und zum zweiten Male 1732 geweiht[10]. Die zweifache Weihe spricht für einen normalen Bauablauf; der fertige Teil der Kirche wurde provisorisch abgeschlossen und geweiht, und man feierte darin solange Gottesdienste, bis auch der zweite Teil fertiggestellt war. Als Baumeister ist ein Mitglied des Jesuitenordens, P. Jakob Blažejovský, belegt. K. B. Madl und O. Stefan halten die Kirche in Neupaka für das Werk desselben Architekten, der auch die Kirche St. Margaret in Breunau und St. Klara in Eger entwarf; H. G. Franz hält sie für das Werk eines anderen Baumeisters, eines bisher unbekannten Epigonen.

P. Blažejovský muß aber nicht der Verfasser des Entwurfes sein, ihn kann auch Christoph Dientzenhofer ausgearbeitet haben, denn falls der Bau langsam und mit Unterbrechungen unter fremder Aufsicht vonstatten ging, mag damit ganz leicht die gewisse Vergröberung und Ausdruckslosigkeit erklärt werden, die sich vor allem an den Details der architektonischen Elemente bemerkbar machen. Durch den Konstruktionstyp sowie die Einwölbung gehört die Kirche in Neupaka auf jeden Fall zu den von Christoph Dientzenhofer gebauten Kirchen, und die Ausdruckslosigkeit der Details kann man durch die Arbeit der örtlichen Handwerker erklären, was das etwas provinzielle Aussehen des Exteriors und Interiors zur Folge hatte. Warum Franz den Grundriß der Kirche in Neupaka mit Bayers nicht ausgeführtem Entwurf von St. Kliment in Verbindung bringt, ist wirklich unbegreiflich; man kann doch nicht zwei verschiedene Dispositionen nur deshalb miteinander vergleichen, weil beide fünf Gewölbefelder haben[11].

Ein weiteres, lange nicht endgültig gelöstes Problem war der Anteil *Kilian Ignaz Dientzenhofers* an der Autorenschaft von *St. Katharina beim Augustinerkloster in der Prager Neustadt.* Wenngleich sowohl F. M. Pelzel als auch das »Einschreibbuch« der Prager Baumeister ihm die Kirche zuschreiben[12], werden diese Angaben nicht für glaubwürdig gehalten, und viele Forscher tendierten zu der Meinung, daß F. M. Kaňka der Autor des Entwurfes gewe-

sen sei[13]. Norberg-Schulz ist der Ansicht, Kilian Ignaz habe mit Kaňka an der Kirche zusammengearbeitet und die Details deuteten auf seine Schöpfung hin. Es hat sich aber gezeigt, daß die bisherige Deutung unbegründet ist und sowohl das »Einschreibbuch« als auch Pelzel recht haben. In dem schon erwähnten Manuskript des »Gedenkbuches« des Katharinenklosters befindet sich nämlich auf dem Fol. 33 die Eintragung über die Grundsteinlegung der Kirche. Die Feier fand am 4. Mai 1737 in Gegenwart vieler hochwohlgeborener Gäste statt, unter anderem der Wohltäterin der Kirche, Frau Dorothea Veronika von Beck. Als Baumeister ist der »wohlgeborene Herr Kilian Ignaz Dientzenhofer, königlicher Baumeister und Bürger der Kleineren Prager Stadt«, angegeben. Durch dieses Archivdokument ist also die Autorenschaft des Entwurfes für die Kirche der hl. Katharina endgültig gelöst und damit auch die Annahme über eine eventuelle Mitarbeit Kaňkas hinfällig[14].

Vom Typ her gehört St. Katharina in die Gruppe der »verlängerten Zentralen«, bei denen die verhältnismäßig tiefe Vorhalle an den zentralen Raum anschließt und mit einem tiefen Presbyterium korrespondiert. Soweit bekannt, entwarf Kilian Ignaz Dientzenhofer diese Grundrißdispositon insgesamt dreimal in verschiedenen Variationen. Zuerst offenbar für die Cölestinerinnen, zum zweiten Mal für die Altstädter Benediktiner bei St. Nikolaus, und zum dritten für die Ursulinen in Kuttenberg. Nach den vorgefundenen Angaben wird vermutet, daß Kilian Ignaz an diesen drei Entwürfen sozusagen im gleichen Atemzug gearbeitet hat. Eine Vorstufe dazu sind die Entwürfe für die Kirche St. Maria Magdalena in Karlsbad aus dem Jahre 1727, die Anfang der dreißiger Jahre offenbar überarbeitet wurden. Die Kirche der hl. Katharina, deren Bau erst im Jahre 1737 begonnen wurde, dürfte demnach die jüngste aus dieser Gruppe und vom Grundriß her auch die einfachste sein. Man muß beachten, daß der nördliche, fast halbkreisförmige Risalit der Kirche ziemlich tief in den südlichen Flügel des Klostergebäudes hineinreicht; Kilian Ignaz mußte also schon vor Beendigung des Konventbaus mit dem Grundriß der späteren Kirche gerechnet haben (1730). Auch wenn die Zeit des Bauabschlusses im großen und ganzen mit der Fertigstellung der Kleinseitner Niklaskirche zusammenfällt, mit der diese Kirche einige verwandte Elemente – wie zum Beispiel die Architektur des Hauptaltars – aufweist, ist die Konzeption von St. Katharina doch älteren Datums. Sehr interessant ist hier die Inversion in der Durchbildung der die Flachkuppel des Zentralraumes tragenden Pfeiler, wo die leicht zurückgesetzten Nischen von konvex gerundeten Gebälkabschnitten gekrönt sind, die ihrerseits von rechtwinkligen Vorsätzen des Gebälks gehalten werden. Tatsächlich ist das ein Detail, das Kilian Ignaz Dientzenhofer würdig ist, und man kann daran zweifeln, ob einer seiner damals wirkenden Zeitgenossen in der Lage war, sich so eine Raffinesse einfallen zu lassen. Dieses Motiv hat Kilian Ignaz auch schon früher, Ende der zwanziger Jahre des 18. Jahrhunderts, und zwar bei der Kirche St. Hedwig in Wahlstatt, verwendet, allerdings nicht in einer so plastischen Ausführung.

Wenden wir uns noch den Problemen im Bereich des Profanbaus zu. Zum dreigeschoßigen *Eckpalast in der Zeltnergasse* (dem sog. »Pachta-Palais«, Konskr. Nr. 585–I) schreibt E. Poche, daß er 1724 von Johann Joachim Graf Pachta erworben worden sei, der sogleich seinen Architekten F. M. Kaňka mit dem Umbau in den folgenden Jahren beauftragt habe[15]. Er stützt sich dabei auf die Angaben in Ruths Chronik des königlichen Prags, die als topographisches Werk leider nicht unkritisch und ohne Rückversicherung benutzt werden kann. Es gibt dort Fehler mehr als genug. Das Haus auf der genannten Parzelle wurde nämlich schon im Jahre 1683, und zwar von Baron Anton Janninali gekauft. Bei dem sogenannten »französischen Brand« im Jahre 1689 brannte das Haus aus; Janninali beschloß, es neu bauen zu lassen. Er kaufte die benachbarte Parzelle und beantragte die Übertragung des Tafelrechts von seinem älteren Haus in der Karpfengasse (Kaprová). Wegen großer vermögensrechtlicher Komplikationen kam es zu seinen Lebzeiten nicht mehr zum Bau. Nach seinem Tode kaufte 1737 Joseph Langer die Parzelle, der sofort zu bauen begann. Wegen des schon genannten, immer noch nicht beigelegten Vermögensstreits wurde der Bau gestoppt. Baron Langer legte mehrmals Einspruch ein, und nach 1740 gelang es ihm, das Haus fertigzubauen[16]. In den Schriftstücken, die den Streit betreffen, ist von Plänen und auch von einem Architekten die Rede, welcher zur Zeit der Verhandlung außerhalb Prags weilte. Man müsse seine Rückkehr abwarten, war die Antwort des Prager Bürgermeisters und des Rates an Kaiser Karl VI. Jener außerhalb Prags weilende Architekt wird wie gewöhnlich nicht genannt. Es ist sicher, daß dieses Palais nicht von Pachta gebaut wurde, und daher ist es falsch, Kaňka als Autor zu nennen.

L. Jeřábek äußerte seinerzeit die Meinung, daß der Palast ein Werk Kilian Ignaz Dientzenhofers sei. Beide Palastfassaden, die Hauptfassade mit vierzehn und die Seitenfassade mit neun Achsen, weisen wirklich eine Reihe architektonischer Elemente auf, die von Kilian Ignaz mit Vorliebe verwandt wurden. Beide Fassaden sind symmetrisch, die Hauptfassade hat einen breiten, achtachsigen flachen Risalit, mit dessen Hilfe die durch die mittelalterliche Situation gegebenen Brüche in der Straßenlinie architektonisch bewältigt wurden. Die mittlere, vierachsige Partie des Risalits ist betont; sie wird über dem Hauptgesims von einem zweiachsigen Dacherker mit begleitenden segmentförmigen Flügeln, die zu seinen Seitenwänden aufsteigen, bekrönt. Die Intervalle zwischen den Fenstern sind rustiziert oder als schmale rechteckige Rauhputzfelder mit eingelegten, glatt geputzten Ovalen in halber Höhe ausgebildet. Rauhputz taucht auch bei den anderen dekorativen Elementen der Fassade auf. Die Rundung der Ecke springt leicht zurück. Im Innern erweckten das geräumige Vestibül und das monumentale, dreiläufige Treppenhaus Interesse. Die Richtigkeit der Annahme, daß Kilian Ignaz Dientzenhofer der Autor ist, bestätigt unter anderem der Umstand, daß Pelzel das Langer-Haus unter den Bauten von Kilian Ignaz nennt[17]. Pelzel ist zwar auch nicht immer zuverlässig, vor allem nicht in den Jahreszahlen, aber abgesehen von einigen sachlichen Fehlern bei den Bauten außerhalb von Prag ist seine Aufzählung der Werke Kilian Ignaz Dientzenhofers grundsätzlich richtig. Die Familie des Barons Langer besaß das Palais bis 1764, und weil es sich offenbar um eine sehr kulturbeflissene Familie handelte – im Palast befand sich eine selbständige, »extra eingewölbte« Bibliothek –, konnte sie Pelzel nicht unbekannt gewesen sein. Als langjähriger Erzieher adliger Sprößlinge verkehrte er über Jahrzehnte in diesen Kreisen, und es ist kaum möglich, daß er die Familie des Barons oder gar dessen Bibliothek nicht gekannt hat. Ein Irrtum bei der Objektbestimmung ist in diesem Falle ausgeschlossen. Im Jahre 1801 erwarb das Palais Graf Johann Pachta von Rájov, der es schon im Jahre 1822 wieder verkaufte[18].

Es sind aber auch Bauten bekannt, die verschiedene Autoren Kilian Ignaz Dientzenhofer zuschreiben, bei denen aber seine Urheberschaft nicht nachgewiesen werden kann. Norberg-Schulz führt zum Beispiel die Kirche St. Laurenz am Laurenziberg (Petřín) auf. Die Barockisierung der kleinen, ursprünglich romani-schen Kirche erstreckte sich über die Jahre 1741 bis 1746 und ist durch eine Reihe von Rechnungen und Quittungen der Handwerker dokumentiert, die dort gearbeitet haben. Der Baumeister war Johann Ignaz Palliardi, der offizielle Baumeister des Metropolitankapitels, dem diese Kirche unterstand. Die Zimmererarbeiten führte Hofzimmermeister Joseph Leffler aus. Kilian Ignaz Dientzenhofer war teilweise an dem Umbau beteiligt, da er sich zu jener Zeit als Oberfestungsbaumeister bereit erklärt hatte, den Pulverturm zu verlegen, der die Kirche wegen seines baufälligen Zustandes bedrohte. Über diese Angelegenheit wurde schon im Jahre 1738 verhandelt, also noch vor der Fertigstellung der Kirche[19]. Der Bau eines neuen Pulverturmes sollte 200 rh. Gulden kosten. Der alte sollte abgerissen werden, aber der Administrator der Kirche, P. Norbert Saatzer, entschloß sich am Ende, ihn reparieren zu lassen, um das Kirchensilber und andere Requisiten dort unterzubringen. Der Plan der Grabeskapelle an dieser Kirche stammt ebenfalls nicht von Kilian Ignaz Dientzenhofer, sondern von Johann Ferdinand Schor. Kilian Ignaz stellte aber im Frühjahr 1738 die Arbeiter zu diesem Bau[20].

Norberg-Schulz führt unter den Profanbauten Kilian Ignaz Dientzenhofers auch das Pfarramt und die Dechantei in Altbunzlau auf. Kilian Ignaz entwarf aber keines dieser Objekte[21]. Er erstellte dagegen angeblich schon 1728 den *Plan für die Propstei*, welcher im Harrach-Archiv in Wien aufbewahrt ist[22]. Propst in *Altbunzlau* war damals Kardinal Graf Althan, der sich von Kilian Ignaz die Kalkulation zusammenstellen ließ. Nach dieser sollte der Bau 18 000 rh. Gulden kosten. Die zweite Kalkulation lieferte der Baumeister Halířek, der bereit war, die Propstei für die Hälfte zu bauen, und dem Kardinal Althan die Ausführung angetragen haben soll. Wir wissen allerdings nicht, ob Halířek nach den Entwürfen Kilian Ignaz' oder nach seinen eigenen bauen sollte[23]. Im Faszikel der Schriftstücke des Hofbauamtes ist ein nicht unterschriebener Entwurf der Propstei abgelegt, der Grundriß des Erdgeschoßes und des ersten Obergeschoßes aus dem Jahre 1741. Auf diesem Plan ist mit grauer Farbe gekennzeichnet, was unter Propst Kardinal Althan gebaut wurde, mit roter, was Propst Graf Harrach baute, und mit grüner Farbe das, was noch zu bauen war. Das Gebäude der Propstei wurde erst in den Jahren 1868/69 vollendet.

Mit diesem Kapitel wird zwar der letzte Teil des Buches über die Dientzenhofer in Böhmen abgeschlossen, das aber mit dem berechtigten Gefühl, das Thema längst nicht erschöpfend behandelt zu haben. Vielleicht gelingt es jemandem aus der Generation der jüngeren Kunsthistoriker, dieses mühsam zusammengefügte und doch noch sehr unvollständige Mosaik zumindest in einigen Aspekten zu ergänzen, die gegenwärtigen Deutungen, die auf dem aktuellen Stand der Forschung beruhen, zu verbessern und eventuell Irrtümer aufzudecken. Jüngst fand zum Beispiel Jaroslav Macek ein Archivdokument darüber, daß die Dientzenhofer auch am *Bau des Schlosses in Ploschkowitz* (Ploskovice) beteiligt waren, wobei sowohl die Disposition als auch die architektonischen Details für ihre Autorenschaft sprechen[24]. Das ist die erste bedeutende Neuentdeckung nach der Beendigung des Buchmanuskripts und zugleich ein Omen für die künftige Forschung über Leben und Werk der Dientzenhofer in Böhmen.

Anmerkungen

Abkürzungen

ČSPS Časopis společnosti přátel starožitností českých (Zeitschrift der Gesellschaft für Böhmische Altertümer)   *PA* Památky archeologické a místopisné (Archäologische und topographische Denkmäler)   *RKPPDU* Ročenka Kruhu pro pěstování dějin umění (Jahrbuch des Zirkels für die Pflege der Kunstgeschichte)   *SÚRPMO* Státní ústav pro rekonstrukce památkových měst a objektů (Staatliches Institut für die Rekonstruktion von Gedenkstätten und Objekten) *UPČ* Umělecké památky Čech (Künstlerische Denkmäler Böhmens)

Quellen

Archive: *SÚA* Státní ústřední archiv Praha (Staatliches Zentralarchiv Prag)   *SA* Státní Archiv Praha (Staatliches Archiv Prag)   *SOA* Státní oblastní archivy - Litoměřice, Zámrsk (Staatliche Kreisarchive - Leitmeritz, Zámrsk)   *APH* Archiv Pražského hradu (Archiv der Prager Burg)   *AMP* Archiv hl. m. Prahy (Archiv der Hauptstadt Prag)   *ANM* Archiv Narodního muzea (Archiv des Nationalmuseums)   *PNP* Strahov - Památník nár. písemnictví Strahov (Sammlung des Nationalen Schrifttums)   *SÚPPOP* Státní ústav památkové péče a ochrany přírody (Staatliches Institut für Denkmalpflege und Naturschutz)   *UK* Universitni knihovna, rukopisné oddělení (Universitätsbibliothek, Manuskriptabteilung)   *HKA* Hofkammerarchiv Wien
Fonds: *DZV* Desky zemské větší, SÚA (Größere Landtafel)   *SM* Stará manipulace, SÚA (Die alte Manipulation)   *NM* Nová manipulace, SÚA (Die neue Manipulation)   *SČM* Staré české místodržitelství, SÚA (Die alte Böhmische Staathalterei)   *ČK* Česká komora, SÚA (Die Böhmische Kammer)   *ČDKM I* České oddělení Dvorské komory I, SÚA (Hofkammer, Böhmische Abteilung I)   *ČDKM IV* České oddělení Dvorské komory , SÚA (Hofkammer, Böhmische Abteilung IV)   *APA* Archiv pražského arcibiskupství, SÚA (Archiv des Prager Erzbistums)   *Ř Augustiniáni* Řádový archiv augustiniánů, SÚA (Ordensarchiv der Augustiner)   *ŘB Břevnov* Řádový archiv benediktinů Břevnov, SÚA (Ordensarchiv der Benediktiner, Breunau)   *ŘB Emauzy* Řádový archiv benediktinů Emauzy, SÚA (Ordensarchiv der Benediktiner, Emmaus)   *Ř Kapucíni* Řádový archiv kapucínů, SÚA (Ordensarchiv der Kapuziner)   *Ř Křížovníci* Řádový archiv křížovníkůs červenou hvězdou, SÚA (Ordensarchiv der Kreuzherren mit dem roten Stern)   *Ř Prem.* Strahov Řádovy archiv premonstrátů Strahov, SÚA (Ordensarchiv der Prämostratenser, Strahow)   *Ř Voršilky* Řádový archiv voršilek. SÚA (Ordensarchiv der Ursulinerinnen)   *JS* Jesuitica, SÚA
Archive der aufgehobenen Klöster: *FK* Fundacni komise, SÚA (Fundationskommission)   *TK* Tereziansky katastr, SÚA (Teresianischer Kataster)   *RA Lobkowicové* Rodinný archiv Lobkowiczů roudnickych (Lobkowiczer Familienarchiv, Raudnitz) SOA Leitmeritz, Zweigstelle Žitenice)   *VS Broumov* Velkostatek Broumov (SOA Zámrsk) Großgrundbesitz Braunau (SOA Zámrsk)   *VS Sv. Jan pod Skalou* Velkostatek Sv. Jan pod Skalou (SA Praha, pracoviště Křivoklát) Großgrundbesitz Hl. Johann unter dem Felsen (SA Prag, Zweigstelle Pürglitz)   *HBA* Hofbauamt (Dvorní stavební úřad, APH)   *KA* Kapitulni archiv (APH) (Kapitelarchiv)
Die Kleinseitner Grund- und Obligationsbücher, Sentenzbücher und die Bücher der »vejchoz« sind nach den Nummern der Manuskripte angegeben (*AMP*).
Die Manuskripte aus ANM sind unter ihren Signaturen angegeben. Die Strahower Annalen und die Kapuziner Annalen im PNP Strahow sind nach den Signaturen angegeben. *SMP* Sammlung der Landkarten und Pläne (SÚA). Die Plänedokumentation im *SUPPOP* - ohne Signaturen, unter der Objektbezeichnung *GDB* Gedenckbücher (HKA Wien)
Die Signaturen von Schriften und Manuskripten aus den genannten Fonds, die bei der Bearbeitung des Buches benutzt wurden, sind bei den Anmerkungen angegeben.

EINLEITUNG

1   Zum Beispiel J. Herain, Stará Praha, S. 118, folgerte, daß Christoph Dientzenhofer die Niklaskirche an der Kleinseite deswegen nicht habe bauen können, weil sie auf dem Panoramabild van Ouden Allens aus dem Jahre 1685 dargestellt ist, und damals war Christoph Dientzenhofer noch Polier.

2   O. Stefan, Příspěvky k dějinám české barokní architektury I. (Beiträge zur Geschichte der tschechischen Barockarchitektur), in: PA XXXV (1926/27), S. 79ff; M. Vilímková, Dějiny Strahovskeho kláštera (Geschichte des Strahower Stiftes, SÚRPMO.

3   J. Morper, das Czernin-Palais in Prag, Praha 1940; V. Lorenc-K. Tříska, Černínský palác v Praze (Das Czernin-Palais in Prag), Praha 1980.

4   M. Vilímková, Dějiny arcibiskupského paláce (Geschichte des erzbischöflichen Palais), SÚRPMO; E. Poche-P. Preiss, Pražské paláce (Prager Paläste), S. 48.

5   M. Vilímková, Dějiny paláce Hložků z Žampachu (Geschichte des Palais der Hložeks von Žampach), SÚRPMO; E. Poche-P. Preiss (Anm. 4), S. 37.

6   V. Naňková, Architektura 1620-1700. Knihy o Praze III. (Architektur 1620-1700. Bücher von Prag III; im Druck).

7   SÚA, Sign. NM-G 1/M 6/1; V. Sádlo, Klášter Křížovníků v Starém Městě pražském (Das Kreuzherrenkloster in der Prager Altstadt), in: Ročenka Kruhu pro pěstování dějin umění za r. 1934 (Jahrbuch des Kreises für die Pflege der Kunstgeschichte für das Jahr 1934), Praha 1935, S. 44ff; M. Vilímková, Dějiny kostela sv. Františka (Geschichte der Kirche St. Franziskus), SÚRPMO.

8   SÚA. Sign. FK - D B/5-P/14-18.

9   V. Naňková (Anm. 6).

10   SÚA, Sign. SM-J 20/17-17/32; M. Vilímková, Dějiny novoměstské jesuitské koleje (Geschichte des Neustädter Jesuitenkollegs), SÚRPMO.

11   E. Holanová, Dějiny kostela sv. Voršily (Geschichte der Kirche St. Ursula), SÚRPMO; Lancinger, Dějiny kláštera voršilek na Novém Městě-pražském, SÚRPMO.

12   SÚA, Sign. NM-G 1/M 6/1.

13   O. Blažíček-J. Čeřovský-E. Poche, Klášter v Břevnově (Das Kloster in Breunau), Praha 1944; M. Vilímková, Nové archivní doklady ke stavbě kláštera a kostela sv. Markéty v Břevnově (Neue Archivdokumente zum Bau des Klosters und der Kirche St. Margaret in Breunau), in: Umění XXII (1974), S. 147ff; M. Vilímková, Dějiny kláštera sv. Markéty v Břevnově (Geschichte des Klosters St. Margaret in Breunau), SÚRPMO.

CHRISTOPH DIENTZENHOFER
Der junge Meister

1   V. Naňková, Na okraj dvou článků o barokní architektuře v Čechach (Randbemerkungen zu zwei Artikeln über die Barockarchitektur in Böhmen), in: Umění XXIV (1976), S. 142, Anm. 99 (weiter: Na okraj dvou článků).

2   Zu dieser Frage führe ich nur die wichtigste Literatur an: O. Stefan, O slohové podstatě centrálních staveb Kiliána Ignáce Dientzenhofera (Über die Stilgrundlagen der Zentralbauten von Kilian Ignaz Dientzenhofer), in: PA XXXV, S. 468ff; Šternberská kaple ve Smiřicích (Die Sternberg-Kapelle in Smiritz), in: Sborník k 70.narozeninam Karla B. Mádla (Sammelband zum 70. Geburtstag von Karel B. Mádl), S. 128ff; V. Richter, Zámecká kaple ve Smiřicích (Die Schloßkapelle in Smiritz), in: Sborník prací filozofické fakulty Brněnské univerzity, řada historická (Sammelband der Beiträge der Philosophischen Fakultät der Universität Brünn, Historische Reihe), C, IV (1955), S. 93ff; die Richtigkeit von Richters Deutung der Abkürzung G. F. S. auf dem Plan der Kapelle - nämlich als Giovanni fecit Santini - hat mit Recht schon H. G. Franz in Frage gestellt (Bauten und Baumeister, S. 70).

3   V. Kotrba, Neue Beiträge zur Geschichte der Dientzenhofer, in: Umění XXI (1972), S. 177.

4   Seznam pražských zednických mistrů z r. 1679 (Verzeichnis der Prager Maurermeister aus dem Jahre 1679), SÚA, Sign. NM-G 1/M 6/1. Nach diesem Verzeichnis war die Anzahl der italienischen Meister, oder der Meister italienischer Herkunft, etwa gleichgroß wie die der Meister deutscher oder böhmischer Herkunft. Die Übersicht, die seinerzeit J. Morper zusammengestellt hat (Der Prager Architekt Jean Baptiste Mathey, 1927, S. 1), ist, im Vergleich mit dem Verzeichnis aus dem Jahre 1679, unvollständig und berechtigt nicht zu dem Schluß, daß die italienischen Meister überwogen.

5   AMP, Manuskr. Nr. 569, Fol. 276, eingelegt am 19. November 1686.

6   Zur Tätigkeit Christoph Dientzenhofers in Waldsassen vgl. V. Wachsmannová, Život a dílo Abrahama Leuthnera (Leben und Werk Abraham Leuthners), in: PA XLII (1946), S. 48.

7   J. Herain, Stará Praha, S. 118.

8   V. Wachsmannová (Anm. 6), PA XXXXII. S. 38.

9   V. Kotrba (Anm. 3), S. 188.

10   V. Wachsmannová (Anm. 6), S. 38.

11   V. Naňková (Anm. 1), S. 145, Anm. 144.

12 V. Naňková (Anm. 1), S. 142ff, Anm. 157.

13 V. Naňková (Anm. 1), S. 142, Anm. 99.

14 SÚA, Ř. Křížovníci, Manuskr. Nr. 258.

15 SÚA, Ř. Křížovníci (Der Kreuzherrenorden), Kart. Nr. 229. Ein Brief Wolfgang L. Braunbocks vom 27. Oktober 1727 an den Ordensgeneral M. Böhm über die Probeschächte in Karlsbad mit der Erwähnung, daß er den Plan der Marienkapelle für Kulm »dem Herrn Baumeister«, also an Kilian Ignaz Dientzenhofer, geschickt habe.

16 V. Wachsmannová (Anm. 6), S. 45; V. Naňková (Anm. 1), S. 142, Anm. 99.

17 AMP, Manuskr. 526, Fol. 134, 138, 142, 148.

18 AMP, Manuskr. 4667, Fol. C 35, Vertrag vom 7. August 1696; Fol. C 35 v., Vertrag vom 10. August 1696.

19 AMP, Manuskr. 4263, Fol. 34. Nach diesem Testament vermachte Abraham Leuthner seinem Sohn Leopold ein Haus in der Neustadt, in Jircháře, der Tochter Anna das Haus »Zum blauen Hirschen« auf dem Aujesd, mit der Auflage, daß sie sich um die Mutter kümmern sollte, und die Gaststätte beim Spitaltor allen dreien zusammen. Christoph Dientzenhofer sollten aus dem Nachlaß 100 rh. Gulden für die Gestaltung der Beerdigung ausgezahlt werden. Vgl. V. Wachsmannová (Anm. 6), S. 15ff.

20 M. Pavlík-L. Lancinger, Kostel sv. Maří Magdaleny na Malé Straně v Praze a Francesco Caratti (Die Kirche St. Maria Magdalena auf der Prager Kleinseite und Francesco Caratti), in: Umění XIV (1966), S. 109ff.

21 Nach der eigenen Bezeugung Christoph Dientzenhofers, SÚA, Sign. SM-D 112/1.

22 Schriftstücke zum Streik der Maurer- und Zimmergesellen aus dem Jahre 1699, SÚA, Sign. SM-P, 106/90.

23 H. Lorenz, Domenico Martinelli und Prag, in: Umění XXX (1982), S. 21ff.

24 H. Sedlmayr, J. B. Fischer von Erlach, Wien 1977, S. 61, 341.

25 H. Lorenz (Anm. 23), S. 26, S. 33, Anm. 41. Nach dem Brief von Johann Kastner, des Hausmeisters des Prager Liechtenstein-Palais, vom 9. April 1701 an Fürst Johann A. A. von Liechtenstein war Christoph Dientzenhofer der Baumeister Wenzel Adalbert von Sternbergs und auch der Berater der Liechtensteins.

26 H. G. Franz, Bauten und Baumeister, S. 51, S. 220ff, Anm. 101; J. Vávra, Historické paměti bývalého panství Mníšeckého kláštera sv. Maří Magdaleny na Skalce (Die historischen Memoiren der ehemaligen Herrschaft des Klosters der hl. Maria Magdalena am Skalka), Praha 1899, S. 88ff.; L. Stojdl, Skalka u Mníšku, její památky a dějiny (Skalka bei Mníšek, ihre architektonischen Denkmäler und ihre Geschichte), Praha 1924.

27 AMP, Manuskr. Nr. 1503, Fol. 32. Am 7. Juli 1699 beantragte Christoph Dientzenhofer das Aushängen der dritten Subhastationsbekanntmachung für das zum Kirchengut gehörige Haus »Liska« und reichte dann die Anmeldung zum Kauf des Hauses durch Vermittlung von P. Metelka ein. Daraus kann man schließen, daß er an diesem Haus eine Restschuld hatte. Der Kauf kam nicht zustande.

28 AMP, Manuskr. Nr. 4667, Fol. 24, Einlage vom 16. Oktober 1704. Nach dem Wortlaut des Vertrages kaufte Christoph Dientzenhofer für 1100 rh. Gulden das Haus der »Pistorius-Erben« an der Ecke hinter den PP. Dominikanern von Herrn Adam Ernesti und seiner Ehefrau Polyxena. 600 rh. Gulden bezahlte er bar, den Rest im Jahre 1706.

29 M. Korecký, Mit einigen Bemerkungen zur Barockarchitektur Böhmens nach 1700, in: Umění XXL (1973), S. 201 und 202; AMP, Manuskr. 4667, Fol. E 23, Einlage vom 2. September 1705. J. B. Santini kaufte von Georg Wenzel Schwabl von Schwalbenfeld das »Valkoun-Haus« in der heutigen Nerudastraße für 3000 bar bezahlte rh. Gulden. Es handelte sich dabei ursprünglich um ein »Landtafelhaus«, und Herr Wenzel Adalbert Valkoun von Adlar überließ es schon im Jahre 1696 dem genannten G. W. Schwabl, für »die ihm während seines Aufenthaltes im Ausland erwiesenen Dienste« (SÚA, DZV, 468, Lit. A 22, Einlage vom 30. April 1696). Im Jahre 1704 beantragte Schwabl die Übertragung der Landtafelzugehörigkeit von diesem Haus auf das »alte Schwablsche Haus«, das dem städtischen Recht unterstand. Das wurde ihm (SÚA, DZV, 630, Lit. D 7; DZV 468, Lit. L 24) unter der Bedingung erlaubt, daß er ein Äquivalent für die entgangenen Abgaben und Kontributionen in Höhe von 600 rh. Gulden bezahlt. Der Grund war, daß das »alte Schwablsche Haus« größer war als das Valkoun-Haus, aus dem verständlicherweise eine niedrigere Abgabenquote zu bezahlen war. Der genannte Schwabl war übrigens ein Beamter der Böhmischen Hofkanzlei und ein Referent in dem vom Breunau-Braunauer Abt Otmar Zinke mit dem Prager Erzbischof geführten Streit um die Exemtion. Später wurde er – eben im Zusammenhang mit diesem Streit – der Bestechlichkeit, der Zurückhaltung und sogar der Fälschung von Akten angeklagt, zum Verlust des Eigentums verurteilt und aus dem Königreich Böhmen verbannt.

30 Die Fehlannahme von Cyril Merhaut gibt M. Korecký (Anm. 29), S. 201, an. Aus den Angaben in der vorangehenden Anmerkung geht eindeutig hervor, daß Christoph Dientzenhofer mit dem Valkoun-Haus (Konskr.

Nr. 211-III) nichts zu tun hatte und daß er auch dessen Verkauf an J. B. Santini niemals als »sein Freund« vermittelt haben wird. Das alles ist in der Tat eine Erfindung C. Merhauts (und leider nicht die einzige), die allerdings Korecký noch zu den Hypothesen über die Mitarbeit der beiden Architekten verleiten konnte.

31 AMP, Manuskr. 4667, Fol. C 50; Manuskr. 4704, Fol. B 10. Nach dem Nachweis der Begehungskommission aus dem Jahre 1814 war das Chotek-Palais in der Hellichovastraße (Konskr. Nr. 458-III) auf der Parzelle von drei miteinander verbundenen Häusern gebaut: »Zum goldenen Pelikan«, »Zu den zwei goldenen Kugeln« und »Zum roten Löwen«. Das mittlere von ihnen ist das ehemalige Valkoun-Haus. Das Haus »Zum roten Löwen« gehörte lange dem Zimmermeister Kilian Gabriel, einem Freund der Familie Dientzenhofer.

32 AMP, Manuskr. 4634, Fol. 3 31.

Die reifen Jahre

1 Die Literatur zu der Schloßkapelle in Smiřitz ist reichhaltig, denn dieser Bau war eben »punctum saliens« des langjährigen kunsthistorischen Streits »Santini kontra Christoph Dientzenhofer«, wie der Untertitel des Artikels von E. Řehová, De l'origine des constructions du groupe radical baroque de Bohême, Sborník prací filozofické fakulty Brněnské univerzity (Sammelband der Arbeiten der Philosophischen Fakultät der Universität in Brno), lautet, F 14-15, 1971, S. 207ff. Außer O. Stefan und V. Richter hat von den jüngeren Wissenschaftlern V. Jiřík, Universitní these Otmara Zinkeho z roku 1689 (Die Universitätsthese des Otmar Zinke aus dem Jahre 1689), in: Umění XIX (1971), S. 507ff; ders.: Případ »Kryštof« (Der Fall »Christoph«), in: Umění XXII (1974), S. 283ff. die Urheberschaft von Christoph Dientzenhofer in Frage gestellt oder bezweifelt. Die entgegengesetzte Meinung hat vertreten vor allem H. G. Franz, Die Kirchenbauten des Christoph Dientzenhofer, Brünn-München-Wien, 1942, S. 52ff; ders.: Bauten und Baumeister. Archivdokumente haben publiziert: A. Birnbaumová, Příspěvky k dějinám umění XVII. století z archivu Sternbersko-Manderscheidtského (Beiträge zur Kunstgeschichte des 17. Jahrhunderts aus dem Sternberg-Manderscheidt-Archiv), in: PA XXXIV (1924/25), S. 492ff; V. Naňková, Ke stavbě zámecké kaple ve Smiřicích (Zum Bau der Schloßkapelle in Smiřitz), in: Umění XX (1972), S. 507; M. Vilímková, Marginalia, in: Umění XXVI (1978), S. 431, Anm. 49.

2 M. Vilímková, Marginalia, in: Umění XXVI (1978), S. 432.

3 Chr. Norberg-Schulz, Kilian Ignaz Dientzenhofer e il barocco boemo, S. 31, 32.

4 Chr. Norberg-Schulz (Anm. 3), S. 31, 34 und die o. g. Literatur zu der »Dientzenhoferschen« Problematik.

5 Chr. Norberg-Schulz (Anm. 3), Bild Nr. 16.

6 H. G. Franz, Bauten und Baumeister, S. 222, Anm. 119 mit dem Hinweis auf die Quellen.

7 Die Pläne aus dem Archiv Grönstein in Kiedrich wurden von Franz publiziert (Bauten und Baumeister, Bild 98, 99). Der zweite Plan ist untergebracht in SÚA (Sign. SČM 1728/1/a/4); M. Vilímková, Ke stavebnímu vývoji (Zur Bauentwicklung), in: Umění XIX (1971), S. 307, Bild 1.

8 Die Pläne aus der Grimm-Sammlung hat E. Řehová publiziert (Anm. 1), XIX-XX, 1970/71, S. 207ff, abgedruckt im Artikel von M. Korecký, Mit einigen Bemerkungen, in: Umění XXI (1973), S. 195, Bild 1; vgl. auch den Katalog der Grimm-Sammlung (zur Aufstellung: František Antonín Grimm, architekt XVIII.století (František Antonín Grimm, ein Architekt des XVIII. Jahrhunderts, 1981)), Nr. 13/3, die Front, Nr. 13/4, der Grundriß.

9 M. Vilímková (Anm. 7), S. 309.

10 Manuskriptabteilung der Universitätsbibliothek, Litterae Annuae, MS XXIII/C 105/14; C 105/17: C 105/17. M. Vilímková (Anm. 7), S. 311, 312.

11 M. Vilímková (Anm. 7), S. 310.

12 SÚA, Sign. SČM 1726/IX/c/19; M. Vilímková (Anm. 7), S. 310, 311.

13 Zur Bauentwicklung des Klosters in Breunau: O. Blažíček-J. Čeřovský-E. Poche, Klášter v Břevnově (Das Kloster in Breunau), Praha 1944; E. Poche, Stavební kronika břevnovského kláštera a kostela z let 1701-1721 (Die Bauchronik des Breunauer Klosters und der Kirche aus den Jahren 1701-1721), in: ČSPS 49 (1946), S. 159ff; B. Menzel, Christoph und Kilian Ignaz Dientzenhofer im Dienste der Äbte von Brewnov-Braunau, in: Jahrbuch des deutschen Riesengebirgsvereins 23 (1934), S. 8ff. Quellen: SÚA, ŘB Břevnov, Sign. A IX/21, Kart. Nr. 34; C II/22, Kart. Nr. 56.

14 SÚA, ŘB Břevnov, Kart. Nr. 35; DZV, 4. Pfirsichfarbig, Nr. 468, Lit. G 30.

15 V. Naňková, Architekt a stavitel Pavel Ignác Bayer. Představy v literatuře a skutečnost (Der Architekt und Baumeister Paul Ignaz Bayer. Die Vorstellungen in der Literatur und die Wirklichkeit, im weiteren: Architekt a stavitel P. I. Bayer), in: Umění XXII (1974), S. 231ff.

16 M. Vilímková, Nové archivní doklady ke stavbě kláštera a kostela sv. Markéty v Břevnově (Neue Archivdokumente zum Bau des Klosters und der

Kirche St. Margaret in Breunau), im weiteren: Nové archivní doklady, in: Umění XXII (1974), S. 149, 150.

17 Bayers Pläne aus dem Konvolut der Breunauer Pläne in der Manuskriptabteilung der Universitätsbibliothek wurden publiziert zum Beispiel von O. Blažíček-J. Čerovský-E. Poche, H. G. Franz, Bauten und Baumeister, Bild 93, 94; V. Naňková (Anm. 15), Bild Nr. 7, 8, 9, 10, S. 231-234.

18 M. Vilímková (Anm. 2), S. 417.

19 M. Vilímková (Anm. 2), Bild 1 auf der S. 415; J. Kroupa, Klášterní chrám v Břevnově a česká architektura kolem r. 1709 (Die Klosterkirche in Breunau und die böhmische Architektur um das Jahr 1709, in: Umění XXX (1982), S. 48 ff.

20 SÚA, ŘB Břevnov, Bauabrechnungen aus den Jahren 1709-1722, Kart. Nr. 352-354, und Manuskr. Nr. 9, mit den Buchhaltungsaufzeichnungen aus den Jahren 1701-1721, veröffentlicht von E. Poche (Anm. 13).

21 M. Vilímková (Anm. 16), S. 151 ff.

22 ŘB Břevnov, Casa salis, Kart. Nr. 122; M. Vilímková (Anm. 16), S. 148, 151.

23 SÚA, APA, Sign. X 114/2, Kart. Nr. 2071; M. Vilímková (Anm. 16), S. 149, Bild 3, S. 150, Bild 4.

24 AMP, Matrikeln Břevnov, N. 10121, 1654-1752.

25 SOA Zámrsk, VS Broumov, Die Rechnungen des Provisorats aus den Jahren 1709-1711, Inv. Nr. 1573-77, Kart. Nr. 713-717; M. Vilímková-P. Zahradník.-M. Horyna, SÚRPMO. In den Rechnungen ist der Name des Poliers Mayerhofer eingetragen, den Christoph Dientzenhofer aus Breunau hingeschickt hatte.

26 B. Menzel, Abt Othmar Daniel Zinke, S. 224; ders.: Baugeschichte des Braunauer Klosters, in: Rohrspatz 18/19 (1972), S. 20.

27 V. Jiřík, Universitní these Otmara Zinkeho (Die Universitätsthesen des Otmar Zinke), in: Umění XIX (1971), S. 507ff.

28 Brief von P. Raphael Berger vom 29. Dezember 1727; SÚA, ŘB Břevnov, Sign. G XI/13, Kart. Nr. 139.

29 Zu den Pfarrkirchen im Braunauer Land: SOA Zámrsk, VS Broumov, Patronátní záležitosti (Patronatsangelegenheiten), Kart. Nr. 615-654; M. Vilímková-M. Horyna, SÚRPMO; B. Menzel, Die Geschichte des Braunauer Ländchens, Sonderdruck aus dem Braunauer Heimatbuch, 1971; ders.: Abt Othmar Daniel Zinke, S. 233ff.

30 Siehe Anm. 23.

31 V. Kotrba, Sv. Jan pod Skalou (St. Johann unter dem Felsen), Praha 1944; M. Vilímková (Anm. 16), S. 151; SÚA ŘB Břevnov, Casa salis, Sign. G. VII/1, Kart. Nr. 122; G VI/7, Kart. Nr. 119.

32 SÚA, ŘB Břevnov, Casa salis, Sign. G VII/1, Kart. Nr. 122.

33 M. Vilímková (Anm. 2), S. 418; M. Horyna, Dílo Kiliána Ignáce Dientzenhofera v Kladrubech (Das Werk Kilian Ignaz Dientzenhofers in Kladrau), in: Památky a příroda 1977, S. 577ff.

34 H. G. Franz, Bauten und Baumeister, S. 61, S. 222, Anm. 121 mit einem Hinweis auf ältere Literatur.

35 Chr. Norberg-Schulz (Anm. 3), S. 31, 35.

36 J. Diviš, Pražská Loreta (Die Prager Loreto-Gnadenstätte), Praha 1972 (mit Angaben von älterer Literatur); M. Vilímková (Anm. 2), S. 418ff.

37 M. Vilímková (Anm. 2), S. 419.

38 M. Vilímková (Anm. 2), S. 419.

39 Chr. Norberg-Schulz (Anm. 3), S. 35.

40 M. Vilímková (Anm. 2), S. 419.

41 AMP, Manuskr. 4074, Fol. J. 10.

42 V. Procházra, K dějinám stavebního vývoje kostela sv. Anny a sv. Vavřince a klášera dominikánek ve Starém Mestě pražském (Zur Geschichte der Bauentwicklung der Kirche St. Anna und St. Laurenz sowie des Dominikanerinnenklosters in der Prager Altstadt), in: Umění II (1955), S. 167ff; ders. in: Ochrana památek 27, S. 22.

43 AMP, ohne Sign.; L. Lancinger-M. Horyna, SÚRPMO, SÚA, Ř. Aug. Liber memorabilium, MS. Nr. 15, Fol. 21, 33.

44 A. Podlaha, Oprava chrámu Svatovítského (Die Reparatur der St.-Veits-Kathedrale), in: PA XIX (1902), S. 552.

45 SÚA, Sign. SM-F 110/8/9/I; SČM 1720/I/d/44; 1720/V/d/51; O. Novosadová, SÚRPMO.

46 Den Plan aus dem Konvolut der Breunauer Pläne in der Manuskriptabteilung der Universitätsbibliothek publizierte V. Kotrba, Neue Beiträge, in: Umění XXI (1972), S. 178, Bild 14.

47 W. Schulz, Ein Kirchenüberschlag von Christoph Dientzenhofer, in: Jahrbuch der k. k. Zentralkommission, NF 2, Band 2, Wien 1904, S. 228ff.

Familie, Freunde, Mitarbeiter und Konkurrenten

1 SÚA. Visitationstabellen aus dem Jahre 1726, Sign. TK 155, Nr. 171.

2 AMP, Manuskr. Nr. 4669, Fol. C 24, Einlage vom 30. September 1714. Kaufvertrag, wonach Christoph Dientzenhofer das sog. »Mandersche Haus« in der Thomasgasse unter den Arkaden von Wenzel Hoffmann, dem Sekretär der Statthalterei in der Militärexpedition und Bürger der Prager Altstadt, für 900 bar bezahlte rh. Gulden kaufte.

3 Kenntnisse der lateinischen Sprache bewies Kilian Ignaz Dientzenhofer zum Beispiel in der Attestation des Bauzustandes des Benediktinerklosters bei St. Nikolaus in der Prager Altstadt im Jahre 1724. SÚA, ŘB Břevnov, Casa salis, Kart. Nr. 122.

4 F. M. Pelzel, Abbildungen böhmischer und mährischer Gelehrten und Künstler, Band II, Prag 1775, S. 174ff. Die Angabe darüber, daß Kilian Ignaz die Mittel für seine Auslandsreise der Erbschaft von seinem Vater verdankte, ist falsch, denn Christoph Dientzenhofer ist nicht im Jahre 1707, wie Pelzel angibt, sondern im Jahre 1722 gestorben.

5 Testament von Leopold Leuthner – AMP, Manuskr. 4263, Fol. 34, vgl. V. Wachsmannová, Život a dílo Abrahama Leuthnera (Leben und Werk Abraham Leuthners), in: PA XLII (1946), S. 18.

6 A. Podlaha, Materialien, in: PA XXXII (1920), S. 284.

7 H. G. Franz, Studien zur Barockarchitektur in Böhmen und Mähren, S. 188.

8 V. Kotrba, Neue Beiträge, in: Umění XXI (1972), S. 88.

9 Manuskriptabteilung der Universitätsbibliothek in Prag, Konvolut der Pläne aus der Bibliothek des Breunauer Klosters.

10 V. Kotrba (Anm. 8), S. 89, Anm. 26.

11 K. B. Mádl, Dientzenhoferova Amerika (Dientzenhofers Amerika), Praha 1890

12 SÚA, ŘB Břevnov, Sign. A XVIII/6, Kart. Nr. 50.

13 SÚA, ŘB Břevnov, Sign. A XVIII/6, Kart. Nr. 50.

14 V. Kotrba, Kostel trinitářů v Novém Městě pražském, jeho stavebník a architekt (Die Trinitarierkirche in der Prager Neustadt, ihr Bauherr und ihr Architekt), in: Umění XI (1963), S. 193 ff; L. Lancinger-M. Horyna, SÚRPMO.

15 AMP, Manuskr. 4634, Fol. B 31.

16 Marie Anna Hrzán, Gräfin von Haras, geborene Putz von Adlerthurn, kaufte im Jahre 1735 von Maria Anna Fürstin von Fürstenberg, einer geborenen von Waldstein, drei Häuser: »das große und das kleine Waldstein-Haus« und das Gnisen-Haus, genannt »Zum schwarzen Storch«, und nahm zweifellos bald darauf den Umbau in Angriff (SÚA, Ř Malt., Sign. 85/22 bis 23, AMP, Manuskr. 4285, Fol. 395 ff.). Im Kaufvertrag, der nach dem Tod der Gräfin zwischen den Vormunden ihres minderjährigen Sohnes und Franz Leopold Graf Buquoy de Lonquevale geschlossen wurde, sind unbezahlte Schuldforderungen für Bauarbeiten angegeben: für die Zimmerarbeiten 530 rh. Gulden an den Hofzimmermeister Joseph Leffler und 495 rh. Gulden an Fräulein Anna Aichbauer, die diese Schuldforderungen zweifellos von ihrem Vater J. G. Aichbauer geerbt hatte. Daraus kann man schließen, daß Aichbauer sowohl der Baumeister als auch der Planer des Palais Buquoy gewesen war. Diese Hypothese wird auch dadurch verstärkt, daß die Zimmerarbeiten von J. Leffler ausgeführt wurden, dem ständigen Mitarbeiter Kilian Ignaz Dientzenhofers, der für Aichbauer auch am Bau vom Loreto gearbeitet hatte (AMP, Manuskr. 4285, Fol. 400 ff., Eingabe des Kaufvertrages vom 9. November 1748).

17 W. G. Rizzi, Die Barockisierung der ehemaligen Augustiner-Eremitenkirche in Bruck/Leitha und einige neue Beiträge zu den Landkirchenbauten Johann Lucas von Hildebrandts, in: Österreichische Zeitschrift für Kunst und Denkmalpflege XXXIV (1980), S. 45ff. Der Anbau der Sakristei der Prokopskirche in Prokopstal auf dem Gebiet von Jinonice (und daher unter dem Patronat der Schwarzenberg) ist ein kaum erwähnenswertes Detail (SOA, Třeboň/Wittenberg, RA Schwarzenberg, Jinonice, III Ka 1 c).

18 V. Naňková, Nová zjištění k baroknímu umění v Čechách (Neue Erkenntnisse über die Barockkunst in Böhmen), in: Umění XIX (1971), S. 84.

19 AMP, Manuskr. 4635, Fol. B 38.

20 AMP, Manuskr. 4762, Fol. B 50.

21 AMP, Manuskr. 4669, Fol. C 12, Anmeldung des Anspruchs auf die Erbschaft, Fol. E 20, Erbschaftsaufteilung.

22 A. Podlaha (Anm. 6), S. 167; und in: PA XXXIV (1925), S. 265.

23 Siehe Anm. 5.

24 V. Wachsmannová (Anm. 5).

25 A. Podlaha (Anm. 6), S. 160.

26 SÚA, ŘB Břevnov, Bauabrechnungen aus den Jahren 1709-1722, Kart. 352-354, passim.

27 SÚA, Ř Prämonstratenser Strahow, Kart. Nr. 186, Faszikel der Schriften zur Streitung J. B. Santini-Aichl mit der Witwe seines verstorbenen Bruders Jakob Franz.

28 SÚA, ŘB Břevnov, Baurechnungen aus den Jahren 1709-1722, Kart. Nr. 352-354, passim.

29 SOA, Litoměřice, Zweigst. Žitenice, Familienarchiv der Lobkowicz, Sign. R 7/47.

30 SÚA, ŘB Břevnov, Bauabrechnungen aus den Jahren 1709-17, Kart. Nr. 352, 353.

31 SÚA, ŘB Břevnov, Bauabrechnungen Kart. Nr. 353; verschiedene Verträge, Kart. Nr. 50.

32 SÚA, ŘB Břevnov, Bauabrechnungen aus den Jahren 1709-22, Kart. Nr. 352-354, passim.

33 Siehe Anm. 30.
34 . M. Pavlík-J. Šíma, Příspěvek k zaklenutí kostela sv. Mikuláše v Praze III
    (Ein Beitrag zum Gewölbe der Niklaskirche in Prag III), in: Umění XVII
    (1969), S. 76ff.
35 SÚA, Ř Kapuziner, Sign. A 1/1, A 2/2 Kart. Nr. 383; E 20, Kart. Nr. 385;
    Manuskr. Nr. 69.
36 V. Naňková, Na okraj dvou článků, in: Umění XXIV (1976), S. 142,
    Anm. 99.
37 SÚA, Ř. Kreuzherren, Kart. Nr. 229.
38 SOA, Zámrsk, VS Broumov, Provisoratsrechnungen, Kart. Nr. 715; SÚA,
    ŘB Břevnov, Bauabrechnungen Kart. Nr. 353.
39 V. Kotrba (Anm. 8), in: Umění XXI, S. 182, ohne Quellenangabe.
40 AMP, Manuskr. 4748, Fol. 19.
41 SÚA, Ř Prämon.-Strahow, Kart. Nr. 186; M. Vilímková, Marginalia, in:
    Umění XXVI (1978), S. 421.

KILIAN IGNAZ DIENTZENHOFER
Aedilis noster

1 H. Grimschitz, Lucas von Hildebrandt, Wien 1969; H. Sedlmayr, J. B.
   Fischer v. Erlach, Wien 1977. – Über den Wiener Aufenthalt Kilian Ignaz
   Dientzenhofers im Zusammenhang mit seiner Zeichnung der Kirche St.
   Maria Treu wurde viel spekuliert (W. G. Rizzi, Die Kuppelkirchenbauten
   Johann Lucas von Hildebrandts, in: Wiener Jahrbuch für Kunstgeschichte
   XXIX (1976), S. 127 ff. Mit Hinblick darauf, was wir über Kilian Ignaz'
   Anwesenheit in Prag wissen, kann man annehmen, daß er die Zeichnungen
   von den Wiener Kirchen entweder vor 1716 oder eventuell während seines
   Aufenthaltes in Wien 1725 angefertigt hatte. Er war seit Anfang 1716
   bereits in Prag, was vor allem die stets von seiner Hand geschriebenen
   Breunauer Wochenzettel belegen. Da er aber 1722 den Betrieb seines
   Vaters übernommen hatte und seine Verpflichtungen in Böhmen nicht nur
   sehr zahlreich, sondern auch anspruchsvoll waren, erscheint ein längerer
   Arbeitsaufenthalt in Wien nicht wahrscheinlich. Man kann daher annehmen, daß die Pläne der Wiener Kirchen einen ausgesprochenen Studiencha-
   rakter haben. Dafür spricht, daß es sich um Pläne von drei verschiedenen
   Bauten handelt – außer der Piaristenkirche noch um die Peterskirche und
   die Kirche der Salesianerinnen.
2 B. Menzel, Abt Othmar Daniel Zinke, S. 241, Anm. 359; SOA, Zámrsk,
   VS Broumov, Abrechnungen aus den Jahren 1728-30, Inv. Nr. 1701-3,
   Kart. Nr. 376.
3 SÚA, ŘB Břevnov, Sign. A XVIII/5, verschiedene Verträge, Kart. Nr. 50.
4 B. Menzel (Anm. 2), S. 236 ff.
5 B. Menzel (Anm. 2), S. 239.
6 B. Menzel (Anm. 2), S. 239, 240.
7 SÚA, ŘB Břevnov, Eine Übersicht der Ausgaben für den Bau des Braunauer Klosters 1723-33, Manuskr. Nr. 1343.
8 B. Menzel (Anm. 2), S. 246 f, SÚA, ŘB Břevnov, Kart. Nr. 928.
9 SOA Zámrsk, VS Broumov, Patronatsangelegenheiten, Kart. Nr. 615-
   654; B. Menzel (Anm. 2), S. 233 ff.; ders.: Die bildende Kunst des Braunauer Ländchens, Sonderdruck aus dem Braunauer Heimatbuch, b.d.
10 B. Menzel (Anm. 2), S. 234.
11 B. Menzel (Anm. 2), S. 234, Anm. 350; O. Votoček, Počaply, Byggekunst,
   Oslo 1965; Chr. Norberg-Schulz, Kilian Ignaz Dientzenhofer e il barocco
   boemo, S. 71, 78, 87. SÚA, ŘB Břevnov, Kart. Nr. 63.
12 SÚA, ŘB Břevnov, Provisoratsrechnungen, Kart. Nr. 356, 357.
13 SÚA, ŘB Břevnov, Sign. G XI/13, Kart. Nr. 139.
14 B. Menzel (Anm. 2), S. 21. Die Taxe für die Wahl des Abtes Friedrich
   Grundtmann war etwas niedriger – 21000 rh. Gulden. Bei der Taxierung
   für die Bestätigung der Wahl zum Abt wurde auf die wirtschaftliche Lage
   des jeweiligen Klosters Rücksicht genommen, aber auch so war das Zahlen
   für die ärmeren Klöster eine oft zu große finanzielle Belastung. Abt Thomas Sartorius als Generalvisitator der Benediktinerklöster in Böhmen löste
   diese Schwierigkeiten dadurch, daß er an die Spitze solcher Konvents
   Administratoren auf Zeit einsetzte, verständlicherweise mit der Genehmigung der »höheren Stellen«. Das betraf vor allem das Kloster in Sazawa
   und St. Johann unter dem Felsen.
15 SÚA, ŘB Břevnov, Provisoratsrechnungen, Kart. Nr. 357.
16 SÚA, ŘB Břevnov, Provisoratsrechnungen, Kart. Nr. 357; Deposita,
   Kart. Nr. 216.
17 SÚA, ŘB Břevnov, Provisoratsrechnungen, Kart. Nr. 358; Deposita,
   Kart. Nr. 216, »Kladensia«, Kart. Nr. 675. Die Umbaupläne sowie die
   Pläne des ursprünglichen Zustandes des Kastells in Kladno sind im Konvolut der Breunauer Pläne in der Manuskriptabteilung der Universitätsbibliothek in Prag untergebracht. Sie wurden zunächst von M. Korecký publiziert: Tvorba Kiliána Ignáce Dientzenhofera (Das Werk Kilian Ignaz Dientzenhofers), in: ZPP 1951/52, S. 52 (bei den Grundrissen des ursprünglichen
   Zustandes und des nicht ausgeführten Entwurfes für den Umbau aus den
   zwanziger Jahren des 18. Jahrhunderts steht die falsche Angabe: Blatná),

danach nochmals von M. Vilímková: Marginalia, in: Umění XXVI (1978),
   S. 417, Bild 3, S. 419, Bild 4, S. 421, Bild 5 (der ausgeführte Umbauentwurf).
18 SÚA, ŘB Břevnov, Provisoratsrechnungen, Kart. Nr. 357, 359; Diarium
   Manuskr. Nr. 51
19 SÚA, ŘB Břevnov, Provisoratsrechnungen, Kart. Nr. 359, 360.
20 Mit dem Bau in Hrdly könnte die Reise zusammenhängen, die Abt Benno
   Löbl in Begleitung von Kilian Ignaz am 20. März 1745 unternommen hatte:
   SÚA, ŘB Břevnov, Manuskr. Nr. 52.
21 SÚA, ŘB Břevnov, deposita, Kart. Nr. 216. Bereits M. Korecký
   (Anm. 17, S. 51) machte darauf aufmerksam, daß der Entwurf ein Werk
   von Kilian Ignaz ist.
22 Der Residenzbau trägt über dem Portal des mittleren Risalits der Front die
   Jahreszahl 1749 und ist mit dem Monogramm BAB (Benno Abbas Breu-
   nensis) versehen, über dem Portal der Hauskapelle findet man das Wappen
   von Abt Benno Löbl und die Jahreszahl 1750. Der Bau ist zweigeschoßig
   und zweitraktig, die Hauptfront durch drei Risalite gegliedert: einen dreiachsigen flachen Mittelrisalit und zwei Eckrisaliten; die rückwärtige Front
   hat ebenfalls drei Risalite, wobei der mittlere nur einachsig ist. Auf die
   Urheberschaft Dientzenhofers hat ebenfalls M. Korecký aufmerksam
   gemacht, l.c.; vgl. auch UPČ II, S. 377.
23 SÚA, ŘB Břevnov, Diarium Manuskr. Nr. 52.
24 SÚA, ŘB Břevnov, Provisoratsrechnungen, Kart. Nr. 362.
25 SÚA, ŘB Břevnov, Provisoratsrechnungen, Kart. Nr. 356, 357, 216.
   Kilian Ignaz Dientzenhofer hatte übrigens bei den Breunauer Benediktinern selbst eine Obligation in Höhe von 1400 rh. Gulden, von der ihm
   jährlich Zinsen ausgezahlt wurden (dortselbst, Kart. Nr. 362).
26 Z. B. am 24. Juli 1746 brachte Kilian Ignaz eine Rückzahlungsrate in der
   Höhe von 3000 rh. Gulden von Kladrau nach Breunau (SÚA, ŘB Břevnov,
   Kart. Nr. 325).
27 SÚA, ŘB Břevnov, Korrespondenz der Äbte, Sign. C III/56, Kart. Nr. 66;
   C 58/I, Kart. Nr. 68.
28 Z. B. im Brief an P. Beda Feistl vom 13. Mai 1703 (SÚA, ŘB Břevnov,
   Kart. Nr. 182).
29 SÚA, ŘB Břevnov, Kart. Nr. 216.
30 SÚA, ŘB Břevnov, Kart. Nr. 64.
31 SÚA, ŘB Břevnov, Diarium, Manuskr. Nr. 51.
32 M. Vilímková (Anm. 17), S. 432, Anm. 62.
33 M. Vilímková (Anm. 17), S. 426.
34 M. Vilímková (Anm. 17), S. 426.
35 M. Vilímková (Anm. 17), S. 424, Bild Nr. 8; M. Horyna, Dílo Kiliána
   Ignáce Dientzenhofera v Kladrubech (Das Werk Kilian Ignaz Dientzenhofers in Kladrau), in: Památky a příroda, 1977, S. 584, 585.
36 SÚA, Archive der aufgehobenen Klöster, Kart. Nr. 36; ŘB Břevnov, Sign.
   G V/, Kart. Nr. 115.
37 SÚA, Ř Kreuzherren, Diarium, Manuskr. Nr. 217.
38 SÚA, Ř Kreuzherren, Korrespondenz zum Bau der Kirche in Karlsbad,
   Kart. Nr. 229.
39 O. Stefan, Příspěvky k dějinám české barokní architektury (Beiträge zur
   Geschichte der böhmischen Barockarchitektur) II, in: PA XXXV (1926/
   27), S. 470, Tab. 170ff.
40 SÚA, Ř Kreuzherren, Kart. Nr. 229.
41 SÚA, Ř Kreuzherren, Diarium, Manuskr. Nr. 218.
42 SÚA, Ř Kreuzherren, Bauabrechnungen, Kart. Nr. 232-235.
43 SÚA, Ř Kreuzherren, Bauabrechnungen, Kart. Nr. 234.
44 SÚA, Ř Kreuzherren, Diarium, Manuskr. Nr. 218; APH, HBA; Sammlung alter Pläne.
45 SÚA, Ř Kreuzherren, Diaria. Manuskr. Nr. 217, 218, 219.
46 M. Vilímková, Ke stavebnímu vývoji, in: Umění XIX (1971), S. 311;
   Pläne S. 308, Nr. 2, S. 309, Nr. 3 (SÚA, SČM 1726/IX/c/19).
47 SÚA, JS, Tagebuch des Provinzprokurators, Manuskr. Nr. 3.
48 SÚA, JS, Tagebuch des Provinzprokurators, Manuskr. Nr. 4; Schriftstücke: Sign. JS II/6/4.
49 Manuskriptabteilung der Universitätsbibliothek in Prag, Litterae Annuae,
   MS XXIII-C 105/14, 15, 17; SÚA, ČG Camerale, 1748-55, F 2.
50 SÚA, Archive der aufgehobenen Klöster, Kart. Nr. 30, ŘB bei St. Nikolaus in der Prager Altstadt.
51 M. Korecký (Anm. 17), S. 68, 77; Chr. Norberg-Schulz, Kilian Ignaz
   Dientzenhofer e il barocco boemo, S. 108.
52 H. Schmerber, Beiträge zur Geschichte der Dientzenhofer, S. 52.
53 SÚA, JS, Manuskr. Nr. 25. Diarium der Residenz in Libeschitz; Manuskriptabteilung der Prager Universitätsbibliothek, MS XXIII-C 105/14.
54 E. Šmilauerová, Ze stavebních dějin rezidence v Tuchoměřicich (Aus der
   Baugeschichte der Residenz in Tuchoměřice), Středočeský sborník historický (Das Mittelböhmische historische Sammelbuch) V (1970), S. 134ff.
55 M. Korecký (Anm. 17), S. 49; Chr. Norberg-Schulz (Anm. 51), S. 131,
   Bild 168; die Dokumentation der Pläne befindet sich in der Sammlung der
   Pläne des Staatlichen Instituts für Denkmalpflege und Naturschutz.
56 M. Korecký, Dientzenhoferovy plány schodů svatohorských (Dientzenho-

fers Pläne der Stufen auf dem Heiligen Berg), in: Památky historie XLIII (1948), S. 75ff.; ders. (Anm. 17), S. 70, 71.

57 I. Hlobil-P. Michna-M. Togner, Olomouc (Olmütz), Praha 1984, S. 97.

Peritus et famosus

1 H. G. Franz, Studien zur Barockarchitektur in Böhmen und Mähren, S. 44, Anm. 29.

2 SÚA, Ř. Aug., Inv. Nr. 196, Kart. Nr. 178 (Kirchenbau, Verträge, Abrechnungen, Quittungen usw.). Vgl.: B. Matějka, Přestavba a výzdoba chrámu sv. Tomáše (Der Umbau und die Ausschmückung der Thomaskirche), in: PA XVII (1893), S. 82ff; J. Vydrová, Kostel sv. Tomáše na Malé Straně (Die Kirche St. Thomas auf der Kleinseite), in: Ročenka Kruhu pro pěstování dějin umění (Jahrbuch des Kreises für die Pflege der Kunstgeschichte) 1934, S. 137ff; M. Vilímková-J. Hýzler, SÚRPMO.

3 SÚA, Ř. Aug., Inv. Nr. 196, Kart. Nr. 178.

4 SÚA, Ř. Aug., Inv. Nr. 193, Kart. Nr. 174, Historica.

5 SÚA, DZV 410, Buchst. L 21 v., Kaufvertrag vom 20. Oktober 1700; PNP Strahov, Annale der Kapuziner, Sign. A 14/S, S. 549 (Ablehnung des Antrages der Ursulinerinnen um den Zugang zur Kapelle Christi Geburt in der Loreto-Gnadenstätte); APH, HBA, Inv. Nr. 307; Verhandlungen mit dem Hofbauamt bzw. mit der Böhmischen Kammer über die Abtretung der Bauparzelle, 1713-1719; M. Vilímková-Fr. Kašička, SÚRPMO.

6 SOA, Litoměřice, Zweigst. Žitenice, Familienarchiv der Lobkowicz, Sign. R 7/47; PNP Strahov, Annale der Kapuziner, Sign. A 16/S, S. 48; M. Dvořák, Maria Loretto in Hradschin zu Prag, Praha 1883; J. Diviš, Pražská Loreta (Die Prager Loreto-Gnadenstätte), Praha 1972.

7 PNP Strahov, Annale der Kapuziner, Sign. A 17/S, S. 137; SÚA, Ř Kapuziner, Sign. A 1/1, A 2/2, Kart. Nr. 383; E 29, Kart. Nr. 385; Manuskr. Nr. 64.

8 Brief des Quardians P. Seraphin an Fürst Ferdinand Lobkowitz vom 27. Juni 1746 und die Antwort des damaligen Bevollmächtigten Philipp Graf Kolowrat (SÚA, Ř Kapuziner, Sign. 1 10/1, Kart. Nr. 383; PNP Strahov, Annale der Kapuziner, Sign. A 19/S, S. 526, 802).

9 Originale von Dientzenhofers Entwürfen des Klostergebäudes und der Kirche befinden sich z. Zt. in der Sammlung der Pläne ÚTDU ČSAV.

10 M. Korecký, Tvorba K. I. Dientzenhofera (Das Werk Kilian Ignaz Dientzenhofers), in: ZPP 1951/52, S. 93ff.; Die Klostergeschichte wurde von O. Novosadová neu bearbeitet, SÚRPMO.

11 J. Šámal, Klášter a nemocnice Alžbětinek na Slupi (Das Kloster und das Spital der Elisabethinerinnen am Slupp), in: Poklady narodního umění 38, Praha 1941.

12 SÚA, APA, Sign. C 136/14, Kart. Nr. 2119 (mit dem Entwurf der Kirchenfront und des Klostergebäudes); Grundrisse des Erdgeschoßes und des ersten Geschoßes befinden sich in der Sammlung der Pläne ÚTDU ČSAV; V. Naňková, in: Umění (XXXIII), 1985, S. 160.

13 SÚA, Ř Kreuzherren, Kart. Nr. 475; APA, Sign. C 105/6, Kart. Nr. 2019; SČM, Sign.: 1730/II/d/52; III/d/7; V/d/7; VIII/d/38; 1731/II/d/52.

14 A. Piffl, Půdorys a klenba kostela sv. Petra a Pavla na Zderaze (Der Grundriß und das Gewölbe der Peter-und-Pauls-Kirche auf Sderaz), in: ČSPS XLVII (1939), S. 68ff.

15 A. Podlaha, Bývalý kostelík P. Marie Pomocné na šancích u Bruské brány (Die ehemalige Maria-Hilf-Kirche an der Schanze beim Bruskator), in: PA XXI (1904), S. 308ff.

16 SÚA, SM-0 14/19. Nach dem Kommentar Kilian Ignaz' zum Plan, der noch zu seiner Zeit herausgenommen wurde und sich nun in einer selbständigen Sammlung von Landkarten und Plänen der SÚA befindet, handelte es sich um die Erweiterung der Kapelle, die schon auf dem Kleinseitner Friedhof in Körbern gestanden hatte. Das alte Gemäuer wurde auf dem alten Plan gelb, das neue rot gekennzeichnet. Die alte Kapelle sollte als Presbyterium dienen, der Hauptraum und die Sakristei wurden als neue Anbauten geplant. Kilian Ignaz hub sogar Probeschächte auf dem neuen Bauplatz aus um festzustellen, ob sich dort alte Gräber befinden. Es wurde lediglich die Grabstätte eines etwa fünfjährigen Kindes entdeckt. Vgl. auch: J. Blažková, Malostranský hřbitov v Košířích (Der Kleinseitner Friedhof in Körbern), in: Poklady narodního umění 18, Praha 1940.

17 A. Podlaha, Nové zprávy o stavbě domu pro zestárlé kněze a kostela sv. Karla Boromejského na Zderaze v Praze (Neue Informationen über den Bau des Hauses für alte Pfarrer und der Kirche des hl. Karl Boromäus auf Sderaz in Prag), in: PA XXXIV (1924/25), S. 28ff. Die Geschichte der Kirche wurde von L. Lancinger neu bearbeitet, SÚRPMO.

18 K. B. Mádl, Dílo Ferdinanda Brokova (Das Werk Ferdinand Brokoffs), in: Umění I (1927), S. 24 ff.

19 AMP, Manuskr. Nr. 4304, S. 60, 61; SÚA, Ř Aug., Inv. Nr. 244, Kart. Nr. 226.

20 AMP, Manuskr. 4304, Fol. 37, Kaufvertrag aus dem Jahre 1738, Fol. 120, Kaufvertrag aus dem Jahre 1749, als das Haus für den fast doppelten Preis verkauft wurde. Daraus könnte man auf einen Umbau zwischen den angegebenen Jahren schließen.

21 Das Haus mit der Konskr. Nr. 202-III in der Schloßgasse (Zámecká) wurde knapp vor 1726 umgebaut (O. Novosadová-M. Pavlík, SÚRPMO). In denselben Zeitraum fällt auch der Umbau des Hauses mit der Konskr. Nr. 708-II in der Wassergasse (Vodičkova) (L. Lancinger-L. Koběrská, SÚRPMO).

22 J. Líbalová-M. Vilímková, Budova Lužického semináře na Malé Straně (Das Gebäude des Lausitzer Seminars auf der Kleinseite), in: Pam. péče 1967, S. 132 ff.

23 Zum Umbau des Hauses mit der Konskr. Nr. 438-III in der heutigen Všehrdovágasse auf der Kleinseite ist eine eigene Bestätigung Kilian Ignaz' und des Zimmermeisters J. Leffler vom 11. und 19. Dezember 1730 erhalten (SÚA, SM-P 124/330).

24 V. Wagner, Dientzenhoferův letohrádek (Das Dientzenhofersche Lusthaus), in: Umění II (1929), S. 84 ff.

25 L. Lancinger-L. Koběrská, SÚRPMO. Aus der Korrespondenz des Verwalters Adalbert Anton Gayer mit Fürst Ottavio Piccolomini aus den Jahren 1744-1752 geht hervor, daß der Palast von Kilian Ignaz Dientzenhofer entworfen und der Bau bis zu seiner Erkrankung im Jahre 1751 von ihm persönlich geleitet wurde. Er verhandelte auch über die Handwerksarbeiten. Erst danach trat Luragho seine Stelle an.

26 M. Korecký (Anm. 10), S. 56; H. G. Franz, Bauten und Baumeister, S. 137, 138; Soupis památek (Verzeichnis der Denkmäler) 7, S. 123; Chr. Norberg-Schulz, Kilian Ignaz Dientzenhofer e il barocco boemo, S. 59.

27 Chr. Norberg-Schulz (Anm. 26), S. 367.

28 Chr. Norberg-Schulz (Anm. 26), S. 118; Soupis památek 25, S. 35.

29 J. Kynčil, Stavba farního kostela sv. Petra a Pavla v Březně u Chomutova (Der Bau der Peter- und Pauls-Kirche in Priesen bei Komottau, in: Památky, příroda, krása (Denkmäler, Natur, Schönheit) 4 (1970), S. 83 ff; SÚA, ČK 1735/V/c/42.

30 M. Korecký (Anm. 10), S. 63; Chr. Norberg-Schulz (Anm. 26), S. 141.

31 V. Naňková, Chr. Norberg-Schulz, Kilian Ignaz Dientzenhofer e il barocco boemo, Buchbesprechung, in: Umění XVIII (1970), S. 419ff, Anm. 14.

32 J. Šámal, Kostel sv. Jana Křtitele v Paštikách u Blatné (Die Kirche des hl. Johannes des Täufers in Paschtik bei Blattna), in: Za starou Prahu (Für das alte Prag) 1934; M. Korecký (Anm. 10), S. 60, 61 (Dientzenhofers Entwürfe der Frontfassade der Kirche und der Friedhofskapelle); Chr. Norberg-Schulz (Anm. 26), S. 156.

33 M. Korecký (Anm. 10), S. 49; Chr. Norberg-Schulz (Anm. 26), S. 155.

34 Chr. Norberg-Schulz (Anm. 26), S. 140; UPČ I, S. 433.

35 L. Lancinger-M. Baštová, SÚRPMO.

36 Chr. Norberg-Schulz (Anm. 26), S. 140; Soupis památek 26, S. 40 (die Kirche wurde 1746/47 gebaut und von Anna Maria, Großherzogin von Toscana, finanziert); UPČ III, S. 262.

37 M. Korecký (Anm. 10), S. 50; Chr. Norberg-Schulz (Anm. 26) S. 152; UPČ IV, S. 371; KA, CXCVII/7.

38 H. Schmerber, Beiträge zur Geschichte der Dientzenhofer, S. 52; Soupis památek 7, S. 61; M. Korecký (Anm. 10), S. 63; Chr. Norberg-Schulz (Anm. 26), S. 151.

39 V. Naňková (Anm. 31), S. 419ff, Anm. 38, 39.

40 K. L. Řehák, Konvent augustiniánu poustevníků v Domažlicích (Der Konvent der Augustiner-Einsiedler in Taus), in: Sborník historického kroužku XIII (1912), S. 113ff.

41 M. Korecký (Anm. 10), S. 53; Chr. Norberg-Schulz (Anm. 26), S. 159; UPČ III, S. 57.

42 Soupis památek 25, S. 7; M. Korecký (Anm. 10), S. 53; Chr. Norberg-Schulz (Anm. 26), S. 159; UPČ III, S. 175.

43 M. Korecký, Nově zjištěné, dílo Kiliána Ignáce Dientzenhofera (Ein neuentdecktes Werk Kilian Ignaz Dientzenhofers), in: Volné směry XXXVIII, (1943), S. 113ff; M. Korecký (Anm. 10), S. 63; Chr. Norberg-Schulz (Anm. 26), S. 153; UPČ I, S. 351.

44 J. Hanzal, Neznámá stavba Kiliána Ignáce Dientzenhofera v Poohří. Ke stavbě kostela v Kostelci nad Ohří (Ein unbekannter Bau Kilian Ignaz Dientzenhofers in Egerland. Zum Bau der Kirche in Kostelec an der Eger), in: ČSPS 1962, S. 201ff.

45 Soupis památek 9, S. 75ff; Chr. Norberg-Schulz (Anm. 26), S. 151; UPČ III, S. 19.

46 H. G. Franz (Anm. 26), S. 151; M. Korecký (Anm. 10), S. 80; Soupis památek 8, S. 49.

In den Diensten des kaiserlichen Hofes und des Militärärars

1 L. Lancinger, Dějiny zámku v Buštěhradu (Geschichte des Schlosses Bustěhrad), SÚRPMO.

2 W. W. Tomek, Základy starého místopisu pražského (Grundlagen der alten Prager Ortsbeschreibung) IV, Hradčany, Prag 1872, S. 139, 150, 153, 159, 163.

3 Brief G. M. Filippis an Kaiser Mathias vom 5. März 1613. SÚA, Sign SM-S 21/4.

4 Rudolph II. setzte zum Beispiel im Jahre 1586 das Gehalt für G. Gargiolli fest: 40 Taler monatlich. Später, im Jahre 1598, wurde ihm eine Rente von 30 Talern monatlich zuerkannt. Demgegenüber hatte sich im Jahre 1602 Orazio Fontana, der 1599 seinen Dienst angetreten hatte, beschwert, daß er das Amt des »Paumeisters der Prager Burg« schon im dritten Jahre innehabe und sein Gehalt bisher nicht festgesetzt worden sei. G. M. Filippi bezog ein Jahresgehalt von 408 Talern, und weil Rudolph II. ihm im Jahre 1608 noch zusätzliche 100 Taler zuerkannt hatte, wurde er zu seinem bestbezahlten Baumeister. Der Wiener Hofbaumeister Giuseppe Mathei bezog während seines Prager Aufenthaltes, wo er seit 1638 den frühbarocken Umbau der Prager Burg leitete, ein wöchentliches »Kostgeld« von 5 rh. Gulden. Nach der Stellungnahme der Böhmischen Kammer zur Bewerbung von Santini de Bossi um die Stelle des Hofmaurermeisters vom 18. Juli 1670 bezogen die Hofmaurermeister ein Gehalt von 95 Schock Meißner Groschen, also 105 rh. Gulden jährlich (SÚA,, SM-S 21/3). Daraus kann man schließen, daß ein Jahresgehalt des »Paumeisters der Prager Burg« ungefähr viermal so hoch war wie das Gehalt eines Maurermeisters. Wir haben aber bei weitem keine ausreichende Übersicht über alle Gehälter.

5 Das Rentmeisterbuch aus den zwanziger Jahren des 17. Jahrhunderts befindet sich im APH, das Buch des »Gegenhändlers« aus den sechziger Jahren des 16. Jahrhunderts in SÚA.

6 J. A. Canevalle bezog bis zum 18. November 1731 das Gehalt eines Maurermeisters, also den »Gesellengroschen« von 45 Kreuzern täglich, obwohl er schon seit 1723 diese Funktion überhaupt nicht mehr wahrgenommen hatte und lediglich die Pflichten eines Hausmeisters im Hause der Hofkammer auf der Kleinseite (westlicher Teil der heutigen Konskr. Nr. 1) übernahm. T. Haffenecker, der für ihn die Arbeit leistete, bezog demgegenüber lediglich das sog. »Liefergeld«, also die Spesen. Kilian Ignaz Dientzenhofer wird zwar in den Wochenzetteln seit dem 18. November 1731 anstelle von Canevalle geführt, der am 28. November 1731 starb, allerdings unter solchen Bedingungen wie T. Haffenecker, also lediglich für die Spesen (APH, HBA, Wochenzettel pro ordinario, 1731 Manuskr. Nr. 117).

7 APH, HBA, Manuskr. Nr. 6, Berichte 1728-31, Fol. 168 – Antrag von T. Haffenecker um »Remuneration« mit dem Hinweis auf die angefertigten und gelieferten Pläne.

8 J. Leffler wurde mit dem Dekret vom 7. November 1729 zum »Hofzimmermeister« ernannt (HPA, HBA, Berichte 1728-31, Manuskr. Nr. 6).

9 Kilian Ignaz Dientzenhofer wurde mit dem Dekret vom 23. November 1730 zum »Hofmaurermeister« ernannt. Nach dem Wortlaut der Eintragung kam er zwar als Nachfolger von Haffenecker, der am 6. November 1730 gestorben war, in Wirklichkeit aber im Zusammenhang mit J. A. Canevalles schwerer Krankheit und dem zu erwartenden Tod (APH, HBA, Decreta, 1730-34, Manuskr. Nr. 7).

10 B. Grimschitz, Johann Lucas von Hildebrandt, Wien-München 1959, S. 8.

11 J. H. Dinebier, Zpráva o staviteli císařských hřebčínů, F. M. Kaňkovi z 27. listopadu 1730 (Information über F. M. Kaňka als Baumeister der kaiserlichen Stallungen vom 27. November 1730), SÚA, ČDKM I, Kart. Nr. 111.

12 SÚA, ČK, Sign. 1733/III/b/26.

13 ABH, HBA, Berichte 1732-34, Manuskr. Nr. 8, Fol. 101; Decreta 1730-34, Manuskr. Nr. 7, Fol. 133 v.

14 APH, HBA, Schriften, Inv. Nr. 2203 und 2256, aus den Jahren 1732-33.

15 Die Fundamente für das Glashaus wurden im Juni 1731 ausgehoben. Da T. Haffenecker 1730 starb und Canevalle, wie schon erwähnt, nicht gearbeitet hatte, wurde der Bau zweifellos von Kilian Ignaz geleitet (APH, HBA, Wochenzettel pro ordinario, 1731, Manuskr. Nr. 117).

16 Die Adaptation des mittleren Teils des Glashauses zum Althan führte A. Haffenecker erst nach 1776 aus (APH, HBA, Schriften, Inv. Nr. 1242).

17 J. H. Dinebier legte am 30. Mai 1733 dem erzbischöflichen Consistorium drei Pläne zur Genehmigung vor: für das Kaiserliche Spital samt der Kapellen St. Antonius, St. Elisabeth, St. Wenzel und St. Karl Boromäus (APH, HBA, Decreta, 1730-34, Manuskr. Nr. 7, Fol. 225). Der Verlauf der Bauarbeiten ist in den Wochenzetteln aus den Jahren 1733-37 festgehalten (APH, HBA, Wochenzettel pro ordinario, Manuskr. Nr. 119-123).

18 APH, HBA, Decreta, Manuskr. Nr. 7, Fol. 133 v. – Berichte, Manuskr. Nr. 10, Fol. 29 v. – Dienstreisen in den Jahren 1732-34.

19 APH, HBA, Decreta, Manuskr. Nr. 7, Fol. 133 v. In der Eintragung über die Ernennung von Jakob Schödl ist ausdrücklich angegeben, daß eben er an Haffeneckers Stelle trat; daraus ist ersichtlich, daß selbst den Behörden in der Burg nicht eigentlich klar war, wer an wessen Stelle in die Hofdienste aufgenommen wurde.

20 SÚA, ČK, Schriften aus den Jahren 1731-41 passim.

21 APH, HBA, Berichte 1741-44, Manuskr. Nr. 14, Fol. 24; Wochenzettel pro extraordinario, 1743, Manuskr. Nr. 241.

22 M. Vilímková-Fr. Kašička, Křídlo Španělského sálu ve stavebním vývoji Pražského hradu (Der Flügel des Spanischen Saales in der Bauentwicklung der Prager Burg), in: Památky a příroda 1976, S. 385ff, auf der S. 390.

23 APH, HBA, Wochenzettel pro extraordinario, 1748-49, Manuskr. Nr. 243, von Kilian Ignaz Dientzenhofer angefertigte Abrechnung der Bauarbeiten.

23 APH, HBA, Berichte, Manuskr. Nr. 14, Fol. 142; M. Vilímková-Fr. Kašička (Anm. 22).

24 SÚA, ČK, Sign. 1744/III/b/13; 1744/VI/b/62; 1743/XII/e/59; ČDKM V, Kart. Nr. 96. Die Umbaupläne sowohl unter der Sign. 1743/XII/e/59, als auch in der Sammlung der alten Pläne (Sbírka starých plánů) APH, unter der Nr. 207 (1-13); M. Vilímková-M. Heroutová, SÚRPMO. – Im Rahmen einer auch noch so umfangreichen Publikation ist es nicht möglich, alle Baumaßnahmen, an denen Kilian Ignaz Dientzenhofer in der Funktion des Hofbaumeisters beteiligt war, aufzuzählen; dies gilt für die Bautätigkeit innerhalb der Prager Burg wie auch außerhalb, in der Prager Stadt oder auf den kaiserlichen Herrschaften. Deshalb wurden nur die wichtigsten Bauaktivitäten herausgegriffen. Mit der Funktion des Hofbaumeisters wird wohl auch die Ausarbeitung der Entwürfe für die kleine Kapelle in Stodůlky lose zusammengehangen haben, zu der Maria Theresia im Jahre ihrer Krönung (1743) den Grundstein gelegt hatte. Stodůlky war aber ein Gut des Burggrafamtes, auf das sich die Kompetenz des Hofbauamtes nicht unmittelbar erstreckte. Der kleine Zentralbau auf einem quadratischen Grundriß mit abgeschrägten Ecken hat einen kreisförmigen Innenraum, der an drei Seiten durch breite, flache Nischen erweitert ist. An der östlichen Seite ist ein ebenfalls kreisförmiges Presbyterium angefügt. Der Kreis des Hauptraumes dringt so in das Presbyterium hinein, daß er davon mehr als ein Drittel abschneidet. Die kleine, der auf dem Friedhof in Paschtik ähnliche Kapelle wurde erst 1754 fertig und geweiht (O. Rada, Prostor v barokní pohybové architektuře (Der Raum in der Architektur des dynamischen Barock), in: Umění III (1955); Chr. Norberg-Schulz, Kilian Ignaz Dientzenhofer e il barocco boemo, S. 148ff.

25 M. Vilímková-Fr. Kašička, Lví dvůr pražského hradu (Der Löwenhof der Prager Burg), in: Pam. péče 1970, S. 38.

26 APH, HBA, Berichte, 1741-45, Manuskr. Nr. 14, Fol. 304 r.

27 APH, HBA, Berichte, 1728-31, Manuskr. Nr. 6, Fol. 275; KA, CLIV/10; Ř Kreuzherren, Manuskr. Nr. 217; T. Zacharias, Joseph Emanuel Fischer von Erlach, S. 89f, 92ff.

28 A. Podlaha, Materiálie, in: PA XX (1902), S. 227; Abrechnungen vom Bau des Invalidenhauses, in: PA XXXIV (1925), S. 608.

29 Der Grundriß des Zollhauses liegt in der Sammlung der alten Pläne, APH.

30 SÚA, SČM, Sign. 1737/V/d 6; V. Naňková, Nová zjištění k baroknímu umění v Čechách (Neue Erkenntnisse über die Barockkunst in Böhmen), in: Umění XIX (1971), S. 84ff.

31 Das Kleinseitner Lazarett in Körbern war ursprünglich ein Hof, den Barbara Johanna Dohalská im Jahre 1681 für die Gründung eines Lazaretts abgetreten hatte. 1704 kaufte Elisabeth Peteoli den Hof von der Gemeinde bei einer Versteigerung für 1500 rh. Gulden. Nach der großen Pest 1713 beschloß der Kleinseitner Magistrat, ein neues Lazarett als Dauereinrichtung zu bauen, und kaufte zu diesem Zweck den genannten Hof zurück - nunmehr für 2100 rh. Gulden. Den Plan des Lazaretts, eines länglichen Gebäudes mit zwei Innenhöfen, entwarf der damalige Hofmaurermeister J. A. Canevalle. Dieser Entwurf wurde allerdings nicht realisiert. Der ursprüngliche Hof wurde offensichtlich nur wenig anspruchsvoll umgebaut und einige Anbauten hinzugefügt. Die dazugehörige Kostenschätzung legte Christoph Dientzenhofer vor. Die Maurerarbeiten sollten 800, die übrigen Handwerksarbeiten (Schreiner-, Schlosser-, Glaser-, Kaminarbeiten) 220 rh. Gulden kosten. Die Kalkulation für die Zimmerarbeiten erstellten die Meister Georg Král und Georg Eÿz gemeinsam. Insgesamt sollten diese Arbeiten 809 rh. Gulden kosten. Der Bau wurde in den Jahren 1715/16 ausgeführt (SÚA, Sign. SM 0 14/19/I). Im Jahre 1724 legte Kilian Ignaz Dientzenhofer die Berechnung für die Restarbeiten am Lazarett vor, die offenbar in der ersten Bauperiode nicht abgeschlossen wurden. Die Maurerarbeiten sollten 740 rh. Gulden kosten. Die Arbeitsbeschreibung der Zimmerarbeiten legte Georg Král vor (dortselbst). Ob der Bau realisiert wurde, ist unbekannt; nach dem Plan Kilian Ignaz' aus dem Jahre 1743 sieht es so aus, daß er unausgeführt blieb. Nach Kilian Ignaz' Kalkulation aus dem Jahre 1743 sollten die restlichen Maurerarbeiten 480 rh. Gulden, die Zimmerarbeiten nach der Kalkulation J. Lefflers 501 rh. Gulden 30 Kreuzer und die übrigen Handwerksarbeiten noch 718 rh. Gulden mehr kosten (SÚA, FK, Sign. L IV/I/P-L IV/3/P, Kart. Nr. 93). Auch in diesem Fall informieren die Quellen nicht über eine Realisierung.

32 APH, HBA, Berichte, Manuskr. Nr. 11, Fol. 50 v. In diesem Falle handelte es sich nicht nur um die Begutachtung der Situation an Ort und Stelle, sondern um die Begutachtung der Pläne für den Umbau des Unkoffer-Hauses.

33 APH, KA, Sign. XLIII/10. Der Baumeister der Kanonischen Residenzen (Konskr. Nr. 62 und 63-III) war Anton Wenzel Spannbrucker (APH, KA, Sign. CXXXI/14; CXXXII/12; CLXXVIII/1).

34 A. Podlaha (Anm. 28), S. 221. – Kilian Ignaz Dientzenhofer arbeitete im Jahre 1734 beispielsweise auch ein Gutachten und eine Schätzung des Palais

Kolowrat (später Hartig) auf dem Kleinstädter Ring aus (Konskr. Nr. 260-
III), und zwar im Zusammenhang mit dem finanziellen Ruin der Familie
Kolowrat-Libštejnský. Er schätzte den Palast auf 22000 rh. Gulden, weil
darin Instandsetzungsarbeiten im Wert von 8000 rh. Gulden ausgeführt
worden waren (SÚA, Sign. SM-K 10/19/6). Es ist nicht ausgeschlossen,
daß die genannten Arbeiten für Franz Karl Kolowrat-Libštejnský von
Kilian Ignaz selbst ausgeführt wurden. - Zu seinen nicht nur baulichen
Aufgaben gehörte auch die Vermessung der Prager jüdischen Stadt, die er
in den Jahren 1726-1729 zusammen mit T. Haffenecker vornahm (H. Volavková, Kniha o Praze (Das Buch von Prag), 1958, S. 150).

Blick ins Privatleben

1 SÚA, Visitationstabellen aus dem Jahre 1726, Sign. TK 155, Nr. 171.
2 A. Podlaha, Materiálie, in: PA XXXIV (1924), S. 264. Alle Angaben über
   die Kinder Kilian Ignaz Dientzenhofers wurden der Matrikel der Niklaskirche auf der Kleinseite entnommen.
3 SÚA, ŘB Břevnov, Kart. Nr. 181.
4 Visitationstabellen aus dem Jahre 1726, SÚA, TK 155.
5 Um eine ungefähre Vorstellung darüber zu haben, wieviel die Familie
   Kilian Ignaz' für die Grundnahrungsmittel ausgeben konnte, führen wir
   hier einige Preise aus dem Jahre 1730 an (SÚA, Sign. SM-P 71/12/II). Für 1
   Kreuzer konnte man einen Brotlaib von 1 Pfund und 9 Lot kaufen, also
   etwa 650 Gramm. Für 2 Kreuzer bekam man einen Brotlaib von 3 Pfund
   und 29 Lot, also etwa 2000 g, und für 3 Kreuzer einen 7 Pfund und 26 Lot
   schweren Brotlaib (ca. 4 kg). Das Brot aus Kernmehl war etwas teurer: für
   1 Kreuzer bekam man einen Laib von knapp 1 Pfund, für 2 Pfund etwas
   weniger als 3 Pfund, und für 3 Kreuzer etwas weniger als 6 Pfund. 1 Wek-
   ken für 1 Kreuzer wog etwa 150 g, eine Laugensemmel um 170-180 g, eine
   einfache Semmel über 200 g, und eine »gewöhnliche« wog schließlich 350-
   360 g. 1 Pfund Rindfleisch kostete damals 4 Kreuzer und 3 Den., und zwar
   ohne Rücksicht auf die Qualität; 1 Pfund Kalbfleisch kostete 5 Kreuzer 3
   Den. Das Schweinefleisch kostete 4 Kreuzer 3 Den., Hammelfleisch 4
   Kreuzer, und das Lammfleisch 7 Kreuzer pro Pfund. Für Karpfen über 3
   Pfund zahlte man 5 Kreuzer 3 Den., für kleinere 4 Kreuzer und 3 Den. pro
   Pfund. 1 Pfund Hecht oder Barsch kostete 11 Kreuzer, 1 Pfund Bleihe,
   Barbe oder Schlei 4 Kreuzer. Für 1 Faß Weißbier mit einem Inhalt von vier
   Eimern, also 200-250 Liter, mußte man 7 rh. Gulden bezahlen, 1 Pinte, also
   etwas weniger als 2 Liter kostete 3 Kreuzer und 3 Den. 1 Faß vom »heimi-
   schen Bier« kostete 8 rh. Gulden, vom »Märzbitter« 9 rh. Gulden. Für ein
   Viertel vom »Wiener Kernmehl« (ca. 23½ Liter) bezahlte man 57 Kreuzer
   und 23 Den., für ein Viertel Grießmehl oder Grieß 37 Kreuzer. Für 1
   rh. Gulden rechnete man 60 Kreuzer. Ein Viertel war ein Holmaß für
   Schüttgut.
6 P. P. Weißenberger OSB, Eine Büchersammlung aus dem Nachlaß der
   Künstlerfamilie Dientzenhofer in der Barockbibliothek der Benediktinerabtei Neresheim, in: Jahrbuch des Historischen Vereins Dillingen a. d. Donau, 1981, S. 200ff.
7 SÚA, Sign. SM-P 124/330.
8 AMP, Manuskr. Nr. 4763, Fol. R 29, Einlage vom 10. Juli 1763.
9 AMP, Manuskr. Nr. 4670, Fol. H 5, Anmeldung der Erben zum Nachlaß
   von Anna Dientzenhofer; Lit. 0 6, Kaufvertrag aus dem Jahre 1741.
10 AMP, Manuskr. Nr. 4863, Testament vom 26. April 1754, in dem J. Leffler
   seiner Ehefrau Maria Elisabeth das Haus »Zu den zwei Turteltauben« vermachte, von dem sie eine Hälfte bereits gutgeschrieben hatte, sowie die
   Wohnung »in dem kleinen Hause, das sie bewohnen«, offenbar in dem
   »Dientzenhoferschen« Haus, und zwar, bis sie wieder heiratet. Leffler
   wohnte übrigens lange in dem kleinen Haus an der Schanzmauer des sog.
   »Zimmerstadls« (also des Zimmerholzplatzes) an der nördlichen Seite der
   Schloßreitschule (APH, HBA, Decreta 1734-43, Manuskr. Nr. 13,
   Fol. 32 v.).
11 APH, HBA, Sammlung der Pläne, Nr. 236/1-12; davon wurden die Pläne
    für den gotisierenden Zubau des Schiffes der Kirche Nr. 1-8 wirklich von
    J. H. Dinebier angefertigt, die Pläne mit dem Anbau des barocken Schiffes
    sind ein Werk Kilian Ignaz'.
12 APH, HBA, Berichte 1739-41, Manuskr. Nr. 12, Fol. 154; die Spezifika-
    tion der Kosten für die Adaptation des Löwenhofes dortselbst, Fol. 234;
    Bauverlauf, Wochenzettel pro ordinario aus dem Jahre 1740,
    Manuskr. Nr. 126; Pläne Pl. Samml. Nr. 141/4,5 wurden ganz ohne Zwei-
    fel von J. H. Dinebier gezeichnet.
13 APH, HBA, Manuskr. c:12, Berichte 1739-41, Fol. 229; APH, HBA,
    Manuskr. c:18, Decreta 1753-60, Fol. 169.
14 APH, HBA, Decreta 1730-34, Manuskr. Nr. 7, Fol. 78, 284; Berichte 1732-
    34, Manuskr. Nr. 8, Fol. 306.
15 APH, HBA Decreta 1744-52, Manuskr. Nr. 16, Fol. 200.
16 SÚA, Sign. SM-P 124/331, Scottis Gutachten vom 13. Oktober 1736.
17 SÚA, ŘB Břevnov, Provisoratsrechnungen aus dem Jahre 1750,
    Kart. Nr. 361.
18 AMP, Manuskr. Nr. 4672, Fol. B 15, Einlage vom 8. Juni 1753.

19 APH, HBA, Berichte 1751-57, Manuskr. Nr. 17, Fol. 150 v., den
    3. Dezember 1754.
20 APH, HBA, Berichte 1751-57, Manuskr. Nr. 17, Fol. 152. r., den
    3. Dezember 1754. Die Anträge der beiden Witwen, Frau Dientzenhofer
    und Frau Leffler, tragen dasselbe Datum, so daß angenommen werden
    kann, daß es sich um eine gemeinsame Aktion handelte.
21 P. Křivský, Popis Strahovského vodovodu z roku 1782 (Beschreibung der
    Strahower Wasserleitung aus dem Jahre 1782), S. 34, Anm. 120.
22 APH, HBA, Berichte 1752-57, Manuskr. Nr. 17, Fol. 6 v. Der Antrag
    Luraghos für die Stelle des Hofbaumeisters, Decreta 1744-52,
    Manuskr. Nr. 16, Fol. 297, das Ernennungsdekret vom März 1752. Die oft
    wiederholte Behauptung, daß Anselmo Luragho der Schwiegersohn Kilian
    Ignaz Dientzenhofers gewesen sei, ist übrigens völlig unbegründet, denn
    keine der in seinem Testament genannten Töchter Kilian Ignaz' war mit
    Luragho verheiratet.

Nachbemerkungen

1 SÚA, JS, Sign. CXXXI V/5, CXXXI/6, Kart. Nr. 122. Die Rechnungen
   hat V. Naňková publiziert.
2 Výsledky restaurátorských prací v kostele sv. Klimenta v Praze (Die
   Ergebnisse der Restaurierungsarbeiten in der Kirche St. Kliment in Prag),
   Ausstellungskatalog, Praha 1983, Seiten nicht numeriert.
3 H. G. Franz, Bauten und Baumeister, S. 86ff, T. 150; Z. Wirth, František
   Maximilián Kaňka. Náčrt k monografii barokového architekta (Franz
   Maximilian Kanka. Eine Skizze zur Monographie des barocken Architekten), in: Cestami umění, Sammelband zum 60. Geburtstag A. Matejčeks,
   Praha 1949, S. 161.
4 Diarium der Rektoren des Klementiner Kollegs. PNP Strahov,
   Manuskr. D C III 18. Der Bau der Kirche St. Kliment wurde noch während
   des Rektorats Millers im Jahre 1711 begonnen, als man am 25. August
   anfing, die Fundamente auszuheben; H. G. Franz, Dientzenhofer-Hausstät-
   ter, S. 98ff, Bild auf S. 99.
5 Vgl. auch M. Vilímková, Dějiny kostela, SÚRPMO.
6 PNP Strahov, Diarium der Rektoren des Klementiner Kollegs. Manuskr. D C III 19.
7 AMP, Sbírka listin (Urkundensammlung) I, Nr. 236.
8 SÚA, Sammlung der Landkarten und Pläne, Sign. 2910/c.
9 Z. Wirth (Anm. 3) schreibt die Fertigstellung des Kollegs Kaňka zu. Auch
   weitere Forscher neigen zu dieser Ansicht, zum Beispiel E. Poche, Prahou
   krok za krokem (Schritt für Schritt durch Prag), Praha 1963, S. 40.
10 UPČ II, S. 481; H. G. Franz (Anm. 3), S. 75ff.
11 K. B. Mádl, Dientzenhoferovský motiv (Das Dientzenhofersche Motiv),
    in: PA XXXII (1920), S. 201 ff; O. Stefan, Příspěvky dějinám české barokní
    architektury (Beiträge...), in: PA XXXV (1926/27), S. 519ff; H. G. Franz
    (Anm. 3).
12 F. M. Pelzel, Abbildungen böhmischer und mährischer Gelehrten und
    Künstler, Band II, Prag 1775, S. 174ff; AMP ohne Sign.
13 Zum Beispiel E. Poche (Anm. 9), S. 166.
14 L. Lancinger gibt in seiner Bearbeitung der Geschichte der Kirche St. Ka-
    tharina auch an, daß sich Anna Maria, Großherzogin von Toscana, als
    Stifterin am Bau beteiligte, die Kilian Ignaz Dientzenhofer auf ihren böh-
    mischen Herrschaften nachweislich beschäftigt hatte. Abgesehen davon
    konnten hier auch seine langjährigen Beziehungen zu den Kleinseitner
    Augustinern eine gewisse Rolle gespielt haben. SÚA, ŘA Aug. Liber
    memorabilium, MS Nr. 15, Fol. 33 (den Hinweis verdanke ich Dr. L. Lan-
    cinger); Chr. Norberg-Schulz, Kilian Ignaz Dientzenhofer e il barocco
    boemo, S. 183. (In der tschechischen Ausgabe meines Buches aus dem
    Jahre 1986 wurde die Hypothese aufgestellt, daß die Katharinenkirche
    Kilian Ignaz zugeschrieben werden kann; das entsprechende Archivdoku-
    ment wurde erst 1988 gefunden.)
15 E. Poche-P. Preiss, Pražské paláce (Prager Paläste), Praha 1973, S. 72.
16 SÚA, Sign. SM-J 7/1; SM-P 124/5.
17 F. M. Pelzel (Anm. 12).
18 SÚA, DZV 700, Lit. E 8; DZV 1215, Lit. A 1.
19 APH, KA, Sign. CLXXXIV/9; CLXXI/6; CLXXXIX/14.
20 A. Podlaha, Kaple božího hrobu na Petříně (Die Heiligengrabeskapelle auf
    dem Laurenziberg), in: PA XXVIII (1916), S. 216ff.
21 V. Naňková, Chr. Norberg-Schulz, Kilian Ignaz Dientzenhofer e il ba-
    rocco boemo, Besprechung, in: Umění XVIII (1970), S. 419ff.
22 APH, HBA, Schriften unter der Inv. Nr. 2770, undatierte Anmerkung von
    J. H. Dinebier zum Bau der Propstei in Altbunzlau.
23 APH, HBA, Schriften, Inv. Nr. 2771. - Während der Bauzeit der neuen
    Propstei arbeitete Kilian Ignaz Dientzenhofer an der Restaurierung der
    Marienkirche in Altbunzlau, und zwar am Bau des Ambits, der Terrasse
    und der Seiteneingänge (1728-32). Im Jahre 1735 folgte die Umgestaltung
    der Front, und in den Jahren 1748/49 der Turmbau. ÚPČ III, 1980, s. v.
24 Für die mündliche Mitteilung danke ich Dipl. Ing. Peter Macek.

Bad Feilnbach, Englhof

Bad Feilnbach, Gundelsberg

St. Margarethen, Filialkirche

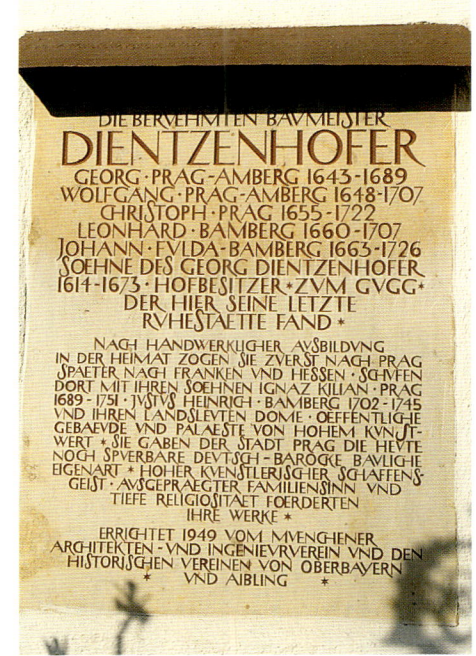

Erinnerungstafel in St. Margarethen

Oberulpoint bei Litzldorf

Gugghof bei St. Margarethen

Waldsassen/Obpf., Stiftskirche, Kuppel einer Seitenkapelle

Waldsassen/Obpf., Stiftskirche, Kuppel

Amberg/Obpf., ehemaliges Jesuitenkolleg

Amberg/Obpf., ehemaliges Jesuitenkolleg, Kongregationssaal

Bamberg, Kirche St. Martin

Waldsassen, Wallfahrtskirche Kappel

Michelfeld/Obpf., Kloster und Kirche der Benediktiner

Michelfeld/Obpf., Klosterkirche

Michelfeld/Obpf., Klosterkirche,
Stuck und Fresken von den Brüdern Asam

Rechte Seite

links: *Weißenohe/Mfr., Klosterkirche der Benediktiner*
rechts: *Amberg/Obpf., Klosterkirche der Salesianerinnen*
unten: *Amberg/Obpf., Kirche und Kloster der Paulaner*

Speinshart/Obpf., Kloster und Kirche der Prämonstratenser

Speinshart/Obpf., Klosterkirche mit Stuck von Carlo Domenico Luchese

Ensdorf/Obpf., Klosterkirche der Benediktiner

Frauenbründl bei Straubing/Ndb., Wallfahrtskirche

Eixlberg/Obpf., Entwürfe für die Kirche

Amberg/Obpf., ehemaliges Renthaus

Amberg/Obpf., Wallfahrtskirche Maria Hilf

Amberg/Obpf., Wallfahrtskirche Maria Hilf, Deckenfresken von Cosmas Damian Asam

Trautmannshofen/Obpf., Wallfahrtskirche Maria vom Siege

Bamberg, Fassade der St.-Michaels-Kirche

Nassanger/Ofr., Gutshof des Klosters Langheim

Kulmbach/Ofr., Langheimer Hof

Gaibach/Ufr., Schloßportal

Gaibach/Ufr., Schloß der Familie Schönborn

Banz/Ofr., Benediktinerkloster mit Freitreppe

Bamberg, Neue Residenz mit Vierzehnheiligen-Pavillon

Bamberg, Stiegenhaus in der Neuen Residenz

Tambach bei Coburg, Schloß des Klosters Langheim

Schöntal im Jagsttal (Baden-Württemberg), Klosterkirche

Schöntal im Jagsttal (Baden-Württemberg), Klosterkirche, Hauptaltar

Schöntal im Jagsttal (Baden-Württemberg), Kloster und Kirche der Benediktiner

Fulda, Stiftskirche der Benediktiner, heute Dom

Fulda, Domkuppel

Fulda, Dom, Fassade mit Porträt Johann Dientzenhofers

Fulda, Schloß

Fulda, Brunnen im Innenhof des Schlosses

Fulda, Wappen des Fürstabts am Schloß

Burghaun bei Fulda,
katholische Pfarrkirche Mariä Himmelfahrt

Burghaun bei Fulda,
katholische Pfarrkirche Mariä Himmelfahrt, Chorraum

Sambach/Ofr., Schloß, heute Pfarrhof

Fulda, Paulustor

Neuhof, Wappen des Fürstabts von Fulda
an der Brücke

Banz/Ofr., Klosterkirche, Fassade

Banz/Ofr., Klosterkirche, Gewölbe

Würzburg, ehemalige Stiftskirche Neumünster, Fassade

Bamberg, Raulinohaus, Detail des Portals

Fulda-Eichenzell, Kernbau des Schlosses

*Bamberg, Merkuriusbrunnen im Innenhof
des Benediktinerklosters Michelsberg*

Memmelsdorf bei Bamberg, Schloß Seehof

Pommersfelden/Ofr., Schloß Weißenstein

Pautzfeld/Mfr., Detail des Hauptaltars der Kirche

*Freienfels/Ofr., Reliquiar in der
ehemaligen Schloßkirche*

Pommersfelden/Ofr., Schloß Weißenstein, Detail der Fassade

Pommersfelden/Ofr., Schloß Weißenstein, Wappen der Grafen von Schönborn

Höchstadt an der Aisch/Mfr., Schloß, heute Landratsamt

Reichmannsdorf/Mfr., Schloß der Freiherrn von Schrottenberg

Bamberg, Böttingerhaus Concordia an der Pegnitz

*Litzendorf bei Bamberg, Pfarrkirche, Statue des hl. Wenzel
über dem Portal mit Schönborn-Wappen*

Kronach/Ofr., Spital

Ullstadt/Mfr., Schloß

Bamberg, Marschalk-von-Ostheim-Haus, Treppe

Kleinheubach/Ufr., Schloß der Fürsten zu Löwenstein-Wertheim-Rosenberg

Unterleiterbach/Ofr., Schloß

Wappen des Freiherrn von Eyb

Wappen der Grafen von Schönborn

Wappen des Abtes von Speinshart

Wappen des Klosters Langheim

Au bei Bad Aibling, Pfarrkirche St. Martin

Flintsbach am Inn, Pfarrkirche St. Martin

Smiřitz, Schloßkapelle Erscheinung Christi

Smiřitz, Schloßkapelle, Altarraum

Maria Kulm, Wallfahrtskirche

Wobořischt, Pauliner-Klosterkirche St. Josef

Wobořischt, Pauliner-Klosterkirche St. Josef, Kuppel

Prag-Breunau, Benediktiner-Klosterkirche St. Margaret

Prag-Breunau, Benediktiner-Klosterkirche St. Margaret mit Fresken von Cosmas Damian Asam

Prag-Breunau, Benediktiner-Klosterkirche St. Margaret, Detail des Gesimses

Prag-Breunau, Benediktinerkloster, Saal der Prälatur

Prag-Hradschin, Loretokloster, Hauptfassade

Eger, St. Clara, ehemalige Klosterkirche der Klarissinnen

Prag-Kleinseite, St.-Niklas-Kirche, Westfassade

Prag-Neustadt, Lusthaus des Grafen Johann Wenzel Michna, genannt „Villa Amerika", heute Dvořák-Museum

Nitzau, Wallfahrtskirche Mariä Geburt, Kuppel

Prag-Kleinseite, St.-Niklas-Kirche, Schiff

Prag-Kleinsteite, St.-Niklas-Kirche, Übergang vom Schiff zum Kuppelbau

Kladrau, Benediktinerkloster, Konventgebäude

Prag-Karolinenthal, Invalidenhaus

*Braunau, Benediktinerkloster,
Hof der Prälatur*

Prag-Kleinseite, Haus „Zum goldenen Hirschen"

Prag-Kleinseite, Portal des Jesuitengymnasiums

Prag-Altstadt, Palais des Barons Josef Langer

Liebeschitz/Kreis Leitmeritz, Jesuitenresidenz

Bösig, Adalbertskirche

Weckersdorf im Braunauer Ländchen, Kapelle der Jungfrau Maria in Stern

Prag-Hradschin, Ursulinen-Klosterkirche
St. Johann Nepomuk

Schönau, Margaretenkirche

Schönau, Margaretenkirche, Innenraum

Prag-Hradschin, Ursulinen-Klosterkirche St. Johann Nepomuk

Prag-Hradschin, Loreto-Gnadenstätte, die Ambiten

Braunau, Benediktinerkloster

Braunau, Benediktiner-Klosterkirche, Südportal

Prag-Kleinseite, Klosterkirche St. Thomas, Innenraum

Prag-Hradschin, Kaiserliches Spital, Kapelle

Podčapel bei Leitmeritz, Pfarrkirche St. Adalbert

Kladno, St.-Florian-Kapelle

Wiesen, Annakirche

Karlsbad, Kirche St. Maria Magdalena

Karlsbad, Kirche St. Maria Magdalena, Westfront

Prag-Kleinseite, Augustiner-Klosterkirche St. Thomas, Westfassade

Prag-Kleinseite, St.-Niklas-Kirche, Kuppel

Prag-Altstadt, Nikolauskirche, Hauptfassade

Prag-Altstadt, Nikolauskirche

Wopořan, Kirche des hl. Franz Xaver, Detail des Gesimses

Wahlstatt/Schlesien, Kloster und Kirche St. Hedwig und Hl. Kreuz

Wahlstatt/Schlesien, Benediktiner-Klosterkirche

Prag-Neustadt, Kirche St. Johann Nepomuk auf dem Felsen, Blick in den Altarraum

Prag-Neustadt, Kirche St. Johann Nepomuk auf dem Felsen

Wodolka, Kirche St. Klemens

Gutwasser, Kirche der Schmerzensmutter

Kuttenberg, Kloster der Ursulinen

Kuttenberg, Kloster der Ursulinen, Stiegenhaus

Prag-Kleinseite, St.-Niklas-Kirche, Turm und Kuppel

Prag-Kleinseite, St.-Niklas-Kirche, Blick in die Kuppel

Prag-Kleinseite, St.-Niklas-Kirche, Blick von der Orgelempore zum Hauptaltar

Prag-Kleinseite, Haus Nr. 466–III,
„Zu den zwei Turteltauben"

Prag-Smichow, Sommerhaus Kilian Ignaz Dientzenhofers, heute Villa Portheim, Gartenfassade

Unternotschow, Augustiner-Klosterkirche Mariä Himmelfahrt

Unterrotschow, Augustiner-Klosterkirche Mariä Himmelfahrt, Blick auf den Hauptaltar

Prag-Neustadt, Haus Nr. 852-II, Palais Piccolomini

*Wappen des Abtes von Braunau
am Kloster Braunau*

Wappen an der Kirche St. Nepomuk in Nepomuk

*Wappen des Benediktinerabtes
von Kladrau*

Wappen des Abtes von Braunau in Ruppersdorf

Anhang

Werkverzeichnis

Abkürzungen
aib archivalisch indirekt belegt
anbz archivalisch nicht belegt, jedoch glaubhaft zugeschrieben

GEORG DIENTZENHOFER

1682 Waldsassen, Beginn des Klosterbaus (tätig bis 1689)
Auerbach/Oberpfalz, Pläne für den Umbau der Stadtpfarrkirche (Auftrag an Kirchberger)

1682-84 Pläne für Speinshart (*anbz*)

1683/84 Pfarrkirche in Falkenberg (*anbz*)

vor 1684 Mitarbeit in Weißenohe (*anbz*)

1684-89 Amberg, Bauleitung am Jesuitenkolleg, Nordflügel. Erhöhung des Westflügels ab 1686, Vollendung durch Wolfgang

1684 Pläne für die Kappel. Am 12. Juli 1685 Grundsteinlegung zur Kappel, der Wallfahrtskirche zur Allerheiligsten Dreifaltigkeit auf dem Glasberg bei Waldsassen-Münchenreuth, die 1689 vollendet war

1685 Waldsassen, Grundsteinlegung zur Stiftskirche des Zisterziensererklosters. Tätig bis 1689, dann Christoph, ab 1690 Bernhard Schießer
Bamberg, Plan für die Jesuitenkirche (heute St. Martin) und den großen Konvent (Bauausführung großenteils durch Leonhard)

1686 Gutachten und Pläne für Schloß Seehof (Auftrag an Petrini)
Trautmannshofen, Bauausführung der Wallfahrtskirche nach einem Plan von Leonhard bis 1689, Vollendung durch Wolfgang

WOLFGANG DIENTZENHOFER

1679-83 Arnau an der Elbe, Franziskanerkloster und Umbau der Kirche (*anbz*)

1689 Trautmannshofen, Wallfahrtskirche fertiggestellt
Amberg, Jesuitenkolleg fertiggestellt (Erker im 2. Geschoß)

ab 1690 Michelfeld/Oberpfalz, Benediktinerklosterkonvent und Kirche (bis 1695, ausgemalt und stukkiert von den Brüdern Asam)

ab 1691 Weißenohe, Benediktinerkloster und -kirche (ab 1692, 1697 als Oberbauleiter genannt)
Speinshart/Oberpfalz, Prämonstratenserkloster und -kirche (Plan von 1692)

ab 1693 Amberg, Salesianerinnen-Kloster (Grundsteinlegung 23. 6. 1693)

1695 Schönthal/Oberpfalz, Augustiner-Eremiten-Kloster (Grundsteinlegung 23. 5. 1695). Die Kirche wurde erst ab 1710 errichtet, 1833 abgebrannt
Ensdorf, Benediktinerkloster und -kirche (Pläne von 1694, *aib*)

1696-1702 Amberg, Paulanerkloster (Beginn der Bauarbeiten 3. 3. 1696)

1696 Amberg, Pläne zur Paulanerkirche (Fundamente 1708, Bau 1717)
Schwarzhofen, Dominikanerinnenkloster (Baubeginn vor dem 3. 8. 1696)
Amberg, Salesianerinnen-Kirche (Grundsteinlegung 27. 4. 1697, 1699 fertig, 1757/58 umgebaut)

1697 Amberg, Maria-Hilf-Kirche (erste Pläne 1696, Überschlag 7. 4. 1697, Ausführung durch Peimbl)

1699 Amberg, Haus Schulgasse 11

1700 Kulmain, Pfarrkirche (Vertrag im März 1700, 3. 7. 1702 fertig, 1834 abgebrannt)
Eixlberg, Pläne für die Kirche (erfolglose Bewerbung vom 3. 4. 1700)
Straubing, Barockisierung der Karmeliterkirche (Kontrakt vom 14. 5. 1700)
Illschwang, Pfarrkirche (mehrere Pläne, der letzte am 4. 7. 1700)

1701 Ebermannsdorf, Schloßkirche (genauer Kostenvoranschlag 22. 6. 1700, später entscheidende Veränderungen)

1705 Frauenbründl bei Straubing (*anbz*)

undatiert mehrere Privatgebäude

LEONHARD DIENTZENHOFER

1685 tätig in Waldsassen (*aib*)
als Maurermeister in Speinshart

1686 Trautmannshofen, Plan der Wallfahrtskirche
Bamberg, Bau der Jesuitenkirche St. Martin nach Georgs Plan als Polier (Grundsteinlegung 11. 8. 1686, Fassade 1690, Fertigstellung 1691, Konsekration 1693)

1686-98 Ebrach, Klosterbauten (erste Pläne 1686/87, zweiter Plan 13. 6. 1687, Abts- und Konventbauten, Refektorium, Bibliothek)

1687/88 Bamberg, eigenes Wohnhaus in der Langen Straße 18

1689 Langheim, Teil des Konventbaus am Ostflügel des Kreuzgangs im Zisterzienserkloster (*aib*)
Baunach, fürstbischöflich bambergisches Amtshaus
11. 7. Inspektionsreise nach Nürnberg
Tätigkeit am Kloster Michelfeld (*anbz*)

1690 Burgwindheim, Heilig-Blut-Brunnen

ab 1690 Tätigkeit für Abt Knauer in Kloster Langheim (Gesamtplan): Abteigebäude, Ökonomiehof, Backhaus, Wassertretmühle

1691-93 Greifenstein, Umbau des Schlosses

1691 Kulmbach, Langheimer Hof

1692 Sulzheim, Pläne für den Ebracher Schüttboden

1692/93 Gutshof Nassanger des Klosters Langheim

1692-1707 Bamberg, Umbau des Karmeliterklosters und der -kirche (Grundsteinlegung 4. 5. 1692, Konsekration 18. 4. 1706)

1694-1700 Schloß Tambach des Klosters Langheim

1694-1704 Gaibach, Umbau des Schlosses

1694-1707 Schöntal im Jagsttal, Tätigkeit für das Kloster, Gesamtkonzept für Klosterkonvent (Grundsteinlegung 15. 9. 1701) und -kirche (Kontrakt vom 2. 4. 1707)

1695 Bamberg, Ausbau und Verbesserung der alten Oberen Hofhaltung (Beginn der Verhandlungen 14. 4. 1695, Kontrakt 7. 7. 1695)

1695 (?) Triesdorf, Weißes Schloß (Tätigkeit für den Markgrafen von Ansbach gesichert, jedoch nicht der Bau *aib*)

ab 1695-1704 Banz, Klosterbauten einschließlich Hauptstiege

1695 Bamberg, neue Orgelempore in St. Stephan (*anbz*)

1696-1702 Bamberg, Klosterbauten und Fassade der Kirche auf dem Michelsberg

1696 Bamberg, Plan für ein Kloster der Barmherzigen aus Wien
Gaibach, neuer Gartenbau für die großen Winterungen

1697-1702 Bamberg (Neue Residenz), Neubau der Oberen Hofhaltung (Gesamtabrechnung 15. 1. 1704)

1697 Bayreuth, Vollendung des Schloßturms
Bayreuth, Entwurf für den Markgrafenbrunnen

1697/98 Gaibach, Heilig-Kreuz-Kapelle (Weihe 4. 5. 1701)

1698 Walldürn, zwei Risse mit Profilen sowie ein ausführlicher Vorschlag für den Neubau der Wallfahrtskirche (Auftrag an L. Gaßner)
Krautheim, Abrisse für das kurfürstliche Amtshaus

1700 Leimershof, Erholungsheim der Jesuiten (*anbz*)
Bamberg, Langgass-Kaserne

1701 Kupferberg/Oberfranken, Oberamtshaus (der Riß dazu vom 23. 7. 1700)
Marquardsburg bei Bamberg, Tätigkeit beim Schloß Seehof (Vorschlag für die Gartenmauer)
Bamberg, Langgasser Tor (1808 abgebrochen)

1701-04 Weismain, Kastenhof

1701/02 Ebrach, Wiederaufnahme der Bauarbeiten am Kloster

1702 Würzburg, Plan für einen Adelshof (nicht realisiert)
Bamberg, Pavillon an der Neuen Residenz (erste Überlegungen 1700)
Gutachtertätigkeit wegen erheblicher Baumängel an der Wallfahrtskirche in Walldürn

1704/05 Weiterbau in Banz: Abtei, Küche, Fürstenzimmer (Kontrakt vom 11. 8. 1704)

1704 Hollfeld, Kirche St. Salvator
bei Hollfeld, Schloß Weiher
Reparation des Giechschlosses

Wiesentheid, Entwurf des Pfarrhauses
1705/06 Bamberg, Curia Sancti Lamperti (Domgasse 5)
1706 Zeil am Main, Propsthof (*anbz*)
Kirchschletten, Umgestaltung der Pfarrkirche (Ausführung B. Rauscher)
Banz, weitere Bauten: Flügel mit Kaisersaal (Kontrakt vom 2. 8. 1706)
1707 Memmelsdorf, Fassade der Kirche
undatiert Bamberg, Privatbauten

JOHANN DIENTZENHOFER

1698 Bamberg, Polier beim Bau der Benediktinerabtei auf dem Michelsberg
1700-11 Fulda, Stiftskirche (Dom) (4. 9. 1700 1. Kontrakt, Grundsteinlegung 23. 4. 1704, Februar 1705 neue Pläne, Einweihung 15. 8. 1712)
1702 Bad Salzschlirf, Pfarrkirche, Umbau der gotischen Kirche, 1902/03 erweitert
1702-08 Fulda, Marstall der Abtsburg (Schloß)
1707 Burghaun, Pfarrkirche (Zuschreibung durch Reuther)
Schloß Dermbach in der Rhön (heute DDR)
1708-12 Fulda, Abtsburg (Schloß): Ostflügel, Mitteltrakt mit Fürstensaal und Südflügel
1708 Baunach, Risse für Stiege und großen Saal im Schloß
Veldenstein, Risse für die Reparatur des Schlosses
Fulda, Neubau der beiden Osttürme der Stiftskirche (Verträge vom 13. 10. 1708 und 20. 4. 1709)
1708-13 Bamberg, Böttingerhaus (Prellhaus) in der Judenstraße
1709 Bad Kissingen, Schloß (heute Neues Rathaus)
1709-11 Bamberg, Raulinohaus (Am Grünen Markt; Zuschreibung)
1709 Sambach, Wasserschloß (heute Pfarrhof; Zuschreibung)
1709 (?) Bamberg, Bürgerhaus Karolinenstraße 6 (Zuschreibung)
Bamberg, Bürgerhaus Am Grünen Markt 7 (Zuschreibung)
1709 Aufgaben in Banz
Plan für das Schloß Bieberstein in der Vorderrhön (1711-14 von Kahlenberger errichtet, 1908 verändert), Schloßkapelle
1710 Bamberg, Bürgerhaus Entwurf für den Merkuriusbrunnen auf dem Michelsberg
Banz, Neubau der Benediktinerabteikirche (Grundsteinlegung 10. 5. 1710, Rohbau 1713 fertig, Einweihung 15. 10. 1719)
Eichenzell bei Fulda, Kernbau des Sommerschlosses Fasanerie
1710 Fulda, Wohnhaus Rittergasse 4 (*anbz*)
1711-16 Würzburg, Fassade des Stifts Neumünster (Grundsteinlegung 23. 5. 1712, Vollendung 1716 - Inschrift)
1711 Pommersfelden, Truchseßschloß, Abbruch und Neubauplan
Weißenstein ob Pommersfelden, Schloß (Planung im Frühjahr, Kontrakt am 1. 9. 1711, Grundsteinlegung am 1. 10. 1711, Einweihung der Schloßkapelle 15. 8. 1718)
Fulda, Paulustor (1771 nach Westen versetzt und erweitert)
Neuhof bei Fulda, Brücke (1940 zerstört)
bei Bamberg, Risse für die Veränderung der Türme des Schlosses Seehof
1711-18 Bamberg, Palais Rotenhan (*aib*)
1712 Banz, Vertrag über die Böschungsmauern
Hannover, im Juni und November Inspektion der Fundamente der St.-Clemens-Kirche (Pläne für die Kirche)
Braunschweig, im Juni und am 9. November Inspektion der St.-Nicolai-Kirche
Pautzfeld, 3 Altäre (nach Plan von Johann?; Zuschreibung durch H. Mayer)
Herzogenaurach, Umbau des Schlosses
1713 Höchstadt an der Aisch, Barockisierung des Schlosses (Ausführung durch Schröpfel)
1714 Pommersfelden, Pläne für die Sala terrena des Schlosses
1714 (?) Freienfels, Reliquiar (Zuschreibung durch H. Mayer)
1714 Banz, Pläne für die Kanzel und 6 Altäre in der Klosterkirche (Vertrag vom 20. 3. 1714, Ausführung durch Esterbauer)
1714-18 Dankenfeld, Schloß (1766 und 1854 umgebaut und teilweise abgerissen)
1714 Reichmannsdorf, Schloß (Grundsteinlegung 16. 7. 1714)
1714 (?) Haus Kasernenstraße 1
1715 Banz, Erweiterung der Gruft in der Abteikirche (Vertrag vom 22. 3. 1715)
erste Pläne für Gößweinstein
Vilseck, Inspektion des Kastenhofs
Waischenfeld, Risse für das Amtsvogthaus
1715-18 Kronach, Spitalgebäude (*aib*)
Litzendorf bei Bamberg, Pfarrkirche (Akkord vom 8. 8. 1715)
1715 Bamberg, Plan für die Reitschule bei der Neuen Residenz (nach 1719 erbaut)
1716 Banz, Terrasse und Kirchentreppe

1716-22 Bamberg, Böttingerhaus Concordia
1717 Barockisierung der Kirche Johannisberg im Rheingau (1826 umgebaut, 1942 abgebrannt)
Bamberg, Felsenkeller und Kanzleitrakt auf dem Michelsberg
Schirnaidel bei Forchheim, Pläne für die Filialkirche (Zuschreibung durch H. Mayer)
1718 Bamberg, Plan für das Graf Wolfsthalsche Haus
Ullstadt, Schloß (Vertrag 20. 3. 1718, 1725 fertig, verändert im 19. Jahrhundert)
bei Staffelstein, Plan zur Kapelle St. Veit (Zuschreibung durch H. Mayer)
1719-21 Kronach, fürstbischöflich bambergischer Kastenhof (*aib*)
1720 Bamberg, Anbau Obere Sandstraße 6
Langheim, umfassender Plan für das Kloster (Zuschreibung durch H. Mayer)
Riß für die Krankenstuben in den Kasernen
Bamberg, Marschalk-von-Ostheim-Haus (Ringleinsgasse 2, Treppenhaus)
Würzburg, Adliges Damenstift St. Anna (sog. Holzkirchenpläne)
1720-23 Würzburg, Bauleitung bei der Residenz (3. 5. 1720 Annahme der Bedingungen, September 1723 Baueinstellung)
1720-21 Bamberg, Curia Sancti Sebastiani et Fabiani (Domplatz 2)
1722 Bamberg, Riß für den Schulbau am Akademieplatz
1723 Pommersfelden, Wiederaufbau des Truchseßschlosses (ab 27. 7.)
Aufseßschlößchen zwischen Bamberg und Hallstadt (Zuschreibung durch H. Mayer)
Kleinheubach bei Miltenberg, Schloß (1. Kontrakt 11. 9. 1723, 2. Kontrakt über Hauptstiege 2. 8. 1725)
1725 (?) Bamberg, Maximiliansplatz 8
Stegaurach, Böttingerhaus
Bamberg, Terrasse mit Freitreppe sowie Chor, Sakristei und Marienkapelle auf dem Michelsberg
um 1725 Steppach, Kanzelaltar (Zuschreibung durch H. Mayer)
Untermerzbach, Freitreppe und Balustraden beim Schloß (Zuschreibung durch H. Mayer)
Volsbach, steinernes Kommuniongitter (Zuschreibung durch H. Mayer)
1725 Weißenohe, Abteiflügel (*anbz*)
Burgwindheim, Amtsschloß des Klosters Ebrach (einer der möglichen Architekten)
weiterer Plan für Gößweinstein (nicht verwirklicht)
1726 Riß zu einem Kasernenbrunnen
Kissingen, Ausmessen der neuen Baracken
Hallstadt, Amtshaus (jetzt Apotheke)
Vilseck, Risse für das Pflegschloß

JUSTUS HEINRICH DIENTZENHOFER

1728 Tätigkeit in Pommersfelden (u. a. Gewächshäuser)
um 1728 Bamberg, Chor und Propstei von St. Getreu
Bamberg, Lange Straße 35 (vielleicht als eigenes Wohnhaus)
1732 Bamberg, Kapitelhaus bei St. Gangolf
1732-37 Bamberg, Priesterseminar (heute Neues Rathaus), nach Plänen Balthasar Neumanns (Grundsteinlegung 29. 5. 1732)
1732 Bamberg, Haus Nonnenbrücke 1 (als eigenes Wohnhaus)
1732-34 Bamberg, Dominikanerkloster
1735 Bamberg, Haus zum Schwarzen Adler in der Judenstraße 7
um 1735 Bamberg, Langheimer Hof in der Oberen Karolinenstraße 8 (nach eigenen oder Neumanns Plänen)
Bamberg, Hausteinfassade des Hauses Vorderer Bach 4 (*anbz*)
1736-38 Marquardsburg bei Bamberg, Beteiligung am Schloß Seehof (1738 die beiden Wachthäuser)
1737/38 Bamberg, Zeughaus in der Hallstadter Straße
1737 Bamberg, Umbau des Konventgebäude des Karmeliterklosters und Neubau des Westflügels nach Neumanns Plänen
1737-39 Unterleiterbach, Schloß
1739 Bamberg, Curia St. Hippolyti auf dem Domplatz (Plan mit Korrekturen Neumanns)
1740-43 Lichtenfels, Rathaus
um 1740 Lichtenfels, Pfarrhaus (nur Erdgeschoß original)
1740 Bamberg, Aufseesianum (nur Westflügel)
1741 Amorbach, Pläne zum Klosterbau, Entwürfe für die Kirche (der Auftrag ging an M. v. Welsch)
um 1743 Bamberg, Gefängnis in der Oberen Sandstraße 38
1742 bei Weismain, Plan zur Wiederherstellung von Burg Niesten (kam nicht zur Ausführung)
undatiert Bamberg, Kurie an der Ecke Jakobsplatz 4 und 5 (Zuschreibung)
undatiert Vilseck, Arbeiten am Schloß
undatiert Pläne für Kaltenbrunn St. Wolfgang (nicht ausgeführt)

CHRISTOPH DIENTZENHOFER

1685 Waldsassen, Kloster, 1685 als Polier, 1688/89 als junger Maurermeister, 1689-91 als Altmaurermeister

1686/87 Schlackenwerth (Ostrov nad Ohří), Schloß des Herzogs Julius von Sachsen-Lauenburg, als Polier

1689-91 (?) Tepl (Teplá), Prämonstratenserstift, als selbständiger Meister

1690-97 Maria Kulm (Chlum nad Ohří), Kirchenbau, wahrscheinlich nach einem Entwurf von J. B. Mathey (*aib*)

1692 Tursko, Wirtschaftshof der Kreuzherren, Umbau

1692/93 Skalka bei Mníšek, Kapelle der hl. Maria Magdalena und Residenz der Benediktiner (*anbz*)

1692-99 Tepl, Spitalkirche der Allerheiligsten Dreifaltigkeit (*aib*)

1695-99 Neumarkt (Úterý), Kirche des hl. Johannes des Täufers (*aib*)

1698 Prag, Haus zur goldenen Lilie, Konskr. Nr. 458/I, Umbau

1698-1701 Eger (Cheb), Befestigung (aib)

1698-1709 Prag-Kleinseite (Praha-Malá Strana), Abschlußarbeiten an der Kirche St. Maria Magdalena

1699 Prag-Hradschin, Bautätigkeit am Palais des Wenzel Adalbert Graf Sternberg, Konskr. Nr. 57/IV
Prag-Troja, Bautätigkeit am Schloß Wenzel Adalbert Graf Sternbergs
Prag-Kleinseite, unbedeutende Bautätigkeit am Karmeliterkloster am Aujesd (Újezd)

1700 (?) Hochwesely (Vysoké Veselí), Kalkulation für den Bau der Kirche St. Nikolaus Tolentin

nach 1702 Prag-Kleinseite, Abschlußarbeiten am Haus W. A. Valkoun von Adlar in der heutigen Helichgasse (später klassizistisch umgebaut)

1702-12 Smiřitz (Smiřice), Schloßkapelle Erscheinung Christi (Grundstein schon 1699 gelegt; *aib*)

1702-11 Wobořischt (Obořiště), Josefskirche beim Paulinerkloster (*anbz*); 1714 wahrscheinlich auch ein Entwurf für die Abschlußarbeiten am Bau des dortigen Klosters

1703-11 Prag-Kleinseite, Niklaskirche, Westseite (Vorhalle und zwei Schiffsjoche)

1704 Prag-Burg, Reparaturarbeiten am Veitsdom

nach 1704 Prag-Kleinseite, Umbau des eigenen Hauses am Aujesd (abgerissen; *aib*)

1706-08 Hammerhäuseln (Hamerníky), Prämonstratenserresidenz, Stiftsdomäne Tepl (*aib*)

1708-11 (?) Eger, Kirche St. Clara beim Clarissenkloster (*anbz*)

1709-22 Prag-Breunau (Břevnov), Bau der Margaretenkirche und des Klosterkomplexes der Benediktiner

1709-15 Prag-Breunau, Entwurf für eine Gastwirtschaft

1709-11 Braunau (Broumov), Benediktinerkloster, Umbau des sog. Neuen Gebäudes (*aib*)

1709-24 Neupaka (Nová Paka), Bau der Klosterkirche der Paulaner (*anbz*)

1710 Braunau, Klostergymnasium und Apotheke (*aib*)
Braunau, Südportal der Klosterkirche (*aib*)
St. Johann unter dem Felsen, Abtragen des Kirchengewölbes und Ersetzen durch Holzgewölbe, Reparatur des Turmes
Prag-Kleinseite, Haus Konskr. Nr. 66 in der Míšeňskágasse
Politz a. d. Mettau (Police nad Metují), Häuserbau (*anbz?*)
Prag-Altstadt, Clementinum, wahrscheinlich Beteiligung am Entwurf der Klimentkirche (*anbz*; der Bau wurde von Antonio Luragho ausgeführt)
Kladrau (Kladruby), nicht realisierter und nicht erhaltener Entwurf für den Umbau der Klosterkirche der Benediktiner

1711 Prag-Kleinseite, Jesuitengymnasium, Konskr. Nr. 1/III

1711/12 Prag-Hradschin, Loreto, Antoniuskapelle

nach 1714 Prag-Kleinseite, Umbau des Manderschen Hauses in der Thomasgasse, Konskr. Nr. 13/III

1715/16 Prag-Körbern (Košíře), Erweiterung des Kleinseitner Lazaretts

1716 Prag-Altstadt, Nebengebäude des Dominikanerinnenklosters, Konskr. Nr. 213/I

1716/17 Prag-Hradschin, Loreto, Franziskuskapelle

1717/18 Prag-Hradschin, Loreto, Westteil der Christi-Geburt-Kirche

nach 1718 Prag-Neustadt, Bau des Augustinerklosters bei St. Katharina, vollendet von Kilian Ignaz

1718/19 Prag-Hradschin, Befestigungsarbeiten (Sand-Tor); Kleinseite, Befestigungsarbeiten am Aujesder-Tor

1719 Prag-Hradschin, Entwurf für den Bau der Nepomuk-Kirche beim Kloster der Ursulinerinnen (nicht realisiert; gemeinsamer Entwurf mit Kilian Ingaz)

1719/21 Wernersdorf (Verněřovice), Kirche St. Michael (*aib*)

1720/22 Ruppersdorf (Ruprechtice), Kirche St. Jakob (*aib*)

1721 Prag-Hradschin, Loreto, Hauptfassade, vollendet von Kilian Ignaz

nach 1721 Prag-Hradschin, Bau des nördlichen Flügels des Klosters der Ursulinerinnen

1722 Prag-Hradschin, Loreto, Beginn der Erweiterung der Christi-Geburt-Kapelle, vollendet von Kilian Ignaz

undatiert, vermutlich 1709-15, Entwurf der Kirche St. Johann Nepomuk, wahrscheinlich für Rosenthal (Rožmitál pod Třemšínem)?

KILIAN IGNAZ DIENTZENHOFER

1715/16 Prag-Breunau, Margaretenkirche, Entwurf für den Chorabschluß mit Turm (erhaltener Plan mit Kilian Ignaz' Handschrift)

1717 Misowitz (Misovice), Bezirk Písek), Klimentkirche, Entwurf für die Kirchenerweiterung und den Anbau der Kapelle St. Barbara; Eggenbergsche Herrschaft Klingenberg (Orlík; Pläne wurden nicht realisiert und sind nicht erhalten, jedoch durch Korrespondenz archivalisch belegt)

1717-20 Prag-Neustadt, Villa Amerika, Konskr. Nr. 462/II (*anbz*)
Nitzau (Nicov), Bezirk Klattau (Klatovy), Kirche Mariä Geburt. Über dem Portal Datum 1720, Kirchenweihe 1730, Leichenkammer auf dem Friedhof aus derselben Zeit (*anbz*)

1718-30 Prag-Neustadt, Katharinenkloster, zweifellos nach dem Entwurf Christophs von Kilian Ignaz realisiert

1719-22 Wernersdorf (Verněřovice), Bezirk Náchod, Kirche der Allerheiligsten Dreifaltigkeit und des hl. Michael, wahrscheinlich nach Christophs Entwurf von Kilian Ignaz ausgeführt (*aib*)

1719 (?) Prag-Hradschin, Ursulerinnenkirche, Entwurf erhalten, jedoch nicht realisiert, offenbar noch in Zusammenarbeit mit Christoph entstanden. Wahrscheinlich gleichzeitig entstand auch der Entwurf des Klostergebäudes von den beiden Dientzenhofern. Die Fundamente wurden bereits 1721 ausgehoben

1720 Klattau, Kirche der unbefleckten Empfängnis Mariä und Ignazkirche. 3 Eingangsportale, Entwurf wahrscheinlich von Kilian Ignaz
Olmütz (Olomouc), Jesuitenkolleg. Erhalten ist die Korrespondenz bezüglich der Renovierungsarbeiten, Handschrift von Kilian Ignaz

1720-23 Ruppersdorf (Ruprechtice), Bezirk Náchod, Kirche St. Jakob der Größere, vermutlich nach Christophs Entwurf von Kilian Ignaz realisiert (*aib*)

nach 1720 Tepl (Teplá), Bezirk Karlsbad, Klosterkirche Mariä Verkündigung, Restaurierung des Presbyteriums nach Kirchenbrand
Hermannsdorf (Heřmanov), Bezirk Karlsbad, Dreifaltigkeitskapelle (*aib*)

1720 Prag-Hradschin, Nepomukkirche. In der Gedenkschrift vom 20. 10. 1720: Christoph Dientzenhofer, Kilian Ignaz Dientzenhofer und Jeronymo da Costa

nach 1721 Prag-Hradschin, Kloster der Ursulinerinnen, Fundamente 1721. Christoph baute den nördl., Kilian Ignaz den südl. Teil des Gebäudes

1721-24 Prag-Hradschin, Loreto, Umbau des Frontflügels (Vertrag mit Christoph vom 21. 2. 1721) und Erweiterung der Christi-Geburts-Kapelle (Vertrag mit Christoph März 1722). Kilian Ignaz übernahm und vollendete den Bau 1723

1722 Braunau, Klosterkirche St. Adalbert, Entwurf für die farbige Marmorpflasterung im Kirchenschiff und im Presbyterium, bis 1723 vom Steinmetzmeister Johann Ulrych Mannes ausgeführt

um 1722 Mühlhausen (Milevsko), Klosterkirche Mariä Geburt, Barockisierung der Hauptfront, angeblich unter Mitwirkung von Kilian Ignaz (*anbz*), nicht realisiert

nach 1722 Prag-Altstadt, Clementinum, Flügel am heutigen Platz Primátors Dr. V. Vacek (*anbz*). Zu den Werken der beiden Dientzenhofer können wahrscheinlich auch die Bibliothek, der astronomische Turm und die Spiegelkapelle gezählt werden (1719-24)

1722/23 Hermsdorf (Heřmánkovice), Kreis Náchod, Allerheiligenkirche, Entwurf (*aib*)

1723 Tetschen (Děčín), Kornhaus im Schloß, Entwurf
Prag-Körbern (Košíře), nicht realisierter, erhaltener Entwurf der Friedhofskirche unter Verwendung von Gemäuer der älteren Kapelle

1723-25 Prag-Kleinseite, Konskr. Nr. 26/III, Haus »Zum goldenen Hirschen«, Entwurf (*anbz*)

1723-38 Wahlstatt (Lehnické Pole/Legnickie Pole, Schlesien), Kloster mit der Kirche St. Hedwig und Hl. Kreuz, Entwurf (Grundsteinlegung des Klosters am 15. 6. 1719, 1723 Probsteierrichtung und gleichzeitig Baubeginn, Kloster 1738 beendet. Grundsteinlegung der Kirche am 15. 8. 1727, Beendigung 1731)

1724-ca. 1732 Prag-Neustadt, Kloster der Elisabethinerinnen mit der Kirche der Schmerzensmutter mit Spital am Slupp, Entwurf (1724 Baubeginn des unteren Gebäudes, Kirchweihe im November 1725)

1724-26 Prag-Kleinseite, Umbau des Jesuitengymnasiums, Konskr. Nr. 1/III, Entwurf, Portal datiert 1726
Počaply (Bezirk Leitmeritz/Litoměřice), Adalbertskirche, Entwurf, Friedhofskapelle aus der gleichen Zeit
Prag-Breunau, Gartenpavillon Vojtěška im Klosterareal, Entwurf
Bösig (Bezděkov nad Metují), Adalbertskirche, Entwurf (*aib*)

1724-28 Wiesen (Vižňov), Kreis Náchod, Annakirche, Entwurf (*aib*)

1725/26 Prag-Hradschin, Loreto, Terrasse mit Balustrade, gemeinsam mit Steinmetzmeister J. U. Mannes und dem Bildhauer A. Quittainer

1725, 1727-31 Prag-Kleinseite, Thomaskirche, Umbau und Barockisierung (Hauptfront 1725, Innenraum, Gewölbe und Dach nach 1727)

1725-27   Prag-Kleinseite, Aujesd, Gasthaus auf dem Grundstück der Kreuzherren mit dem roten Stern (abgerissen)

1725 Janovičky (Johannesberg), Bezirk Náchod, Kirche Johannes des Täufers, Anbau des Presbyteriums und der Sakristei (*aib*)

1725-28   Prag-Smichow, eigenes Sommerhaus, heute Konskr. Nr. 69 (sog. Villa Portheim), Fresko im Hauptsaal signiert und datiert von W. L. Rainer 1729 (*aib*)
Heiliger Berg bei Příbram (Svatá hora u Příbrami), großzügig konzipierte Treppenanlage mit Kapellen zwischen Příbram und dem Heiligen Berg. Entwurf, nur teilweise realisiert

1725-31   Prag-Altstadt, Bartholomäuskirche beim Jesuitenkonvikt, Entwurf um 1725, Realisierung 1726-31 (*aib*)

1725-27   Ottendorf (Otovice), Bezirk Náchod, Barbarakirche, wahrscheinlich nach Christophs Entwurf von Kilian Ignaz realisiert, kleinere Änderungen 1748-50 (*aib*)

um 1725   Prag-Kleinseite, Konskr. Nr. 467/III, Nosticovagasse 7 - Pelclovagasse 1, Entwurf (*anbz*)

um 1726   Prag-Kleinseite, Konskr. Nr. 202/III, Zámeckástraße 4, Entwurf (*anbz*)
Prag-Neustadt, Konskr. Nr. 708/II, Vodičkovastraße 35, Entwurf (*anbz*)
Prag-Kleinseite, Konskr. Nr. 466/III, Haus »Zu den zwei Turteltauben«, Besitzer Zimmermeister Joseph Leffler (*aib*)

vor 1730   Prag-Kleinseite, Konskr. Nr. 436/III, Všehrdovagasse 13, Besitzer Heinrich Dientzenhofer

1726-28   Prag-Kleinseite, Konskr. Nr. 90/III, Lausitzer Seminar (*anbz*)

1726/27   Taus (Domažlice), Burg, Umbau zum Salzhaus

1726-30   Schönau (Šonov), Bezirk Náchod, Margaretenkirche (*aib*)

1726-31   St. Johann unter dem Felsen (Bezirk Beraun), Prälatur, Nord- und Südflügel

1726/27-33   Braunau (Bezirk Náchod), Benediktinerkloster, Umbau und Erweiterung

1727-30   Prag-Altstadt, Benediktinerkloster, Fertigstellung des Konvents und der Prälatur sowie Bau des Sommerrefektoriums

1728 Altbunzlau (Stará Boleslav), Bezirk Prag-Ost, Propstei, Entwurf im Harrach-Archiv, Wien. Bis 1738 die Hälfte der Anlage fertig, vollendet 1863-69

1728-32   Altbunzlau, Kirche Mariä Himmelfahrt, 1728-38 Umgänge, 1729 Seiteneingänge der Kirche (*anbz*)

1729 Prag-Neustadt, Ursulinerinnenkloster, Reparatur des Gartenpavillons im Klostergarten, abgerissen 1937 beim Bau eines Gymnasiums
Braunau, Wenzelskirche (*aib*)

1729/30, 1731-37   Prag-Karolinenthal (Karlín), Invalidenhaus, Entwurf 1729/30. Ein Neuntel des entworfenen Komplexes wurden 1731-37 realisiert

1729-32   Tuchoměřice (Bezirk Prag-West), Jesuitenresidenz, Anbau des Eingangsflügels (*aib*)

um 1730   Prag-Altstadt, erhaltener, undatierter Entwurf eines Zollhauses, wahrscheinlich aus der Zeit, in der Kilian Ignaz bereits Hofbaumeister war; nicht realisiert

2. Viertel 18. Jahrhundert   Prag-Kleinseite, Konskr. Nr. 412/III, Újezd Nr. 17 - U lanové dráhy Nr. 1, Barockisierung, Umbau (*anbz*)

1729-39   Kladrau (Kladruby), Bezirk Tachau (Tachov), Neubau des Konvents

um 1730   Smečno (Bezirk Kladno), Sala terrena im Schloßgarten (*anbz*)

1730-32   Prag-Burg, Glashaus im Königsgarten. Der ursprüngliche Entwurf von T. Haffenecker wurde von Kilian Ignaz überarbeitet

um 1730-70   Počátky (Bezirk Pilgram/Pelhřimov), Katharinenbad und Katharinenkirche (*anbz*)

1730-38   Prag-Neustadt, Kirche St. Johann Nepomuk auf dem Felsen

1731-83   Tetschen (Děčín)-Rozbělesy, Wenzelskirche, Entwurf (Grundsteinlegung 1732, erst 1783 von Baumeister J. V. Kosch vollendet)

1731/32, 1734/35   Oškobrh (Bezirk Nymburk), Peter-und-Paul-Kirche, offenbar nach dem vom Hofschreiber J. H. Dinebier vereinfachten Entwurf realisiert

1731/32   Dobřichowitz (Dobřichovice), Prag-West, Mühle
Prag-Altstadt, Kloster der Kreuzherren, Vergrößerung des Refektoriums, Änderung des Oratoriums
Počaply, Kirche Mariä Himmelfahrt. Mitarbeit des Hofbauschreibers J. H. Dinebier möglich
Altkolin (Starý Kolín), Andreaskirche, erhaltener, nicht realisierter Entwurf

1732 Praha-Dáblice, Wirtschaftsgebäude
Brandeis an der Elbe (Brandýs nad Labem), Pardubitz (Pardubice), Przerow (Přerov nad Labem) und Poděbrad (Poděbrady), Reparaturarbeiten an den Schlössern auf den kaiserlichen Gütern im Zusammenhang mit dem Besuch des kaiserlichen Hofes
Popowitz (Popovice), Bezirk Benešov, geplante Änderungen am Schloß, offenbar nicht realisiert

1732/33   Brandeis an der Elbe, Bau des Brauhauses

1732 Altbunzlau, Gasthaus
Heiliger Berg bei Příbram, Wallfahrtsort, Prager Portal und Nische

nach 1732   Prag-Burg, Kirche Allerheiligen, Änderungen im Interieur (Tribüne im Westen)

1731/32, 1733/34   Velenka (Bezirk Nymburk), Kirche St. Peter in den Ketten

1732, 1733-37   Prag-Hradschin, Konskr. Nr. 73/IV, kaiserliches Spital, Umbau und Bau der Kapelle

1732/33   Weckersdorf (Křinice), Bezirk Náchod, Marienkapelle in Stern (Hvězda; *aib*)

1732-35   Prag-Altstadt, Nikolauskirche
Opařany (Kreis Tábor), Kirche St. Franziskus Xaverius (Turm 1748 beendet; *aib*)

1733-37   Karlsbad (Karlovy Vary), Kirche St. Maria Magdalena, Pläne aus den Jahren 1727-32

1733-35   Wodolka (Odolená Voda), Bezirk Prag-Ost, Klimentkirche (*aib*)

1733 Sadská (Bezirk Nymburk), Apolinariuskirche. Die erhaltenen Pläne wurden nicht ausgeführt
Vysoké Chvojno (Bezirk Pardubitz), Kirche St. Gothard. Der erhaltene Entwurf wurde nicht realisiert

1733 (?)   Prag-Neustadt, Cölestinerinnenkirche und -kloster. Erhaltener, nicht realisierter Entwurf

1733-36   Tuchomeritz (Tuchoměřice), Prag-West, Jesuitenresidenz, Renovierungsarbeiten an der Front der Veitskirche, Pavillon im Garten der Residenz, Kolleg Clementinum in Prag (*aib*)

1733-35-39   Gutwasseer (Dobrá Voda), Bezirk Budweis (České Budějovice), Kirche der Schmerzensmutter, Entwurf

1733-nach 1740   Barzdorf (Božanov), Bezirk Náchod, Kirchenach St. Maria Magdalena und St. Bartholomäus (*aib*)

1734-38   Nepomuk (Pilsen/Plzeň-Süd), Kirche St. Johann Nepomuk, Umbau und Erweiterung der Kirche

1735-49   Kuttenberg (Kutná Hora), Kloster und Kirche der Ursulinerinnen, 2 Alternativen wahrscheinlich aus den Jahren 1732-35. Nur zwei Flügel des Klosters realisiert

1735 Prag-Smichow, Pavillon im Jesuitengarten, abgerissen 1930 (*aib*)

um 1735   Prag-Hradschin, Kapelle Maria Hilf bzw. Maria in der Schanze, geweiht erst 1741, umgebaut in den Jahren 1747-61

1735/36   Prag-Breunau, Benediktinerkloster. Umbau des alten Klosters von Abt Sartorius, in dem ein Infirmarium mit einer Kapelle eingerichtet wurde. Ein Entwurf von Kilian Ignaz ist erhalten

1735-40   Prag-Neustadt, Kirche St. Karl Boromäus (1730-40). Kilian Ignaz beteiligte sich an der Bauausführung und offenbar auch an den Umbaumaßnahmen im Vorhof und an der Front der Kirche

um 1736-39   Holitz (Holice), Bezirk Pardubitz, Martinskirche. Der Entwurf wurde am 21. 7. 1735 vom Konsistorium genehmigt

1736 Prag-Burg, Veitsdom, Änderungen am kaiserlichen Oratorium
Dobřichowitz (Prag-West), Schloß mit der Kirche, bauliche Änderungen (*aib*)
Brandeis an der Elbe (Prag-Ost), Reparatur des Schloßturmes (*aib*)

1736/37   Altbunzlau (Prag-Ost), Kirche Mariä Himmelfahrt, Erweiterung der Westtribüne und Änderungen an der Mittelachse der Front (*anbz*)

1737 Prag-Kleinseite, Aujesd, Bau von Stallungen im Garten der Kreuzherren mit dem roten Stern (abgerissen; *aib*)
Kladrau an der Elbe, Reparatur des kleinen Schlosses beim Gestüt

1737/38   Prag-Breunau, Benediktinerkloster, Glashausbau und Gartengestaltung
Prag-Burg, Errichtung der sog. »Votantenkammer« am Flügel des Landtafels

ca. 1737-40   Prag-Altstadt, Konskr. Nr. 585/I, Palais Langer

1737-41   Prag-Neustadt, Katharinenkirche beim Augustinerkloster

1737-53 (?)   Prag-Kleinseite, Niklaskirche, Vollendung des Kirchenschiffes, Chorabschluß und Turm der Kirche

1738 Altbunzlau, Kapelle des sel. Podiwen (*anbz*)
Prag-Neustadt, Gartenpavillon im Kloster der Ursulinerinnen (*anbz*)

1738-48-52   Liebeschitz (Liběšice), Bezirk Leitmeritz (Litoměřice), Umbau der Jesuitenresidenz

nach 1738   Prag-Kleinseite, Konskr. Nr. 22/III, Haus »Zur goldenen Brezel«, Thomasstraße 12 (*anbz*)

1738-52-66   Priesen (Březno), Bezirk Chomutov (Komotau), Kirche St. Peter und Paul. Der Bau mit Unterbrechungen wurde von Johann Christoph Kosch vollendet (*aib*)

1739 Patzau (Pacov), Karmeliterkloster, Entwurf der Umbauten (nach der Feststellung Dr. H. Lietzmanns, München)
Kozinec (Prag-West), Michaelskapelle (*anbz*)
Prag-Breunau, Benediktinerkloster, Aufsicht über die Einrichtung der Wohnräume der Prälatur und die Stuckdekorierung des Sommerrefektoriums

1740 Brandeis an der Elbe, umfangreiche Änderung des Interieurs des Schlosses (neue Retirade für die Kaiserin), Ananas-Glashaus im Garten

Daschitz (Dašice), Bezirk Pardubitz, Brauhaus (*aib*)

Prag-Breunau, Benediktinerkloster, Haupttor (*aib*)

1739/40 Kladno, Umbau des alten Kastells zum kleinen Schloß

1740 Prag-Burg, Konskr. Nr. 51/VI, Löwenhof, Umbau zur Wohnung für den Hofjäger. Zusammenarbeit mit J. H. Dinebier (*aib*)

um 1740 Mirošov (Bezirk Iglau/Jihlava), Josefskirche (*anbz*)

Prag-Breunau, Entwurf des Postaments für die Statue des hl. Johann Nepomuk von K. J. Hiernle im Areal des Breunauer Klosters an der Bělohorskástraße (*aib*)

1741 Kladno, Postament von Kilian Ignaz für die Mariensäule von K. J. Hiernle

1741-44 Horitz (Hořice), Bezirk Jitschin (Jičín), Kirche Mariä Geburt, Turmvollendung 1748 (*anbz*)

1742-44 Prag-Burg, Reitschulhof, Umbau der Häuser an der Ostseite, Heuwaage, Reparatur von zwei Ställen, Verstärkung der Umfassungsmauer

1743 Prag-Breunau, Umbau der Klostergasthäuser »Tejnka« und »Závěrka« sowie der Klosterbrauerei

Prag-Kleinseite, Entwurf und Kalkulation für die Fertigstellung und die Reparaturen des Lazaretts vor dem Aujesder Tor

Prag-Burg, Veitsdom, Umbaumaßnahmen im Interieur der Kirche für die Krönung Maria Theresias

1743/44 Königshof (Bezirk Beraun), Kalkulation der Reparaturkosten des Schlosses sowie Pläne, wahrscheinlich in Zusammenarbeit mit dem Hofbauschreiber J. H. Dinebier

1743-54 Prag-Stodůlky, Kapelle Findung des Hl. Kreuzes (*anbz*)

1744 Stochov (Bezirk Kladno), Wenzelskirche. Das Kirchenschiff wurde nach dem Entwurf Kilian Ignaz' gebaut (*aib*)

Smečno (Bezirk Kladno), architektonische Zusammenarbeit an der Statuengruppe der Hl. Dreifaltigkeit von Ignaz F. Platzer (*anbz*)

1744-52 Prag-Neustadt, Konskr. Nr. 852/II, Palais Piccolomini, Am Graben (Na Příkopě) 10. Der Bau wurde nach dem Tode von Kilian Ignaz von Anselmo Luragho vollendet

1744-54 Rothkosteletz (Červený Kostelec), Bezirk Náchod, Kirche Jakoben des Größeren (*aib*)

1745 Radnitz (Radnice), Bezirk Rokizan (Rokycany), Kalvarienkapelle Mariä Heimsuchung (*anbz*)

Hrdly (Bezirk Leitmeritz), Postament zu K. J. Hiernles Statuengruppe des hl. Benedikt nach dem Entwurf von Kilian Ignaz (*aib*)

1745-48 Taus, Augustinerkloster, Nord- und Westflügel, Entwurf (*aib*)

1746 Prag-Burg, Veitsdom, Entwurf der Marmorbalustrade am Grabmal des hl. Johann Nepomuk (*aib*)

1746/47 Hrdly (Bezirk Leitmeritz), Umbau eines Verwaltungsgebäudes und Errichtung der Nepomukkapelle

Hořelitz (Hořelice), Prag-West, Kirche Enthauptung des Johannes des Täufers (*aib*)

1746-50 Unterrotschow (Dolní Ročov), Bezirk Louny, Kirche Mariä Himmelfahrt und Konvent der Augustiner-Eremiten. Türme 1753-55 vollendet. Kilian Ignaz entwarf zweifellos auch das Konventgebäude, dessen Grundstein am 23. 8. 1751 gelegt wurde. Der Bau wurde von Anselmo Luragho vollendet

1746-51 Prag-Hradschin, Loreto, Umgänge. 1747-51 nach dem Entwurf aus dem Jahre 1746 ausgeführt

1746, 1750-53 Zlonitz (Zlonice), Bezirk Kladno, Dechantei. Entwurf aus dem Jahre 1746 wurde 1750-53 realisiert

1747-50 Prag-Burg, Spanischer Saal, Reparaturarbeiten, Saalerhöhung und Errichtung eines neuen Dachstuhls. Gemeinsame Arbeit mit dem Hofzimmermeister Joseph Leffler

1747 Sazawa (Sázava), Bezirk Kuttenberg (Kutná Hora), Benediktinerkloster.

1730 Gutachten über den Zustand des Gebäudes sowie vorläufige Kalkulation, Umbau erst nach dem Brand im Jahre 1747

Nepomuk, Dechantei, Kalkulation für den Wiederaufbau der 1747 ausgebrannten Dechantei, Realisierung 1747-49

1747/48 Prag-Strahow, Rochuskirche, Reparaturen der durch die Bombardierung in den Kriegen um das österreichische Erbe entstandenen Schäden (*aib*)

Buštěhrad (Bezirk Kladno), Beginn des Schloßumbaus

1747-49 Zditz (Zdice), Bezirk Beroun, Kirche Mariä Geburt

1747-52 Kalenitz (Chválenice), Kreis Pilsen-Süd, Martinskirche

1747-51 Paschtik (Paštiky), Bezirk Strakoniz (Strakonice), Kirche des hl. Johannes des Täufers und Totenkapelle auf dem Friedhof (1752)

1748 Sloupno (Bezirk Königgrätz/Hradec Králové), Benediktinerresidenz (*aib*)

1748/49 Altbunzlau, Kirche Mariä Himmelfahrt, Südturm nach Entwurf von Kilian Ignaz gebaut

1748-56 (?) Taus, Kirche Mariä Geburt, Barockisierung nach Brand im Jahre 1747, Mitarbeit am Entwurf des Umbaus

1748-75 Přestitz (Přeštice), Pilsen-Süd, Kirche Mariä Himmelfahrt. Nach dem Tode von Kilian Ignaz beteiligten sich F. I. Prée, A. Luragho und A. Haffenecker am Bau

1749-58 Halbstadt (Meziměstí), Bezirk Náchod, Benediktinerresidenz (*aib*)

Kostelec nad Ohří (Kostelez an der Eger), Bezirk Leitmeritz, Kirche St. Peter und Paul. Entwurf und Kalkulation aus den Jahren 1747/48

um 1750 Tetschen, Schloß, Entwurf für Änderungen am hinteren Schloßteil

1750/51 Prag-Breunau, Benediktinerkloster, Anbau des Flügels mit dem Sommerrefektorium und Erweiterung des Pavillons »Vojtěška«

um 1750 Zápy (Prag-Ost), Kirche hl. Jakob der Größere und Leichenkammer auf dem Friedhof (*aib*)

Chodovice (Bezirk Jitschin), Mitarbeit am Umbau der Bartholomäuskirche (*anbz*)

1750 Ploschkowitz (Ploškovice), Bezirk Leitmeritz, Schloß, Mitarbeit an den Reparaturarbeiten (Galerie)

um 1750 Patzelitz (Pacelice), Bezirk Strakonitz, Kirche Verklärung Christi am Hügel Křesovec, Entwurf erhalten, Realisierung 1763

1751-53 Kladno, Kapelle St. Florian. Der Bau wurde von Anselmo Luragho vollendet

1751-57 Kováň (Bezirk Jungbunzlau/Mladá Boleslav), Kirche St. Franziskus Ser., gebaut von Maurer Procházka aus Prag, angeblich nach einem Entwurf von Kilian Ignaz (*anbz*)

um 1750 Plánice (Bezirk Klattau), Haus Konskr. Nr. 3, angeblich nach dem Entwurf von Kilian Ignaz (*anbz*)

1755 Plánice, Blasiuskirche, umgebaut angeblich nach einem älteren Entwurf von Kilian Ignaz (*anbz*)

1755-65 Prag-Altstadt, Konskr. Nr. 606, Palais des Grafen Johann Golz. Kilian Ignaz hat angeblich an den Vorbereitungen für den Bau mitgearbeitet. An einer vergrößerten Bauparzelle wurde dieser von Anselmo Luragho, zweifellos nach seinem eigenen, neuen Entwurf realisiert

1768/69 Tepl (Bezirk Karlsbad), Kapelle St. Kreuz, Schmerzensmutter und St. Andreas, gebaut angeblich nach dem Entwurf Kilian Ignaz' aus der Zeit um 1730 (*anbz*)

undatiert Popowitz (Velké Popovice), Prag-Ost, Brauhaus (*aib*)

undatiert Entwurf von Wirtschaftsgebäuden für die Breunauer Benediktiner ohne Angabe des Ortes, offenbar nicht realisiert

undatiert Prag, ohne nähere Angaben, Haus der Eheleute Fischer, Erbschaftsforderung in Höhe von 970 rh. Gulden (offensichtlich eine Restzahlung für den von Kilian Ignaz ausgeführten Hausbau)

Literaturverzeichnis

Abkürzungen

ČSPS Časopis společnosti přátel starožitností českých (Zeitschrift der Gesellschaft für Böhmische Altertümer) *PA* Památky archeologické a místopisné (Archäologische und topographische Denkmäler) *RKPPDU* Ročenka Kruhu pro pěstování dějin umění (Jahrbuch des Zirkels für die Pflege der Kunstgeschichte) *SÚRPMO* Státní ústav pro rekonstrukce památkových měst a objektů (Staatliches Institut für die Rekonstruktion von Gedenkstätten und Objekten) *UPČ* Umělecké památky Čech (Künstlerische Denkmäler Böhmens)

Quellen

Archive: *SÚA* Státní ústřední archiv Praha (Staatliches Zentralarchiv Prag) *SA* Státní Archiv Praha (Staatliches Archiv Prag) *SOA* Státní oblastní archivy - Litoměřice, Zámrsk (Staatliche Kreisarchive - Leitmeritz, Zámrsk) *APH* Archiv Pražského hradu (Archiv der Prager Burg) *AMP* Archiv hl. m. Prahy (Archiv der Hauptstadt Prag) *ANM* Archiv Narodního muzea (Archiv des Nationalmuseums) *PNP* Strahov - Památník nár. písemnictví Strahov (Sammlung des Nationalen Schrifttums) *SÚPPOP* Státní ústav památkové péče a ochrany přírody (Staatliches Institut für Denkmalpflege und Naturschutz) *UK* Universitni knihovna, rukopisné oddělení (Universitätsbibliothek, Manuskriptabteilung) *HKA* Hofkammerarchiv Wien
Fonds: *DZV* Desky zemské větší, SÚA (Größere Landtafel) *SM* Stará manipulace, SÚA (Die alte Manipulation) *NM* Nová manipulace, SÚA (Die neue Manipulation) *SČM* Staré české místodržitelství, SÚA (Die alte Böhmische Staathalterei) *ČK* Česká komora, SÚA (Die Böhmische Kammer) *ČDKM I* České oddělení Dvorské komory I, SÚA (Hofkammer, Böhmische Abteilung I) *ČDKM IV* České oddělení Dvorské komory , SÚA (Hofkammer IV, Böhmische Abteilung IV) *APA* Archiv pražského arcibiskupství, SÚA (Archiv des Prager Erzbistums) *Ř Augustiniáni* Řádový archiv augustiniánů, SÚA (Ordensarchiv der Augustiner) *ŘB Břevnov* Řádový archiv benediktinů Břevnov, SÚA (Ordensarchiv der Benediktiner, Breunau) *ŘB Emauzy* Řádový archiv benediktinů Emauzy, SÚA (Ordensarchiv der Benediktiner, Emmaus) *Ř Kapucíni* Řádový archiv kapucínů, SÚA (Ordensarchiv der Kapuziner) *Ř Křížovníci* Řádový archiv křížovníků s červenou hvězdou, SÚA (Ordensarchiv der Kreuzherren mit dem roten Stern) *Ř Prem. Strahov* Řádovy archiv premonstrátů Strahov, SÚA (Ordensarchiv der Prämostratenser, Strahow) *Ř Voršilky* Řádový archiv voršilek. SÚA (Ordensarchiv der Ursulinerinnen) *JS* Jesuitica, SÚA
Archive der aufgehobenen Klöster: *FK* Fundacni komise, SÚA (Fundationskommission) *TK* Terezianský katastr, SÚA (Teresianischer Kataster) *RA Lobkowicové* Rodinny archiv Lobkowiczu roudnickych (Lobkowiczer Familienarchiv, Raudnitz) SOA Leitmeritz, Zweigstelle Žitenice) *VS Broumov* Velkostatek Broumov (SOA Zámrsk) Großgrundbesitz Braunau (SOA Zámrsk) *VS Sv. Jan pod Skalou* Velkostatek Sv. Jan pod Skalou (SA Praha, pracoviště Křivoklát) Großgrundbesitz Hl. Johann unter dem Felsen (SA Prag, Zweigstelle Pürglitz) *HBA* Hofbauamt (Dvorní stavebni úřad, APH) *KA* Kapitulni archiv (APH) (Kapitelarchiv)
Die Kleinseitner Grund- und Obligationsbücher, Sentenzbücher und die Bücher der »vejchoz« sind nach den Nummern der Manuskripte angegeben (*AMP*).
Die Manuskripte aus ANM sind unter ihren Signaturen angegeben.
Die Strahower Annalen und die Kapuziner Annalen im PNP Strahow sind nach den Signaturen angegeben.
SMP Sammlung der Landkarten und Pläne (SÚA)
Die Plänedokumentation im *SUPPOP* - ohne Signaturen, unter der Objektbezeichnung
GDB Gedenckbücher (HKA Wien)
Die Signaturen von Schriften und Manuskripten aus den genannten Fonds, die bei der Bearbeitung des Buches benutzt wurden, sind bei den Anmerkungen angegeben.

Alt, H.-W.: Banz am Main, München und Zürich [16]1984 (Schnell Kunstführer Nr. 221)
ders.: Kloster Banz, Königstein im Taunus 1984
Angerer, J.: Stifte und Klöster in Bayern, Österreich und der Schweiz, Aschaffenburg 1987
Arneth, G.: Die Zisterzienserabtei Langheim vor der Säkularisation. Sonderdruck aus dem 106. Bericht des Historischen Vereins Bamberg, Lichtenfels 1970
Bachmann, E.: Artikel „Architektur", in: Barock in Böhmen, hrsg. von K. M. Swoboda, München 1964
ders.: Zur Symbolik der Johannes-von-Nepomuk-Kirchen, in: Ausstellungskatalog des Adalbert Stifter Vereins 1971, Passau 1971
– von Roda, B.: Neue Residenz Bamberg, Amtlicher Führer, München 1983
Bachmann, E.: Artikel „Dientzenhofer", in: Lexikon der Weltarchitektur, hrsg. von Pevsner, Honour, Fleming, München 1987
Batzl, H.: Ehemalige Benediktinerabtei Michelfeld Oberpfalz, München und Zürich [3]1984 (Schnell Kunstführer Nr. 747)
ders.: Wallfahrt Trautmannshofen, München und Zürich [2]1983 (Schnell Kunstführer Nr. 756)
ders.: Amberg, Schulkirche, München und Zürich 1960 (Schnell Kunstführer Nr. 718)
Bauer, A.: Nochmals: Woher stammen die Dientzenhofer?, in: Bayerische Heimat 22 (1941), Beilage der Münchener Zeitung Nr. 8, S. 30/31 (Benefiziat in Au bei Aibling)
ders.: Nochmals: Die Herkunft der Dientzenhofer, in: Bayerische Heimat, Beilage der Münchener Zeitung Nr. 23, 1942, S. 122 und 123
Bauer, H. – Rupprecht, B.: Kunstreiseführer Bayern. Südlich der Donau, unveränderter Nachdruck der „Belser Kunstwanderungen" 1973, Bindlach 1988
Berckenhagen, E.: Architektenzeichnungen 1479–1979, Berlin 1979
Berndorf, A.: Kilián Ignác Dientzenhofer projektantem nepomuckého poutního chrámu sv. Jana (Kilian Ignaz Dientzenhofer als Architekt der Wallfahrtskirche St. Johannes in Nepomuk), in: Plzeňsko XVI, S. 23
Binhack, F.: Geschichte des Cistercienserstiftes Waldsassen von der Wiederherstellung des Klosters (1661) bis zum Tode des Abtes Alexander (1756) nach

Manuskripten des P. Dionysius Hueber, Regensburg-Amberg 1888
– Huber, in: Deutsche Illustrierte Rundschau, Sonderheft: 800 Jahre Kloster Waldsassen, München 1929, S. 24-27
Birnbaum, V.: Původní průčelí kostela P. Marie Vítězné na Malé Straně (Die ursprüngliche Kirchenfront von St. Maria de Victoria auf der Kleinseite), in: PA XXXIV (1924/25), S. 219f
Birnbaumová, A.: Příspěvky k dějinám umění 17. století z archivu Šternbersko-Manderscheidského (Beiträge zur Kunstgeschichte des 17. Jahrhunderts aus dem Sternberg-Manderscheid-Archiv), in: PA XXXIV (1924/25), S. 492f
Blažíček, O. J.: Umění a umělci 17. a 18. věku v záznamech pražských klášterních archivů, I–IV (Kunst und Künstler des 17. Jahrhunderts in den Eintragungen der Prager Klosterarchive), in: Umění II (1954), S. 74f, 162f, 252f, 335f
ders.: Malostranský klášter sv. Josefa (Das Kleinseitner Josefskloster), in: Poklady nár. umění 67, Praha 1946
ders.: Umění baroku v Čechách (Die Barockkunst in Böhmen), Praha 1971
– Husa, V.: Materiálie k dějinám barokního výtvarného umění v Čechách (Materialien zur Geschichte der bildenden Kunst des Barock in Böhmen), in: RKPPDU za r. 1936, 1937, S. 59f.
– Poche, E. – Čeřovský, J.: Klášter v Břevnově (Das Kloster in Breunau), Praha 1944
– Preiss, P.: Dominikánský kostel sv. Vavřince v Jablonném (Die Dominikanerkirche des hl. Laurenz in Deutsch-Gabel), Olomouc 1948
Blažíček, O. J.: Böhmisch-mährische und ungarische Kunst, in: Propyläen Kunstgeschichte, Band 10, Berlin 1971, S. 253ff
Blažková, J.: Malostranský hřbitov v Košířích (Der Kleinseitner Friedhof in Körbern), in: Poklady národního umění 18, Praha 1940
Blössner, G.: Geschichte des Salesianerinnenklosters in Amberg, in: Verhandlungen des historischen Vereins für Oberpfalz und Regensburg, 56. Band, Jg. 1912, sowie 64. Band, Jg. 1913
ders.: Die ehemalige Salesianerinnenkirche (Schulkirche) zu Amberg in Geschichte und Kunst, Amberg 1934
Boll, W.: Balthasar Neumann und die Vorgeschichte des Würzburger Residenzbaus, in: Frankenland VIII, Würzburg 1921, S. 23–29

ders.: Die Schönbornkapelle am Würzburger Dom, Würzburg 1925

ders.: Zur Geschichte der Kunstbestrebungen des Kurfürsten von Mainz, Lothar Franz von Schönborn, in: Neues Archiv für die Geschichte der Stadt Heidelberg und der Kurpfalz, Heidelberg 1926, 13. Band, 2. und 3. Heft, S. 168–248

ders.: Die Kirche in Trautmannshofen, ein Werk Leonhard Dientzenhofers, in: Verhandlungen des historischen Vereins für Oberpfalz und Regensburg, 101. Band, Jg. 1961, S. 109–120

Bosch, L.: Eine Sammlung barocker Architekturzeichnungen im Bayerischen Nationalmuseum, in: Münchner Jahrbuch für bildende Kunst, 3. Folge, Band V (1954), München 1955, S. 188–204

Braun, J.: Die Kirchenbauten der deutschen Jesuiten. Ein Beitrag zur Kultur- und Kunstgeschichte des 16., 17. und 18. Jahrhunderts, 2. Teil: Die Kirchen der oberdeutschen und der oberrheinischen Ordensprovinz, Freiburg i. Br. 1910

Brod, L.: Die Dientzenhofer, in: Geschichten aus dem Böhmerland, München 1976

Brückner, W.: Wallfahrts- und Pfarrkirche Walldürn, München und Zürich ⁵1981 (Schnell Kunstführer Nr. 774)

ders.: Wallfahrt und Kirche Walldürn, Walldürn o. J.

Busl, F. (Hrsg.): Waldsassen. 850 Jahre eine Stätte der Gnade, Hof 1983. Darin: *Seitz, A. – Gammanick, H.:* Erbauung des Konvents und der Kirche zu Waldsassen

Chaloupková, J.: Teplá (Tepl), Pilsen 1983

Chronik von Fulda und dessen Umgebungen vom Jahre 744 bis und mit 1838, hrsg. von einer Gesellschaft von Gelehrten, Vacha 1839, Nachdruck Fulda 1983

Dettelbacher, W.: Oberpfalz, Bayerischer Wald, Niederbayern, Köln ⁵1986 (DuMont Kunst-Reiseführer)

Diviš, J.: Pražská Loreta (Die Prager Loreto-Gnadenstätte), Praha 1972

Dlabač, G. J.: Allgemeines historisches Künstlerlexikon für Böhmen, Prag 1815

Domarus, M.: Rudolf Franz Erwein von Schönborn, Wiesentheid 1954

ders.: Territorium Wiesentheid. Urkunden zur Geschichte der reichsständischen Herrschaft 1681–1806, München-Pasing 1956

ders.: Marquard Wilhelm Graf von Schönborn, Dompropst in Bamberg und Eichstätt, Eichstätt 1961

Dvořák, M.: Maria Loretto am Hradschin zu Prag, Prag 1882

Eckert, G.: Balthasar Neumann und die Würzburger Residenzpläne, Straßburg 1917 (Studien zur deutschen Kunstgeschichte)

Ehrmann, A. – Pfister, P.: In Tal und Einsamkeit. 725 Jahre Kloster Fürstenfeld. Die Zisterzienser im alten Bayern, Band 1: Katalog, Band 2: Aufsätze, Fürstenfeldbruck 1988

Eichhorn, E.: Das Frühwerk der Baumeisterbrüder Dientzenhofer in Bayern, Oberpfalz und Franken, in: Schönere Heimat 1986

ders.: Das Erbe der Dientzenhofer im Architekturwerk Balthasar Neumanns, in: Altnürnberger Landschaft Nr. 34 (Sonderheft), Hersbruck 1987

ders.: Die Baumeistersippe Dientzenhofer – Waldsassen. Kreuzweg der süddeutschen Barockkultur, in: Begleitbroschüre zur Ausstellung: Die Baumeisterfamilie Dientzenhofer – Bauten und Bedeutung, Waldsassen 1989

Eimer, G.: Über Christoph Dientzenhofer, in: Konsthistorisk Tidskrift 24, Stockholm 1955, S. 79

Ekert, F.: Posvátná místa královského hlavního města Prahy I, II (Die heiligen Stätten der königlichen Hauptstadt Prag), Praha 1883, 1884

Fehr, G.: Höhepunkte der Kunst im Kernland Europas, in: Tausend Jahre Bistum Prag 973–1973, Ackermann-Gemeinde, München 1974

Franz, H. G.: Die Kirchenbauten des Christoph Dientzenhofer, Brünn–Wien 1942 (= Beiträge zur Geschichte der Kunst im Sudeten- und Karpathenraum 5), Dissertation Berlin

ders.: Studien zur Barockarchitektur in Böhmen und Mähren, Brünn 1943, S. 13–84

ders.: Die deutsche Barockbaukunst Mährens, München 1943

ders.: Die Klosterkirche Banz und die Kirchen Balthasar Neumanns in ihrem Verhältnis zur böhmischen Barockbaukunst, in: Zeitschrift für Kunstwissenschaft 1 (1947)

ders.: Gotik und Barock im Werk des Johann Santini Aichel, in: Wiener Jahrbuch für Kunstgeschichte XIV (XVIII) (1950), S. 65–130

ders.: Artikel „Dientzenhofer", in: Neue Deutsche Biographie, Berlin 1953ff, III. Band, Spalten 648–651

ders.: Beiträge zur Baukunst des 17. und 18. Jahrhunderts in Böhmen, in: Zeitschrift für Ost-Forschung 3 (1954), S. 48ff, S. 58–67; ebenso in: 4 (1955), S. 227

ders.: Johann Michael Fischer und die Baukunst des Barock in Böhmen, in: Zeitschrift für Ost-Forschung 4 (1955), S. 220–232

ders.: Artikel „Dientzenhofer", in: Lexikon für Theologie und Kirche, ²1959, Band 3, Spalten 378/379

ders.: Die Entwürfe K. I. Dientzenhofers für das Ursulerinnenkloster in Kuttenberg, in: Forschungen und Fortschritte 34 (1960), S. 248–252

ders.: Die Wandpfeilerhalle im böhmischen Barock, in: Forschungen und Fortschritte 35 (1961), S. 87f

ders.: Bauten und Baumeister der Barockzeit in Böhmen. Entstehung und Ausstrahlung der böhmischen Barockbaukunst, Leipzig 1962

ders.: Dientzenhofer, Hausstätter – Kirchenbaumeister in Bayern und Böhmen, München und Zürich 1985

von Freeden, M. H.: Residenz Würzburg, München und Berlin 1967 (Große Baudenkmäler Heft 9)

ders.: Pommersfelden Schloß Weißenstein, Königstein im Taunus 1987

ders.: Schloß Weißenstein Pommersfelden, Tübingen o. J. (7 Seiten Text)

ders.: Die Schönbornzeit „. . . aus Frankens besseren Tagen . . .", Freunde mainfränkischer Kunst e. V., Würzburg 1983 (= Mainfränkische Hefte 80)

ders.: Kloster Ebrach und seine Höfe. 5 Original-Kupferstiche von Johann Baptist Gutwein, Hofkupferstecher in Würzburg, nach Zeichnungen von P. Lucas Schmidt O.Cist., 1738. Neudrucke nach den Platten im Besitz des Mainfränkischen Museums Würzburg. Mit einem Geleitwort von M. H. von Freeden, Würzburg 1980

ders.: Rezension von Trepplin, in: Zeitschrift für Kunstgeschichte 7 (1938), S. 78–82

ders.: Kurfürst Lothar Franz von Schönborn, in: Quellen zur Geschichte des Barock in Franken unter dem Einfluß des Hauses Schönborn, 2 Bände, S. XVI–XXXIX, Würzburg 1931

Frejková, O.: Česká renesance na Pražském hradě (Die böhmische Renaissance auf der Prager Burg), in: Poklady národního umění 31, Praha 1941

ders.: Palladianismus v české renesanci (Palladianismus in der böhmischen Renaissance), Praha 1949

Frey, D.: Ein unbekannter Entwurf Kilian Ignaz Dientzenhofers, Mitteilungen des Vereins für Geschichte der Deutschen in Böhmen 59 (1921), S. 140f

Geldner, F.: Langheim. Wirken und Schicksal eines fränkischen Zisterzienserklosters, Kulmbach 1966

Gerndt, S.: Unsere Bayerische Heimat, München ⁷1974/75

Gilly, W.: Johann Dientzenhofer. Literatur- und stilkritische Untersuchungen, Dissertation Münster 1952

Götz, P. – Münch, H.: Langheim. Eine Begegnung mit der Vergangenheit, Lichtenfels 1978 (dort weitere Literatur)

Grau, J.: Der Dombaumeister. Eine Geschichte aus Fuldas Vergangenheit, Fulda o. J.

Grimschitz, B.: Johann Lukas von Hildebrandt, Wien 1932 (1959)

ders.: Wiener Barockpaläste, Wien 1944–47

Gropp, H.: Petrini in der Pfalz, in: Neues Archiv für die Geschichte der Stadt Heidelberg und der Kurpfalz, 13. Band, 2. und 3. Heft, Heidelberg 1926, S. 121–132

Gürth, P. Alcuin Heribert OSB: Über Wolfgang Dientzenhofer, in: Verhandlungen des historischen Vereins für Oberpfalz und Regensburg, 99. Band, Regensburg 1958 und Kallmünz/Opf. 1959

Habicht, V. C.: Die Herkunft der Kenntnis Neumanns auf dem Gebiete der Zivilbaukunst, in: Monatshefte für Kunstwissenschaft IX (1916)

ders.: Die deutschen Architekturtheoretiker des 17. und 18. Jahrhunderts, in: Zeitschrift für Architektur und Ingenieurwesen, Jg. 1916, Wiesbaden 1916, Spalten 1–30, 262–288; Jg. 1917, Wiesbaden 1917, Spalten 209–244

Hahn, H.: Kleine Fulda-Chronik, Fulda 1983 (mit Fotos von E. Gutberlet) – *Gutberlet, E. (Fotos):* Fulda, Fulda 1982

Hansmann, W.: Balthasar Neumann Leben und Werk, Köln 1986, ²1987

Hanzal, J.: Neznámá stavba Kiliána Ignáce Dientzenhofera v Poohří. Ke stavbě kostela v Kostelci nad Ohří (Ein unbekannter Bau Kilian Ignaz Dientzenhofers im Egerland. Zum Bau der Kirche in Kostelec nad Ohří), in: ČSPS 1962, S. 201f

Hautmann, M.: Geschichte der kirchlichen Baukunst, München 1928

Heller, J.: Die Familie Dientzenhofer als Baumeister in Franken, in: Bericht über den Kunstverein zu Bamberg, Bamberg 1843 (Beilage) 1)

Hemmerle, J.: Die Benediktinerklöster in Bayern (= Germania Benedictina, Bd. II: Bayern), Augsburg 1970 (über Michelfeld S. 148–152)

Herain, J. – Teige, J.: Stará Praha (Das alte Prag), Praha 1906

Hlobil, I. – Michna, P. – Togner, M.: Olomouc (Olmütz), Praha 1984

Hofmann, J.: Die Barocke in Nordwest-Böhmen, Karlsbad 1898

Hofmann, P. Friedberg ofm: Mariahilf Amberg, Amberg 1981

Holzer, F.: Volksschule Flintsbach 1618–1938, Flintsbach 1938

Hoppe, B.: Abt Martin Dallmair, in: In Tal und Einsamkeit, Katalog (Band 1), Fürstenfeldbruck 1988, S. 120ff und: Abt Martin Dallmayr und seine Zeit, in: Aufsätze (Band 2), Fürstenfeldbruck 1988, S. 109ff

Horyna, M.: Dílo Kiliána Ignáce Dientzenhofera v Kladrubech (Das Werk Kilian Ignaz Dientzenhofers in Kladrau), in: Památky a příroda 1977, S. 577

ders.: Staatliches Denkmalobjekt Kloster Kladruby (Übers. F. Bunzl), Pilsen 1983

Hotz, J.: Bamberger Baumeisterzeichnungen in der Kunstbibliothek der Staatlichen Museen zu Berlin, in: 100. Bericht des Historischen Vereins Bamberg 1964, S. 493–516, sowie 101. Bericht 1965, S. 551–556 *ders.:* Katalog der Sammlung Eckert aus dem Nachlaß Balthasar Neumanns im Mainfränkischen Museum Würzburg (= Veröffentlichungen der Ges. für Fränkische Geschichte, VIII. Reihe, Band 3, 1. Teil), Würzburg 1965

ders.: Zisterzienserklöster in Oberfranken, München und Zürich 1982

Hubala, E.: Die Kunst des 17. Jahrhunderts, Propyläen Kunstgeschichte, Band 9, Berlin 1970

Hubel, A.: Stiftsbasilika Waldsassen, München und Zürich 1983

Huber, G.: Über die Architektenfamilie Dientzenhofer, in: Bayerisches Oberland am Inn, 3. Jg. 1904 (besonders über Leonhard)

Jäck, J. H.: Leben und Werke der Künstler Bambergs, in Verbindung mit Joseph Heller und Martin v. Reider, Erlangen 1821

Jahn, G.: Der kurmainzische Hofkavalierarchitekt Anselm Franz Reichsfreiherr von Ritter zu Groenesteyn 1692–1765, hrsg. von der Zentralstelle für Personen- und Familiengeschichte, Frankfurt am Main 1977

Jíra, J.: Plány našich jezuitských kolejí a kostelů (Pläne unserer Jesuitenkollegien und Kirchen), in: PA XXXIV (1924/25), S. 242f

Jiřík, V.: Universitní these Otmara Zinkeho z roku 1689 (Die Universitätsthesen des Otmar Zinke aus dem Jahre 1689), in: Umění XIX (1971), S. 507f

ders.: Případ „Kryštof" (Der Fall „Christoph"), in: Umění XXII (1974), S. 283f

Jirka, A.: Jan Santini a Jean Baptiste Mathey – kapitola ze společné problematiky (Johann Santini und Jean Baptiste Mathey – ein Kapitel aus der gemeinsamen Problematik), in: Umění XXII (1974), S. 261f

Kašička, F. – Vilímková M.: Okna tereziánské přestavby Pražského hradu (Die Fenster des Theresianischen Umbaus der Prager Burg), in: Památková péče 1968, S. 257f

dies.: Lví dvůr Pražského hradu (Der Löwenhof der Prager Burg), in: Památková péče 1970, S. 34f

dies.: Jízdárenský dvůr Pražského hradu (Der Reitschulhof der Prager Burg), in: Památková péče 1969, S. 241f

Katholisches Pfarramt Au bei Bad Aibling (Hrsg.): Pfarrkirche St. Martin Au bei Bad Aibling, Ottobeuren 1985

Keller, H.: Die Kunst des 18. Jahrhunderts, Propyläen Kunstgeschichte Band 10, Berlin 1971

ders.: Deutsche Architektur, in: Propyläen Kunstgeschichte Band 10, Berlin 1971, S. 187ff

ders.: Bamberg, Bamberg 1953

Kirchhoff, W.: Das Residenzschloß zu Fulda, Fulda 1981/2

Kleiner, S.: Schönbornschlösser. Mit einem Nachwort von H. Keller, Dortmund 1980

Kletzl, O.: Christoph und Kilian Ignaz Dientzenhofer als Schanz- und Wasserbaumeister, in: Zeitschrift für sudetendeutsche Geschichte 3 (1930), S. 3–37

Kluge, G.: Wahlstatt – barockes Juwel und geschichtliches Mahnzeichen, in: Heimatbrief der Katholiken des Erzbistums Breslau, 15. Jg. Nr. 3, Juli 1988

Knox, B.: Bohemia and Moravia, London 1962

Koch, W.: Baustilkunde. Europäische Baukunst von der Antike bis zur Gegenwart, München 1988

Kömstedt, R.: Von Bauten und Baumeistern des fränkischen Barocks. Aus dem Nachlaß hrsg. von H. Reuther, Berlin 1963

Komnick, H.: Geschichte der Zisterzienserabtei Ebrach, in: Ebrach, Erbe und Verpflichtung, Bamberg 1977

Korecký, M.: Tvorba Kiliána Ignáce Dienzenhofera (Das Werk Kilian Ignaz Dientzenhofers), in: Zprávy památkové péče 1951/52, S. 45f

ders.: Dienzenhoferovy plány schodů svatohorských (Dientzenhofers Pläne der Stufen in Svatá Hora), in: PA Historie (XLIII) 1949, S. 75f

ders.: Nově zjištěné dílo Kiliána Ignáce Dienzenhofera (Ein neuentdecktes Werk Kilian Ignaz Dienzenhofers), in: Volné směry XXXVIII (1943), S. 113f

ders.: Poznámky k pražskému Dienzenhoferovu prostoru a klenbám (Bemerkungen zu Dientzenhofers Raum- und Gewölbegestaltung in Prag), in: Umění I (1953), S. 261f

ders.: Mit einigen Bemerkungen zur Barockarchitektur Böhmens nach 1700, Umění XXI (1973), S. 201f

Korth, Th.: Leonhard Dientzenhofers Ebracher Architektur, in: Festschrift Ebrach 1127–1977, Volkach 1977, S. 259–343

ders.: Das ehemalige Treppenhaus des Kurfürsten Lothar Franz von Schönborn im Schloß Gaibach, in: Intuition und Darstellung. Festschrift für Erich Hubala zum 24. März 1985, hrsg. von F. Büttner und Ch. Lenz, München 1985, S. 231–240

ders.: Der Raum der Schönbornkapelle am Würzburger Dom, in: Balthasar Neumann. Kunstgeschichtliche Beiträge zum Jubiläumsjahr 1987, hrsg. von Th. Korth, München 1987

Kotrba, V.: Sv. Jan pod Skalou (St. Johann unter dem Felsen), in: Poklady národního umění, Praha 1947

ders.: Kostel trinitářů v Novém Městě Pražském, jeho stavebník a architekt (Die Trinitarierkirche in der Prager Neustadt, ihr Bauherr und Architekt), in: Umění XI (1962), S. 192f

ders.: Martin Reiner – Martino Rana, pražský stavitel raného baroka (Martin Reiner – Martino Rana, ein Prager Baumeister des Frühbarock), in: Umění XIII (1964), S. 487f

ders.: Neue Beiträge zur Geschichte der Dientzenhofer, Umění XXI (1973), S. 163f

ders.: Johann Santini, sein Werdegang und seine Architektur, in: Umění XVIII (1970), S. 545f

ders.: Česká barokní gotika (Böhmische Barockgotik), Praha 1976

Krčálová, J.: Italští mistři Malé Strany na počátku 17. století (Die italienischen Meister von der Kleinseite am Anfang des 17. Jahrhunderts), in: Umění XVIII (1970), S. 545f

dies.: Palác pánů z Rožmberka (Der Palast der Herren von Rosenberg), in: Umění XVIII (1970), S. 469f

dies.: Poznámky k rudolfínské architektuře (Anmerkungen zur rudolphinischen Architektur), in: Umění XXVIII (1975), S. 499f

Kreisel: Das Schloß zu Pommersfelden, 1953

Křivský, P.: Popis Strahovského vodovodu z roku 1782 (Beschreibung der Strahower Wasserleitung aus dem Jahre 1782), Praha 1983

Kroupa, J.: Klášterní chrám v Břevnově a česká architektura kolem r. 1709 (Die Klosterkirche in Breunau und die böhmische Architektur um 1709), in: Umění XXIV (1976), S. 151f

Kubíček, A.: Dvě díla Giov. Batt. Alliprandiho (Zwei Werke des Giovanni Battista Alliprandi), in: Stencovo Umění XVII (1945), S. 49f

ders.: Pražské paláce (Die Prager Paläste), Praha 1946

Kuhn, M.: P. Valentin Rathgeber, ein fränkischer Musiker der Barockzeit, in: Geschichte am Obermain, Lichtenfels 1951, S. 34–42

Kynčil, J.: Stavba farního kostela sv. Petra a Pavla v Březně u Chomutova (Der Bau der Peter- und Pauls-Kirche in Priesen bei Komottau), in: Památk, příroda, historie, Chomutov, 1970, S. 83f

Lehmann, E.: Zur Baugeschichte des Zisterzienserklosters Langheim im 18. Jahrhundert, in: Zeitschrift für Kunstgeschichte 19 (1956), S. 259–277

Leist, F.: Die Residenz in Bamberg und der Baumeister Johann Jakob Michael Küchel, Bamberg 1889

Leitschuh, Fr.: Bamberg, in: Berühmte Kunststätten, 63. Band, Leipzig 1914

Libalová, J. – Vilímková, M.: Budova Lužického semináře na Malé Straně (Das Gebäude des Lausitzer Seminars auf der Kleinseite), in: Památková péče 1967, S. 132f

Lieb, N.: Johann Michael Fischer. Baumeister und Raumschöpfer im späten Barock Süddeutschlands, Regensburg 1982

Liedke, V.: Ein Geburtsbrief für Wolf und Georg Dientzenhofer vom Jahre 1679, in: Ars Bavarica 1 (1973), S. 115

Líva, V.: Berní rula 3 (Steuerrolle 3), Pražská města, Praha 1949

Lohmeyer, K.: Die Briefe Balthasar Neumanns an Friedrich Karl von Schönborn, Fürstbischof von Würzburg und Bamberg, und Dokumente aus den ersten Baujahren der Würzburger Residenz, Saarbrücken-Berlin-Leipzig-Stuttgart 1921

ders.: Der Heidelberger Baumeister Johann Jakob Rischer 1662–1755 und seine Pläne für die Stiftskirche von St. Gallen, in: Neues Archiv für die Geschichte der Stadt Heidelberg und der Kurpfalz, 13. Band, 2. und 3. Heft, Heidelberg 1926, S. 249–273

ders.: Die Wallfahrtskirche zum Heiligen Blut in Walldürn und ihre Meister, in: Neues Archiv für die Geschichte der Stadt Heidelberg, Band 8, 2. und 3. Heft, Heidelberg 1926, S. 311–373

ders.: Die Baumeister des rheinisch-fränkischen Barock, Heidelberg 1931, 1. Teil, vor allem von S. 200 an; 2. Teil, S. 107–197

ders.: Balthasar Neumann und seine Wegbereiter in rheinisch-fränkischen Landen, in: Forschungen und Fortschritte, 13. Jg., Berlin 20. 3. 1937, S. 109–110

Lorenc, V. – Tříska, K.: Černínský palác v Praze (Das Czernin-Palais in Prag), Praha 1980

Lorenz, H.: Domenico Martinelli und Prag, in: Umění XXX (1982), S. 21f

Mádl, K. B.: Dientzenhoferova Amerika (Dientzenhofers Amerika), Praha 1898

ders.: Dílo Ferdinanda M. Brokova (Das Werk Ferdinand M. Brokoffs), in: Štencovo Umění I (1927), S. 24f

ders.: Dientzenhoferovsky motiv (Das Dientzenhofersche Motiv), in: Památky archeologické a místopisné 32, Prag 1920, S. 201f

Malkmus, G. J.: Fuldaer Historienbüchlein, Fulda ²1983 (1872)

Manitz, B.: Ein ‚Baukoncept‘ Johann Dientzenhofers für Bamberg. Anmerkungen zu baukünstlerischen Leitthemen bei Johann Dientzenhofer und Balthasar Neumann, in: 117. Bericht des Historischen Vereins Bamberg 1981, S. 175–194

Matějček, A.: Nová Praka (Neupaka), in: Poklady národního umění 67, Praha 1945

Matějka, B.: Přestavba a výzdoba chrámu sv. Tomáše (Der Umbau und die Ausschmückung der Thomaskirche), in: PA XVII (1893), S. 82

Matouš, V.: Pražská Loreta (Die Prager Loreto-Gnadenstätte), Praha 1961

Mayer, H.: Bamberger Residenzen, München 1951

ders.: Die Kunst des Bamberger Umlandes, Bamberg 1952

ders.: Bamberg als Kunststadt, Bamberg ²1952 (unveränderter Nachdruck 1984)

Mehling, M.: Knaurs Kulturführer in Farbe: Franken, München 1982

Meintzschel, J.: Studien zu Maximilian von Welsch, Würzburg 1963

Mencl, V.: Smysl české barokní architektury (Die Bedeutung der böhmischen Barockarchitektur), in: Umění XXI (1973), S. 206f

Menzel, B. F.: Christoph und Kilian Ignaz Dientzenhofer im Dienste der Äbte von Brewnow-Braunau, in: Jahrbuch des deutschen Riesengebirgsvereins 23 (1934), S. 8–29

ders.: Das Benediktinerkloster Braunau und seine Kirchen, Breslau 1939

ders.: Der Klosterbau in Braunau, ein Werk Kilian Ignaz Dientzenhofers, in: Zeitschrift für die Geschichte der Sudetenländer 6 (1943), S. 174–185

ders.: Ein Blick in die barocke Welt der Äbte Othmar Zinke und Benno Löbl. Brevnov-Braunau 1700–1751, in: Stifter-Jahrbuch 8 (1964), S. 87–124

ders.: Baugeschichte des Braunauer Klosters, in: Rohrspatz 1972, Rohr/Niederbayern, S. 20ff

ders.: Abt Othmar Daniel Zinke 1700–1738, ein Prälat des böhmischen Barocks, Ottobeuren 1978

ders.: Die Geschichte des Braunauer Ländchens, in: Das Braunauer Heimatbuch, Forchheim ³1984, S. 53–151

ders.: Die bildende Kunst des Braunauer Ländchens, in: Das Braunauer Heimatbuch, Forchheim ³1984, S. 221–253

ders.: Abt Otmar Daniel Zinke und die Ikonographie seiner Kirchen in Břevnov-Braunau-Wahlstatt, in: Studien und Mitteilungen zur Geschichte des Benediktinerordens 97 (1986)

Merhaut, C.: Valdštejnský palác před jeho výstavbou (Das Wallenstein-Palais vor Baubeginn), in: ČSPS XLII (1934), S. 132f

ders.: Valdštejnský palác (Das Wallenstein-Palais), Praha 1955

Merten, C.: St. Salvator im Clementinum, Bohemia, in: Jahrbuch des Collegium Carolinum, Band 8, München 1967, S. 144f

Mitterwieser, A.: Hundert Jahre Auswanderung aus dem Tegernseer Winkel, in: Bayerische Heimat, Beilage der Münchner Zeitung 1934, S. 369–370

ders.: Herkunft und Heimat der Dientzenhofer, in: Bayerische Heimat 1941, als erweiterter Sonderdruck als Privatdruck o. J., München 1923 (1941/42, 14 Seiten)

Mixová, V.: Schönbornský palác, býv. Colloredovský dům na Malé Straně (Das Schönborn-Palais, das vormalige Colloredo-Haus auf der Kleinseite), in: Za starou Prahu 26 (1951), S. 34f

dies.: Činnost architekta G. B. Alliprandiho (Das Wirken des Architekten G. B. Alliprandi), in: Umění věků, Praha 1957, S. 160f

dies.: Archivní příspěvky k dějinám stavby a výzdoby kostela sv. Klimenta v Praze I (Archivbeiträge zur Geschichte des Baus und der Ausschmückung der St.-Kliment-Kirche in Prag), in: Umění VII (1959), S. 68f

Morávek, J.: Jean Baptiste Mathey a Pražský hrad (Jean Baptiste Mathey und die Prager Burg), in: Umění VI (1958), S. 166f

Morper, J.: Das Czernin Palais in Prag, Praha 1940

ders.: Johann Dientzenhofer betreffend, in: Bamberger Blätter für fränkische Kunst und Geschichte, 1. Jg., Bamberg 1924, S. 103f

ders.: Der Prager Architekt Jean Baptiste Mathey, in: Münchener Jahrbuch für bildende Kunst, NF 4 (1927), S. 99–228 (auch Sonderdruck)

ders.: Artikel „Dientzenhofer", in: Lexikon für Theologie und Kirche, Band III, 1931, Spalte 310ff

ders.: Das Czerninpalais in Prag, Prag 1940 (= Prager Forschungen zur Kunstgeschichte 1)

ders.: Die Kappel bei Waldsassen, in: Bayerland, H. 8, München 1955

ders.: Die Stiftskirche von Waldsassen und ihre böhmische Wurzel, in: Das Münster 16 (1963), S. 312–315

Motyka, G.: Kloster Speinshart, in: Beiträge zur Geschichte und Landeskunde der Oberpfalz, Heft 18, Regensburg 1980, und als Buch, Mainburg ⁸1987

Müllerová A. – Novák, J. B.: Karlínská Invalidovna (Das Invalidenhaus im Karolinental), in: Poklady národního umění 81–82, Praha 1948

Münch, G.: Wahlstatt, Schlesiens barockes Ehrenmal, in: Archiv für Schlesiens Kirchengeschichte 14 (1956), S. 174–190

Naňková, V.: Christian Norberg-Schulz, Kilian Ignaz Dientzenhofer e il barocco boemo, recense (Rezension), in: Umění XVIII (1970), S. 419f

dies.: Nová zjištění k baroknímu umění v Čechách (Neue Erkenntnisse über die Barockkunst in Böhmen), in: Umění XIX (1971), S. 84f

dies.: Ke stavbě zámecké kaple ve Smiřicích (Zum Bau der Schloßkapelle in Smiřitz), in: Umění XX (1972), S. 507

dies.: Architekt a stavitel Pavel Ignác Bayer, představy v literatuře a skutečnost (Der Architekt und Baumeister Paul Ignaz Bayer – die Vorstellungen in der Literatur und die Wirklichkeit), in: Umění XXII (1974), S. 230f

dies.: Na okraj dvou článků o barokní architektuře v Čechách (Randbemerkungen zu zwei Artikeln über die Barockarchitektur in Böhmen), in: Umění XXIV (1976), S. 119f

dies.: Architektura 1620–1700, Knihy o Praze III (Architektur 1620–1700, Bücher von Prag III), Praha 1989

dies.: Konvolut plánů z bývalého kláštera voršilek v Kutné Hoře (Konvolut der Pläne aus dem ehemaligen Ursulinerinnenkloster in Kuttenberg), in: Umění XXXIII (1985), S. 160f

dies.: Kilián Ignác Dientzenhofer a Západní Čechy (Kilian Ignaz Dientzenhofer und Westböhmen), Pilsen 1973

dies.: Katalog výstavy: K. I. Dientzenhofer, seznam díla a texty k ilustracím (Ausstellungskatalog: K. I. Dientzenhofer, Verzeichnis der Werke und Texte zu Abbildungen), Praha 1989

Nerdinger, W. (Hrsg.): Die Architekturzeichnung. Vom barocken Idealplan zur Axonometrie. Zeichnungen aus der Architektursammlung der Technischen Universität München unter Mitarbeit von Florian Zimmermann und B. V. Karnapp, München 1987 (1986)

Neumann, J.: Český barok (Der böhmische Barock), Praha 1974

ders.: Aktuálnost českého baroku (Die Aktualität des böhmischen Barock), in: Umění XXX (1982), S. 385f

ders.: Brandlovy obrazy a ikonografie chrámu sv. Markéty v Břevnově (Brandls Gemälde und Ikonographie der St.-Margareten-Kirche in Breunau), in: Umění XXIX (1981), S. 247

Neumann-Adrian, M.: Der Baulöwe von Pommersfelden, in: MERIAN Bamberg, Fränkische Schweiz

Neundorfer, B.: Karmelitenkloster Bamberg, München und Zürich ²1984 (Schnell Kunstführer Nr. 533)

Norberg-Schulz, Chr.: Kilian Ignaz Dientzenhofer e il barocco boemo, Rom 1968

Oswald, F.: Amorbach, München und Zürich 1983 (Großer Kunstführer 112)

Paschke, H.: Die Lange Gasse zu Bamberg, Bamberg 1958 (= Studien zur Bamberger Geschichte und Topographie 12)

Pavlík, M. – Lancinger, L.: Kostel sv. Maří Magdaleny na Malé Straně v Praze a Francesco Caratti (Die Kirche St. Maria Magdalena auf der Kleinseite in Prag und Francesco Caratti), in: Umění XIV (1966), S. 109f

– *Šíma, J.:* Příspěvek k zaklenutí lodi kostela sv. Mikuláše v Praze III (Ein Beitrag zum Gewölbe der Niklaskirche in Prag III), in: Umění XVII (1969), S. 76f

Pelzel, F. M.: Abbildungen böhmischer und mährischer Gelehrten und Künstler, Band II, Prag 1775, S. 174f

Pfister, P. – Ramisch, H.: Marienwallfahrten im Erzbistum München und Freising, Regensburg 1989

Piffl, A.: Půdorys a klenba kostela sv. Petra a Pavla na Zderaze (Der Grundriß und das Gewölbe der Peter- und Pauls-Kirche auf Sderaz), in: ČSPS XLVII (1939), S. 68f

Poche, E.: Stavební kronika břevnovského kláštera a kostela z let 1701–1721 (Die Bauchronik des Breunauer Klosters und der Kirche aus den Jahren 1701–1721), in: ČSPS XLIX (1946), S. 159f

ders.: Pražské portály (Die Prager Portale), Praha 1947

ders.: Prahou krok za krokem (Schritt für Schritt durch Prag), Praha 1963, 1985

Podlaha, A.: Oprava chrámu Svatovítského (Die Reparatur der St.-Veits-Kathedrale), in: PA XIX (1902), S. 552

ders.: Bývalý kostelík P. Marie Pomocné na šancích u Bruské brány (Die ehemalige Maria-Hilf-Kirche an der Schanze beim Bruskator), in: PA XXI (1904), S. 308f

ders.: Dějiny kollcjí jesuitských v Čechách a na Moravě od roku 1654 až do jejich zrušení (Geschichte der Jesuitenkollegien in Böhmen und Mähren seit 1654 bis zu ihrer Aufhebung), in: Sborník historického kroužku 12 (1911), S. 86f

ders.: Kaple Božího hrobu na Petříně (Die Heiligengrabkapelle auf dem Laurenziberg), in: PA XXVIII (1916), S. 216f

ders.: Plány a kresby chované v kanceláři správy hradu Pražského (Die im Verwaltungsamt der Prager Burg aufbewahrten Pläne und Zeichnungen), in: PA XXXIII (1923), S. 297f

ders.: Účty ke stavbě Invalidovny (Rechnungen zum Bau des Invalidenhauses), in: PA XXXIV (1924/25), S. 608

ders.: Nové zprávy o stavbě domu pro zestárlé kněze a kostela sv. Karla Boromejského na Zderaze v Praze (Neue Informationen über den Bau des Hauses für alte Priester und der Kirche des hl. Karl Boromäus auf Sderaz in Prag), in: PA XXXIV (1924/25), S. 228f

ders.: Materiálie ke slovníku výtvarných umělců (Materialien zur Enzyklopädie der bildenden Künstler), in: PA XXVII (1915), S. 160, 167; PA XXXII (1920), S. 294; PA XXXIV (1924/25), S. 264f

– *Preiss, P.:* Pražské paláce (Prager Paläste), Praha 1973

Pralle, L.: Fulda. Dom und Abteibezirk, Königstein im Taunus o. J.

Preiss. P.: Boje s dvouhlavou saní (Kämpfe mit dem zweiköpfigen Ungeheuer), Praha 1982

ders.: Italští umělci v Praze (Die italienischen Künstler in Prag), Praha 1986

ders.: Zu den Werken der Asam in Böhmen und Schlesien, in: Cosmas Damian Asam (1686–1739). Leben und Werk, München 1986, S. 69–75

Prinz, F.: Der Dreiklang – Bayern, Böhmen, Österreich, in: Bayerland 4 (1978), 80. Jg., München

Procházka, V.: K dějinám stavebního vývoje kostela sv. Anny a sv. Vavřince a kláštera dominikánek v Starém Městě Pražském (Zur Geschichte der Bauentwicklung der Kirche St. Anna und St. Laurenz sowie des Dominikanerinnenklosters in der Prager Altstadt), in: Umění II (1955), S. 167f *ders.*: Příspěvky (Kr. Dientzenhofer, C. Lurago, J. Maličký) (Beiträge . . .), in: Ochrana památek. Věstník Klubu za starou Prahu 27 (1952), S. 32f

Quitzmann, E. A.: Urkundliche Geschichte von Flinsbach, im Bezirksamte Rosenheim, München 1872

Rank, J.: Forschungsberichte über die Dientzenhofer, in: Das Münster 1 1947/48, 7. Heft, S. 352–353

ders.: Das Elternhaus der Brüder Dientzenhofer, in: Der Zwiebelturm 6 (1951), S. 15f

Řehák, K. L.: Konvent augustiniánů poustevníků v Domažlicích (Der Konvent der Augustinereinsiedler in Taus), in: Sborník historického kroužku XIII (1912), S. 113f

Řehová, E.: De l'origine des constructions de groupe radical baroque de Bohême, in: Sborník prací filosofické fakulty Brněnské university 14/15 (1971), S. 207f

Reuther, H.: Das Gewölbesystem der Benediktinerabteikirche Banz, in: Das Münster 7 (1954), S. 359–365, Exkurs S. 366

ders.: Das Platzgewölbe der Barockzeit, in: Deutsche Kunst und Denkmalpflege XIII (1955), S. 121–139

ders.: Johann Dientzenhofers Kirchenbau zu Burghaun, in: Niederdeutsche Beiträge zur Kunstgeschichte 13 (1974), S. 297–325

ders.: Die Zeichnungen aus dem Nachlaß Balthasar Neumanns in der Kunstbibliothek Berlin, bearbeitet von H. Reuther, Berlin 1979

ders.: Die Kunstbestrebungen des gräflichen Hauses Schönborn im Gebiet der nordischen Mission, in: Die Diözese Hildesheim. Jahrbuch des Vereins für Heimatkunde 52 (1984), S. 78

ders.: Katholische Pfarr- und Wallfahrtskirche Gößweinstein, München und Zürich 1988

Richter, V.: Stavební vývoj kostela sv. Salvatora v Klementinu (Die Bauentwicklung der Kirche St. Salvator im Clementinum), in: PA XXXIV (1924/25), S. 336f

ders.: Zámecká kaple ve Smiřicích. Sborník prací filosofické fakulty Brněnské university, řada historická C, IV (Die Schloßkapelle in Smiřitz. Sammelband der Beiträge der Philosophischen Fakultät der Universität Brünn, Historische Reihe) (1955), S. 93f

ders.: Plány suitských staveb v Olomouci (Pläne der Jesuitenbauten in Olmütz), in: Cestami umění, Praha 1949, S. 152f

Ritz, J. M.: Die alte Jesuiten- und die neue St. Martinkirche, Bamberg 1927 (= Bamberger Hefte für fränkische Kunst und Geschichte 6)

Rizzi, W. G.: Die Kuppelbauten Johann Lucas v. Hildebrandts, in: Wiener Jahrbuch für Kunstgeschichte XIX (1976), S. 121f

ders.: Die Barockisierung der ehemaligen Augustiner-Eremitenkirche in Bruck/Leitha und einige neue Beiträge zu den Landkirchenbauten Johann Lucas von Hildebrandts, in: Österreichische Zeitschrift für Kunst und Denkmalpflege XXXIV (1980), S. 35f

Rosenegger, J.: Flintsbach am Inn, München und Zürich 1970 (Schnell Kunstführer Nr. 926)

ders.: Der Petersberg bei Flintsbach, Flintsbach 1982

ders.: Flintsbach/Falkenstein. Ortschronik – Hof- und Familiengeschichte, Flintsbach 1984

Ruppert, K.: Baugeschichte der St. Martinskirche, in: Pfarrei St. Martin, Bamberg (Hrsg.).: Beendigung der Renovation und Altarweihe am 11. November 1984. Eine Festgabe

Rupprecht, B.: Die Brüder Asam. Sinn und Sinnlichkeit im bayerischen Barock, Regensburg 1980

Sádlo V.: Klášter křižovníků v Starém Městě Pražském, in: Ročenka Kruhu pro pěstování dějin umění za r. 1934 (Das Kreuzherrenkloster in der Prager Altstadt, im: Jahrbuch des Kreises für die Pflege der Kunstgeschichte für das Jahr 1934), 1935, S. 44f

ders.: Kostel na Chlumu sv. Máří (Die Kirche in Maria-Kulm), in: Zprávy pam. péče 13 (1953), S. 225f

Sammlung Eckert: Plansammlung aus dem Nachlaß Balthasar Neumanns im Mainfränkischen Museum Würzburg. Unter Mitwirkung der Vorarbeiten von J. Hotz und bearbeitet von H. Muth, E. Sperzel und H.-P. Treuschel, Würzburg 1987

Sayn-Wittgenstein, F. Prinz zu: Schlösser in Franken, München ³1984

Schaller, J.: Beschreibung der königlichen Residenzstadt Prag, I.–IV., Prag 1794–97

Scherzer, W.: Kloster Ebrach in Dokumenten. Ausstellung anläßlich der Zusammenfassung der Ebracher Archivalien im Staatsarchiv Würzburg, Volkach 1980

Schindler, H.: Die Hauptwerke der Dientzenhofer, eine vorläufige Zusammenstellung, in: Der Zwiebelturm, 6. Jg. 1951, 7. Heft

Schmerber, H.: Beiträge zur Geschichte der Dientzenhofer, Prag 1900

ders.: Artikel „Dientzenhofer", in: Thieme-Becker Künstlerlexikon, Band IX, 1913

ders.: Die Baumeister Christoph und Kilian Ignaz Dientzenhofer, Prag 1903

Schmidl, J.: Historia Soc. Jesu provinciae Bohemiae I–III, Prag 1741

Schmidt, A. – Blaschka, A.: Ein Beitrag zur Lebensgeschichte Kilian Ignaz Dientzenhofers und seiner Familie, in: Mitteilungen des Vereins für Geschichte der Deutschen in Böhmen 68 (1938), S. 47ff

Schmitt, A.: Der Dom zu Fulda. Grabeskirche des heiligen Bonifatius, Fulda ¹⁵1980

ders.: Führer durch Fulda und Umgebung, Fulda ¹⁰1980

Schneider, E.: Die Kirchen in Gaibach, München 1984 (Schnell Kirchenführer Nr. 1484)

Schnell, H.: Die Stiftskirche Waldsassen, München und Zürich 1961 (Kunst- und Kirchenführer Nr. 2)

ders.: Neumünster Würzburg, München und Zürich ⁵1967 (Kunst- und Kirchenführer Nr. 247)

ders.: Wallfahrtskirche Mariahilf Amberg, München und Zürich 1972 (Kunst- und Kirchenführer Nr. 36, 1934)

Schomann, H.: Kunstreiseführer Bayern. Nördlich der Donau, unveränderter Nachdruck der „Belser Kunstwanderungen" 1971, Bindlach 1988

Schottky, J. M.: Prag wie es war und wie es ist, Prag 1830

Schütz, B.: Balthasar Neumann, Freiburg-Basel-Wien ²1987

ders.: Bauten der Zisterzienser in Bayern, in: In Tal und Einsamkeit, Aufsätze (Band 2), Fürstenfeldbruck 1988, S. 43ff

Schulz, W.: Ein Kirchenüberschlag von Christoph Dientzenhofer, in: Jahrbuch der k. k. Zentralkommission, N. F. 2, Bd. 2, Wien 1904, S. 228f

Schweder, J.: Kloster Schöntal. Kirchenführer, Tübingen o. J.

Sedláčková, E.: Chrám sv Mikuláše na Malé Straně (Die Niklaskirche auf der Kleinseite), in: Poklady národního umění 39–40, Praha 1949

Sedlmaier, R. – Pfister, R.: Die fürstbischöfliche Residenz in Würzburg, Würzburg 1923

Sedlmayr, H.: Johann Bernhardt Fischer von Erlach, Wien 1977

Seitz, R.: Die Salesianerinnenkirche zu Amberg, in: Beiträge zur Oberpfalzforschung 2 (1966), S. 111–113

ders.: Zum Werk von Wolfgang Dientzenhofer d. Ä. und zu seiner Stellung im oberpfälzischen Bauwesen um das Jahr 1700, in: Verhandlungen des historischen Vereins der Oberpfalz und Regensburg 113 (1973), S. 177–190

Sitzmann, K.: Künstler und Handwerker in Ostfranken, Kulmbach 1957 (= Die Plassenburg. Schriften für Heimatforschung und Kulturpflege in Ostfranken 12)

Šámal, J.: Kostel sv. Jana Křtitele v Paštikách u Blatné (Die Kirche des hl. Johannes des Täufers in Paschtik bei Blatna), Za starou Prahu 1934

ders.: Klášter a nemocnice alžbětinek na Slupi (Das Kloster und das Spital der Elisabethinerinnen am Slupp), in: Poklady národního umění 38, Praha 1941

Šmilauerová, E.: Ze stavebních dějin residence v Tuchoměřicích (Aus der Baugeschichte der Residenz in Tuchoměřice), in: Středočeský sborník historický (1970), S. 134f

Šmrha, K.: Vlašští stavitelé v Praze a jejich druzi (Die Welschen Baumeister in Prag und ihre Gefährten), in: Umění XXIV (1976), S. 159f

Soupisy památek historických a uměleckých (Verzeichnisse der historischen und künstlerischen Denkmäler):

2. *B. Matějka*, Politický okres Lounský (Politischer Bezirk Laun), Praha 1897

7. *F. Vaněk – K. Hostaš*, Politický okres Klatovský (Politischer Bezirk Klattau), Praha 1899

8. *J. Braniš*, Politický okres Českobudějovický (Politischer Bezirk Budweis), Praha 1900

9. *A. Podlaha*, Politický okres Rokycanský (Politischer Bezirk Rokytzan), Praha 1907

25. *K. Hostaš – F. Vaněk*, Politický okres Přeštický (Politischer Bezirk Přeštice), Praha 1907

26. *Z. Wirth*, Politický okres Kladenský (Politischer Bezirk Kladno), Praha 1907

31. *A. Cechner*, Politický okres Novopacký (Politischer Bezirk Neupaka), Praha 1907

34. *Z. Wirth*, Politický okres Náchodský (Politischer Bezirk Nachod), Praha 1916

45. *A. Cechner*, Politický okres Broumovský (Politischer Bezirk Braunau), Praha 1930

Spreitzer, L.: Waldsassener Kalender zum Dientzenhoferjahr, Waldsassen 1989

Stasch, G. K.: Erinnerung an Fulda. Das Bild der Stadt in Druckgraphik 16. bis 19. Jahrhundert. Ausstellungskatalog Vonderau-Museum, Fulda 1987

ders.: Schloß und Orangerie in Fulda. Aufnahme von Erich Gutberlet, Königstein im Taunus 1980

Stefan, O.: Zur Architektenfrage des Klosters Waldsassen, in: Deutsche Illustrierte Rundschau, Sonderheft: 800 Jahre Kloster Waldsassen, München 1929, S. 11–24

ders.: Příspěvky k dějinám české barokní architektury I. (Beiträge zur Geschichte der tschechischen Barockarchitektur), in: PA XXXV (1926/27), S. 79f, II., op. cit., S. 468f

ders.: Pražské kostely (Prager Kirchen), Praha 1936

ders.: Šternberská kaple ve Smiřicích. Sborník k šedesátým narozeninám K. B. Mádla (Die Sternbergkapelle in Smiřitz. Sammelband zum 70. Geburtstag K. B. Madls), Praha 1929, S. 128f *ders.:* K otázce klenby kostela sv. Mikuláše v Praze III (Zur Frage des Gewölbes der Niklaskirche in Prag III), in: Umění II (1954), S. 259

ders.: Plastický princip v české architektuře barokní na počátku 18. věku (Das Prinzip des Plastischen in der böhmischen Architektur am Anfang des 18. Jahrhunderts), in: Umění II (1959), S. 1f

ders.: Barokní princip v české architektuře 17. a 18. století (Das barocke Prinzip in der böhmischen Architektur des 17. und 18. Jahrhunderts), in: Umění VII (1959), S. 306f

Stiefel, W.: Knittelverse. Inschriften aus dem Kloster Schöntal, Metzingen o. J.

Stojdl, J.: Skalka u Mníšku, její památky a dějiny (Skalka bei Mníšek, ihre architektonischen Denkmäler und ihre Geschichte), Praha 1924

Strack, P.: Die Familie Sünder gen. Mahler aus Kronach/Ofr., in: Archiv für Sippenforschung 8 (1931)

Sturm, E.: Die Bau- und Kunstdenkmale der Stadt Fulda, Fulda 1984 (= Die Bau und Kunstdenkmale des Fuldaer Landes 3)

Svoboda, J.: Královský letohrádek (Das königliche Lusthaus), in: Památky a příroda 1978, S. 1f, S. 67f, S. 97f

Svoboda, K. M.: Barock in Böhmen, München 1964

Teufel, R.: Der Domherrnhof zum Hl. Hippolyt in Bamberg, in: Deutsche Kunst- und Denkmalpflege, 1944, S. 41–49

ders.: Beiträge zum fränkischen Barock, in: Zeitschrift für Kunstgeschichte 12 (1949), S. 46–66

Toman, P.: Nový slovník československých výtvarných umělců (Neue Enzyklopädie der tschechoslowakischen bildenden Künstler), Band I, Praha 1947, Band II, Praha 1950, Dodatky 1955

Tomek, W. W.: Základy starého místopisu pražského IV (Grundlagen der alten Prager Ortsbeschreibung), Praha 1872

ders.: Dějepis města Prahy (Geschichte der Stadt Prag), Bände I–XII, Praha 1892–1901

Trepplin, D.: Bau und Ausstattung des Klosters Ebrach im 17. und 18. Jahrhundert (phil. Diss. Würzburg 1930), Berlin 1937

Treml, R.: Kirchenführer der Kappel, Waldsassen o. J. (um 1983)

Tříša, J.: Disertace Pražské university, 16.–18. století (Die Dissertationen der Prager Universität, 16.–18. Jahrhundert), Praha 1977

Umělecké památky Čech, I–IV (Die Kunstdenkmäler Böhmens, I–IV), hrsg. vom Institut für Theorie und Geschichte der Kunst, Tsch. Akademie der Wissenschaften, Praha 1977–1982

Vallery-Radot, J.: Le recueil de plans d'édifices dela Compagnie de Jésus, conservé à la Bibliothèque Nationale de Paris, Rome 1960

Vávra, J.: Historické paměti bývalého panství Mníšeckého a kláštera sv. Maří Magdaleny na Skalce (Die historischen Memoiren der ehemaligen Herrschaft Mníšek und des Klosters der hl. Maria Magdalena auf der Skalka), Praha 1899

Vilímková, M.: Urbanistický vývoj maltézské jurisdikce (Die städtebauliche Entwicklung der malteser Jurisdiktion), in: Pražský sborník historický 1966, S. 72f

dies.: Mladotův dům (Das Mladota-Haus), Praha 1968

dies.: Ke stavebnímu vývoji komplexu jesuitských budov na Malostranském náměstí (Zur Bauentwicklung des Komplexes der Jesuitenbauten auf dem Kleinseitner Ring), in: Umění XIX (1971), S. 317f

dies.: Nové archivní doklady ke stavbě kláštera a kostela sv. Markéty v Břevnově (Neue Archivdokumente zum Bau des Klosters und der Kirche St. Margaret in Breunau), in: Umění XXII (1974), S. 147f

dies.: Marginalia k architektonické tvorbě 1. poloviny 18. století (Marginalien zur Architektur der 1. Hälfte des 18. Jahrhunderts), in: Umění XXVI (1978), S. 414f

– *Kašička, Fr.:* Tisíciletí Jiřského kláštera na Pražském hradě (Das Millenium des Georgsklosters auf der Prager Burg), in: Památky a příroda 1976, S. 533

dies.: Křídlo Španělského sálu ve stavebním vývoji Pražského hradu (Der Flügel des Spanischen Saales in der Bauentwicklung der Prager Burg), in: Památky a příroda 1976, S. 131f

dies.: Archivalien zur Tätigkeit der Brüder Asam in Böhmen und Schlesien, in: Cosmas Damian Asam (1686–1739). Leben und Werk, München 1986, S. 76–82

dies.: Katlaog výstavy: K. I. Dientzenhofer, úvod a texty k ilustracím (Ausstellungskatalog: K. I. Dientzenhofer, Einleitung und Texte zu Abbildungen), Praha 1989

– *Horyna, M.:* Pražská barokní architektura po roce 1700. Knihy o Praze III (Die Prager Barockarchitektur nach 1700. Bücher von Prag), Praha 1989

– *Preiss, P.:* Ve znamení břevna a růží. Kulturní a umělecký odkaz břevnovského opatství (Im Zeichen des Balken und der Rosen. Das Kultur- und Kunstvermächtnis der Abtei Breunau), Praha 1989

Voit, P.: Der kunstgeschichtliche Ursprung der Minoritenkirche in Eger, Acta historiae artium, Budapest, 1965, S. 133f

Vojtíšek, V.: Hradčany v prvé polovině století XVIII. (Der Hradschin in der ersten Hälfte des 18. Jahrhunderts), in: Zvl. otisk ČSPS, 1922

Volavková, H.: Zaměření starého židovského města. Kniha o Praze (Vermessung der Prager jüdischen Stadt. Das Buch von Prag), Praha 1958, S. 145f

Votoček, O.: Počaply, Byggekunst, Oslo 1965

Vydrová, J.: Kostel sv. Tomáše na Malé Straně. Ročenka Klubu pro pěstování dějin umění (Die Kirche St. Thomas auf der Kleinseite), in: Jahrbuch des Kreises für die Pflege der Kunstgeschichte, 1934, S. 137f

Výsledky restaurátorské práce v kostele sv. Klimenta v Praze, katalog výstavy (Die Ergebnisse der Restaurierungsarbeiten in der Klimentkirche in Prag, Ausstellungskatalog), Praha 1983

Wagner, G.: Zwei bayerische Künstlerfamilien von europäischem Rang: die Dientzenhofer und die Asam, in: Zeitschrift der CSU, München 1984

Wagner-Rieger, R.: Die Piaristenkirche in Wien, Wiener Jahrbuch für Kunstgeschichte XVIII (1956), S. 49f

dies.: Artikel „Georg Dientzenhofer", in: Erich Hubala (Hrsg.): Die Kunst des 17. Jahrhunderts, Propyläen Kunstgeschichte Band 9, S. 287

Wagner, V.: Dientzenhoferův letohrádek (Das Dientzenhofersche Lusthaus), in: Štencovo umění 2 (1929), S. 84f

Wachsmannová, V.: Loreta na Hradčanech (Die Loreto-Gnadenstätte am Hradschin), in: Poklady národního umění 2, Praha 1940, 35, Praha 1941

dies.: Život a dílo Abrahama Leuthnera (Leben und Werk Abraham Leuthners), in: PA XLII (1946), S. 48f

Wasmuth: Artikel „Dientzenhofer", in: Lexikon der Baukunst, Berlin 1929

Weidner, H.: Ein unbekanntes Stichwerk über Schloß Gaibach, in: Belvedere Band 9/19, Heft 45, der vollständigen Folge, Wien 1926, S. 70–74

Weigmann, O. A.: Eine Bamberger Baumeisterfamilie um die Wende des 17. Jahrhunderts. Ein Beitrag zur Geschichte der Dientzenhofer, Straßburg 1902

Weißenberger, P. Paulus OSB: Eine Büchersammlung aus dem Nachlaß der Künstlerfamilie Dientzenhofer in der Barockbibliothek der Benediktinerabtei Neresheim, in: Jahrbuch des historischen Vereins Dillingen an der Donau, 1981, S. 200–223

Wiemer, W.: Der vorbarocke Plan des Klosters Ebrach, in: Festschrift Ebrach 1127–1977, Volkach 1977, S. 242–258

Willms, G.: Fulda, Jahreszeiten und Jahrhunderte, Fulda ⁵1954

Winter, Z.: Řemeslnictvo a živnosti XVI. věku v Čechách, 1526–1620 (Das Handwerk und das Gewerbe in Böhmen im 16. Jahrhundert, 1526–1620), Praha 1909

ders.: Český průmysl a obchod v XVI. věku (Industrie und Handel Böhmens im 16. Jahrhundert), Praha 1913

Wirth, J.: Die Abtei Ebrach – Zum achthundertjährigen Gedenken 1127–1927, Gerolzhofen 1928

Wirth, Z.: Barokní gotika v Čechách (Die Barockgotik in Böhmen), in: PA XXIII (1908), S. 121f

ders.: Praha v obraze pěti století (Prag in Bildern aus fünf Jahrhunderten), Praha 1932

ders.: František Maxmilián Kaňka – náčrt k monografii barokového architekta. Cestami umění, Sborník k poctě 60. narozenin A. Matějčka (Franz Maximilian Kaňka. Eine Skizze zur Monographie des barocken Architekten. Sammelband zum 60. Geburtstag A. Matějčeks), Praha 1949, S. 161f

Wollenberg, K.: Die Zisterzienser im alten Bayern, in: In Tal und Einsamkeit, Ausstellungskatalog, Fürstenfeldbruck 1988, S. 330ff

Zacharias, T.: Joseph Emanuel Fischer von Erlach, Wien–München 1960

Zimmer, H.: Die Dientzenhofer – Ein bayerisches Baumeistergeschlecht in der Zeit des Barock, Rosenheim 1976

Zimmermann, G. (Hrsg.): Festschrift Ebrach 1127–1977, Volkach 1977

Register

Das Register berücksichtigt *nicht* das Werkverzeichnis, die Anmerkungen und die Abbildungslegenden.

Orte: